Kohlhammer Pflege

Pflege

Wissen und Praxis

Der Autor:

HANS BÖHME ist Jurist und wissenschaftlicher Leiter des Instituts für Gesundheitsrecht und -politik, Rostocker Straße 15, D-72116 Mössingen.

Hans Böhme

Arbeitsrecht
für die Pflege

3., neubearbeitete Auflage

Verlag W. Kohlhammer
Stuttgart Berlin Köln

Die Deutsche Bibliothek – CIP-Einheitsaufnahme

Böhme, Hans:
Das Pflegerecht / Hans Böhme. – Stuttgart ; Berlin ; Köln :
Kohlhammer
   (Kohlhammer-Studienbücher : Krankenpflege)
   Bis Bd. 2 u.d.T.: Böhme, Hans: Arbeitsrecht für die Pflege
   – 3., neubearbeitete Aufl. – 1998
   ISBN 3-17-014185-6

3., neubearbeitete Auflage 1998

Alle Rechte vorbehalten
© 1998 Verlag W. Kohlhammer
Stuttgart Berlin Köln
Verlagsort: Stuttgart
Piktogramme: Markus Ege
Umschlag: Data Images GmbH
Gesamtherstellung:
W. Kohlhammer Druckerei GmbH & Co. Stuttgart
Printed in Germany

Vorwort zur 3. Auflage

Nachdem der Kohlhammer-Verlag an den Verfasser herangetreten war, die „Gesetzes- und Staatsbürgerkunde" für die Krankenpflegeausbildung zu bearbeiten und kurz darauf der bisherige Verleger des Verfassers, Herr Karl Ferdinand Lempp, Schwäbisch Gmünd, aus Altersgründen den Verlag aufgab, bot sich eine Neukonzeption von „Das Recht des Krankenpflegepersonals" an. Zwischenzeitlich haben sich die Ereignisse überschlagen. Krankenpflege, Altenpflege und Heilerziehungspflege haben zahlreiche Gemeinsamkeiten, aber auch Besonderheiten, die einmal die Einrichtungsart – Krankenhaus, Rehaklinik, Heimeinrichtung oder ambulanten Dienst – und zum anderen die Tätigkeit Krankenpflege, Kinderkrankenpflege, Reha-Pflege, Altenpflege und Behindertenpflege betreffen. Verlag und Autor haben sich deshalb entschlossen, das Gesamtwerk jetzt als „Das Pflegerecht" zu veröffentlichen.

Während im Teil 1: „Grundlagen und Grundbegriffe" das Querschnittsrechtsgebiet Pflegerecht mit seinen wesentlichen Rechtsgrundsätzen rechtssystematisch anhand praxisorientierter Fallgestaltungen dargestellt wird, werden in den Teilen 2: „Haftungsrecht" und 3: „Arbeitsrecht" Einzelheiten dieser besonders wichtigen Rechtsgebiete aufbereitet. Damit können die Einzelgebiete von Grundlagen entlastet und vermehrt Details dargestellt werden.

Teil 1 soll demnach der Erstinformation dienen und den Grundstein für ein eigenständiges Rechtsgebiet Pflegerecht legen, die Teile 2 und 3 hingegen sind in erster Linie für den Praktiker bestimmt, insbesondere für Führungskräfte im Krankenhaus, Lehrkräfte an Schulen und für die Studiengänge Pflegemanagement, Pflegepädagogik und Pflegewissenschaft sowie für die berufliche Fortbildung. Von dieser zwischenzeitlich veränderten Gesamtkonzeption war bisher leider nur der Teil 2: „Haftungsrecht" erschienen, und zwar im Jahre 1984 in 2. Auflage und 1991 in 3. Auflage, die 1996 als 4. Auflage nachgedruckt wurde.

Nunmehr erscheint endlich Teil 3: „Arbeitsrecht". Die Vorauflage stammt aus dem Jahre 1978. Die Praktiker warten jetzt auf die Neuauflage bereits seit 20 Jahren; sie liegt jetzt vor, völlig neu bearbeitet.

Arbeitsrecht ist das Sonderrecht der Arbeitnehmer und muß seinerseits immer spezieller behandelt werden, nämlich nach Berufsgruppen und Arbeitsbereichen aufgeteilt. Pflegende haben ihre eigenen arbeitsrechtlichen Fragestellungen, die zusammen mit den allgemeinen arbeitsrechtlichen Fragen anhand von über 120 praktischen Fällen aus Rechtsprechung und Betriebspraxis behandelt werden. Neben den allgemeinen Problemen bei der Einstellung von Mitarbeitern ergeben sich insbesondere Besonderheiten bei der Schwangerschaft und beim Erziehungsurlaub. Wichtige Schwerpunkte sind die Rechtsstellung der verschiedenen Pflegemitarbeiter in der Arbeitsorganisation und das Arbeitszeitrecht mit den Besonderheiten für die Dienstplangestaltung.

Nachdem immer mehr Krankenhäuser privatisiert werden, was auch für viele Altenheime und ambulante Pflegedienste sowie Sozialstationen bereits Realität wird, kommt abgesehen vom kirchlichen Bereich – immer häufiger das Betriebsverfassungsgesetz zur Anwendung. Entgegen den Vorauflagen, die insbesondere das Landespersonalvertretungsgesetz von Baden-Württemberg zugrunde legten, geht der Verfasser nunmehr eingehend auf das Betriebsverfassungsgesetz ein. Die Mitarbeitervertretungsordnungen und die Landespersonalvertretungsgesetze werden insoweit am Rande mitbehandelt.

Während für viele Teilbereiche pflegespezifische, also Pflegende unmittelbar betreffende, Urteile vorliegen, ist das insbesondere im Betriebsverfassungs-Bereich nicht der Fall. Wenn auch bei Parallelentscheidungen aus der Metallindustrie, chemischen Industrie, Sparkassenbereich usw. die Identifikation des Lesers mit der Pflege leiden mag, haben Verlag und Verfasser sich doch dazu entschlossen, die Urteilssachverhalte wie entschieden und nur gering transformiert darzustellen. Beim Leser wird eine gewisse Abstraktionsfähigkeit unterstellt, wobei eine Konkretisierung im Text durch die entsprechenden Erläuterungen gewährleistet ist.

Wie gesagt, wird der Grundtitel nunmehr „Das Pflegerecht" lauten. Damit wird den Entwicklungen der jüngsten Zeit Rechnung getragen: Seit Einführung der Pflegeversicherung kann man mit Fug und Recht von einem eigenen Rechtsgebiet der Pflege sprechen. Wenn jetzt die drei Teile im Laufe 1998/1999 endlich vollständig vorliegen, existiert ein für alle mit pflegerechtlichen Fragen betrauten Personen unentbehrliches Handwerkszeug, insbesondere für Pflegemanager, Pflegepädagogen, Pflegewissenschaftler, Pflegesachverständige, Stationsleitungen, Wohnbereichsleitungen, Personalabteilungen, aber auch Rechtsanwälte und Richter.

Zu danken hat der Verfasser insbesondere seiner lieben Frau *Iris Böhme,* die nicht nur die umfangreiche Schreibarbeit bei der Erstellung des Manuskripts erledigte, sondern dem Verfasser mit Korrekturen, Formulierungshilfen und auch ansonsten entlastender Unterstützung zur Hand ging, so daß dieses Buch jetzt endlich erscheinen kann.

Das Buch berücksichtigt den Stand der Gesetzgebung, Rechtsprechung und Literatur von Dezember 1997.

Mössingen bei Tübingen, Frühjahr 1998

HANS BÖHME

Inhaltsverzeichnis

C. Die betriebliche Mitbestimmung am Beispiel des Betriebsverfassungsgesetzes (BetrVG)

F. Der personale Arbeitsschutz

G. Das Arbeitszeitrecht
(Rechtsgrundlagen der Dienstplangestaltung)

H. Rechte und Pflichten aus dem Arbeitsverhältnis

I. Die Vergütung

K. Die Beendigung des Arbeitsverhältnisses

Inhaltsverzeichnis der Übersichten

A. Die Begründung des Arbeitsverhältnisses

B. Die Rechtsstellung des Pflegepersonals

C. Die betriebliche Mitbestimmung am Beispiel des Betriebsverfassungsgesetzes (BetrVG)

D. Das Anweisungsverhältnis zwischen Arbeitgeber und Arbeitnehmer

E. Arbeitsgestaltung und Arbeitsschutz

F. Der personale Arbeitsschutz

G. Das Arbeitszeitrecht
(Rechtsgrundlagen der Dienstplangestaltung)

H. Rechte und Pflichten aus dem Arbeitsverhältnis

I. Die Vergütung

K. Die Beendigung des Arbeitsverhältnisses

Abkürzungsverzeichnis

a.a.O.	am angegebenen Ort
Abs.	Absatz
ADS	Arbeitsgemeinschaft Deutscher Schwesternverbände
AFG	Arbeitsförderungsgesetz
AG	Amtsgericht oder Arbeitgeber
AMG	Arzneimittelgesetz
AN	Arbeitnehmer
Anm.	Anmerkung
AP	Arbeitsrechtliche Praxis (Entscheidungssammlung)
ArbBl.	Arbeitsrechts-Blattei (Loseblattsammlung Aufsätze und Entscheidungen)
ArbG	Arbeitsgericht
ArbGG	Arbeitsgerichtsgesetz
ArbRS	Arbeitsrechtssammlung (Entscheidungssammlung)
ArbSchG	Arbeitsschutzgesetz
ArbuR	Arbeit und Recht (Fachzeitschrift, Jahr und Seite)
ArbZG	Arbeitszeitgesetz
Art., Artt.	Artikel, Artikel (mehrere)
ASiG	Arbeitssicherheitsgesetz
AÜG	Arbeitnehmerüberlassungsgesetz
AV	Arbeitsvertrag
AVR	Arbeitsvertragsrichtlinien
AZ	Aktenzeichen
AZO	Arbeitszeitordnung
BA	Bundesanstalt für Arbeit
BAFÖG	Bundesausbildungsförderungsgesetz
BAG	Bundesarbeitsgericht
BAGE	Entscheidungen des BAG (Band, Seite)
BALK	Bundarbeitsgemeinschaft Leitender Krankenpflegepersonen e.V.
BAT	Bundesangestelltentarifvertrag
BaWü	Baden-Württemberg
BB	Betriebs-Berater (Fachzeitschrift, Jahr und Seite)
BBG	Bundesbeamtengesetz
BBiG	Berufsbildungsgesetz
BErzGG	Bundeserziehungsgeldgesetz
BeschFG	Beschäftigungsförderungsgesetz
BetrAVG	Gesetz über die betriebliche Altersversorgung
BetrVG	Betriebsverfassungsgesetz
BG	Berufsgenossenschaft
BGB	Bürgerliches Gesetzbuch
BGBl.	Bundesgesetzblatt
BKGG	Bundeskindergeldgesetz

BKVO	Berufskrankheitenverordnung
BMT	Bundesmanteltarifvertrag für Privatkrankenhäuser
BMTG II	Bundesmanteltarifvertrag für Arbeiter der Gemeinden
BPersVG	Bundespersonalvertretungsgesetz
BRRG	Bundesbeamtenrechtsrahmengesetz
BSG	Bundessozialgericht
BSGE	Entscheidungen des BSG (Band, Seite)
BSHG	Bundessozialhilfegesetz
BUrlG	Bundesurlaubsgesetz
BVerfG	Bundesverfassungsgericht
BVerfGE	Entscheidungen des BVerfG (Band, Seite)
BVerwG	Bundesverwaltungsgericht
BVerwGE	Entscheidungen des BVerwG (Band, Seite)
DB	Der Betrieb (Fachzeitschrift, Jahr und Seite)
DBfK	Deutscher Berufsverband für Pflegeberufe
DÖD	Der öffentliche Dienst (Fachzeitschrift, Jahr und Seite)
DKZ	Deutsche Krankenpflegezeitschrift (jetzt Pflegezeitschrift, Jahr und Seite)
DRK	Deutsches Rotes Kreuz
DSt.	Dienststelle
DV	Dienstvertrag
EStG	Einkommensteuergesetz
EU	Europäische Union
EuGH	Europäischer Gerichtshof
EWG	Europäische Wirtschaftsgemeinschaft
EWGV	Verordnung der EWG
EzA	Entscheidungssammlung zum Arbeitsrecht
f., ff.	folgende Seite, folgende Seiten
GBl.	Gesetzesblatt
GerätesichG	Gerätesicherheitsgesetz
GewO	Gewerbeordnung
GG	Grundgesetz
GKÖD	Gesamtkommentar Öffentliches Dienstrecht
GmbH	Gesellschaft mit beschränkter Haftung
HGB	Handelsgesetzbuch
i.V.m.	in Verbindung mit
JArbSchG	Jugendarbeitsschutzgesetz
JZ	Juristen-Zeitung (Jahr und Seite)
KHG	Krankenhausgesetz
Kr.	Vergütungsordnung für Angestellte im Pflegedienst (Anlage 1 b zum BAT)
KrPflG	Krankenpflegegesetz
KrPflSchülerinnenTV	Tarifvertrag zur Regelung der Rechtsverhältnisse der Schülerinnen/Schüler, die nach Maßgabe des KrPflG oder des Hebammengesetzes ausgebildet werden
KSchG	Kündigungsschutzgesetz
LAG	Landesarbeitsgericht
LBG	Landesbeamtengesetz
LG	Landgericht
LKHG	Landeskrankenhausgesetz

LPersVG	Landespersonalvertretungsgesetz
MAV	Mitarbeitervertretung
MAV-O	Mitarbeitervertretungsordnung
MedGV	Medizingeräteverordnung
MedR	Medizinrecht (Fachzeitschrift, Jahr und Seite)
MPG	Medizinproduktegesetz
MTA	Medizintechnische Assistentin
MTArb	Manteltarifvertrag für Arbeiterinnen und Arbeiter des Bundes und der Länder
MTBII	Manteltarifvertrag für Arbeiter des Bundes
MTLII	Manteltarifvertrag für Arbeiter der Länder
MuSchG	Mutterschutzgesetz
m.w.N.	mit weiteren Nachweisen
NJW	Neue Juristische Wochenschrift (Jahr und Seite)
Nr.	Nummer
NRW	Nordrhein-Westfalen
NZA	Neue Zeitschrift für Arbeitsrecht (Jahr und Seite)
O	Ordnung
OLG	Oberlandesgericht
OVG	Oberverwaltungsgericht
PersVG	Personalvertretungsgesetz
PflR	PflegeRecht (Fachzeitschrift, Jahr und Seite)
PKR	Pflege- und Krankenhausrecht (Juristische Fachbeilage, Jahr und Seite)
RAG	Reichsarbeitsgericht
RdA	Recht der Arbeit (Fachzeitschrift, Jahr und Seite)
RG	Reichsgericht
RGBl.	Reichsgesetzblatt
RGZ	Entscheidungen des RG in Zivilsachen (Band und Seite)
RKI	Robert-Koch-Institut
RöV	Röntgenverordnung
RVO	Reichsversicherungsordnung
S.	Seite(n)
SAE	Sammlung arbeitsrechtlicher Entscheidungen (Fachzeitschrift, Jahr und Seite)
Schw	Die Schwester (Fachzeitschrift, Jahr und Seite)
SchwbG	Schwerbehindertengesetz
Schw/Pfl	Die Schwester/Der Pfleger (Fachzeitschrift, Jahr und Seite)
SGB V	Sozialgesetzbuch, 5. Buch: Krankenversicherung
SGB VII	Sozialgesetzbuch, 7. Buch: Unfallversicherung
SGB XI	Sozialgesetzbuch, 11. Buch: Pflegeversicherung
SR	Sonderregelung(en)
St	in Strafsachen
StrSchVO	Strahlenschutzverordnung
TV	Tarifvertrag
TVArbPost	Tarifvertrag für Arbeiter der Deutschen Bundespost
TVG	Tarifvertragsgesetz
UVV	Unfallverhütungsvorschriften
VBG	Verwaltungsvorschriften der BG
VGH	Verwaltungsgerichtshof

vgl.	vergleiche
VkA	Vereinigung kommunaler Arbeitgeber
VO	Verordnung
z.B.	zum Beispiel
ZBR	Zeitschrift für Beamtenrecht (Jahr und Seite)
ZTR	Zeitschrift für Tarifrecht (Jahr und Seite)
§, §§	Paragraph, Paragraphen

A. Die Begründung des Arbeitsverhältnisses

1. Arbeitsvertrag und freier Dienstvertrag

Fall 1:

Krankenpfleger M. will in einem ambulanten Pflegedienst nebenbei arbeiten. Er beantragt bei seinem Hauptarbeitgeber, dem Kreiskrankenhaus R., die Genehmigung dieser Nebentätigkeit. Die Personalabteilung hat Bedenken, weil der Mitarbeiter neben seinen täglichen acht Stunden Arbeitszeit noch weitere vier Stunden nebenbei arbeiten will. Wie ist die Rechtslage?

Das Arbeitsverhältnis wird ganz allgemein begründet durch Abschluß eines Arbeitsvertrages, der nach § 611 BGB einen Dienstvertrag besonderer Art darstellt *(vgl. im einzelnen Teil 1: Grundlagen und Grundbegriffe).*

Der Arbeitsvertrag ist vom Dienstvertrag durch das **Merkmal des Abhängigkeitsverhältnisses** abzugrenzen, nämlich durch das **Kriterium der fremdbestimmten Arbeit,** das mit folgenden Voraussetzungen geprüft wird. Der Arbeitnehmer

- ist in einem fremden Betrieb eingegliedert
- schuldet seine ganze Arbeitskraft während der vertraglich vereinbarten Arbeitszeit
- ist an Weisungen seines Vorgesetzten gebunden
- kann seine Arbeitszeit nicht selbst bestimmen.

Normalerweise ist die Prüfung dieser Kriterien von untergeordneter Bedeutung, im Gesundheitswesen werden aber vermehrt

Hilfskräfte mit Werkverträgen eingestellt. Zum Teil wird auch versucht, freie Dienstverträge abzuschließen.

Während der **Werkvertrag** nach § 631 BGB voraussetzt, daß der Hersteller eines Werkes, der Unternehmer, einen **Erfolg unmittelbar** herbeiführen muß, was bei einer Pflegeleistung absurd ist, scheitert das freie Dienstverhältnis im wesentlichen an den oben dargelegten Kriterien, denn nur bei Leistung höherwertiger Arbeiten kann ernsthaft eine entsprechende Abgrenzung in Frage kommen. Die Kriterien müssen auch nicht alle vorliegen, sondern es wird in einer Gesamtschau darauf abgestellt, ob *„eine für das Arbeitsverhältnis typische persönliche Abhängigkeit"*[1] gegeben ist. Danach ist das Einstellen von Anlernkräften und Hilfskräften im freien Dienstverhältnis dennoch trotz falscher Bezeichnung ein echtes Arbeitsverhältnis.

Da examinierte Pflegekräfte auch selbständig tätig werden dürfen, können sie allerdings auch in einem freien Dienstverhältnis beschäftigt werden!

Anwendung auf Fall 1:

Nach § 2 Abs. 1 Satz 2 ArbZG müssen die Arbeitszeiten bei mehreren Arbeitgebern zusammengezählt werden. Hier besteht eine Sicherstellungs- und Kontrollpflicht für jeden dieser Arbeitgeber.

Im öffentlichen Dienst läßt sich dies relativ leicht sicherstellen, weil dort in § 11 BAT in Verbindung mit den jeweils geltenden Bestimmungen des Beamtenrechts für Ne-

---

1 BAG vom 09.03.1977, in: EzA § 611 BGB Arbeitnehmerbegriff Nr. 9

bentätigkeiten geregelt ist, daß bis zu einer Vergütung in Höhe von DM 200,– monatlich die Nebentätigkeit anzuzeigen ist und darüber hinaus die Nebentätigkeit vom Arbeitgeber genehmigt werden muß. Die Genehmigung ist in der Regel zu erteilen, wenn keine sachlichen Gründe dagegen sprechen, die das Arbeitsverhältnis betreffen. Wenn jetzt der Mitarbeiter beim Arbeitgeber im öffentlichen Dienst acht Stunden arbeitet und sich eine weitere Arbeit von vier Stunden bei einem anderen Arbeitgeber genehmigen lassen will, so muß der Arbeitgeber die Genehmigung versagen, weil insgesamt nicht mehr als täglich zehn Stunden gearbeitet werden darf. Maßgebend ist also nicht das Einkommen, sondern die Länge der Arbeitszeit, weshalb sowohl bei der Anzeige einer geringfügigen Nebentätigkeit als auch bei der Genehmigung einer sonstigen Nebentätigkeit der Arbeitgeber die Frage nach dem Umfang dieser Tätigkeit, insbesondere nach der Lage der Arbeitszeiten, zu stellen hat. Hiervon muß der Arbeitgeber seine Entscheidung abhängig machen.

Jetzt kommt aber das ArbZG nur für Arbeitszeiten „bei mehreren Arbeitgebern" zur Anwendung, setzt also voraus, daß Arbeitsverhältnisse abgeschlossen werden. Deshalb kommt es im Fall 1 darauf an: Will Krankenpfleger M. mit dem Nebenbeschäftigungsgeber einen Arbeitsvertrag abschließen, dann muß die Genehmigung wegen Verstoß gegen § 3 ArbZG versagt werden. Ob Krankenpfleger M. das will, ist unerheblich, weil das ArbZG zum Arbeitsschutzrecht gehört und zwingendes Verwaltungsrecht darstellt. **Schließt Krankenpfleger M. hingegen einen freien Dienstvertrag ab,** was in seinem Fall erlaubt ist, **dann kommt insoweit das ArbZG nicht zur Anwendung** und die Genehmigung kann nur aus anderen sachlichen Gründen versagt werden, wird also in der Regel erteilt werden müssen.

Auch hier zeigt sich, daß Arbeitnehmerschutzrecht nicht immer dem Einzelfall gerecht wird, denn in der Tat kann bei höherwertigen Arbeiten „ausgewichen" werden, während Arbeitnehmer, die nur einfache Arbeiten verrichten, auf zehn Stunden täglich begrenzt sind.

2. Befristeter Arbeitsvertrag

Fall 2:

Im Februar bewirbt sich Krankenschwester P. (die die Stelle dann auch erhält) zum 01.04. des Jahres. Eine Woche vor Arbeitsbeginn setzt sie sich mit dem Arbeitgeber in Verbindung und teilt mit, daß sie schwanger sei und deshalb die Arbeitsstelle nicht antreten könne. Einige Tage später bittet sie um Abschluß eines zweimonatigen Arbeitsvertrages, also vom 01.04. bis zum 31.05., weil sie zwischenzeitlich bemerkt hat, daß sie hinsichtlich der sozialrechtlichen Ansprüche benachteiligt ist. Dieser befristete Arbeitsvertrag kommt auch zustande. Krankenschwester P. bittet nunmehr um eine weitere Befristung.

Arbeitsverträge werden grundsätzlich von unbestimmter Dauer, also unbefristet geschlossen. Sie bedürfen daher zu ihrer Beendigung der Kündigung, unterliegen deswegen in der Regel dem Kündigungsschutz. Ausnahmsweise ist es jedoch zulässig, **befristete Arbeitsverträge** zu vereinbaren, wenn hierfür ein **sachlicher Grund** besteht[2], also ein konkreter, das betreffende Arbeitsverhältnis berührender Umstand[3].

---

2 BAG vom 16.12.1960, AP Nr. 16 zu § 620 BGB Befristeter Arbeitsvertrag; vgl. auch *Hoffmann,* Der befristete Arbeitsvertrag im Spiegel der neuen Rechtsprechung, ZTR 1993, S. 388 ff. sowie *Gardian,* Der befristete Arbeitsvertrag, ZTR 1996, S. 253 ff.

3 *Weiß,* Befristete Arbeitsverträge in der Pflege: Chance oder Risiko?, Pflegemanagement 5/1997, S. 38–41 (38)

Typische Beispiele sind **Aushilfstätigkeiten** wegen Erkrankung, Urlaubsvertretung, Schwangerschaftsvertretung[4], auch wenn der Vertreter dann nicht unmittelbar die Arbeitsaufgaben des Vertretenen wahrnimmt[5]. Spätere Ereignisse, die zum Zeitpunkt des Vertragsabschlusses nicht vorhersehbar waren, sind als nachgeschobene Gründe unbeachtlich[6]. Demzufolge ist auch die befristete Beschäftigung von Daueraushilfen oder Dauervertretern in der Regel unzulässig[7], weil dem Arbeitgeber vorausschauende Planung abverlangt werden kann, so daß bei ständigem Bedarf Daueraushilfen oder Dauervertreter auch unbefristet eingestellt werden können[8]. Etwas anderes gilt für Extrawachen durch studentische Hilfskräfte[9], denn die Befristung, selbst als Kettenbefristung, ist bei Studenten, die mit Nebenbeschäftigungen ihr Studium finanzieren, sachlich gerechtfertigt[10].

Ein sachlicher Grund liegt auch vor, wenn der Arbeitnehmer vorübergehend bis zu dem Zeitpunkt beschäftigt werden soll, in dem ein Auszubildender des Arbeitgebers seine Berufsausbildung beendet, dessen Übernahme in ein Arbeitsverhältnis der Arbeitgeber beabsichtigt. Der Befristungsgrund der vom Arbeitgeber geplanten Übernahme eines Auszubildenden setzt nicht voraus, daß der Auszubildende nach seiner Übernahme in ein Arbeitsverhältnis gerade mit den Aufgaben beschäftigt werden soll, die der befristet eingestellte Arbeitnehmer vorübergehend bis zur Übernahme des Auszubildenden zu verrichten hat. Ersichtlich sein muß lediglich ein Kausalzusammenhang, aus dem sich ergibt, daß der Arbeitgeber infolge der geplanten Übernahme des Auszubildenden an der Arbeitsleistung des befristet eingestellten Arbeitnehmers nur ein vorübergehendes Interesse hat[11].

Der **Zwang zur Einsparung im Personalbereich** ist grundsätzlich kein Befristungsgrund, selbst wenn im öffentlichen Dienst im Haushaltsplan die Stelle mit einem kw-Vermerk (künftig wegfallend) versehen ist[12]. Es müssen sich konkrete Anhaltspunkte dafür ergeben, daß die Stelle zu dem im kw-Vermerk genannten Zeitpunkt auch tatsächlich wegfallen wird. Etwas anderes gilt für befristete Projektarbeit, insbesondere Forschungsarbeit. Dort ist die Haushaltsstelle für einen genau bestimmten Zeitraum bewilligt[13].

Ein sachlicher Grund liegt auch vor, wenn im Zeitpunkt der Befristung mit einiger Sicherheit aufgrund vorliegender Tatsachen von einem vorübergehenden Mehrbedarf oder künftig Minderbedarf an Arbeit auszugehen ist[14]. Demnach reicht als Befristungsgrund ganz gewiß folgende häufig anzutreffende Formulierung **nicht** aus: *„im Rahmen der Krankenhausbedarfsplanung wirksam werdende Belegungsreduzierung"*[15]. Dagegen ist der konkret benannte und ggf. nachweisbare Bettenabbau mit einem dadurch bedingen Personalrückgang ein sachlicher Grund[16].

Seit 1985 sind darüber hinaus nach dem **BeschFG** *„zur Entlastung des Arbeitsmarktes"*

4 BAG, AP Nr. 77 und Nr. 87 zu § 620 BGB Befristeter Arbeitsvertrag
5 BAG, AP Nr. 83 zu § 620 BGB Befristeter Arbeitsvertrag
6 BAG, AP Nr. 17 zu § 620 BGB Befristeter Arbeitsvertrag
7 BAG, AP Nr. 87 zu § 620 BGB Befristeter Arbeitsvertrag
8 BAG, AP Nr. 36 zu § 611 BGB Abhängigkeit
9 LAG Schleswig-Holstein vom 17.05.1995 unter dem AZ: 2 Sa 254/95, in: *Roßbruch,* Handbuch des Pflegerechts, C.14,6
10 BAG, AP Nr. 136 zu § 620 BGB Befristeter Arbeitsvertrag; Urteil vom 10.08.1994 unter dem AZ: 7 AZR 695/93
11 BAG vom 30.06.1993 – 7 AZR 689/92, in: ArbuR /1994, 30
12 BAG, ZTR 1988, S. 112
13 BAG, AP Nr. 111 zu § 620 BGB Befristeter Arbeitsvertrag
14 BAG, AP Nr. 114 und Nr. 143 zu § 620 BGB Befristeter Arbeitsvertrag; BAG, AP Nr. 14 zu § 15 KSchG 1969 sowie BAG, ZTR 1992, 427
15 BAG, ZTR 1994, 117 und ZTR 1995, 423
16 So *Weiß,* Befristete Arbeitsverträge in der Pflege: Chance oder Risiko?, Pflegemanagement 5/1997, S. 40 unter Hinweis auf BAG unter den AZ: 7 AZR 252/93 und 492/93

auf 18 Monate befristete Arbeitsverträge grundsätzlich zulässig, wenn es sich um die Beschäftigung arbeitslos gemeldeter Arbeitnehmer handelt. Mit Wirkung vom 01.10.1996 hat der Bundesgesetzgeber im BeschFG diese Höchstdauer auf zwei Jahre verlängert. Es handelt sich um eine **Befristung ohne sachlichen Grund;** die gesetzliche Zulässigkeit ersetzt den sachlichen Grund. Allerdings darf die Befristung nach dem BeschFG nicht in einem engen sachlichen Zusammenhang zu einem vorhergehenden Arbeitsvertrag mit demselben Arbeitgeber stehen. Nach § 1 Abs. 3 BeschFG ist ein solcher enger sachlicher Zusammenhang insbesondere anzunehmen, wenn zwischen den Arbeitsverträgen ein Zeitraum von weniger als vier Monaten liegt.

Beachte:

Erlaubt ist weiterhin zunächst eine Befristung nach dem BeschFG, dann nach dem BErzGG *(vgl. dazu noch ausführlich Fall 3),* dann nach den SR 2 y BAT, soweit sie Anwendung finden, oder auch in umgekehrter Reihenfolge, denn § 1 Abs. 3 BeschFG spricht von einem *„vorübergehenden unbefristeten Arbeitsvertrag oder … einem befristeten Arbeitsvertrag nach Abs. 1“.* In § 1 Abs. 1 BeschFG sind aber nur die Voraussetzungen für die Befristung nach dem BeschFG geregelt!

Beachte weiter:

Befristungen nach dem BeschFG waren im Geltungsbereich des BAT ohne einen sachlichen Grund im Sinne der **SR 2 y** bis 31.01.1996 nicht möglich[17]. Durch den 72. Änderungstarifvertrag zum BAT vom 15.12.1995 ist jetzt, befristet bis zum 31.12.2000, die Befristung nach dem BeschFG auch im BAT-Geltungsbereich ermöglicht.

In den AVR der beiden Religionsgemeinschaften gibt es keine der SR 2 y entsprechenden Sonderregelungen, es sei denn, es wird – wie extra im Bistum Rottenburg-Stuttgart – der BAT mit seinen Sonderregelungen ausdrücklich angewandt.

Jede zweite und weitere Befristung eines Arbeitsvertrages (sog. **Kettenarbeitsvertrag**) ist nach der Rechtsprechung des BAG nur wirksam, wenn auch für die weitere Befristung ein sachlicher Grund besteht[18].

Bei mehrfach befristeten Arbeitsverträgen fand das BeschFG bisher keine Anwendung.

Seit 01.10.1996 dürfen „Kettenbefristungen" höchstens dreimal bis zur Gesamtdauer von zwei Jahren vorgenommen werden. Bei Arbeitnehmern, die das 60. Lebensjahr vollendet haben, sind Befristungen jetzt unbeschränkt zulässig.

In § 1 Abs. 5 BeschFG ist darüberhinaus neu geregelt, daß der **Arbeitnehmer, der geltend machen will, die Befristung seines Arbeitsverhältnisses sei unwirksam, innerhalb von drei Wochen nach dem vereinbarten Ende des befristeten Arbeitsverhältnisses Klage beim Arbeitsgericht einreichen muß,** wie dies bisher nur für die Kündigungsschutzklage nach dem KSchG vorgesehen war. Die verspätete Klageerhebung hat in der Regel zur Folge, daß sie erfolglos ist.

Der befristete Arbeitsvertrag begründet ein befristetes Arbeitsverhältnis, das mit Ablauf der Zeit endet, für das es eingegangen ist (§ 620 Abs. 1 BGB). Durch die vertragliche Befristung des Arbeitsverhältnisses wird der gesetzliche Kündigungsschutz ausgeschlossen. Deshalb müssen auch sachliche Gründe für den Vertragsabschluß erforderlich sein, andererseits können auch andere Mißbrauchsgründe vorliegen, wie befristete Arbeitsverhältnisse, die mehrfach hintereinander ohne Unterbrechung im Wege eines sogenannten Kettenarbeitsvertrages vereinbart werden. Werden mehrere befristete Arbeitsverhältnisse derart aneinander gereiht, daß mit Ablauf der jeweiligen Frist das Arbeitsverhältnis ohne Kündigung endet, sofern nicht erneut ein befristeter Arbeitsvertrag abgeschlossen wird, so liegt ein Kettenarbeits-

---

17 BAG, AP Nr. 1 zu § 1 BeschFG 1985
18 BAG, AP Nr. 149 zu § 620 BGB Befristeter Arbeitsvertrag; BAG, ZTR 1994, 112

vertrag vor, der grundsätzlich unzulässig ist, es sei denn, er besteht insgesamt weniger als sechs Monate[19]. Etwas anderes gilt, wie gesagt, unter den Voraussetzungen des neuen BeschFG.

Liegt zwischen zwei befristeten Arbeitsverträgen ein Zeitraum von mehr als zwei Monaten, so ist in der Regel der erforderliche Zusammenhang nicht mehr gegeben[20]. Allerdings hält der 7. Senat des BAG an seiner Rechtsprechung[21] fest, daß die Aneinanderreihung mehrerer befristeter Arbeitsverträge, die nur insgesamt die Höchstdauer von fünf Jahren überschreiten, keine Umgehung der Protokollnotiz Nr. 2 zu Nr. 1 SR 2 y BAT darstellt[22]. Zwischenzeitlich kann sogar von sieben Jahren als Höchstgrenze für Mehrfach- oder Einmalbefristungen ausgegangen werden.

Beachte:

Bei Krankheitsvertretungen und sonstigen Vertretungen ist eine Zweckbefristung mit einem ungewissen Ende durchaus erlaubt. Allerdings wachsen in diesem Fall mit der Dauer der Betriebszugehörigkeit die schutzwürdigen Interessen des Arbeitnehmers an einem unbefristeten Dauerarbeitsverhältnis[23]. An die sachliche Begründung werden also verschärfte Anforderungen gestellt. Der Vertretungsbedarf muß konkretisiert werden. Dies ist allerdings bei einer Beschäftigung als Springer in dem Sinne, daß während der Anwesenheitszeit vorübergehend ausfallende Mitarbeiter vertreten werden, in der Regel nicht der Fall[24].

Anwendung auf Fall 2:

Für den Fall der Vereinbarung eines befristeten Arbeitsvertrages mit einer Schwangeren oder für den Fall der Vereinbarung eines Aufhebungs- bzw. Auflösungsvertrages *(vgl. dazu im einzelnen unter K.2.)* kommt der Mutterschutz nach dem MuSchG nicht zur Anwendung *(dazu ausführlich E.5.2.).*

Der Arbeitgeber ist nicht verpflichtet, die Mitarbeiterin auf sozialrechtliche oder sonstige Rechtsnachteile aufmerksam zu machen.

Eine weitere Befristung ist allerdings arbeitsrechtlich nicht empfehlenswert, weil ein sachlicher Grund im Sinne der Sonderregelung SR 2 y zum BAT fehlt, so daß zu befürchten ist, daß diese Mitarbeiterin ein **Arbeitsverhältnis von unbestimmter Dauer** geltend macht mit der Folge, daß § 9 des MuSchG (besonderer Kündigungsschutz für Schwangere) zur Anwendung käme. Der vorsichtige Arbeitgeber wird also eine weitere Befristung ablehnen, auch wenn nach allgemeinen arbeitsrechtlichen Grundsätzen der Wunsch des Mitarbeiters auf Befristung den Mitarbeiter daran hindert, sich auf die Unwirksamkeit der Befristung zu berufen.

3. Spezialfall der wirksamen Befristung von Arbeitsverträgen für Vertretungen im Erziehungsurlaub

Fall 3:

Die klagende Arbeitnehmerin I. schließt mit ihrem Arbeitgeber am 31.03./01.04.1992 einen

19 BAG vom 11.12.1991 – AZ: 7 AZR 431/90, in: BB 1993, 1149 f.
20 BAG vom 01.11.1992 – 2 AZR 552/81
21 BAGE 48, 215 = AP Nr. 90 zu § 620 BGB Befristeter Arbeitsvertrag
22 BAG vom 21.04.1993 – 7 AZR 376/92, in: ArbuR 2/1994, 69
23 BAG, AP Nr. 141, 149 und 178 zu § 620 BGB Befristeter Arbeitsvertrag
24 BAG, AP Nr. 87 zu § 620 BGB Befristeter Arbeitsvertrag

schriftlichen Arbeitsvertrag, in dessen § 1 folgendes bestimmt ist:
„Frau I. wird ab 01. April 1992 als Angestellte zur Aushilfe für die Dauer der Mutterschutzfrist der Frau B. und des sich evtl. anschließenden Erziehungsurlaubes, längstens bis zum 31. Mai 1995, eingestellt".
Ferner vereinbaren die Vertragsparteien in § 2 des Arbeitsvertrages die Geltung des BAT, und in § 6 legen sie fest, daß Änderungen und Ergänzungen des Arbeitsvertrags der Schriftform bedürfen.
Die Mutterschutzfrist der Angestellten B. läuft vom 29. März bis zum 21.06.1992. Auf ihren Antrag vom 14. Mai 1992 wird ihr für die Zeit vom 22.06.1992 bis 30. September 1993 Erziehungsurlaub gewährt.
Die klagende Mitarbeiterin, Frau I., wird ihrerseits schwanger und stellt am 28. Dezember 1992 einen Antrag auf Erziehungsurlaub. Diesem Antrag entspricht der Arbeitgeber mit Schreiben vom 18.01.1993 nur für die Zeit bis zum 30. September 1993, weil er die Auffassung vertritt, daß das Arbeitsverhältnis mit der Klägerin zu diesem Zeitpunkt enden werde, weil dann der genehmigte Erziehungsurlaub der Angestellten B. endet und diese an ihren Arbeitsplatz zurückkehren werde.
Hiergegen macht die klagende Frau I. in allen drei Instanzen in der Arbeitsgerichtsbarkeit geltend, daß ein wirksamer Arbeitsvertrag im Hinblick auf § 21 Abs. 3 des Bundeserziehungsgeldgesetzes (BErzGG) nicht zustande gekommen sei. Frau I. bekommt in allen Instanzen Recht[25].

Zur Klarstellung geht es natürlich nicht um die Wirksamkeit des Arbeitsverhältnisses, sondern **einzig und allein um die Wirksamkeit der Befristung,** d.h. die klagende Frau I. macht hier geltend, daß nicht etwa ein befristeter Arbeitsvertrag, sondern ein unbefristeter Arbeitsvertrag zustande gekommen ist mit der Folge, daß das Arbeitsverhältnis nicht etwa durch Zeitablauf endet, sondern während der Schwangerschaft und des Erziehungsurlaubes die besonderen Kündigungsschutzvorschriften des MuSchG und des BErzGG (und im übrigen natürlich auch dann das KSchG) zur Anwendung kommen.

Insoweit ist bei der Befristung von Arbeitsverhältnissen für Vertretungen im Erziehungsurlaub § 21 BErzGG (befristete Arbeitsverträge) zu beachten, der wie folgt lautet:

§ 21 BErzGG

„(1) Ein sachlicher Grund, der die Befristung eines Arbeitsverhältnisses rechtfertigt, liegt vor, wenn ein Arbeitnehmer zur Vertretung eines anderen Arbeitnehmers für Zeiten eines Beschäftigungsverbotes nach dem Mutterschutzgesetz, eines Erziehungsurlaubes, einer auf Tarifvertrag, Betriebsvereinbarung oder einzelvertraglicher Vereinbarung beruhenden Arbeitsfreistellung zur Betreuung eines Kindes oder für diese Zeiten zusammen oder für Teile davon eingestellt wird.
(2) …
(3) Die Dauer der Befristung des Arbeitsvertrages muß kalendermäßig bestimmt oder bestimmbar sein."

Das BAG hat in der vertraglich vereinbarten Befristung unter Bezugnahme auf die Dauer der Mutterschutzfrist und des sich evtl. anschließenden Erziehungsurlaubes einen Verstoß gegen § 21 Abs. 3 BErzGG gesehen und die Auffassung vertreten, daß die vereinbarte Befristung unwirksam ist. **Nach § 21 Abs. 3 BErzGG muß die Befristung im Arbeitsvertrag kalendermäßig bestimmt oder bestimmbar sein.**
Dies verlangt demzufolge eine Festlegung auf ein bestimmtes Datum. Also hätte im vorliegenden Fall das Arbeitsverhältnisende konkret auf den 30. September 1993 festgelegt werden müssen. Es muß sich

---

25 BAG, Urteil v. 09. November 1994 – 7 AZR 294/93; vgl. auch *Debong/Andreas,* Wie sind Arbeitsverträge für Vertretungen im Erziehungsurlaub wirksam zu befristen?, in: Schw/Pfl 10/1995, S. 936 f.

nämlich aus der Vereinbarung ein genaues Datum ableiten lassen. Das wäre z.b. dann der Fall, wenn vereinbart worden wäre: *„Das Arbeitsverhältnis beginnt am 01. April 1992 und wird auf den Zeitpunkt des Ablaufs der gesetzlichen Höchstdauer des am 22. Mai 1992 angetretenen Erziehungsurlaubs der Angestellten B. befristet."*
Das BAG mußte sich auch mit der Frage auseinandersetzen, ob im Geltungsbereich des BAT mit der Sonderregelung SR 2 Y BAT auch eine andere Auslegung in Frage kommt. Dies ist aber schon deshalb zu verneinen, weil die Sonderregelungen für die zur Vertretung oder zur zeitweiligen Aushilfe eingestellten Arbeitnehmer keine von § 21 BErzGG abweichende Anforderung (vgl. Nr. 1 Buchstabe c SR 2 Y BAT) sondern nur die Aufnahme bestimmter Angaben in den Arbeitsvertrag fordern.
Schließlich hat das BAG auch noch auf Einwand des Arbeitgebers darauf hingewiesen, daß die Höchstbefristung bis zum 31. Mai 1995 deshalb unwirksam ist, weil nach dem Gesetzeswortlaut die Befristung des Arbeitsverhältnisses nur für die Dauer eines im Zeitpunkt des Vertragsabschlusses bereits verlangten Erziehungsurlaubs zulässig ist. Dies ergibt sich schon daraus, daß der Arbeitnehmer *„zur Vertretung"* einzustellen ist.
Da Frau B. im Fall 3 im Zeitpunkt des Vertragsabschlusses noch nicht einmal einen Antrag auf Erziehungsurlaub gestellt hatte, kann die Höchstbefristung gesetzlich gar nicht zulässig sein.

4. Exkurs: Die Vereinbarung von Job Sharing

Zwar besteht die Vertragsfreiheit im Arbeitsrecht grundsätzlich im Rahmen der Abschlußfreiheit, sie ist aber im Interesse und zum Schutz des Arbeitnehmers sowohl hinsichtlich der Wahl der Vertragsart als auch hinsichtlich bestimmter Modalitäten eingeschränkt. Im Gegensatz zu anderen Rechtsgebieten werden zur Abgrenzung nicht formale Abgrenzungskriterien gewählt werden, sondern es ist inhaltlich abzugrenzen.
Dies hängt naturgemäß auch damit zusammen, daß die Sozialversicherungspflicht und die Abgabenabführungspflicht durch den Arbeitgeber vom Bestehen eines Arbeitsvertrages abhängen.
Beim **Job Sharing** gibt es zwei Möglichkeiten, nämlich

- die Form einer sogenannten Eigengruppe, mit der der Arbeitgeber ein Dienstverhältnis ohne gleichzeitiger Begründung von Arbeitsverhältnissen mit den einzelnen Gruppenmitglieder eingeht oder
- die Wahrnehmung der auf einem Vollzeit-Arbeitsplatz anfallenden Arbeit durch (mindestens) zwei Arbeitnehmer bei grundsätzlicher Besetzung des Arbeitsplatzes während der gesamten Arbeitszeit, wobei der Arbeitgeber Einzelarbeitsverhältnisse mit jedem, beteiligten Arbeitnehmer eingeht.

Im öffentlichen Dienst dürfte nur die zweite Variante zulässig sein, d.h. die Begründung einzelner Arbeitsverhältnisse.

5. Formfreiheit und Schriftformerfordernis

Fall 4:

Angestellte M. befindet sich im Mutterschutz und anschließend im Erziehungsurlaub. Sie spricht mit ihrem unmittelbaren Vorgesetzten über die Möglichkeit, das volle Arbeitsverhältnis in ein Teilzeitarbeitsverhältnis abzuändern. Der

Vorgesetzte erklärt sich damit einverstanden, die Verwaltung macht aber geltend, daß dies eine Nebenabrede im Sinne des § 4 Abs. 2 BAT sei und deshalb der Schriftform unterliege. Da keine schriftliche Niederlegung erfolgte, sei die Vereinbarung unwirksam.

Die Vertragsfreiheit impliziert auch eine Formfreiheit, d.h. der Arbeitsvertrag kommt in der Regel mündlich zustande. Dennoch muß immer wieder geprüft werden, inwieweit nicht auch Schriftformerfordernisse zu beachten sind. Der bedeutendste Fall ist sicherlich § 15 KrPflG, wonach ein **Ausbildungsvertrag zwischen dem Träger der Ausbildungsstätte und dem Schüler nur dann wirksam zustande kommt, wenn der Vertrag von beiden Seiten unterschrieben ist.**
Anders dagegen der allgemeine Arbeitsvertrag, und zwar auch im öffentlichen Dienst. § 4 BAT begründet keinesfalls ein Schriftformerfordernis ganz allgemein, sondern nach Abs. 2 dieser Vorschrift **nur für Nebenabreden.**

§ 4 BAT:

„(1) Der Arbeitsvertrag wird schriftlich abgeschlossen; dem Angestellten ist eine Ausfertigung auszuhändigen. Mehrere Arbeitsverhältnisse zu demselben Arbeitgeber dürfen nur begründet werden, wenn die jeweils übertragenen Tätigkeiten nicht in einem unmittelbaren Sachzusammenhang stehen. Andernfalls gelten sie als ein Arbeitsverhältnis.

(2) Nebenabreden sind nur wirksam, wenn sie schriftlich vereinbart werden. Eine Nebenabrede kann gesondert gekündigt werden, soweit dies durch Tarifvertrag vorgesehen oder einzelvertraglich vereinbart ist."

Danach steht fest, daß **Abs. 1 keine konstitutive Schriftform** regelt, sondern lediglich deklaratorisch ist, während **Abs. 2 für Nebenabreden als Wirksamkeitsvoraussetzung das Schriftformerfordernis** aufstellt. Ganz allgemein geht man davon aus, daß **Abs. 1 für alle Hauptrechte und Hauptpflichten aus dem Arbeitsverhältnis** gilt und für Ansprüche, die auf die Hauptpflichten zurückzuführen sind, während für die sogenannten **Nebenpflichten aus Abs. 2 das Schriftformerfordernis** gilt. Hierzu die grundlegende

Entscheidung des BAG[26] zur Schriftform:

„a) Die Schriftform des § 4 Abs. 2 BAT ist eine gesetzliche Schriftform. Die entgegen der Formvorschrift getroffene Abrede ist nichtig und wird auch nicht nach Kündigung des BAT zum 31.12.1969 von selbst wirksam.

b) Auch Formvorschriften wirken nach § 4 Abs. 5 TVG tariflich nach; sie können jedoch dem Nachwirkungszeitraum durch andere Vereinbarungen außer Kraft gesetzt werden.

c) Eine die nachwirkende Abschlußform außer Kraft regelnde Vereinbarung setzt aber voraus, daß eine rechtlich relevante Vereinbarung geschlossen wird, die zwar auch stillschweigend getroffen werden kann, aber einen darauf gerichteten beiderseitigen rechtsgeschäftlichen Willen voraussetzt."

Nach dem BAG[27] kann die Berufung auf die Nichteinhaltung der Schriftform des Abs. 2 in besonderen Ausnahmefällen eine unzulässige Rechtsausübung darstellen mit der Folge, daß der sich auf die Nichteinhaltung Berufende sich so verhalten müsse, als wenn eine beiderseits unter-

---

26 BAG vom 08.05.1977 – 4 AZR 47/7
27 BAG vom 16.05.1972 – 5 AZR 459/71

schriebene und somit rechtzeitig zustande-gekommene Nebenabrede vorläge. Ein solcher Fall könne z.b. vorliegen, wenn der sich auf die Nichtigkeit Berufende aus der Vereinbarung bereits Vorteile gezogen habe.

Nebenabreden liegen vor bei der

- Vereinbarung einer tariflich nicht vorgesehenen Teilnahme am Bewährungsaufstieg[28]
- zusätzlichen Gewährung von Fahrtkostenersatz und Zuschuß zur Verpflegung[29]
- Leistung von Trennungsentschädigung[30]
- Zahlung von außertariflichen Schmutz- und Erschwerniszuschlägen[31]
- Vereinbarung einer Rückzahlungsklausel von Ausbildungskosten[32]
- Vereinbarung einer Zuschußzahlung zu den Beiträgen von Angestellten an einen Kranken- und Unterstützungsverein[33]
- tariflich nicht vorgesehenen Übernahme von 80 % der Kosten einer Jahres-/bzw. Wochenkarte der Deutschen Bundesbahn[34]
- Gewährung eines Essenszuschusses[35].

Dagegen stellt die Zusage einer höheren Vergütung keine Nebenabrede dar[36]. Dies gilt insbesondere für übertarifliche Vergütungen[37]. Da es sich hier um die Hauptpflichten handelt, kommt § 4 Abs. 1 BAT zur Anwendung.

Die Unterscheidung zwischen Haupt- und Nebenpflichten ist auch für Arbeitgeber-Erlasse und für die betriebliche Übung (s.u.) von erheblicher Bedeutung. So ist hier maßgeblich die

Entscheidung des BAG[38] zur Gewährung eines Essenszuschusses:

„1. Die Gewährung eines Essenszuschusses ist eine Nebenabrede im Sinne von § 4 Abs. 2 BAT und bedarf der Schriftform.

2. Die Veröffentlichung von Richtlinien über die Gewährung eines Essenszuschusses ersetzt die tariflich vorgeschriebene Schriftform nicht.

3. Auch bei vertraglicher Vereinbarung über die Geltung tariflicher Bestimmungen wird in der Regel das Schriftformerfordernis nicht abbedungen, da im öffentlichen Dienst ein solcher Arbeitsvertrag nur widerspiegeln soll, was kraft Tarifbindung gilt.

4. Die Berufung auf fehlende Schriftform kann gegen den Grundsatz von Treu und Glauben verstoßen und eine unzulässige Rechtsausübung darstellen.

Weiterhin steht in diesem Urteil:

a) Die gleichmäßige Gewährung eines Essenszuschusses an alle Bedienstete eines Arbeitgebers kennzeichnet dieses Verfahren als betriebliche Übung.

b) Die kraft betrieblicher Übung zustandegekommene stillschweigende Vereinbarung ist schon deshalb unwirksam, weil die nach § 4 Abs. 2 BAT vorgeschriebene Schriftform nicht eingehalten ist.

c) § 4 Abs. 2 BAT erfaßt auch Nebenabreden, die auf eine betriebliche Übung gestützt werden. (Praktisch) werden durch § 4 Abs. 2 BAT im öffentlichen Dienst wirksame Nebenabreden kraft betrieblicher Übung verhindert. Da im öffentlichen Dienst die Rechte und Pflichten der Ar-

28 BAG vom 26.11.1969 – 4 AZR 528/68 und BAG vom 10.09.1975 – 4 AZR 485/74
29 BAG vom 09.02.1972 – 4 AZR 149/71
30 BAG vom 22.02.1972 – 4 AZR 154/71 und BAG vom 28.01.1981 – 4 AZR 869/78
31 BAG vom 01.03.1972 – 4 AZR 208/71
32 BAG vom 16.05.1972 – 5 AZR 459/71
33 BAG vom 07.12.1977 – 4 AZR 383/76
34 BAG vom 22.08.1979 – 4 AZR 896/77 und 4 AZR 915/77
35 BAG vom 09.12.1981 – 4 AZR 319/79 und BAG vom 07.09.1982 – 3 AZR 5/8
36 BAG vom 06.09.1972 – 4 AZR 422/71
37 BAG vom 09.09.1981 – 4 AZR 213/81
38 BAG vom 09.12.1981 – 4 AZR 312/79

beitsvertragsparteien weitgehend gesetzlich und tariflich normiert sind, besteht in diesem Bereich für die Anwendung der betrieblichen Übung nicht das dringende Bedürfnis, das die Rechtsprechung zur Entwicklung dieses Rechtsinstitutes gezwungen hat."

Ferner gilt, soweit es um § 4 Abs. 1 BAT geht, folgende

Entscheidung des BAG[39] zum Anspruch auf Gewährung einer Zulage:

„Ein derartiger Anspruch kann sich aus einer ausdrücklichen oder stillschweigenden Zusage ergeben; letzterer kann auch in einer betrieblichen Übung gefunden werden.
Für die Begründung eines Anspruches durch betriebliche Übung kommt es nicht darauf an, ob der Arbeitgeber mit Verpflichtungswillen handelt. Entscheidend ist, wie der Erklärungsempfänger die Erklärung oder das Verhalten nach Treu und Glauben unter Berücksichtigung der Begleitumstände verstehen muß. Müssen die Arbeitnehmer aus dem Verhalten des Arbeitgebers folgern, es handele sich um eine auf Dauer angelegte Handhabung, die auch künftig eingehalten werde, so ist der Arbeitgeber an diese betriebliche Übung gebunden. Es kommt nicht darauf an, ob eine Bindung gewollt war. Es genügt, daß der Arbeitgeber wissentlich einen objektiven Tatbestand gesetzt hat, den die begünstigten Arbeitnehmer als Zusage einer dauernden, auch künftig zu gewährenden Leistung verstehen durften.

Bezogen auf den öffentlichen Dienst wird in diesem Urteil aber ausgeführt:

Ein Arbeitnehmer im öffentlichen Dienst wird regelmäßig nicht ohne weiteres annehmen können, eine Zulage ohne tarifli-

che Grundlage solle nach dem Willen des Arbeitgebers als übertarifliches Entgelt auf Dauer gezahlt werden. Er wird vielmehr davon ausgehen müssen, der an die Grundsätze des Haushaltsrechts gebundene öffentliche Arbeitgeber leistet Zulagen nur im Vollzug der gesetzlichen und tariflichen Normen. Eine übertarifliche Bezahlung ist im öffentlichen Dienst eine Ausnahme. Selbst bei einer langjährigen Leistung wird ein Arbeitnehmer des öffentlichen Dienstes nicht ohne besonderen Anhalt annehmen dürfen, daß übertarifliche Entgelt sei Vertragsbestandteil geworden. Für eine solche Annahme des Arbeitnehmers sind vielmehr zusätzliche Anhaltspunkte erforderlich, die sich je nach den Umständen aus den Erklärungen des Arbeitgebers oder einer Verwaltungspraxis ergeben können und die aus der Sicht des Arbeitnehmers den Schluß rechtfertigen, es solle ausnahmsweise eine freiwillige, tariflich nicht vorgesehene Leistung erbracht werden.

Die Leitsätze 1 und 2 dieses Urteils lauten:

1. Zahlt ein Arbeitgeber jahrelang allen Arbeitern eines Betriebes anstelle des tariflich vorgeschriebenen Schichtzuschlags einen höheren Wechselschichtzuschlag, für den die tariflichen Voraussetzungen fehlen, so kann dadurch eine betriebliche Übung begründet werden. Maßgebend ist, wie die Arbeitnehmer das Verhalten des Arbeitgebers verstehen dürfen.

2. Im öffentlichen Dienst kann die Tatsache allein, daß Zulagen ohne tarifliche Grundlage gezahlt werden, noch nicht ohne weiteres dahin verstanden werden, daß eine übertarifliche Vergütung zugesagt werden soll. Es kommt auf die Begleitumstände an."

---

39 BAG vom 03.08.1982 – 3 AZR 503/79

In einem anderen Fall kam es allerdings zur

Entscheidung des BAG[40] zur Frage der Regelmäßigkeit freiwilliger Arbeitgeber-Leistungen:

„1. Gewährt ein Arbeitgeber jahrelang allen ausländischen Arbeitnehmern, die ihren Familienwohnsitz im Ausland beibehalten, Trennungsentschädigung, so begründet er damit eine betriebliche Übung.

2. Wird die Trennungsentschädigung ohne Vorbehalt bezahlt, so können die begünstigten Arbeitnehmer darauf vertrauen, daß es sich um eine dauernde Leistung handeln soll, die erst dann wegfällt, wenn die tatsächlichen Voraussetzungen nicht mehr erfüllt sind.

3. Nach den Tarifverträgen im öffentlichen Dienst stellt die Zusage außertariflicher sozialer Leistungen eine „Nebenabrede" dar, die der Schriftform bedarf (hier: § 3 Abs. 2 TVArb Bundespost). Insoweit kann auch eine betriebliche Übung grundsätzlich keine bindende Wirkung entfalten.

4. Die Berufung auf das Fehlen der Schriftform verstößt gegen Treu und Glauben, wenn der Arbeitgeber jahrelang auf der Grundlage eines ministeriellen Erlasses und in der Form eines angeordneten Verwaltungsverfahrens im gesamten Bereich der Deutschen Bundespost außertarifliche Trennungsentschädigungen gezahlt und darauf in früheren Grundsatzentscheidungen entscheidend abgestellt wurde."

Das gilt auch für außertarifliche Arbeitsfreistellungstatbestände[41].
Ein „besonderer Anhaltspunkt" ergibt sich z.B., wenn der Umstand, um den es geht, in die Satzung des Arbeitgebers aufgenommen wird.

Ein Problem stellt auch die **Kündigung von Nebenabreden** dar. Ist dies als Teilkündigung möglich, oder muß das gesamte Arbeitsverhältnis gekündigt werden?
Es kommt darauf an, ob das Arbeitsverhältnis auch ohne die Nebenabreden Bestand haben kann, also ohne wesentlich davon betroffen zu sein.
Da hier natürlich immer wieder Abgrenzungsprobleme auftreten, dürfte es sich anbieten, in aller Regel Nebenabreden mit einem besonderen Kündigungsrecht auszustatten, für das die Fristen des Arbeitsverhältnisses nicht unbedingt maßgebend sind. Dies wird auch von der Rechtsprechung akzeptiert[42]. Eine solche **Teilkündigung** unterliegt weder dem KSchG noch der Mitbestimmung des Personalrates bzw. des Betriebsrates[43].
Genehmigungsvermerke oder Genehmigungsvorbehalte durch vorgesetzte Behörden oder Personen sind nicht nur rechtens, sondern auch zweckmäßig. So greift hier die

Entscheidung des BAG[44] zur Zuständigkeit von Dienstvorgesetzten:

„Dem Arbeitnehmer im öffentlichen Dienst kann nicht zugemutet werden, jeweils im einzelnen zu prüfen, ob sein Dienstvorgesetzter sich bei vertraglichen Vereinbarungen mit ihm im Rahmen seiner Zuständigkeit hält. Er kann vielmehr darauf vertrauen, daß sein Vorgesetzter zum Abschluß von Verträgen von ihm ermächtigt ist. Etwas anderes kann allenfalls dann

---

40 BAG vom 07.09.1982 – 3 AZR 5/80
41 BAG vom 29.11.1983 – 3 AZR 491/82
42 BAG vom 07.10.1982 – 2 AZR 455/80, in: AP Nr. 5 zu § 620 BGB Teilkündigung
43 Ausdrücklich entschieden von LAG Schleswig-Holstein mit Urteil vom 27.01.1983 – 2 (3) Sa 367/82
44 BAG vom 09.06.1971 – 4 AZR 268/70, in: AP Nr. 42 zu § § 22, 23 BAT

gelten, wenn die Unzuständigkeit der gegenüber ihm tätig werdenden Behörde oder Bediensteten offensichtlich ist."

Die Zusage eines Beauftragten des Arbeitgebers ist auch dann bindend, wenn er vollmachtlos handelt[45].
Es bietet sich deshalb an, die vorgesetzten Mitarbeiter zu verpflichten, bei ihren Aussagen Vorbehalte geltend zu machen, weil sie sich ansonsten einer Haftung als falsus procurator aussetzen.

Anwendung auf Fall 4:

Da die Vereinbarung des Umfanges der Arbeitszeit eine Hauptpflicht des Arbeitnehmers betrifft, nämlich die Arbeitsleistung selbst, fällt dieser Regelungsgegenstand nicht unter Abs. 2 des § 4 BAT, sondern unter Abs. 1 dieses Paragraphen. Danach hat der Angestellte lediglich Anspruch auf Aushändigung einer Ausfertigung des Arbeitsvertrages. D.h. das dort geregelte Schriftformerfordernis ist rein deklaratorisch, also nur erklärend und zu Beweiszwecken geregelt, während allein das Schriftformerfordernis nach Abs. 2 für Nebenabreden konstitutiv, also rechtsbegründend, ist. Da der Vorgesetzte keinen Vorbehalt geltend gemacht hat, ist die Veränderung des Arbeitsvertrages mündlich wirksam zustande gekommen. Ein Beteiligungsfall der Belegschaftsvertretung liegt nicht vor.

45 BAG vom 31.03.1992 – 4 AZR 1099/79 und BAG vom 03.08.1982 – 3 AZR 503/79

6. Einstellungsgespräch

Fall 5:

In den Fachzeitschriften „Pflegezeitschrift" und „Die Schwester/Der Pfleger" inseriert ein Klinikum wegen der Einstellung einer Innerbetrieblichen Fortbildungsbeauftragten für den Pflegedienst, ausgeschrieben mit Vergütungsgruppe Kr. VII. Es bewirbt sich u.a. die Diplompädagogin P., die selbst examinierte Krankenschwester ist, aber zusätzlich noch das Studium der Pädagogik absolviert hat. Beim Einstellungsgespräch fragt Frau P. ausdrücklich und nachdrücklich, ob sie nach Kr. VII vergütet wird. Der Einstellungskommission liegen sämtliche Bewerbungsunterlagen vollständig vor. Es wird ihr ausdrücklich zugesagt, sie nach Kr. VII zu vergüten, sollte sie die Stelle erhalten.
Frau P. erhält die Stelle. Der schriftliche Arbeitsvertrag wird ihr aber erst drei Monate später von der Verwaltung übersandt. Danach gilt Kr. VI als Vergütung vereinbart.
Dagegen wehrt sich Frau P.

Die **Vertragsfreiheit** beinhaltet die **Abschlußfreiheit** und die **Gestaltungsfreiheit**. Maßgebend für die Begründung eines Vertragsverhältnisses ist das Vorliegen zweiseitiger übereinstimmender Willenserklärungen, nämlich Angebot und Annahme. Das **Inserat** des Arbeitgebers selbst stellt kein Angebot dar, sondern lediglich die **Aufforderung zur Abgabe von Angeboten**. Dennoch begründen die vorvertraglichen Anbahnungsbeziehungen zwischen Arbeitgeber und einem Bewerber auf beiden Seiten **Pflichten** aus dem Gesichtspunkt des **Verschuldens bei Vertragsabschluß** (culpa in contrahendo). Diese Pflichten bestehen insbesondere aus Offenbarungs-, Schutz- und Kostenerstattungspflichten.
Der Bewerber hat beim Vorstellungsgespräch alle Umstände wahrheitsgemäß darzulegen, die für das künftige Arbeitsverhältnis wesentlich sind. Dabei kommt na-

turgemäß dem Fragerecht des Arbeitgebers eine besondere Bedeutung zu, was *unter 7.* aber gesondert behandelt wird. Eine besondere Ausprägung dieser vorvertraglichen Pflichten ist § 7 Abs. 1 BAT, wonach der Angestellte auf Verlangen des Arbeitgebers vor seiner Einstellung seine körperliche Eignung (Gesundheitszustand und Arbeitsfähigkeit) durch das Zeugnis eines vom Arbeitgeber bestimmten Arztes nachzuweisen hat.

Auch dem Arbeitgeber obliegen Pflichten wie z.B. Ersatz der Vorstellungskosten, wenn der Bewerber ausdrücklich zur Vorstellung aufgefordert wurde. Dies hat nichts damit zu tun, ob jetzt der Arbeitsvertrag zustande kommt oder nicht.

Anwendung auf Fall 5:

Die Krankenschwester und Diplompädagogin P. wehrte sich zu Recht. Maßgebend ist nach § 4 Abs. 1 BAT nicht die schriftliche Ausfertigung des Arbeitsvertrags, sondern der mündlich zustandegekommene Arbeitsvertrag. Während der Bewerbung hatte Frau P. ausdrücklich nachgefragt, ob sie nach Kr. VII eingestellt wird oder nicht. Da die Kommission ohne jeglichen Vorbehalt bedingungslos erklärte, daß Frau P. für den Fall, daß sie die Stelle bekäme, auch nach Kr. VII vergütet werde, gilt somit Kr. VII als vereinbart.

Auf das Inserat ist nicht abzustellen (invitatio ad offerendum). Die Verwaltung berief sich natürlich darauf, daß nach der Vergütungsanlage 1b zum BAT nur eine dreijährig examinierte Pflegekraft mit einjähriger Weiterqualifikation zur Unterrichtspflegekraft die tariflichen Voraussetzungen für die Eingruppierung nach Vergütungsgruppe Kr. VII erfüllt, wohingegen die dreijährig examinierte Krankenschwester mit einem Diplom in der Pädagogik diese Voraussetzungen gerade nicht erfüllt. Diese Argumentation ist durchaus durchgreifend, nachdem die Vergütungsmerk-

male im BAT in der Tat in der Regel aus Gründen der Rechtssicherheit formal auszulegen sind[46]. Dies ändert aber nichts daran, daß im Einstellungsgespräch letztlich eine übertarifliche, außertarifliche Vergütung mündlich wirksam vereinbart wurde.

Es empfiehlt sich deshalb, im Einstellungsgespräch unbedingt einen **Vorbehalt** geltend zu machen, nämlich den des schriftlichen Arbeitsvertrages nach Rücksprache mit der Personalverwaltung!

Im übrigen sollte auch der Vorbehalt der Zustimmung des Betriebsrates/Personalrates/MAV gegenüber dem Bewerber ausdrücklich geltend gemacht werden *(vgl. dazu unten 8.)*!

Wenngleich bei der Einstellung des Mitarbeiters eine Abschlußfreiheit besteht, ist diese auch unter dem Gesichtspunkt des Gleichheitsgrundsatzes und insbesondere der Geschlechtergleichheit in gewissem Umfange eingeschränkt. So regelt der § 611 a BGB, daß bei der Auswahl der Bewerber eine Differenzierung nach Geschlechtern nicht zulässig ist.

Während bisher umstritten war, ob die abgelehnte Bewerberin einen Schadensersatzanspruch geltend machen kann, hat das BVerfG nunmehr entschieden, daß sehr wohl der abgelehnte Bewerber einen Schadensersatzanspruch hat, der pauschaliert werden kann, sofern die gesetzlichen Voraussetzungen vorliegen. Das BVerfG neigt dazu, entsprechend den Überlegungen des BAG ein bis drei Monatsgehälter als Schadensersatzhöhe zu akzeptieren[47]. Der Gleichbehandlungsgrundsatz betrifft natürlich insbesondere auch die Durchführung des Arbeitsverhältnisses *(vgl. speziell am Beispiel der Teilzeitbeschäftigten unter G.1.5.).*

---

46 Am Beispiel der Eingruppierung eines Sozialarbeiters im psychosozialen Dienst LAG Düsseldorf vom 04.05.1993 – 16 Sa 181/93, in: BB 1993, 2165 f.

47 BVerfG vom 16.11.1993 – 1 BvR 258/86, in: BB 7/1994, 502 f.

7. Fragerecht des Arbeitgebers am Beispiel der Frage nach der Schwangerschaft

Fall 6:

Bei der Einstellung der Angestellten L., zu deren Aufgaben ausdrücklich der Umgang mit infektiösem Material gehört, fragt der Arbeitgeber die Bewerberin, ob sie schwanger sei, was sie wahrheitswidrig verneint. Als die inzwischen eingestellte Mitarbeiterin ihren Zustand offenbart, will sich der Arbeitgeber wegen der wahrheitswidrigen Angaben von ihr trennen. Zu Recht[48]?

Bei Einstellungsgesprächen stellt sich zumeist die Frage, **ob der Arbeitgeber einen Bewerber alles fragen darf und ob der Bewerber die ihm gestellten Fragen immer wahrheitsgemäß beantworten muß.** Dies ist keine rein theoretische Fragestellung, denn kommt es zum Streit, geht es insbesondere bei Vorliegen eines besonderen Kündigungsschutzes darum, ob bei einer wahrheitswidrigen Beantwortung einer vom Arbeitgeber gestellten Frage der Arbeitgeber das Recht hat, seine Willenserklärung bei Abschluß des Arbeitsvertrages rückwirkend anzufechten.

Ohne auf Einzelheiten des Beendigungsrechtes einzugehen *(vgl. dazu unter K.)*, ist es doch von Bedeutung, zu verstehen, was für ein **Unterschied zwischen Kündigung und Anfechtung** besteht.

Die **Kündigung** ist eine **einseitig empfangsbedürftige Willenserklärung,** die ein Rechtsverhältnis frühestens ab Zugang der Kündigungserklärung, meist nach Ablauf eines Termins oder einer Frist, **für die Zukunft beendet.**

Die **Anfechtung** hingegen ist zwar auch eine **einseitige empfangsbedürftige Willenserklärung,** die aber nicht ein Rechtsverhältnis für die Zukunft beendet, sondern die bereits bei Zustandekommen des Vertragsverhältnisses abgegebene **Willenserklärung rückwirkend vernichtet.** Das heißt, der Arbeitgeber macht z.B. geltend: Hätte er gewußt, daß der Mitarbeiter vorbestraft ist, hätte er ihn nicht eingestellt. Zwar spielt die rückwirkende Vernichtung für das Arbeitsverhältnis keine Rolle, weil die geleistete Arbeit immer zu vergüten ist, so daß die Anfechtungserklärung im Arbeitsrecht immer nur für die Zukunft wirken kann. Von Bedeutung ist aber, daß für den Fall einer zulässigen Anfechtung die Schutzvorschriften des Arbeitsrechts, die für die Kündigung gelten, nicht zur Anwendung kommen.

Angefochten werden kann wegen Irrtums nach § 119 BGB oder wegen arglistiger Täuschung bzw. widerrechtlicher Drohung nach § 123 BGB.

Nach § 119 BGB kann der Anfechtende eine Willenserklärung anfechten, über deren Inhalt er im Irrtum war (**Inhaltsirrtum**), oder wenn er eine Erklärung dieses Inhalts gar nicht abgeben wollte (**Erklärungsirrtum**).

Ein Inhaltsirrtum kommt insbesondere zum Tragen, wenn der Anfechtende sich über die Person des Erklärungsgegners oder über die Natur des Rechtsgeschäftes geirrt hat. Dies ist z.B. der Fall, wenn der Arbeitnehmer ein Schriftstück mit der Überschrift „Arbeitsvertrag" unterschreibt, nachdem er Vertragsverhandlungen wegen eines Arbeitsvertrages geführt hat. Inhaltlich ist aber ein Werkvertrag geregelt. Der Arbeitnehmer in diesem Fall kann anfechten.

Nach § 119 Abs. 2 BGB gilt als Irrtum auch der **Irrtum** über solche Eigenschaften der Person oder der Sache, die im Verkehr als wesentlich angesehen werden. **Wesentliche Eigenschaften** können sein: Geschlecht, Alter, Vorstrafen, Zuverlässigkeit, Ehrlichkeit, nicht aber Schwangerschaft, die keine

---

48 BAG vom 01.07.1993 – 2 AZR 25/93, in: BB 1993, 2085 ff. mit 1. Anmerkung *Buschbeck-Bülow,* BB 93, 2087 u. 2. Anmerkung *Zeller,* BB 1993, 2087 f.

Eigenschaft, sondern lediglich ein vorübergehender Zustand ist. Wichtig ist für das Fragerecht des Arbeitgebers insbesondere der Anfechtungsgrund der **arglistigen Täuschung** nach

§ 123 BGB:

„Wer zur Abgabe einer Willenserklärung durch arglistige Täuschung oder widerrechtlich durch Drohung bestimmt worden ist, kann die Erklärung anfechten."

Während bei der Anfechtung nach § 119 BGB wegen Irrtums das BAG davon ausgeht, daß die Erklärung nur dann unverzüglich erfolgt, wenn sie innerhalb der Zwei-Wochen-Frist des § 626 Abs. 2 BGB geltend gemacht wird[49], hat das BAG dieser Frist bei einer Anfechtung nach § 123 BGB wegen arglistiger Täuschung oder widerrechtlicher Drohung keine Bedeutung beigemessen[50].
Eine Anfechtung kann der Arbeitnehmer mit einer Feststellungsklage beim Arbeitsgericht angreifen. Ob dafür die Drei-Wochen-Frist des KSchG gilt, ist bisher offen[51]. Die Umdeutung einer ordentlichen Kündigung in eine Anfechtungserklärung und umgekehrt ist wegen der inhaltlichen Unterschiedlichkeit dieser Rechtsgeschäfte ausgeschlossen.
Allgemein ist anerkannt, daß der **Bewerber während des Einstellungsgespräches Offenbarungspflichten** hat. Er muß unaufgefordert alle Umstände wahrheitsgemäß darlegen, die für das künftige Arbeitsverhältnis **erkennbar wesentlich** sind, so z.B. ein laufendes Verfahren über die Rücknahme bzw. den Widerruf einer Erlaubnis nach § 11 KrPflG[52].
Freiwillige Auskünfte des Bewerbers müssen immer wahr sein.
Bezüglich der Zulässigkeit der Fragestellung durch den Arbeitgeber und/oder die wahrheitsgemäße Beantwortung durch

den Bewerber gibt es keine gesetzliche Regelung. Vielmehr wurden von den Gerichten und der juristischen Literatur folgende Grundsätze aufgestellt:

Uneingeschränktes Fragerecht

Zunächst einmal ist uneingeschränkt erlaubt, Fragen zu folgendem zu stellen bzw. ist es **verboten, diese falsch zu beantworten:**

- beruflicher Werdegang
- Höhe des Verdienstes
- chronische Krankheit oder Berufskrankheit
- Schwerbehinderung.

In diesem Zusammenhang ist wichtig die

Entscheidung des BAG[53] zur Schwerbehinderung

„1. Der Arbeitnehmer muß bei der Einstellung nur dann von sich aus seine Schwerbehinderten-Eigenschaft oder eine Gleichstellung offenbaren, wenn er erkennen muß, daß er die vorgesehene Arbeit wegen der Behinderung nicht zu leisten vermag oder eine deswegen beschränkte Leistungsfähigkeit für den Arbeitsplatz von ausschlagender Bedeutung ist.

2. Der Arbeitgeber hat uneingeschränkt das Recht, einen Bewerber nach dem Vorliegen einer Schwerbehinderten-Eigenschaft oder einer Gleichstellung zu fragen. Die wahrheitswidrige Beantwortung dieser Frage kann ihn zur Anfechtung des Arbeitsvertrages wegen arglistiger Täuschung berechtigen."

---

49 BAG, AP Nr. 4 zu § 119 BGB
50 BAG, AP Nr. 25 zu § 123 BGB
51 BAG, AP Nr. 4 zu § 119 BGB
52 *Schell*, Arbeits- und Arbeitsschutzrecht für die Angehörigen der Gesundheitsberufe von A bis Z, 1. Auflage, 1993, S. 68
53 BAG vom 01.08.1985 – 2 AZR 101/83

Einschränkende Bestätigung des BAG[54] zur Täuschung bei der Frage nach Schwerbehinderten-Eigenschaft

„An der bisherigen Rechtsprechung des BAG zur Anfechtung wegen arglistiger Täuschung bei wahrheitswidriger Beantwortung der Frage nach der Schwerbehinderteneigenschaft ist jedenfalls in den Fällen weiter festzuhalten, in denen die Schwerbehinderungserkrankung für die auszuübende Tätigkeit von Bedeutung ist."

Hier scheint sich eine ähnliche Entwicklung anzubahnen wie bei der Frage nach der Schwangerschaft, die heute nur noch ausnahmsweise gestellt werden darf, wenn es für die auszuübende Tätigkeit darauf ankommt, ob eine Frau schwanger ist oder nicht.

Verbotene Fragen
Folgende Fragen hingegen sind verboten bzw. **können vom Bewerber falsch beantwortet werden,** ohne für ihn im Falle der Einstellung negative Konsequenzen zu haben:

• Gewerkschaftszugehörigkeit
• Religionszugehörigkeit
• Parteizugehörigkeit
• bevorstehende Eheschließung
• Krankheiten allgemeiner Art, auch Alkoholerkrankung[55].

Dabei ist allerdings anzumerken, daß die Frage nach der Organisationszugehörigkeit in **Tendenzbetrieben** selbstverständlich gestellt werden darf und auch richtig zu beantworten ist.

Bedingt zulässige Fragen
Bedingt zulässig sind Fragen nach

• Vermögensverhältnissen
• Vorstrafen
• Schwangerschaft.

Grundsätzlich dürfen die **Vermögensverhältnisse** nicht erfragt werden. Kommt es allerdings im konkreten Arbeitsbereich auf die Vermögensverhältnisse des Bewerbers an, z.B. als Kassierer oder wenn er sonst mit Geld konkret zu tun hat, ist die Frage erlaubt und muß auch korrekt beantwortet werden.

Allgemein darf nach Pfändungen, die derzeit vorliegen, gefragt werden. Die Frage nach früheren **Pfändungen** ist aber grundsätzlich nicht erlaubt.

Vorstrafen dürfen nur dann erfragt werden, wenn die Vorstrafe für den jeweiligen Arbeitsplatz Bedeutung hat (z.B. Bestrafung wegen Unterschlagung, Mißbrauch von Betäubungsmitteln). Sobald die Straftat im Bundeszentralregister getilgt ist (§ 49 Bundeszentralregistergesetz), darf sich der Betroffene wieder als „unbestraft" bezeichnen. Dabei ist aber zu beachten, daß die Tilgungsfristen relativ lange sind, sie betragen mindestens fünf Jahre, bei den meisten Straftaten zehn Jahre ab Rechtskraft der Verurteilung.

Die Frage nach der **Schwangerschaft** ist aufgrund der Gesetzeslage und der neuesten Rechtsprechung des BAG und des EuGH grundsätzlich unzulässig, es sei denn, daß es zur Ausübung des Berufes gerade auf den nichtschwangeren Zustand ankommt wie bei Mannequins oder Tänzerinnen oder die Gesundheit der werdenden Mutter und/oder des ungeborenen Kindes „objektiv in Gefahr" ist[56].

Bundesgesetzlich ist zunächst einmal Artikel 3 GG (Gleichheitsgrundsatz und Gleichberechtigungsgrundsatz) in Verbindung mit § 611a BGB zu beachten.

---

54 BAG vom 11.11.1993 – 2 AZR 467/93, in: ArbuR 3/1994, 10
55 sehr instruktiv zur Gesamtproblematik *Künzl*, Alkohol im Betrieb, in: BB 1993, 1581–1588, mit einem Nachtrag, in: BB 1993, 1876
56 BAG vom 01.07.1993 – 2 AZR 25/93, in: BB 1993, 2085 ff. mit 1. Anmerkung *Buschbeck-Bülow*, BB 93, 2087 u. 2. Anmerkung *Zeller*, BB 1993, 2087 f.

Diese Vorschrift aus dem BGB, die erst in Konkretisierung des Artikel 3 GG nachkonstitutionell aufgrund europäischer Vorschriften eingeführt wurde – vgl. z.B. Art. 119 EWG-Vertrag vom 25.03.1957 sowie Richtlinie 76/207/EWG vom 09.02.1976 -, lautet wie folgt:

§ 611a BGB:

„(1) Der Arbeitgeber darf einen Arbeitnehmer bei einer Vereinbarung oder einer Maßnahme, insbesondere bei der Begründung des Arbeitsverhältnisses, beim beruflichen Aufstieg, bei einer Weisung oder einer Kündigung, nicht wegen seines Geschlechts benachteiligen. Eine unterschiedliche Behandlung wegen des Geschlechts ist jedoch zulässig, soweit eine Vereinbarung oder eine Maßnahme die Art der vom Arbeitnehmer auszuübenden Tätigkeit zum Gegenstand hat und ein bestimmtes Geschlecht unverzichtbare Voraussetzung für diese Tätigkeit ist. Wenn im Streitfall der Arbeitnehmer Tatsachen glaubhaft macht, die eine Benachteiligung wegen des Geschlechts vermuten lassen, trägt der Arbeitgeber die Beweislast dafür, daß nicht auf das Geschlecht bezogene, sachliche Gründe eine unterschiedliche Behandlung rechtfertigen oder das Geschlecht unverzichtbare Voraussetzung für die auszuübende Tätigkeit ist.

(2) Ist ein Arbeitsverhältnis wegen eines von dem Arbeitgeber zu vertretenden Verstoßes gegen das Benachteiligungsverbot des Abs. 1 nicht begründet worden, so ist er zum Ersatz des Schadens verpflichtet, den der Arbeitnehmer dadurch erleidet, daß er darauf vertraut, die Begründung des Arbeitsverhältnisses werde nicht wegen eines solchen Verstoßes unterbleiben. Satz 1 gilt beim beruflichen Aufstieg entsprechend, wenn auf den Aufstieg kein Anspruch besteht.

(3) Der Anspruch auf Schadensersatz wegen eines Verstoßes gegen das Benachteiligungsverbot verjährt in zwei Jahren. § 202 ist entsprechend anzuwenden.“

Das BAG[57] hat im Anschluß an einem Urteil des EuGH vom 08.11.1990[58] die Falschbeantwortung durch die Bewerberin grundsätzlich entschieden. Hierzu die

Urteilsbegründung des BAG bzgl. Unzulässigkeit der Frage nach Schwangerschaft:

„Das Arbeitsverhältnis ist durch die von der Beklagten erklärte Anfechtung nicht aufgelöst worden. Zwar hat die Klägerin die Beklagte über das Bestehen einer Schwangerschaft getäuscht, diese Täuschung ist jedoch mangels Zulässigkeit der Frage nach der Schwangerschaft nicht rechtswidrig (§ 123 BGB).

I. ...

II. Der Senat hat im Anschluß an das Urteil des BAG vom 22.09.1961 durch Urteil vom 20.02.1986 entschieden, die Frage nach der Schwangerschaft vor der Einstellung sei nicht unzulässig, wenn sich nur Frauen um den Arbeitsplatz bewürben. Der Senat neige lediglich dann dazu, in der Frage nach der Schwangerschaft eine unzulässige Benachteiligung wegen des Geschlechts zu sehen, wenn sich männliche und weibliche Arbeitnehmer gleichermaßen um den selben Arbeitsplatz bewürben...

a)... Nachdem vom EuGH der Richtlinie 76/207 EWG entnommenen Rechtssätzen darf der Arbeitgeber eine Bewerberin nicht wegen ihrer Schwangerschaft abwei-

---

57 BAG v. 15.10.1992 – 2 AZR 227/92, AP Nr. 8 zu § 611 a BGB = BB 1993, 443 ff.
58 EuGH v. 08.11.1990 – Rs. C 177/88, AP Nr. 23 zu Art. 119 EWG-Vertrag

sen. Nach dieser Entscheidung ist eine Verweigerung der Einstellung aufgrund der finanziellen Auswirkungen der Fehlzeiten wegen der Schwangerschaft als Weigerung anzusehen, die im wesentlichen ihren Grund in der Schwangerschaft als solcher hat; eine solche Diskriminierung könne nicht mit dem finanziellen Nachteil gerechtfertigt werden, den der Arbeitgeber im Falle der Einstellung einer schwangeren Frau während deren Mutterschaftsurlaub erleiden würde. Wenn die Tatsache der Schwangerschaft Motiv für die Einstellungsverweigerung sei, so komme es wegen der damit verbundenen Diskriminierung der Frau auch nicht darauf an, ob sich auf dieselbe Stelle ein Mann beworben habe oder nicht.

b)... Da die auf der Richtlinie 76/206 EWG beruhende Vorschrift des § 611a BGB in der Interpretation des Senats im Urteil vom 20.02.1986 sachlich in allen Fällen wirkungslos bleibt, in denen ein männlicher Mitbewerber nicht vorhanden ist oder die Frau – selbst wenn letzteres der Fall wäre – dies jedenfalls nur selten bzw. unter erschwerten Bedingungen erfährt, gibt der Senat in Befolgung einer gemeinschaftskonformen Auslegung die gespaltene Lösung zugunsten einer generalisierenden Verhinderung der Diskriminierung schwangerer Frauen auf, ohne daß noch auf die vor Verkündung des EuGH-Urteils an der Senatsrechtsprechung geäußerte Kritik eingegangen zu werden braucht.

ba) Dem läßt sich nicht mit Erfolg entgegenhalten, die Richtlinie 76/207 EWG, zu deren Durchführung § 611a BGB ins Bürgerliche Gesetzbuch eingepaßt wurde, führe selbst nicht zu der Verpflichtung, ein Arbeitsverhältnis einzugehen. Einer schwangeren Bewerberin, die auf Befragen bei der Einstellung wahrheitswidrig ihren Zustand verschweige, werde aber ein Arbeitsplatz verschafft, wenn der Arbeitgeber zu einer Anfechtung berechtigt sei. Dabei wird nicht berücksichtigt, daß es gerade Ziel der Richtlinie (Artikel 1) ist, den Grundsatz der Gleichbehandlung von Männern und Frauen insbesondere hinsichtlich des Zugangs zur Beschäftigung zu erleichtern, was in Artikel 3 dahin konkretisiert wird, daß bei den Bedingungen des Zugangs zu den Beschäftigungen oder Arbeitsplätzen keine Diskriminierung aufgrund des Geschlechts erfolgt. Ließe man daher, nachdem der Zugang mit Hilfe des Diskriminierungsverbots erleichtert wurde, anschließend wieder eine Anfechtung wegen arglistiger Täuschung zu, würde der Sinn der Richtlinie in ihr Gegenteil verkehrt...

c) Allerdings neigt der Senat dazu, eine Anfechtung durchgreifen zu lassen, wenn das eingegangene Vertragsverhältnis überhaupt nicht realisiert werden kann, d.h. wenn die Bewerberin für die angestrebte Arbeit objektiv nicht geeignet ist. Auch der EuGH hat in Ziff. 14 des „Dekker"-Urteils angemerkt, das Diskriminierungsverbot gelte für den Arbeitgeber nur hinsichtlich einer von ihm „für geeignet befundenen Bewerberin".
Eine solche Ungeeignetheit liegt im Streitfall allerdings nicht vor. Abgesehen davon, daß die Beklagte die Klägerin...für geeignet angesehen hat, wie die Tatsache der Einstellung auf unbestimmte Zeit und die anstandslose Beschäftigung bis zum 17.09.1992 belegen, kann von einer Nichtgeeignetheit (Artikel 2 Abs. 2 der Richtlinie) und/oder einem bestimmten Geschlecht als unverzichtbare Voraussetzung für die Art der vom Arbeitnehmer auszuübenden Tätigkeit (§ 611a Abs. 1 Satz 2 BGB) nur ausgegangen werden, wenn die angestrebte Tätigkeit überhaupt nicht aufgenommen werden kann oder darf, z.B. bei einem Mannequin oder einer Tänzerin. Zu denken wäre auch an Fälle, in denen Beschäftigungsverbote nach dem Mutterschutzgesetz einer Beschäftigung der Bewerberin entgegenstehen oder in denen von vornherein eine Tätigkeit z.B. in einem befristeten Arbeitsvertrag wegen sogleich eintretender Mutterschutzfristen, Erziehungsurlaub etc. nicht möglich ist.

Eine solche Ausnahmesituation lag hier jedenfalls nicht vor, denn die Beklagte hat die Klägerin nicht befristet eingestellt, sondern eine Beschäftigung war ab 04.09.1991 immerhin bis 6 Wochen (§ 3 Abs. 2 MuSchG) vor dem 11.01.1992 (voraussichtlicher Entbindungstermin) und im Anschluß an die Mutterschaft möglich. Die Klägerin sollte also als Schwangerschaftsvertretung nicht gerade nur eine bestimmte, festliegende Zeit zur Verfügung stehen, so daß sie infolge gleichzeitiger Beschäftigungsverbote aufgrund eigener Schwangerschaft eine Tätigkeit für die Beklagte überhaupt nicht übernehmen konnte.

d) Die Klägerin hat folglich nicht arglistig gehandelt, wenn sie die Frage nach der Schwangerschaft falsch beantwortete, weil die Frage unzulässig war. Eine rechtswidrige, arglistige Täuschung, die zur Anfechtung des Arbeitsvertrages berechtigte, lag deshalb nicht vor."

Damit steht jedenfalls eindeutig fest, daß Verwaltungsangestellten diese Frage nicht gestellt werden darf. Probleme bestehen aber im Pflegedienst. Die Rechtsprechung hat in dem soeben ausführlich zitierten Urteil ja nicht zum Pflegedienst entschieden, und wer sich insbesondere die *Ausführungen des BAG-Senats unter II. c)* vor Augen führt, muß eigentlich zu dem Ergebnis kommen, daß im Pflegedienst die Zulässigkeit der Frage bejaht werden muß und es der Bewerberin verboten ist, diese Frage wahrheitswidrig zu beantworten. Wer hinsichtlich der Beschäftigungsverbote und der Gestaltung des Arbeitsplatzes den Mutterschutz ernst nimmt[59], kommt zu der Feststellung, daß im Pflegedienst selbst Schwangere in der Regel nicht einsetzbar sind *(vgl. auch unter F.2.)*.

Interessant ist in dem Zusammenhang, daß dies offenkundig auch mehr oder weniger fallbezogen vom BAG vertreten wird, wie Fall 6 zeigt.

---

59 *Böhme,* Das Mutterschutzgesetz, in: DKZ 12/1988, Beilage, 22 Seiten

Anwendung auf Fall 6:

Im Falle der anstehenden Beschäftigung einer schwangeren Frau, zu deren Aufgaben der Umgang mit infektiösem Material gehört, wurde die Auffassung vertreten, daß die zulässige Frage des Arbeitgebers dann nicht wahrheitswidrig beantwortet werden darf, wenn die Gesundheit der Bewerberin (in der nachfolgenden Urteilsbegründung: Klägerin) und des ungeborenen Kindes *„objektiv in Gefahr"* ist.

Hierzu aus der

Urteilsbegründung des BAG zur wahrheitswidrigen Beantwortung der Frage nach Schwangerschaft

„Die Revision der Klägerin ist nicht begründet. Das Landesarbeitsgericht hat zu Recht entschieden, das Arbeitsverhältnis sei aufgrund der Anfechtung des Beklagten (§ 123 BGB) beendet.

I. Das Landesarbeitsgericht hat seine Entscheidung im wesentlichen wie folgt begründet: Das Arbeitsverhältnis habe aufgrund der Anfechtung des Beklagten wegen arglistiger Täuschung nach § 123 Abs. 1 BGB sein Ende gefunden, weil die Klägerin die Frage nach der Schwangerschaft wahrheitswidrig beantwortet habe... Davon abgesehen sei aber Motiv des Beklagten für die Weigerung, eine schwangere Mitarbeiterin einzustellen, nicht deren Schwangerschaft gewesen, sondern die Gefährdung der Gesundheit der Arbeitnehmerin und des ungeborenen Kindes. Denn an dem fraglichen Arbeitsplatz in der Pforte würden unstreitig ansteckungsgefährdende Proben entgegengenommen, angelieferte Blutröhrchen zentrifugiert, geöffnet, mit Filtern versehen, und dabei sei Serum abzupipettieren. Wegen der Infektionsgefahr müsse die Arbeit mit Handschuhen und Mundschutz ausgeführt werden. Selbst wenn keine höchste Ansteckungsgefahr bestehe, weil mit Handschuhen und Mundschutz zu arbeiten sei, sei das Motiv des Beklagten für die Frage nach dem Bestehen einer Schwangerschaft anerkennenswert. Die zulässigerweise gestellte Frage habe die Klägerin willentlich wahrheitswidrig beantwortet, den Beklagten also arglistig getäuscht.

II. Diese Ausführungen lassen ... keinen Rechtsfehler erkennen.

1. – 2. a) – b)...
c) Im übrigen kommt es nach der Auffassung des Senates nicht entscheidend auf das Motiv des Beklagten zu seiner Frage an, sondern darauf, ob diese objektiv durch sachliche Gründe gerechtfertigt, d.h. zulässigerweise gestellt war. Das ist aber deswegen anzunehmen, weil sie zumindest auch dem Schutz der Klägerin und ihres ungeborenen Kindes diente. Auch in den Tatsacheninstanzen hat die Klägerin nie bestritten, daß sie bei der arbeitsvertraglich festgelegten Tätigkeit ... Handschuhe und Mundschutz tragen mußte. Wenn das Landesarbeitsgericht im Hinblick auf die vom Beklagten detailliert aufgeführten einzelnen Tätigkeiten auf eine Ansteckungsgefahr schloß, ist dies revisionsrechtlich nicht zu beanstanden. Anderenfalls müßte man davon ausgehen, das Tragen von Handschuhen und Mundschutz bei der Entgegennahme der Proben mit teilweise infektiösem Material sei überflüssig. Das will aber offensichtlich selbst die Klägerin nicht behaupten. Wenn dem aber so ist, war die Klägerin für die von ihr angestrebte Tätigkeit ... in ihrem schwangeren Zustand nicht geeignet; sie sollte vielmehr aus gerechtfertigter ärztlicher Vorsicht mit der von ihr angestrebten Tätigkeit aus gesundheitlichen Gründen nicht beschäftigt werden. Die Frage nach der Schwangerschaft diente vorliegend mithin gerade dem Schutz der Schwangeren, so daß die Frage nach der Schwangerschaft richtlinien-

gemäß ist (Art. 2 Abs. 3 der EWG-Richtlinie 76/207) und auch nicht gegen § 611a des Bürgerlichen Gesetzbuches verstößt. Dazu hat der Senat bereits entschieden[60], ein Verstoß gegen § 611a des BGB liege nicht vor, wenn die unterschiedliche Behandlung von männlichen und weiblichen Arbeitnehmern durch sachliche Gründe gerechtfertigt werde. Dies ist vorliegend wegen der u.a. im gesundheitlichen Interesse der Bewerberin liegenden Frage nach ihrer Schwangerschaft der Fall. Dabei ist nach den Feststellungen des Landesarbeitsgerichtes auch davon auszugehen, daß für den Beklagten die Einstellung einer weiblichen Person an der Pforte unverzichtbare Voraussetzung für diese Tätigkeit war. Nach den nicht mit einer Revisionsrüge angegriffenen Feststellungen des Landesarbeitsgerichtes war dies schon Gegenstand der Ausschreibung und später auch, wie die Zeugin L. bekundet habe, der erfolgten Einstellung; männliche Bewerber um diese Stelle habe es nicht gegeben. Die unterschiedliche Behandlung in der Frage nach der Schwangerschaft – für einen männlichen Bewerber würde sie naturbedingt nicht gelten – betrifft mithin gerade die Art der von der betroffenen Arbeitnehmerin auszuübenden Tätigkeit...

3. War jedoch die Frage nach der Schwangerschaft ... zulässig, so mußte die Klägerin sie wahrheitsgemäß beantworten. Dies hat sie – wie das Landesarbeitsgericht weiter festgestellt hat – vorsätzlich nicht getan, so daß der Beklagte arglistig zum Abschluß des Arbeitsvertrages bestimmt worden und demgemäß zur Anfechtung nach § 123 BGB berechtigt ist. Demnach ist die gegen diese Anfechtung gerichtete Klage von den Vorinstanzen zu Recht abgewiesen worden."

---

60 Urteil v. 21.02.1991 – 2 AZR 449/90 –, AP
   Nr. 35 zu § 123 BGB, zu IV.4.i) der Ent-
   gründe
61 BGBl. I S. 1470

Davon zu unterscheiden ist das Problem des § 5 MuSchG (Mitteilungspflicht). Zu beachten ist diesbezüglich die

Entscheidung des LAG Nürnberg[62] zum Zeitpunkt der Mitteilung einer Schwangerschaft:

„Eine schwangere Frau handelt nicht schuldhaft, wenn sie trotz Kenntnis vom Bestehen einer Schwangerschaft mit der entsprechenden Mitteilung an den Arbeitgeber zuwartet, bis sie vom Arzt eine Schwangerschaftsbestätigung erhält, aus der sie den Beginn der Schwangerschaft entnehmen kann."

8. Beteiligung des Betriebsrats

8.1. Mitwirkung bei personellen Angelegenheiten im Überblick

Im BetrVG werden unter **personellen Angelegenheiten** verschiedene Maßnahmen aus dem **Personalmanagement** zusammengefaßt, die sich in drei Komplexe gliedern:

* Allgemeine personelle Angelegenheiten (*vgl. 8.2.*)
* Berufsbildung
* Personelle Einzelmaßnahmen (*vgl. 8.3.*).

Die Beteiligungsrechte des Betriebsrates sind ganz unterschiedlich geregelt: Während der Arbeitgeber den Betriebsrat im Planungsstadium lediglich zu informieren hat, verstärken sich die Beteiligungsrechte des Betriebsrates, je mehr es um die Durchführung personeller Maßnahmen geht,

ohne jedoch die Wirksamkeit der echten Mitbestimmung nach § 87 BetrVG zu erreichen (*vgl. dazu im einzelnen unter C. 3.*).

8.2. Allgemeine personelle Angelegenheiten

8.2.1. Personalplanung (§ 92 BetrVG)

Fall 7:

Der Arbeitgeber läßt von seiner Organisationsabteilung den Arbeitsablauf in der Abteilung K. untersuchen, um Überstunden abzubauen und einen kostengünstigeren Arbeitsablauf zu gewährleisten. Nachdem der Bericht eingeht, werden vom Arbeitgeber in der Abteilung K. einige freie Planstellen wieder besetzt und die Mehrarbeitsstunden abgebaut. Der Betriebsrat verlangt jetzt vom Arbeitgeber Einblick in den Untersuchungsbericht, weil in dem Bericht weitere Möglichkeiten für eine Rationalisierung aufgezeigt seien. Besteht dieses Verlangen zu Recht?[63]

Der Betriebsrat soll durch die Beteiligung an der Personalplanung in die Lage versetzt werden, auf personelle Maßnahmen des Arbeitgebers nicht nur reagieren zu müssen, sondern sie vielmehr mitbeeinflussen zu können. Damit soll natürlich auch eine stärkere Objektivierung und bessere Durchschaubarkeit personeller Einzelentscheidungen erreicht werden. Die **Personalplanung** besteht aus den Einzelbereichen **Personalbedarf, Personalbeschaffung, Personaleinsatz, Personalabbau, Personalentwicklung** und **Personalkosten.** Insoweit hat der Arbeitgeber nach § 92 Abs. 1

62 LAG Nürnberg vom 17.03.1992 – 4 Sa 566/91, BB1993, 1009
63 BAG vom 19.06.1984, AP Nr. 2 zu § 92 BetrVG 1972 mit Anmerkung *Kraft;* vgl. auch *von Hoyningen-Huene,* Betriebsverfassungsrecht, S. 289

21

Satz 1 BetrVG den Betriebsrat anhand von Unterlagen rechtzeitig und umfassend zu unterrichten, insbesondere über den gegenwärtigen und künftigen Personalbedarf sowie über die sich daraus ergebenden personellen Maßnahmen und Maßnahmen der Berufsbildung. Nach § 92 Abs. 1 Satz 2 BetrVG hat der Betriebsrat das Recht, über Art und Umfang der erforderlichen Maßnahmen und über die Vermeidung von Härten mit dem Arbeitgeber zu beraten. Nach § 92 Abs. 2 BetrVG kann der Betriebsrat dem Arbeitgeber Vorschläge für die Einführung einer Personalplanung und ihre Durchführung machen, ohne daß sich jetzt etwa hieraus eine Einführungspflicht ergäbe.

Es handelt sich hier also um kein echtes Mitbestimmungsrecht, sondern um ein **Informations- und Beratungsrecht.** Das BAG hat mit Urteil vom 06.11.1990 entschieden[64], daß der Beratungsanspruch des Betriebsrates erst dann besteht, wenn aus der Personalbedarfsplanung im Rahmen der Personaldeckungsplanung konkrete Maßnahmen folgen sollen. Dies dürfte mit dem Verhandlungsgebot nach § 74 Abs. 1 BetrVG und dem Initiativrecht nach § 92 Abs. 2 BetrVG kaum zu vereinbaren sein. Verstößt der Arbeitgeber gegen die Unterrichtungs- und Beratungspflicht, handelt er ordnungswidrig gemäß § 121 BetrVG[65].

Anwendung auf Fall 7:

Der Betriebsrat könnte nach § 92 Abs. 1 BetrVG ein Einsichtsrecht in den Untersuchungsbericht haben, weil der Arbeitgeber dem Betriebsrat alle Unterlagen zugänglich zu machen hat, die er zur Grundlage seiner Personalplanung machen will. Das setzt aber nach Satz 1 von § 92 Abs. 1 BetrVG voraus, daß die Überlegungen des Arbeitgebers das Stadium der Planung erreicht haben. Für rein abstrakte Überlegungen des Arbeitgebers zur Personal-

reduzierung besteht keine Unterrichtspflicht. Erst wenn der Arbeitgeber den Untersuchungsbericht für seine betriebliche Personalpolitik nutzen will, setzen die Beteiligungsrechte des Betriebsrates ein.

Im Fall 7 soll der Untersuchungsbericht dem Arbeitgeber lediglich mögliche Rationalisierungen in der Abteilung K. erkunden helfen. Dies hat er aber nicht genutzt, im Gegenteil wurden freie Planstellen wieder besetzt, sodaß ein Planungsstadium noch nicht erreicht ist. Der Arbeitgeber hat hier nur seinen Handlungsspielraum ausgelotet. Der Betriebsrat kann somit Einsicht in den Untersuchungsbericht nicht verlangen.

8.2.2. Stellenausschreibung (§ 93 BetrVG)

Fall 8:

Arbeitgeber Z. hat in seinem Betrieb eine Stelle ausgeschrieben. Bewerbungsfrist ist der 14. 03. Eine Bewerbung geht aber erst am 13.04. ein. Der Arbeitgeber möchte diesen Bewerber gerne einstellen, weil er ihn für den geeignetsten hält. Der Betriebsrat meint, daß dies gegen die durch Betriebsvereinbarung festgelegte Bewerbungsfrist verstößt, denn danach ist eine Bewerbung innerhalb der Ausschreibungsdauer an das Personalbüro zu richten[66].

Nach **§ 93 BetrVG** kann der Betriebsrat verlangen, daß Arbeitsplätze, die besetzt werden sollen, allgemein oder für bestimmte Arten von Tätigkeiten vor ihrer Besetzung **innerhalb des Betriebes ausge-**

64 BAG vom 6.11.1990, NZA 1991, S. 358, 362
65 so zu Recht *von Hoyningen-Huene*, Betriebsverfassungsrecht, S. 289
66 BAG vom 18.11.1980, AP Nr. 1 zu § 93 BetrVG 72 mit Anmerkung *G. Küchenhoff*; vgl. auch *von Hoyningen-Huene*, Betriebsverfassungsrecht, S. 290

schrieben werden. Die Modalitäten der Ausschreibung können in einer Betriebsvereinbarung geregelt werden[67]. Allerdings bestimmt den Inhalt der Stellenausschreibung, insbesondere die Anforderungen an die Bewerber, der Arbeitgeber allein[68]. Auch wenn eine innerbetriebliche Stellenausschreibung auf Verlangen des Betriebsrates zu erfolgen hat, ist der Arbeitgeber nicht gezwungen, einen Bewerber aus dem Betrieb auch zu berücksichtigen, er kann vielmehr auch einen außenstehenden Bewerber einstellen. Der Betriebsrat hat nur bei – formaler – Unterlassung der innerbetrieblichen Stellenausschreibung einen Grund zur Zustimmungsverweigerung nach § 99 Abs. 2 Nr. 5 BetrVG. Dies gilt auch dann, wenn die innerbetriebliche Ausschreibung von einer Stellenanzeige in der Zeitung inhaltlich abweicht[69].

Anwendung auf Fall 8:

Bei der **Ausschreibung von Arbeitsplätzen** steht dem **Betriebsrat** nach § 93 BetrVG ein **echtes Mitbestimmungsrecht** zu. Hier besteht eine **Betriebsvereinbarung** über allgemeine Ausschreibungsgrundsätze. Die dort festgeschriebene Ausschreibungsdauer hat aber nicht den Charakter einer Ausschlußfrist, sondern kann im Interesse der betriebsangehörigen Arbeitnehmer nur die Bedeutung haben, Interessenten einen Anhaltspunkt zu geben, bis zu diesem Zeitpunkt die Stelle offengehalten wird. Es sollen sich also durchaus Mitarbeiter, die wegen ihrer Abwesenheit aufgrund Urlaub oder aus sonstigen Gründen keine Kenntnis von der Stellenausschreibung erlangen konnten, nachmelden dürfen. Die Auffassung des Betriebsrates ist somit unzutreffend.

8.2.3. Personalfragebogen, Beurteilungsgrundsätze und Formulararbeitsverträge (§ 94 BetrVG)

Fall 9:

Der Arbeitgeber will in seinem Betrieb Kontrollrichtlinien einführen, insbesondere regeln, daß die Vorgesetzten alles, was sie an Aufgaben auf andere Mitarbeiter delegieren, auch kontrollieren. Es geht dabei um Dienstaufsicht und Erfolgskontrolle. Der Betriebsrat ist der Auffassung, daß diese beabsichtigten Richtlinien allgemeine Beurteilungsgrundsätze im Sinne des § 94 Abs. 2, 2. Alternative BetrVG darstellen, die seiner Zustimmung bedürfen. Zu Recht?[70]

Nach § 94 BetrVG bedürfen **Personalfragebogen, persönliche Angaben in schriftlichen arbeitsvertraglichen Einheitsregelungen sowie die Aufstellung allgemeiner Beurteilungsgrundsätze der Zustimmung des Betriebsrates.** Kommt eine Einigung hierüber nicht zustande, entscheidet die Einigungsstelle, deren Spruch die Einigung zwischen Arbeitgeber und Betriebsrat ersetzt (§ 94 Abs. 1 Satz 2 und Satz 3 BetrVG). Es handelt sich somit um einen **echten Fall der Mitbestimmung.** Das BAG hat zu den Rechtsfolgen der Datenerhebung durch Personalfragebogen ohne Zustimmung des Betriebsrates entschieden, daß diese Datenerhebung unzulässig ist und der Arbeitnehmer die Beseitigung der erfragten

---

67 vgl. BAG vom 27.05.1982, AP Nr. 3 zu § 80 ArbGG 1979 mit Anmerkung *V. Schmidt*

68 BAG vom 27.10.1992, DB 1993, S. 885

69 BAG vom 23.08.1988, AP Nr. 2 zu § 93 BetrVG 1972

70 BAG vom 23.10.1994, AP Nr. 8 zu § 87 BetrVG 1972 Ordnung des Betriebes mit Anm. *von Hoyningen-Huene; ders.,* Betriebsverfassungsrecht, S. 292

Daten verlangen kann[71], wobei selbst bei ordnungsgemäß zustande gekommenen Fragebögen der erfolglose Bewerber das auf Datenvernichtung bzw. -rückgabe der Unterlagen hat[72].

Durch § 94 BetrVG soll sichergestellt werden, daß der Arbeitgeber mit dem Personalfragebogen nur zulässige Fragen stellt, die der Arbeitnehmer dann auch wahrheitsgemäß beantworten muß. **Beurteilungsgrundsätze** sollen **Regeln und Maßstäbe für die Beurteilung der Leistungsfähigkeit** des Arbeitnehmers aufstellen. Dazu gehören sowohl Beurteilungsformulare als auch Erfahrungsgrundsätze, in denen Beurteilungskriterien festgelegt sind (wie z.B. psychologische Testverfahren). Das Selbstnotieren über Arbeitsprojekte und Arbeitsstunden auf Formularen zu Kalkulationszwecken hingegen ist mitbestimmungsfrei[73]. Evtl. kommt hier auch ein Mitbestimmungsrecht nach § 87 Abs. 1 Nr. 10 BetrVG zum Tragen.

Der Betriebsrat hat nach § 94 Abs. 2 BetrVG auch ein Mitbestimmungsrecht für **persönliche Angaben in schriftlichen Arbeitsverträgen,** die allgemein für den Betrieb verwendet werden sollen. Nicht erfaßt werden die Formulararbeitsverträge im übrigen, sondern lediglich die persönlichen Angaben, weil nämlich verhindert werden soll, daß der Arbeitgeber den Personalfragebogen in den Formulararbeitsvertrag verlagert[74].

Anwendung auf Fall 9:

Wenn die beabsichtigten Kontrollrichtlinien allgemeine Beurteilungsgrundsätze darstellen, bedürfte dies der Zustimmung durch den Betriebsrat nach § 94 Abs. 2 BetrVG. Allgemeine Beurteilungsgrundsätze sind *„Regelungen, welche die Bewertung des Verhaltens oder der Leistung eines Arbeitnehmers verobjektivieren und nach einheitlichen, für die Beurteilung jeweils erheblichen Kriterien ausrichten sollen. Mit solchen allgemeinen Beur-*

teilungsgrundsätzen soll ein einheitliches Vorgehen bei der Beurteilung und ein Bewerten nach einheitlichen Maßstäben ermöglicht und auf diese Weise erreicht werden, daß die Beurteilungsergebnisse miteinander vergleichbar sind"[75]. Die **Kontrollrichtlinien** im Fall 9 bestimmen hingegen lediglich, daß die Vorgesetzten die delegierte Arbeit durch Dienstaufsicht und Erfolgskontrolle zu kontrollieren haben. Sie enthalten aber **keine Maßstäbe für die Beurteilung der Leistungsfähigkeit** der Arbeitnehmer, stellen somit keine allgemeinen Beurteilungsgrundsätze dar.

Der Betriebsrat hat also kein Mitbestimmungsrecht nach § 94 Abs. 2 BetrVG.

8.2.4. Auswahlrichtlinien (§ 95 BetrVG)

Richtlinien über die personelle Auswahl bei Einstellungen, Versetzungen, Umgruppierungen und Kündigungen bedürfen nach § 95 Abs. 1 Satz 1 BetrVG der Zustimmung des Betriebsrates. Die Einführung solcher Richtlinien steht normalerweise im Ermessen des Arbeitgebers, allerdings hat der **Betriebsrat im Betrieb mit mehr als 1.000 Arbeitnehmern ein erzwingbares Initiativrecht.** Kommt eine Einigung über die Richtlinien oder ihren Inhalt nicht zustande, so entscheidet verbindlich die Einigungsstelle. Zu beachten ist allerdings, daß die Auswahlrichtlinien nicht gegen geltendes Recht verstoßen dürfen, so z.B. wenn in einer Auswahlrichtlinie über soziale Grundsätze bei Kündigungen allein auf die Dauer der Betriebszugehörigkeit abgestellt wird und erst bei gleicher Betriebszu-

71 BAG vom 22.10.1986, AP Nr. 2 zu § 23 Bundesdatenschutzgesetz mit Anm. *Däubler*
72 BAG vom 06.06.1984, AP Nr. 7 zu § 611 BGB Persönlichkeitsrecht mit Anm. *Echterhölter*
73 BAG vom 24.11.1981, in: AP Nr. 3 zu § 87 BetrVG 1972 Ordnung des Betriebes mit Anmerkung *Herschel*
74 *von Hoyningen-Huene,* Betriebsverfassungsrecht, S. 292
75 a.a.O.

gehörigkeit das Lebensalter und die Zahl der unterhaltsberechtigten Angehörigen berücksichtigt werden. Dies verstößt gegen die zwingende Vorschrift des § 1 Abs. 3 Satz 1 KSchG, wonach neben der Dauer der Betriebszugehörigkeit gleichwertig Lebensalter und Unterhaltsbelastung bei der sozialen Auswahl mit zu berücksichtigen sind[76].

8.3. Personelle Einzelmaßnahmen (§§ 99–101 BetrVG)

8.3.1. Voraussetzungen und Arten der personellen Einzelmaßnahmen

Nach § 99 BetrVG gibt es **vier Mitbestimmungsfälle**, nämlich **Einstellungen, Versetzungen, Eingruppierungen und Umgruppierungen.**
Der Beteiligungsfall Versetzungen wird *unter D.2.4. in Fall 59* noch näher behandelt.
Daneben gibt es noch die Mitwirkung des Betriebsrates bei Kündigungen nach § 102 BetrVG, die *unter K.5.* dargelegt wird.
Die Mitbestimmungsrechte nach § 99 BetrVG gilt nur für Betriebe mit in der Regel mehr als 20 wahlberechtigten Arbeitnehmern, bei denen der Betriebsrat also mindestens drei Mitglieder hat, und gilt nicht bei personellen Einzelmaßnahmen von leitenden Angestellten *(vgl. dazu B.4.1.);* insoweit ist der Betriebsrat lediglich nach § 105 BetrVG rechtzeitig zu informieren.

8.3.2. Einstellungen

Fall 10:

Arbeitgeber X. beschäftigt ältere Mitarbeiter auch über das 65. Lebensjahr hinaus, obwohl nach einem im Betrieb des Arbeitgebers angewandten Tarifvertrag das Arbeitsverhältnis mit Vollen-

dung des 65. Lebensjahres enden sollte. Der Betriebsrat meint, ihm stehe bei der Fortsetzung des Arbeitsverhältnisses über die vereinbarte Altersgrenze hinaus ein Mitbestimmungsrecht zu[77].

Bei der **Einstellung** kommt es entgegen früherer Meinung nicht auf die Begründung eines Arbeitsverhältnisses an, sondern es genügt die **tatsächliche Eingliederung im Betrieb,** die Zuweisung des Arbeitsbereiches (vgl. auch §§ 81 Abs. 1, 95 Abs. 3 BetrVG)[78]. Der Arbeitsvertrag selbst ist nicht Gegenstand der Mitbestimmung[79], ebensowenig das vereinbarte Arbeitsentgelt[80]. Umgekehrt besteht selbstverständlich das Mitbestimmungsrecht des Betriebsrats auch bei der Einstellung eines Leiharbeitnehmers[81] und bei der Beschäftigung eines freien Mitarbeiters, der in Wahrheit Arbeitnehmer ist[82] sowie bei fehlerhaften Arbeitsverhältnissen[83].
Somit zählen zu den Einstellungen alle tatsächlichen Beschäftigungen im Rahmen eines Arbeitsverhältnisses, sei es unbefristet, befristet, zur Probe, zur Aushilfe oder zur Ausbildung[84]. Deshalb ist der Betriebsrat nach § 99 BetrVG auch erneut zu beteiligen, wenn ein befristetes Arbeitsverhältnis verlängert wird, sofern nicht im Rahmen des ersten Beteilungsverfahrens die

76 BAG vom 11.03.1976, AP Nr. 1 zu § 95 BetrVG 1972 mit Anmerkung *G. Hueck*
77 BAG vom 18.07.1978, AP Nr. 9 zu § 99 BetrVG 1972 mit Anmerkung *Kraft;* vgl. auch *von Hoyningen-Huene,* Betriebsverfassungsrecht, S. 299
78 BAG vom 28.04.1992, AP Nr. 98 zu § 99 BetrVG 72
79 BAG vom 18.10.1988, EzA § 99 BetrVG 1972 Nr. 69 mit Anmerkung *von Hoyningen-Huene*
80 BAG vom 03.10.1989, AP Nr. 74 zu § 99 BetrVG 72
81 BAG vom 14.05.1974, AP Nr. 2 zu § 99 BetrVG 72; BAG vom 18.04.1989, AP Nr. 65 zu § 99 BetrVG 72
82 BAG vom 02.07.1980, AP Nr. 5 zu § 101 BetrVG 72
83 BAG vom 14.05.1974, AP Nr. 2 zu § 99 BetrVG 1972
84 BAG vom 03.10.1989, AP Nr. 73 zu § 99 BetrVG 72

Verlängerungsmöglichkcit bereits Gegenstand der Beteiligung war[85]. Eine Einstellung liegt aber nicht vor bei Rücknahme einer Kündigung, Wiederaufnehmen eines ruhenden Arbeitsverhältnisses und Eintritt in das Arbeitsverhältnis aufgrund Betriebsübernahme nach § 613 a BGB[86].

Allerdings muß die Beschäftigungsaufnahme arbeitsrechtlicher Art sein, ansonsten entfällt eine Beteiligung des Betriebsrates. So ist z.b. die Aufnahme von Schülerpraktikanten keine Einstellung[87]. Soweit Drittfirmen mit Dienstleistungen im Betrieb beauftragt sind, kommt eine Beteiligung des Betriebsrates nur dann in Frage, wenn der Mitarbeiter der Drittfirma einen arbeitnehmerähnlichen Status im Betrieb hat, was davon abhängt, ob er der arbeitsrechtlichen Weisungsbefugnis des Arbeitgebers unterliegt[88]. Demnach – ist z.b. der Einsatz von Wachpersonal einer Fremdfirma keine Einstellung[89]. Gleiches gilt auch für Putzkolonnen einer beauftragten Putzfirma, für Programmierer oder Ausbilder eines beauftragten Software-Hauses. Selbst wenn Fremdfirmen unter eigener Personalführung Arbeitnehmer innerhalb des Betriebes einsetzen, (z.B. in der Kantine des Arbeitgebers), liegt keine Einstellung nach § 99 BetrVG vor[90].

Anwendung auf Fall 10:

Sofern die Weiterbeschäftigung über das 65. Lebensjahr hinaus als Einstellung anzusehen ist, hat der Betriebsrat ein Mitbestimmungsrecht nach § 99 Abs. 1 BetrVG. Der Begriff Einstellung bedarf einer kollektivrechtlichen Betrachtungsweise, *„wonach durch das Mitbestimmungsrecht aus § 99 Abs. 1 BetrVG der Betriebsrat u.a. die Belegschaftsinteressen an einem vernünftigen Altersaufbau in Verbindung mit Aufstiegsmöglichkeiten für Nachwuchskräfte innerhalb übersehbarer Zeiträume wahrnimmt und die tatsächliche Zusammensetzung der Belegschaften beeinflußt."[91]*

Demzufolge muß diese Verlängerung des Arbeitsverhältnisses über das 65. Lebensjahr hinaus als Einstellung im Sinne des § 99 Abs. 1 Satz 1 BetrVG verstanden werden.

8.3.3. Eingruppierungen und Umgruppierungen

Fall 11:

Krankenschwester L. wird bei einem Träger angestellt, der privatrechtlich organisiert ist. Demzufolge kommt nicht der BAT zur Anwendung, sondern das BetrVG. Allerdings ist bei dem Träger die Eingruppierung nach BAT vorgesehen. Der Betriebsrat meint nun, daß deshalb ein Beteiligungsfall vorliegt. Zu Recht?[92]

Eingruppierung im Sinne des § 99 Abs. 1 BetrVG bedeutet die **erstmalige Einstufung in eine bestimmte Lohn- und Gehaltsgruppe** gemäß dem vertraglich vorgesehenen Tätigkeitsbereich, die auf einem Tarifvertrag, einer Betriebsvereinbarung, einer betrieblichen Übung oder einer einseitigen generellen Regelung des Arbeitgebers unter Mitwirkung des Betriebsrates nach § 87 Abs. 1 Nr. 10 BetrVG beruhen kann.

85 BAG vom 07.08.1990, AP Nr. 72 zu § 99 BetrVG 72
86 BAG vom 07.11.1975, AP Nr. 3 zu § 99 BetrVG 1972
87 BAG vom 08.05.1990, AP Nr. 80 zu § 99 BetrVG 1972
88 dazu BAG vom 09.07.1991, EzA § 99 BetrVG 1972 Nr. 102 mit Anmerkung *von Hoyningen-Huene*
89 BAG vom 28.11.1989, AP Nr. 5 zu § 14 AÜG; BAG vom 05.05.1992, AP Nr. 97 zu § 99 BetrVG 1972
90 BAG vom 01.12.1992, EzA § 99 BetrVG 1972 Nr. 110
91 *von Hoyningen-Huene*, Betriebsverfassungsrecht, S. 299
92 BAG vom 09.02.1993 – 1 ABR 51/92, BB 1993, 1007

Dementsprechend versteht man unter **Umgruppierung** den **Vorgang, durch den ein Arbeitnehmer in eine andere Lohn- oder Gehaltsgruppe überführt wird**[93]. Eingruppierungen und Umgruppierungen stellen deklaratorische Akte der Rechtsanwendung dar (Subsumtion unter die Eingruppierungsmerkmale), weil der Arbeitgeber lediglich die bereits vorgegebenen Lohn- und Gehaltsregelungen aufgrund der Erfüllung der Tätigkeitsmerkmale bestimmt bzw. feststellt[94]. Das Mitbestimmungsrecht des Betriebsrats dient insoweit allein einer Richtigkeitskontrolle, nämlich der Mitbeurteilung beim Normenvollzug[95].

Anwendung auf Fall 11:

Das BAG hat entschieden[96]:

„Das Mitbestimmungsrecht des Betriebsrates bei einer Eingruppierung erschöpft sich nicht darin, daß der Arbeitgeber dem Betriebsrat die von ihm für richtig befundene Eingruppierung mitteilt und dem Betriebsrat Gelegenheit zur Stellungnahme gibt. Der Arbeitgeber hat vielmehr die Zustimmung des Betriebsrates zur beabsichtigten Eingruppierung einzuholen und bei deren Verweigerung ein Zustimmungsersetzungsverfahren einzufahren (Bestätigung der ständigen Senatsrechtsprechung)."

beitnehmers selbst auf Vergütung entsprechend dieser Ordnung und damit auch einen Anspruch auf Eingruppierung in diese Ordnung. Die Eingruppierung ist dabei keine nach außen wirkende konstitutive Maßnahme, sondern ein gedanklicher Vorgang, ein Akt der Rechtsanwendung. Der Arbeitnehmer ist eingruppiert, er wird nicht eingruppiert... Da die Eingruppierung kein Gestaltungs-, sondern ein Beurteilungsakt ist, ist auch das Mitbestimmungsrecht hier nicht als Mitgestaltungs-, sondern als Mitbeurteilungsrecht zu verstehen... Es dient der einheitlichen und gleichmäßigen Anwendung der Lohn- und Gehaltsgruppenordnung in gleichen und vergleichbaren Fällen, damit aber auch der innerbetrieblichen Lohngerechtigkeit und Transparenz der im Betrieb vorgenommenen Eingruppierungen.

Die vom Betriebsrat und vom Arbeitgeber gemeinsam vorgenommene Eingruppierung gibt dem betroffenen Arbeitnehmer darüber hinaus eine größere Gewähr für ihre Richtigkeit, auch wenn sie für den Arbeitnehmer selbst nicht verbindlich ist.

Der Arbeitgeber... kann die Schutzfunktion des Mitbestimmungsrechts nicht dadurch unterlaufen, daß er die gebotene Eingruppierung überhaupt oder bei Weigerung der Zustimmung des Betriebsrats zur beabsichtigten Eingruppierung die Durchführung des Ersetzungsverfahrens unterläßt und den Arbeitnehmer gar darauf verweist, seine zutreffende Eingruppierung selbst geltend zu machen."

**Ausführungen des BAG
zum Mitbestimmungsrecht bei
Eingruppierungen:**

„Eine bestehende Lohn- oder Gehaltsgruppenordnung – wie hier der im Betrieb des Arbeitgebers angewendete Bundesangestelltentarifvertrag (BAT) – begründet regelmäßig einen Rechtsanspruch des Ar-

93 BAG vom 30.05.1990, AP Nr. 31 zu § 75 BPersVG
94 BAG vom 20.09.1990, AP Nr. 83 zu § 99 BetrVG 72
95 BAG vom 03.10.1989, AP Nr. 75 zu § 99 BetrVG 72
96 BAG vom 09.02.1993 – 1 ABR 51/92, BB 1993, 1007

8.3.4. Gewährung oder Entzug von Zulagen

Fall 12:

Der Arbeitgeber teilt dem Betriebsrat mit, er wolle Bewerberin N. einstellen und in die im Tarifvertrag vorgesehene Lohngruppe eingruppieren. Der Betriebsrat verweigert die Zustimmung zur Einstellung, weil nach seiner Ansicht Bewerberin N. in die nächsthöhere Lohngruppe des Tarifvertrages eingruppiert werden müßte. Mit Recht?[97]

Weder die Gewährung von Zulagen[98] noch der Entzug von Zulagen[99] stellen entsprechende Mitbestimmungstatbestände dar.

Anwendung auf Fall 12:

Der Verweigerungsgrund des Betriebsrates zur Einstellung kann § 99 Abs. 2 Nr. 1 BetrVG sein, wenn allein Divergenzen über die Eingruppierung ausreichen. Einstellung und Eingruppieren fallen in der Regel zeitlich zusammen, ohne daß jedoch beides rechtlich untrennbar verbunden wäre. Die der Mitbestimmung innewohnende Schutzfunktion, nämlich Wahrnehmung der Entgeltbelange der Arbeitnehmer, würde sich in ihr Gegenteil kehren, könnte der Betriebsrat bei Meinungsverschiedenheiten über die Eingruppierung die Einstellung als solche verhindern. Der tarifliche Entgeltanspruch besteht ohnehin unabhängig von dem Beteiligungsrecht des Betriebsrates. Der Betriebsrat darf seine Zustimmungsverweigerung hier also nicht auf die Einstellung als solche erstrecken, sondern nur auf die Eingruppierung.

8.3.5. Unterrichtungspflicht des Arbeitgebers

Fall 13:

Arbeitgeber F. will verschiedene Arbeitskräfte einstellen. Da mehr Bewerber als freie Stellen vorhanden sind, führt der Arbeitgeber mit den Bewerbern Einstellungsgespräche. Der Betriebsrat möchte an diesen Gesprächen einen Vertreter teilnehmen lassen[100].

Steht eine mitbestimmungspflichtige personelle Einzelmaßnahme nach § 99 Abs. 1 Satz 1 BetrVG bevor, hat der Arbeitgeber den Betriebsrat zuvor zu unterrichten, ihm die erforderlichen Bewerbungsunterlagen vorzulegen und Auskunft über die Person der Beteiligten zu geben. Überdies hat der Arbeitgeber den Betriebsrat unter Vorlage der erforderlichen Unterlagen Auskunft über die Auswirkung der geplanten Maßnahme zu geben.

Der Arbeitgeber hat dem Betriebsrat sämtliche Bewerbungsunterlagen vorzulegen, also nicht nur der Person, die eingestellt werden soll, oder auch nur der Bewerber, die in die engere Wahl genommen wurden, damit der Betriebsrat die Versagungsgründe des § 99 Abs. 2 BetrVG auch entsprechend abwägen kann[101]. Sofern allerdings ein Personalberatungsunternehmen mit der Bewerberauswahl beauftragt war, muß der Arbeitgeber den Betriebsrat nur

---

97 BAG vom 10.02.1976, AP Nr. 4 zu § 99 BetrVG 1972 mit Anmerkung *Kraft;* vgl. auch *von Hoyningen-Huene,* Betriebsverfassungsrecht, S. 303

98 BAG vom 24.06.1986, AP Nr. 37 zu § 99 BetrVG 72

99 BAG v. 10.11.1992, AP Nr. 6 zu § 72 LPersVG NRW mit Anm. *von Hoyningen-Huene*

100 BAG vom 18.07.1978, AP Nr. 7 zu § 99 BetrVG 72; vgl. auch *von Hoyningen-Huene,* Betriebsverfassungsrecht, S. 305

101 BAG vom 19.05.1981, AP Nr. 18 zu § 118 BetrVG 72 mit Anmerkung *Meisel*

über den oder die vorgeschlagenen Bewerber informieren[102]. Die Arbeitsverträge selbst müssen nicht vorgelegt werden[103]. Sofern der Arbeitgeber den Betriebsrat nicht vollständig unterrichtet, hat das allerdings nicht zur Folge, daß die Zustimmung seitens des Betriebsrates versagt werden kann, sondern lediglich die Konsequenz, daß die Wochenfrist nach § 99 Abs. 3 BetrVG nicht zu laufen beginnt. Es liegt also keinesfalls ein Verstoß gegen § 99 Abs. 2 Nr. 1 vor[104].

Selbst wenn also der Betriebsrat aus Gründen unvollständiger Unterrichtung die Zustimmung verweigert, kann der Arbeitgeber mit vollständiger Unterrichtung das Beteiligungsverfahren wieder aufgreifen, denn dann beginnt ab vollständiger Unterrichtung die Wochenfrist erneut zu laufen. Im übrigen darf nicht verkannt werden, daß in Großeinrichtungen wie Krankenhäusern die personellen Einzelmaßnahmen sehr umfangreich sind, so daß dies zum einen im Betriebsrat eher von einem speziellen Ausschuß gemäß §§ 27, 28 BetrVG bearbeitet wird und zum anderen mit der Personalverwaltung sinnvollerweise eine Absprache über die Unterlagenvorlage getroffen werden sollte. Ganz sicher wird der Betriebsrat kaum daran interessiert sein, waggonweise Unterlagen vorgelegt zu bekommen, die er sowieso nicht aufarbeiten kann. Hier wird man sich im Sinne einer informellen Regelungsabsprache dahin verständigen, daß grundsätzlich mit einem Formular verfahren wird und nur auf Verlangen des Betriebsrates nähere Unterlagen vorgelegt werden. D.h., der Ausschuß des Betriebsrates wird vor dem Problem der zügigen Bearbeitung stehen *(vgl. auch C.4.9.).*

---

102 BAG vom 18.12.1990, Entscheidungen zum Wirtschaftsrecht § 99 BetrVG 2/91
103 BAG vom 18.10.1988, EzA § 99 BetrVG 1972 Nr. 69 mit Anmerkung *von Hoyningen-Huene*
104 ausdrücklich BAG vom 28.01.1986, AP Nr. 34 zu § 99 BetrVG 1972 mit Anmerkung *Dütz/Bayer*

Anwendung auf Fall 13:

Der Arbeitgeber hat den Betriebsrat nach § 99 Abs. 1 Satz 1 BetrVG vor jeder Einstellung zu unterrichten und dessen Zustimmung einzuholen. Die umfassende Unterrichtungspflicht des Arbeitgebers bedeutet allerdings nicht, den Betriebsrat an Einstellungsgesprächen teilnehmen zu lassen. Es ist Sache des Arbeitgebers, wen er unter den Bewerbern auswählt. Die Informationspflicht nach § 99 Abs. 1 BetrVG besteht erst, wenn der Arbeitgeber weiß, welchen Bewerber er einstellen will. Erst dann kann er beim Betriebsrat um dessen Zustimmung zu der vorgesehenen Einstellung nachsuchen und die erforderlichen Auskünfte geben. Der Betriebsrat hat demnach kein Teilnahmerecht an Einstellungsgesprächen.

Beachte:

In vielen Einrichtungen ist es aber durchaus eine übliche Handhabung, bei den Einstellungsgesprächen einen Vertreter des Betriebsrates teilnehmen zu lassen, weil damit gerade die Verfahrenswege verkürzt werden können. Im Gegenzug verzichtet dann der Betriebsrat auf die Vorlage von Unterlagen und wird nur im Ausnahmefall Schwierigkeiten hinsichtlich der zusätzlichen Informationen bereiten.

8.3.6. Mitwirkung und Gründe der Zustimmungsverweigerung (§ 99 Abs. 2 BetrVG)

Fall 14:

Arbeitgeber P. will den Bewerber A. in ein auf drei Monate befristetes Probearbeitsverhältnis einstellen. Damit ist der Betriebsrat nicht einverstanden, weil diese Einstellung gegen den Tarif-

vertrag verstoße; die Befristung eines Probear-beitsverhältnisses sei unzulässig. Muß Arbeitge-ber P. die Zustimmung des Betriebsrates durch das Arbeitsgericht ersetzen lassen?[105]

Die Mitbestimmung **bei personellen Ein-zelmaßnahmen** ist **kein echtes Mitbestim-mungsrecht,** weil zum einen der Betriebs-rat nicht gleichberechtigt mitentscheidet und zum anderen kein durchsetzbares In-itiativ- oder Vorschlagsrecht für eine perso-nelle Einzelmaßnahme hat. **Der Betriebs-rat kann die Zustimmung allerdings verwei-gern,** wobei er an die in § 99 Abs. 2 ausdrücklich aufgeführten sechs Gründe gebunden ist. Verweigert der Betriebsrat seine Zustimmung, muß er nach § 99 Abs. 3 BetrVG die **Gründe schriftlich in-nerhalb einer Woche mitteilen,** anderen-falls gilt die Zustimmung als erteilt. Diese Frist kann einvernehmlich zwischen Ar-beitgeber und Betriebsrat oder durch Ta-rifvertrag verlängert werden[106]. Es reicht keinesfalls aus, daß lediglich abstrakt oder formelhaft auf einen der in § 99 Abs. 2 BetrVG genannten Tatbestände hingewie-sen wird, sondern die angegebenen Gründe müssen auf den konkreten Sach-verhalt abgestimmt sein, d.h. es muß hier ein Subsumtionsprozeß erfolgen[107].

Anwendung auf Fall 14:

Der Arbeitgeber muß die Zustimmung des Betriebsrates durch das Arbeitsgericht er-setzen lassen, wenn der Betriebsrat seine Zustimmung zu einer personellen Einzel-maßnahme im Sinne des § 99 Abs. 1 BetrVG ordnungsgemäß verweigert hat, § 99 Abs. 4 BetrVG. Formal wendet sich der Betriebsrat zwar hier gegen die Einstellung des Mitarbeiters und damit gegen eine Maßnahme im Sinne der genannten Vor-schrift. Es wird aber in der Literatur vertre-ten, daß der Sache nach die Verweigerung sich nicht auf die Einstellung sondern auf die Befristungsabrede bezieht[108]. Dies läßt

aber das BAG nicht gelten. Das BAG sieht hier einen ausreichenden Einwand des Be-triebsrates, so daß der Arbeitgeber ein Er-setzungsverfahren einleiten muß, wenn er den Mitarbeiter in der Form beschäftigen will.

Zustimmungsverweigerungsgründe des § 99 Abs. 2 BetrVG sind folgende (Nr. 1–6):

Nr 1: Die personelle Maßnahme muß ge-gen ein Gesetz, eine Verordnung, eine Un-fallverhütungsvorschrift oder gegen eine Bestimmung in einem Tarifvertrag, einer Betriebsvereinbarung oder gegen eine ge-richtliche Entscheidung eine behördliche Anordnung verstoßen.

Beispiele aus der Rechtsprechung:

• Beschäftigung von Nicht-EU-Ausländern ohne Arbeitserlaubnis nach § 19 AFG[109]
• fehlerhafte Eingruppierung in den Tarif-vertrag[110]
• nach Tarifvertrag unzulässige Teilzeitbe-schäftigung[111]
• Nichtbeachtung von tariflichen Verset-zungsregelungen[112]
• Einstellung von Leiharbeitnehmern für mehr als sechs Monate[113]

105 BAG vom 17.07.1985, SAE 1986, S. 180 ff. mit Anmerkung *von Hoyningen-Huene;* vgl. auch *von Hoyningen-Huene,* Betriebsverfas-sungsrecht, S. 306
106 BAG vom 17.05.1983, AP Nr. 18 zu § 99 BetrVG 1972 und BAG vom 22.10.1985, AP Nr. 23 zu § 99 BetrVG 1972
107 BAG vom 24.07.1979, AP Nr. 11 zu § 99 BetrVG 1972 mit Anmerkung *Kraft*
110 *von Hoyningen-Huene,* Betriebsverfassungs-recht, S. 306
109 BAG vom 22.01.1991, AP Nr. 86 zu § 99 BetrVG 1972
110 BAG vom 28.01.1986, AP Nr. 32 zu § 99 BetrVG 1972 und BAG vom 30.01.1990, AP Nr. 78 zu § 99 BetrVG 1972
111 BAG vom 28.01.1972, AP Nr. 95 zu § 99 BetrVG 1972
112 BAG vom 26.04.1990, NZA 1990, S. 850
113 BAG vom 28.09.1988, AP Nr. 60 zu § 99 BetrVG 1972

• Einstellung eines nicht schwerbehinderten Arbeitnehmers, ohne nach § 14 Abs. 1 SchwbG geprüft zu haben, ob der freie Arbeitsplatz mit einem schwerbehinderten Arbeitnehmer besetzt werden kann[114].

Nr. 2: Die personelle Maßnahme muß gegen eine Richtlinie nach § 95 Abs. 1 und Abs. 2 BetrVG verstoßen.

Nr. 3: Es besteht die durch Tatsachen begründete Besorgnis, daß infolge der personellen Maßnahme im Betrieb beschäftigte Arbeitnehmer gekündigt werden oder sonstige Nachteile erleiden, ohne daß dies aus betrieblichen oder persönlichen Gründen gerechtfertigt ist.

Beispiele aus der Rechtsprechung:

• Beeinträchtigungen echter Rechtspositionen oder rechtserheblicher Anwartschaften, aber auch tatsächliche Erschwerungen der Arbeit von nicht unerheblichem Gewicht[115].
• Austauschkündigungen oder durch Entstehen eines Personalüberhangs Gefahr von späteren Entlassungen[116].

Nr. 4: Der betroffene Arbeitnehmer wird durch die personelle Maßnahme benachteiligt, ohne daß dies aus betrieblichen oder in der Person des Arbeitnehmers liegenden Gründen gerechtfertigt ist. Dies läßt sich natürlich nur durch eine umfassende Interessenabwägung feststellen.

Nr. 5: Eine nach § 93 BetrVG erforderliche Ausschreibung im Betrieb ist unterblieben.
Dies gilt auch dann, wenn in einer Stellenanzeige in der Tagespresse geringere Anforderungen als bei der internen Stellenausschreibung genannt werden[117].

Nr. 6: Es besteht die durch Tatsachen begründete Besorgnis, daß der für die personellen Maßnahmen in Aussicht genommene Bewerber oder Arbeitnehmer den Betriebsfrieden durch gesetzwidriges Verhalten oder durch grobe Verletzung der in § 75 Abs. 1 BetrVG enthaltenen Gründe stören würde.

Dabei müssen allerdings Gründe vorliegen, die eine Entfernung betriebsstörender Arbeitnehmer nach § 104 BetrVG rechtfertigen würde. Solche Fälle werden später noch näher behandelt.

8.3.7. Rechtsfolgen der Zustimmungsverweigerung (§ 99 Abs. 4 BetrVG)

Fall 15:

Der Betriebsrat verweigert der vom Arbeitgeber O. beabsichtigten Versetzung des Abteilungsleiters L. in die Abteilung II seine Zustimmung. Der Betriebsrat befürchtet, durch diese Versetzung würde eine Gefahr für die dort vorhandenen Arbeitsplätze entstehen. Der Arbeitgeber versetzt Herrn L. trotzdem, ohne das Zustimmungsersetzungsverfahren durchgeführt zu haben. In dem daraufhin vom Betriebsrat beim Arbeitsgericht eingeleiteten Verfahren auf Aufhebung der personellen Maßnahme bringt der Arbeitgeber vor, die vom Betriebsrat behauptete Gefahr für die Arbeitsplätze habe in der Realität gar nicht bestanden. Das trifft auch zu. Darf der Arbeitgeber den Mitarbeiter dennoch ohne Zustimmungsersetzungsverfahren einfach versetzen?[118]

Sofern der Betriebsrat wirksam die Zustimmung verweigert, kann der Arbeitgeber die geplante personelle Einzelmaßnahme nicht durchfahren, es sei denn, es liegen Gründe für eine vorläufige Maßnahme nach § 100 BetrVG vor. Der Arbeitgeber

114 BAG vom 14.11.1989, AP Nr. 77 zu § 99 BetrVG 1972
115 BAG vom 15.09.1987, AP Nr. 46 zu § 99 BetrVG 1972 mit Anmerkung *Streckel*
116 BAG vom 15.09.1987, AP Nr. 45 zu § 99 BetrVG 1972 mit Anmerkung *Streckel*
117 BAG vom 23.08.1988, AP Nr. 2 zu § 93 BetrVG 1972
118 BAG vom 21.11.1978, AP Nr. 3 zu § 101 BetrVG 1972 mit Anmerkung *Richardi*; vgl. auch *von Hoyningen-Huene*, Betriebsverfassungsrecht, S. 310

kann jedoch nach § 99 Abs. 4 BetrVG beim Arbeitsgericht die Ersetzung der Zustimmung des Betriebsrates im Beschlußverfahren nach § 2 a Abs. 1 Nr. 1 des ArbGG beantragen. Das Arbeitsgericht hat dann die Zustimmung des Betriebsrates zu ersetzen, wenn keiner der in § 99 Abs. 2 BetrVG aufgezählten Widerspruchsgründe gegeben ist. Der Arbeitgeber muß allerdings den Betriebsrat ordnungsgemäß nach § 99 Abs. 1 BetrVG unterrichtet haben. Wird die Zustimmung ersetzt, tritt die Wirkung nicht rückwirkend, sondern für die Zukunft ein[119]. Im Beschlußverfahren vor dem Arbeitsgericht haben die von der geplanten personellen Maßnahme erfaßten Arbeitnehmer keine eigene Beteiligtenstellung, weil sie nicht durch ihre Rechtsstellung unmittelbar betroffen sind.

Anwendung auf Fall 15:

Das Verfahren nach § 101 Satz 1 BetrVG, das hier vom Betriebsrat eingeleitet ist, stellt ein arbeitsgerichtliches Beschlußverfahren im Sinne der §§ 2a Abs. 1 Nr. 1, 80 ff. ArbGG dar. Unstreitig lag der vom Betriebsrat geltend gemachte Verweigerungsgrund als Versagungsgrund nach § 99 Abs. 2 Nr. 3 BetrVG tatsächlich nicht vor. Ob der Arbeitgeber damit im vorliegenden Verfahren gehört werden kann, ist fraglich, denn dieses Verfahren dient der Sicherung des Mitbestimmungsrechts nach § 99 Abs. 1 Satz 1 BetrVG und soll den Arbeitgeber hindern, vor Durchführung der in § 99 Abs. 1 und 4 BetrVG vorgesehenen Verfahren vollendete Tatsachen zu schaffen. *„Mit diesem Schutzzweck ist es unvereinbar, sich in diesem Verfahren auf das Fehlen eines Zustimmungsverweigerungsgrundes zu berufen. Denn auf diese Weise könnte der Arbeitgeber das Verfahren nach § 99 Abs. 4 BetrVG, bei dem er die Initiative ergreifen muß, überspringen und abwarten, bis der Betriebsrat nach § 101 BetrVG vorgeht. Das Arbeitsgericht wird daher nach dem Antrag des Betriebsrates erkennen."*[120]

8.3.8. Vorläufige personelle Maßnahmen (§ 100 BetrVG)

Fall 16:

Die Betriebsangehörigen D. und F. haben sich um dieselbe Stelle beworben. Als der Arbeitgeber Frau F. auf die Stelle versetzen will, verweigert der Betriebsrat die Zustimmung mit der Begründung, Frau G. würde dadurch benachteiligt. Der Arbeitgeber führt die Versetzung von Frau F. dennoch vorläufig durch, weil die Lohnabrechnung für den Monat Januar sonst nicht rechtzeitig fertiggestellt werden kann. Der Betriebsrat bestreitet aus seiner Sicht die dringende Erforderlichkeit der Maßnahme. Vor dem Arbeitsgericht stellt der Arbeitgeber den Antrag auf Ersetzung der Zustimmung des Betriebsrates und begehrt die Feststellung, daß die Maßnahme dringend erforderlich gewesen sei[121].

Da das Beteiligungsverfahren nach § 99 BetrVG zur Folge hat, daß evtl. der Arbeitsplatz unbesetzt bleibt, dies aber evtl. betrieblich nicht akzeptabel ist, gibt § 100 BetrVG dem Arbeitgeber die Möglichkeit, einseitig vorzugehen, wenn dies aus sachlichen Gründen dringend erforderlich ist. Ein dringendes Erfordernis ist noch nicht bei einem allgemeinen Interesse an baldiger Arbeitsaufnahme gegeben, vielmehr muß ein besonderes betriebliches Interesse vorliegen, das den Arbeitgeber nach Abwägung der Interessen zu sofortigem Eingreifen veranlaßt (sogenannter **Eilfall**). Dies gilt natürlich nicht für Eingruppierungen und Umgruppierungen, weil dort keine Rechtsgestaltungen erfolgen, son-

119 BAG vom 26.04.1990, SAE 1991, S. 163, 167 unter B.II.1

120 *von Hoyningen-Huene*, Betriebsverfassungsrecht, S. 310

121 BAG vom 07.11.1977, AP Nr. 1 zu § 100 BetrVG 1972 mit Anmerkung *Richardi*; vgl. auch *von Hoyningen-Huene*, Betriebsverfassungsrecht, S. 312

dern lediglich Akte der Rechtsanwendung vorliegen[122]. Es geht also um Einstellungen und Versetzungen.

Will jetzt der Arbeitgeber eine vorläufige personelle Maßnahme durchführen, so hat er einerseits nach § 100 Abs. 1 Satz 2 BetrVG den Arbeitnehmer über die Sach- und Rechtslage aufzuklären, andererseits aber nach § 100 Abs. 2 Satz 1 BetrVG den Betriebsrat unverzüglich, also ohne schuldhaftes Zögern (§ 121 BGB) von der vorläufigen personellen Maßnahme zu unterrichten.

Hat der Betriebsrat die Eilbedürftigkeit bestritten, darf der Arbeitgeber die vorläufige personelle Maßnahme nur aufrechterhalten, wenn er innerhalb von drei Tagen beim Arbeitsgericht die Ersetzung der Zustimmung des Betriebsrates sowie kumulativ die Feststellung beantragt, daß die Maßnahme aus sachlichen Gründen dringend erforderlich war (§ 100 Abs. 2 Satz 3 BetrVG). Hingegen ist der isolierte Feststellungsantrag zur Berechtigung der vorläufigen Maßnahme unzulässig[123]. In der Regel wird der Betriebsrat in diesem Beschlußverfahren erhebliche Schwierigkeiten bekommen, denn aus § 100 Abs. 2 Satz 2 i.V.m. Abs. 3 Satz 2 BetrVG ergibt sich die Darlegungspflicht des Betriebsrates, daß offensichtlich die Maßnahme aus sachlichen Gründen nicht dringend erforderlich war. Demzufolge wird in der Regel das Arbeitsgericht die vorläufige personelle Maßnahme für wirksam erklären[124]. Lehnt das Gericht die Ersetzung der Zustimmung des Betriebsrates rechtskräftig ab oder stellt es rechtskräftig fest, daß offensichtlich die Maßnahme aus sachlichen Gründen nicht erforderlich war, so endet gemäß § 100 Abs. 3 Satz 1 BetrVG die vorläufige personelle Maßnahme mit Ablauf von 2 Wochen nach Rechtskraft der Entscheidung. Zu diesem Zeitpunkt darf die personelle Maßnahme nicht aufrechterhalten werden (§ 100 Abs. 2 Satz 2 BetrVG). Kommt der Arbeitgeber dieser Verpflichtung nicht nach, so wird der Betriebsrat ein Aufhebungsverfahren nach § 101 BetrVG einleiten *(dazu unter C.3.)*.

Anwendung auf Fall 16:

Auch der Zustimmungsersetzungsantrag wird im arbeitsgerichtlichen Beschlußverfahren nach §§ 2a Abs. 1 Nr. 1, 80 ff. ArbGG gestellt. Er ist nur dann unbegründet, wenn die Maßnahme offensichtlich aus sachlichen Gründen nicht dringend erforderlich war, so § 100 Abs. 3 Satz 1 BetrVG. *„Das Merkmal 'offensichtlich' erfordert eine grobe Verkennung der sachlich-betrieblichen Notwendigkeit. Dabei ist der Zeitpunkt der Anordnung der vorläufigen Maßnahme aus der Sicht des Arbeitgebers zugrunde zu legen. Hier hatte die sofortige Besetzung der Stelle durchgeführt werden müssen, um die Fertigstellung der Lohnabrechnung zu gewährleisten, eine Maßnahme, die letztlich auch im Interesse der Arbeitnehmer liegt“*[125]. Die vorläufige personelle Maßnahme des Arbeitgebers war somit dringend erforderlich. Das Arbeitsgericht wird antragsgemäß entscheiden. Ein Zustimmungsverweigerungsgrund des Betriebsrats nach § 99 Abs. 2 Nr. 3 BetrVG liegt nicht vor.

8.3.9. Sanktionen (§ 101 BetrVG)

Fall 17:

Die Angestellte S. bewirbt sich beim Arbeitgeber H. um eine Anstellung als Sekretärin. Am 12. 10.1981 wird mit Wirkung zum 02.11. 1981 ein entsprechender Arbeitsvertrag abge-

---

122 BAG vom 27.01.1987, AP Nr. 42 zu § 99 BetrVG 1972

123 BAG vom 15.09.1987, AP Nr. 46 zu § 99 BetrVG 1972 mit Anmerkung *Streckel*

124 BAG vom 07.11.1977, AP Nr. 1 zu § 100 BetrVG 1972

125 *von Hoyningen-Huene*, Betriebsverfassungsrecht, S. 312

schlossen. Die Beteiligung des Betriebsrates ist nicht erfolgt. Als Frau S. am 02.11.1981 ihre Arbeit aufnehmen will, protestiert der Betriebsrat und meint, daß ein wirksames Arbeitsverhältnis nicht zustande gekommen sei, Frau S. daher nicht beschäftigt werden dürfe und auch keinen Lohnanspruch habe[126].

Aus den §§ 99, 100 BetrVG ergibt sich nicht ohne weiteres, welche Rechtsfolgen aus einer Nichtbeteiligung des Betriebsrats resultieren.

Betriebsverfassungsrechtlich, also im Verhältnis zwischen Arbeitgeber und Betriebsrat, regelt § 101 BetrVG eine ausdrückliche Sanktion, nämlich das Mitbestimmungssicherungsverfahren. Der Betriebsrat kann beim Arbeitsgericht beantragen, dem Arbeitgeber aufzugeben, die personelle Maßnahme aufzuheben, § 101 Satz 1 BetrVG. Das bedeutet bei Einstellungen und bei Versetzungen, daß die vom Arbeitgeber durchgeführte Maßnahme rückgängig gemacht werden muß, d.h., der eingestellte Arbeitnehmer muß entlassen, der versetzte Arbeitnehmer rückversetzt werden. Bei Eingruppierungen und Umgruppierungen hingegen bedarf es einer Nachholung der Zustimmung des Betriebsrates bzw. des Zustimmungsersetzungsverfahrens, weil es sich hier um reine Rechtsanwendungsakte und damit Beurteilung des Betriebsrates handelt.

Hebt der Arbeitgeber die personelle Maßnahme entgegen der rechtskräftigen gerichtlichen Entscheidung nicht auf, so ist auf Antrag des Betriebsrates in einem weiteren Beschlußverfahren vor dem Arbeitsgericht zu erkennen, daß der Arbeitgeber zur Aufhebung der Maßnahme durch Zwangsgeld, ersatzweise Zwangshaft bis zu sechs Monaten, angehalten wird, so § 101 Satz 3 BetrVG.

Schwieriger ist naturgemäß die **individualrechtliche Stellung des betroffenen Arbeitnehmers.** Überwiegend wird vertreten, daß sich im Umkehrschluß von § 101 BetrVG entnehmen läßt, daß die arbeitsvertragliche Stellung des Arbeitnehmers trotz Betriebsverfassungswidrigkeit unberührt

bleibt, somit der Arbeitsvertrag wirksam ist. So hat z.B. das BAG folgendes entschieden: Der Arbeitgeber, der einem Arbeitnehmer eine höherwertige Tätigkeit überträgt, ist trotz unterlassener Beteiligung des Betriebsrates bei der Eingruppierung zur Zahlung der höheren Vergütung verpflichtet[127]. Betriebsverfassungswidrige Versetzungen sind nach der neuesten Auffassung des BAG unwirksam, weil § 99 Abs. 2 Nr. 4 BetrVG ein Verbotsgesetz im Sinne des § 134 BGB darstellt[128].

Anwendung auf Fall 17:

Da ein wirksamer Arbeitsvertrag nach § 611 BGB zustande gekommen ist, steht Frau S. ein Beschäftigungs- und Lohnanspruch zu. Dennoch kann der Betriebsrat über § 101 Satz 1 BetrVG vom Arbeitgeber verlangen, die vollzogene Einstellung rückgängig zu machen. Damit ist aber selbst die Wirksamkeit des Arbeitsvertrages nicht berührt. Es besteht aber nach Auffassung des BAG ein automatisches Beschäftigungsverbot, bedarf also nicht etwa eines Antrages des Betriebsrates durch das Arbeitsgericht nach § 101 Satz 1 BetrVG. Frau S. hat demzufolge keinen Beschäftigungsanspruch, aber einen Lohnzahlungsanspruch.

---

126 BAG vom 02.07.1980, AP Nr. 9 zu Art. 33 Abs. 2 GG und AP Nr. 5 zu § 101 BetrVG 1972 mit Anmerkung *Misera;* vgl. auch von *Hoyningen-Huene,* Betriebsverfassungsrecht, S. 314
127 BAG vom 16.01.1991, NZA 1991, S. 490
128 BAG vom 26.01.1988, AP Nr. 50 zu § 99 BetrVG 1972

B. Die Rechtsstellung des Pflegepersonals

1. Arbeitnehmereigenschaft als Voraussetzung für die Anwendung arbeitsrechtlicher Vorschriften

Fall 18:

Dr. M. ist Inhaber einer Privatklinik, in der z. Zt. 40 Patienten versorgt werden. Krankenpfleger S. ist in dieser Privatklinik beschäftigt. Sowohl Dr. M. als auch Krankenpfleger S. gehen in Urlaub. Haben sie Ansprüche auf Urlaubsvergütung, ggf. gegenüber wem?

Pflegekräfte können sich nur dann auf die Vergünstigungen des Arbeitsrechts berufen, wenn sie Arbeitnehmer sind *(vgl. Teil I: Grundlagen und Grundbegriffe sowie oben A.1.).*
Die **Arbeitnehmerschaft** kann im Einzelfall aus drei Gründen **zweifelhaft** sein:

- Pflegekräfte sind bei unterschiedlichsten **Trägern** beschäftigt (private, freigemeinnützige, kirchliche/karitative oder staatliche)
- Pflegekräfte können **Mitglieder** religiöser bzw. karitativer Vereinigungen oder „freie" Pflegekräfte sein
- Pflegekräfte können besondere **Verpflichtungen** eingehen (so Führungskräfte und Lernpflegekräfte).

Freie Pflegekräfte stehen bei **privaten und freigemeinnützigen Trägern** grundsätzlich als **Arbeitnehmer** im Arbeitsverhältnis. Es ist heute praktisch unumstritten, daß es sich trotz der besonderen Arbeitsleistung

„Pflege" um ein Arbeitsverhältnis handelt. Im Vordergrund steht nicht das Dienen am Menschen, sondern der Erwerbsgedanke. Insoweit ist der Pflegeberuf ein Beruf unter vielen anderen und keine Berufung. Selbst wenn freie Pflegekräfte ihren Beruf als Berufung auffassen, gilt nichts anderes (wie auch in den übrigen Berufen), weil die **Kriterien fremdbestimmter Arbeit** vorliegen **(inhaltliche Komponente),** die in einem **Arbeitsvertrag** geregelt werden **(formelle Komponente).**
Krankenpfleger S. kann sich also im Fall 18 zu Recht auf die §§ 1, 11 BUrlG berufen.

Beachte:
Besonderheiten gelten aber für Pflegekräfte im **öffentlichen Dienst** *(unter 2.).* Zweifelhaft ist die Rechtsstellung von Pflegekräften als **Mitglieder religiöser bzw. karitativer Vereinigungen** *(unter 3.),* der Führungskräfte in der Pflegedienstleistung *(unter 4.)* sowie des **Krankenpflegeschülers** und der **Lehrer in Pflegeberufen nach dem KrPflG** *(unter 5.).*

2. Pflegekräfte im öffentlichen Dienst

2.1. Allgemeines zum öffentlichen Dienstrecht

Das Recht der Angestellten und Arbeiter im öffentlichen Dienst ist eine recht junge Materie im Sinne spezifischer Rechtsnormen. Im Staatsdienst wurden ursprünglich neben Beamten nur Arbeiter für untergeordnete Hilfstätigkeiten beschäftigt. Mit dem Funktionswandel öffentlicher Verwaltung in Richtung auf mehr Daseinsvorsorge und Leistungsverwaltung änderte sich dies. Dabei ergab sich mit dem Ersten Weltkrieg eine entscheidende Verschiebung, denn die neuartigen Leistungsanforderungen der Kriegswirtschaft erforderten die Einstellung von Arbeitnehmern in großem Umfang. Heute sind mehr Arbeitnehmer als Beamte im öffentlichen Dienst beschäftigt. Die **Dreiteilung der Beschäftigten im öffentlichen Dienst in Beamte, Angestellte und Arbeiter** ist nicht aufgehoben. Im Gegenteil haben wir **zersplitterte Regelungsbereiche** *(vgl. Übersicht 1).* Während für Beamte die Beamtengesetze der Länder, das Bundesbeamtengesetz für den Bund und das Bundesbeamtenrechtsrahmengesetz für Bund und Länder mit vielen Nebengesetzen im sogenannten Beamtenrecht zur Anwendung kommen, gilt für die Angestellten im öffentlichen Dienst bundeseinheitlich sowohl für Bund als auch für Länder und Kommunen der Bundesangestelltentarifvertrag. Für Arbeiter hingegen bestehen unterschiedliche Tarifverträge für Bund, Länder und Gemein-

den. Für den Bund kam bis März 1996 der MTB II (Manteltarifvertrag für Arbeiter des Bundes) zur Anwendung, für die Länder der MTL II (Manteltarifvertrag für Arbeiter der Länder). Nunmehr gilt seit 01.03.1996 für Bund und Länder der einheitliche Manteltarifvertrag für Arbeiterinnen und Arbeiter des Bundes und der Länder (MTArb) vom 06. Dezember 1995. Für kommunale Arbeiter findet der BMTG II (Bundesmanteltarifvertrag für Arbeiter der Gemeinden) Anwendung. Gerade der BMTG ist der älteste der Tarifverträge überhaupt. Interessant ist, daß bei vielen Neuregelungen im BAT der BMTG als Vorbild dient, etwa bei der Schichtzulage und der Wechselschichtzulage. Dies dürfte vielleicht auch der Grund dafür sein, daß es in der Auslegung hier so viel Streit gibt.

Der älteste Manteltarifvertrag ist der BMT-G, der 1953 abgeschlossen wurde. Während die Materien für Angestellte und Arbeiter in der Vergangenheit weit auseinanderfielen, ist durch die Rechtsangleichungen in den zurückliegenden Jahren eine stärkere Vereinheitlichung festzustellen, so daß sich die Tarifverträge nur noch graduell unterscheiden, wenn auch in wichtigen

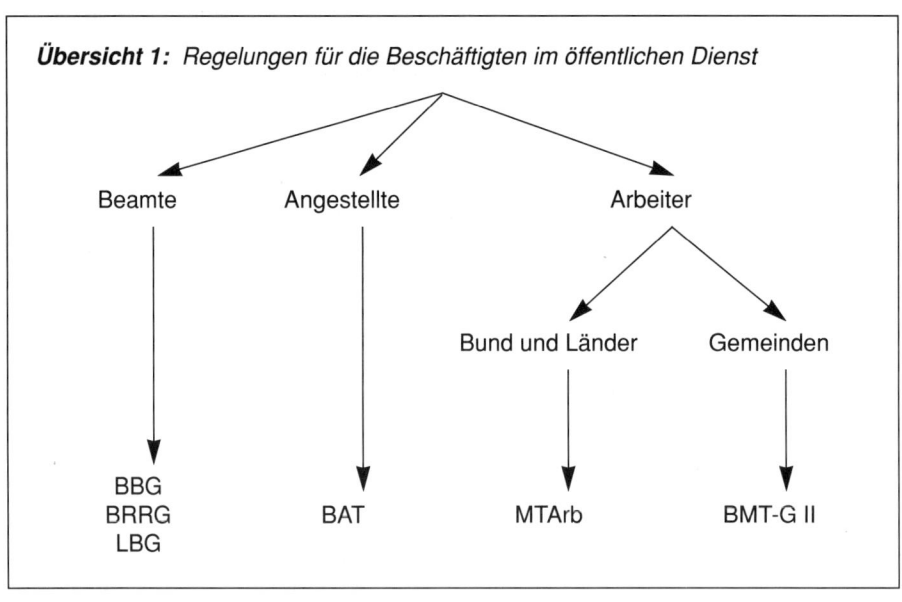

Übersicht 1: *Regelungen für die Beschäftigten im öffentlichen Dienst*

Fragen. Vieles ist im BMT-G zwischenzeitlich aus dem BAT übernommen worden, während umgekehrt bestimmte Techniken aus dem BMT-G in den BAT übernommen wurden, so z.b. die Wechselschichtzulage und die Schichtzulage. Eigentlich wäre es zweckmäßig, künftig die Rechtsverhältnisse der Beschäftigten im öffentlichen Dienst in einem Manteltarifvertrag zu regeln.

Zur Zeit gilt der BMT-G II, womit gemeint ist, daß es sich um die zweite Generalfassung dieses Manteltarifvertrages handelt, der in den 60er Jahren neu gefaßt wurden. Viele Probleme sind letzlich im BAT, MT-Arb und BMT-G II ähnlich, z.t. sogar identisch, geregelt. Es kann deshalb immer auf die Parallelrechtsprechung eingegangen werden.

Die Zersplitterung des öffentlichen Dienstrechtes ist sicherlich unglücklich, weil unwirtschaftlich. Die Anfang der siebziger Jahre von der Bundesregierung eingesetzte *Schlieker*-Kommission zur Reform des öffentlichen Dienstrechtes hat sich leider nicht für eine Vereinheitlichung entschieden. Es ist bis heute bei der Dreiteilung geblieben.

2.2. Pflegekräfte als Angestellte

Fall 19:

Krankenpfleger S. gefällt es nicht mehr in der Privatklinik des Dr. M. Er hat deshalb eine neue Stelle im Krankenhaus X-Stadt angenommen. Da er kein Weihnachtsgeld bekommt, will er Klage erheben. Vor welchem Gericht?

Für öffentlich-rechtliche Streitigkeiten ist das Verwaltungsgericht zuständig, während für arbeitsrechtliche Streitigkeiten der Rechtsweg zum Arbeitsgericht gegeben ist.

Sofern Pflegende im öffentlichen Dienst als Angestellte eingestellt werden, gilt hinsichtlich der rechtlichen Zuordnung nichts Besonderes. Der **Angestellte im öffentlichen Dienst** ist kein öffentlich-dienstrechtlicher Beschäftigter, sondern **Arbeitnehmer,** für den das **Arbeitsrecht** gilt[1]. Allerdings gibt es für den öffentlichen Dienst in zahlreichen Tarifverträgen Sonderregelungen, um den Besonderheiten dieses Bereichs Rechnung zu tragen (u.a. BAT mit SR 2 a, SR 2 c, KrPflSchülerinnenTV, Zuwendungs-TV, TV über Rationalisierungsschutz, TV über vermögenswirksame Leistungen, TV über Urlaubsgeld, Zusatzversorgungstarifvertrag, Beihilfetarifvertrag, die im folgenden mitbehandelt werden).

Krankenpfleger S. wird also im Fall 19 die **Klage vor dem Arbeitsgericht erheben.**

2.3. Pflegekräfte als Beamte

Fall 20:

Krankenpfleger S. wird im Psychiatrischen Landeskrankenhaus in Z-Stadt als Beamter eingestellt. Da er kein Weihnachtsgeld bekommt, will er Klage erheben. Vor welchem Gericht?

Obwohl **Beamte** die Kriterien fremdbestimmter Arbeit erfüllen, sind sie keine Arbeitnehmer, sondern **eine eigenständige öffentlich-rechtliche Beschäftigungsgruppe,** die den **Beamtengesetzen** unterliegt. Die Beamtengesetze regeln den Beginn,

---

1 ganz herrschende Meinung, so u.a. BAGE 6/145; *Böhme/Gaßmann,* Der Angestellte im öffentlichen Dienst, in: *Bierfelder* (Hrsg.), Handwörterbuch des öffentlichen Dienstes, Das Personalwesen, Berlin, 1976, Spalten 63 f.; *Schaub,* Arbeitsrechtshandhandbuch, §§ 15 ff.

B. Die Rechtsstellung des Pflegepersonals

Inhalt und Beendigung des Beamtenverhältnisses, die Besoldung, Alters- und Invalidenversorgung, vermögenswirksame Leistungen, Sonderzuwendungen, Urlaub usw. *(vgl. Übersicht 2).*

Zusammenfassend lassen sich also Unterschiede feststellen, die aber mehr formeller Art sind. Inhaltlich ist eine Annäherung des Beamtenrechts an das Recht der Angestellten im öffentlichen Dienst und umge-

---

Übersicht 2: *Unterschiede zwischen Angestellten- und Beamtenrecht[2]*

Angestellte	Beamte
1. Das Arbeitsverhältnis ist ein zivilrechtliches Rechtsverhältnis	Das Beamtenverhältnis ist ein öffentlichrechtliches Dienst- und Treueverhältnis
2. Rechtsweg zum Arbeitsgericht	Rechtsweg zum Verwaltungsgericht
3. Begründung des Arbeitsverhältnisses – formlos	Begründung des Beamtenverhältnisses durch formelle Ernennung (Verwaltungsakt)
4. Regelung insbesondere durch TV	Regelung ausschließlich durch Gesetze
5. grundsätzlich kündbar	Beamter auf Lebenszeit
6. keine formellen Disziplinarmaßnahmen	Disziplinarrecht (Verweis, Geldbuße, Gehaltskürzung, Versetzung, Entfernung
7. Austauschverhältnis mit umfangreichen Nebenpflichten (Treuepflicht)	Treueverhältnis
8. in der Praxis auch Wahrnehmung hoheitlicher Aufgaben	ständige Ausübung hoheitlicher Tätigkeiten grundsätzlich vorbehalten
9. Stellenprinzip (kein Aufstieg von vornherein vorgesehen)	Laufbahnprinzip (Aufstieg von vornherein vorgesehen)
10. Vergütung aufgrund Gegenleistungsprinzi/Arbeit gegen Lohn: „Ohne Arbeit kein Lohn"	Besoldung aufgrund Alimentationsprinzip, d.h. Unterhalt als Entschädigung für die Zurverfügungstellung der ganzen Persönlichkeit
11. Rentenversicherung durch Beiträge der versicherten AN und AG	Beamtenversorgung durch den Staat
12. Krankenversicherung durch Beiträge der versicherten AN und AG	Beamtenbeihilfe für Krankheitsfall durch den Staat
13. Streikrecht	Streikverbot

---

2 zu den Einzelheiten vgl. *Böhme/Gaßmann*, a.a.O., Spalten 63 ff.

kehrt nicht zu übersehen – das entscheidende Argument für die Schaffung eines einheitlichen Arbeitnehmers des öffentlichen Dienstes[3]. Krankenpfleger S. wird also im Fall 20 die **Klage vor dem Verwaltungsgericht** erheben, weil das Beamtenverhältnis ein öffentlich-rechtliches Rechtsverhältnis ist.

3. Pflegekräfte als Mitglieder religiöser und karitativer Vereinigungen, insbesondere Gestellungsschwestern (Gestellungspfleger)

Fall 21:

Die DRK-Schwestern im Kreiskrankenhaus X-Stadt in Baden-Württemberg beteiligen sich an den Personalratswahlen. Zwei DRK-Schwestern werden auch in den Personalrat gewählt. Der Krankenhausträger ficht daraufhin die Wahl an, weil die DRK-Schwestern keine Arbeitnehmer seien. Zu Recht?

Sofern Pflegekräfte mit ihrer Berufsausübung karitative und religiöse Zwecke verfolgen, wird die rechtliche Einordnung schwieriger. Das betrifft insbesondere Ordensschwestern, Caritas-Schwestern, Diakonissen und DRK-Schwestern.

Höchstrichterlich wurde bisher lediglich zur Rechtsstellung der DRK-Schwester entschieden. Insoweit hat das BAG in ständiger Rechtsprechung bestätigt[4], daß eine **DRK-Schwester,** die in einem von ihrer Schwesternschaft selbst betriebenen Krankenhaus tätig ist, **keine Arbeitnehmerin ist,** weil die Rechtsbeziehungen zwischen der Schwester und ihrem Verband sich in den vereinsrechtlichen Rechten und Pflichten erschöpfen. Da ein besonderer Arbeitsvertrag zwischen Schwester und Verband nicht geschlossen wird, liegt kein Arbeitsverhältnis vor.

Das gilt auch für den Fall, daß die DRK-Schwester aufgrund eines Gestellungsvertrages in einem anderen Krankenhaus beruflich tätig ist. Insoweit kommt auch das Gesetz zur Regelung der gewerbsmäßigen Arbeitnehmerüberlassung (Arbeitnehmerüberlassungsgesetz – AUG) nicht zur Anwendung. Danach bedarf die gewerbsmäßige Arbeitnehmerüberlassung der Erlaubnis des Landesarbeitsamtes. Gestellungsverträge zwischen einer karitativen Einrichtung und einem Entleiher unterscheiden sich von der Arbeitnehmerüberlassung aber durch die mangelnde Erwerbswirtschaft des Gestellers, der ja gemeinnützig tätig wird[5].

Der Gestellungsvertrag ist ein Dienstvertrag gemäß § 611 BGB zwischen der Schwesternschaft und einem anderen Krankenhausträger. Die Schwesternschaft verpflichtet sich zur Leistung der Krankenpflege gegen eine entsprechende Vergütung. Zur Erfüllung ihrer Leistungspflicht stellt die Schwesternschaft aus ihrer Mitte Schwestern einschließlich der Pflegeleitung. Soweit diese Schwestern ihrerseits mit dem Krankenhausträger **Arbeitsverträge** schließen, was heute weithin üblich ist, liegt ein besonderes Arbeitsverhältnis vor, so daß es sich dann um **Arbeitnehmerinnen** handelt. Dem steht nicht etwa § 5 Abs. 2 Nr. 3 BetrVG entgegen[6], wonach als Arbeitnehmer im Sinne dieses Gesetzes nicht Personen gelten, deren Beschäftigung in erster Linie ihrem Erwerb dient, sondern vorwiegend durch Beweggründe karitativer oder religiöser Art bestimmt ist, weil § 5 Betr-

---

3 vgl. *Böhme/Gaßmann*, a.a.O., Spalte 77–79
4 BAG vom 18.02.1956, AP Nr. 1 zu § 5 ArbGG 1953; BAG vom 03.06.1975 – 1 ABR 98/74 in: EzA § 5 PersVG Nr. 19
5 BAG AP Nr. 13 zu § 611 BGB Rotes Kreuz
6 so aber *Bitter*, Krankenpflege- und Heilhilfspersonal, in: Arbeitsrechtsblattei Teil I D

VG nur den betriebsverfassungrechtlichen Arbeitnehmer abgrenzt, also den allgemeinen Arbeitnehmerbegriff voraussetzt[7]. Selbst wenn der Erwerbsgedanke nicht im Vordergrund steht, kann ein Arbeitsverhältnis vorliegen[8]. Das gilt auch für die gleichlautenden Bestimmungen der Personalvertretungsgesetze.

Nicht selten wird aber zwischen Schwester und Krankenhausträger **kein** besonderer **Arbeitsvertrag geschlossen,** so daß sich dann die Rechtsbeziehungen Schwester – Krankenhausträger allein auf das Vertragsverhältnis Schwesternschaft – Krankenhausträger gründet[9]. Da kein Arbeitsvertrag vorliegt, ist formal gesehen die **Arbeitnehmerschaft** zu verneinen[10]. So hat auch das BVerwG zur Bediensteteneigenschaft der DRK-Schwester entschieden[11].

Es ist daher festzuhalten: Ordensschwestern, Caritas-Schwestern, Diakonissen und DRK-Schwestern sind keine Arbeitnehmerinnen, wenn sie in verbandseigenen Krankenhäusern tätig werden oder allein aufgrund eines Gestellungsvertrages zwischen Schwesternschaft und Krankenhausträger beruflich tätig sind. Soweit die Gestellungsschwestern mit dem Krankenhausträger besondere Arbeitsverträge schließen, sind sie Arbeitnehmer.

Im vorliegenden Fall 21 käme es also darauf an, ob die DRK-Schwestern mit dem Landkreis besondere Arbeitsverträge abgeschlossen haben, dann sind sie Arbeitnehmerinnen.

Allerdings ist § 4 Abs. 2 Nr. 1 LPersVG Ba-Wü zu beachten, wonach auch Gestellungsschwestern ohne besondere arbeitsvertragliche Anstellung Beschäftigte im Sinne des LPersVG und nach § 7 Satz 3 LPersVG als Angestellte im Sinne des LPersVG gelten. Dies zeigt, daß auch der Landesgesetzgeber von Baden-Württemberg davon ausgeht, daß solche Gestellungsschwestern die Arbeitnehmereigenschaft nicht besitzen, denn sonst bedürfte es nicht einer gesetzlichen Fiktion.

Der Krankenhausträger (Landkreis) befindet sich somit wegen § 4 Abs. 2 Nr. 1 LPersVG im Unrecht.

4. Führungskräfte in der Pflegedienstleitung

4.1. Status des leitenden Angestellten

Fall 22:

Die leitende Pflegekraft H. wird zur Betriebsratsvorsitzenden gewählt. Geht das?

Für die Unterscheidung Arbeitgeber – Arbeitnehmer gilt das Kriterium der **vertraglichen Verpflichtung.** Wer einen anderen als Arbeitnehmer beschäftigt, ist Arbeitgeber. Arbeitnehmer dagegen ist, wer fremdbestimmte (unselbständige) Arbeit leistet. Somit ist das Rechtsverhältnis auch bei Führungskräften, gleichgültig ob Chefarzt, Verwaltungsdirektor oder leitende Pflegekraft regelmäßig ein Arbeitsverhältnis. Sie sind also vom Status Arbeitnehmer.

Allerdings ist eine Besonderheit zu beachten: Die Führungskraft übt Arbeitgeber-Funktionen aus.

Das erklärt sich faktisch und rechtlich folgendermaßen: Arbeitgeber ist der Krankenhausträger (sogenannter abstrakter Prinzipal oder modern ausgedrückt **abstrakter Arbeitgeber**). Ihm steht aufgrund

---

7 *Dietz/Richardi,* § 5 BetrVG, Anmerkung 63, 64; *Teich,* Die Rechtsstellung der Krankenschwestern und Krankenpflegehelferinnen in ihren Verbänden und in der Krankenanstalt, Dissertation, Würzburg, 1972, S. 66 ff.

8 vgl. *Molitor,* Krankenschwester (Krankenpfleger), in: *Kuhns* (Hrsg.), Das gesamte Recht der Heilberufe, Berlin, 1958, S. I/594–596

9 zur Rechtsstellung vgl. BGH, Urteil vom 22.02.1974, NJW 1974, S. 905

10 BAG, Beschluß vom 20.02.1986, NJW 1986, S. 2906; Beschluß vom 06.07.1995, NZA 1996, S. 33

11 BVerwG vom 29.04.1966, AP Nr. 1 zu § 3 LPersVG Ba-Wü

des Arbeitsvertrages gegenüber dem Arbeitnehmer das Weisungsrecht zu, weil nicht alle Einzelheiten der Arbeitsleistung des Arbeitnehmers im Arbeitsvertrag geregelt werden können und geregelt werden. Der Arbeitnehmer verpflichtet sich mehr oder weniger allgemein zur Arbeitsleistung. Die konkrete Ausgestaltung wird dem Arbeitgeber einseitig überlassen. Im modernen Arbeitsleben kann der Arbeitgeber aber nicht alles selbst anweisen, also führen. Dies gilt gerade für juristische Personen wie Stadt, Landkreis, Land, aber auch für eine GmbH, eine Aktiengesellschaft oder einen eingetragenen Verein.

Der Arbeitgeber muß sein Weisungsrecht auf andere Personen übertragen, delegieren. Da er solche Personen zu diesem Zweck einstellen muß, üben die so Eingestellten regelmäßig als Funktionsträger Arbeitgeber-Funktionen aus (sogenannter konkreter Prinzipal oder modern gesagt **konkreter Arbeitgeber**).

Wie weit diese Funktionen gehen, kann dahingestellt bleiben. Jedenfalls steht eine Führungskraft dem Arbeitgeber um so näher, je größer ihre (Delegations-)Kompetenzen sind. Die Führungsspitze in der Krankenhausorganisation, ob sie jetzt allein aus dem Chefarzt oder aus einer gemeinschaftlichen Krankenhausleitung gemäß der Drei-Säulen-Theorie (ärztlicher Bereich, Pflegedienst, Verwaltung) besteht, steht dem Arbeitgeber so nahe, daß sie gegenüber den anderen Arbeitnehmern in der Arbeitsorganisation die **Sonderstellung leitender Angestellter** einnehmen kann.

Sofern der Angestellte weder Personalhoheit (§ 5 Abs. 2 Nr. 1 BetrVG) noch Generalvollmacht oder erhebliche Prokura (§ 5 Abs. 3 Nr. 2 BetrVG) hat, ist er gemäß § 5 Abs. 3 Nr. 3 BetrVG unter folgenden **Voraussetzungen** leitender Angestellter[12]:

* Er muß unternehmerische Aufgaben wahrnehmen, die im Hinblick auf die Gesamttätigkeit des Angestellten und die Gesamtheit der Unternehmeraufgaben erheblich sind

* Er muß einen erheblichen eigenen **Entscheidungsspielraum** haben
* Zur Ausübung der Tätigkeit müssen **besondere Erfahrungen und Kenntnisse** erforderlich sein
* Zu den übrigen Arbeitnehmern muß ein **Interessengegensatz** bestehen.

Die leitende Pflegekraft muß alle vier Kriterien erfüllen[13].

Seit 1989 ist der Begriff des leitenden Angestellten, soweit es um funktionsbezogene Kriterien geht, in einem neu geschaffenen Abs. 4 des § 5 BetrVG näher gekennzeichnet.

Nach § 18 a BetrVG muß vor den Betriebsratswahlen eine Zuordnung der Mitarbeiter erfolgen, weil leitende Angestellte nach dem Gesetz über Sprecherausschüsse der leitenden Angestellten (Sprecherausschußgesetz) vom 20.12.1988 in Betrieben mit in der Regel mindestens zehn leitenden Angestellten Sprecherausschüsse der leitenden Angestellten gewählt werden.

Die **materiellrechtliche Zuordnung** erfolgt in **vier Stufen:**

Stufe 1: Zuordnung nach den formalen Merkmalen des § 5 Abs. 3 Satz 2 Nr. 1 und 2 BetrVG; ist der Arbeitnehmer

* zur **selbständigen Einstellung und Entlassung** von im Betrieb oder in der Betriebsabteilung beschäftigten Arbeitnehmern berechtigt oder hat er
* **Generalvollmacht oder Prokura** und ist die Prokura auch im Verhältnis zum Arbeitgeber **nicht unbedeutend.**

Stufe 2: Zuordnung nach der unternehmerischen Funktion mit dem funktionsbezogenen Grundtatbestand des § 5 Abs. 3 Satz 2 Nr. 3 BetrVG; der Arbeitgeber nimmt

---

12 ständige Rechtsprechung des BAG, eingeleitet durch Beschluß vom 05.03.1974, EzA § 5 BetrVG Nr. 7 u. nach zahlreichen dazwischen liegenden Entscheidungen vorläufig abgeschlossen durch Beschluß vom 08.02.1977, EzA § 5 BetrVG Nr. 27
13 vgl. auch *Teich*, DKZ 3/1973, S. 121

41

- regelmäßig sonstige Aufgaben wahr, die für den Bestand und die Entwicklung des Unternehmens oder eines Betriebs **von Bedeutung** sind und deren Erfüllung **besondere Erfahrungen und Kenntnisse voraussetzt,** wenn er dabei entweder die Entscheidungen im wesentlichen frei von Weisungen trifft **oder** sie **maßgeblich beeinflußt;** dies kann auch bei Vorgaben insbesondere aufgrund von Rechtsvorschriften, Plänen oder Richtlinien sowie bei Zusammenarbeit mit anderen leitenden Angestellten gegeben sein.

Stufe 3: Wenn eine sichere Zuordnung nach § 5 Abs. 3 Satz 2 Nr. 3 BetrVG nicht möglich ist, geht man **von den Auslegungsregeln des § 5 Abs. 4 Nr. 1–3 aus;** ist der Arbeitnehmer

- **aus Anlaß der letzten Wahl** des Betriebsrates, des Sprecherausschusses oder von Aufsichtsratsmitgliedern der Arbeitnehmer oder durch rechtskräftige gerichtliche Entscheidung den leitenden Angestellten **zugeordnet** worden ist oder
- gehört er einer **Leitungsebene** an, **auf der** in dem Unternehmen **überwiegend leitende Angestellte** vertreten sind, oder
- erhält er ein **regelmäßiges Jahresarbeitsentgelt,** das **für leitende Angestellte in dem Unternehmen üblich** ist.

Der erste Punkt ist ein Bestandsschutzgesichtspunkt. Wer also nach bisherigem Recht als leitender Angestellter zugeordnet wurde, soll dies auch bleiben.

Im übrigen steht in der Tat Punkt 3 der Auslegungsregeln im Vordergrund, denn in einem vierten Schritt wird letztlich auf ihn abgestellt.

Stufe 4: Wenn noch Zweifel verbleiben, gilt § 5 Abs. 4 Nr. 4 BetrVG:

Falls auch bei der Anwendung der Nr. 3 des § 5 Abs. 4 BetrVG noch Zweifel bleiben, ist leitender Angestellter, wer ein **regelmäßiges Jahresarbeitsentgelt** erhält, **das das Dreifache der Bezugsgröße nach § 18 des Vierten Buches Sozialgesetzbuch über-**

schreitet. Das sind 1997 DM 153.720,– für die alten Bundesländer und DM 131.040,– für die neuen Bundesländer.

Dem letzten Gesichtspunkt kommt aber in der Praxis kaum Bedeutung zu, wie ein Vergleich mit der Stellung des Chefarztes zeigt. Chefärzte sind nicht automatisch leitende Angestellte im Sinne des § 5 Abs. 3 BetrVG, denn dazu müßten sie einen maßgebenden Einfluß auf unternehmerische Entscheidungen ausüben[14]. Das kann nur der Fall sein, wenn sie in die Qualitätssicherung bzw. in die Budgetierung, also in die klassischen Managementaufgaben, verpflichtend und kompetent miteinbezogen sind.

Demzufolge hat auch der Bundesgesetzgeber in § 25 ArbZG vom 06.06.1994 (Nichtanwendung des Gesetzes) geregelt, daß das ArbZG für leitende Angestellte im Sinne des § 5 Abs. 3 BetrVG und **für Chefärzte keine Anwendung** findet.

Auf leitende Angestellte finden weder der allgemeine Arbeitszeitschutz noch das BetrVG Anwendung. Ihr Kündigungsschutz ist eingeschränkt (vgl. § 14 Abs. 2 KSchG), wobei allerdings der Begriff des leitenden Angestellten im KSchG mit dem des BetrVG nicht identisch ist. Im KSchG ist die Personalhoheit im Sinne der Berechtigung zur selbständigen Einstellung und Entlassung entscheidend, also das Kriterium des § 5 Abs. 3 Satz 2 Nr. 1 BetrVG.

Anwendung auf Fall 22:

Im Fall 22 kommt es darauf an, ob die leitende Pflegekraft H. die Kriterien des § 5 Abs. 3 Nr. 3 BetrVG erfüllt; dann kann sie nicht zur Betriebsratsvorsitzenden gewählt werden, weil sie nach dem BetrVG weder wählen darf noch gewählt werden kann.

---

14 LAG BaWü, Urteil vom 13.02.1992 – 11 Sa 79/91, in: Arztrecht 4/1993, 103, 115

4.2. Kompetenzen

Fall 23:

Krankenschwester C. bewirbt sich beim Kreiskrankenhaus X-Stadt um die Stelle der leitenden Pflegekraft. Sie schlägt dem Personalchef die arbeitsvertragliche Vereinbarung der „Stellenbeschreibung für leitende Krankenpflegepersonen, erarbeitet und empfohlen von der Bundesvereinigung der Arbeitsgemeinschaften leitender Krankenpflegepersonen" vor. Das wird abgelehnt. Frau C. nimmt die Stelle trotzdem. Hat sie rechtliche Ansprüche auf einen bestimmten Kompetenzbereich?

Aus den eben gemachten Ausführungen zum Weisungsrecht des Arbeitgebers und seinem Recht zur Delegation ergibt sich eine **Organisationsfreiheit** der Krankenhausträger. Diese Organisationsfreiheit ist aber von außen eingeschränkt durch Gesetze, Tarifverträge, betriebliche Beteiligung der Arbeitnehmer nach dem BetrVG bzw. LPersVG bzw. der Mitarbeitervertretungsordnung, insbesondere durch Betriebs- und Dienstvereinbarungen, und durch den Einzelvertrag zwischen Krankenhausträger und Pflegenden.

4 2.1. Einzelvertragliche Beschränkung der Organisationsfreiheit

Die Organisationsfreiheit hinsichtlich der Kompetenzverteilung wurde von außen bisher nur durch einzelvertragliche Abmachungen beschränkt. Das herausragende Beispiel hierfür ist der **Gestellungsvertrag.** In diesem Vertrag zwischen Schwesternschaft und Krankenhausträger wird regelmäßig vereinbart, daß die Leitung des Pflegedienstes der **Pflegeleitung** obliegt. Sie **hat das ausschließliche Weisungsrecht.** Die Gestellungsschwestern müssen grundsätzlich nur ihr gehorchen. Der ärztliche Bereich ist hiervon ausgenommen. Im Gestellungsvertrag ist regelmäßig verankert, daß die Gestellungsschwestern ärztlichen Anordnungen Folge zu leisten haben. Entscheidend ist aber, daß die Krankenpflege auch weisungsmäßig allein bei der Schwesternschaft liegt. Selbst die Personalhoheit liegt nicht beim Krankenhausträger, denn die Schwesternschaft schuldet dem Träger lediglich die Pflegeleistung und nicht etwa konkret bestimmte Gestellungsschwestern. Sie werden ausschließlich von der Schwesternschaft berufen.

Diese besondere Stellung der Gestellungsschwestern bedeutet aber nicht, daß der Krankenhausträger die Führungsspitze der Krankenhausorganisation nicht streng hierarchisch gliedern könnte. Bei diesem System ist es durchaus möglich – und war es früher auch üblich -, daß der Chefarzt Leiter des Krankenhauses ist und die Pflegedienstleitung zwar seine rechte Hand, jedoch im Krankenhaus nicht gleichberechtigt, sondern nur Vorgesetzte ihres Bereiches, der Krankenpflege. In vielen Krankenhäusern bestand aber noch nicht einmal eine solche weisungsmäßige Eigenständigkeit der Pflege.

In größeren Kliniken mußte man zwar auf längere Sicht neuere Organisationsformen einführen, so z.B. eine mit vermehrten Kompeten-zen ausgestattete leitende Pflegekraft. Aber das Weisungsrecht war immer noch linear in der Hinsicht, daß der Chefarzt an der Spitze stand und neben der Pflegedienstleitung bzw. durch sie seine Anweisungen dem Krankenpflegepersonal geben konnte. Auf Abteilungsebene hatten die Abteilungsärzte das gleiche Recht[15]. Erst das kollegial geführte Krankenhaus schaffte Voraussetzungen für echte Verbesserungen. Es besteht eine **gemeinschaftliche Krankenhausleitung aus Ärztlichem Leiter, Leitender Pflegekraft**

---

15 vgl. im einzelnen *Teich*, Fragen der Rechtsstellung der leitenden Pflegekraft bei einer Reform der innerbetrieblichen Organisation des Krankenhauses, in: DKZ 3/1973, S. 119/120

und Verwaltungsleiter. Jede dieser Führungskräfte leitet ihren eigenen Bereich. Die Grundkonzeption ist vielversprechend, aber in der Praxis sieht es doch wieder anders aus. Die leitende Pflegekraft wird auch in dieser Organisationsform häufig zwischen Kompetenzen des ärztlichen Leiters und des Verwaltungsleiters aufgerieben. Festzustellen ist letztlich eine starke Verunsicherung der Pflegekräfte über ihre Kompetenzen im Krankenhaus[16]. *Chauvenet* stellt gar fest, daß das Krankenhauspersonal die Arbeitsteilung, somit die Krankenhausorganisation, als *„heilloses Durcheinander"* empfindet[17].

Im vorliegenden Fall 23, kann sich Frau C. nicht auf einzelvertragliche Abmachungen berufen, weil der Arbeitgeber eine solche Vereinbarung ausdrücklich abgelehnt hat.

4.4.2. Unzulässigkeit von Betriebs-/ Dienstvereinbarungen

Betriebsvereinbarungen, die über Kompetenzen zwischen Betriebsrat und privaten bzw. frei gemeinnützigen Krankenhausträger getroffen werden, scheiden dann aus, wenn leitende Pflegekräfte mit entsprechende Kompetenzen leitende Angestellte im Sinne des § 5 Abs. 3 Nr. 3 BetrVG sind, somit nicht unter das BetrVG fallen. Dienstvereinbarungen nach LPersVG sind zwar grundsätzlich möglich, weil das Personalvertretungsrecht den Begriff des leitenden Angestellten nicht kennt. Der Regelungsinhalt muß aber der Mitbestimmung des Betriebsrats/Personalrats unterliegen. Das ist hinsichtlich der inhaltlichen Bestimmung der Arbeitsleistung und damit der Kompetenzabgrenzung nicht der Fall[18].

4.2.3. Tätigkeitsmerkmale aus dem BAT

Soweit die leitende Pflegekraft dem BAT unterliegt, wird sie nach den Vergütungsgruppen KR VI bis KR XII bezahlt. Hierbei ist die **Protokollerklärung Nr. 13 zu Anlage 1b des BAT** zu beachten. Danach sind lei-

tende Pflegekräfte Krankenpflegepersonen, die die **Gesamtverantwortung für den Pflegedienst** in der Einrichtung bzw. im zugeteilten Pflegebereich haben. Die Gesamtverantwortung tragen sie nur dann, wenn ihnen gegenüber keine weitere leitende Pflegekraft hinsichtlich des Pflegedienstes weisungsbefugt ist. Gesamtverantwortung korrespondiert mit eigenem Entscheidungsbereich. Allerdings betrifft die Anlage Ib mit ihren Tätigkeitstypen nur die Vergütungsseite des Arbeitsvertrages, gibt somit keinen Anspruch auf einen bestimmten Arbeitsinhalt, so wie dies zu Recht *Brenner* annimmt[19]. Die Eingruppierung folgt dem Arbeitsbereich und nicht umgekehrt[20].

Andere tarifvertragliche Regelungen, auf die Frau C. sich berufen könnte, bestehen nicht.

4.2.4. Gesetzliche Beschränkung der Organisationsfreiheit

Die **Krankenhausgesetze (KHG)** der verschiedenen Bundesländer schränken zwar die Organisationsfreiheit der Krankenhausträger ein, gelten allerdings nur für die nach dem Krankenhausfinanzierungsgesetz geförderten Krankenhäuser. Dies ist aber die weitaus überwiegende Zahl der Krankenhäuser. Bei den nicht geförderten Krankenhäusern handelt es sich regelmäßig um kleine Privatkliniken.

---

16 vgl. *Teich,* Die Rechtsstellung der Krankenschwestern und Krankenpflegehelferinnen in ihren Verbänden und in der Krankenanstalt, Dissertation, Würzburg 1972, S. 225

17 *Chauvenet,* Krankenhausberufe und Arbeitsteilung in: *Volkholz* (Hrsg.), Analyse des Gesundheitssystems, 1974, S. 305

18 ebenso *Teich,* DKZ 3/1973, S. 121/122

19 *Brenner,* Die Aufgaben des leitenden Krankenpflegepersonals, in: Das Krankenhaus 3/1975, S. 85

20 vgl. auch *Brenner,* Die rechtliche Stellung der Pflegepersonen, die einer Betten- oder Funktionseinheit vorstehen, in: DKZ 7/1984, Beilage, 8 Seiten

Überhaupt nicht eingeschränkt ist die Organisationsfreiheit durch das Bayerische KHG vom 21.06.1974.

Nach § 33 Abs. 1 LKHG von Baden-Württemberg vom 15.12.1986 hat der Krankenhausträger ein **Krankenhausdirektorium** zu bilden, dem ein Leitender Arzt, der Leiter des Wirtschafts- und Verwaltungsbereichs und die Leitende Krankenpflegekraft angehören. Dieses Krankenhausdirektorium gehört entweder der Betriebsleitung an oder erhält die Betriebsleitung allein übertragen. Allerdings braucht eine solche Leitung nach § 33 Abs. 3 LKHG BaWü nicht gebildet zu werden für Krankenhäuser, die vom ärztlichen Inhaber selbst geleitet werden oder die nicht über hauptberuflich angestellte Ärzte verfügen. Die zuständige Behörde kann gar in begründeten Fällen weitere Ausnahmen zulassen. Nach § 33 Abs. 2 LKHG BaWü regelt der Krankenhausträger Aufgaben und Verfahren der gemeinsamen Krankenhausleitung sowie die Zuständigkeit der einzelnen Mitglieder. Hierzu gibt es eine empfohlene Dienstordnung der Baden-Württembergischen Krankenhausgesellschaft, des Landkreistages Baden-Württemberg und des Städtetages Baden-Württemberg. Die Krankenhausträger können diese Dienstanordnung im Rahmen ihres Weisungsrechtes einführen, müssen das aber nicht.

Damit ist zwar in Baden-Württemberg eine gemeinschaftliche Krankenhausleitung, wenigstens in größeren Krankenhäusern, sichergestellt. Die Kompetenzverteilung ist aber offen. Der Gesetzgeber wollte, wie aus den Krankenhausmaterialien hervorgeht, grundsätzlich nicht in die Organisationsfreiheit der Träger eingreifen[21]. Anders sieht es dagegen z.B. in Berlin, Bremen, Hamburg, Hessen, Niedersachsen, Nordrhein-Westfalen, Rheinland-Pfalz, Schleswig-Holstein, im Saarland und zum Teil in den neuen Bundesländern aus. Dort sind sowohl die Kompetenzen der Krankenhausleitung als auch die Zuständigkeiten der einzelnen Mitglieder im Mindestrahmen geregelt.

Zusammenfassend kann somit festgestellt werden:

Soweit die Krankenhausgesetze ein Dreierdirektorium vorsehen, besteht eine **gemeinsame Leitung.** Die leitende Pflegekraft ist also rechtlich den anderen Mitgliedern der Leitung **gleichgeordnet, gleichberechtigt.** Die leitende Pflegekraft ist weder einer anderen Pflegekraft noch einer sonstigen Person im Krankenhaus unterstellt. Das **Weisungsrecht** geht also nicht mehr linear nach unten, sondern ist **nach Aufgabenbereichen aufgespalten**[22]. Die leitende Pflegekraft hat weiterhin als eigenen Kompetenzbereich, auch nach § 33 Abs. 1 LKHG Ba-Wü aus dessen Sinn und Zweck heraus, zumindest die Leitung der Krankenpflege inne.

Was kann die leitende Pflegekraft tun, wenn der Krankenhausträger ihr die Mindestkompetenzen nicht gewährt? Kann sie aus dem Krankenhausgesetz einen einklagbaren Anspruch auf Kompetenzen herleiten?

Die leitende Pflegekraft befindet sich, wie oben dargelegt, regelmäßig in einem Arbeitsverhältnis, ist Arbeitnehmer. Sie kann also nur aus dieser Stellung heraus Ansprüche geltend machen. Die Krankenhausgesetze sind keine arbeitsrechtlichen Normen. **Die Krankenhausgesetze** gehören zum öffentlichen Recht des Gesundheitswesens und bezwecken die wirtschaftliche Sicherung der Krankenhäuser, geben aber der leitenden Pflegekraft **kein subjektives Recht** aus den organisatorischen Vorschriften; diese haben lediglich – wie der Verwaltungsrechtler sagt – Reflexwirkung. Man könnte allerhöchstens an eine Dienstaufsichtsbeschwerde, gerichtet an die Aufsichtsbehörde denken. Solche Beschwerden sind aber bekanntlich grundsätzlich *„form-, frist- und zwecklos".*

---

21 Regierungsbegründung, Drucksache 6/4390 des Landtages von Baden-Württemberg, S. 19
22 vgl. dazu *Teich,* Dissertation, S. 235 ff. und Teich, DKZ 3/1973, S. 120

Frau C. kann somit im Fall 23 auch aufgrund der Krankenhausgesetze keinen bestimmten Kompetenzbereich beanspruchen.

Beachte:
Etwas anderes ergibt sich auch nicht aus dem Berufsrecht des Krankenpflegepersonals. Geschützt ist nicht die Berufsausübung, sondern lediglich die Berufsbezeichnung „Krankenschwester" usw. Die Krankenpflege ist gesetzlich nicht definiert. Es gibt dementsprechend auch kein eigenes Berufsbild, wenngleich durch das Sozialrecht (SGB V – Krankenversicherung – und SGB XI – Pflegeversicherung) in den letzten Jahren die Tätigkeitsbereiche der Pflege besser definierbar sind *(vgl. im einzelnen unter D.2.7.).*
Frau C. hat somit im Fall 23 keine rechtlichen Ansprüche auf einen bestimmten Kompetenzbereich.
Angesichts dieses unbefriedigenden Ergebnisses stellt sich die Frage, ob der Bundesgesetzgeber Mindestkompetenzen der leitenden Pflegekräfte verbindlich festlegen könnte.
Die Gesetzgebungszuständigkeit liegt grundsätzlich bei den Ländern. Der Bund kann nur im Rahmen der Nr. 19 und 19 a des Artikel 74 GG im Gesundheitsbereich tätig werden.
So wäre es jederzeit zulässig, im Rahmen des Zulassungsrechts nach Nr. 19 dieses Artikels die Krankenpflege gesetzlich zu definieren, um ein Berufsbild festzulegen[23].
Die Zuständigkeit nach Art. 74 Nr. l9a GG betrifft die *„wirtschaftliche Sicherung der Krankenhäuser und die Regelung der Krankenhauspflegesätze".* Mit dem **Krankenhausfinanzierungsgesetz und der Bundespflegesatzverordnung** hat der Bund hiervon Gebrauch gemacht. Bestimmungen über die Personalstruktur der Krankenhäuser und andere Fragen der Krankenhausorganisation bestehen aber nicht. Es dürfte fraglich sein, ob der Bund unmittelbar in die Organisationsfreiheit der Krankenhausträger eingreifen darf. Er kann es aber durchaus mittelbar, indem er als eine der Förde-

rungsvoraussetzungen eine bestimmte Organisationsstruktur vorschreibt[24]. Dies ist aber im Hinblick auf die bisherigen Erfahrungen in der Gesundheitspolitik nicht zu erwarten.

5. Rechtsstellung der Krankenpflegeschüler und der Lehrer in Pflegeberufen nach dem KrPflG

In der Praxis besteht eine große Rechtsunsicherheit hinsichtlich der rechtlichen Bedeutung des KrPflG. Der Status des Krankenpflegeschülers, der Status der Lehrkräfte und die Zuständigkeiten in der praktischen Ausbildung des Schülers sind laufende Streitpunkte in der Tagesarbeit. Diese drei Problemkreise werden im folgenden näher behandelt.

5.1. Krankenpflegeschüler

Fall 24:

Der Betriebsrat verlangt von der Schulleitung die Mitbestimmung bei der Einstellung von Krankenpflegeschülern nach § 99 BetrVG.

---

23 so entschieden für die Zahnheilkunde vom BVerfG, in: BVerfGE 25, 236 ff.
24 vgl. auch *Maunz/Dürig/Herzog*, Kommentar zum GG, Loseblatt, Artikel 74, Anmerkung 111 a

Fall 25:

Die 19jährige Krankenpflegeschülerin G. ist im 4. Monat schwanger. Kommt für sie das MuSchG zur Anwendung?

Der Krankenpflegeschüler ist nicht Arbeitnehmer. Während früher streitig war, ob es sich um einen Schüler im schulrechtlichen Sinne[25] oder um einen Auszubildenden im Sinne des BBiG[26] handelt, hat sich der Gesetzgeber im Jahre 1985 für einen dritten Weg entschieden, und zwar nach Anhörung der Berufsverbände und Trägereinrichtungen sowie unter Berücksichtigung des *Isensee*-Gutachtens[27] und im Hinblick auf die umstrittene Rechtsprechung des BAG. Dieses hatte bei Überwiegen der praktischen Ausbildung – und das lag ja in allen Bundesländern gleichmäßig vor, und zwar auch in Bayern trotz des dortigen Status' der Krankenpflegeschulen als Berufsfachschulen im Sinne des Schulrechtes – die Stellung des Auszubildenden nach dem BBiG und damit die Anwendung des BBiG angenommen[28]. Der Gesetzgeber konzipierte nun das **Ausbildungsverhältnis weder schulrechtlich noch nach dem BBiG, sondern eigenständig** als besondere Ausbildung nach dem KrPflG vom 04.06.1985[29], zuletzt geändert durch Artikel 14 des Gesetzes vom 27.04.1993[30] und nach der Ausbildungs- und Prüfungsverordnung für die Berufe in der Krankenpflege vom 16. Oktober 1985[31].

Gesetzlich festgeschrieben ist damit der Schülerstatus, allerdings in Anlehnung an das BBiG mit besonderen Regelungen des Ausbildungsverhältnisses unter Berücksichtigung der Besonderheiten in der Krankenpflegeausbildung. Rechte und Pflichten des Schülers ergeben sich demzufolge alleine aus dem KrPflG mit der Ausbildungs- und Prüfungsverordnung für die Berufe in der Krankenpflege und nicht etwa aus dem Berufsbildungsgesetz oder aus schulrechtlichen Regelungen.

Damit kommt für Krankenpflegeschüler das Arbeitsrecht und nicht das Schulrecht zur Anwendung!

Anwendung auf Fall 24:

Nach § 99 BetrVG *(vgl. dazu oben unter A.8.3.2.)* hat der Arbeitgeber die Zustimmung zu jeder Einstellung einzuholen. Da für Krankenpflegeschüler nicht das Schulrecht sondern das Arbeitsrecht mit Ausnahme des Berufsbildungsgesetzes zur Anwendung kommt, sind Krankenpflegeschüler Arbeitnehmer im Sinne des § 5 Abs. 1 BetrVG *(vgl. dazu im einzelnen C.1.5.1.)*. Dort sind ausdrücklich die *„zu ihrer Berufsausbildung Beschäftigten"* genannt. Der Betriebsrat hat im Fall 24 recht[32].

Das gilt auch für sonstige Beteiligungsrechte, auch nach den einschlägigen Personalvertretungsgesetzen[33] und für die kirchlichen Mitarbeitervertretungen.

---

25 *Brenner,* Die Schwester/Der Pfleger 3/1988, S. 172–176

26 so z.B. *Kilian,* Kommentar zum KrPflG, Verlag Vahlen, Berlin, 1966

27 *Isensee,* Kirchenautonomie und sozialstaatliche Säkularisierung in der Krankenpflegeausbildung, Rechtsgutachten 1980, Katholischer Krankenhausverband Deutschlands und Deutscher Evangelischer Krankenhausverband

28 so zur alten Rechtslage ständige Rechtsprechung des BAG, z.B. EzA, § 611 BGB Ausbildungsverhältnis Nr. 7

29 BGBl. I S. 893

30 BGBl. I S. 512

31 vgl. im einzelnen *Kurtenbach/Golombek/Siebers,* KrPflG, Kommentar, S. 97 ff.

32 BAG, DB 1990, 1190; BAG, DB 1993, 741

33 ebenso *Schneider,* Rechts- und Berufskunde für die Fachberufe im Gesundheitswesen, 4. Aufl., 1994, S. 254

Anwendung auf Fall 25:

Auch im Fall 25 ist die werdende Mutter Krankenpflegeschülerin, also keine Arbeitnehmerin. Dennoch besteht Einigkeit, daß das MuSchG nicht nur auf Arbeitnehmerinnen Anwendung findet, sondern auch auf Auszubildende[34], damit auch auf Krankenpflegeschülerinnen[35]. Daran ändert auch das neue KrPflG nichts[36].

Fall 28:

Am Kreiskrankenhaus B-Stadt wird immer noch nach der klassischen Methode (Quadranten-Methode) intraglutäal injiziert. An der Krankenpflegeschule werden bereits die korrekten Alternativmethoden den Schülern beigebracht. Die Schulleitung verlangt nunmehr von den Stationen, auch in der praktischen Ausbildung alleine die Alternativmethoden anzuwenden.

5.2. Krankenpflegeschule, Schulleitung und Lehrkräfte

5.2.1. Kompetenzen aus dem Krankenpflegegesetz

Fall 26:

Die der Inneren Abteilung zugewiesene Krankenpflegeschülerin B. ist dienstplanmäßig im Spätdienst in der 23. Kalenderwoche eingeplant. Da krankheitshalber mehrere Pflegekräfte des Frühdienstes ausfallen, soll die Schülerin B. kurzfristig im Frühdienst eingesetzt werden. Die Schulleitung ist damit nicht einverstanden, weil dies dem geordneten Ausbildungsablauf nicht diene.

Fall 27:

Am Kreiskrankenhaus S-Stadt werden Krankenpflegeschüler auch nachts als Nachtwachen selbständig und alleine eingesetzt. Die Leitung der Krankenpflegeschule macht geltend, daß Schüler nur unter Aufsicht, d.h. in unmittelbarer Anwesenheit einer examinierten Kraft, tätig werden dürfen, und verlangt Abhilfe.

§ 5 Abs. 1 Satz 3 KrPflG :

„Unterricht und praktische Ausbildung werden in staatlich anerkannten Krankenpflege- und Kinderkrankenpflegeschulen an Krankenhäusern vermittelt."

Damit ist rahmenmäßig festgelegt, daß es sich bei den Krankenpflege-Ausbildungsstätten um Schulen an Krankenhäusern, d.h., die Schule muß mit dem Krankenhaus „in einem so engen räumlichen und organisatorischen Zusammenhang stehen, daß Schule und Krankenhaus für den Vollzug des theoretischen und praktischen Unterrichts sowie des praktischen Teils der Ausbildung eine innere Einheit bilden"[37].

Weiter regelt **§ 5 Abs. 2 KrPflG** in dem hier interessierenden Teil:

„Krankenpflege- und Kinderkrankenpflegeschulen sind als geeignet für Ausbildungen nach Abs. 1 staatlich anzuerkennen, wenn sie

34 BVerwG vom 26.08.1970, BB 1970, 1482
35 BAG vom 29.10.1957, AP Nr. 10 zu §§ 611 BGB Lehrverhältnis; BSG vom 19.08.1964, in: BSGE 21, 247
36 *Kurtenbach/Golombek/Siebers,* KrPflG, a.a.O., Erläuterungen zu § 9, S. 136
37 *Kurtenbach/Golombek/Siebers,* KrPflG, a.a.O., Erläuterungen zu § 5, S. 123

1. entweder von einer Unterrichtsschwester oder einem Unterrichtspfleger, gemeinsam von einer Ärztin oder einem Arzt und einer Unterrichtsschwester oder einem Unterrichtspfleger oder gemeinsam von einer Unterrichtsschwester oder einem Unterrichtspfleger und einer leitenden Schwester oder einem leitenden Pfleger geleitet werden..."

Damit ist es also nicht mehr möglich (wie vor Inkrafttreten dieses Gesetzes zum Teil praktiziert), daß die Leitung des Pflegedienstes und der Krankenpflegeschule in einer Hand bei der Pflegedienstleitung liegen. **Eine Unterrichtsschwester oder ein Unterrichtspfleger muß demzufolge immer an der Leitung der Schule beteiligt sein.**
Während durch die räumliche Nähe, also die enge Verbindung zwischen Schule und Krankenhaus, eine möglichst enge Verbindung zwischen Theorie und Praxis und damit ein möglichst hoher Qualitätsstand der Ausbildung gewährleistet werden soll, soll durch die Beteiligung von Unterrichtsschwestern und Unterrichtspflegern an der Leitung der Schule auch personell ein entsprechender Qualitätsstandard gewährleistet werden.

5.2.2. Gesamtverantwortung für die theoretische und praktische Ausbildung

Entscheidend ist jetzt, daß die Schulleitung nicht nur für die theoretische Ausbildung verantwortlich ist, sondern in Erfüllung der Gesamtverantwortung des nach dem Ausbildungsvertrag zuständigen Trägers der Ausbildung, also dem Krankenhausträger, auch für die klinische Ausbildung der Schüler[38].
Auf Anfrage hat hierzu der im Gesetzgebungsverfahren maßgebende Ministerialrat im Bundesministerium für Jugend, Familien, Frauen und Gesundheit, *Kurtenbach*, in einem Schreiben vom 14.04.1989 folgendes ausgeführt:

„Der Schulleitung obliegt die Gesamtverantwortung für die Krankenpflegeausbildung. Diese Feststellung, die dem KrPflG entspricht, verlangt konsequente Folgerungen, nämlich, daß es daher insoweit unerheblich ist, um welchen Abschnitt der Ausbildung, ob theoretisch-praktischer Unterricht oder klinisch-praktische Ausbildung es sich jeweils im einzelnen handelt. Grundlage dieser Feststellung ist, daß die Krankenpflegeausbildung insgesamt eine integrierte Einheit bildet und von der „Krankenpflegeschule" vermittelt wird. Während dies rein optisch für den Teil des theoretischen und praktischen Unterrichts ohne weiteres einzusehen ist, bedarf dies für den klinisch-praktischen Teil und erst recht, wenn der klinisch-praktische Teil „extern" (§ 5 Abs. 2 letzter Satz) durchgeführt wird, der juristischen Erläuterung. Während des klinisch-praktischen Teils der Ausbildung innerhalb des Krankenhauses, an dem sich die Schule befindet, sind die mit der praktischen Ausbildung befaßten examinierten Pflegekräfte insoweit Organe der Krankenpflegeschule und in allen die klinisch-praktische Ausbildung im konkreten Einzelfall betreffenden Fragen den Weisungen der Leitung der Krankenpflegeschule unterstellt. Hierauf hat die Pflegedienstleitung Rücksicht zu nehmen. Meinungsverschiedenheiten, Kompetenzfragen und ähnliche sich aus dem Konkurrenzverhältnis Schulleitung/Pflegedienstleitung ergebenden Differenzen sind zwischen Schulleitung und Pflegedienstleitung, notfalls unter Zuhilfenahme der Vermittlung oder Weisung des Schul- bzw. Krankenhausträger und der Ausbildungsbehörde zu klären bzw. zu regeln. Hier ist ferner festzuhalten, daß der Schüler/die Schülerin in sämtlichen Phasen der Ausbildung Schülerstatus und nicht Arbeitnehmerstatus hat, d.h. er (sie) ist Lernender und nicht Arbeitender. Die „Arbeit", die der Schüler/die Schülerin leistet, ist „Ausbildung"; für diese ist die Krankenpflegeschule verantwortlich. Daraus folgt ferner, daß die Pflegedienstleitung Weisungen an den Schüler als „Krankenpflegeschule" erteilt. Es handelt sich hierbei nicht um ein „Vorgesetzten-

---

38 *Kurtenbach/Golombek/Siebers*, KrPflG, a.a.O., Erläuterungen zu § 5, S. 123

49

und Untergebenenverhältnis" sondern um ein Lehrer-Schüler-Verhältnis.
Nicht anders verhält es sich im Fall der „externen" klinisch-praktischen Ausbildung nach § 5 Abs. 2 letzter Satz KrPflG. In diesem Fall bedient sich die Krankenpflegeschule aufgrund vertraglicher Vereinbarung einer fremden Einrichtung als Erfüllungsgehilfin für einen Teil der klinisch-praktischen Ausbildung im konkreten Einzelfall mit der Maßgabe, daß auch die externe Pflegedienstleitung, soweit sie die praktische Ausbildung organisiert, als Krankenpflegeschule handelt.
Bei dieser integrierten Organisation der Krankenpflegeausbildung, die durch das Krankenpflegegesetz nur rahmenmäßig geregelt ist, bleibt für die Krankenpflegeschule bzw. den Träger und für die zuständigen Behörden der Länder noch ein beachtlicher Regelungs- und Organisationsspielraum, der von den betreffenden Verantwortlichen auszufüllen ist, wenn die gesamtheitlich-integriert konzipierte Krankenpflegeausbildung gelingen soll."

Dieses Schreiben von *Kurtenbach* ist offenkundig in der Praxis, besonders bei Schulleitungen und Unterrichtspflegekräften, deutlich mißverstanden worden im Sinne eines Letztverfügungsrechtes der Schulleitung bzw. ihres Beauftragten im Schülereinsatz unter Umgehung der Einrichtungsleitung. Der Verfasser geht allerdings auch davon aus, daß *Kurtenbach* die Mißverständlichkeiten seiner Ausführungen im Hinblick auf die einseitige Betrachtungslage nach dem KrPflG und für die Krankenpflegeausbildung selbst nicht erkannt haben wird.
Um es auf einen Nenner zu bringen: **Das Krankenhaus ist zuallererst für die Versorgung von Patienten da und nicht Ausbildungsstätte für Krankenpflegeschüler.** Es geht nicht an, daß Schulleitungen und Unterrichtspflegekräfte etwa in die Stationspraxis „hineinregieren" könnten. Dies zeigt deutlich Fall 26. Wenn „Not am Mann ist", dann muß auch ein Schüler vom geplanten Spätdienst in den Frühdienst kurzfristig umgesetzt werden können, ohne daß hier etwa die Schulleitung ein Veto-

recht hat. Das zeigt sich aber selbst auch in den Fällen 27 und 28: Ganz sicher darf der Krankenpflegeschüler weder nachts oder auch tagsüber eigenverantwortlich ohne Aufsicht eingesetzt werden. Wird er es dennoch, kann die Schulleitung nicht unmittelbar in den Stationsablauf eingreifen. Auch ist die Schulleitung nicht etwa „obere Instanz" für den Standard in der Krankenpflege und kann nicht etwa auf Station bei den Pflegekräften einen bestimmten Standard erzwingen. Wenn dort Pflegekräfte nach einer falschen Methode praktizieren, dann ist dies ausschließlich Sache der Pflegedienstleitung und der nachgeordneten Stationsleitungen. Die Schulleitung kann hier nicht unmittelbar auf die Station eingreifen.

5.2.3. Gestaltung der Gesamtverantwortung

Dennoch hat naturgemäß die Schulleitung und damit auch der Lehrkörper der Krankenpflegeschule durchaus Einflußmöglichkeiten, die weitergehen, als es Praktiker im klinischen Krankenhausbetrieb wahrhaben wollen. Denn es ist weder die Auffassung richtig, die Schulleitung könnte in die Station hineinregieren, noch ist es die extrem umgekehrte Auffassung, die Schulleitung hätte gar nichts zu melden. Ein Mittelweg ist zu beschreiten[39], der in *Übersicht 3 auf Seite 51* optisch dargestellt ist.
Für die Kompetenzabgrenzungen sind die aus dem Verwaltungsrecht stammenden Begriffe **Dienstaufsicht** und **Fachaufsicht** nutzbar zu machen:
Träger und Verwaltung eines Krankenhauses sind im Rahmen der Dienstaufsicht zuständig für den Aufbau, die innere Ordnung, die allgemeine Geschäftsführung und die Personalangelegenheiten, die während der mit Fachaufgaben Betraute für die Anordnung und Durchführung fachlicher Aufgaben zuständig ist.

---

39 vgl. auch *Wander,* DKZ 2/1992, Beilage, 7 Seiten, insbes. S. 5

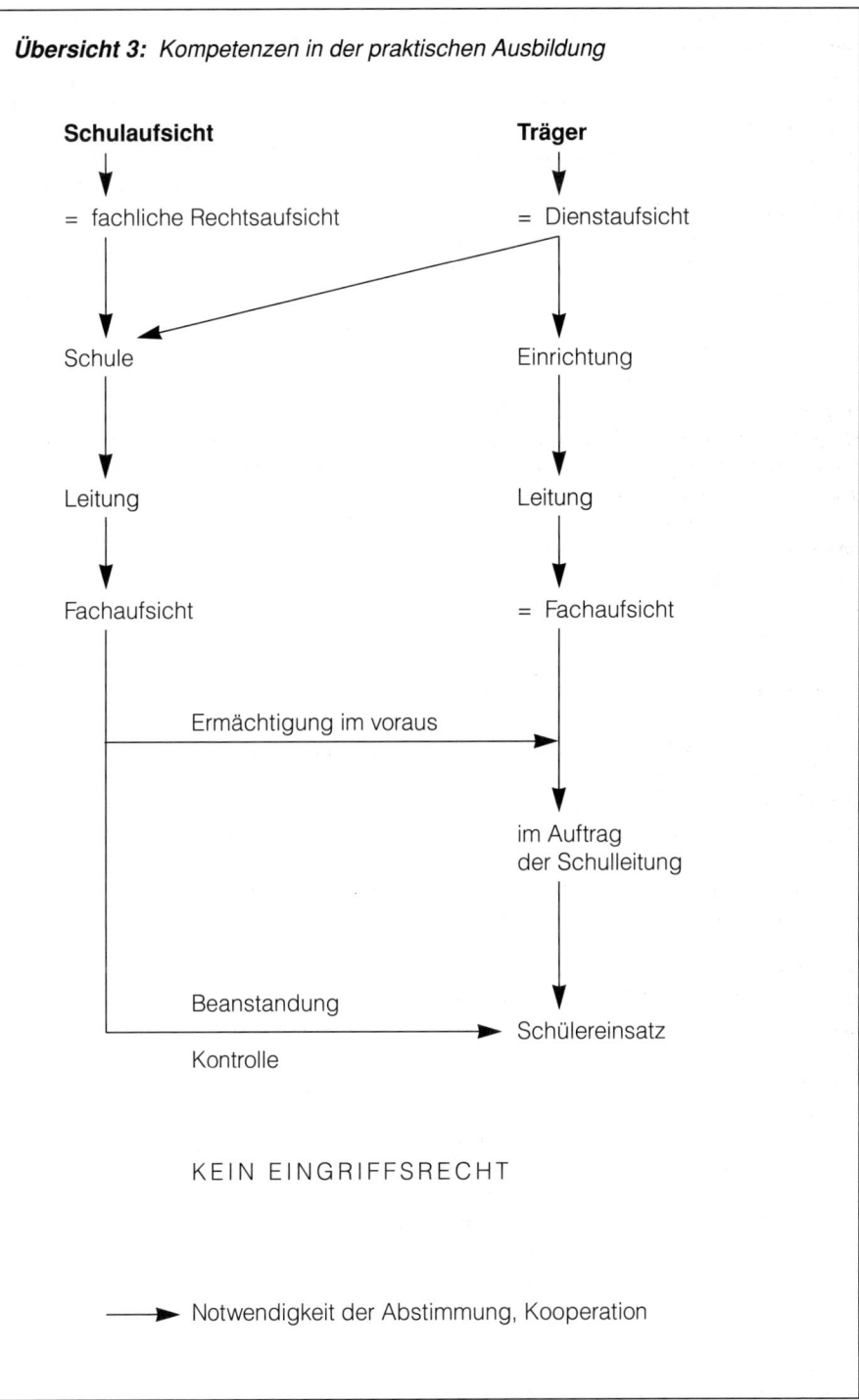

Übersicht 3: *Kompetenzen in der praktischen Ausbildung*

Schulaufsicht

= fachliche Rechtsaufsicht

Schule

Leitung

Fachaufsicht

Träger

= Dienstaufsicht

Einrichtung

Leitung

= Fachaufsicht

Ermächtigung im voraus

im Auftrag
der Schulleitung

Beanstandung

Kontrolle

Schülereinsatz

KEIN EINGRIFFSRECHT

Notwendigkeit der Abstimmung, Kooperation

Für das Verhältnis Schulleitung zur Pflegedienstleitung und den nachgeordneten Mitarbeitern in der Krankenpflege nutzbar gemacht, bedeutet dies folgendes:

Die Schulaufsicht ist für die Dienstaufsicht der Krankenpflegeschüler verantwortlich. Das heißt z.B., daß Krankmeldungen und auch Mitteilungen über eine Schwangerschaft bei einer Krankenpflegeschülerin – entgegen der bisher vom Verfasser vertretenen Auffassung[40] – nicht an die Stationsleitung oder Pflegedienstleitung zu richten sind, sondern an die Schulleitung.

Das bedeutet weiterhin, daß selbstverständlich die Schulleitung zuständig ist für die **Gesamtplanung der Krankenpflegeausbildung einschließlich des klinischen Einsatzes** der Krankenpflegeschüler. Davon zu unterscheiden ist der tatsächliche Einsatz, weil Planung und Wirklichkeit immer in gewissem Umfange divergieren werden.

Da die **Stationsleitungen** im Rahmen ihrer **Fachaufsicht** zuständig sind für die Anordnung und Durchführung fachlicher Aufgaben, bestimmt die Stationsleitung den tatsächlichen Einsatz des Krankenpflegeschülers. Hier kann die Schulleitung Bedenken anmelden, hat aber kein eigenes Eingriffsrecht in den Stationsablauf.

Dies wird auch verständlich, wenn man die Verantwortungsebenen aus haftungsrechtlicher Sicht im klinischen Bereich berücksichtigt *(Einzelheiten in Teil 2: Haftungsrecht unter D.II.2.):*

Hier haben sich ja bekanntlich die Begriffe Führungsverantwortung und Handlungsverantwortung durchgesetzt. Während der **Vorgesetzte** im Rahmen seiner **Führungsverantwortung** zuständig und damit haftbar ist für die Richtigkeit der Anordnung fachlicher Aufgaben, für den Erlaß notwendiger Anordnungen, für die richtige Übermittlung von Anordnungen sowie für die Auswahl und Überwachung der untergebenen Mitarbeiter, haftet der eingesetzte **Mitarbeiter** im Rahmen seiner **Handlungsverantwortung** für die Durchführung fachlicher Aufgaben und dafür, daß er Aufgaben übernimmt, mit deren Durchführung er überfordert ist. Könnte jetzt die Schulleitung in dieses Verantwortungssystem hineinagieren, würde dies letztlich zu einer Verantwortungslosigkeit im wahrsten Sinne des Wortes führen, denn jeder der Beteiligten könnte im Hinblick auf dieses Hineinagieren seine Verantwortung von sich weisen. Die Schulleitung ist von der Praxis im klinischen Einsatz viel zu weit weg.

Nach dem **Grundsatz der Sachnähe** wird dann im Rahmen der Handlungsverantwortung immer der eingesetzte Mitarbeiter „im Regen stehen". Dies kann nicht richtig sein. Die Organisationsstruktur des klinischen Betriebes und die damit verbundenen Verantwortlichkeiten dürfen nicht durch Dritte gestört werden. *Kurtenbach* übersieht eindeutig, daß zwar das gesetzgeberische Anliegen in Richtung Integration von Theorie und Praxis geht, tatsächlich aber Unterrichtspflegekräfte vom praktischen Einsatz und klinischen Betrieb so weit entfernt sind, daß sie mit den dort gestellten Aufgaben schlichtweg überfordert sind. Die tatsächliche und rechtliche Situation ist vergleichbar mit Konflikten zwischen Verwaltung und fachlich eingesetzten Mitarbeitern, wie dies an anderer Stelle z.B. im Zusammenhang mit der Resterilisation von Einmalartikeln bereits dargestellt wurde. Auch die Verwaltung und damit der Träger kann in die fachlichen Kompetenzen der Fachbereiche nicht im Rahmen seines Direktionsrechtes ohne weiteres eingreifen. Der sogenannte Fachvorbehalt muß immer gewahrt bleiben.

Ansonsten könnte eine persönliche Verantwortlichkeit der Beteiligten überhaupt nicht greifen.

Übrigens gibt es zu dieser Fragestellung eine Stellungnahme des Deutschen Berufsverbandes für Pflegeberufe zur Leitung von Krankenpflegeschulen.

---

40 *Böhme,* Das MuSchG, in: DKZ 12/1988, Beilage, 22 Seiten, S. 9

Anwendung auf Fall 26:

Selbstverständlich ist die Schulleitung zuständig für die Planung in Absprache mit den Abteilungen und Stationen im klinischen Betrieb. Für den konkreten Einsatz dagegen ist und bleibt die Stationsleitung, ggf. die Pflegedienstleitung, zuständig. Nur wenn die Schülerin Gründe geltend machen kann, die ihre gesetzlichen und vertraglichen Rechte berühren, kann die Schulleitung im Rahmen der Dienstaufsicht den Einsatz im Frühdienst verhindern. Dies ist z.B. dann der Fall, wenn es der Schülerin aufgrund ihrer privaten oder schulischen Dispositionen nicht möglich ist, im Frühdienst tätig zu werden, weil die Einsatzänderung zu kurzfristig erfolgte. Hier ist aber ein strenger Maßstab anzulegen. In der Regel sind Mitarbeiter und damit auch Schüler verpflichtet, kurzfristigen Änderungen nachzukommen.

Anwendung auf Fall 27:

Krankenpflegeschüler dürfen in der Tat nur unter Aufsicht einer examinierten Kraft, also des Ausbilders, tätig werden. Die diesbezüglichen Erläuterungen von *Kurtenbach* in dem Kommentar zum KrPflG sind allerdings mißverständlich. Sowohl die strafrechtliche als auch die zivilrechtliche und erst recht die arbeitsrechtliche Rechtsprechung hat in der Vergangenheit bis vor kurzem immer daran festgehalten, Aufsicht bedeute *„unmittelbare Anwesenheit des Ausbilders"*. Demzufolge darf ein Schüler nicht selbständig tätig werden. Die Schulleitung hat dies zu Recht beanstandet, kann aber unmittelbar in den Stationsbetrieb nicht eingreifen. Sofern auf Station Änderungen nicht vorgenommen werden, bleibt nur der sogenannte Dienstweg, d.h.,

die Abklärung mit der Pflegedienstleitung. Wenn dies nichts hilft, greift die Abklärung mit dem Krankenhausdirektorium. Dies Verfahren läßt sich ggf. fortsetzen über die Abklärung mit dem Träger und schließlich, wenn auch dies nicht weiter hilft, mit der Einschaltung der Aufsichtsbehörde, sprich z.B. in Baden-Württemberg des Regierungspräsidiums. Die Aufsichtsbehörde kann dann im Rahmen ihrer Rechtsaufsicht den Träger anweisen, wie der Einsatz von Schülern zu erfolgen hat.

Anwendung auf Fall 28:

Zwar ist die Schulleitung zuständig für die gesamte Ausbildung der Schüler, aber nicht etwa für die Fortbildung der examinierten Pflegekräfte. Letzteres ist einzig und allein Sache des Krankenhausträgers im Rahmen seiner Dienstaufsicht sowie der Pflegedienstleitung im Rahmen ihrer Fachaufsicht. Allerdings kann die Schule verlangen (wenn auch nicht unmittelbar herbeiführen), daß Methoden, die kunstfehlerhaft sind, wie z.B. bei intraglutäalen Injektionen die sogenannte klassische Methode des oberen äußeren Quadranten, in der praktischen Ausbildung nicht mehr angewandt und gelehrt werden. Geht die Station darauf nicht ein, bleibt ebenfalls nur der Weg über die Rechtsaufsicht.

5.3. Probleme des Weisungsverhältnisses zwischen Einrichtungsträger, Schulträger und Schulleitung

Fall 29:

Mit Schreiben vom 01.02.1989 teilt der Verwaltungsdirektor der Kliniken P-Stadt dem Pflege-

dienstleiter mit, daß ihm der Auftrag übertragen worden sei, die Gründe der mangelnden Nachfrage nach Ausbildung und des „schlechten Images" der Kliniken zu prüfen. Gleichzeitig sei ihm das Weisungsrecht gegenüber der leitenden Unterrichtsschwester erteilt worden. Eine Durchschrift dieses Schreibens erhält die Schulleiterin zur Kenntnisnahme und Beachtung. In Ausführung des übertragenen Weisungsrechtes fordert der Pflegedienstleiter die Schulleiterin mit Schreiben vom 03.02.1989 auf,

- *sich für Dienstwege abzumelden*
- *Dienstreiseformulare, Urlaubsanträge und Dienstpläne zur Genehmigung vorzulegen.*

Hierauf reagiert der Rechtsvertreter der Schulleiterin mit Schreiben vom 16.02.1989 an die Betriebsleitung und bezeichnet die Übertragung des Weisungsrechtes als rechtswidrig. Dem tritt die Betriebsleitung mit Schreiben vom 23.02.1989 entgegen. Darauf läßt die Schulleiterin über ihren Rechtsvertreter beim zuständigen Arbeitsgericht Feststellungsklage mit folgendem Antrag erheben:

Es wird festgestellt, daß der Beklagte (Arbeitgeber) nicht berechtigt ist, dem Pflegedienstleiter der Kliniken Weisungsbefugnis über die Klägerin als leitende Unterrichtsschwester der Krankenpflegeschule zu erteilen[41].

Das Arbeitsgericht hat der Klage antragsgemäß stattgegeben. Hierzu die

Urteilsbegründung des ArbG Frankfurt zur Weisungsbefugnis gegenüber der Schulleitung:

„Der Beklagte – die Betriebsleitung – ist nicht berechtigt, dem Pflegedienstleiter Weisungsbefugnis über die Klägerin als leitender Unterrichtsschwester der Krankenpflegeschule zu erteilen. Diese Maß-

---

41 Arbeitsgericht Frankfurt v. 16.01.1990 – 8 Ca 186/89

nahme verstößt gegen die Intention des Krankenpflegegesetzes.

Im einzelnen:

I.

1. § 5 Abs. 2 Ziff. 1 Krankenpflegegesetz regelt die Leitung der Krankenpflegeschule. Sie ist der leitenden Pflegekraft und einer Unterrichtsschwester/einem Unterrichtspfleger gemeinsam übertragen. D.h.: Die Verantwortung wird auf eine Schulter aus dem Klinikbereich und auf eine weitere aus dem Schulbereich – gemeinsam – gelegt. Nur gemeinsam kann und darf die Leitung erfolgen. Das schließt denknotwendig aus, daß einer dem anderen „übergeordnet" ist oder wird.

2. Eben dies ist durch die Entscheidung der Betriebsleitung in ihrer Sitzung vom 31.01.1989 geschehen und verstößt gegen § 5 Abs. 2 Ziff. 1 Krankenpflegegesetz.

II.

Die Rechtslage ist nicht deshalb anders zu beurteilen, weil die Betriebsleitung die Krankenanstalten leitet (§§ 2, 3, 4 Ziff. 1.5 der Geschäftsordnung für die Betriebsleitung) und der Pflegedienstleiter ihr Mitglied ist (§ 1 der Geschäftsordnung).

1. Richtig ist, daß die Betriebsleitung der Schulleitung übergeordnet und weisungsbefugt ist. Das wird von der Klägerin auch nicht in Abrede gestellt. Ebenso richtig ist, daß die Betriebsleitung einem ihrer Mitglieder bestimmte Aufgaben, welchen seinen Bereich berühren, übertragen darf.

2. Bei der Übertragung solcher Aufgaben und bei der Beauftragung des Mitgliedes ist die Betriebsleitung jedoch an höherrangiges Recht gebunden – sie ist nicht autonom. Sie hat zu beachten, ob durch die Delegation eine anderen Vorschriften widersprechende Kompetenzkumulation eintritt.

3. Letzteres ist vorliegend gegeben. Mit der Weisungsbefugnis über die leitende Unterrichtsschwester wird dem ge-

meinsam Verantwortung tragenden Pflegedienstleiter die alleinige Leitung der Krankenpflegeschule übertragen. Das ist nach § 5 Abs. 2 Ziff. 1 Krankenpflegegesetz nicht statthaft. Daß der Pflegedienstleiter in Personalunion Mitglied der Betriebsleitung ist, ändert hieran nichts. Aus der gesetzlichen Regelung des § 5 Abs. 2 Ziff. 1 Krankenpflegegesetz folgt vielmehr eine personelle Beschränkung der Delegation von Aufgaben innerhalb der Betriebsleitung

4. Vor diesem rechtlichen Hintergrund ist es nicht zu beanstanden, daß der Pflegedienstleiter mit bestimmten Prüfungen beauftragt worden war. Die gleichzeitig erteilte Weisungsbefugnis war jedoch rechtsunwirksam. Sie hätte entweder bei der Betriebsleitung als Gremium verbleiben oder dem ärztlichen oder Verwaltungsdirektor übertragen werden müssen."

Aus diesem Urteil ist demnach zu folgern, daß dem Pflegedienstleiter die Dienstaufsicht (sprich Weisungsbefugnis) dann hätte übertragen werden dürfen, wenn er nicht Mitglied der Schulleitung geworden wäre!

C. Die betriebliche Mitbestimmung am Beispiel des BetrVG

1. Grundsätze und Grundlagen

1.1. Einführung

Der Arbeitnehmer ist aufgrund des Arbeitsvertrages verpflichtet, die dem Arbeitgeber versprochene Arbeit zu leisten. Diese Arbeitsleistung erfolgt in der Regel in einem Betrieb, also in einer Ordnung, die dem Arbeitnehmer vorgegeben ist und auf die er als Einzelner kaum oder keinen Einfluß nehmen kann. Andererseits ist diese Ordnung notwendig, wenn arbeitstechnische Ziele zielbewußt verfolgt werden sollen. Da in der Regel die vom Arbeitnehmer geschuldete Arbeitsleistung im Arbeitsvertrag nicht genau beschrieben ist, weist der Arbeitgeber dem Arbeitnehmer aufgrund seines Direktionsrechtes die einzelnen von ihm zu verrichtenden Arbeiten zu.

Das **Direktionsrecht des Arbeitgebers** ist definiert als Recht, die Einzelheiten der Arbeitsleistung nach Art, Ort und Zeit einseitig nach billigem Ermessen zu bestimmen. Die Begründung datür ergibt sich aus § 315 BGB.

Das **Betriebsverfassungsrecht** will diese monokratische Struktur des Betriebes beseitigen und der **Demokratisierung des Arbeitslebens** dienen[1]. Es regelt die Ordnung der Zusammenarbeit zwischen Arbeitgeber und Arbeitnehmer im Betrieb und schränkt die Direktionsbefugnisse des Arbeitgebers ein. Sozialpolitisch bezweckt es den Schutz des Arbeitnehmers; allgemeinpolitisch eine Beteiligung der Arbeitnehmerschaft an den Entscheidungen des Arbeitgebers. Dabei will allerdings das Betriebsverfassungsrecht in die geltende Wirtschaftsverfassung der Bundesrepublik Deutschland nicht grenzenlos eingreifen, nachdem Art. 2 und 14 GG eine wirtschaftliche Betätigungsfreiheit des einzelnen und eine Eigentumsgarantie als Grundrechte gewährleisten. Eine Einschränkung ist erforderlich, soweit der Sozialstaatsgedanke des Art. 20 GG dies erfordert. Die Rechte der Arbeitnehmerschaft auf unternehmerischem Gebiet sind daher regelmäßig auf Informations- und Anhörungsrechte begrenzt. Mitbestimmungsrechte stehen ihm nur dann zu, wenn davon der einzelne Arbeitnehmer personell betroffen wird oder die sozialen Belange der Belegschaft im Vordergrund stehen.

1.2. Geschichtliche Entwicklung

Das Betriebsverfassungsrecht hat eine über hundertjährige Geschichte. Bereits im Gesetzentwurf einer Gewerbeordnung hatte die in der Frankfurter Paulskirche tagende Nationalversammlung in den Jahren 1848/1849 Fabrikausschüsse für die Regelung von Streitigkeiten zwischen Arbeitgeber und Arbeitnehmer vorgesehen. Das Arbeitsschutzgesetz vom 01.06.1891 und die Novellen zum Preußischen Allgemeinen Berggesetz von 1905 und 1909 sahen die Einrichtung von Arbeiterausschüssen vor. In Art. 165 der Weimarer Reichsverfassung war ein Rätesystem vorgesehen (Rat = Sowjet!), bestehend aus Betriebsräten, überbetrieblichen Bezirkswirtschaftsräten und einem Reichswirtschaftsrat. Das Rätesystem ist letztlich im staatlichen Bereich

---

1 *Schaub*, Der Betriebsrat, dtv, Beck-Rechtsinformation, S. 21

nicht verwirklicht worden, wenn man vom vorläufigen Reichswirtschaftsrat absieht. Am 04.02.1920[2] wurde dann allerdings das Betriebsrätegesetz verabschiedet, das dem Betriebsrat ein Mitbestimmungsrecht beim Erlaß von Arbeitsordnungen, Dienstvorschriften und Einstellungsrichtlinien gab[3]. Im Nationalsozialismus wurde dieses Gesetz durch das Gesetz zur Ordnung der nationalen Arbeit vom 20.01.1934 aufgehoben und entsprechend dem Führerprinzip eine autokratische Betriebsverfassung eingeführt. Nach dem Zweiten Weltkrieg hatte die Militärregierung dieses Gesetz aufgehoben. Am 11.10.1952 kam dann das Betriebsverfassungsgesetz zum Tragen, das am 15.01.1972 in seiner derzeit im wesentlichen gültigen Form neu verabschiedet wurde.

Übersicht 4: *Die Gliederung des BetrVG*

Das BetrVG gliedert sich in drei Bereiche:

1. Bereich: Organisation (§§ 1–73)

1. Teil: Allgemeine Vorschriften (§§ 1–6)

2. Teil: Betriebsrat, Betriebsversammlung (§§ 7–59)

3. Teil: Jugend- und Auszubildendenvertretung (§§ 60–73)

2. Bereich: Eigentliche Mitbestimmung (§§ 74–113)

4. Teil: Mitwirkung und Mitbestimmung der Arbeitnehmer (§§ 74–113)

3. Bereich: Sonstige Regelungen (§§ 114–132)

1.3. Sachlicher Anwendungsbereich

Während das Betriebsrätegesetz vom 04.02.1920 für alle Betriebe und Verwaltungen Anwendung fand, wurden im Betriebsverfassungsgesetz von 1952 (in der Folge ebenso in dem in der heutigen Fassung gültigen Gesetz) wichtige Einschränkungen vorgenommen.

Nach § 1 BetrVG werden in Betrieben mit in der Regel mindestens fünf ständigen wahlberechtigten Arbeitnehmern, von denen drei wählbar sind, Betriebsräte gewählt. Von diesem Grundsatz gibt es zwei wichtige **Ausnahmen:** den öffentlichen Dienst und die Religionsgemeinschaften.

1.3.1. Öffentlicher Dienst

Das BetrVG findet keine Anwendung auf Verwaltungen und Betriebe des Bundes, der Länder, der Gemeinden und sonstiger Körperschaften, Anstalten und Stiftungen des öffentlichen Rechts, so § 130 BetrVG. Der öffentliche Dienst ist also ausgenommen.

Für den öffentlichen Dienst gelten die Personalvertretungsgesetze des Bundes und der Länder.

Die Grenze zwischen dem Geltungsbereich des Betriebsverfassungsgesetzes und der Regelungen für den öffentlichen Dienst wird ausschließlich nach der Rechtsform des Inhabers bzw. des Trägers der Verwaltung oder des Betriebes gezogen. Wird also ein städtisches Krankenhaus in der Form einer juristischen Person des Privatrechts betrieben, wie z.B. einer GmbH, so fällt es unter das Betriebsverfassungsgesetz, auch wenn die Geschäftsanteile sich sämtlich in der Hand der Gemeinde befinden. Dagegen gelten die Personalvertretungsgesetze z.B. für öffentlich-rechtliche Anstalten. Da

---

2 Reichsgesetzblatt 1920, S. 147
3 dazu *Korsch*, Arbeitsrecht für Betriebsräte (1922), neu herausgegeben 1969

die Bundesrepublik Deutschland ein föderativer Staat ist, gibt es neben dem Bundesrecht noch Landesrecht. Das Bundespersonalvertretungsgesetz gilt also nur für Bundeseinrichtungen, z.b. Bundeswehrkrankenhäuser, während jedes Bundesland sein eigenes Landespersonalvertretungsgesetz für kommunale Einrichtungen und Ländereinrichtungen hat.

1.3.2. Religionsgemeinschaften

Das BetrVG findet auch keine Anwendung auf Religionsgemeinschaften und ihre karitativen und erzieherischen Einrichtungen unbeschadet deren Rechtsform (§ 118 Abs. 2 BetrVG).
Bei Religionsgemeinschaften und deren karitativen Einrichtungen gilt das Betriebsverfassungsgesetz unbeschadet deren Rechtsform nie. Die Kirchen unterliegen aufgrund ihrer Autonomie in innerorganisatorischen Fragen keiner staatlichen Regelung. Sie haben aber eigene Mitarbeitervertretungsordnungen bzw. Mitarbeitervertretungsgesetze geschaffen, die in ihrer Grundtendenz dem BetrVG und den Personalvertretungsgesetzen entsprechen.

1.3.3. Tendenzschutz

Fall 30:

Nachdem die Krankenhäuser im Landkreis R-Stadt in eine GmbH umgewandelt wurden, verlangt der gewählte Betriebsrat die Bildung eines Wirtschaftsausschusses § 106 BetrVG. Dies lehnt der Arbeitgeber mit der Begründung ab, daß die GmbH als gemeinnützige GmbH dem Tendenzschutz nach § 118 Abs. 1 BetrVG unterliege. Der Betriebsrat beantragt daraufhin beim Arbeitsgericht, festzustellen, daß der Arbeitgeber einen Wirtschaftsausschuß nach § 106 BetrVG zu bilden hat. Stimmt das?[4]

Eine Besonderheit regelt

§ 118 Abs. 1 BetrVG:

„Auf Unternehmen und Betriebe, die unmittelbar und überwiegend

1. politischen, koalitionspolitischen, konfessionellen, karitativen, erzieherischen, wissenschaftlichen oder künstlerischen Bestimmungen oder

2. Zwecken der Berichterstattung oder Meinungsäußerung, auf die Art. 5 Abs. 1 Satz 2 des Grundgesetzes Anwendung findet,

dienen, finden die Vorschriften des Gesetzes keine Anwendung, soweit die Eigenart des Unternehmens oder des Betriebes dem entgegen steht. Die §§ 106–110 sind nicht, die §§ 111–113 nur insoweit anzuwenden, als sie den Ausgleich oder die Milderung wirtschaftlicher Nachteile für die Arbeitnehmer infolge von Betriebsänderungen regeln."

Gerade in Baden-Württemberg werden etliche Krankenhäuser in gGmbHs, also gemeinnützige Gesellschaften mit beschränkter Haftung, umgewandelt, insbesondere im Hinblick auf § 118 Abs. 1 BetrVG. Ganz abgesehen davon, daß die soziale Mitbestimmung im wesentlichen Anwendung findet, lediglich die wirtschaftliche Mitbestimmung nach den §§ 106–110 BetrVG ausgeschlossen ist, kommt diese Überlegung nach Auffassung des Verfassers für Krankenhäuser in gGmbH-Form überhaupt nicht zum Tragen, wie auch das Arbeitsgericht im vorliegenden Fall entschie-

---

4 Arbeitsgericht Freiburg, Kammern Villingen-Schwenningen vom 27.01.1994 – 9 BV 4/93; LAG Baden-Württemberg vom 31.08.1994 – 9 TaPV 3/94-9 BV/93-V; BAG vom 24.05.1995 – 7 ABR 48/94

den hat. Auf Beschwerde des Arbeitgebers hat allerdings das LAG Baden-Württemberg den Beschluß des Arbeitsgerichtes Freiburg abgeändert und anders entschieden. Das BAG hat mit Beschluß vom 24.05.1995 die Entscheidung des LAG Baden-Württemberg mit folgender Begründung bestätigt.

Urteilsbegründung des BAG zur Trägerschaft eines Krankenhauses

„I. Nach ständiger Rechtsprechung des Bundesarbeitsgerichts[5] dient ein Unternehmen karitativen Bestimmungen, wenn es sich den sozialen Dienst am körperlich oder seelisch leidenden Menschen zum Ziel gesetzt hat, sofern diese Betätigung ohne die Absicht der Gewinnerzielung erfolgt und das Unternehmen selbst nicht von Gesetzes wegen unmittelbar zu derartiger Hilfeleistung verpflichtet ist. Dagegen ist unerheblich, wer rechtlich oder wirtschaftlich an dem privatrechtlich organisierten Unternehmen beteiligt ist oder darauf einen beherrschenden Einfluß ausübt.

1. Nach dieser Rechtsprechung, an der der erkennende Senat festhält, liegt eine karitative Bestimmung im Sinne des § 118 Abs. 1 Satz 1 Nr. 1 BVG allerdings dann nicht vor, wenn das Unternehmen selbst von Gesetzes wegen unmittelbar zu derartiger Hilfeleistung verpflichtet ist. Vielmehr gehört zur karitativen Tätigkeit die Freiwilligkeit der Hilfeleistung. … Für die Frage, ob ein privatrechtlich organisiertes Unternehmen karitativen Bestimmungen dient, ist es rechtlich auch unerheblich, ob es von juristischen Personen des öffentlichen Rechts gegründet worden ist, beeinflußt oder gar beherrscht wird, die ihrerseits aufgrund gesetzlicher Normen unmittelbar verpflichtet sind, derartige Hilfeleistungen zu erbringen oder zumindest die Kosten für solche Hilfeleistungen zu tragen. Anknüpfungspunkt für die Prüfung, ob die

gesetzlichen Voraussetzungen vorliegen, ist vielmehr das Unternehmen selbst sowie die Frage, ob es nach seinen eigenen Statuten einer der in den Tendenzschutz gestellten Bestimmungen dient. Dies ergibt sich unmittelbar aus dem Wortlaut des § 118 Abs. 1 Satz 1 BetrVG, der eindeutig auf das Unternehmen selbst abstellt und nicht auf die Beweggründe und Verhältnisse derer, die den Unternehmensträger gegründet haben, ihn beeinflussen oder gar beherrschen[6].

2. Nach der angeführten Rechtsprechung des Bundesarbeitsgerichts kann allerdings auch die freiwillige Betätigung nur dann als karitativ angesehen werden, wenn sie nicht in der Absicht der Gewinnerzielung erfolgt. Das Ziel der Betätigung des Unternehmens muß sich in der Hilfe an bedürftigen Menschen erschöpfen. Die derart zu leistende Hilfe darf nicht ihrerseits Mittel zum Zweck der Gewinnerzielung sein. Indessen erfordert das Merkmal der karitativen Bestimmung im Sinne des § 118 Abs. 1 Satz 1 Nr. 1 BetrVG nicht, daß die Hilfeleistung für leidende Menschen unentgeltlich oder allenfalls zu einem nicht kostendeckenden Entgelt geschieht. Vielmehr genügt es, daß der Träger des Unternehmens seinerseits mit seiner Hilfeleistung keine eigennützigen Zwecke im Sinne einer Gewinnerzielung verfolgt, mag er auch bis zur Höhe der Kostendeckung Einnahmen aus seiner Betätigung erzielen[7].

II. In Anwendung dieser Grundsätze ist das Landesarbeitsgericht zutreffend zu dem Ergebnis gelangt, daß die beteiligte Krankenhausgesellschaft unmittelbar und

---

5 zuletzt BAG-Beschluß vom 08. November 1988 – 1 ABR 17/87 – AP Nr. 38 zu § 118 BetrVG 1972 mit weiteren Nachweisen; vgl. auch BAG-Beschluß vom 29.06. 1988, BAGE 59, 120 = AP Nr. 37 zu § 118 BVG 1972 mit weiteren Nachweisen

6 BAG-Beschluß vom 08.11.1988 – 1 ABR 17/87 –, a.a.O.

7 BAG-Beschluß vom 29.06.1988, a.a.O.

überwiegend karitativen Bestimmungen im Sinne des § 118 Abs. 1 Satz 1 BetrVG dient.

1. Der Freiwilligkeit der Krankenversorgung durch die beteiligte Krankenhausgesellschaft steht, wie das Landesarbeitsgericht zutreffend erkannt hat, nicht entgegen, daß der Landkreis nach § 3 Abs. 1 des Landeskrankenhausgesetzes Baden-Württemberg vom 15. Dez. 1986[8] in der Fassung vom 23. Juli 1993[9] verpflichtet ist, die nach dem Krankenhausplan notwendigen Krankenhäuser und Krankenhauseinrichtungen zu betreiben. ... Die Krankenhausgesellschaft ist mithin gleichsam lediglich Erfüllungsgehilfe des Landkreises, aber nicht selbst von Gesetzes wegen zur Krankenversorgung verpflichtet. Deshalb kann ein in privatrechtlicher Rechtsform betriebenes Krankenhaus auch dann eine karitative Einrichtung sein, wenn die Anteile nur von einer Gebietskörperschaft gehalten werden, die gesetzlich zur Sicherstellung der bedarfsgerechten Versorgung der Bevölkerung mit leistungsfähigen Krankenhäusern verpflichtet ist.

2. Die Krankenhausgesellschaft betreibt die Kreiskrankenhäuser in... auch nicht mit Gewinnerzielungsabsicht. Nach § 3 Abs. 2 des Gesellschaftsvertrages wird die Gesellschaft selbstlos tätig und verfolgt nicht in erster Linie eigenwirtschaftliche Zwecke. Die Mittel der Gesellschaft dürfen nur für den satzungsmäßigen Zweck, d.h. für den Betrieb der Kreiskrankenhäuser gemäß § 2 Abs. 1 des Gesellschaftsvertrages verwendet werden. Gemäß § 3 Abs. 3 des Gesellschaftsvertrages erhält der Landkreis weder Gewinnanteile noch Sonderzuwendungen aus den Mitteln der Gesellschaft.

a) Entgegen der Ansicht der Rechtsbeschwerde ist für das Vorliegen einer Gewinnabsicht unerheblich, ob die Krankenhausgesellschaft in einem einzelnen Rechnungsjahr tatsächlich einen Bilanzgewinn erzielt. Denn auch ein derartiger Gewinn darf nur für satzungsmäßige Zwecke verwendet werden und hat daher lediglich den Charakter einer Rücklage. ...

III. Nicht gefolgt werden kann schließlich auch den Ausführungen der Rechtsbeschwerde, der Ausschluß der Vorschriften über die Bildung eines Wirtschaftsausschusses bei karitativen Unternehmen sei verfassungswidrig. Der 1. Senat des Bundesarbeitsgerichts hat bereits in seinem Beschluß vom 07. April 1981[10] näher begründet, warum es mit dem Grundgesetz vereinbar ist, daß das Betriebsverfassungsgesetz für Tendenzbetriebe keinen Wirtschaftsausschuß vorsieht. Hieran hält auch der erkennende Senat fest."

Es darf allerdings nicht übersehen werden, daß die **Tendenzträgertheorie,** nach der Tendenzträger schlechthin von der betrieblichen Beteiligung ausgeschlossen sind, von der herrschenden Meinung nicht vertreten wird. Dort kommt die **Maßnahmentheorie** zur Anwendung, d.h. es wird danach unterschieden, ob die betreffende Angelegenheit bezüglich des Tendenzträgers auch wirklich Tendenzaspekte aufweist, z.B. Gehaltshöhe wegen einer bestimmten „Anti"-Haltung. Davon abgesehen können nur echte Mitbestimmungsrechte des Betriebsrates dem Tendenzschutz unterliegen und daher möglicherweise ausgeschlossen sein, wohingegen die Information, Mitberatung und Anhörung des Betriebsrates auch bei Tendenzträgern stattfindet[11].

Beim Tendenzschutz geht es nicht alleine um § 118 Abs. 1 BetrVG, sondern insbesondere um die entsprechende Ausschlußvorschrift im BetrVG 1952 und im

---

8 Gesetzblatt S. 425
9 Gesetzblatt S. 533
10 1 ABR 83/78, AP Nr. 16 zu § 118 BetrVG 1972, zu IV. 2 a der Gründe
11 BAG vom 07.11.1975, AP Nr. 4 zu § 118 BetrVG 72; BVerfG vom 06.11.1979, AP Nr. 14 zu § 118 BetrVG 1972

Mitbestimmungsgesetz von 1976. Das Sprecherausschußgesetz enthält für den Tendenzschutz keine Ausnahmeregelung. Danach ist festzuhalten, daß dann, wenn die gGmbH ein Tendenzbetrieb darstellt, folgende Vorschriften nicht zur Anwendung kommen:

- bei bis zu 2000 Arbeitnehmern das BetrVG 1952 gemäß dessen § 80
- bei mehr als 2000 Arbeitnehmern das Mitbestimmungsgesetz nach dessen § 1.

Im Falle des Mitbestimmungsgesetzes gibt es die **paritätische Mitbestimmung,** wobei allerdings die leitenden Angestellten auf Arbeitnehmerseite eine Stimme haben, also damit auch einen Sitz, und die Stimme des Vorsitzenden im Aufsichtsrat doppelt zählt. Im Falle des Betriebsverfassungsgesetzes 1952 kommt die sogenannte **Drittelparität** zum Tragen.

Im Fall 30 hat das BAG also dem Arbeitgeber Recht gegeben. Es ist kein Wirtschaftsausschuß nach § 106 BetrVG zu bilden.

1.4. Einordnung der Betriebsverfassung in das geltende Teilhaberecht

Nach *von Hoyningen-Huene*[12] ist das Betriebsverfassungsrecht Teil der institutionellen Teilhabe durch Mitwirkung mittels Beteiligung, wie die folgende *Übersicht 5* verdeutlicht:

1.5. Persönlicher Geltungsbereich

1.5.1. Arbeiter und Angestellte

Nach § 5 Abs. 1 BetrVG kommt das BetrVG zur Anwendung für alle Arbeitnehmer mit Ausnahme der in § 5 Abs. 2 und Abs. 3 BetrVG genannten Personen.

---

12 *von Hoyningen-Huene,* Betriebsverfassungsrecht, 3. Auflage, 1993, S. 3

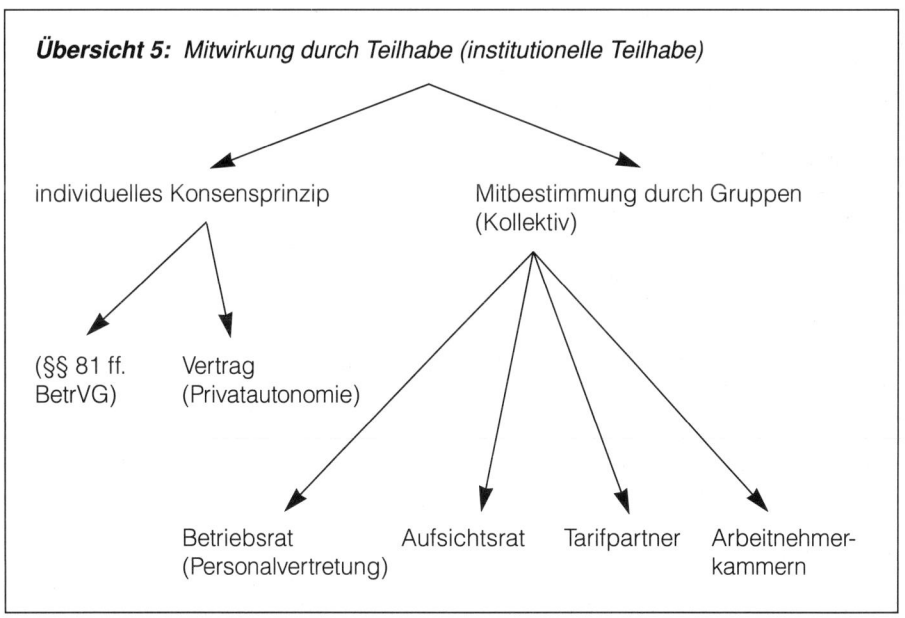

Übersicht 5: *Mitwirkung durch Teilhabe (institutionelle Teilhabe)*

individuelles Konsensprinzip

Mitbestimmung durch Gruppen (Kollektiv)

(§§ 81 ff. BetrVG)

Vertrag (Privatautonomie)

Betriebsrat (Personalvertretung)

Aufsichtsrat

Tarifpartner

Arbeitnehmerkammern

Arbeitnehmer sind Arbeiter und Angestellte sowie die zu ihrer Berufsausbildung Beschäftigten. Arbeitnehmer ist, wer in einem Arbeitsverhältnis beschäftigt ist, also nicht in einem freien Dienstverhältnis oder in einem Werkverhältnis.

Die **Unterscheidung** zwischen Arbeitern und Angestellten ist in **Legaldefinitionen** des § 6 BetrVG geregelt. Abgestellt wird auf den sozialversicherungsrechtlichen Arbeitnehmerbegriff, nämlich die Frage, wer Mitglied der Arbeiterrentenversicherung und wer Mitglied der Angestelltenrentenversicherung ist.

Materiellrechtlich grenzt man wie folgt ab: Arbeiter ist, wer nicht Angestellter ist. Angestellter ist, wer kaufmännische oder büromäßige Tätigkeit – auch einfacherer Natur – ausübt.

Tarifrechtlich ist der Begriff Arbeiter definiert in:

§ 67 Nr. 4 BMT-G

„Arbeiter sind männliche und weibliche Personen, die aufgrund privatrechtlicher Verpflichtung ein arbeiterrentenversicherungspflichtiges Arbeitsverhältnis eingegangen sind."

Der Arbeiter ist demzufolge abzugrenzen vom Angestellten einerseits und von Beschäftigten in einem öffentlich-rechtlichen Dienstverhältnis, z.B. dem Beamtenverhältnis, andererseits.

Die Abgrenzung Arbeiter – Angestellte richtet sich nach dem Rentenversicherungsrecht. Problematisch dabei ist, ob die von der Sozialgerichtsbarkeit evtl. im Einzelfall getroffene Zuordnung für § 1 BMT-G verbindlich ist oder nicht. Da § 67 Nr. 4 BMT-G ausdrücklich auf das Sozialversicherungsrecht Bezug nimmt, ist diese Frage zu bejahen.

Insoweit ist von Interesse ein

Urteil des BAG[13] zum Arbeiter-/ Angestelltenstatus

„1. Der nach seinem Arbeitsvertrag als Arbeiter eingestellte Arbeitnehmer muß, wenn er die gerichtliche Feststellung eines Angestelltenverhältnisses begehrt, dartun, daß er keine Arbeitertätigkeit, sondern eine Angestelltentätigkeit verrichtet.

2. Ob eine gemischte Tätigkeit eine Arbeiter- oder eine Angestelltentätigkeit ist, bestimmt sich in erster Linie nach der Verkehrsanschauung, also der Anschauung der beteiligten Berufskreise. Die Verkehrsanschauung kann vor allem auch in Tarifverträgen ihren Ausdruck finden. Ferner ist von Bedeutung, ob es sich überwiegend um eine mehr geistige oder mehr mechanische (Hand-)Arbeit handelt."

Noch deutlicher und klarer ist eine

Entscheidung des BSG[14] zum Arbeiter-/Angestelltenstatus

„Für die Beurteilung der Frage, ob ein Arbeitnehmer versicherungsrechtlich zu den Arbeitern oder zu den Angestellten gehört, ist zunächst zu prüfen, ob die Beschäftigung einer der im Berufsgruppenkatalog aufgeführten Gruppen entspricht; ist das nicht der Fall, dann muß weiter geprüft werden, ob die Beschäftigung derjenigen der Angehörigen einer Berufsgruppe entspricht, die nach der Verkehrsanschauung allgemein als Angestellte betrachtet werden.

---

13 BAG vom 04.07.1966 – 1 AZR 312/65, AP Nr. 128 zu § 1 TVG Auslegung
14 BSG vom 24.10.1978 – 12 RK 60/76, AP Nr. 30 zu § 611 BGB Abhängigkeit

Eine einheitliche Verkehrsanschauung darüber, ob Arbeitnehmer als Arbeiter oder als Angestellte anzusehen sind, kann nicht schon dann ohne weiteres angenommen werden, wenn der Arbeitnehmer tarifrechtlich oder arbeitsrechtlich als Angestellter gilt; hat sich eine feste Verkehrsanschauung noch nicht gebildet, dann hängt die versicherungsrechtliche Beurteilung davon ab, ob eine vorwiegend körperliche oder eine überwiegend geistige Beschäftigung ausgeübt wird."

So hat z.b. das BSG entschieden[15], daß bei Rettungssanitätern des DRK neben der rein körperlichen Arbeitsleistung die geistige Leistung im Vordergrund der Beschäftigung stehe und daher Versicherungspflicht in der Rentenversicherung der Angestellten gegeben sei. Krankenkraftfahrer hingegen sind nach wie vor der Rentenversicherung der Arbeiter zuzuordnen.

Gemäß § 3 Abs. 1 Buchstabe h BMT-G gilt der BMT-G nicht für einen Arbeiter, für den eine tarifliche oder arbeitsvertragliche Regelung für Angestellte Anwendung findet. Damit geht es natürlich namentlich um die Abgrenzung zwischen dem Geltungsbereich des BMT-G und dem des BAT. Hierzu die

Entscheidung des BAG[16] zur tariflichen/arbeitsvertraglichen Regelung des Arbeiter-/Angestelltenstatus':

„Demgemäß bezieht sich § 3 Abs. 1 Buchstabe h BMT-G II nur auf solche arbeitsvertragliche Vereinbarungen, die – wie Vereinbarungen nach § 1 Abs. 2 BAT – zur tarifrechtlichen Geltung von Regelungen für Angestellte im Sinne von § 4 Abs. 1 Satz 1 TVG fahren; nur in diesen Fällen ist ein Ausscheiden aus dem Geltungsbereich des BMTG II auch sinnvoll und geboten. Vertragliche Vereinbarungen des

BAT mit Arbeitern über den Rahmen des § 1 Abs. 2 BAT hinaus führen nämlich nur zu einer vertragsrechtlichen und damit insoweit jederzeit zu Ungunsten des Arbeitnehmers abänderbaren Geltung des BAT. Würden auch solche Vereinbarungen von § 3 Abs. 1 Buchstabe h BMT-G II erfaßt, fielen die betreffenden Arbeitnehmer aus dem Geltungsbereich des BMT-G heraus; die Folge davon wäre, daß für diese Arbeitnehmer – auch wenn sie organisiert wären – keine tariflichen Mindestarbeitsbedingungen – weder nach dem BMT-G II noch nach dem BAT mehr bestanden. Wenn Tarifvertragsparteien eine derart ungewöhnliche Regelung schaffen wollen, müssen sie dies deutlich zum Ausdruck bringen; denn erfahrungsgemäß entspricht es nicht dem Willen der Tarifvertragsparteien, zumindest nicht dem Willen der Gewerkschaften, die Regelung der Arbeitsbedingungen der freien Vereinbarung der Arbeitsvertragsparteien zu überlassen…"

Übrigens regelt

§ 1 Abs. 2 BAT:

„Mit Arbeitnehmern in einer der Rentenversicherung der Arbeiter unterliegenden Tätigkeit kann im Arbeitsvertrag vereinbart werden, daß sie als Angestellte nach diesem Tarifvertrag beschäftigt werden, wenn ihre Tätigkeit in der Vergütungsordnung (Anlage 1 a und 1 b) aufgeführt ist"

Die Zahl der Arbeitnehmer entscheidet auch über die Größe des Betriebsrates und insbesondere über die Zahl der Freistellungen. Zu den Arbeitnehmern gehören nach

---

15 BSG vom 06.12.1978 – 8 RK 3/78
16 BAG vom 01.09.1982 – 4 AZR 951/79, AP Nr. 65 zu §§ 22, 23 BAT A 5

§ 5 Abs. 1 BetrVG alle Arbeiter und Angestellten sowie die zu ihrer Ausbildung Beschäftigten. Es fallen also auch darunter die Tarifvertragspraktikanten, die Ärzte im Praktikum, aber nicht Zivildienstleistende und sonstige Praktikanten.

Ein Problem sind die längerfristig Beurlaubten, auf deren Arbeitsplätzen Ersatzarbeitnehmer beschäftigt sind. Gefragt werden muß, ob die längere Zeit beurlaubten Arbeitnehmer bei der Berechnung mitzählen. Für den Fall haben rechnerisch z.B. die Kliniken in K-Stadt 5000–6000 Mitarbeiter, während sie arbeitsplatzmäßig gesehen auf rund 4000 kommen. Das würde betriebsverfassungsrechtlich bedeuten, daß der Betriebsrat anstatt 25 Personen 27 Personen umfassen würde und anstatt 5 Freistellungen 6 Freistellungen notwendig wären.

Zu dieser Frage werden zwei Meinungen vertreten:

Nach der **Schuldtheorie** kommt es alleine auf die schuldrechtlichen Arbeitsvertragsbeziehungen an; da bei Freistellungen die Hauptpflichten ruhen, nämlich einerseits Arbeitsleistung und andererseits Vergütung, käme es nach dieser Theorie auf die schuldrechtliche Beendigung des Arbeitsverhältnisses an, so daß dann sämtliche Arbeitsverhältnisse zählen.

Nach der **Eingliederungstheorie** kommt es alleine auf die eingegliederten Mitarbeiter an. Das bedeutet: Wenn jemand über einen längeren Zeitraum tatsächlich nicht im Betrieb ist, zählt er nicht mit als Arbeitnehmer im Betrieb. Im o.g. Beispiel käme es auf die Zahl 4000 an. Dies ist in der Kommentarliteratur umstritten. Rechtsprechung hierzu ist nicht bekannt.

1.5.2. Einschränkung des Arbeitnehmerbegriffs nach § 5 Abs. 2 BetrVG

Als Arbeitnehmer im Sinne des Betriebsverfassungsgesetzes gelten nicht

• in Betrieben einer juristischen Person die Mitglieder des Organs, das zur gesetzlichen Vertretung der juristischen Person berufen ist; Beispiel: Geschäftsführer der GmbH

• die Gesellschafter einer offenen Handelsgesellschaft oder die Mitglieder einer anderen Personengesamtheit, soweit sie durch Gesetz, Satzung oder Gesellschaftsvertrag zur Vertretung der Personengesamtheit oder zur Geschäftsführung berufen sind, in deren Betrieben; Beispiel: angestellter Geschäftsführer einer Gesellschaft

• Personen, deren Beschäftigung nicht in erster Linie ihrem Erwerb dient, sondern vorwiegend durch Beweggründe karitativer oder religiöser Art bestimmt ist, Beispiel: Ordensschwestern

• Personen, deren Beschäftigung nicht in erster Linie ihrem Erwerb dient und die vorwiegend zu ihrer Heilung, Wiedereingewöhnung, sittlichen Besserung oder Erziehung beschäftigt werden; Beispiel: Rehabilitanten im Rahmen von Beschäftigungstherapien

• der Ehegatte, Verwandte und Verschwägerte ersten Grades, der in häuslicher Gemeinschaft mit dem Arbeitgeber lebt.

1.5.3. Leitende Angestellte im Sinne des § 5 Abs. 3 BetrVG

Seit 1989 ist der Begriff des leitenden Angestellten, soweit es um funktionsbezogene Kriterien geht, in einem neu geschaffenen Abs. 4 des § 5 des BetrVG näher gekennzeichnet *(Einzelheiten dazu vgl. oben unter B.4.1.).*

Leitende Angestellte gehören ja nicht zu den Arbeitnehmern, die unter die Betriebsverfassung fallen, weshalb mit Gesetz über **Sprecherausschüsse der leitenden Angestellten** (Sprecherausschußgesetz) vom 20.12.1988 für Betriebe, in denen in der Regel mindestens 10 leitende Angestellte beschäftigt sind, ein Sprecherausschuß der leitenden Angestellten gewählt wird.

1.6. Das betriebsverfassungs-rechtliche Beziehungs-Sechseck nach § 2 Abs. 1 BetrVG

§ 2 Abs. 1 BetrVG

„Arbeitgeber und Betriebsrat arbeiten unter Beachtung der geltenden Tarifverträge vertrauensvoll und im Zusammenwirken mit den im Betrieb vertretenen Gewerkschaften und Arbeitgebervereinigungen zum Wohl der Arbeitnehmer und des Betriebs zusammen."

Neben den noch besonders zu betrachtenden Begriffen der vertrauensvollen Zusammenarbeit und des Wohles der Arbeitnehmer und des Betriebes ergibt sich hieraus ein Beziehungsgeflecht, bestehend aus

- Arbeitgeber
- Betriebsrat
- Betrieb
- Arbeitnehmer
- Gewerkschaften
- Arbeitgebervereinigungen.

Daraus läßt sich schematisch folgendes „Beziehungs-Sechseck" *(vgl. Übersicht 6)* darstellen[17]:

(1) Zwischen **Arbeitgeber und Betriebsrat** besteht nach herrschender Meinung ein kollektivrechtliches Dauerschuldverhältnis eigener Art mit Schutzwirkung für Dritte

---

[17] vgl. *von Hoyningen-Huene,* Betriebsverfassungsrecht, a.a.O., S. 49

Übersicht 6: *Das betriebsverfassungsrechtliche Beziehungs-Sechseck*

Tarifverträge

(8)

Arbeitgeber   Betriebsrat

(1)

(7)   (6)

Arbeit-   Gewerk-
geber-   (2)   (4)   schaften
vereini-
gungen   (5)   (3)

Betrieb   Arbeitnehmer

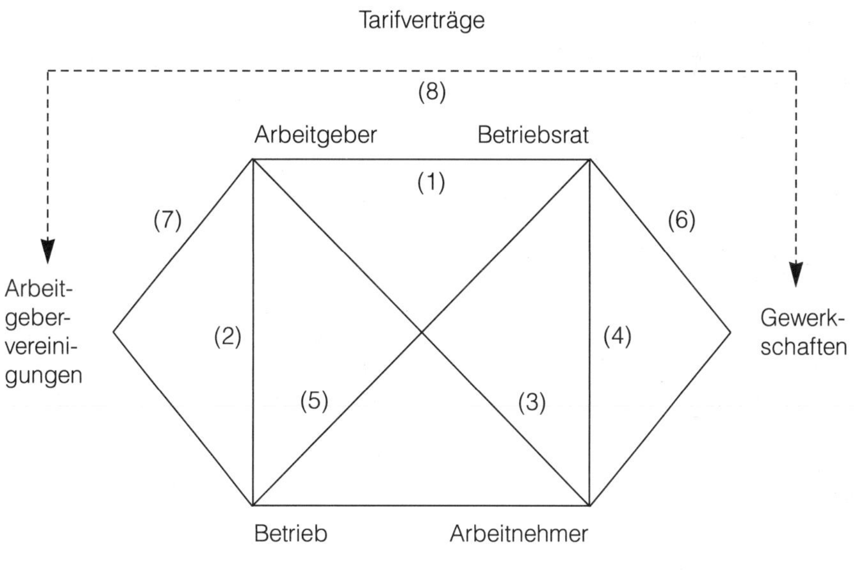

und mit gesteigerten Verhaltenspflichten bürgerlich-rechtlicher Art, das ein sogenanntes Betriebsverhältnis begründet.

(2) Zwischen **Arbeitgeber und Betrieb** besteht kein schuldrechtliches, sondern ein sachenrechtliches Verhältnis, nachdem der Arbeitgeber Eigentümer und Besitzer des räumlich funktionalen Betriebes darstellt und demzufolge nach § 903 BGB die Verfügungsbefugnis und nach § 77 Abs. 1 Satz 1 BetrVG die Weisungsbefugnis gegenüber den Arbeitnehmern hat.

(3) Zwischen **Arbeitgeber und Arbeitnehmer** besteht individual-arbeitsrechtlich (begründet durch Arbeitsverträge als besondere Dienstverträge nach dem BGB) ein Arbeitsverhältnis. Aus diesem begründen und ergeben sich besondere Arbeitnehmeransprüche nach den §§ 81–84 BetrVG (Unterrichtungs- und Erörterungspflicht des Arbeitgebers, Anhörungs- und Erörterungsrecht des Arbeitnehmers, Einsicht in die Personalakten, Beschwerderecht).

(4) Zwischen **Betriebsrat und einzelnem Arbeitnehmer** besteht kein Rechtsverhältnis, sondern ein Mandatsverhältnis, nachdem aufgrund der alle vier Jahre durchzuführenden Betriebsratswahlen ein betriebspolitisches Mandat im Sinne der repräsentativen Demokratie erteilt wird. Deshalb ist der Betriebsrat nach heute geltender Überlegung Repräsentant der Belegschaft und nicht etwa deren Interessen- oder Rechtsvertreter.

(5) Zwischen **Betriebsrat und Betrieb** besteht kein Verhältnis. Der Betrieb ist Faktum und Grundvoraussetzung für die Betriebsverfassung.

(6) Zwischen **Betriebsrat und Gewerkschaft** besteht ebenfalls kein Verhältnis wegen der Trennung von koalitionspolitischer und betriebsverfassungsrechtlicher Betätigung.
Aber: Die Gewerkschaften haben Hilfs- und Unterstützungsfunktionen, wobei das BetrVG folgende Einflußmöglichkeiten eröffnet:

- im Rahmen der vertrauensvollen Zusammenarbeit zwischen Arbeitgeber und Betriebsrat erfolgt laut § 2 Abs. 1 BetrVG ein Zusammenwirken mit den im Betrieb vertretenen Gewerkschaften und Arbeitgebervereinigungen.
- Nach § 2 Abs. 2 BetrVG ist zur Wahrnehmung der in diesem Gesetz genannten Aufgaben und Befugnisse der im Betrieb vertretenen Gewerkschaften deren Beauftragten nach Unterrichtung des Arbeitgebers oder seines Vertreters Zugang zum Betrieb zu gewähren, soweit dem nicht unumgängliche Notwendigkeiten des Betriebsablaufs, zwingende Sicherheitsvorschriften oder der Schutz von Betriebsgeheimnissen entgegensteht.
- Nach § 2 Abs. 3 BetrVG werden die Aufgaben der Gewerkschaften und der Vereinigungen der Arbeitgeber, insbesondere die Wahrnehmung der Interessen ihrer Mitglieder, durch dieses Gesetz nicht berührt. Dies ist im Zusammenhang mit § 74 Abs. 3 BetrVG zu sehen, wonach Arbeitnehmer, die im Rahmen dieses Gesetzes Aufgaben übernehmen, hierdurch in der Betätigung für ihre Gewerkschaft auch im Betrieb nicht beschränkt werden. Somit können die Koalitionen unabhängig vom BetrVG Koalitionsaufgaben wahrnehmen.

Im übrigen begründet das BetrVG eigene Mitwirkungsrechte der Gewerkschaften:

- Bestellung des Wahlvorstandes (§ 16)
- Initiierung der Betriebsratswahl (§ 17)
- Antrag auf Ausschluß eines Mitgliedes aus dem Betriebsrat oder die Auflösung des Betriebsrates wegen grober Verletzung seiner gesetzlichen Pflichten beim Arbeitsgericht (§ 23 Abs. 1)
- Teilnahme der Gewerkschaften an Betriebsratssitzungen (§ 31); wobei letzteres auch für den Wirtschaftsausschuß gilt[18].

---

18 BAG vom 18.11.1980, AP Nr. 2 zu § 108 BetrVG 1972

(7) Zwischen **Arbeitgeber und Arbeitgeberverband** besteht ein vereinsrechtliches Verhältnis, nachdem ja der Arbeitgeber Vereinsmitglied ist.

(8) Zwischen **Arbeitgeberverband und Gewerkschaften** bestehen kollektivrechtliche Beziehungen über das Tarifvertragsgesetz und das Koalitionsrecht nach Art. 9 Abs. 3 GG.

1.7. Allgemein gültige Grundsätze im Verhältnis zwischen Arbeitgeber und Betriebsrat

Folgende allgemein gültige Grundsätze im Verhältnis zwischen Arbeitgeber und Betriebsrat können zusammengefaßt werden:

- Vertrauensvolle Zusammenarbeit (§ 2 Abs. 1, 74 Abs. 1 BetrVG)
- Friedenspflicht (§ 74 Abs. 2 Satz 1 und 2 BetrVG)
- Verbot der parteipolitischen Betätigung (§ 74 Abs. 3 Satz 3 BetrVG)
- Diskriminierungsverbot (§ 75 BetrVG)

1.7.1. Vertrauensvolle Zusammenarbeit

Fall 31:

Der Betriebsrat im Betrieb X. beschließt, die Zeitschrift „Arbeitsrecht im Betrieb" als Informationsmittel zum Preis von DM 54,00 jährlich zu beziehen. Der Arbeitgeber lehnt dies u.a. mit der Begründung ab, dem Betriebsrat stehe bereits ein Kommentar zum BetrVG zur Verfügung. Im übrigen informiere „Arbeitsrecht im Betrieb" nur einseitig aus gewerkschaftlicher Sicht und sei daher ungeeignet [19].

Nach § 2 Abs. 1 BetrVG arbeiten Arbeitgeber und Betriebsrat unter Beachtung der geltenden Tarifverträge vertrauensvoll und im Zusammenwirken mit den im Betrieb vertretenen Gewerkschaften und Arbeitgebervereinigungen zum Wohl der Arbeitnehmer und des Betriebes zusammen. Hieraus wird das **Kooperationsgebot** abgeleitet. Dies ist letztlich ein Programmsatz im Sinne einer Fair-Play-Regel: es wird Regeltreue verlangt und die Verpflichtung zur gegenseitigen Offenheit und Ehrlichkeit [20].

§ 2 Abs. 1 BetrVG ist zwar eine unmittelbar verpflichtende Rechtsnorm, kann aber nicht isoliert von konkreten Einzelmaßnahmen eingeklagt werden [21], sondern nur indirekt Sanktionen im Zusammenhang mit konkreten Einzelmaßnahmen auslösen.

Ein im Gesetz besonders geregelter Fall der vertrauensvollen Zusammenarbeit ist

§ 80 Abs. 2 BetrVG:

„Zur Durchführung seiner Aufgaben nach diesem Gesetz ist der Betriebsrat rechtzeitig und umfassend vom Arbeitgeber zu unterrichten. Ihm sind auf Verlangen jederzeit die zur Durchführung seiner Aufgaben erforderlichen Unterlagen zur Verfügung zu stellen; in diesem Rahmen ist der Betriebsausschuß oder ein nach § 28 gebildeter Ausschuß berechtigt, in die Listen über die Bruttolöhne und -gehälter Einblick zu nehmen."

---

19 nach BAG vom 21.04.1983, in: AP Nr. 20 zu § 40 BetrVG 1972 mit Anmerkung *Naendrup;* vgl. auch *von Hoyningen-Huene,* Betriebsverfassungsrecht, S. 67 f.
20 BAG vom 23.09.1992, EzA, § 1 KSchG Krankheit Nr. 37
21 BAG vom 21.04.1983, AP Nr. 20 zu § 40 BetrVG 1972

Anwendung auf Fall 31:

Der Betriebsrat kann gemäß § 40 Abs. 2 BetrVG vom Arbeitgeber den Bezug der Zeitschrift verlangen, wenn diese ein erforderliches Sachmittel darstellt. Natürlich muß der Betriebsrat sich für seine Arbeit auch rechtlich informieren können. *„Die in § 2 Abs. 1 BetrVG geforderte vertrauensvolle Zusammenarbeit vom Arbeitgeber und Betriebsrat wäre erschwert, wenn der Betriebsrat ohne ausreichende Kenntnisse über seine gesetzlichen Befugnisse und Pflichten tätig wäre. Aus diesem Grunde muß sich der Betriebsrat auch in Fachzeitschriften über aktuelle arbeits- und sozialrechtliche Entwicklungen unterrichten können. Daß diese Zeitschrift die Betriebsräte zur extensiven Wahrnehmung ihrer Rechte anhält, steht dem Bezug nicht entgegen. Nach dem Gebot der vertrauensvollen Zusammenarbeit ist dem Betriebsrat lediglich die mutwillige und rechtsmißbräuchliche Durchsetzung seiner Rechte untersagt, nicht aber generell das Ausschöpfen seiner Rechte. Auch das in § 2 Abs. 1 BetrVG enthaltene Gebot der angemessenen Berücksichtigung der finanziellen Belange des Arbeitgebers steht hier angesichts eines Bezugspreises von DM 54,– jährlich der Anschaffung der Zeitschrift nicht entgegen. Der Betriebsrat kann daher nach § 40 Abs. 2 BetrVG den Bezug von 'Arbeitsrecht im Betrieb' verlangen*[22].

1.7.2. Friedenspflicht

Fall 32:

Im Betrieb A. werden mit dem Betriebsrat seit längerer Zeit Verhandlungen über die Einführung neuer Arbeitszeiten geführt. Zu Beginn einer Spätschicht kommt es in einer Abteilung zu einer spontanen Versammlung. Nach dieser Versammlung legen 53 Arbeitnehmer, darunter auch Arbeitnehmer X., aus Protest die Arbeit

nieder und verlassen ihren Arbeitsplatz. Arbeitgeber A. kündigt daraufhin dem Vertrauensmann und ehemaligen Betriebsratsmitglied X. fristlos[23].

Im Betrieb besteht ein absolutes Arbeitskampfverbot. Zur betrieblichen Durchsetzung dürfen Arbeitskampfmaßnahmen nicht eingesetzt werden. Darüber hinaus hat der Betriebsrat alle Betätigungen zu unterlassen, durch die der Arbeitsablauf oder der Frieden des Betriebes beeinträchtigt werden könnte.

Andererseits dürfen selbstverständlich Betriebsräte an zulässigen gewerkschaftlichen Maßnahmen, insbesondere an gewerkschaftlich geführten Streiks teilnehmen. Sie dürfen nur nicht ihre Stellung als Betriebsratsmitglied hierzu ausnutzen. Insoweit nehmen sie ihre Rechte als Arbeitnehmer wahr.

Anwendung auf Fall 32:

Die Kündigung des Vertrauensmannes X. ist dann rechtmäßig, wenn ein wichtiger Grund im Sinne von § 626 Abs. 1 BGB vorliegt. Nach Auffassung des BAG stellt die Arbeitsniederlegung des Herrn X. hier eine rechtswidrige Arbeitskampfmaßnahme dar, weil auf dem Gebiet der Betriebsverfassung gemäß § 74 Abs. 2 Satz 1 BetrVG Arbeitskampfmaßnahmen ohne Rücksicht auf die Frage, wer sie organisiere, rechtswidrig seien. Das Arbeitskampfverbot aus § 74 Abs. 2 Satz 1 BetrVG betreffe auch den einzelnen Arbeitnehmer, weshalb Herr X. nicht zur Arbeitsniederlegung berechtigt gewesen sei.

---

22 von *Hoyningen-Huene*, Betriebsverfassungsrecht, S. 67 f.
23 nach BAG vom 17. 12. 1976, in: AP Nr. 52 zu Art. 9 GG Arbeitskampf mit Anmerkung *Richardi*; vgl. auch *von Hoyningen-Huene*, Betriebsverfassungsrecht, S. 69

Nach Ansicht *von Hoyningen-Huene*[24] ist diese Auffassung des BAG nicht richtig, weil der Mitarbeiter X. nicht als Betriebsratsmitglied, sondern in seiner Arbeitnehmerstellung tätig wurde. Dennoch ist hier eine Kündigung aus wichtigem Grunde gerechtfertigt, weil ein wilder Streik vorliegt, nämlich ein Streik, der nicht von einer Gewerkschaft geführt wird bzw. auch nicht nach spontaner Arbeitsniederlegung von der Gewerkschaft übernommen wird.

1.7.3. Verbot der parteipolitischen Betätigung

Fall 33:

Das Betriebsratsmitglied N. verteilt vor dem Betriebstor an die nach Arbeitsschluß den Betrieb verlassende Belegschaft ein von ihm selbst verfaßtes Flugblatt. Darin berichtet N., daß in der selben Stadt eine Veranstaltung einer SS-Nachfolgeorganisation geplant sei. Er fordert die Belegschaft auf; eine geplante Resolution einiger Mitglieder der Gewerkschaft gegen diese Veranstaltung zu diskutieren und zu unterstützen. Aufgrund dieser Aktion beantragt der Betriebsinhaber beim Arbeitsgericht den Ausschluß des Betriebsratsmitglieds N. aus dem Betriebsrat, weil Herr N. gegen § 74 Abs. 2 Satz 3 BetrVG verstoßen habe[25].

Nach § 74 Abs. 2 Satz 3 BetrVG besteht das **absolute Verbot der parteipolitischen Betätigung,** weil jeder Arbeitnehmer im Betrieb darauf vertrauen kann, daß er vom Betriebsrat und auch den einzelnen Mitgliedern betriebspolitisch vertreten wird, unabhängig von seiner politischen Auffassung. Deswegen hat auch das BAG den Begriff der Parteipolitik weit ausgelegt und versteht darunter auch Allgemeinpolitik bzw. das Eintreten für eine bestimmte politische Richtung, ohne dabei auf eine bestimmte politische Partei abzuzielen[26].

Anwendung auf Fall 33:

Es liegt eine parteipolitische Betätigung vor, weil darunter jede Stellungnahme für oder gegen eine bestimmte parteipolitische Richtung (hier Rechtsradikalismus) zu verstehen ist. Es kommt also nicht darauf an, ob im Einzelfall eine konkrete Gefährdung des Betriebsfriedens gegeben ist. § 74 Abs. 2 Satz 3 BetrVG verfolgt nicht nur den Schutz des Betriebsfriedens, sondern will insbesondere den Arbeitnehmern des Betriebes ihre Meinungs- und Wahlfreiheit als Staatsbürger erhalten. Dem Antrag auf Ausschluß aus dem Betriebsrat nach § 23 Abs. 1 Satz 1 BetrVG war wegen der Schwere des Verstoßes stattzugeben.

1.7.4. Diskriminierungsverbot

Fall 34:

In einem Sozialplan ist zwischen Arbeitgeber F. und dem Betriebsrat u.a. vereinbart worden, daß Arbeitnehmer, die 58 Jahre und älter sind, im Höchstfalle eine Abfindung von vier Monatsgehältern bekommen, während jüngere Arbeitnehmer für jedes Jahr der Betriebszugehörigkeit ein halbes Monatsentgelt erhalten. Der 58jährige Arbeitnehmer R., der seit 43 Jahren bei F. beschäftigt ist, hält diese Regelung für diskrimi-

---

24 *von Hoyningen-Huene*, Betriebsverfassungsrecht, S. 69
25 nach BAG vom 21.02.1978, in: AP Nr. 1 zu § 74 BetrVG 1972 mit Anmerkung *Löwisch*, vgl. auch *von Hoyningen-Huene*, Betriebsverfassungsrecht, S. 71
26 BAG vom 12.06.1986, in: AP Nr. 5 zu § 74 BetrVG 1972

rend und unwirksam, er verlangt Zahlung einer Abfindung in Höhe von 21,5 Monatsgehältern[27].

Die Grundsätze für die Behandlung der Betriebsangehörigen sind geregelt in

§ 75 BetrVG:

„(1) Arbeitgeber und Betriebsrat haben darauf zu achten, daß alle im Betrieb tätigen Personen nach den Grundsätzen von Recht und Billigkeit behandelt werden, insbesondere, daß jede unterschiedliche Behandlung von Personen wegen ihrer Abstammung, Religion, Nationalität, Herkunft, politischen oder gewerkschaftlichen Betätigung oder Einstellung oder wegen ihres Geschlechts unterbleibt. Sie haben darauf zu achten, daß Arbeitnehmer nicht wegen Überschreitung bestimmter Altersstufen benachteiligt werden.

(2) Arbeitgeber und Betriebsrat haben die freie Entfaltung der Persönlichkeit der im Betrieb beschäftigten Arbeitnehmer zu schützen und zu fördern."

Demzufolge **hat jede unterschiedliche Behandlung von Personen wegen ihrer Abstammung, Religion, Nationalität, Herkunft, politischen oder gewerkschaftlichen Betätigung oder Einstellung oder wegen ihres Geschlechts zu unterbleiben.** Auch dürfen Arbeitnehmer nicht wegen Überschreitens bestimmter Altersstufen benachteiligt werden. Eine besondere Bedeutung kommt insoweit dem Art. 119 EWGV hinsichtlich der Teilzeitbeschäftigten wegen der Diskriminierung von Frauen zu. Zur Überwachung der Gleichbehandlung gibt § 80 Abs. 2 Satz 3 BetrVG dem Betriebsrat ein Einblicksrecht in die Lohn- und Gehaltslisten[28]. Ein besonderes Problem ist naturgemäß der unbestimmte Rechtsbegriff *„Recht und Billigkeit"*. Es handelt sich um ein allgemeines Gebot. Natür-

lich muß Gerechtigkeit im Einzelfalle möglichst gewährt werden. Problematisch ist aber, daß die Billigkeitskontrolle zu einer Inhaltskontrolle des Gerichtes führt, so die ständige Rechtsprechung des BAG[29]. § 75 Abs. 2 BetrVG ist eine Konkretisierung des Art. 2 GG. Hier gibt es zahlreiche Urteile:

- Beim Einsatz von Privatdetektiven muß der Arbeitgeber die Intimsphäre des Arbeitnehmers beachten[30].
- Bei der Beachtung des Datenschutzes sind die Arbeitnehmerrechte zu berücksichtigen[31].
- Schließlich ist dies auch sehr wichtig bei der Einführung von technischen Kontrolleinrichtungen, wobei hier ja ein besonderes Mitbestimmungsrecht nach § 87 Abs. 1 Nr. 6 BetrVG besteht.

Der Arbeitnehmer hat gegenüber dem Arbeitgeber unter Umständen einen Unterlassungs- und Folgenbeseitigungsanspruch analog § 1004 BG. Dies wurde u.a entschieden bei der Beseitigung einer versteckten Fernsehkamera[32] und bei der Entfernung einer Abmahnung oder eines Schreibens aus der Personalakte[33].

27 nach BAG vom 14.02.1984, AP Nr. 21 zu § 112 BetrVG 1972 mit Anmerkung *Konzen;* BAG vom 12.02.85, AP Nr. 25 zu § 112 BetrVG 1972; vgl. auch *von Hoyningen-Huene,* Betriebsverfassungsrecht, S. 73

28 BAG vom 10.02.1987, AP Nr. 27 zu § 80 BetrVG 72

29 BAG vom 11.06.1975, AP Nr. 1 zu § 77 BetrVG 1972 Auslegung; BAG vom 04.02.1984, in: AP Nr. 21 zu § 112 BetrVG 1972

30 BAG vom 26.03.1991, AP Nr. 21 zu § 87 BetrVG 72 Überwachung

31 BAG vom 17.03.1987, AP Nr. 29 zu § 80 BetrVG 72

32 BAG vom 15.05.1991, AP Nr. 23 zu § 611 BGB Persönlichkeitsrecht

33 BAG vom 13.04.1988, AP Nr. 100 zu § 611 BGB Fürsorgepflicht

Anwendung auf Fall 34:

Wenn die Regelung im Sozialplan für ältere Arbeitnehmer unwirksam ist, könnte Arbeitnehmer R. nach den §§ 112 Abs. 1 Satz 2 und 3, 77 Abs. 4 Satz 1 BetrVG aufgrund der Sozialplanregelung einen Anspruch auf eine Abfindung in Höhe von 21,5 Monatsgehältern haben. *„Die Sozialplanregelung unterliegt der Rechtskontrolle, nicht aber einer Billigkeitskontrolle durch die Gerichte. Im Rahmen der Rechtskontrolle ist auch die Vereinbarkeit des Sozialplans mit höherrangigem Recht zu prüfen. Das BAG verneint dabei im konkreten Fall zutreffend einen Verstoß gegen § 75 Abs. 1 Satz 2 BetrVG, weil der Sozialplan nicht nach dem Alter schlechthin differenziert. Differenzierungskriterien sind vielmehr die Nachteile, die sich aus dem Verlust des Arbeitsplatzes ergeben, die bei älteren Arbeitnehmern regelmäßig geringer sind als bei jüngeren. Schließlich verstößt der Sozialplan auch nicht gegen § 41 Abs. 4 SGB Teil VI, der zwischenzeitlich aufgehoben ist, weil nach dieser Vorschrift es nicht untersagt ist, die Möglichkeit, vorgezogenes Altersruhegeld in Anspruch zu nehmen, in einem Sozialplan mit zu berücksichtigen. Die Beschränkung der Sozialplananspruch älterer Arbeitnehmer ist daher wirksam. (Arbeitnehmer R.) kann daher nicht die begehrte Abfindung von 21,5 Monatsgehältern verlangen."*[34]

2. Rechtsdurchsetzung und Sanktionen

Das BetrVG enthält kein systematisches Sanktionsrecht. Es bietet sich an, danach zu unterscheiden, ob es um wechselseitige Sanktionen, Sanktionen gegen den Arbeitgeber oder Sanktionen des Betriebsrates geht.

2.1. Wechselseitige Sanktionen

2.1.1. Unterlassungsansprüche

Fall 35:

Bei der Neugestaltung der Arbeitsplätze kommt es zwischen dem Betriebsrat und Arbeitgeber zu erheblichen Meinungsverschiedenheiten. Der Betriebsrat nimmt dazu in verschiedener Form öffentlich Stellung. Wegen der dadurch entstandenen Unruhen im Betrieb leitet der Arbeitgeber gegen den Betriebsrat ein Beschlußverfahren ein. Vor dem Arbeitsgericht beantragt er, dem Betriebsrat zu untersagen, in Mitbestimmungsangelegenheiten seinen Standpunkt im Betrieb bekannt zu machen, in Leserbriefen hierzu öffentlich Stellung zu nehmen sowie Mitteilungen Dritter, die an den Arbeitgeber gerichtet sind, im Betrieb durch Aushang bekannt zu machen. Wie ist die Rechtslage?[35]

Unterlassungsansprüche im Wege des arbeitsgerichtlichen Beschlußverfahrens nach §§ 2 a Abs. 1 Nr. 1, 80 ff ArbGG bei Verstößen gegen § 74 Abs. 2 Satz 2 und 3 BetrVG (Beeinträchtigung des Arbeitsablaufs und des Betriebsfriedens sowie parteipolitischer Betätigung) erfordern eine präzise Antragstellung nach § 81 ArbGG.

Anwendung auf Fall 35:

Der Arbeitgeber hat gegen den Betriebsrat einen Anspruch auf Unterlassung von Handlungen, durch die der Betriebsfrieden beeinträchtigt wird, so § 74 Abs. 2

---

34 *von Hoyningen-Huene*, Betriebsverfassungsrecht, S. 73

35 nach BAG vom 22.07.1980, AP Nr. 3 zu § 74 BetrVG 1972; vgl. auch *von Hoyningen-Huene*, Betriebsverfassungsrecht, S. 75

Satz 2 BetrVG. Der Arbeitgeber beantragt jedoch nicht, den Betriebsrat zur künftigen Unterlassung bestimmter einzelner Handlungen zu verpflichten. Mit der Formulierung bezweckt er vielmehr, umfassend die Befugnisse des Betriebsrats gegenüber dem Arbeitgeber durch das Arbeitsgericht zu klären. *„Damit wird aber nicht die Entscheidung über ein konkretes streitiges Recht angestrebt, sondern die Erstattung eines abstrakten Rechtsgutachtens durch das Arbeitsgericht. Dafür besteht jedoch kein Rechtsschutzinteresse. Es läßt sich nämlich nicht absehen, welche konkreten Sachverhalte zukünftig von der begehrten Unterlassung erfaßt werden sollen. Der Antrag des Arbeitgebers ist daher als unzulässig zurückzuweisen."[36]*

2.1.2. Feststellungsanträge

Fall 36:

Der im Betrieb des Arbeitgebers gebildete Betriebsrat verlangt den Abschluß einer Betriebsvereinbarung für die Ausgestaltung neu geschaffener Arbeitsplätze, die mit technischen Geräten ausgestattet sind. Nachdem keine Einigung erzielt werden kann, wird die Einigungsstelle angerufen. Gleichzeitig leitet der Arbeitgeber ein Beschlußverfahren ein und beantragt vor dem Arbeitsgericht, festzustellen, daß dem Betriebsrat hinsichtlich der Ausgestaltung der Arbeitsplätze kein Mitbestimmungsrecht zustehe. Der Betriebsrat hält den Antrag für unzulässig[37].

Beim Feststellungsantrag im Wege des arbeitsgerichtlichen Beschlußverfahrens, ob ein Mitbestimmungsrecht des Betriebsrats besteht oder nicht, liegt das Problem im Feststellungsinteresse, d.h. in der Antwort auf die Frage nach dem Bestehen oder Nichtbestehen eines Rechtsverhältnisses bzw. nach der Verpflichtung aus dem Mitbestimmungsrecht, z.B. bzgl. der Zulässigkeit der Errichtung einer Einigungsstelle nach § 76 Abs. 5 BetrVG[38].

Das Rechtsschutzinteresse fehlt, wenn der Vorgang abgeschlossen ist oder lediglich eine abstrakte Rechtsfrage entschieden werden soll[39].

Anwendung auf Fall 36:

Der Zulässigkeit des Antrages des Arbeitgebers könnte hier entgegenstehen, daß nach §§ 87 Abs. 2, 76 Abs. 1 BetrVG zur Beilegung von Meinungsverschiedenheiten zwischen Arbeitgeber und Betriebsrat grundsätzlich die Einigungsstelle zu entscheiden hat. Diese Entscheidung ist dann nach § 76 Abs. 5 BetrVG gerichtlich nachprüfbar. Um dem Arbeitgeber angemessenen Rechtsschutz gegen zu Unrecht in Anspruch genommene Mitbestimmungsrechte zu gewähren, kann er jedoch parallel zum laufenden Einigungsstellenverfahren vor dem Arbeitsgericht im Wege eines „Vorab-Entscheidungsverfahrens" klären lassen, ob das vom Betriebsrat behauptete Mitbestimmungsrecht überhaupt besteht. Die Parallelität des Einigungsstellenverfahrens und des Vorab-Entscheidungsverfahrens gewährleistet, daß einerseits nicht Mitbestimmungsrechte des Betriebsrats durch ein Vorab-Entscheidungsverfahren blockiert werden und andererseits die Frage, ob das umstrittene Mitbestimmungsrecht besteht, nicht unnötig lange in der Schwebe gelassen werden muß. Der Antrag des Arbeitgebers ist daher zulässig.

---

36 *von Hoyingen-Huene,* Betriebsverfassungsrecht, S. 75
37 BAG vom 06.12.1983, in: AP Nr. 7 zu § 37 BetrVG 1972 Überwachung mit Anmerkung *Richardi;* vgl. auch *von Hoyningen-Huene,* Betriebsverfassungsrecht, S. 76
38 BAG vom 17.12.1985, AP Nr. 15 zu § 111 BetrVG 1972
39 BAG vom 16.08.1983, AP Nr. 2 zu § 81 ArbGG 1979

2.1.3. Anrufen der Einigungsstelle bei mitbestimmungspflichtigen Angelegenheiten

Wenn sich die Betriebspartner nicht einigen können, wie eine mitbestimmungspflichtige Angelegenheit geregelt werden soll, kann jeder der Parteien gegen den Willen des anderen gemäß § 76 Abs. 5 BetrVG die Einigungsstelle anrufen. Evtl. wird auch im Wege eines arbeitsgerichtlichen Beschlußverfahrens mit einem Feststellungsantrag beim Arbeitsgericht überprüft, ob die Einigungsstelle zuständig ist oder nicht.

2.1.4. Einstweilige Verfügung nach §§ 85 Abs. 2 ArbGG, 935 ff. ZPO (Sicherungs- oder Regelungsverfügung)

Fall 37:

Arbeitgeber A. beabsichtigt, in seinem Betrieb für 107 Arbeitnehmer veränderte Arbeitszeiten anzuordnen. Nachdem der Betriebsrat seine Zustimmung zu dieser Maßnahme verweigert hat, beantragt A. vor dem Arbeitsgericht im Wege der einstweiligen Verfügung, die Zustimmung des Betriebsrats zur Anordnung der veränderten Arbeitszeiten zu ersetzen. Hat der Arbeitgeber Recht?[40]

Eine einstweilige Verfügung kommt nur ganz ausnahmsweise zum Tragen, weil der Anspruch nur auf das Verfahren selbst gerichtet werden kann und nicht auf einen bestimmten Inhalt. Ein materiell-rechtlicher Verfügungsanspruch ist nicht vorhanden; der Verfügungsgrund alleine reicht nicht aus[41]. Es gibt eine wichtige **Ausnahme,** nämlich den § 23 Abs. 3 BetrVG, der es dem Betriebsrat oder einer im Betrieb vertretenen Gewerkschaft gestattet, bei groben Verstößen des Arbeitgebers gegen seine

Verpflichtungen aus diesem Gesetz beim Arbeitsgericht vorzugehen. Dies geht natürlich auch im vorläufigen Rechtsschutzwege.

Anwendung auf Fall 37:

Nach § 940 der Zivilprozeßordnung kann die einstweilige Verfügung nur dann erlassen werden, wenn Arbeitgeber A. einen Verfügungsanspruch und einen Verfügungsgrund hätte. Der Arbeitgeber muß einen sicherungsfähigen Anspruch gegen den Betriebsrat vorweisen. *„Das Mitbestimmungsrecht des Betriebsrats gibt dem Arbeitgeber aber keinen klagbaren Anspruch auf Zustimmung zu einer beabsichtigten Maßnahme. Verweigert der Betriebsrat seine Zustimmung zur geplanten Einführung von Kurzarbeit, so hat der Arbeitgeber vielmehr gemäß § 87 Abs. 2 BetrVG die Einigungsstelle anzurufen.*

Daneben hat der Arbeitgeber gegen den Betriebsrat aber keinen sicherbaren Anspruch auf Zustimmung zu einem bestimmten Regelungsinhalt. Wegen des Fehlens eines Verfügungsanspruches ist daher die beantragte einstweilige Verfügung abzuweisen."[42]

2.2. Sanktionen gegen den Betriebsrat

Erfüllungsansprüche
Erfüllungsansprüche sind grundsätzlich nicht vorhanden, d.h., der Arbeitgeber kann den Betriebsrat nicht zur Mitwirkung

---

40 nach einem Urteil des Arbeitsgerichts Siegburg vom 03.03.1975, in: DB 1975, S. 555; vgl. auch *von Hoyningen-Huene,* Betriebsverfassungsrecht, S. 77

41 BAG vom 28.08.1991, AP Nr. 2 zu § 85 ArbGG 1979

42 *von Hoyningen-Huene,* Betriebsverfassungsrecht, S. 77

zwingen. Bei der echten Mitbestimmung ist ggf. die Einigungsstelle anzurufen, bei der Versagung der Zustimmung zu personellen Einzelmaßnahmen ggf. das Arbeitsgericht.

Unterlassungsansprüche im arbeitsgerichtlichen Beschlußverfahren

Unterlassungsansprüche sind möglich bei Verletzung von § 77 Abs. 1 Satz 2 BetrVG (der Betriebsrat darf nicht durch einseitige Handlungen in die Leitung des Betriebes eingreifen) sowie bei Verletzung der Geheimhaltungspflicht nach § 79 Abs. 1 Satz 1 BetrVG. Bei groben Pflichtverletzungen ist im übrigen ein Amtsenthebungsverfahren im arbeitsgerichtlichen Beschlußverfahren nach § 23 Abs. 1 Satz 1 BetrVG möglich.

Straftatbestand des § 120 Abs. 1 BetrVG bei Verletzung der Geheimhaltungspflicht

Wenn der Betriebsrat die betriebsverfassungsrechtliche Geheimhaltungspflicht verletzt, kann auf Antrag des Arbeitgebers (§ 120 Abs. 5 BetrVG) das entsprechende Mitglied des Betriebsrates zu einer Freiheitsstrafe bis zu einem Jahr oder mit Geldstrafe bestraft werden.

Verletzung arbeitsvertraglicher Pflichten

Fall 38:

Auf einer Betriebsversammlung der Firma Q. greift das Betriebsratsmitglied B. die Tarifverhandlungsführung der Gewerkschaft heftig an und fordert zum Streik auf. Selbst der anwesende Gewerkschaftssekretär distanziert sich von den Äußerungen des Betriebsratsmitglieds und weist ihn auf die Friedenspflicht hin. Daraufhin kündigt die Firma Q. dem Betriebsratsmitglied mit Zustimmung des Betriebsrats fristlos. Ist die Kündigung wirksam?[43]

Zunächst einmal ist festzuhalten, daß nach herrschender Meinung die **Simultantheorie** zur Anwendung kommt. Demzufolge

muß neben der betriebsverfassungsrechtlichen Amtsverletzung auch eine Arbeitsvertragsverletzung vorliegen. Im Rahmen des im Kündigungsrecht geltenden Verhältnismäßigkeitsgrundsatzes gibt es demzufolge eine Abstufung: Sie ist so gestaltet, daß zunächst eine Abmahnung zu erfolgen hat[44] oder eine mitbestimmungspflichtige Verwarnung[45]; im übrigen ist in diesem Rahmen nur eine außerordentliche Kündigung nach den §§ 15 KSchG, 103 BetrVG möglich.

Beachte:

Wenn die Amtsenthebung erfolgt, ist eine ordentliche Kündigung auch ohne Zustimmung des Betriebsrates möglich, weil insoweit keine Nachwirkung des Kündigungsschutzes für Betriebsratsmitglieder besteht (§ 15 Abs. 1 Satz 2 Halbsatz 2 des KSchG).

Anwendung auf Fall 38:

Nach den §§ 15 Abs. 1 Satz 1 KSchG, 626 Abs. 1 des BGB kann einem Mitglied des Betriebsrats außerordentlich gekündigt werden, wenn ein wichtiger Grund vorliegt. Dabei sind die **zwei Pflichtenkreise** zu unterscheiden, in denen Herr B. als **Betriebsratsmitglied** einerseits **und** als **Arbeitnehmer** andererseits steht. *„Eine Verletzung betriebsverfassungsrechtlicher Pflichten ermöglicht grundsätzlich nur den gerichtlichen Ausschluß aus dem Betriebsrat nach § 23 Abs. 1 BetrVG, der hier nicht beantragt ist. Ausnahmsweise können jedoch in einer Handlung Amtspflichtverletzungen und Arbeitsvertragsverletzung zusammentreffen, wobei letzteres dann un-*

---

43 nach BAG vom 11.12.1975, AP Nr. 1 zu § 15 KSchG 1969; vgl. auch *von Hoyningen-Huene,* Betriebsverfassungsrecht, S. 79

44 BAG vom 15.07.1972, BB 1992, 2512

45 BAG vom 05.12.1975, AP Nr. 1 zu § 87 BetrVG 1972 Betriebsbuße

ter Anlegung eines besonders strengen Maßstabes auch einen wichtigen Kündigungsgrund bilden kann. Für (Herrn B.) besteht sowohl als Arbeitnehmer nach § 611 BGB wie auch als Betriebsratsmitglied aus § 74 Abs. 2 Satz 2 BetrVG die Pflicht, den Betriebsfrieden zu wahren und damit nicht zum Arbeitskampf aufzuwiegeln. Dennoch erscheint angesichts der einmaligen Verfehlung des (Herrn B.) bei Abwägung der beiderseitigen Interessen die Fortsetzung des Arbeitsverhältnisses für die Firma (Q.) bei Anlegung eines strengen Maßstabes zumutbar. "[46]

Die Kündigung ist somit nicht wirksam.

2.3. Sanktionen gegen den Arbeitgeber

2.3.1. Leistungsantrag im Wege des arbeitsgerichtlichen Beschlußverfahrens

Fall 39:

Der Arbeitgeber beabsichtigt, einige Arbeitsbereiche aus S-Stadt nach M-Stadt zu verlagern. Aus diesem Anlaß schließen der Arbeitgeber und der Betriebsrat einen Interessenausgleich ab, wonach u.a. technisches Gerät demontiert und nach M-Stadt transportiert werden soll. Am 23.08.1989 teilt der Arbeitgeber dem Betriebsrat mit, es sei erforderlich geworden, weiteres Gerät zu verlagern. Kann der Betriebsrat beim Arbeitsgericht die Unterlassung dieser Maßnahme verlangen? [47]

Soweit der Betriebsrat Leistungsansprüche hat, kann er diese Ansprüche im Wege des arbeitsgerichtlichen Beschlußverfahrens gerichtlich erzwingen. Die Vollstreckung erfolgt nach § 85 ArbGG, nämlich durch Androhung von Ordnungsgeld, ersatzweise Ordnungshaft.

Folgende **Leistungsansprüche** hat der Betriebsrat:

- Informations- und Einblicksrechte (§§ 80 Abs. 2, 89 Abs. 2 Satz 2, 90 Satz 1, 92 Abs. 1 Satz 1, 99 Abs. 1 Satz 1, 106 Abs. 2, 110, 111 Satz 1 BetrVG, 17 Abs. 2 Satz 1 KSchG)
- Beratungsrechte (§§ 90 Satz 1, 92 Abs. 1 Satz 2, 96 Abs. 1 Satz 2, 97, 106 Abs. 1 Satz 2, 111 Satz 1 BetrVG, 17 Abs. 2 Satz 2 KSchG)
- Teilnahmerechte (§§ 89 Abs. 3 BetrVG)
- Kostentragungspflichten (§§ 20 Abs. 3 Satz 1, 40 Abs. 1 BetrVG)
- Befreiungs- und Freistellungsansprüche (§§ 37 Abs. 2 und Abs. 3, 38 Abs. 1 BetrVG).
- Sonstige Handlungsansprüche (§§ 93, 98 Abs. 5, 101 Satz 1, 104 Satz 1 BetrVG)

Anwendung auf Fall 39:

Ein Unterlassungsanspruch nach § 112 Abs. 1 Satz 1 BetrVG ist nur dann gegeben, wenn der Betriebsrat einen Erfüllungsanspruch auf Einhaltung des vereinbarten Interessenausgleichs geltend machen kann. *„Ein Interessenausgleich erzeugt aber keinen Anspruch des Betriebsrates auf dessen Einhaltung, sondern regelt nur die organisatorische Abwicklung der Betriebsänderung. Weicht der Arbeitgeber von einem vereinbarten Interessenausgleich ab, so kann dies zwar Ansprüche der betroffenen Arbeitnehmer gemäß § 113 BetrVG zur Folge haben. Der Betriebsrat kann aber gegenüber dem Arbeitgeber aus eigenem Recht die Einhaltung des Interessenausgleichs nicht erzwingen.* "[48]

Der Antrag des Betriebsrats wäre demnach erfolglos.

---

46 von *Hoyningen-Huene,* Betriebsverfassungsrecht, S. 79/80

47 nach BAG vom 28.08.1991, AP Nr. 2 zu § 85 ArbGG 1979; vgl. auch *von Hoyningen-Huene,* Betriebsverfassungsrecht, S. 80

48 von *Hoyningen-Huene,* Betriebsverfassungsrecht, S. 80

2.3.2. Feststellungsantrag im Wege des arbeitsgerichtlichen Beschlußverfahrens (§§ 2 a, Abs. 1 Nr. 1, 80 ff. ArbGG)

Soweit es um Mitbestimmungsrechte geht, hat der Betriebsrat die gleichen Möglichkeiten wie der Arbeitgeber. Ein arbeitsgerichtlicher Leistungsantrag kommt demgegenüber nicht in Frage, weil die Mitbestimmung auch in gesetzlich vorgesehenen Fällen nicht direkt erzwungen werden kann.

2.3.3. Unterlassungsansprüche

Fall 40:

Arbeitgeber C. hat in der Vergangenheit mehrfach, insbesondere in der Zeit nach dem offiziellen Dienstende Überstunden angeordnet, ohne die Zustimmung des Betriebsrates einzuholen. Daraufhin beantragt der Betriebsrat beim Arbeitsgericht, dem Arbeitgeber aufzugeben, die Anordnung von Überstunden außerhalb der vereinbarten festen Arbeitszeit zu unterlassen. Mit Erfolg?[49]

Hier ist zu unterscheiden zwischen bestimmten und allgemeinen Unterlassungsansprüchen.

Bestimmte Unterlassungsansprüche ergeben sich unmittelbar aus dem BetrVG:

- nach § 78 BetrVG darf der Betriebsrat bei der Ausübung seiner Tätigkeit nicht gestört und behindert werden
- nach § 23 Abs. 3 BetrVG, ähnlich § 98 Abs. 5 BetrVG darf es keine groben Verstöße geben, wobei ein grober Verstoß zumindest dann vorliegt, wenn der Arbeitgeber ein vom BAG bereits rechtskräftig festgestelltes Mitbestimmungsrecht des Betriebsrates verletzt[50].

Allgemeine Unterlassungsansprüche stehen dem Betriebsrat nicht zu.

Anwendung auf Fall 40:

Eine Rechtfertigung des Antrags des Betriebsrates ergibt sich gegebenenfalls aus § 23 Abs. 3 Satz 1 BetrVG. Dies setzt einen groben Verstoß gegen betriebsverfassungsrechtliche Verpflichtungen durch den Arbeitgeber voraus, was hier gegeben ist: Der Arbeitgeber hat mehrfach einseitig Überstunden angeordnet, obwohl diese nach § 87 Abs. 1 Nr. 3 BetrVG mitbestimmungspflichtig sind. Dabei kommt es auf ein Verschulden des Arbeitgebers nicht an. Der Unterlassungsantrag ist nämlich auf ein zukünftiges Verhalten des Arbeitgebers gerichtet, nicht aber auf eine Sanktion gegen ihn. Die genannten Bestimmungen verlangen allerdings auch eine Wiederholungsgefahr, weil der Unterlassungsanspruch auf die Untersagung künftigen Verhaltens gerichtet ist. Im Fall 40 ergibt sich die Wiederholungsgefahr daraus, daß der Arbeitgeber in der Vergangenheit eine Vielzahl von Verstößen begangen hat und keine Anhaltspunkte dafür bestehen, daß der Arbeitgeber sein Verhalten künftig ändern wird. Der Antrag des Betriebsrats wird demnach Erfolg haben.

---

49 BAG vom 18.04.1985, AP Nr. 5 zu § 23 BetrVG 1972 mit Anmerkung *von Hoyningen-Huene;* BAG vom 27.11.90, AP Nr. 41 zu § 87 BetrVG 72 Arbeitszeit; vgl. auch *von Hoyningen-Huene,* Betriebsverfassungsrecht, S. 81/82

50 BAG vom 08.08.1989, AP Nr. 11 zu § 23 BetrVG 72

2.3.4. Einstweilige Verfügungen nach §§ 85 Abs. 2 ArbGG, 935 ff. ZPO (Sicherungs- oder Regelungsverfügung)

Fall 41:

Der Arbeitgeber will in seinem Betrieb eine Betriebsänderung durchführen. Der Betriebsrat strengt beim Arbeitsgericht ein Beschlußverfahren an, weil er meint, daß der Arbeitgeber die Betriebsänderung vor Abschluß der Verhandlungen über einen Interessenausgleich nicht vornehmen darf. Er beantragt, dem Arbeitgeber im Wege einer einstweiligen Verfügung zu untersagen, im einzelnen genannte Maßnahmen einer Betriebsänderung durchzuführen[51].

Der vorläufige Rechtschutz kommt in Frage bei Leistungsansprüchen *(vgl. oben unter 2.4.1.)* sowie bei Unterlassungsansprüchen *(vgl. oben unter 2.4.3.).* Im übrigen kann lediglich der materiell-rechtliche Unterlassungsanspruch aus § 23 Abs. 3 Satz 1 BetrVG ggf. im einstweiligen Rechtschutzverfahren geltend gemacht werden. Andere einstweilige Verfügungen sind vom Betriebsrat her gesehen ebenso aussichtslos wie bereits bei Sanktionsmöglichkeiten des Arbeitgebers gegenüber dem Betriebsrat.

Anwendung auf Fall 41:

Nach § 85 Abs. 2 Satz 1 ArbGG ist der Erlaß einstweiliger Verfügungen auch in betriebsverfassungsrechtlichen Angelegenheiten zulässig. Hier geht es um eine Regelungsverfügung nach § 940 Zivilprozeßordnung. Es fehlt jedoch an einem Verfügungsanspruch. § 111 BetrVG gibt dem Betriebsrat lediglich einen Anspruch auf rechtzeitige Unterrichtung über die ge-

plante Betriebsänderung. Die Verhandlungen über einen Interessenausgleich nach § 112 BetrVG kann der Betriebsrat nicht erzwingen. Dem Arbeitgeber bleibt es unbenommen, dennoch eine Betriebsänderung durchzuführen. Auch liegt keine grobe Pflichtverletzung im Sinne des § 23 Abs. 3 Satz 1 BetrVG vor. Die beantragte einstweilige Verfügung ist daher aussichtslos.

2.3.5. Strafsanktionen

Fall 42:

Im Betrieb F. existiert bislang kein Betriebsrat. Die Gewerkschaft lädt deshalb zu einer Betriebsversammlung ein, um einen Wahlvorstand einzusetzen. Kurz vor der Betriebsversammlung läßt der Arbeitgeber bewußt wahrheitswidrig unter der Belegschaft verbreiten, der Gewerkschaftsvertreter könne nicht kommen. Weiterhin kündigt er dem mit der Vorbereitung der Betriebsversammlung befaßten Arbeitnehmer N. Dem später gewählten Betriebsrat droht er, er werde sämtliche übertariflichen freiwilligen Leistungen streichen, wenn der Betriebsrat nicht sofort zurücktrete. Hat der Arbeitgeber sich strafbar gemacht[52]?

Nach § 121 BetrVG begeht der Arbeitgeber bei Verletzung seiner Informationspflichten eine Ordnungswidrigkeit, die im Einzelfall mit einer Geldbuße bis DM 20.000,– geahndet werden kann; bei Behinderung der Betriebsratswahl oder -tätigkeit kann auf Antrag des Betriebsrates ein Strafver-

---

51 nach LAG Baden-Württemberg vom 28. 08.1985, BB 1986, 1015; vgl. auch *von Hoyningen-Huene*, Betriebsverfassungsrecht, S. 82/83

52 Bayerisches Oberstes Landesgericht vom 29.07.1980, AP Nr. 1 zu § 119 BetrVG 1972; vgl. auch *von Hoyningen-Huene*, Betriebsverfassungsrecht, S. 83

fahren eingeleitet werden (Freiheitsstrafe bis zu einem Jahr oder Geldstrafe).

Anwendung auf Fall 42:
Der Arbeitgeber hat durch die wahrheitswidrigen Angaben und die Kündigung des Arbeitnehmers N. die Bestellung eines Wahlvorstandes erschwert. Bereits dies sind Behinderungen der Betriebsratswahl im Sinne des § 119 Abs. 1 Nr. 1 BetrVG. Die Drohung gegenüber dem Betriebsrat ist eine Behinderung nach §§ 119 Abs. 1 Nr. 2 BetrVG, 240 Strafgesetzbuch (Nötigung). Zur Strafverfolgung bedarf es nach § 119 Abs. 2 BetrVG allerdings eines Strafantrages *(vgl. dazu Teil 2 Haftungsrecht unter B.II.2.4.).*

3. Beteiligungsrechte

Übersicht 7: *Beteiligungsmöglich-keiten des Betriebs-rats*

- Unterrichtung und Information
- Anhörung– Beratung– Widerspruchs- oder Vetorechte
- Zustimmung = negatives Konsensprinzip
- Mitbestimmung im engeren Sinne = positives Konsensprinzip
- Initiativrechte.

3.1. Unterrichtung und Information

Die schwächste Form der Beteiligung des Betriebsrates sind die Unterrichtungs- und Informationspflichten, die der Arbeitgeber gegenüber dem Betriebsrat zu erfüllen hat. Es handelt sich um **einseitige Pflichten des Arbeitgebers**[53].
Nach § 80 Abs. 2 Satz 1 BetrVG kann der Betriebsrat sich jederzeit die zur Durchführung seiner Aufgaben erforderlichen Unterlagen zur Verfügung stellen lassen. Informationsrechte sind im Betriebsverfassungsrecht geregelt in: §§ 80, 81, 85 Abs. 3, 89 Abs. 4 und 5, 90, 92, 99, 100 Abs. 2, 102 Abs. 1, 105, 106, 108 Abs. 5, 111 BetrVG.

3.2. Anhörung

Die nächste Form der Beteiligung des Betriebsrates ist die Anhörung. Sie erfolgt aufgrund der Unterrichtung und Information und gibt dem Betriebsrat das Recht, hierzu gegenüber dem Arbeitgeber Stellung zu nehmen, der verpflichtet ist, sich damit auseinanderzusetzen. Bei der Anhörung muß allerdings kein gemeinsamer Besprechungstermin erfolgen. Es reicht aus, daß in einem ersten Akt unterrichtet und informiert wird und in einem anderen eine Stellungnahme des Betriebsrates erfolgt. Die **Letztentscheidung trifft der Arbeitgeber.**

Beachte:
Der einzelne Arbeitnehmer hat Anhörungsrechte nach den §§ 82 Abs. 1 und 85 BetrVG. Der Betriebsrat hat ein Anhörungsrecht nach § 102 Abs. 1 BetrVG vor beabsichtigten Kündigungen. Bei Nichtbeachtung führt dies sogar zur Unwirksamkeit der Kündigung.
Der Betriebsrat kann von sich aus initiativ werden und Vorschläge machen (so z.B. §§ 92 Abs. 2, 96 Abs. 1 Satz 3, 98 Abs. 3 BetrVG).

---

53 BAG vom 06.11.1990, NZA 1991, 358

3.3. Beratung

Die nächste Steigerung der Beteiligung des Betriebsrates ist die Beratung mit dem Arbeitgeber, die naturgemäß ein gemeinsames Erörtern voraussetzt. Solche Beratungsrechte sind geregelt in den §§ 89, 90 Satz 1, 92 Abs. 1 Satz 2, 96, 97, 106 Abs. 1 und Abs. 3 Satz 1 BetrVG. Auch hier bleibt allerdings die **Entscheidung beim Arbeitgeber.**

3.4. Widerspruchs- oder Vetorechte

Abgesehen vom besonderen Fall der Versagung der Zustimmung zu personellen Einzelmaßnahmen gibt es vereinzelt die Möglichkeit für den Betriebsrat, einer Entscheidung des Arbeitgebers zu widersprechen. Das sind die Fälle der §§ 98 Abs. 2, 99 Abs. 2 BetrVG. Im erstgenannten kann der Betriebsrat der Bestellung einer mit der betrieblichen Berufsbildung beauftragten Person widersprechen.

Davon zu unterscheiden ist der **Widerspruch** nach § 102 Abs. 3 BetrVG **gegen eine vom Arbeitgeber beabsichtigte Kündigung.** Der Widerspruch berührt zwar die Wirksamkeit der Kündigung nicht, ist aber unter Beachtung von § 102 Abs. 5 BetrVG Voraussetzung für vorläufige Weiterbeschäftigungspflichten, die der Arbeitnehmer im Kündigungsschutzverfahren im Wege des einstweiligen Rechtsschutzes geltend machen kann.

Beachte:
Das Widerspruchsrecht darf nicht verwechselt werden mit dem Sachverhalt, daß der Betriebsrat bei Übergehung seiner Mitwirkungsrechte die Unterlassung nach § 23 Abs. 3 BetrVG oder gar die Rückgängigmachung einer Maßnahme nach den §§ 98 Abs. 2, Abs. 5 und 101 Satz 1 BetrVG verlangen kann.

3.5. Zustimmung (negatives Konsensprinzip)

Bei personellen Einzelmaßnahmen muß der Betriebsrat nach Unterrichtung und Stellungnahme auch noch zustimmen. Dabei ist er allerdings bei der Versagung beschränkt auf die Versagungsgründe des § 99 Abs. 2 BetrVG *(vgl. oben unter A.8.3.6.).* Im übrigen gibt es die Möglichkeit der Fiktion der Zustimmung, nämlich wenn der Betriebsrat es versäumt, innerhalb einer Woche seine Verweigerung mitzuteilen (§ 99 Abs. 3 Satz 2 BetrVG). Schließlich kann der Arbeitgeber auch beim Arbeitsgericht nach § 99 Abs. 4 BetrVG die Zustimmung des Betriebsrates ersetzen lassen. Wichtig ist, daß **allein beim Arbeitgeber die Initiative** liegt. Der Betriebsrat kann also nur reagieren und ist auf eine Mißbrauchskontrolle begrenzt.

3.6. Mitbestimmung im engeren Sinne (positives Konsensprinzip)

Fall 43:

Der Betriebsrat verlangt vom Arbeitgeber die Anschaffung von Meßgeräten, um die Immissionsbelastung an verschiedenen Arbeitsplätzen genau feststellen zu können. Es handle sich dabei um „Unterlagen" im Sinne von § 80 Abs. 2 Satz 1 BetrVG. Der Arbeitgeber lehnt das ab[54].

Kernstück der betrieblichen Mitbestimmung ist die Mitbestimmung im engeren Sinne. Sie schränkt nicht nur das Direktionsrecht des Arbeitgebers ein, sondern führt zu einer betrieblichen Mitgestaltung

---

54 nach BAG vom 07.08.1986, in: AP Nr. 25 zu § 80 BetrVG 1972; vgl. auch *von Hoyningen-Huene,* Betriebsverfassungsrecht, S. 193

durch den Betriebsrat, weshalb auch das BAG zwischenzeitlich entschieden hat, daß bei der Ausübung dieses Mitbestimmungsrechtes der Betriebsrat pflichtgemäßes Ermessen ausüben muß[55].

Hauptfall dieser Mitbestimmung ist die **Mitbestimmung in sozialen Angelegenheiten** nach § 87 BetrVG. Darüber hinaus kommt diese eigentliche Mitbestimmung zum Tragen bei Personalfragebögen und Beurteilungsgrundsätzen nach § 94 Abs. 1, bei den Auswahlrichtlinien nach § 95 Abs. 1, bei der Durchführung betrieblicher Bildungsmaßnahmen nach § 98 und beim Interessenausgleich sowie beim Sozialplan nach § 112 BetrVG.

Anwendung auf Fall 43:

Nach § 80 Abs. 2 BetrVG hat der Betriebsrat gegenüber dem Arbeitgeber einen Unterrichtungsanspruch. Es müssen also bereits vorliegende Meßdaten bekanntgegeben werden. Eine Pflicht zur Anschaffung von Meßgeräten läßt sich daraus nicht ableiten. Etwas anderes gilt dann, wenn etwa in Erfüllung von UVV Meßgeräte installiert werden. Der Betriebsrat kann in diesem Fall nach § 89 Abs. 2 Satz 2 BetrVG Unterrichtung über die Durchführung der Maßnahme verlangen. Dieser Informationsanspruch endet allerdings mit der Durchführung der mitbestimmungspflichtigen Maßnahme[56]. Der Betriebsrat kann somit die Installation der Meßgeräte selbst nicht verlangen.

3.7. Initiativrechte

Fall 44:

Frau H. ist seit drei Jahren bei ihrem Arbeitgeber beschäftigt und in die ihrer ursprünglichen Tätigkeit entsprechende Vergütungsgruppe eingruppiert. Der Betriebsrat ist der Auffassung, Frau H. sei aufgrund schleichender Veränderungsvorgänge „in ihrer Tätigkeit in die bessere Gehaltsgruppe hineingewachsen". Er verlangt daher vom Arbeitgeber, Frau H. in die höhere Vergütungsgruppe neu einzugruppieren[57].

Wie bereits *unter C.3.3.* dargelegt, hat der Betriebsrat Vorschlagsrechte, nämlich bei der Personalplanung nach § 92 Abs. 2 und bei der Durchführung von Berufsbildungsmaßnahmen nach § 96 Abs. 1 Satz 3 BetrVG. Zwar muß der Arbeitgeber sich mit den Vorschlägen des Betriebsrates auseinandersetzen. Er muß ihnen aber nicht Folge leisten.

Dies gilt nicht einmal für ein vom Betriebsrat vorgeschlagenes Ausschreibungsverfahren nach § 93 BetrVG. Hier besteht nur im Falle der Einstellung eines Bewerbers der Versagungsgrund des § 99 Abs. 2 Nr. 5 BetrVG.

Bedeutender ist aber das echte **Initiativrecht bei der eigentlichen Mitbestimmung** des Betriebsrates. Hier kann nämlich der Betriebsrat in bestimmten Bereichen von sich aus eine **Entscheidung verlangen und im Weigerungsfall die Einigungsstelle** zur verbindlichen Entscheidung **anrufen.** Dies gilt für folgende Fälle:

- Nachteilige Arbeitsplatzveränderungen (§ 91 BetrVG)
- Auswahlrichtlinien in Betrieben mit mehr als 1000 Arbeitnehmern (§ 95 Abs. 2 BetrVG)
- Durchführung betrieblicher Bildungsmaßnahmen (§ 98 Abs. 4 BetrVG)
- Aufstellung eines Sozialplanes (§ 112 Abs. 4 BetrVG).

---

55 BAG vom 23.06.1992, NZA 1992, 1098 f.
56 BAG vom 17.12.1985, AP Nr. 15 zu § 111 BetrVG 1972
57 nach BAG vom 18.06.1981, SAE 1992, 169 ff. mit Anmerkung *von Hoyningen-Huene;* vgl. auch *von Hoyningen-Huene,* Betriebsverfassungsrecht, S. 194

Eine besondere Art der Sicherung besteht nach § 104 BetrVG, wonach der Betriebsrat die Entfernung betriebsstörender Arbeitnehmer verlangen kann und im Weigerungsfalle das Arbeitsgericht zwecks Ersetzung anrufen darf. Kernfall ist hierbei § 87 BetrVG[58].

Anwendung auf Fall 44:
Einschlägig könnte § 99 Abs. 1 BetrVG sein. Allerdings verlangt der Betriebsrat eine Umgruppierung in einem konkreten Einzelfall. Nach § 99 BetrVG hat der Betriebsrat aber nur ein Zustimmungsverweigerungsrecht bei vom Arbeitgeber geplanten personellen Einzelmaßnahmen; ihm ist dagegen kein eigener Anspruch eingeräumt, von sich aus bestimmte personelle Maßnahmen vorzuschlagen und durchzuführen. Vielmehr bleibt das Initiativrecht insoweit beim Arbeitgeber. Etwas anderes ergibt sich auch nicht aus § 101 BetrVG, denn diese Vorschrift setzt eine personelle Maßnahme des Arbeitgebers voraus. Der Betriebsrat hat also keinen eigenen Anspruch auf Umgruppierung der Frau H. Dem Betriebsrat ist zu empfehlen, Frau H. zu veranlassen, individual-arbeitsrechtlich die Umgruppierung beim Arbeitsgericht einzuklagen.

Ein wichtiger Nachtrag ist noch erforderlich: Die dargelegten Beteiligungsrechte geben keinesfalls dem Betriebsrat eigene Exekutivrechte außerhalb ihm zugebilligter Umsetzungsmöglichkeiten. Nach § 77 Abs. 1 Satz 1 BetrVG obliegt die Durchführung von Vereinbarungen grundsätzlich dem Arbeitgeber[59]. Der Betriebsrat darf nicht durch einseitige Handlungen in die Betriebsleitung eingreifen. Er kann lediglich über das oben bereits dargelegte Sanktions- und Rechtsdurchsetzungssystem in begrenztem Umfange für Abhilfe sorgen.

4. Gremien: Betriebsrat, Ausschüsse

4.1. Überblick

Fall 45:
Der Landkreis L-Stadt hat vier Krankenhäuser, die in gGmbH-Form zusammengefaßt sind, wobei das Krankenhaus B-Stadt mit rund 800 Arbeitnehmern ebenso ein selbständiger Betrieb ist wie die Kliniken in L-Stadt mit fast 2000 Mitarbeitern. Die beiden kleineren Häuser, nämlich V-Stadt und M-Stadt mit insgesamt rund 300 Arbeitnehmern, sind bisher als unselbständige Betriebsteile organisatorisch den Kliniken in L-Stadt angeschlossen. Im Januar des Jahres fanden die Betriebsratswahlen statt.

Es ist geplant, künftig V-Stadt dem Krankenhaus B-Stadt zuzuordnen und nur noch M-Stadt bei L-Stadt zu belassen.

Welche Folgen hat dies für die Zusammensetzung der Betriebsräte der einzelnen Kliniken?

Zu unterscheiden sind folgende Einrichtungen:

- der Betriebsrat
- der Gesamtbetriebsrat
- der Konzernbetriebsrat
- die Betriebsratsversammlung
- die Jugend- und Auszubildendenvertretung
- die Gesamt- Jugend- und Auszubildendenvertretung
- die Betriebsversammlung
- der Sprecherausschuß der leitenden Angestellten

---

58 So z.B. entschieden zur Einführung von Kurzarbeit; vgl. BAG vom 04.03.1986, in: AP Nr. 3 zu § 87 BetrVG 1972 Kurzarbeit

59 BAG vom 16.03.1982, AP Nr. 2 zu § 87 BetrVG 1972 Vorschlagswesen Blatt 481

- der Betriebsausschuß nach § 27 BetrVG
- weitere Ausschüsse nach § 28 BetrVG
- der Wirtschaftsausschuß.

4.2. Betriebsrat

Nach § 1 BetrVG werden in Betrieben mit in der Regel mindestens fünf ständigen wahlberechtigten Arbeitnehmern, von denen drei wählbar sind, Betriebsräte gewählt. Problematisch ist dabei, wie der Betrieb zu definieren ist. Hier gibt es eine Argumentationshilfe des § 4 BetrVG: Betriebsteile gelten als selbständige Betriebe, wenn sie die Voraussetzungen des § 1 erfüllen und

1. räumlich weit vom Hauptbetrieb entfernt oder
2. durch Aufgabenbereich und Organisation eigenständig sind.

Soweit Nebenbetriebe die Voraussetzungen des § 1 nicht erfüllen, sind sie dem Hauptbetrieb zuzuordnen.

Fraglich ist die Zuordnung natürlich immer bei dem **unbestimmten Rechtsbegriff „räumlich weit entfernt".** Die Kilometerentfernung selbst ist unerheblich. So hatte z.B. das BVerwG sogar Bedenken, die räumliche weite Entfernung zwischen zwei Bahnhöfen zu verneinen, die nur sechs Kilometer voneinander entfernt sind und an einer häufig befahrenen Bahnstrecke liegen[60]. Abzulehnen ist hingegen die Entscheidung des LAG München[61], die die über ein ganzes Land zerstreuten Geschäftsstellen eines Arbeitgeberverbandes als einheitlichen Betrieb ansehen will[62]. Entscheidend ist also nicht nur die geographische Entfernung, sondern sind auch die Verkehrsverbindungen[63], was bereits das BAG in einem Fall entschieden hat, in dem ein Betriebsteil in Köln und der Hauptbetrieb in Essen lag[64]. Entscheidend ist, ob zwischen den Arbeitnehmern überhaupt noch ein Kontakt bestehen kann, so daß eine einheitliche Belegschaft vorliegt.

4.3. Gesamtbetriebsrat, Konzernbetriebsrat, Betriebsversammlung

Bestehen in einem Unternehmen mehrere Betriebsräte, so ist ein Gesamtbetriebsrat zu errichten, so § 47 Abs. 1 BetrVG.

In den Gesamtbetriebsrat entsendet jeder Betriebsrat, wenn ihm Vertreter beider Gruppen (Arbeiter und Angestellte) angehören, zwei seiner Mitglieder, wenn ihm Vertreter nur einer Gruppe angehören, eines seiner Mitglieder.

Mindestens einmal in jedem Kalenderjahr hat der Gesamtbetriebsrat die Vorsitzenden und die stellvertretenden Vorsitzenden der Betriebsräte sowie die weiteren Mitglieder der Betriebsausschüsse zu einer Versammlung einzuberufen, zu der sogenannten Betriebsräteversammlung (§ 53 BetrVG).

Für einen Konzern nach § 18 Abs. 1 des Aktiengesetzes kann durch Beschlüsse der einzelnen Gesamtbetriebsräte ein Konzernbetriebsrat errichtet werden (§ 54 BetrVG).

Von der Betriebsräteversammlung zu unterscheiden ist die Betriebsversammlung (§§ 42 ff. BetrVG), die einmal in jedem Kalendervierteljahr einzuberufen ist. Sie besteht aus den Arbeitnehmern des Betriebes und wird vom Vorsitzenden des Betriebsrates geleitet. Sie ist nichtöffentlich (§ 42 BetrVG).

---

60 BVerwG, AP Nr. 6 zu § 7 PersVG; anderer Ansicht allerdings OVG Koblenz vom 03.01.1957, in: ZBR 1957, S. 207; VGH Baden-Württemberg vom 07.02.1961 – VI 545/60, nicht veröffentlicht, zitiert nach *Grabendorff u.a.,* BPersVG, Erläuterungen 21 zu § 6
61 LAG München, BB 1954, S. 470
62 ebenso LAG Düsseldorf, BB 1966, S. 286
63 BVerwG vom 15.10.1975, in: Personalvertretung 1976, S. 421
64 BAG, AP Nr. 9 zu § 3 BetrVG

4.4. Jugend- und Auszubilden-
denvertretung

In Betrieben mit in der Regel mindestens fünf Arbeitnehmern, die das 18. Lebensjahr noch nicht vollendet haben (jugendliche Arbeitnehmer) oder die zu ihrer Berufsausbildung beschäftigt sind und das 25. Lebensjahr noch nicht vollendet haben, werden Jugend- und Auszubildendenvertretungen gewählt (§ 60 BetrVG).

Entsprechend dem Gesamtbetriebsrat gibt es auch eine Gesamt-Jugend-Auszubildendenvertretung nach § 72 BetrVG.

4.5. Wirtschaftsausschuß

In allen Unternehmen mit in der Regel mehr als 100 ständig beschäftigten Arbeitnehmern ist ein **Wirtschaftsausschuß** zu bilden, sofern es sich nicht um einen Tendenzbetrieb nach § 118 Abs. 1 BetrVG handelt *(vgl. dazu im einzelnen unter C.1.3.3.).* Der Wirtschaftsausschuß hat die Aufgabe, wirtschaftliche Angelegenheiten mit dem Unternehmer zu beraten und den Betriebsrat zu unterrichten (§ 106 Abs. 1 BetrVG).

4.6. Betriebsauschuß und
weitere Ausschüsse

Von den bisher genannten Ausschüssen sind der Betriebsausschuß nach § 27 BetrVG und die weiteren Ausschüsse nach § 28 BetrVG strikt zu unterscheiden, weil es sich um **Ausschüsse des Betriebsrates** selbst handelt.

Nach § 27 BetrVG bildet ein Betriebsrat, der 9 oder mehr Mitglieder hat, einen Betriebsausschuß, der die laufenden Geschäfte des Betriebsrates führt. Der Betriebsrat kann den Betriebsausschuß mit der Mehrheit der Stimmen seiner Mitgliederaufgaben zur selbständigen Erledigung übertragen; dies gilt nicht für den Ab-

schluß von Betriebsvereinbarungen (§ 27 Abs. 3 Satz 2 BetrVG).

Neben dem Betriebsausschuß kann der Betriebsrat weitere Ausschüsse bilden und ihnen bestimmte Aufgaben übertragen, so z.B. den Sozialausschuß, Personalausschuß usw. In der Regel werden bei größeren Betrieben im Durchschnitt sechs Ausschüsse gebildet.

4.7. Gruppen- und
Listenschutz

In all diesen Organen ist sowohl der Gruppenschutz als auch der Listenschutz zu beachten.

Das bedeutet, daß die Gruppe der **Arbeiter** und die Gruppe der **Angestellten** in den verschiedenen Gremien **quotenmäßig vertreten sein müssen.** Dasselbe gilt auch für die gewählten Listen (DAG, ÖTV, Freie usw.).

4.8. Geschäftsführung des
Betriebsrates

Der Betriebsrat wird durch den Vorsitzenden, ersatzweise durch den Stellvertreter, in der Erklärung und nicht in seinem Willen vertreten. Das bedeutet, daß ohne Beschlußfassung die Erklärung des Vorsitzenden für den Betriebsrat nicht bindend ist. **Der Arbeitgeber sollte deshalb bei kostenaufwendigen Maßnahmen eine Mehrfertigung der Sitzungsniederschrift mit der Beschlußfassung zu den Akten nehmen.** Das kann er vom Betriebsrat verlangen, ggf. auch einklagen.

Eine rechtsgeschäftliche Stellvertretung ist durch Beschlußfassung des Betriebsrates allerdings möglich. Die Anwesenheit des Arbeitgebers an Betriebsratssitzungen ist kein Hinderungsgrund für eine korrekte Beschlußfassung. Der Betriebsrat faßt seine Beschlüsse mit einfacher Stimmenmehrheit. Er ist beschlußfähig, wenn mindestens die Hälfte seiner Mitglieder anwe-

send ist. Bei Äußerungsfristen reicht eine Entscheidung durch den – ggf. auch nicht beschlußfähigen – Restbetriebsrat analog § 22 BetrVG[65].
Die durch die Tätigkeit des Betriebsrats entstehenden **Kosten trägt der Arbeitgeber**, so § 40 Abs. 1 BetrVG. Nach statistischen Ermittlungen kostet den Arbeitgeber im Durchschnitt die Betriebsratstätigkeit je Arbeitnehmer pro Jahr DM 440,–, also bei 500 Arbeitnehmern DM 220.000,–. In § 41 BetrVG ist ausdrücklich ein **Umlageverbot** geregelt: Die Erhebung und Leistung von Beiträgen der Arbeitnehmer für Zwecke des Betriebsrats ist unzulässig.

Bei den Kosten unterscheidet man sachliche Kosten, sogenannte **Geschäftsführungskosten,** und **persönliche Kosten** wie Aufwendungen der einzelnen Betriebsratsmitglieder. Außerdem kommt die **Arbeitsbefreiung** für die Tätigkeit mit evtl. Freizeitausgleich hinzu. Dies gilt aber nur für die Erfüllung einer Amtsobliegenheit.

Lange Zeit strittig war die Freistellung für Schulungs- und Bildungsveranstaltungen, insbesondere das Verhältnis des Abs. 6 zu Abs. 7 des § 37 BetrVG. Zwischenzeitlich ist durch eine umfangreiche Rechtsprechung Klarheit geschaffen, insbesondere dahingehend, daß der Begriff *„erforderlich"* in Abs. 6 **notwendig** bedeutet und der Begriff *„geeignet"* in Abs. 7 **nützlich.**

Für nützliche Schulungen gibt § 37 Abs. 7 Satz 1 das Recht, innerhalb von vier Jahren drei Wochen freigestellt zu werden. Für neue Mitglieder erhöht sich dieser Zeitraum auf vier Wochen.

Außerdem sind **erforderliche Schulungs- und Bildungsveranstaltungen vom Arbeitgeber zu finanzieren.** Das gilt insbesondere für neu gewählte Betriebsratsmitglieder, die Anspruch auf mindestens einen Einführungskurs in das Arbeitsrecht und auf einen Einführungskurs in das BetrVG haben.

Die Betriebsratstätigkeit unterliegt besonderen **Schutzüberlegungen:**

• Allgemeiner Schutz nach § 78 BetrVG: Keine Störung oder Behinderung in der Ausübung der Betriebsratstätigkeit; Betriebsratsmitglieder dürfen wegen ihrer Tätigkeit nicht benachteiligt oder begünstigt werden; dies gilt auch für die berufliche Entwicklung

• Entgelt- und Tätigkeitsschutz nach §§ 37 Abs. 4 und Abs. 5, 38 Abs. 3 und Abs. 4 BetrVG

• Bestandsschutz nach § 15 KSchG: Nur außerordentliche Kündigung aus wichtigem Grunde zulässig, wenn der Betriebsrat als Gremium ausdrücklich zustimmt (§ 103 BetrVG)

• Weiterbeschäftigung von Auszubildendenvertretern nach § 78 Abs. 1 BetrVG, wenn der Auszubildende nach Abschluß der Ausbildung dies ausdrücklich verlangt.

Anwendung auf Fall 45:

Bisher wurden für B-Stadt und für L-Stadt je ein Betriebsrat gewählt, somit auch für die Betriebsteile V-Stadt und M-Stadt. Sofern der Betriebsteil V-Stadt dem Krankenhaus B-Stadt zugeordnet wird, entfallen die Mandate der in V-Stadt für L-Stadt gewählten Betriebsräte. Eine Neuwahl kommt sowohl in L-Stadt als auch in B-Stadt nur dann in Frage, wenn der Betriebsrat als Gremium freiwillig zurücktreten würde, um damit den Weg für Neuwahlen freizumachen. Eine **Nachwahl** gibt es nur, wenn die Zahl der Betriebsratsmitglieder nominell, also personenanzahlmäßig, sich verändert. In L-Stadt gibt es keine Veränderungen, aber in B-Stadt ändert sich die Zahl der Betriebsratsköpfe (sie vergrößert sich).

Zu überlegen wäre auch, ob trotz fehlender Betriebsleitung in V-Stadt und M-Stadt dort gesondert Betriebsräte gewählt wer-

---

65 BAG vom 18.08.1992, AP Nr. 24 zu § 102 BetrVG 1972

den. Rein kilometermäßig ist V-Stadt von L-Stadt 25 km entfernt, von B-Stadt aber nur 12 km und von M-Stadt 6 km. Da S-Bahn-Anschluß besteht, ist die Verkehrsanbindung äußerst günstig, so daß von einer lebenden Betriebsgemeinschaft gesprochen werden kann. Folglich ist für gesonderte Betriebsräte kein Raum.

5. Betriebliche Einigung

5.1. Überblick

Fall 46:

Im Betrieb des Arbeitgebers besteht bis zum 31.08. mit Zustimmung des Betriebsrats eine Überstundenregelung besonderer Art. Kurz vor Ablauf dieser Frist teilt der Arbeitgeber dem Betriebsrat mit, wegen überdurchschnittlich hohen Arbeitsanfalles müßten Überstunden auch für September angeordnet werden. Da sich die wirtschaftlichen Verhältnisse im Betrieb nicht geändert hätten, gehe die Geschäftsleitung zur Vermeidung weiterer Verhandlungen von der Zustimmung des Betriebsrates aus. Der Betriebsrat unternimmt zunächst nichts, protestiert jedoch nach einigen Tagen heftig. Sind die Überstunden wirksam angeordnet?[66]

Betriebliche Einigungen sind **alle Absprachen zwischen Arbeitgeber und Betriebsrat.** Im BetrVG sind die Bezeichnungen al-

lerdings unterschiedlich: Einmal steht dort Einigung (z.B. §§ 39 I, 74 I, 76 II 2, 87 II, 84 I BetrVG), teilweise auch Einvernehmen (§ 44 Abs. 2 Satz 2 BetrVG), es wird auch von Einverständnis gesprochen (§ 76 II 3 BetrVG), des weiteren von Vereinbarung (§§ 77 I, 80 II BetrVG) und von Interessenausgleich (§ 112 II BetrVG). **Oberbegriff** für betriebliche Einigungen ist nach § 77 Abs. 1 Satz 1 BetrVG **die Vereinbarung.**

Die Absprachen zwischen Arbeitgeber und Betriebsrat sind Verträge besonderer Art nach dem BGB, für die demzufolge auch die allgemeinen Regeln des zivilrechtlichen Vertragsrechtes gelten. Die Wirkung solcher Absprachen ist allerdings unterschiedlich. Nur **förmliche Betriebsvereinbarungen** im Sinne des § 77 Abs. 2 BetrVG haben **normative Wirkung gegenüber allen Betriebsangehörigen** (§ 77 IV Satz 1 BetrVG), während die formlose Betriebsabsprache oder Regelungsabsprache nur zwischen Arbeitgeber und Betriebsrat Wirkung entfaltet.

Ein häufiges Einigungsmittel ist die **formlose Betriebsabsprache,** die demzufolge auch durch schlüssiges Verhalten („stillschweigend") zustandekommen kann, aber in jedem Fall einen Beschluß des Betriebsratsgremiums nach § 33 BetrVG voraussetzt[67]. Soweit nicht im Einzelfall eine normative Wirkung erforderlich ist wie z.B. bei Kurzarbeit[68,] reicht die **Regelungsabsprache** aus, namentlich für Einzelmaßnahmen[69]; allerdings wird gerne verkannt, daß die

---

66 abgewandelt nach BAG vom 15.12. 1961, AP, Nr. 1 zu § 56 BAT Arbeitszeit; vgl. auch *von Hoyningen-Huene*, Betriebsverfassungsrecht, S. 200

67 vgl. BAG 15.09.1965, AP Nr. 4 zu § 94 ArbGG 1953

68 BAG vom 14.02.1991, NZA 1991, 607

69 BAG vom 09.07.1995, AP Nr. 6 zu § 1 BetrAVG Ablösung

Regelungsabrede analog § 77 Abs. 5 Betr-VG nur mit einer Frist von 3 Monaten kündbar ist, sofern nichts anderes vereinbart wurde[70]. Außerdem hat das BAG zwischenzeitlich entschieden, daß die Regelungsabrede eine Nachwirkung analog § 77 VI BetrVG hat[71]. Das bedeutet, wenn eine formlose Regelungsabrede aufgekündigt wird, bleibt sie wirksam, bis sie durch eine Neuregelung ersetzt ist!

Anwendung auf Fall 46:

Bei der Anordnung von Überstunden hat der Betriebsrat ein erzwingbares Mitbestimmungsrecht nach § 87 Abs. 1 Nr. 3 BetrVG. Die Zustimmung kann auch als Regelungsabrede formlos – sei es ausdrücklich, sei es konkludent – erteilt werden. Eine konkludente Zustimmung ergibt sich aber nicht einfach aus dem Umstand, daß der Betriebsrat bereits einmal der Anordnung von Überstunden zugestimmt hatte und hier nicht sofort reagierte. **Schweigen des Betriebsrates bedeutet** nach allgemeinen Grundsätzen der Rechtsgeschäftslehre **keine Zustimmung.** Die Anordnung der Überstunden für September durch die Geschäftsleitung ist somit unwirksam.

5.2. Die Betriebsvereinbarung

5.2.1. Begriff

Fall 47:

Im Betrieb des Arbeitgebers J. besteht seit mehreren Jahren eine Betriebsvereinbarung über die Zahlung von Weihnachtsgratifikationen. Dort heißt es unter Nr. 9: „Aus dieser Vereinbarung entsteht ein Rechtsanspruch. Sie wird somit ein

Teil des Arbeitsvertrages.“ Arbeitnehmer N. würden danach DM 1.000,– zustehen. Als die Betriebsvereinbarung wegen der schlechten Ertragslage einverständlich vom Arbeitgeber J. und dem Betriebsrat aufgehoben wird, meint Arbeitnehmer N., sein Anspruch auf die Weihnachtsgratifikation aus dem Arbeitsvertrag bestehe weiter[72].

Die Betriebsvereinbarung ist ein Vertrag sui generis im Sinne eines privatrechtlichen Normenvertrages. Nach neuerer Rechtsprechung kommt hier das **Günstigkeitsprinzip** ebenso zur Anwendung wie auch bei tariflichen Regelungen[73].

Anwendung auf Fall 47:

Arbeitnehmer N. könnte einen Anspruch aus dem Arbeitsvertrag haben. Dann müßte allerdings die Betriebsvereinbarung über die Weihnachtsgratifikation den Einzelarbeitsvertrag abzuändern in der Lage sein. Das ist nicht der Fall, den Einzelabreden bedürfen der Willenserklärungen der Vertragspartner. Das sind der Arbeitgeber und der einzelne Arbeitnehmer, nicht aber der Betriebsrat. Zwar beherrscht eine Betriebsvereinbarung als normatives Recht die einzelnen Arbeitsverhältnisse, wird aber aber nicht deren Bestandteil. Der Arbeitnehmer kann somit Ansprüche nur entweder aus dem Arbeitsvertrag oder unmittelbar aus der Betriebsvereinbarung gemäß § 77 Abs. 4 Satz 1 BetrVG herleiten.
Arbeitnehmer N. kann somit keine Weihnachtsgratifikation verlangen. Die Be-

---

70 BAG vom 10.03.1992, NZA 1992, 952
71 BAG vom 23.06.1992, NZA 1992, S. 1098
72 BAG vom 29.05.1964, AP Nr. 24 zu § 59 BetrVG; BAG vom 21.09.1989, AP Nr. 43 zu § 77 BetrVG 1972; vgl. auch *von Hoyningen-Huene,* Betriebsverfassungsrecht, S. 201
73 BAG, Großer Senat vom 16.09.1986, in: AP Nr. 17 zu § 77 BetrVG 1972

triebsvereinbarung ist aufgehoben, und ein einzelvertraglicher Anspruch besteht nicht.

5.2.2. Zustandekommen, Geltungs- bereich, Geltungsdauer

Fall 48:

Der nicht tarifgebundene Arbeitnehmer O. scheidet im Februar bei seinem Arbeitgeber aus. Im Juli bemerkt Herr O., daß ihm der Arbeitgeber für den Monat Januar DM 200,– zu wenig Gehalt bezahlt hat, das er nunmehr verlangt. Im Betrieb des Arbeitgebers bestand eine Betriebsvereinbarung, in der die jeweils gültigen einschlägigen Manteltarifverträge für alle Arbeitsverhältnisse als verbindlich erklärt werden. Der z.Zt. geltende Tarifvertrag enthält eine Ausschlußfrist, wonach fehlerhafte Lohnzahlungen binnen eines Monat anzumelden sind. Der Arbeitgeber meint, damit besteht der Lohnanspruch des ausgeschiedenen Arbeitnehmers O. nicht mehr[74].

Die Betriebsvereinbarung kommt entweder freiwillig durch Angebot und Annahme zustande, also durch **Vertragsabschluß von Arbeitgeber und Betriebsrat** oder durch **Spruch einer Einigungsstelle,** wenn der Spruch für die Beteiligten verbindlich ist (vgl. § 76 Abs. 5 und Abs. 6 BetrVG).

Beim Spruch einer Einigungsstelle unterscheidet man drei Fälle:

1. die Betriebspartner haben sich dem Spruch im voraus unterworfen

2. die Betriebspartner nehmen den Spruch beide nachträglich an, oder

3. die Verbindlichkeit ergibt sich automatisch ausdrücklich aus dem Gesetz.

Die **Betriebsvereinbarung** kommt **nur wirksam** zustande, **wenn sie schriftlich abgeschlossen wird,** also durch Unterschriften des Arbeitgebervertreters und des Betriebsratsvorsitzenden oder seines Stellver-

treters. Es gilt insoweit die Schriftformregel des § 125 BGB.

Die Betriebsvereinbarung ist im Betrieb auszulegen bzw. auszuhängen. Dieses **Betriebsveröffentlichungserfordernis** ist aber für die Wirksamkeit der Vereinbarung selbst nicht Voraussetzung. Es handelt sich insoweit um eine reine Ordnungsvorschrift.

Anwendung auf Fall 48:

Der Gehaltsanspruch ist aufgrund der tariflichen Ausschlußfrist erloschen, wenn die Bezugnahme der Betriebsvereinbarung auf den jeweils gültigen Tarifvertrag wirksam vereinbart ist. Unzulässig ist allerdings die sogenannte dynamische Blankettverweisung, weil die Betriebspartner ihrer gesetzlichen Normsetzungsbefugnis nicht entsprechen. Darüber hinaus verstößt eine solche Bezugnahme aber auch entgegen der Auffassung des BAG gegen den Tarifvorrang nach § 77 Abs. 3 Satz 1 BetrVG, wenn die hier vorliegende Ausschlußfrist im Tarifvertrag geregelt ist[75]. Die Bezugnahme auf die tarifliche Ausschlußfrist in der Betriebsvereinbarung ist somit unwirksam. Der ausgeschiedene Arbeitnehmer kann die DM 200,– weiterhin verlangen.

Räumlich gilt die Betriebsvereinbarung naturgemäß nur für den Betrieb, für den sie abgeschlossen wurde. **Persönlich** gilt sie nur für aktive Arbeitnehmer, keinesfalls für Ruheständler[76].

---

74 BAG vom 27.03.1963, AP Nr. 9 zu § 59 BetrVG; BAG vom 23.06.1992, BB 1993, S. 289; vgl. auch *von Hoyningen-Huene,* Betriebsverfassungsrecht, S. 203

75 *von Hoyningen-Huene,* Betriebsverfassungsrecht, S. 203

76 vgl. BAG vom 17.01.1980, AP Nr. 185 zu § 242 BGB Ruhegehalt

Die Betriebsvereinbarung endet nach Zeitablauf oder nach Ersatz durch eine neue Regelung, möglicherweise auch durch formlosen Aufhebungsvertrag, nicht aber durch eine formlose Regelungsabrede[77]. Bei Kündigung durch einen Betriebspartner wirken die Vereinbarungen bis zu einer neuen Regelung nach (§ 77 Abs. 6 BetrVG).

5.2.3. Inhalt

Die Inhaltsfreiheit, die im Rahmen der Vertragsfreiheit grundsätzlich besteht, ist auf im BetrVG festgelegte Zuständigkeiten eingeschränkt, nämlich

- soweit im Gesetz erzwingbare Regelungsgegenstände gesetzlich festgelegt sind (z.B. § 87 Abs. 2 BetrVG) und
- freiwillige Betriebsvereinbarungen mit umfassender Regelungskompetenz bestehen[78].

Betriebsvereinbarungen können zum einen **Inhaltsnormen** enthalten, nämlich Regelungen über Inhalt und Beendigung von Arbeitsverhältnissen, zum anderen aber auch **Betriebsnormen,** nämlich Normen, die betriebliche Fragen und die betriebliche Ordnung regeln. Es ist aber auch möglich, daß **Abschlußnormen** geregelt sind, z.B. Auswahlrichtlinien.

Der Betriebsrat kann vom Arbeitgeber verlangen, daß dieser gemäß § 77 Abs. 1 Satz 1 BetrVG die Betriebsvereinbarung auch durchführt[79].

Hierzu folgende Beispiele: Arbeitsverträge sollen nur mit festen Arbeitszeiten abgeschlossen werden; teilzeitbeschäftigte Arbeitnehmer sollen nur zu den zuvor im Arbeitsvertrag festgelegten Arbeitszeiten beschäftigt werden,[80] oder es sollen nur bestimmte Überwachungsmaßnahmen vorgenommen werden[81].

Betriebsvereinbarungen dürfen auf keinen Fall ausschließlich Belastungen von Arbeitnehmern regeln und sind auch rückwirkend grundsätzlich nicht zulässig.

Bei Inhaberwechsel gibt es keine Veränderung. Allerdings kann binnen Jahresfrist nach § 613 a I Satz 2 BGB eine Neuregelung verlangt werden.

5.2.4. Grenzen der Betriebsautonomie

Fall 49:

Arbeitnehmer M., auf dessen Arbeitsverhältnis die einschlägigen Tarifverträge Anwendung finden, verlangt von seinem Arbeitgeber A. die Zahlung einer Hauszulage aufgrund einer Betriebsvereinbarung, die folgenden Wortlaut hat: „Für die unter den Lohntarif … fallenden Betriebsangehörigen wird eine Hauszulage in Höhe von DM 37,– wöchentlich gezahlt."[82]

Fall 50:

Nach einer Betriebsvereinbarung endet jedes Arbeitsverhältnis mit dem Ablauf des Monats, in dem der Arbeitnehmer das 65. Lebensjahr erreicht, ohne daß es vorher einer Kündigung bedarf. Eine betriebliche Altersversorgung besteht nicht. Arbeitnehmer P. möchte über das 65. Lebensjahr hinaus arbeiten. Er sieht in der Festlegung einer Altersgrenze für das Ausscheiden aus dem Betrieb eine unzulässige Benachteiligung älterer Arbeitnehmer[83].

77 BAG vom 20.11.1990, NZA 1991, S. 426
78 BAG, Großer Senat, vom 07.11.1989, AP Nr. 46 zu § 77 BetrVG 1972
79 BAG vom 24.02.1987, AP Nr. 21 zu § 77 BetrVG 1972
80 BAG vom 13.10.1987, AP Nr. 2 zu § 77 BetrVG 1972 Auslegung
81 BAG 10.11.1987, NZA 1988, 255
82 BAG vom 13.08.1980, Arbeitsrecht-Blattei Gleichbehandlung im Arbeitsverhältnis Nr. 63; vgl. auch *von Hoyningen-Huene*, Betriebsverfassungsrecht, S. 211 f.
83 BAG vom 20.11.1987 AP Nr. 2 zu § 620 BGB Altersgrenze; vgl. auch *von Hoyningen-Huene*, Betriebsverfassungsrecht, S. 213

Die Betriebsautonomie ist einer Reihe von Begrenzungen unterworfen, die im folgenden aufgeführt sind:

(1) Betriebsvereinbarungen dürfen nicht gegen **höherrangiges, zwingendes staatliches Recht** verstoßen (§§ 134, 138 BGB); hierzu gehören auch die Wertmaßstäbe des § 2 Abs. 1 (vertrauensvolle Zusammenarbeit) und des § 75 BetrVG. Dies gilt insbesondere auch für den Grundsatz der Gleichbehandlung.

(2) Eine weitere Schranke ergibt sich aus dem sogenannten **Tarifvorrang** nach § 77 III 1 BetrVG. Dabei wird allerdings heftig diskutiert, ob dies uneingeschränkt gilt, insbesondere im Zusammenhang mit der gleitenden Arbeitszeit. Sicher ist auf jeden Fall, daß ein Tarifvorrang bei mitbestimmungspflichtigen Angelegenheiten des § 87 Abs. 1 BetrVG besteht[84].
Eine Regelungssperre wird auch durch die **Tarifüblichkeit** begründet, also wenn zwar z.Zt. kein gültiger Tarifvertrag besteht, aber sich eine tarifliche Regelung eingebürgert hat.

(3) Eine weitere Einschränkung zum Abschluß von Betriebsvereinbarungen ergibt sich durch den sogenannten **kollektivfreien Individualbereich,** was jetzt auch an der Regelung des § 75 Abs. 2 BetrVG deutlich wird; dort ist geregelt, daß Arbeitgeber und Betriebsrat die freie Entfaltung der Persönlichkeit der im Betrieb beschäftigten Arbeitnehmer zu schützen und zu fördern haben. Unzulässig sind z.B. Verpflichtungen zur Teilnahme an Betriebsfeiern oder Ausflügen[85].
Selbstverständlich darf die Betriebsvereinbarung auch nicht in bereits fällige **Einzelansprüche** des Arbeitnehmers eingreifen. Davon zu unterscheiden ist die Regelungsmacht bei Einzelmaßnahmen. Das ist zwar heftig umstritten, kann aber nicht schlechthin ausgeschlossen sein[86].

(4) Sonstige Einschränkungen ergeben sich aus dem **Individualarbeitsrecht,** hier dem **Günstigkeitsprinzip.** Etwas anderes gilt dann, wenn allgemeine Arbeitsbedingungen (arbeitsvertragliche Einheitsregelungen, Gesamtzusagen, betriebliche Übung) abgeändert werden sollen.
Die **nachteilige Abänderung durch Betriebsvereinbarung** ist in den Grenzen von Recht und Billigkeit zulässig[87]. Dies ergibt sich daraus, daß diese allgemeinen Arbeitsbedingungen wegen ihres „kollektiven Charakters" dem **Ordnungsprinzip** unterliegen. Einmal festgelegte Regelungen dürfen nicht „versteinern", sondern müßten wegen ihrer Langfristigkeit in der Zukunft unternehmenseinheitlich abänderbar sein, zumal aus praktischen Gründen eine Massenänderungskündigung ausscheidet[88]. Dabei sind allerdings **zwei Einschränkungen** zu beachten:
Zum einen ist die verschlechternde Betriebsvereinbarung nur zulässig, wenn die Neuregelung insgesamt bei kollektiver Betrachtung nicht ungünstiger ist (sogenannter **kollektiver Günstigkeitsvergleich**); es soll eben nur eine sogenannte **umstrukturierende Betriebsvereinbarung zulässig** sein. Ist die Betriebsvereinbarung jedoch insgesamt ungünstiger, ist sie nur zulässig, soweit der Arbeitgeber wegen eines Widerrufsvorbehalts oder Wegfalls der Geschäftsgrundlage eine Einschränkung der zugesagten Leistungen verlangen kann.
Zum anderen können derartige verschlechternde Betriebsvereinbarungen einer **gerichtlichen Billigkeitskontrolle** unterzogen werden, um unbillige Nachteile im Einzelfall korrigieren zu können.
Eine neue Betriebsvereinbarung verdrängt die alte voll. Hier gilt in vollem Umfange das Ordnungsprinzip, und es gibt nur eine **Rechtskontrolle durch das Arbeitsgericht**[89].

84 BAG vom 24.02.1987, AP Nr. 21 zu § 77 BetrVG 1972
85 BAG vom 04.12.1970, AP Nr. 5 zu § 7 BUrlG
86 BAG vom 18.08.1987, AP Nr. 23 zu § 77 BetrVG 1972
87 BAG, Großer Senat vom 16.09.1986, AP Nr. 17 zu § 77 BetrVG 1972
88 BAG vom 30.01.1970, AP Nr. 142 zu § 242 BGB Ruhegehalt
89 BAG vom 21.01.1992, NZA 1992, S. 659

Ein neuer Tarifvertrag verdrängt ebenfalls die Betriebsvereinbarung, weil auch insoweit das Ordnungsprinzip gilt[90].

(5) In einer **gerichtlichen Inhaltskontrolle** kann überprüft werden, ob die vorstehend aufgeführten Grenzen einer Betriebsvereinbarung eingehalten worden sind. Nach neuester Rechtsprechung beschränkt sich die richterliche Überprüfung auf eine **Rechtskontrolle nach Treu und Glauben[91]**. Bei Mängeln, die arbeitsrichterlich festgestellt werden, ist die gesamte Betriebsvereinbarung keinesfalls unwirksam, sondern es kommt § 139 BGB zur Anwendung. Dies bedeutet, daß nur der Teil unwirksam ist, der beanstandet wird, und daß im übrigen die Betriebsvereinbarung wirksam bleibt. Richtigerweise wird man die Auslegungsregel des § 139 BGB insoweit heranziehen müssen, daß anzunehmen ist, daß die Betriebspartner den wirksamen Teil der Betriebsvereinbarung ohnehin abgeschlossen hätten[92]. Evtl. kommt auch eine Umdeutung analog § 140 BGB in Frage[93].

Anwendung auf Fall 49:

Die Betriebsvereinbarung könnte wegen der Regelungsschranke des § 77 Abs. 3 Satz 1 BetrVG unwirksam sein, denn sie nimmt ausdrücklich Bezug auf einen bestimmten Lohntarifvertrag. Dort sind Zeitlohn und bestimmte Zulagen geregelt. Die Hauszulage dagegen ist dort nicht vorgesehen. Für sie gibt es keine besonderen tariflichen Voraussetzungen. Die Betriebsvereinbarung ist daher unwirksam, denn sie fällt unter die Sperre des § 77 Abs. 3 Satz 1 BetrVG, weil die Löhne tariflich geregelt sind.

„Ansprüche bestehen auch nicht aufgrund betrieblicher Übung oder einer Gesamtzusage, die beide voraussetzen, daß (Arbeitgeber A.) die Zulage als einzelvertragliche Leistung gewährte. (A.) wollte jedoch seine vermeintlich kollektivrechtliche Verpflichtung aus der Betriebsverein-

barung erfüllen. Schließlich greift der Gleichbehandlungsgrundsatz nicht ein, weil (Arbeitgeber A.) sich nur rechtsirrtümlich aus der Betriebsvereinbarung für verpflichtet hielt; denn auch im Arbeitsrecht existiert kein Anspruch auf ‚Gleichbehandlung im Unrecht‘.“[94]

Nach alledem steht fest, daß der Arbeitnehmer N. die Hauszulage nicht erhält, wenn der Arbeitgeber sie nicht bezahlt.

Anwendung auf Fall 50:

Wenn die Betriebsvereinbarung gegen das Verbot der Benachteiligung älterer Arbeitnehmer gemäß § 75 Abs. 1 Satz 2 BetrVG verstößt, ist sie unwirksam. Das ist aber nicht der Fall, weil § 75 Abs. 1 Satz 2 BetrVG allein bezweckt, den Arbeitnehmer davor zu schützen, daß er **während seines Erwerbslebens** wegen der Überschreitung bestimmter Altersstufen benachteiligt wird. Die Verlängerung des Erwerbslebens ist davon nicht erfaßt. *„Die Altersgrenze ist auch deshalb zulässig, weil sie dazu beiträgt, einen vernünftigen Altersaufbau der Belegschaft zu erreichen und Aufstiegsmöglichkeiten für jüngere Arbeitnehmer innerhalb bestimmter Zeiträume zu eröffnen. Das Arbeitsverhältnis endet bei Überschreitung der Altersgrenze aber nur dann, wenn der Arbeitnehmer zu diesem Zeitpunkt ein gesetzliches Altersruhegeld zu beanspruchen hat.“[95]*

---

90 BAG vom 22.02.1986, AP Nr. 12 zu § 4 TVG Ordnungsprinzip

91 BAG vom 26.07.1988, AP Nr. 45 zu § 112 BetrVG 1972; BAG vom 01.12.1992, NZA 1993, S. 711

92 BAG vom 28.04.1981, AP Nr. 1 zu § 87 BetrVG 1972 Vorschlagswesen

93 dazu BAG vom 23.08.1989, AP Nr. 42 zu § 77 BetrVG 1972

94 *von Hoyningen-Huene*, Betriebsverfassungsrecht, S. 212

95 *von Hoyningen-Huene*, Betriebsverfassungsrecht, S. 213

Somit wird im Fall 50 für Arbeitnehmer, die das 65. Lebensjahr vollenden, das Arbeitsverhältnis aufgrund der wirksamen Betriebsvereinbarung automatisch beendet.

Beachte:
Eine zusätzliche betriebliche Altersversorgung ist nicht erforderlich[96].

6. Die Einigungsstelle (§ 76 BetrVG)

6.1. Grundsätze

Bei Meinungsverschiedenheiten zwischen dem Arbeitgeber einerseits und dem Betriebsrat andererseits kommt als Konfliktlösungsmittel die Einigungsstelle nach § 76 BetrVG als eine Einrichtung der Betriebsverfassung zur **freiwilligen Schlichtung** oder zur **Zwangsschlichtung** in Frage; das BVerfG hat diese Regelung als verfassungsgemäß betrachtet[97].

Die Einigungsstelle hat somit die **Funktion einer innerbetrieblichen Schlichtung.** Nach herrschender Meinung ist die Einigungsstelle allerdings nicht für Klärungen zuständig, ob nach den jeweiligen gesetzlichen Regelungen überhaupt ein Mitbestimmungsrecht des Betriebsrates besteht; in solchen Fällen bleibt stets der Weg zur staatlichen Gerichtsbarkeit zu gehen. Es ist der Einigungsstelle allerdings als rechtliche Vorfrage für ihre Zuständigkeit gestattet, zu klären, ob überhaupt ein Mitbestimmungsrecht des Betriebsrates besteht[98]. Der Spruch der Einigungsstelle schließt den Rechtsweg zur nachträglichen gerichtlichen Überprüfung nicht aus, so § 76 VII BetrVG. Insoweit ist ähnlich dem verwaltungsgerichtlichen Vorverfahren die Anrufung der Einigungsstelle als innerbetriebliches Vorverfahren zu verstehen[99]. Trotz Anrufens der Einigungsstelle kann dane-

ben durchaus auch das Arbeitsgericht zur Überprüfung einer Rechtsfrage im Sinne einer Vorabentscheidung angerufen werden[100].

Nach § 76 Abs. 1 Satz 1 BetrVG wird die Einigungsstelle grundsätzlich **nur bei Bedarf gebildet,** sie kann aber durch Betriebsvereinbarung auch als **ständige Einigungsstelle** eingerichtet werden (§ 76 Abs. 1 Satz 2 BetrVG). Letzteres wird in Großbetrieben namentlich zur Beschleunigung der Beilegung von Streitigkeiten zu empfehlen sein. Soweit im BetrVG bestimmt ist, daß der Spruch der Einigungsstelle die Einigung zwischen Arbeitgeber und Betriebsrat ersetzt wie z.b. die soziale Mitbestimmung nach § 87 Abs. 2 BetrVG, wird die Einigungsstelle bereits dann gebildet, wenn nur eine Seite dies beantragt (§ 76 V 1 BetrVG); insoweit handelt es sich um eine Zwangserrichtung der Einigungsstelle, die durch die andere Seite nicht verhindert werden kann.

Im übrigen wird die Einigungsstelle nur tätig, wenn beide Seiten es beantragen oder mit ihrem Tätigwerden einverstanden sind (vereinbarte Zuständigkeit nach § 76 Abs. 6 Satz 1 BetrVG).

Die Einigungsstelle besteht aus einer gleichen Anzahl von **Beisitzern,** die jeweils von **Arbeitgeber und Betriebsrat** bestellt werden, sowie einem **unparteiischen Vorsitzenden,** auf dessen Person sich beide Seiten einigen müssen (§ 76 Abs. 2 Satz 1 BetrVG). Die Beisitzer müssen nicht Angehörige des Betriebes sein. Ihre Anzahl ist vom Gesetzgeber offengelassen worden; zweckmäßigerweise werden jeweils zwei Beisitzer pro Seite bestellt. Wird kein Einverständnis über die Anzahl der Beisitzer erzielt, so

---

96 so aber noch BAG vom 25.03.1971, AP Nr. 5 zu § 57 BetrVG
97 BVerfG vom 18.10.1986, NZA 1988, S. 25
98 BAG vom 22.01.1980, in: AP Nr. 3 zu § 87 BetrVG 1972 Lohngestaltung
99 *von Hoyningen-Huene,* Betriebsverfassungsrecht, S. 121
100 BAG vom 06.12.1993, in: AP Nr. 7 zu § 87 BetrVG 1972 Überwachung

entscheidet hierüber das Arbeitsgericht nach den §§ 76 Abs. 2 Satz 3 BetrVG, 98 Abs. 1 Satz 1 ArbGG.

Zum Einigungsstellenvorsitzenden wird in der Regel ein Volljurist bestimmt, also eine Person, die die Befähigung zum Richteramt hat, wie z.B. ein Arbeitsrichter, ein Rechtsprofessor oder ein Rechtsanwalt. Kommt eine Einigung über die Person des Vorsitzenden zwischen Arbeitgeber und Betriebsrat nicht zustande, so bestellt ihn das Arbeitsgericht nach § 76 Abs. 2 Satz 2 BetrVG.

Das **Verfahren** vor der Einigungsstelle ist gesetzlich nur sehr knapp in § 76 Abs. 3 BetrVG geregelt. Durch Betriebsvereinbarung können aber Verfahrensgrundsätze festgelegt werden (§ 76 Abs. 4 BetrVG). Die nach dem GG **verlangten rechtsstaatlichen Erfordernisse,** insbesondere jeder Seite rechtliches Gehör zu verschaffen, müssen allerdings beachtet werden[101].

Der Vorsitzende der Einigungsstelle beruft die Sitzungen ein, leitet sie, erteilt das Wort und trifft die sonstigen geschäftsleitenden Maßnahmen. Die Beschlüsse werden nach mündlicher Beratung mit Stimmenmehrheit der Einigungsstellenmitglieder gefaßt (§ 76 Abs. 3 Satz 1 BetrVG). Bei der Beschlußfassung hat sich der Vorsitzende zunächst der Stimme zu enthalten; erst wenn Stimmengleichheit festgestellt wird, nimmt der Vorsitzende nach weiterer Beratung an der erneuten Beschlußfassung teil (§ 76 Abs. 3 Satz 2 BetrVG).

Die **Beschlüsse** der Einigungsstelle sind **schriftlich** niederzulegen, vom Vorsitzenden zu unterschreiben und sodann Arbeitgeber und Betriebsrat zuzuleiten (§ 76 III 3 BetrVG). Zwar ist eine schriftliche Begründung des Beschlusses nicht erforderlich[102], wegen einer möglichen richterlichen Überprüfung aber durchaus zweckmäßig.

Gemäß der seit 1989 geltenden Regelung des § 76 a BetrVG trägt der Arbeitgeber die **Verfahrenskosten;** dazu zählen insbesondere die Sachkosten und Aufwendungen sowie Kosten für einen erforderlichen Sachverständigen[103]. Soweit Betriebsan-

gehörige Beisitzer der Einigungsstelle sind, haben sie neben dem regulären Arbeitsentgelt kein zusätzliches Honorar zu beanspruchen. Umstritten ist, ob trotz der Neuregelung in § 76 a II 1 BetrVG eine freiwillige zusätzliche Vergütung oder Aufwandsentschädigung in den Grenzen des § 78 Satz 2 BetrVG als zulässig anzusehen ist[104]. Die Höhe der Vergütung für betriebsfremde Beisitzer und den unparteiischen Vorsitzenden war nach bisheriger Rechtslage außerordentlich umstritten. Nach § 76 a IV 3 BetrVG hat sich die Höhe nach dem erforderlichen Zeitaufwand und der Schwierigkeit der Streitigkeit zu richten; ein evtl. Verdienstausfall ist zu berücksichtigen. Nach Auffassung des BAG ist aber weiterhin sowohl § 315 BGB als auch die Bundesrechtsanwaltsgebührenordnung einschlägig[105]. Nach § 76 a III 1 und 2 BetrVG kann der Bundesminister für Arbeit und Sozialordnung durch Rechtsverordnung die Vergütung regeln und dabei Höchstsätze festsetzen, wovon bisher aber nicht Gebrauch gemacht wurde. In Tarifverträgen oder Betriebsvereinbarungen sind abweichende Regelungen möglich, so § 76 a V BetrVG.

6.2. Entscheidungen und gerichtliche Überprüfung

Wegen des Inhalts der Entscheidungen der Einigungsstelle muß nach dem **erzwingbaren Verfahren** nach § 76 V BetrVG und nach dem **freiwilligen Verfahren** im gegenseitigen Einverständnis nach § 76 VI BetrVG unterschieden werden.

---

101 BAG vom 11.02.1992, NZA 1992, S. 702
102 BAG vom 08.03.1977, AP Nr. 1 zu § 87 BetrVG 1972 Auszahlung
103 BAG vom 13.11.1991, BB 1992, S. 855
104 verneinend BAG vom 11.05.1976, AP Nr. 2 zu § 76 BetrVG 1972 mit ablehnender Anmerkung *Dütz;* bejahend *von Hoyningen-Huene,* Betriebsverfassungsrecht, S. 124
105 BAG vom 12.02. 1992, EzA § 76 a BetrVG 72 Nr. 6

6.2.1. Verbindliches Einigungsstellen-
verfahren

Fall 51:

*Der im Betrieb einschlägige Tarifvertrag enthält
in § 17 folgende Regelung:*

*„(1) Bei Streitigkeiten in Fällen, in denen dem
Betriebsrat ein Mitbestimmungsrecht zusteht, ist
die tarifliche Schlichtungsstelle einzuschalten.*

*(2) Die Entscheidung der tariflichen Schlich-
tungsstelle ist für den Arbeitgeber und den Betriebsrat endgültig, der Rechtsweg ist ausgeschlossen. "*

*Anläßlich der Neuregelung der Staffelung des El-
ternbeitrages beim Besuch des firmeneigenen
Kindergartens beantragt der Betriebsrat vor dem
Arbeitsgericht die Feststellung, daß diese Neuregelung mitbestimmungspflichtig sei[106].*

Im Falle des verbindlichen Einigungsver-
fahrens hat die Einigungsstelle die Kompetenz zur Zwangsschlichtung von Rege-
lungsstreitigkeiten. Darunter versteht man
Streitigkeiten über Angelegenheiten, die
nicht nach Rechtsnormen zu entscheiden
sind, sondern bei denen die Beteiligten
selbst im Rahmen der Betriebsautonomie
eine **Regelung** zu treffen haben, auch
Interessenstreitigkeit genannt. Allerdings
sind auch Rechtsstreitigkeiten der Einigungsstelle insoweit zugewiesen, als unbestimmte Rechtsbegriffe auszufüllen sind,
so z.B. hinsichtlich der betrieblichen Notwendigkeiten nach § 37 VI Satz 2 und Satz
4 BetrVG. Bei der gerichtlichen Überprüfung hat diese Frage naturgemäß Bedeutung. Soweit der Spruch der Einigungsstelle eine Regelung enthält, hat er die
Wirkung einer Betriebsvereinbarung, im
übrigen muß die Einigungsstelle oft über
rechtliche Vorfragen, z.B. über ihre Zuständigkeit, entscheiden.

In folgenden Fällen ist ein **verbindliches
Einigungsverfahren** vorgeschrieben:

- § 37 VI 4, VII 3: Schulung von Betriebs-
  ratsmitgliedern
- § 38 II 6 und 7: Freistellung von Be-
  triebsratsmitgliedern
- § 39 Abs. 1 Satz 3 und 4: Sprechstunden
  des Betriebsrates
- § 47 VI: Herabsetzung der Zahl der Mitglieder des Gesamtbetriebsrates
- § 85 II: Entscheidungen über Arbeitneh-
  merbeschwerden, soweit sie nicht
  Rechtsansprüche betreffen
- § 87 II: Mitbestimmung in sozialen Angelegenheiten
- § 91 Satz 2 und 3: Ausgleichsmaßnah-
  men bei Änderung von Arbeitsablauf
  oder Arbeitsumgebung
- § 94: Mitbestimmung über Personalfragebogen etc.
- § 95 I und II: Mitbestimmung über Auswahlrichtlinien
- § 98 IV: Mitbestimmung bei betrieblichen Bildungsmaßnahmen
- § 102 VI: Mitbestimmung bei Kündigungen gemäß einer Betriebsvereinbarung
- § 109: Auskunft an den Wirtschaftsausschuß
- § 112 II 2 und IV: Aufstellung eines Sozialplanes.

Umstritten ist, ob darüber hinaus das verbindliche Einigungsverfahren durch Betriebsvereinbarung oder Tarifvertrag vereinbart werden kann.
Soweit die Einigungsstelle aufgrund Betriebsvereinbarung Rechtsfragen verbindlich entscheiden soll, handelt es sich um
eine unzulässige Schiedsabrede[107]. Die Betriebspartner können aber nach § 76 VI
BetrVG vereinbaren, daß vor Anrufung des

---

106 BAG vom 22.10.1981, AP Nr. 10 zu § 76
BetrVG 1972 mit Anm. *Hilger;* vgl. auch
von Hoyningen-Huene, Betriebsverfasssungs-
recht, S. 126
107 BAG vom 27.10.1987, AP Nr. 22 zu § 76
BetrVG 1972

Arbeitsgerichtes die Einigungsstelle über eine Rechtsfrage entscheiden soll[108].

Sollen allerdings Regelungsfragen verbindlich entschieden werden, bestehen keine Bedenken, weil dann eine nach § 76 VI 2 BetrVG zulässige vorherige Unterwerfung der Betriebspartner vorliegt[109].

Anwendung auf Fall 51:

„Der Ausschluß des Rechtsweges in § 17 Abs. 2 Tarifvertrag verstößt gegen die Rechtsweggarantie des § 76 V 4, VII BetrVG, die trotz der nach § 76 VIII BetrVG gegebenen Möglichkeit der Errichtung einer tariflichen Schlichtungsstelle nicht beseitigt werden kann. Obwohl die Schlichtungsstelle zunächst selbst über ihre Zuständigkeit, sog. Vorfragenkompetenz, entscheidet, besteht ein Rechtsschutzinteresse für den Antrag, weil zwischen den Beteiligten schon vor der Durchführung des Schlichtungsstellenverfahrens Klarheit über die Zulässigkeit der Anrufung der Schlichtungsstelle erreicht werden kann. In der Sache handelt es sich um eine Rechtsfrage, die nur das Arbeitsgericht zu entscheiden hat, weil es um die Frage geht, ob dem Betriebsrat überhaupt ein Mitbestimmungsrecht nach § 87 Abs. 1 Nr. 8 BetrVG zusteht. Da der Betriebsrat aber gleichzeitig inhaltlich über die Staffelung der Beiträge nach bestimmten Kriterien (Höhe des Einkommens, Anzahl der Kinder etc.) mitentscheiden will, liegt auch eine Regelungsfrage vor, für die grundsätzlich die Zuständigkeit der Schlichtungsstelle nach §§ 87 II, 76 VIII BetrVG gegeben ist. Jedenfalls ist der Antrag des Betriebsrates hinsichtlich der Rechtsfrage zur Zuständigkeit der Schlichtungsstelle zulässig und begründet[110]. "

6.2.2. Freiwilliges Einigungsstellenverfahren

Fall 52:

Im Betrieb besteht eine Betriebsvereinbarung, wonach jeder Betriebsangehörige jährlich eine Weihnachtsgratifikation erhält, deren Höhe von Fall zu Fall von der Geschäftsleitung im Einvernehmen mit dem Betriebsrat festgelegt wird. In § 10 der Betriebsvereinbarung hieß es: „Zur Beilegung von Meinungsverschiedenheiten ist die Einigungsstelle zuständig." Als sich die Beteiligten nicht einigen können, legt die angerufene Einigungsstelle das Gesamtvolumen der Weihnachtsgratifikation auf 80 % des monatlichen Bruttolohnvolumens fest. Die Geschäftsleitung hält den Spruch für unverbindlich, weil die Einigungsstelle die Höhe der Gratifikation nicht hätte festlegen dürfen[111].

Beim freiwilligen Einigungsverfahren nach § 76 Abs. 6 BetrVG können alle Meinungsverschiedenheiten vorgelegt werden, z.B. Angelegenheiten nach § 88 BetrVG, aber auch Rechtsfragen[112]. Allerdings ist der **Spruch der Einigungsstelle lediglich ein Einigungsvorschlag.** Er ist somit unverbindlich. Bindende Wirkung des Spruches tritt nur ein, wenn sich Betriebsrat und Arbeitgeber der Entscheidung im voraus unterworfen haben oder sie nachträglich annehmen. Demzufolge kann eine gerichtliche Kontrolle der Ermessensausübung nur dann stattfinden, wenn der Spruch die selben Rechtswirkungen wie im verbindlichen Einigungsverfahren entfaltet.

---

108 BAG vom 20.10.1990, AP Nr. 43 zu § 76 BetrVG 1972

109 BAG vom 28.02.1984, SAE 1985, S. 293

110 *von Hoyningen-Huene*, Betriebsverfassungsrecht, S. 126

111 BAG vom 13.07.1962, AP Nr. 3 zu § 57 BetrVG

112 BAG vom 20.11.l990, AP Nr. 43 zu § 76 BetrVG 1972

Anwendung auf Fall 52:

Das Mitentscheiden über die Höhe der Gratifikationen geht über das in § 87 Abs. 1 Nr. 10 BetrVG vorgesehene Mitbestimmungsrecht hinaus und kommt allerhöchstens als Gegenstand einer freiwilligen Betriebsvereinbarung gemäß § 88 BetrVG in Betracht. Die Einigungsstelle wird hier also nur im freiwilligen Einigungsverfahren gemäß § 76 VI 1 BetrVG tätig. Das Einverständnis der Beteiligten hierzu liegt in § 10 der Betriebsvereinbarung. Fraglich ist allerdings, ob mit § 10 zugleich eine Unterwerfung unter den Spruch der Einigungsstelle nach § 76 VI 2 BetrVG zu verstehen ist. Das dürfte zu verneinen sein, weil das Gesetz selbst durch die Unterscheidung zwischen Anrufung und Unterwerfung unter den Spruch der Einigungsstelle differenziert. Es bedarf also neben der Zuständigkeitsbegründung eines weiteren Willensakts der Beteiligten hinsichtlich der Unterwerfung. Daran fehlt es im Fall 52. Der Spruch ist für den Betrieb nicht verbindlich.

D. Das Anweisungsverhältnis zwischen Arbeitgeber und Arbeitnehmer

1. Regelungen der Arbeitsleistung

1.1. Grundlagen

Fall 53:

Nach einer Visite weist der behandelnde Arzt die Krankenschwester V. an, der Patientin eine intravenöse Injektion zu verabreichen. Schwester V. ist der Auffassung, nur ein Arzt dürfe intravenös injizieren. Muß sie trotzdem die Anweisung befolgen?

Fall 54:

Krankenschwester E. wurde von der Verwaltung der Universitätsklinik in X-Stadt als „Krankenschwester" eingestellt. Ihre Vergütung richtet sich nach der Vergütungsgruppe KR IV. Sie arbeitete bisher in der Chirurgischen Klinik in der Innenstadt. Nunmehr wird ihr ein Arbeitsplatz in der am Stadtrand gelegenen HNO-Klinik zugewiesen, wo Schwester E. wegen ungünstiger Verkehrsverbindungen aber nicht arbeiten will. Ist sie dennoch dazu verpflichtet?

Fall 55:

Die Beschäftigten des Krankenhauses in H-Stadt besprechen anläßlich einer Personalversamm-

lung die Möglichkeit, statt der bisher geltenden „zwölf Arbeitstage und zwei Frei-Tage" eine günstigere Freizeitregelung mit der Krankenhausleitung zu vereinbaren. Es geht den Beschäftigten darum, statt wie derzeit an den zwölf Arbeitstagen nur stundenweise frei zu haben, lieber mehr zusammenhängende Frei-Tage zu bekommen. Wie können die Beschäftigten eine solche Regelung durchsetzen?

In § 611 Abs. 1 BGB heißt es:

§ 611 Abs. 1 BGB

„Durch den Dienstvertrag wird derjenige, welcher Dienste zusagt, zur Leistung der versprochenen...Dienste verpflichtet."

Diese Vorschrift besagt nur, daß der Arbeitnehmer arbeiten muß.

Die **Arbeitspflicht** ist die **Hauptpflicht** des Arbeitnehmers. Die nähere Bestimmung der Arbeitsleistung erfolgt in erster Linie durch den **Arbeitsvertrag**.

Regelmäßig wird die **Tätigkeit** aber nur **fachlich** bestimmt. So ist im Fall 54 Krankenschwester E. als „Krankenschwester" eingestellt. Durch die Vereinbarung der Vergütungsgruppe wird der Bereich der Tätigkeit zwar weiter eingegrenzt; die konkrete Tätigkeit ist aber noch nicht festgelegt.

Die Einzelheiten der Arbeitsleistung nach Art, Ort und Zeit richten sich ebenfalls nach dem Arbeitsvertrag.

Es werden sich aber in einem Arbeitsvertrag selten Abreden über das Verabreichen intravenöser Injektionen (Fall 53), über den Beschäftigungsort (Fall 54) oder über die Dauer und Lage der Arbeitszeit (Fall 55) finden.

Fehlt es an ausdrücklichen Vereinbarungen, ist die nähere Bestimmung der Arbeitsleistung möglicherweise den **Umständen** zu entnehmen. In Fall 54 wurde zwar der Beschäftigungsort nicht ausdrücklich vereinbart, dieser ergibt sich aber aus den Umständen, nämlich daraus, daß der Betrieb des Arbeitgebers sich in X-Stadt befindet. Fehlen ausdrückliche oder sich aus den Umständen ergebende Vereinbarungen, so ist auf das **Wesen des Arbeitsvertrages** abzustellen. Der Arbeitsvertrag ist ein Austauschvertrag. Es wird **Arbeitskraft gegen Lohn** ausgetauscht. Durch diesen Austausch erwirbt der Arbeitgeber das Recht, die Arbeitskraft im Rahmen der vertraglichen Vereinbarung für seine Betriebszwecke zu verwenden. Die **nähere Bestimmung der Arbeitsleistung** nach Art, Ort und Zeit erfolgt daher **durch den Arbeitgeber (§ 315 BGB).** Das ist das **Weisungsrecht** (Direktionsrecht) des Arbeitgebers. Ihm entspricht die **Gehorsamspflicht des Arbeitnehmers.**

Es handelt sich dabei um ein **privatrechtliches Über-Unterordnungsverhältnis,** wie *Übersicht 8* veranschaulicht:

Dieses aus der Eigenart des Arbeitsverhältnisses abgeleitete ungeschriebene Recht des Arbeitgebers hat für gewerbliche Arbeitgeber und Arbeitnehmer in § 121 GewO und für Auszubildende in § 9 Nr. 3 Berufsbildungsgesetz gesetzlichen Ausdruck gefunden. Soweit Arbeitgeber und Angestellte des öffentlichen Dienstes dem BAT unterliegen, kommt zur Anwendung

§ 8 Abs. 2 Satz 1 BAT:

„Der Angestellte ist verpflichtet, den dienstlichen Anordnungen nachzukommen."

Das Weisungsrecht besagt, daß der Arbeitgeber einseitig nach pflichtgemäßem Er-

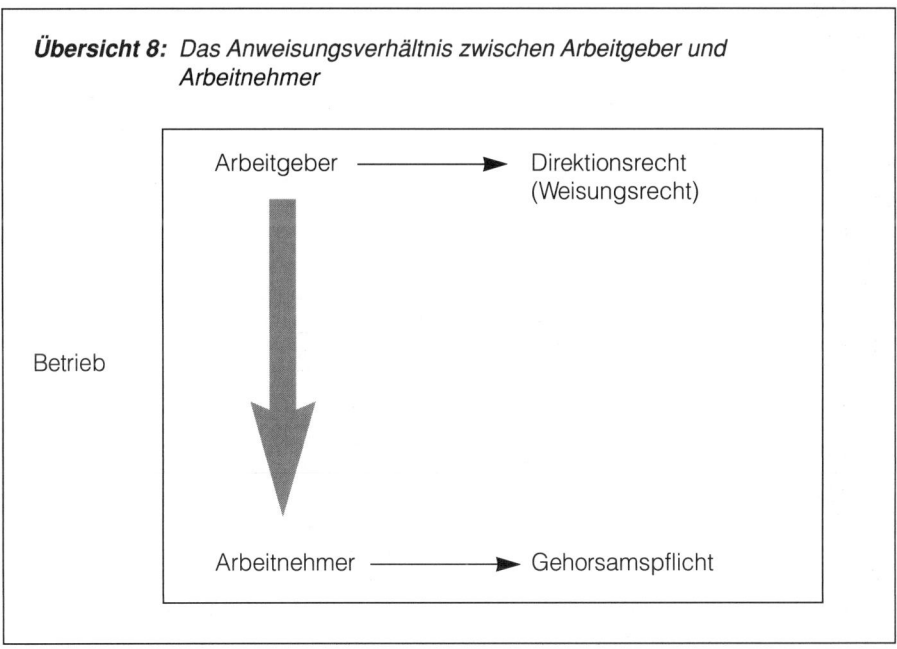

Übersicht 8: *Das Anweisungsverhältnis zwischen Arbeitgeber und Arbeitnehmer*

Arbeitgeber ⟶ Direktionsrecht (Weisungsrecht)

Betrieb

Arbeitnehmer ⟶ Gehorsamspflicht

messen die Einzelheiten der Arbeitsleistung des Arbeitnehmers nach Art, Ort und Zeit bestimmen darf.

Dienstliche Anordnungen können sich auf die **Art der Arbeitsleistung** beziehen, und zwar entweder auf den Arbeitsplatz in seiner Gesamtheit (Fall 54) oder auf **Einzelheiten des Arbeitsablaufes** (Fall 53). Sie können aber auch den **Ort** (Fall 54) und die **Zeit** (Fall 55) der Arbeitsleistung bestimmen.

1.2. Verhalten des Arbeitnehmers

Wie bereits dargelegt, ist das Arbeitsverhältnis kein reines Austauschverhältnis. Der Arbeitnehmer ist also nicht nur zur Arbeitsleistung verpflichtet, sondern muß auch bestimmte **Nebenpflichten** einhalten. Dies ergibt sich aus der besonderen Situation, daß der Arbeitnehmer in einem dem Arbeitgeber gehörenden Betrieb arbeitet, und zwar zusammen mit anderen Arbeitnehmern zur Erreichung eines bestimmten Betriebszweckes. Der einzelne Arbeitnehmer hat sich deshalb so zu **verhalten,** daß er weder geschützte Rechtsgüter des Arbeitgebers noch geschützte Rechte anderer Arbeitnehmer oder Dritter (z.B. Patienten) beeinträchtigt. Dies ist die sogenannte **Treuepflicht des Arbeitnehmers.** Dem trägt § 242 BGB Rechnung, der den § 611 Abs. 1 BGB ergänzt:

§ 242 BGB:

„Der Schuldner ist verpflichtet, die Leistung so zu bewirken, wie Treu und Glauben mit Rücksicht auf die Verkehrssitte es erfordern."

Auch die nähere Bestimmung des Verhaltens des Arbeitnehmers erfolgt in erster Linie durch den Arbeitsvertrag. **Ausdrückli-**che **Vereinbarungen über Verhaltenspflichten des Arbeitnehmers** sind weit häufiger vorhanden als solche über Einzelheiten der Arbeitsleistung. Sie finden sich zum einen direkt im Arbeitsvertrag, zum anderen in Tarifverträgen.

In privaten Krankenhäusern werden ausdrückliche Vereinbarungen im Arbeitsvertrag die Regel sein, soweit dort nicht der BMT eingreift. Im öffentlichen Dienst hingegen wird üblicherweise lediglich auf den BAT verwiesen. Nachfolgend die einschlägigen Vorschriften aus § 4 Abs. 4 BMT und – für die Angestellten des öffentlichen Dienstes – § 8 Abs. 1 Satz 1 BAT:

§ 4 Abs. 4 BMT

„Der Arbeitnehmer hat sein ... dienstliches Verhalten der Aufgabenstellung der Privatkrankenanstalt anzupassen."

§ 8 Abs. 1 Satz 1 BAT:

„Der Angestellte hat sich so zu verhalten, wie es von Angehörigen des öffentlichen Dienstes erwartet wird."

Wie der Arbeitnehmer sich konkret zu verhalten hat, ist damit aber nicht geklärt. Daneben werden im BMT und BAT einzelne Verhaltenspflichten bestimmt:

• Es besteht unter bestimmten Voraussetzungen eine Pflicht des Arbeitnehmers, sich ärztlich untersuchen zu lassen (§ 4 Abs. 1 BMT, § 7 BAT)

• der Arbeitnehmer hat über vertrauliche Angelegenheiten und Vorgänge, die ihm im Rahmen der Tätigkeit zur Kenntnis gelangen, Stillschweigen zu bewahren (§ 4 Abs. 5 BMT, § 9 BAT)

- Nebenbeschäftigungen des Arbeitnehmers bedürfen grundsätzlich der Genehmigung des Arbeitgebers (§ 4 Abs. 6 BMT, § 11 BAT)

- schließlich darf der Angestellte des öffentlichen Dienstes Belohnungen und Geschenke in Bezug auf seine dienstliche Tätigkeit nur mit Zustimmung des Arbeitgebers annehmen (§ 10 BAT).

Doch auch diese Pflichten sind konkretisierungsbedürftig. Beispielsweise ist nicht geklärt, was im Rahmen der Schweigepflicht eine vertrauliche Angelegenheit ist.

Fehlt es an ausdrücklichen Vereinbarungen, ist die nähere Bestimmung des Verhaltens des Arbeitnehmers möglicherweise den **Umständen** zu entnehmen. So kann der Arbeitgeber erwarten, daß der Arbeitnehmer auf die schützenswerten Interessen des Arbeitgebers Rücksicht nimmt, z.B. keine privaten Telefongespräche auf Dienstapparaten führt.

Fehlen ausdrückliche oder sich aus den Umständen ergebende Vereinbarungen bzw. sind vereinbarte Nebenpflichten konkretisierungsbedürftig, so ist auch hier auf das **Wesen des Arbeitsvertrages** abzustellen. Durch den vereinbarten Austausch von Arbeitskraft gegen Lohn erwirbt der Arbeitgeber das Recht, die Arbeitskraft zu verwenden. Die Arbeitskraft ist aber vom Arbeitnehmer nicht trennbar. Um die Arbeitskraft zu verwenden, verfügt der Arbeitgeber über die Person des Arbeitnehmers, also auch über das Verhalten des Arbeitnehmers. Insoweit besteht ebenfalls ein Weisungsrecht des Arbeitgebers. Dem trägt auch § 8 Abs. 2 BAT Rechnung, denn dort ist nur von **dienstlichen Anordnungen** die Rede. Daß diese sich auch auf das Verhalten des Arbeitnehmers beziehen, folgt aus § 8 Abs. 1 Satz 2 BAT.

Dienstliche Anordnungen können sich also auch auf die **Ordnung des Betriebes** und das **Verhalten der Arbeitnehmer** beziehen **(verhaltensbezogene Anweisungen).**

Soweit diese Anweisungen sich auf die Arbeitsleistung unmittelbar beziehen (z.B. das Tragen von Schutzkleidung), sind sie **arbeitsbezogen.**

Soweit diese Anordnungen ein gedeihliches Zusammenarbeiten in der Betriebsgemeinschaft, den Schutz von Eigentum und sonstigen Rechtsgütern des Arbeitgebers und deren Arbeitnehmer sowie Dritter (z.B. Patienten) oder sonst die Förderungen der betrieblichen Interessen des Arbeitgebers bezwecken (z.B. Meldepflicht beim Verlassen des Betriebes oder Leibesvisitation zur Aufdeckung von Betriebsdiebstählen), sind sie **betriebsbezogen.**

Das Weisungsrecht bedeutet also auch, daß der Arbeitnehmer sein **gesamtes Verhalten im Betrieb** im Hinblick auf die dem Arbeitsvertrag immanente Treuepflicht nach den Anordnungen des Arbeitgebers einzurichten hat.

Damit ist klargestellt: **Das Direktionsrecht erfaßt nicht das außerdienstliche Verhalten des Arbeitnehmers,** weil der Arbeitnehmer dem Arbeitgeber nicht seine ganze Arbeitskraft zur Verfügung stellt, sondern nur im Rahmen der vereinbarten Arbeitszeit.

Zur Konkretisierung des außerdienstlichen Verhaltens ist der Arbeitnehmer selbst aufgerufen. Er muß selbst abwägen, ob er durch sein Verhalten Rechtsgüter des Arbeitgebers, seiner Arbeitskollegen oder Dritter (z.B. Patienten) ungerechtfertigterweise beeinträchtigt. Soweit der Arbeitgeber ein außerdienstliches Verhalten des Arbeitnehmers verlangt, macht er nur – wie jeder Gläubiger – auf vertragliche Pflicht des Schuldners aufmerksam, die nach seiner Meinung verletzt werden oder verletzt werden können.

Allerdings kann sich das betriebliche Weisungsrecht des Arbeitgebers auf das außerdienstliche Verhalten auswirken. Das ist dann der Fall, wenn ein Sachverhalt, der im Betrieb gegeben ist, das Verhalten des Arbeitnehmers in seiner Freizeit berührt.

So kann der Arbeitnehmer verpflichtet sein, sich auf Anordnung des Arbeitgebers außerhalb der regelmäßigen Arbeitszeit an einer dem Arbeitgeber anzuzeigenden Stelle aufzuhalten, um auf Abruf die Arbeit aufzunehmen (Rufbereitschaft). Auch hat der Arbeitnehmer außerhalb des Betriebes über Angelegenheiten, deren Geheimhaltung auf Weisung des Arbeitgebers angeordnet ist, Stillschweigen zu bewahren.

1.3. Persönlichkeitsrecht des Arbeitnehmers

In der sozialen Wirklichkeit hat der Arbeitgeber die Befugnis, zur Erreichung seiner Interessen über den Arbeitnehmer zu verfügen. Das wird im Arbeitsvertrag, im Tarifvertrag und im Gesetz anerkannt. Außerdem muß der Arbeitnehmer, auch außerdienstlich, bestimmte Verhaltenspflichten befolgen.

Der Arbeitnehmer hat die ihm übertragenen Arbeiten **gewissenhaft auszuführen** (§ 4 Abs. 4 BMT, § 6 Abs. 1 BAT) und **sich ordnungsgemäß zu verhalten** (§ 4 Abs. 4 BMT, § 8 Abs. 1 BAT).

Arbeitet der Arbeitnehmer nicht gewissenhaft oder verhält er sich nicht ordnungsgemäß, so verletzt er seine Pflichten aus dem Arbeitsvertrag. Das kann bei schwerwiegenden Pflichtverstößen zur Kündigung des Arbeitsverhältnisses durch den Arbeitgeber führen. Die Arbeitspflicht und die Treuepflicht des Arbeitnehmers sind aber nicht grenzenlos. Es sind die berechtigten Interessen des Arbeitnehmers zu beachten, insbesondere sein **Persönlichkeitsrecht.** Die **Würde** des Menschen und die **freie Entfaltung** seiner Persönlichkeit sind so hohe Rechtsgüter, daß sie im **Grundgesetz** in den Art. 1 und 2 Abs. 1 zu Grundrechten, ja Menschenrechten, erklärt wurden. Das gleiche gilt für das **Recht auf Leben und körperliche Unversehrtheit** (Art. 2 Abs. 2 GG) das Recht auf **Gleichheit** aller Menschen (Art. 3 GG) und das Recht auf **freie Meinungsäußerung** (Art. 5 GG).

Seine Interessen versucht der Arbeitnehmer zunächst durch den **Arbeitsvertrag** zu wahren. So wird er sich grundsätzlich nur zu einer ihm im Hinblick auf sein Persönlichkeitsrecht **zumutbaren und möglichen**

Arbeitsleistung verpflichten. Verpflichtet er sich allerdings, so hat er sich selbst in seinen Persönlichkeitsrechten begrenzt. Eine Geltendmachung des Persönlichkeitsrechtes ist hier nur ausnahmsweise möglich. Der Arbeitnehmer kann sich nicht auf Art. 2 Abs. 2 GG (Recht auf Leben und körperliche Unversehrtheit) berufen, wenn er eine Arbeitspflicht übernommen hat, die mit Gefahren für sein Leben und seine Gesundheit verbunden ist.

Soweit die Arbeitsleistung und das betriebliche Verhalten des Arbeitnehmers konkretisierungsbedürftig sind, werden sie durch das Weisungsrecht des Arbeitgebers bestimmt. Diese einseitige Gestaltung durch den Arbeitgeber kann in besonderem Maße das Persönlichkeitsrecht des Arbeitnehmers beeinträchtigen.

Anweisungen, die die Arbeitsleistung betreffen, also **tätigkeitsbezogene Anweisungen,** unterliegen dabei aufgrund der Verpflichtung des Arbeitnehmers zur Arbeitsleistung geringeren Einschränkungen als verhaltensbezogene Anordnungen, die sich aus der Personengebundenheit der Arbeitskraft ableiten.

Bei tätigkeitsbezogenen und verhaltensbezogenen Anweisungen des Arbeitgebers wird der Arbeitnehmer sich zunächst einmal auf das Arbeitsverhältnis berufen können, und zwar auf die **Fürsorgepflicht des Arbeitgebers.** Im Rahmen der Fürsorgepflicht hat der Arbeitgeber sich so zu verhalten, daß er die schützenswerten Interessen des Arbeitnehmers, also insbesondere sein Persönlichkeitsrecht, beachtet und nicht ungerechtfertigt beeinträchtigt.

Der Arbeitnehmer kann geltend machen, daß die Ausführung der Anweisung im Hinblick auf seine Rechte unzumutbar oder gar unmöglich ist.

Der Übermacht des Arbeitgebers kann im Einzelvertrag jedoch nicht wirkungsvoll begegnet werden. Durch den Arbeitsvertrag wird das privatrechtliche Über-Unterordnungsverhältnis gerade herbeigeführt, während die arbeitsvertragliche Beschränkung des Weisungsrechts wesensmäßig die Ausnahme darstellt.

So wird sich der Arbeitnehmer, wenn er keine andere Arbeit findet und auf den Verkauf seiner Arbeitskraft angewiesen ist, auch zu sonst unzumutbarer Arbeitsleistung verpflichten. Auch wird es regelmäßig dem einzelnen Arbeitnehmer sehr schwer fallen, seine Rechte unter Berufung auf die Fürsorgepflicht des Arbeitgebers bei auszuführenden Anordnungen wirksam durchzusetzen.

Deshalb enthalten **Tarifverträge und Gesetze,** insbesondere die **Arbeitnehmerschutzgesetze** und die **Strafgesetze, weitere Einschränkungen des Weisungsrechts des Arbeitgebers.**

Anordnungen können aber auch **Rechte Dritter** berühren. Das ist z.B. der Fall, wenn die Krankenschwester angewiesen wird, bestimmten Personen den Besuch auf der Station zu verbieten.

Schließlich ist das Weisungsrecht des Arbeitgebers durch die betriebliche Beteiligung des Personalrats/Betriebsrates/der Mitarbeitervertretung nach **den PersVG, dem BetrVG und den MAVO** eingeschränkt.

Soweit das **außerdienstliche Verhalten** in Frage steht, sind die Interessen (Rechte) des Arbeitgebers (einschließlich der Interessen der Arbeitskollegen und Dritter) und die Interessen (Rechte) des Arbeitnehmers gegeneinander **abzuwägen.** Dabei ist das Persönlichkeitsrecht des Arbeitnehmers besonders weitgehend zu beachten, weil es um Verhaltenspflichten des Arbeitnehmers in seiner Freizeit geht. Ent-

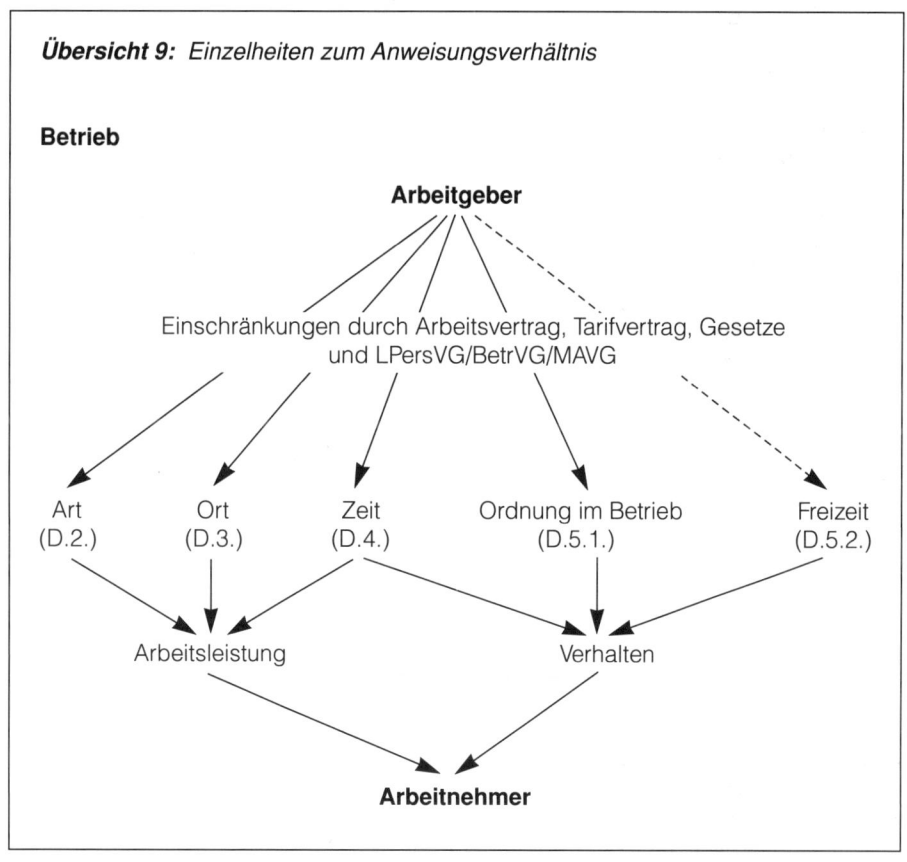

Übersicht 9: Einzelheiten zum Anweisungsverhältnis

Betrieb

Arbeitgeber

Einschränkungen durch Arbeitsvertrag, Tarifvertrag, Gesetze und LPersVG/BetrVG/MAVG

| Art (D.2.) | Ort (D.3.) | Zeit (D.4.) | Ordnung im Betrieb (D.5.1.) | Freizeit (D.5.2.) |

Arbeitsleistung   Verhalten

Arbeitnehmer

scheidend ist hier, ob das außerdienstliche Verhalten des Arbeitnehmers zumutbar ist. Weiterhin sind tarifvertragliche und gesetzliche Einschränkungen zu beachten.

1.4. Übersicht

Aus der Sicht des Arbeitnehmers lassen sich bei der Pflicht zur Arbeitsleistung und bei den Verhaltenspflichten zwei Schwerpunkte bilden: Das Weisungsrecht des Arbeitgebers bezüglich der Arbeitsleistung und des betrieblichen Verhaltens des Arbeitnehmers und das außerdienstliche Verhalten des Arbeitnehmers.

Dabei ist zu beachten: **Das Weisungsrecht ist ein Gestaltungsmittel des Arbeitgebers,** allerdings ist es im Rahmen der Arbeitspflicht und der betrieblichen Verhaltenspflichten des Arbeitnehmers das praktisch Wichtigste. Seine Grenzen ergeben sich aus dem Arbeitsvertrag, den Tarifverträgen, den Gesetzen und der betrieblichen Beteiligung der Belegschaftsvertretung, also aus den anderen Gestaltungsmitteln bzgl. der Arbeitspflicht und der betrieblichen Verhaltenspflichten. Währenddessen spielt das Weisungsrecht bei den außerdienstlichen Pflichten des Arbeitnehmers nur eine untergeordnete Rolle, nämlich dann, wenn sich ein betrieblicher Sachverhalt in der Freizeit des Arbeitnehmers auswirken kann. Hier geht es insbesondere um die **Abwägung der Interessen von Arbeitgeber und Arbeitnehmer.**

Die Arbeitspflicht und die arbeitsbezogenen Verhaltenspflichten hängen eng zusammen mit Fragen der **Arbeitsgestaltung.** Arbeitspflichten und arbeitsbezogene Verhaltenspflichten werden im folgenden in bezug auf das **Anweisungsverhältnis Arbeitgeber – Arbeitnehmer** behandelt. Die Arbeitsgestaltung dagegen bleibt dem *Abschnitt E.* vorbehalten, der sich auf das System Mensch-Arbeit, Mensch-Betrieb bezieht. Die Einzelheiten zum Anweisungsverhältnis sind *unter Angaben der Dezimalen aus der Kapiteleinteilung D. in Übersicht 9 auf Seite 101* zusammengefaßt.

2. Anordnungen, die die Art der Arbeitsleistung betreffen

2.1. Erstmalige Zuweisung eines Arbeitsplatzes bei Dienstantritt

Fall 56:

Das Krankenhaus in X-Stadt hat mit Krankenpfleger L. in § 1 des Arbeitsvertrages vereinbart, daß L. ab 01.10.1977 als „Krankenpfleger" eingestellt wird. Nach § 4 des Vertrages wird er gemäß Anlage 1 b zum BAT in Vergütungsgruppe KR V eingruppiert. Als Herr L. am 01.10.1977 im Krankenhaus den Dienst antritt, wird ihm ein Arbeitsplatz auf der HNO-Abteilung zugewiesen, der der Vergütungsgruppe KR IV entspricht. Dort will Herr L. aber nicht arbeiten. Die Tätigkeit auf der HNO-Abteilung sagt ihm nicht zu, außerdem ist eine KR-V-Stelle vereinbart. Muß Krankenpfleger L. trotzdem am zugewiesenen Platz arbeiten?

Anweisungen des Arbeitgebers
Es liegt eine Anordnung vor, die den Inhalt der Arbeitsleistung, die konkrete Tätigkeit der Pflegekraft **der Art nach,** betrifft. Der Ort der Arbeitsleistung ist hier das Krankenhausgebäude in X-Stadt. Wo genau der Arbeitnehmer im Gebäude arbeitet, ist zwar auch eine Frage des Ortes. Im Vordergrund steht aber für den Arbeitnehmer das Problem, welche Art der Arbeitsleistung er auf dem Arbeitsplatz zu erbringen hat. Im Arbeitsverhältnis hat der Arbeitnehmer grundsätzlich Weisungen des Arbeitgebers zu befolgen (Gehorsamspflicht). Das ergibt sich für Krankenpfleger L. ausdrücklich aus § 8 Abs. 2 Satz 1 BAT.

Bestimmungen aus dem Arbeitsvertrag
Allerdings gilt das Weisungsrecht des Arbeitgebers nur im Rahmen der vom Arbeitnehmer arbeitsvertraglich übernommenen Pflichten.
Die Tätigkeit des Arbeitnehmers in seiner Gesamtheit bezeichnet man im räumlich-funktionalen Sinne als Arbeitsplatz. Der **Arbeitsplatz** kann im Arbeitsvertrag unterschiedlich umschrieben sein.
Verpflichtet sich der Arbeitnehmer zur Arbeitsleistung schlechthin, z.b. als Hilfsarbeiter, dann ist der Arbeitsplatz nur ganz **allgemein bestimmt.** Das Weisungsrecht des Arbeitgebers greift dann arbeitsvertraglich uneingeschränkt ein. Die Zulässigkeit eines solchen Vertrages ergibt sich aus § 315 Abs. 1 BGB, wonach die Leistung nach dem Vertrag durch eine Vertragspartei nach billigem Ermessen einseitig bestimmt werden kann.
Der Arbeitsplatz kann aber auch von vorneherein **fest bestimmt** sein. Das gilt z.b. für die leitende Pflegekraft oder wenn im Arbeitsvertrag steht: *„Beschäftigt als Abteilungsschwester auf der Inneren Abteilung nach Vergütungsgruppe KR VII".* Das Weisungsrecht ist hier auf Einzelheiten des Arbeitsablaufes beschränkt.
In der Regel ist der Arbeitsplatz **fachlich bestimmt.** So verhält es sich auch im vorliegenden Fall, in dem Herr L. als Krankenpfleger eingestellt wurde. Damit ist im Rahmen der Betriebsorganisation zwar eine Abgrenzung zu anderen Berufsgruppen erreicht, wie z.b. Krankenpflegehelfern, Verwaltungsangestellten, Ärzten, MTA's, Putzfrauen usw. Die konkrete Tätigkeit im Berufsfeld des Krankenpflegers ist aber nicht umrissen.
Insoweit kann Herr L. also im gesamten Krankenhaus **als Krankenpfleger** eingesetzt werden. Er hat sich arbeitsvertraglich dazu verpflichtet.
Etwas anderes ergibt sich aber aus der **Eingruppierung.** Für die konkrete Tätigkeit gibt eine Vergütungsgruppe zwar nur geringe Anhaltspunkte. So hat z.b. die Vergütungsgruppe KR V der Anlage 1 b zum BAT allein zehn Tätigkeitstypen. Aber mit der

Eingruppierung wurde festgelegt, daß dem Arbeitnehmer nur solche Tätigkeiten übertragen werden dürfen, die einem der in der Vergütungsgruppe genannten Tätigkeitstypen entsprechen.
Dem Arbeitgeber ist es somit verwehrt, dem Arbeitnehmer eine Tätigkeit zuzuweisen, die einer anderen als der vereinbarten Tätigkeitsgruppe angehört.
Somit kann Krankenpfleger L. im vorliegenden Fall zwar im gesamten Krankenhaus als **Krankenpfleger** eingesetzt werden, aber nur **auf Arbeitsplätzen, deren Tätigkeitstypen der Vergütungsgruppe KR V entsprechen.**

Beachte:
Nach § 22 Abs. 3 BAT ist bei Angestellten im öffentlichen Dienst die Vergütungsgruppe im Arbeitsvertrag anzugeben. Dies führt nicht zu einer zusätzlichen Konkretisierung der Art der Arbeitsleistung.

Beachte weiter:
Nach dem Gesetz über den Nachweis der für ein Arbeitsverhältnis geltenden wesentlichen Bedingungen – Nachweisgesetz – vom 20.07.1995[1] hat der Arbeitgeber, der Arbeitnehmer nicht nur vorübergehend (Gesamtdauer innerhalb eines Jahres nicht über 400 Stunden) und nicht in einem Familienhaushalt mit hauswirtschaftlichen, erzieherischen oder pflegerischen Tätigkeiten beschäftigt (§ 1), die wesentlichen Vertragbedingungen schriftlich niederzulegen. Die Niederschrift ist vom Arbeitgeber zu unterzeichnen und dem Arbeitnehmer auszuhändigen. Nach § 2 Abs. 1 S. 2 sind mindestens die in *Übersicht 10 auf Seite 104* aufgelisteten zehn Punkte aufzunehmen:
Damit hat der Arbeitnehmer **keinen Anspruch auf eine Stellenbeschreibung.** Die Bezeichnung als Krankenpfleger reicht gemäß § 2 Abs. 1 S. 2 Nr. 5 Nachweisgesetz aus!

---

1 dazu ausführlich *Höland*, Das neue Nachweisgesetz – Arbeits- und zivilrechtliche Fragen –, in: ArbuR 3/1996, 8794

Übersicht 10: *Mindestinhalte des Arbeitsvertrags*

1. Name und Anschrift der Vertragsparteien

2. Zeitpunkt des Beginns des Arbeitsverhältnisses

3. Bei befristeten Arbeitsverhältnissen die vorhersehbare Dauer des Arbeitsverhältnisses

4. Der Arbeitsort oder, falls der Arbeitnehmer nicht nur an einem bestimmten Arbeitsort tätig sein soll, der Hinweis darauf, daß der Arbeitnehmer an verschiedenen Orten beschäftigt werden kann

5. Bezeichnung oder allgemeine Beschreibung der vom Arbeitnehmer zu leistenden Tätigkeiten

6. Zusammensetzung und die Höhe des Arbeitsentgelts einschließlich der Zuschläge, Zulagen, Prämien und Sonderzahlungen sowie anderer Bestandteile einschließlich der Fälligkeit

7. Die vereinbarte Arbeitszeit

8. Dauer des jährlichen Erholungsurlaubs

9. Fristen für die Kündigung des Arbeitsverhältnisses

10. Ein in allgemeiner Form gehaltener Hinweis auf die Tarifverträge, Betriebs- und Dienstvereinbarungen, die auf das Arbeitsverhältnis anzuwenden sind.

2.2. Wechsel des Arbeitsplatzes (Umsetzung)

Fall 57:

Krankenschwester B. ist seit 30 Jahren in der Krankenpflege beschäftigt. Ihr obliegt seit etwa 26 Jahren die Leitung der Station VIII, auf der Patienten aus mehreren Fachgebieten betreut werden und die 24 Betten umfaßt. Mit Schreiben vom 08. September wird ihr vom Krankenhausträger mitgeteilt, sie werde aus dienstlichen Gründen mit Wirkung zum 01. November als Stationsleiterin auf die Station V des Krankenhauses umgesetzt. Auf dieser Station werden Patienten aus dem Fachbereich Knochenchirurgie betreut, sie umfaßt 36 Betten.

Krankenschwester B. verklagt ihren Arbeitgeber mit der Auffassung, der Krankenhausträger habe mit seinem Schreiben eine Änderungskündigung ausgesprochen, die sozial nicht gerechtfertigt sei, weil kein Kündigungsgrund vorliege. Der Krankenhausträger könne sich auch nicht auf sein Direktionsrecht stützen, nachdem sie bereits 26 Jahre lang die Station VIII leitet. Hat Krankenschwester B. recht?[2]

Anweisung des Arbeitgebers
Es liegt eine Anordnung vor, die den Inhalt der Arbeitsleistung, die konkrete Tätigkeit der Krankenschwester der Art nach, betrifft. Während aber im Fall 56 die erstma-

---

2 BAG vom 24.04.1996 – 5 AZR 1031/94; vgl. auch *Debong/Andreas*, Umsetzung, Versetzung, Abmahnung und Änderungskündigung, in: Die Schwester/Der Pfleger 1/1997, S. 70 – 72

lige Zuweisung eines Arbeitsplatzes bei Dienstantritt gegeben war, handelt es sich im vorliegenden Fall um eine **Umsetzung, also einem Wechsel des Arbeitsplatzes im Betrieb.** Auch insoweit gilt grundsätzlich die Gehorsamspflicht des Arbeitnehmers (§ 8 Abs. 2 Satz 1 BAT).

Bestimmungen aus dem Arbeitsvertrag
Auch das Recht zur Umsetzung gilt nur im Rahmen der vom Arbeitnehmer arbeitsvertraglich übernommenen Pflichten.
Im vorliegenden Fall 57 ist Frau B. als „Krankenschwester" eingestellt worden. Damit ist aber noch nicht ihr konkreter Arbeitsplatz festgelegt. Das wäre nur dann der Fall, wenn im Arbeitsvertrag ausdrücklich vereinbart worden wäre: *„Eingestellt als Leitung der Station VIII".*
Somit hat Krankenschwester B. keinen Anspruch auf den alten Arbeitsplatz. Sie kann im gesamten Krankenhaus als Krankenschwester eingesetzt werden.
Problematisch ist nur, ob dies auch dann gilt, wenn sie bereits jahrelang – hier sind es ja sogar 26 Jahre – als Leitung auf der Station VIII tätig war.
Vor bald 25 Jahren fiel die

***Entscheidung des BAG[3]
zum Arbeitsplatzanspruch:***

„Selbst nach jahrzehntelanger Tätigkeit konkretisiert sich die Arbeitsverpflichtung nicht auf diesen bestimmten Dienstposten".

Nach Auffassung etlicher Arbeitsrechtler waren allerdings Bedenken anzumelden, weil diese Rechtsprechung des BAG im Rahmen des Tarifrechtes mit den Eingruppierungsgrundsätzen kollidiert. Es ist ein ganz wesentlicher Grundsatz im Eingruppierungsrecht, daß die Vergütungsautomatik zum Tragen kommt *(dazu unten I.1.3.)* d.h., maßgebend für die Beschäftigung ist nicht die Vereinbarung im Arbeitsvertrag,

sondern die tatsächlich geleistete Arbeit, also das objektive Vorliegen der Tätigkeitsmerkmale, die zu mehr als 50 % erfüllt sein müssen. Zwar kann sich, *wie oben zu Fall 5 unter A. 6. bereits dargelegt,* die Zusage im Arbeitsvertrag insoweit auswirken, daß für Mitarbeiter eine übertarifliche Vergütung verlangt werden kann, wenn in Wirklichkeit die Tätigkeitsmerkmale einer geringerwertigen Tätigkeit erfüllt werden. Da aber nach der klaren Rechtsprechung des BAG bei Tätigkeitsausführung von mindestens sechs Monaten mindestens die Tätigkeitsmerkmale zu vergüten sind, die erfüllt werden, war seither umstritten, ob sich diese Rechtsprechung ernsthaft heute noch aufrechterhalten läßt.
Nunmehr hat das BAG mit Urteil vom 24.04.1996[3 a] diese alte Rechtsprechung des BAG bestätigt:
Nach Auffassung des 5. Senates des BAG hat der Krankenhausträger mit der Umsetzung der Leitenden Krankenschwester von Station VIII auf die Station V sein Direktionsrecht wirksam und rechtmäßig ausgeübt. Die Umsetzung ist auch im Rahmen billigen Ermessens erfolgt, weil der Krankenhausträger die wesentlichen Umstände des Falles abgewogen und die beiderseitigen Interessen angemessen berücksichtigt hätte.
Trotz der 26jährigen Tätigkeit als Leiterin der Station VIII hat sich das Arbeitsverhältnis von Krankenschwester B. nicht auf diese eine Stelle konkretisiert.
Da Krankenschwester B. im Fall 57 auch geltend gemacht hatte, es läge in Wirklichkeit eine Änderungskündigung vor und sie sei hier eigentlich strafversetzt worden, hat das BAG hier auch wesentliche Aussagen zur Änderungskündigung und Abmahnung im Verhältnis zur Umsetzung gemacht *(dazu noch näher unter K.).*
Im Prozeß hatte der Arbeitgeber geltend gemacht, die von Krankenschwester B. ge-

---

3   BAG, AP Nr. 11 zu § 1 TVG Tarifverträge BAVAV
3 a wie *Fußnote 2*

fertigten Dienstpläne hätten mehrfach angepaßt und korrigiert werden müssen. Die Urlaubsplanung sei unvollständig gewesen. Ärztliche Weisungen an das Pflegepersonal habe die Krankenschwester nicht weitergegeben und auch nicht ausreichend dokumentiert. Hierdurch sei das Verhältnis der Ärzte zu den übrigen Pflegenden belastet worden, was wiederum dazu geführt habe, daß sechs Pflegende innerhalb desselben Kalenderjahres Umsetzungsanträge gestellt hätten. Das Auswechseln der Stationsleitung auf der Station VIII habe zudem dem eindeutigen Votum aller auf der Station tätigen Chefärzte entsprochen.

Dazu hat das BAG ausgeführt, daß Krankenschwester B. nicht „strafversetzt" worden sei, weil sich ihr Arbeitsbereich ja nicht verkleinert, sondern im Gegenteil eine Umsetzung von einer kleineren auf eine um die Hälfte größere Station stattgefunden habe. Es sei Sache des Arbeitgebers, darüber zu entscheiden, wie er auf Konfliktlagen unbeschadet des Streits um ihre Ursachen – reagieren wolle. Auch sei der Arbeitgeber nicht verpflichtet, in einer solchen Situation anstelle einer Umsetzung eine Abmahnung auszusprechen. Da die Abmahnung häufig nicht die vom Arbeitgeber angestrebte Verbesserung der Arbeitsleistung bewirkt, kann eine Umsetzung durchaus in beiderseitigem Interesse liegen.

Krankenschwester B. hatte auch geltend gemacht, daß der Personalrat nicht beteiligt wurde, was aber bei Umsetzungen gerade nicht erforderlich ist (einschlägig war hier § 78 Abs. 2 Nr. 4 des niedersächsischen PersVG). Anders hätte das BAG allerdings im Falle des BetrVG entscheiden müssen *(vgl. dazu unten unter 2.4. Fall 59)*.

2.3. Verkleinerung des Aufgabenbereichs

Fall 58:

In einem Rechtsstreit geht es um die Fragestellung, ob bei der Stelle einer Abteilungsleitung deren Kompetenzen einseitig vom Arbeitgeber verkleinert werden dürfen[4].

In diesem Zusammenhang greift die

Entscheidung des BAG[5] zur Verkleinerung des Aufgabenbereichs eines Arbeitnehmers:

„Auch dann, wenn der Arbeitgeber kraft seines Direktionsrechts grundsätzlich befugt ist, den Arbeitsbereich des Arbeitnehmers zu verkleinern, muß seine Maßnahme billigem Ermessen entsprechen (§ 315 Abs. 3 BGB). Dazu gehört, daß alle wesentlichen Umstände des. Falles abgewogen und die beiderseitigen Interessen angemessen berücksichtigt sind."

Das BAG hat festgestellt, daß die Übertragung bestimmter Vertretungsbefugnisse auf den Kläger nicht durch Vortrag (was zulässig gewesen wäre), sondern kraft Direktionsrecht des Arbeitgebers erfolgt ist. Bei der Ausübung dieses Weisungsrechts steht jetzt dem Arbeitgeber regelmäßig ein weiter Raum zur einseitigen Gestaltung der Arbeitsbedingungen zu[6].

---

4 BAG vom 23.06.1993 – 5 AZR 337/92, BB 1993, S. 2019

5 Bestätigung der bisherigen Rechtsprechung, vgl. besonders BAGE 33, S. 71 = AP Nr. 26 zu § 611 BGB Direktionsrecht

6 BAGE 33, S. 71, 75 = AP Nr. 26 zu § 611 BGB Direktionsrecht, zu III 1 der Gründe

Das Weisungsrecht ermöglicht dem Arbeitgeber, die im Arbeitsvertrag nur rahmenmäßig umschriebene Leistungspflicht im einzelnen nach Zeit, Art und Ort zu bestimmen[7]. Dabei darf der Arbeitgeber auch einen Wechsel in der Art der Beschäftigung des Arbeitnehmers herbeiführen[8]. Im öffentlichen Dienst erstreckt sich das Direktionsrecht des Arbeitgebers auf alle Tätigkeiten, deren Merkmale in der Vergütungsgruppe aufgeführt sind, in die der Angestellte eingruppiert ist. Danach kann dem Arbeitnehmer grundsätzlich jede Tätigkeit zugewiesen werden, die den Merkmalen seiner Vergütungsgruppe entspricht, sofern nicht ausnahmsweise Billigkeitsgesichtspunkte entgegenstehen[9]. Diese Überlegung geht von dem Regelfall aus, daß der Arbeitnehmer nach den im öffentlichen Dienst üblichen Musterverträgen für einen allgemein umschriebenen Aufgabenbereich eingestellt wurde, in dem lediglich die Vergütungsgruppe festgelegt ist.

Das Direktionsrecht des Arbeitgebers kann durch Gesetz, Tarifvertrag, Betriebsvereinbarung oder Einzelarbeitsvertrag eingeschränkt sein; auch soweit es nach diesen Bestimmungen grundsätzlich ausgeübt werden kann, darf die Ausübung nur nach billigem Ermessen im Sinne des § 315 Abs. 3 BGB erfolgen[10]. Die Grundsätze der Billigkeit sind gewahrt, wenn alle wesentlichen Umstände des Falles abgewogen und die beiderseitigen Interessen angemessen berücksichtigt sind[11].

2.4. Beteiligungsfall der Versetzung (§ 99 BetrVG)

Fall 59:

Zu den Aufgaben des Angestellten H. gehört die Beratung von Personen außerhalb des Betriebs. Hierbei unterlaufen ihm mehrere Fehler. Deshalb ordnet der Arbeitgeber an, daß der Angestellte H. ab sofort keine Beratungen mehr durchführen darf. Die sonstigen Arbeitsbedingungen einschließlich Gehaltsregelung bleiben unverändert. Der Betriebsrat meint, diese personelle Maßnahme unterliege seiner Mitbestimmung[12].

Nach der Legaldefinition aus § 95 Abs. 3 BetrVG ist unter **Versetzung** die **Zuweisung eines anderen Arbeitsbereiches** zu verstehen, die entweder voraussichtlich länger als einen Monat dauern wird, oder auch bei kürzerer Dauer mit einer erheblichen Änderung der Umstände verbunden ist, unter denen die Arbeit zu leisten ist. Dabei stellt § 95 Abs. 3 Satz 2 BetrVG klar, daß die Bestimmung des jeweiligen Arbeitsplatzes dann nicht als Versetzung gilt, wenn Arbeitnehmer wegen der Eigenart ihres Arbeitsverhältnisses üblicherweise nicht ständig an einem bestimmten Arbeitsplatz beschäftigt werden, so z.B. bei Springern im Nachtdienst, bei Sanitätseinsätzen, aber auch bei der Zuweisung verschiedener Ausbildungsplätze im Rahmen des Ausbildungsplanes[13]. Versetzungen sind also Regelungen über die räumliche oder funktionale (inhaltliche) Veränderung der Tätigkeit. Dabei kommt es auf die Intensität der veränderten Umstände an, was sich entweder nach dem Einzelfall richtet oder nach der Verkehrsanschauung zu beurteilen ist.

---

7 BAGE 47, S. 314, 321 = AP Nr. 6 zu § 2 KSchG 1969, zu II 3 b der Gründe; BAGE 47, S. 363, 375 = AP Nr. 27 zu § 611 BGB Direktionsrecht, zu B III 2 c bb der Gründe

8 BAGE 33, S. 71, 75 = AP Nr. 26 zu § 611 BGB Direktionsrecht, zu III 1 der Gründe

9 BAG, AP Nr. 17 und Nr. 24 zu § 611 BGB Direktionsrecht sowie AP Nr. 1 o zu § 24 BAT

10 BAGE 33, S. 71, 75 = AP Nr. 26 zu § 611 BGB Direktionsrecht

11 so z.B. BAG, AP Nr. 4 zu § 1 TVG Tarifverträge: Rundfunk, mit weiteren Nachweisen

12 BAG vom 27.03. 1980, AP Nr. 26 zu § 611 BGB Direktionsrecht mit Anmerkung *Löwisch;* vgl. auch *von Hoyningen-Huene,* Betriebsverfassungsrecht, S. 302

13 dazu ausdrücklich BAG vom 03.12.1985, AP Nr. 8 zu § 95 BetrVG 1972 mit Anmerkung *Natzel*

Es empfiehlt sich deshalb, zur Konkretisierung mitbestimmungspflichtiger Versetzungen Versetzungsrichtlinien nach § 95 Abs. 1 BetrVG zu schaffen[14].

Räumliche Versetzungen sind z.B. Dienstreisen mit erheblich längerer Anfahrt oder Übernachtung[15], aber auch Besuche von entfernteren Bildungsveranstaltungen (§ 98 BetrVG), weil sich die Arbeitsumstände erheblich ändern.

Funktionale Versetzungen liegen z.B. bei Zuweisung eines anderen Arbeitsplatzes mit anderen Aufgabenbereichen vor[16].

Da es bei der Versetzung nur auf den tatsächlichen Vorgang ankommt, ist es unerheblich, ob die Veränderung des Arbeitsbereiches auf der Ausübung des Arbeitgeber-Weisungsrechtes, auf einer Änderungskündigung oder auf einem Änderungsvertrag beruht. Demzufolge ist auch die einverständliche Versetzung mitbestimmungspflichtig.

Deutlich wird mit der Definition der Versetzung auch, **daß die aus dem Beamtenrecht bekannte Unterscheidung zwischen Umsetzung und Versetzung hier nicht zur Anwendung kommt,** sondern daß eine Versetzung auch im selben Betrieb dann stattfindet, wenn eine der beiden angesprochenen Voraussetzungen bei Veränderung des Arbeitsbereiches vorliegen, also Änderungen von Ort oder Art der Tätigkeit im Rahmen einer arbeitsvertraglichen Ermittlungsklausel[17]. Soweit die Versetzung im Wege der Änderungskündigung erfolgt, hat der Betriebsrat überdies ein Mitwirkungsrecht nach § 102 BetrVG[18].

Wenn das Unternehmen aus mehreren Betrieben besteht und nunmehr von einem Betrieb zu einem anderen des gleichen Unternehmens Versetzungen erfolgen, so ist nicht etwa der Gesamtbetriebsrat zu beteiligen, sondern es sind die Betriebsräte des abgebenden und des aufnehmenden Betriebes zuständig, deren ursprüngliche Zuständigkeit also erhalten bleibt[19]. Für den aufnehmenden Betrieb bedeutet dies eine Einstellung im Sinne des § 99 Abs. 1 Nr. 1 BetrVG, so daß in diesem Fall der Betriebsrat des aufnehmenden Betriebes

auch bei einer Einstellung von weniger als einem Monat zu beteiligen ist[20]. Hingegen ist für den abgebenden Betrieb die Zuweisung des Arbeitsplatzes im anderen Betrieb stets eine Versetzung[21]. Allerdings muß immer wieder berücksichtigt werden, daß es sich um eine Änderung des Arbeitsbereiches handeln muß. Das bedeutet für den vorliegenden Fall: es müssen z.B. längere An- und Abfahrtszeiten entstehen[22].

Anwendung auf Fall 59:

Die Zustimmung des Betriebsrates war nach § 99 Abs. 1 Satz 1 BetrVG erforderlich, wenn die Anordnung des Arbeitgebers eine Versetzung im Sinne des § 95 Abs. 3 Satz 1 BetrVG darstellt. Nicht jede Veränderung in der Tätigkeit eines Arbeitnehmers bedeutet dessen Versetzung, sondern nur die Zuweisung eines anderen Arbeitsbereiches. Der Entzug der Kundenberatung verkleinert zwar den Arbeitsbereich des Angestellten, weist ihm je-

14 dazu BAG vom 27.10.1992, Arbeitsrechtsblattei ES 630 Nr. 54 mit Anmerkung *von Hoyningen-Huene*

15 BAG vom 01.08.1989, AP Nr. 17 zu § 95 BetrVG 1972 und BAG vom 08.08.1989, AP Nr. 18 zu § 95 BetrVG 1972

16 BAG vom 26.05.1988, AP Nr. 13 zu § 95 BetrVG 1972

17 BAG vom 26.05.1988, AP Nr. 13 zu § 95 BetrVG 1972

18 BAG vom 03.11.1977, AP Nr. 1 zu § 75 BPersVG

19 BAG vom 26.01.1993, NZA 1992, S. 714

20 BAG vom 16.12.1986, AP Nr. 40 zu § 99 BetrVG 1972

21 BAG vom 19.02.1991, AP Nr. 26 zu § 95 BetrVG 1972

22 BAG vom 16.12.1986, AP Nr. 40 zu § 99 BetrVG 1972; BAG vom 29.08.1988, AP Nr. 55 zu § 99 BetrVG 1972; BAG vom 18.10.1988, AP Nr. 56 zu § 99 BetrVG 1972 und BAG vom 14.11.1989, AP Nr. 76 zu § 99 BetrVG 1972

doch keinen anderen zu. Seine Anstellung als kaufmännischer Angestellter beinhaltet keine nähere Festlegung seines Aufgabengebietes. Die jetzige Beschäftigung des Angestellten als Kreditsachbearbeiter ohne Kundenkontakt ist somit eine mitbestimmungsfreie Veränderung der Tätigkeit, weil der bisher zugewiesene Arbeitsbereich in seiner Grundstruktur unverändert bleibt.

2.5. Zuweisung geringerwertiger oder höherwertiger Tätigkeiten

Fall 60:

Im Fall 56 wird Krankenpfleger L. von der Krankenhausleitung die vereinbarte Vergütung nach Vergütungsgruppe KR V zugesichert. Außerdem wird geltend gemacht, daß augenblicklich keine der Vergütungsgruppe KR V entsprechende Tätigkeit vorhanden sei. Krankenpfleger L. will dennoch nicht auf der HNO-Abteilung arbeiten. Muß er das trotzdem?

Anweisung des Arbeitgebers
Es handelt sich um eine Anordnung, die die Art der Arbeitsleistung betrifft. Insoweit gilt die Gehorsamspflicht des § 8 Abs. 2 Satz 1 BAT.

Bestimmungen aus dem Arbeitsvertrag
Im Fall 56 wurde festgestellt, daß Krankenpfleger L. zwar im gesamten Krankenhaus als Krankenpfleger eingesetzt werden kann, aber nur auf Arbeitsplätzen, deren Tätigkeitstypen der Vergütungsgruppe KR V entsprechen.
Die Krankenhausleitung hat im vorliegenden Fall Herrn L. aber Bezahlung nach KR V zugesichert. Es fragt sich, ob der Arbeitgeber bei Bezahlung nach seiner vertraglichen Vergütungsgruppe eine Tätigkeit zuweisen kann, die nach einer

höheren oder niedrigeren Vergütungsgruppe zu vergüten ist. Der Arbeitnehmer stünde sich dadurch finanziell, weder besser noch schlechter!
Das BAG hat entschieden, daß aufgrund der engen Verknüpfung zwischen ausgeübter Tätigkeit und der entsprechenden Vergütungsgruppe (sogenannte **Vergütungsautomatik**) die Zuweisung von Arbeiten, die den Tätigkeitstypen einer anderen Vergütungsgruppe entsprechen, auch nicht bei Zusicherung der vereinbarten Vergütung durch Ausübung des Direktionsrechtes zulässig ist[23].
Es bedarf also hier entweder der Änderung des Arbeitsvertrages durch **Änderungsvertrag oder** einer **Änderungskündigung**.
In **Ausnahmefällen** kann jedoch der Arbeitgeber dem Arbeitnehmer bei gleichbleibender Bezahlung eine Tätigkeit zuweisen, die den Tätigkeitstypen einer niedrigeren oder höheren Vergütungsgruppe entspricht (**Durchbrechung des Prinzips der Vergütungsautomatik**):

(1) Es kann **vorübergehend** aus betrieblichen Gründen oder zur Vertretung eines anderen Beschäftigten eine höherwertige oder geringerwertige Tätigkeit zugewiesen werden. Das ergibt sich im Falle der höherwertigen Tätigkeit aus § 24 Abs. 1 bzw. § 24 Abs. 2 BAT und im Falle der Zuweisung einer geringeren Tätigkeit aus der Treuepflicht des Arbeitnehmers. Ein betrieblicher Grund ist z.B. Arbeitskräftemangel. Falls keine der Vergütungsgruppe entsprechende Tätigkeit vorhanden ist, die der Angestellte ausüben könnte, soll jedoch nur die Zuweisung einer geringerwertigen Tätigkeit zulässig sein[24].

(2) **Auf Dauer** kann ein geringerwertiger Arbeitsplatz zugewiesen werden, wenn Gründe, die der Arbeitnehmer zu vertreten hat, vorliegen, z.B. Unverträglichkeit

---

23 BAG, AP Nr. 22 zu § 611 BGB Direktionsrecht
24 BAG, AP Nr. 3 zu § 611 BGB Beschäftigungspflicht

mit vorgesetzten oder nachgeordneten oder auch gleichgestellten Arbeitskollegen[25].

Im Falle der zulässigen Zuweisung einer geringerwertigen Tätigkeit behält der Arbeitnehmer den Anspruch auf die der bisherigen Tätigkeit entsprechende Vergütung, es sei denn, daß er sich mit einer geringeren Vergütung ausdrücklich oder stillschweigend einverstanden erklärt[26]. Demnach **ist jedem Arbeitnehmer, dem eine geringerwertige Tätigkeit zugewiesen wird, dringend anzuraten, sich seine Rechte aus dem Arbeitsverhältnis schriftlich (zu Beweiszwecken!) vorzubehalten, wenn er der Anweisung Folge leistet.**
Im vorliegenden Fall 60 muß Krankenpfleger L. demnach den Arbeitsplatz auf der HNO-Station, einer KR IV-Stelle, annehmen. Er ist allerdings nach KR V vertragsgemäß zu entlohnen.
Auch muß der Arbeitgeber nachweisen, daß im ganzen Krankenhaus keine KR V-Stelle frei ist. Sobald eine KR V-Stelle zu besetzen ist, ist Krankenpfleger L. wegen der arbeitsvertraglichen Vereinbarung auf diese Stelle zu setzen.

Beschränkungen des Weisungsrechts
Das **Weisungsrecht** des Arbeitgebers unterliegt über die arbeitsvertragliche Vereinbarung hinaus weiteren **Einschränkungen.**

(1) Arbeitsplatzzuweisungen **dürfen nicht den Arbeitnehmerschutzgesetzen zuwiderlaufen.**
Das ist z.B. der Fall, wenn eine schwangere Krankenschwester entgegen dem Beschäftigungsverbot des § 4 Abs. 1 MuSchG auf der Infektionsabteilung eingesetzt wird.
Im vorliegenden Fall ist kein Verstoß gegen ein Arbeitnehmerschutzgesetz ersichtlich.

(2) Es sind die **Beteiligungsrechte des Personalrats bzw. Betriebsrats zu beachten.**
Bei der **Zuweisung des ersten Arbeitsplatzes** bestehen keine Beteiligungsrechte. Insoweit beschränkt sich die Beteiligung auf die Mitbestimmung bei der Einstellung nach § 76 Abs. 1 Nr. 1 LPersVG bzw. § 99

Abs. 1 BetrVG. Allerdings gibt es Beteiligungsrechte bezüglich der Auswirkungen einer Arbeitsplatzzuweisung auf die Arbeitsgestaltung und den Arbeitsschutz.
Beim **Wechsel des Arbeitsplatzes im Betrieb** (Umsetzung) hat der Betriebsrat unter den Voraussetzungen des § 95 Abs. 3 BetrVG ein Mitbestimmungsrecht nach § 99 Abs.1 BetrVG *(vgl. dazu oben unter 2.4. Fall 59).*
Der Personalrat hingegen ist nur zu beteiligen, wenn die Umsetzung mit einem **Wechsel des Dienstortes verbunden** ist, § 76 Abs. 1 Nr. 4 LPersVG.

Im vorliegenden Fall 60 liegt eine erstmalige Arbeitsplatzzuweisung vor, bei der die Belegschaftsvertretung an sich keine unmittelbaren Beteiligungsrechte hat.
Es besteht aber **bei der nicht nur vorübergehenden Übertragung einer Tätigkeit,** die den Tätigkeitsmerkmalen **einer höheren oder einer niedrigeren Vergütungsgruppe** entspricht als die bisherige Tätigkeit, **ein Mitbestimmungsrecht** des Personalrates nach § 76 Abs. 1 Nr. 2 LPersVG und des Betriebsrates nach § 99 Abs. 1 BetrVG. Eine solche Maßnahme des Arbeitgebers ist also ohne Zustimmung der Belegschaftsvertretung unwirksam, wobei der Personalrat die Zustimmung nur aus Gründen des § 82 LPersVG, der Betriebsrat nur aus Gründen des § 99 Abs. 2 BetrVG, verweigern kann. Hier handelt es sich nur um eine **Mißbrauchskontrolle,** so daß im Regelfall die Zustimmung erfolgen wird. **In Eilfällen kann der Arbeitgeber die Maßnahme vorläufig treffen,** wobei das Mitbestimmungsverfahren dann nachträglich durchgeführt werden muß (§ 69 Abs. 5 LPersVG, § 100 BetrVG).
Im Fall 60 ist somit die Belegschaftsvertretung zu beteiligen. Geschah dies nicht, dann ist die Zuweisung durch den Arbeitgeber unwirksam. Krankenpfleger L. braucht sich dann nicht an die Weisung zu

---

25 BAG, AP Nr. 8 zu § 611 BGB
26 BAG, AP Nr. 8 zu § 611 BGB Direktionsrecht

halten. Sofern die Beteiligung der Belegschaftsvertretung erfolgt ist oder nachgeholt wurde, muß Herr L. die Arbeit auf den zugewiesenen Arbeitsplatz aufnehmen. Es ist Krankenpfleger L. deshalb dringend zu empfehlen, sich mit der betrieblichen Interessenvertretung in Verbindung zu setzen, denn gerade im öffentlichen Dienst wird die Beteiligung des Personalrats des öfteren nicht beachtet.

Das Verhältnis von Eingruppierung zur Arbeitsplatzzuweisung ist in *Übersicht 11 auf Seite 112* optisch dargestellt.

2.6. Freisetzung vom Arbeitsplatz – das Recht auf Beschäftigung

Fall 61:

Krankenschwester G. ist als leitende Pflegekraft auf der Inneren Klinik tätig. Durch Neuorganisation des Klinikums fällt diese Stelle weg. Schwester G. wird ein Arbeitsplatz als Abteilungsschwester angeboten. Sie beharrt aber auf der Vereinbarung im Arbeitsvertrag, wonach sie als „leitende Pflegekraft auf der Inneren Klinik" eingestellt ist. Daraufhin wird sie von der Krankenhausleitung unter Fortzahlung der Vergütung auf unbestimmte Zeit freigestellt. Schwester G. will aber als leitende Pflegekraft arbeiten.

Anweisung des Arbeitgebers

Schwester G. wurde angewiesen, überhaupt nicht zu arbeiten. Es könnte sich dabei um eine Anweisung handeln, die den Inhalt der Arbeitsleistung im negativen Sinne betrifft.

Mit einer solchen Betrachtungsweise würde aber der Sinn des Direktionsrechts verkannt. Der Arbeitgeber bestimmt mit Hilfe des Weisungsrechts positiv die Einzelheiten der Arbeitsleistung. Er kann aber **nicht die Hauptpflicht Arbeitsleistung einseitig**

außer Kraft setzen, denn im Arbeitsvertrag wurde zumindest im beiderseitigen Einvernehmen die Verpflichtung des Arbeitnehmers zur Arbeitsleistung bestimmt. Um diese Vereinbarung zu ändern, bedarf es eines Änderungsvertrages oder einer Änderungskündigung.

Beschäftigungsanspruch des Arbeitnehmers

Allerdings war lange Zeit umstritten, ob der Pflicht zur Arbeitsleistung ein Anspruch des Arbeitnehmers auf Beschäftigung gegenübersteht. Denn an sich hat der Arbeitnehmer aus dem Arbeitsvertrag nur den Anspruch auf Gehaltszahlung. Heute ist allgemeine Ansicht, **daß der Arbeitnehmer auf Grund seines Persönlichkeitsrechtes aus Artt. 1 und 2 Abs. 1 GG verlangen kann, beschäftigt zu werden**[27]. Arbeit dient nicht nur dem Broterwerb, sondern insbesondere der **Selbstverwirklichung** des Menschen. Zudem ist es besonders einem qualifizierten Arbeitnehmer nicht zuzumuten, „aus der Übung" zu kommen.

Positivrechtlich ist die Beschäftigungspflicht anerkannt in § 11 Abs. 2 des Schwerbehindertengesetzes für Schwerbehinderte und in den §§ 77 Abs. 2 Satz 1 LPersVG, 102 V Abs. 1 BetrVG für die Weiterbeschäftigung im Rahmen der ordentlichen Kündigung.

Inwieweit diese Beschäftigungspflicht **Grenzen** unterliegt, ist äußerst **umstritten.** So wird teilweise ausgeführt, daß der Arbeitnehmer eine Person nicht zu beschäftigen braucht, wenn schützenswerte Interessen des Arbeitgebers entgegenstehen wie z.B. Stillegung einer Betriebsabteilung, Auftragsmangel, Gründe in der Person des Arbeitnehmers (etwa Streitigkeiten mit Arbeitskollegen und Vorgesetzten sowie der Verdacht einer strafbaren Handlung)[28]. Im Falle der Nichtbeschäftigung entfällt aber nicht die **Lohnzahlungspflicht des Ar-**

---

27 BAG, AP Nr. 2 zu § 611 BGB Beschäftigungspflicht
28 *Zöllner/Loritz,* § 16 Abs. 2 Satz 1, S. 128

Übersicht 11: *Verhältnis von Eingruppierung zur Arbeitsplatzzuweisung*

① Wenn keine der Vergütungsgruppe des Angestellten entsprechende Arbeit vorhanden ist, die der Angestellte ausüben könnte.

② vorübergehend aus betrieblichen Gründen oder zur Vertretung eines anderen Beschäftigten

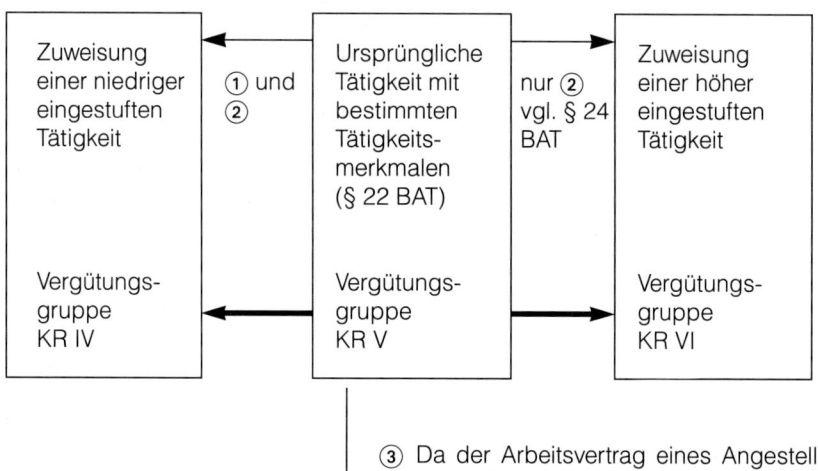

Zuweisung einer niedriger eingestuften Tätigkeit	① und ②	Ursprüngliche Tätigkeit mit bestimmten Tätigkeitsmerkmalen (§ 22 BAT)	nur ② vgl. § 24 BAT	Zuweisung einer höher eingestuften Tätigkeit
Vergütungsgruppe KR IV		Vergütungsgruppe KR V		Vergütungsgruppe KR VI

③ Da der Arbeitsvertrag eines Angestellten meist nur auf eine Beschäftigung innerhalb einer bestimmten Vergütungsgruppe gerichtet ist, können dem Angestellten andere Aufgaben innerhalb dieser Vergütungsgruppe zugewiesen werden.

Zuweisung einer Tätigkeit mit anderen Tätigkeitsmerkmalen derselben Vergütungsgruppe

Vergütungsgruppe KR V

→ Direktionsrecht des Arbeitgebers nach § 8 Abs. 2 Satz 1 BAT

⟹ Änderung der Vergütungsgruppe durch Änderungsvertrag oder Änderungskündigung

beitgebers[29]. Denn das Arbeitsverhältnis besteht ja fort, was zur Folge hat, daß der Arbeitnehmer gehindert ist, ohne Vertragsbruch einen Arbeitsvertrag mit einem anderen Arbeitgeber zu schließen.

Es ist nicht ersichtlich, woraus sich das **Recht des Arbeitgebers auf Nichtbeschäftigung des Arbeitnehmers** ableitet. Es **ist weder gesetzlich verankert noch Ausfluß des Direktionsrechts.** In Wahrheit umgeht man damit die Änderungs- und Beendigungsformen des geltenden Rechts, insbesondere die Kündigung und den Kündigungsschutz.

Wenn dem Arbeitgeber die weitere Arbeitsleistung des Arbeitnehmers unzumutbar ist, dann muß er entweder außerordentlich kündigen (dann besteht in der Tat keine Beschäftigungspflicht, weil ja das Arbeitsverhältnis beendet ist), oder er muß ordentlich kündigen mit dem Risiko der Weiterbeschäftigungspflicht der §§ 77 Abs. 2 Satz 1 LPersVG, 102 Abs. 5 Satz 1 BetrVG[30].

Im Fall 61 ist Schwester G. nach Auffassung des Verfassers unbedingt gemäß der arbeitsvertraglichen Vereinbarung weiterzubeschäftigen. Der Arbeitgeber muß zur Änderung oder Beendigung des Arbeitsverhältnisses kündigen.

Dies gilt auch nach der Meinung des BAG und eines Teils des Schrifttums, denn die Neuorganisation des Klinikums ist vom Arbeitgeber zu vertreten. Er hat durch seine Maßnahme den Wegfall des Arbeitsplatzes von Schwester G. bewirkt.

„Steht aber einmal rechtskräftig das Weiterbestehen des Arbeitsverhältnisses fest und hat die Klägerin (Schwester G.) einen Anspruch, weiter als... (leitende Pflegekraft der Inneren Klinik)... tätig zu sein, so kann sich die Beklagte (der Arbeitgeber) dieser Verpflichtung nicht entziehen; sie (Arbeitgeber) hat vielmehr alsdann ihren Betrieb so einzurichten, daß die Klägerin (Schwester G.) ihre Tätigkeit weiter ausüben kann"[30 a]

---

29 BAG, AP Nr. 13 zu § 626 BGB Verdacht strafbarer Handlung
30 so auch *Schwerdter,* S. 118 ff.
30 a wie *Fußnote 27*

2.7. Anordnungen, die die Einzelheiten des Arbeitsablaufs betreffen

2.7.1. Intravenöse Injektion

Fall 62 (entspricht Fall 53):

Nach der Visite weist der behandelnde Arzt die Krankenschwester V. an, der Patientin eine intravenöse Injektion zu verabreichen. Schwester V. ist der Auffassung, nur ein Arzt dürfe intravenös injizieren. Muß sie trotzdem die Anweisung befolgen?

Anweisung des Arbeitgebers

Es liegt eine Anordnung vor, die den Inhalt der Arbeitsleistung, d.h., die konkrete Tätigkeit der Krankenschwester, betrifft. Im vorliegenden Fall geht es aber nicht um die Zuweisung eines Arbeitsplatzes in seiner Gesamtheit sondern um **Einzelheiten des Arbeitsablaufs.** Es handelt sich dabei um den typischen Fall des Weisungsrechts und der Gehorsamspflicht (§ 8 Abs. 2 Satz 1 BAT).

Bestimmungen aus dem Arbeitsvertrag

Auch hier sind arbeitsvertragliche Abmachungen höherrangig.

Einzelheiten des Arbeitsablaufs werden aber selten im Arbeitsvertrag geregelt. Zudem hängen viele Einzelheiten von den konkreten Situationen ab, die die Vertragsparteien gar nicht vorhersehen können.

Allerdings gibt es Arbeitsverträge, in denen das Verabreichen intravenöser Injektionen durch die Pflegekraft ausdrücklich ausgeschlossen ist. Eine solche Abrede ist aber selten und wurde auch im vorliegenden Fall nicht getroffen.

Es ist somit zu prüfen, **ob die intravenöse Injektion zum Aufgabenbereich der Krankenschwester gehört.**

(1) Es ist naheliegend, zunächst auf das **Berufsrecht des Pflegepersonals** zurückzugreifen. Das KrPflG regelt aber nur die formalen Voraussetzungen für die Zulassung zur Ausbildung und schützt die Berufsbezeichnungen „Krankenschwester", „Krankenpfleger", „Kinderkrankenschwester", „Kinderkrankenpfleger"; es enthält aber keine Bestimmungen über die Berufsausübung und über Tätigkeiten, die dem Pflegepersonal vorbehalten sind. Auch aus den Ausbildungs- und Prüfungsordnungen läßt sich kein Berufsbild „Krankenpflegepersonal" oder gar „Pflegepersonal" erschließen. Gegenüber der Vorauflage muß der Verfasser allerdings zum einen das neue KrPflG von 1985 berücksichtigen und zum anderen anerkennen, daß die Berufsgesetze doch immerhin **Anhaltspunkte für einen Tätigkeitsbereich** geben.
Dies betrifft insbesondere den

§ 4 Abs. 1 KrPflG:

„Die Ausbildung soll insbesondere ausgerichtet sein auf
1. die sach- und fachkundige, umfassende, geplante Pflege des Patienten,
2. die gewissenhafte Vorbereitung, Assistenz und Nachbereitung bei Maßnahmen der Diagnostik und Therapie,
3. die Anregung und Anleitung zu gesundheitsförderndem Verhalten,
4. die Beobachtung des körperlichen und seelischen Zustandes des Patienten und der Umstände, die seine Gesundheit beeinflussen, sowie die Weitergabe dieser Beobachtungen an die an der Diagnostik, Therapie und Pflege Beteiligten,
5. die Einleitung lebensnotwendiger Sofortmaßnahmen bis zum Eintreffen der Ärztin oder des Arztes,
6. die Erledigung von Verwaltungsaufgaben, soweit sie in unmittelbarem Zusammenhang mit den Pflegemaßnahmen stehen."

Daraus ergibt sich logischerweise ein Arbeitsbereich der originären Pflege (Nr. 1) und ein Arbeitsbereich der unterstützenden Pflege (Nr. 2). Dazu gehören auch eigene Aufgaben der Anleitung des Patienten (Nr. 3), der Krankenbeobachtung (Nr. 4), der Sofortmaßnahmen bis zum Eintreffen des Arztes/der Ärztin (Nr. 5) sowie gewisse Verwaltungsarbeiten, die mit dem Pflegedienst zusammenhängen (Nr. 6).
Im Fall der intravenösen Injektion geht es um die unterstützenden Arbeiten im Sinne der Nr. 2. Diese unterstützenden Arbeiten werden in der stationären Pflege Behandlungspflege bzw. S-Leistungen genannt, während nach dem AEDL-*(Krohwinkel)*-Modell in der stationären und ambulanten Altenhilfe von indirekter Pflege gesprochen wird[31].
Um diese unterstützenden Leistungen näher festzustellen, bedarf es eines Blickes in die Anlagen 1 und 2 zu § 1 Abs. 1 der Ausbildungs- und Prüfungsverordnung für die Berufe in der Krankenpflege vom 16.10.1985. Für den theoretischen Unterricht ist unter Ziffer 8 „Krankenpflege" bei 8.7.3. aufgeführt, daß Injektionen, Vorbereitung von Venenpunktionen, Infusionen und Transfusionen gelehrt werden müssen.
Damit haben wir aus dem Berufsrecht Anhaltspunkte für ein Grundmuster von Tätigkeiten. Gerade zum Thema Injektionen ist jedoch sowohl das KrPflG als auch die Ausbildungs- und Prüfungsverordnung für die Berufe in der Krankenpflege ausgesprochen indifferent.
Zu überlegen ist darum, ob das Aufgabengebiet der Pflege negativ vom **Berufsrecht der Ärzte** her abgegrenzt werden kann.

---

31 vgl. grundlegend *Büsch u.a.*, Stufen der Pflegequalität in der Altenpflege, in: *Sowinski u.a.*, Theoriegeleitetes Arbeiten in Ausbildung und Praxis, Forum 24 des Kuratoriums Deutsche Altershilfe, Köln, 1995, S. 52–150 sowie *Sowinski*, Theoriegeleitetes Arbeiten in der Pflegepraxis, in: *Sowinski u.a.*, siehe oben, S. 36–51 (50)

Nach § 2 Abs. 5 Bundesärzteordnung vom 14.10.1977[32] ist die Ausübung des ärztlichen Berufs *„Ausübung der Heilkunde unter der Berufsbezeichnung Arzt oder Ärztin"*. Die Legaldefinition der Heilkunde findet sich in

§ 1 Abs. 2 Heilpraktikergesetz

„Ausübung der Heilkunde im Sinne dieses Gesetzes ist jede berufs- oder gewerbsmäßig vorgenommene Tätigkeit zur Feststellung, Heilung oder Linderung von Krankheiten, Leiden oder Körperschäden bei Menschen, auch wenn sie im Dienste von anderen ausgeübt wird."

Wer ohne Erlaubnis die Heilkunde ausübt, wird mit Freiheitsstrafe bis zu einem Jahr oder mit Geldstrafe bestraft (§ 5 Heilpraktikergesetz).

Nach dem Wortlaut der Legaldefinition dürfte an sich keine Krankenschwester tätig werden. Das gilt im Prinzip für alle Heilberufe, die nicht entweder eine ärztliche Approbation oder eine Heilpraktikererlaubnis vorweisen. Wie schon oben erwähnt, regelt das Krankenpflegegesetz nicht die Erlaubnis zur Berufsausübung des Krankenpflegepersonals, sondern allein die Erlaubnis zum Führen der Berufsbezeichnung Krankenschwester usw. Die wörtliche Auslegung der Legaldefinition würde den *„Stillstand der gesamten Gesundheitspflege herbeiführen"[33]*.

Deshalb haben Rechtsprechung und Literatur diese Vorschrift in der Weise einschränkend ausgelegt, daß die **Ausübung der Heilkunde nur diejenige Tätigkeit** zur Heilung, Feststellung und Linderung menschlicher Krankheiten usw. ist, **die nach allgemeiner Auffassung besondere ärztliche Fachkenntnis voraussetzt[34]**.

Das Merkmal *„Erforderlichkeit ärztlichen Wissens"* wird aber vom Heilpraktikergesetz für die Ausübung der Heilkunde selbst gar nicht verlangt. Denn nach § 2 der Ersten

Durchführungsverordnung zum Heilpraktikergesetz darf einem Nichtarzt die Erlaubnis zur Ausübung der Heilkunde nur aus selten gegebenen Gründen versagt werden. Insbesondere braucht der Bewerber keine medizinischen Grundkenntnisse zu besitzen.

(2) Da somit positiv-rechtlich keine **Abgrenzung** erfolgt ist, muß diese **aus dem Sinn und Zweck des Heilpraktikergesetzes** erfolgen, nämlich die Allgemeinheit oder wenigstens den einzelnen **Patienten vor der Gefahr von Gesundheitsschädigungen zu schützen[35]**. Dabei ist der Entwicklung Rechnung zu tragen, daß aufgrund der fortschreitenden Arbeitsteilung auch bisher wissenschaftlich qualifizierten Berufen vorbehaltene Tätigkeiten zunehmend von handwerklich und fachschulisch ausgebildeten Kräften ausgeübt werden. Diese Entwicklung zeichnet sich exemplarisch am Injektionsproblem ab. Während vor 50 Jahren darum gestritten wurde, ob das Krankenpflegepersonal intramuskulär injizieren dürfe, geht heute der Streit um die intravenöse Injektion und macht nicht einmal mehr vor bisher wohlumhüteten Aufgabenfeldern wie z.B. Bluttransfusionen Halt. Eine Gefahr darf also nicht vorschnell bejaht werden. **Maßgebend ist die berufliche Ausbildung der Pflegekraft.**

In einem Fall hat das Oberlandesgericht München in einem Satz lapidar ausgeführt, daß eine Phenylbutazon-Injektion durch eine Krankenschwester *„im Zusammenhang mit ihrem Aufgabenbereich stand"[36]*. Nach Auffassung des Gerichts ist die Verabreichung von Injektionen durch das Krankenpflegepersonal also zulässig. Das gilt selbst für intravenöse Injektionen[37].

32 Bundesgesetzblatt I, S. 1885
33 *Bockelmann*, Strafrecht des Arztes, 1968, S. 4
34 *Bockelmann*, a.a.O., S. 9
35 *Bockelmann*, a.a.O., S. 11
36 OLG München, Urteil vom 21.02.1962, in: DMW 1965, S. 1732
37 LG Berlin, Urteil vom 28.06.21993 – AZ: 6 O 330/92, PflR 1/1997, S. 30 f. mit ablehnender Anmerkung *Großkopf*

Die Juristen, die sich mit dieser Frage auseinandergesetzt haben, kamen einheitlich zum Ergebnis, daß das Krankenpflegepersonal sowohl subkutan und intramuskulär als auch intravenös injizieren darf. Nur bei sonstigen Punktionen wie z.b. der Lumbalpunktion und bei Bluttransfusionen ist die überwiegende Meinung anderer Auffassung.

Allerdings sind die Begründungen verschieden:

Die einen trennen zwischen Diagnose bzw. Therapie, die ausschließlich in die ärztliche Kompetenz fallen soll, und ihrer technischen Ausführung[38], die anderen gehen von einer Delegation ärztlicher Aufgaben durch den Arzt an Pflegekräfte aus[39].

Richtigerweise ist dagegen von der oben aufgeführten **Gefahrenabwägung** auszugehen. Der Arzt hat eine besonders ausgebildete Pflegekraft auszuwählen, von deren ordnungsgemäßer Arbeitsleistung er sich in angemessenen Abständen überzeugen muß **(Aufsichtspflicht)**. Dieser Auffassung hat sich auch die Bundesärztekammer durch Beschluß vom 16.02.1974 angeschlossen[40]. In die gleiche Richtung gehen die Stellungnahme der Deutschen Krankenhausgesellschaft vom 11.03.1980[41] sowie die gemeinsame Stellungnahme der ADS und des DBfK vom April 1989[42] (und neuerdings vom Mai 1997[43]).

Dabei ist zu berücksichtigen, daß die Gefahrkontrolle und Gefahrvermeidung bei Arztnähe eher möglich ist als bei mehr oder weniger großer Arztferne. Daraus folgt, daß grundsätzlich bei Arztnähe mehr an Gefahren in Kauf genommen werden kann denn bei Arztferne.

Aber: Zu berücksichtigen ist auch, daß die Sicherungskautelen in Fremdeinrichtungen wie Arztpraxis, Krankenhaus und Heim wesentlich weitergehender anzusetzen sind als im häuslichen Bereich. Hierbei wiederum ist das Heim mehr dem häuslichen Bereich zuzuordnen, da der Lebensmittelpunkt des Heimbewohners dort auf eine gewisse Dauer gestellt ist. Die Sicherheit des Patienten als oberstes Gebot der Rechtsprechung steht also in einem Spannungsverhältnis zur Humanität. Bei körperlichen Eingriffen überwiegt zwar grundsätzlich das Sicherheitsgebot, wichtige Ausnahmen gelten aber selbst im klinischen Bereich: Weder wird der lebensgefährdete Patient in der Regel auf Heileingriffe bei selbst großen, speziellen Risiken verzichten wollen, noch kann z.b. dem sterbenden Patienten ernsthaft zugemutet werden, unerträgliche Schmerzen hinzunehmen, obwohl sie mit stark wirksamen Medikamenten selbst unter Inkaufnahme einer Lebensverkürzung bekämpft werden können. Im Heim und im häuslichen Bereich greifen diese Überlegungen noch weitaus mehr.

Daraus folgt, daß mit der Standardisierung in der Technik nicht ernsthaft das rechtliche Dürfen in Frage gestellt werden kann, wenn selbst der Laie, sprich Patient oder Angehörige, nach entsprechender Schulung die Maßnahme selbst durchzuführen in der Lage ist[44].

Dies kann gerade anhand der heftig umstrittenen Auseinandersetzung über die Übertragung der i.v.-Injektion konkretisiert werden. Nach Meinung des Verfassers ist die bisherige Diskussion eher ideologisch als sachlich, was sich anhand eines Vergleichs mit dem französischen Krankenpflegegesetz nachweisen läßt[45], dessen Artikel 4 und 5 die Pflege ausdrücklich zu solchen Tätigkeiten ermächtigen. In Deutschland dagegen wird die Sachdiskussion zu einem Aufhänger für die Emanzi-

38 *Brenner,* DKZ 8/1972, S. 419
39 *Schmelcher,* Der Krankenhausarzt 3/1964, S. 81; *Siegmund/Schultze,* Die Schwester 6/1974, S. 49
40 abgedruckt in: *Jacobs,* a.a.O., S. 112
41 in: Das Krankenhaus 1980, 151 = DKZ 1980, 285 = *Jacobs,* a.a.O., S. 108 ff.
42 abgedruckt in: *Jacobs,* a.a.O., S. 112
43 *ADS und DBfK,* Verantwortungsbereiche der beruflich Pflegenden, Mai 1997, 32 S.
44 Einzelheiten in: *Böhme,* Pflege auf dem Prüfstand, a.a.O., 1992, 276 + IX S.
45 vgl. *Schreiber,* Schw/Pfl 10/1991, 931–932

pation der Pflege gegenüber dem ärztlichen Dienst. Tatsache ist, daß in Notfällen jeder Zahnarzt, Psychiater, Kinderarzt oder Hausarzt die ihm möglichen und zumutbaren Notfallmaßnahmen ergreifen muß. Tatsache ist aber auch, daß er diese Maßnahmen zumeist noch nicht einmal in einer Weise beherrscht, wie qualifizierte Nichtärzte.

Deshalb reduzieren sich die Überlegungen zur Übertragungsfähigkeit solcher ärztlicher Tätigkeiten auf typische und spezielle Gefahren, soweit diese nicht beherrschbar sind, soweit also letztlich ärztliches Fachwissen erforderlich ist. Was Ärzte, die nicht Notfallärzte sind, nicht beherrschen, müssen auch Nichtärzte nicht beherrschen können. Was Laien noch beherrschen, müssen erst recht Fachkräfte in der Pflege beherrschen.

Zu Recht hat deshalb die **Vollzugstheorie** Eingang in die rechtliche Beurteilung der Übertragungsfähigkeit gefunden, die folgende Kriterien in Anlehnung an die höchstrichterliche Rechtsprechung entwickelt hat[46]: Übertragungsfähig sind Tätigkeiten mit

• relativer Einfachheit
• relativer Gefährdungsferne
• absoluter Überwachbarkeit.

Danach lassen sich weitaus mehr Tätigkeiten übertragen, als gemeinhin diskutiert wird.

Für die Bereiche mit mehr oder weniger Arztferne muß das dritte Kriterium durch die absolute Beherrschbarkeit durch den Pflegenden ersetzt werden. Damit erlangt naturgemäß dessen Qualifikation erhebliche Bedeutung[47].

Somit sind Blutentnahmen, subkutane Injektionen, Infusionen, intravenöse Injektionen, die nicht mit speziellen Gefahren verbunden sind, viel eher übertragbar als die komplikationsträchtigen Blasenkatheterisierungen und intramuskulären Injektionen. Damit ist das Katheterspülen keinesfalls so tragisch oder sind gar Einspritzungen in liegende Systeme bei entsprechender medikamentöser Einstellung des

Patienten keineswegs nur Ärzten vorbehalten, wie es immer wieder behauptet wird. Immer dort, wo Einzelfallentscheidungen an der Tagesordnung sind, wird es wirklich kritisch und bedarf es weitergebildeter Kräfte, so in der richtigen Intensivmedizin, die somit ambulant nur durch weitergebildetes Personal durchgeführt werden kann *(vgl. auch im einzelnen Teil 2: Haftungsrecht unter F.I.)*.

Somit muß Schwester V. im Fall 62 grundsätzlich der Anordnung Folge leisten[48].

Beschränkungen des Weisungsrechts

Aus dem Weisungsrecht ergibt sich eine Selbstbeschränkung: **Der Anweisende muß zuständig sein.**

Es ist aber im Interesse des Arbeitsablaufes nicht geboten, daß Anweisender und Angewiesener sich über Zuständigkeiten streiten. Auch wird es keiner Pflegekraft einfallen, die Zuständigkeit eines Arztes in Zweifel zu ziehen, abgesehen von Ausnahmefällen. Im Interesse der Rechtssicherheit sind deshalb **nur die Anweisungen von absolut unzuständigen Personen für unverbindlich anzusehen.**

Damit ist aber nicht gesagt, daß Ärzte und die Verwaltungsleitung allzuständig sind und den Pflegekräften kein eigener Verantwortungsbereich bleibt. Um einen reibungslosen Arbeitsablauf zu gewährleisten, wird die Pflegedienstleitung sich mit den Ärzten und der Verwaltungsleitung über den Umfang der Zuständigkeiten im Pflegebereich auseinandersetzen müssen. Hier sind natürlich **schriftliche Abgrenzungen und Abstimmungen** der Tagesarbeit nicht nur dienlich, sondern fördern die Rechtssicherheit.

Das Weisungsrecht des Arbeitgebers unterliegt aber über die arbeitsvertraglichen

---

46 ausführlich *Hahn*, Die Haftung des Arztes..., a.a.O., 128 S. sowie *Böhme*, DKZ 1/1984, Beilage, 16 S.

47 ausführlich dazu *Böhme*, Pflege auf dem Prüfstand, a.a.O., S. 114 ff.

48 entgegen der vereinzelt geäußerten Gegenmeinung von *Großkopf (vgl. Anm. 37)*, die allerdings in PflR 3/1997, S. 96 relativiert wird

Vereinbarungen hinaus **weiteren Einschränkungen.**

(1) Anweisungen dürfen **für den Arbeitnehmer nicht unmöglich** sein. Sofern eine Pflegekraft im Rahmen ihrer Ausbildung die Verabreichung von intravenösen Injektionen nicht gelernt hat (früher der Regelfall, heute wieder häufiger) und diese Qualifikation auch nicht in einer betrieblichen Zusatzausbildung (Einlernen durch einen Arzt) erworben hat, ist ihr die Ausführung der Anweisung subjektiv unmöglich.

Im Fall 62 kann Schwester V. also die Anordnung verweigern, wenn sie zur Verabreichung einer intravenösen Injektion nicht genügend qualifiziert ist.

(2) Anweisungen dürfen **nicht den Strafgesetzen zuwiderlaufen,** insoweit hat der Arbeitnehmer eine Weigerungspflicht. Für Angestellte im öffentlichen Dienst ergibt sich dies, soweit sie dem BAT unterliegen, ausdrücklich aus

§ 8 Abs. 2 Satz 3 BAT

„Der Angestellte hat Anordnungen, deren Ausführung – ihm erkennbar – den Strafgesetzen zuwiderlaufen würden, nicht zu befolgen."

Das bedeutet, daß der Arbeitnehmer solche Anweisungen nicht einmal ausführen darf, ansonsten macht er sich selbst strafbar.

Mit Strafgesetzen ist nicht nur das Strafgesetzbuch gemeint, darunter fallen **auch Ordnungswidrigkeiten** (wichtig bei der Beachtung von Arbeitnehmerschutzgesetzen wie der ArbZG, der MedGV und dem MPG sowie bei Unfallverhütungsvorschriften).

Im Beamtenrecht ist das in § 56 Abs. 2 Satz 3 Bundesbeamtengesetz ausdrücklich sichergestellt. Im Arbeitsrecht kann nichts anderes gelten[49].

Der Einschränkung „*erkennbar*" kommt nur geringe praktische Bedeutung zu, weil zu-

mindest die Kenntnis der allgemeinen Strafgesetze und Ordnungswidrigkeiten von allen Bürgern erwartet wird. Auch die berufsspezifische Strafrechts- und Ordnungswidrigkeitenmaterie ist als bekannt vorauszusetzen. So sind z.B. wichtige Arbeitnehmerschutzgesetze und die Unfallverhütungsvorschriften für das Krankenhaus den Beschäftigten bekanntzugeben.

Allerdings können bei der Auslegung eines strafrechtlich relevanten Sachverhaltes für den Arbeitnehmer erhebliche Schwierigkeiten entstehen. Dies gilt insbesondere für die recht komplizierten Rechtsprobleme im Gesundheitswesen. Insoweit reicht es aus, daß der Arbeitnehmer den Sachverhalt als strafbar bzw. ordnungswidrig wertet oder nicht, ohne die gesetzlichen Grundlagen und deren Auslegung durch Rechtsprechung und juristische Literatur zu kennen – man spricht dabei von einer Parallelwertung des Arbeitnehmers in der Laiensphäre. Es ist aber festzuhalten, was leider kaum im Bewußtsein der Betroffenen vorliegt: **Mit steigender Qualifikation** des Laien – z.B. vom Krankenpflegehelfer zur Krankenschwester, zur Abteilungsleitung, zur leitenden Pflegekraft – **sind berufsspezifische Rechtskenntnisse größeren Umfanges zu erwarten.** Allgemeine Rechtskenntnisse hat jeder Bürger zu besitzen.

Im vorliegenden Fall besteht das Problem in folgendem:

Jeder körperliche Eingriff, wie Verabreichung von Medikamenten, von Injektionen, Infusionen und Blutentnahmen **ist strafrechtlich eine Körperverletzung im Sinne des § 223 StGB.** Diese Körperverletzung **kann rechtfertigend durch eine Einwilligung des Patienten gedeckt sein (§ 226 a StGB).** Der Patient kann seine Einwilligung aber nur dann wirksam abgeben, wenn er über die Bedeutung und Fol-

---

49 *Arndt/Baumgärtel,* Recht der Arbeiter und Angestellten im öffentlichen Dienst, GKÖD Band IV, T § 8 Anmerkung 55

gen des Eingriffs ausreichend aufgeklärt worden ist. Daran fehlt es vielfach im Krankenhaus. Die Einwilligung selbst bezieht sich auf den ärztlichen Eingriff; soweit ärztliche Aufgaben auf das Personal delegiert sind, erstreckt sich die Einwilligung im Zweifel auch darauf. Sofern ein Patient aber die Behandlung durch die Pflegekraft ablehnt, darf die Pflegekraft der Anordnung des Arztes nicht nachkommen, sonst macht sie sich strafbar. Es liegt dann ein Fall des § 8 Abs. 2 Satz 3 BAT vor.

Sicherlich steht die **Pflegekraft** hier in einem **Dilemma,** wie viele Haftungsprozesse zeigen:

Einerseits verlangt man von ihr die Ausführung einer Anordnung und deren **Verweigerung** wird **als Störung** des Betriebsablaufs aufgefaßt mit der möglichen Konsequenz einer Kündigung. Andererseits macht sich die Pflegekraft bei **Ausführung** schlichtweg **strafbar.**

Die **Haftungseinschränkung** des § 8 Abs. 2 Satz 2 BAT, wonach die Verantwortung denjenigen trifft, der die Anweisung erteilt hat, bezieht sich allein auf die Schadensersatzansprüche des Arbeitgebers gegenüber dem Arbeitnehmer, **befreit** aber **nicht den angewiesenen Arbeitnehmer von der Beachtung der Strafgesetze,** denn das Strafrecht ist Schuldstrafrecht, also ist auf die jeweils konkret handelnde Person abzustellen.

Beachte:

Aufgrund dieser Rechtslage muß sich die Pflegekraft darüber im klaren sein, daß sie in diesen Fällen immer die Befehlsverweigerung in ihrem eigenen Interesse zu wählen hat. Denn eine vorbestrafte Pflegekraft wird es bei der Stellensuche schwerer haben als eine Pflegekraft, der evtl. wegen ihrer Weigerung zur Durchführung einer strafbaren Handlung gekündigt wird, wobei eine Kündigungsschutzklage große Aussicht auf Erfolg hat.

Somit wird Schwester V. dem Patienten die Injektion verabreichen, sofern der Patient sich gegen die Maßnahme nicht definitiv wehrt.

Wehrt sich der Patient, muß die Krankenschwester auf jeden Fall den Arzt rufen, dem es evtl. gelingt, den Patienten von der Richtigkeit der Maßnahme zu überzeugen. Anderenfalls muß er sich dem Willen des Patienten unterordnen *(Einzelheiten hierzu in Teil 2: Haftungsrecht unter F.I.).*

(3) Im Rahmen der **Anweisung, die den Arbeitsablauf betrifft, gibt es kein Beteiligungsrecht des Personalrats bzw. des Betriebsrats.** Allerdings gibt es Beteiligungsrechte bezüglich der Auswirkung einer tätigkeitsbezogenen Maßnahme des Arbeitgebers auf die Arbeitsgestaltung und den Arbeitsschutz.

Nur bei generellen Anweisungen, z.B. bei Richtlinien für die Nachtwache oder bei einer Dienstanweisung für alle im Pflegedienst tätigen Mitarbeiter, hat der Personalrat ein Mitwirkungsrecht nach § 80 Abs. 1 Nr. 1 LPersVG, dessen Verfahren sich nach § 72 LPersVG richtet.

Der Betriebsrat hat kein gleichartiges Recht.

Im Fall 62 ist also die Mitwirkung des Personalrats notwendig, wenn allgemeine Richtlinien zur Frage der Verabreichung von Injektionen, Transfusionen, Blutentnahmen und Punktionen ergehen. Das ist hier, wie regelmäßig, nicht der Fall.

2.7.2. Verweigerung der Übernahme ärztlicher Assistenzarbeiten durch OP-Pflegekräfte

Fall 63:

Der 46 Jahre alte Kläger ist aufgrund Arbeitsvertrags vom 01.04.1975 seit dem 01.04.1975 beim beklagten Arbeitgeber als Krankenpfleger beschäftigt. Mit Schreiben vom 15.01.1992 hat die Mitarbeitervertretung den beklagten Arbeitgeber darauf hingewiesen, daß 1991 bei mehr als der Hälfte aller Operationen nur ein Arzt anwesend gewesen sei, und um Mitteilung gebeten, ob das OP-Personal zur Assistenz verpflichtet sei, oder ob die Assistenz einem Arzt vorbehalten bleiben müsse. Die Beklagte hat am 20.01.1992 geantwortet, daß das OP-Personal zur Assistenz verpflichtet sei. Mit der Klage will der klagende Krankenpfleger diese Frage gerichtlich geklärt haben. Er trägt vor, in seiner Abteilung operiere stets nur ein Arzt, dem er assistieren müsse. Dabei müsse er Wundsekret absaugen, Gefäße koagulieren, Haken halten, Fäden abschneiden und bei operativen Eingriffen auch darauf achten, ob Nerven beschädigt werden können. Dies halte er für berufsfremd. Falls ihm dabei ein Fehler unterlaufe, bestehe die Gefahr, daß er sowohl zivilrechtlich als auch strafrechtlich belangt werde.

Der Kläger beantragt deshalb:
Es wird festgestellt, daß der Kläger nicht verpflichtet ist, bei Operationen Tätigkeiten eines Assistenzarztes auszuüben, insbesondere Wundsekret abzusaugen, Gefäße zu koagulieren, Haken zu halten, Fäden abzuschneiden und bei operativen Eingriffen auch darauf zu achten, ob Nerven beschädigt werden könnten.

Die Beklagte beantragt demgegenüber, die Klage abzuweisen. Ihres Erachtens sei es zulässig, gut ausgebildetes Krankenpflegepersonal, das über qualifizierte Kenntnisse und Fähigkeiten verfüge, unter der Aufsicht und Kontrolle des Arztes bei Operationen einzusetzen. Es handle sich nicht um für einen Krankenpfleger berufsfremde Aufgaben. Die Delegation ärztlicher Tätigkeiten auf nicht ärztliches Personal sei zulässig. Nach Auffassung der Beklagten sei die Einwilligung des Patienten dazu nicht erforderlich[50].

Dabei stellen sich einige Fragen:
1. Dürfen es Instrumentierschwestern/-pfleger ablehnen, derartige ärztliche Assistenzarbeiten zu übernehmen und sich auf ihre Tätigkeit, das Instrumentieren, beschränken?
2. Dürfen sich OP-Schwestern/-pfleger weigern, an einer Operation teilzunehmen, bei der die benötigte ärztliche Assistenz fehlt?
3. Machen sich OP-Schwestern/-pfleger schadensersatzpflichtig oder strafbar, wenn sie gezwungenermaßen ärztliche Assistenzaufgaben wahrnehmen und der Patient hierdurch geschädigt wird (z.B. Verletzung des Gesichtsnervs durch falsch angesetzten Wundhaken)[51]?

Zur Abgrenzung ärztlicher von pflegerischen Tätigkeiten

Da ärztliche und pflegerische Tätigkeiten nur in ihrem Kernbereich bestimmt werden können, bleiben die Übergänge zwischen ihnen fließend. Erschwert wird die Situation dadurch, daß der Begriff der Behandlungspflege oder – wie im Krankenhaus gesagt wird – der S-Leistungen vom Umfang her ebenfalls nicht genau bestimmt ist. Gesetzliche Regelungen bestehen hier nicht. Anhaltspunkte geben uns natürlich die Ausbildungs- und Prüfungsordnungen sowie die Weiterbildungsordnungen, aus denen durch Nichtnennung bzw. Nichterwähnung solcher Sachverhalte ersichtlich wird, daß Assistenz durch Hakenhalten nicht zu den pflegerischen, sondern grundsätzlich zu den ärztlichen Aufgaben gehört.

Gerade z.B. die Möglichkeit, durch falsch angesetztes Wundhakenhalten den Gesichtsnerv zu verletzen, zeigt das Vorliegen eines Risikos, das über die pflegerische Ausbildung hinaus eingehende medizinische Kenntnisse erfordert. Pflege erfolgt am Patienten und nicht im Patienten[52]. Es ist demzufolge unzulässig, daß OP-Pflegepersonal mit dem Halten der Wund- und des Bulbushakens zu beauftragen, weil diese Aufgabe vom Pflegepersonal nicht ausreichend beherrscht wird und der Mitarbeiter sich damit überfordert.

---

50 ArbG Koblenz vom 24.08.1993 unter dem AZ: 3 Ca 713/93 *(rechtskräftig)*, abgedruckt in: *Roßbruch*, Handbuch des Pflegerechts, unter C.30,5

51 vgl. *Debong/Andreas*, Kann sich Krankenpflegepersonal bei Operationen weigern, Assistenzarbeiten zu übernehmen, für die ein Arzt zuständig ist?, in: Schw/Pfl 11/1996, S. 1035

52 richtig *Debong/Andreas*, Die Schwester/Der Pfleger 11/1996, S. 1035

Das Problem der Arbeitsverweigerung im Gegensatz zu den Leistungsverweigerungsrechten

Während *Debong/Andreas* in ihrem Beitrag offenlassen, ob hier ein Fall der Arbeitsverweigerung besteht, muß dies seitens des Verfassers eindeutig bestritten werden. Arbeitsverweigerung liegt nur dann vor, wenn eine **rechtmäßig** übertragene Aufgabe nicht oder nicht ausreichend ausgeführt wird. Nach *Schaub*[53] gibt es die in *Übersicht 12* dargestellten fünf Leistungsverweigerungsrechte des Mitarbeiters[54]:

Von den hier in Frage stehenden Leistungsverweigerungsgründen kann der Mitarbeiter insbesondere die Gründe Ziff. 2 und 4 immer geltend machen, ohne sich dem Vorwurf der Arbeitsverweigerung ernsthaft aussetzen zu müssen. Einer diesbezüglichen Abmahnung oder gar Kündigung könnte der Mitarbeiter gelassen entgegensehen, weil kein Arbeitsrichter in Deutschland ernsthaft auf die Idee kommt, eine solche Abmahnung oder Kündigung gut zu heißen. Natürlich bestätigen Ausnahmen die Regel. Dafür gibt es ja dann auch zwei weitere Instanzen, nämlich das Landesarbeitsgericht in Berufungssachen und das Bundesarbeitsgericht als Revisionsinstanz. Soweit wird es aber der Arbeitgeber, der ja schließlich selbst arbeitsrechtlich versiert ist, über die Personalabteilung ernsthaft nicht kommen lassen. Grundsätzlich ist ein klares Nein des Mitarbeiters oftmals zweckmäßiger als ein Herumlavieren, das haftungsrechtlich letztlich erst recht zu Konsequenzen führen kann.

Die Anordnungen sind rechtswidrig und sind auch vom Personal deshalb nicht durchzuführen, weil es diese Aufgaben nicht ausreichend beherrscht. Zu dieser Feststellung braucht der Mitarbeiter kein Arbeitsgericht.

Für den Fall 63 ist maßgeblich die

Entscheidung des ArbG Koblenz zur Durchführung ärztlicher Anordnungen durch das Pflegepersonal:

„Die Klage ist zulässig und begründet. Der Kläger ist nicht verpflichtet, bei Operationen Sekret abzusaugen, Gefäße zu koagulieren, Haken zu halten, Fäden abzuschneiden und darauf zu achten, ob Nerven beschädigt werden können. Die Kammer vermochte aus eigener Sachkunde zu beurteilen, daß es sich dabei um Tätigkeiten handelt, die einem Arzt vorbe-

---

53 *Schaub*, Arbeitsrechtshandbuch, a.a.O., § 130 II 8
54 vgl. auch *Böhme*, Die individuelle und organisatorische Verweigerung in der Krankenpflege aus rechtlicher Sicht, Teil 1, Schw/Pfl 06/1990, 528-531

Übersicht 12: *Leistungsverweigerungsrechte des Mitarbeiters*

1. Die Anordnung verstößt gegen die Strafgesetze

2. Die Anordnung ist nicht rechtmäßig, also rechtswidrig

3. Die Aufgabe gehört nicht zu den vertraglich vereinbarten Aufgaben in der Berufsausübung

4. Die Durchführung der Anordnung ist dem Mitarbeiter unmöglich oder z.Zt. nicht möglich, weil er sie nicht ausreichend beherrscht

5. Die Durchführung der Anordnung ist dem Mitarbeiter nicht zumutbar.

halten sind. Die Delegation ärztlicher Tätigkeiten auf nicht ärztliches Personal ist rechtlich nur zulässig, wenn der Patient in diese Maßnahme einwilligt, die Art des Eingriffs das persönliche Handeln des Arztes nicht erfordert, der Arzt die Maßnahme anordnet, der ausführende nicht ärztliche Mitarbeiter zur Durchführung der Anordnung befähigt ist und er zur Ausführung der ärztlichen Tätigkeit bereit ist. Der Kläger ist mithin, von Notfällen abgesehen, nicht verpflichtet, ärztliche Tätigkeiten zu verrichten. Zwar muß ein Krankenpfleger grundsätzlich ärztlichen Anordnungen nachkommen. Dieses Anweisungsrecht gilt jedoch nicht uneingeschränkt. Die Durchführung von Anordnungen muß dem Untergebenen möglich und zumutbar sein. Beim Einsatz des Klägers bei Operationen ist es dem Kläger nach Auffassung der Kammer nicht zuzumuten, ärztliche Tätigkeiten zu verrichten. Falls dabei Kunstfehler unterlaufen, besteht nämlich die Gefahr, daß der Kläger strafrechtlich zur Verantwortung gezogen wird.
Der Klage war mithin stattzugeben."

Peter Jacobs hat hierzu dem Verfasser gegenüber zu Recht angemerkt:
„Die hier zur Diskussion stehenden beiden Sachverhalte im Zusammenhang mit der Frage der Arbeitsverweigerung bzw. des evtl. Übernahmeverschuldens durch Pflegepersonal haben neben der juristischen Dimension auch noch pflegerisch-berufspolitische Aspekte. Vor dem Hintergrund der Diskussion der „Abgabe berufsfremder Tätigkeiten", worunter die Pflege überwiegend die Abgabe ärztlicher Tätigkeiten (sogenannte Behandlungspflege) versteht, sollte hier differenziert hingeschaut werden. So ist es z.B. gerade im OP- und Anästhesiebereich und den dazugehörenden Weiterbildungen durchaus üblich, daß im Rahmen dieser Weiterbildungslehrgänge ärztliche Tätigkeiten unter ärztlicher Aufsicht durchgeführt werden. Dies hat in erster Linie den Hintergrund, hier ein Gefühl und ein Verständnis für die Arbeitsweisen der anderen Berufsgruppe zu entwickeln. Vergleichbar, wenn auch eingeschränkt, ist hierzu die Pflicht ange-

hender Ärzte, im Rahmen des Studiums ein Pflegepraktikum zu absolvieren. Hält man sich diese Zielsetzung vor Augen und werden die notwendigen Überwachungsmaßnahmen getroffen, so daß eine Patientenschädigung durch unsachgemäße Ausführung sicher verhindert werden kann, spricht derartigen Arbeitsweisen nichts entgegen.
Davon streng abzugrenzen ist jedoch die Praxis, Krankenpflegepersonal für ärztliche Tätigkeiten einzusetzen, um hier Kosten zu sparen. Dies wird vor allen Dingen dann auch problematisch, wenn die dadurch entstehende zeitliche Arbeitsbelastung des Krankenpflegepersonals die Erfüllung der nach dem Arbeitsvertrag geschuldeten pflegerischen Leistungen nur noch eingeschränkt möglich macht.
In jedem Falle muß deutlich hervorgehoben werden, daß ein Einsatz von nicht ärztlichem Personal im Rahmen ärztlicher Tätigkeiten besonders sorgfältige Überwachungsmechanismen seitens der Ärzte notwendig macht. Darüber hinaus ist gerade das Krankenpflegepersonal als – von der Ausbildung her gesehen – zweithöchst qualifiziertes Personal im Gesundheitswesen aufgrund eben dieser Ausbildung in besonderem Maße verpflichtet, bei der Übernahme von nicht pflegerischen Tätigkeiten sorgfältig zu prüfen, ob diese Tätigkeiten gewissenhaft und ohne Gefahr für den Patienten ausgeführt werden können. Geschieht dies nicht, greift das Prinzip des Übernahmeverschuldens, d.h. die Krankenschwester/der Krankenpfleger ist unter Umständen in einer Mitschuld.
Prinzipiell muß jedoch von seiten der Krankenpflege überlegt werden, ob diese Regeln, die den allgemeinen Regeln im Rahmen des Delegationsrechtes entsprechen, weiterhin dazu benutzt werden sollen, um angesichts von Kostenersparnis und damit einhergehendem Stellenabbau immer mehr Tätigkeiten nicht mehr leisten zu wollen. Allerdings ist die zunehmend praxisferne juristische Konstruktion des in der Pflege nicht vorhandenen arztfreien Raumes ein entscheidendes Hemmnis, um hier zu vernünftigen, wirtschaftlichen und den Realitäten im ambulanten und stationären Behandlungsbereich gerecht werdenden Arbeitsteilungen zu kommen."

Zur strafrechtlichen Verantwortlichkeit der OP-Mitarbeiter

Sofern Mitarbeiter eine Maßnahme nicht ausreichend beherrschen, setzen sie sich bei einem Zwischenfall dem Vorwurf eines sogenannten Übernahmeverschuldens aus. Wie schon der Begriff **Übernahmeverschulden** sagt, wird hier vorgeworfen, eine solche Aufgabe unzulässigerweise übernommen zu haben. Wie soll es da rechtlich problematisch sein, dies zu verweigern?

Hierzu die Ausführungen in einem einschlägigen

Strafurteil des Landgerichts Berlin[55] zum Kompetenzerwerb durch Anlernzeit:

„Ihre in etwa 15 Monaten Anlernzeit erworbenen Kenntnisse im gynäkologischen OP befähigten (die OP-Schwester) dazu, sich nicht nur auf das rein Handwerkliche zu konzentrieren, sondern die gesamte Handhabung zu durchdenken."

Das bedeutet also: Wäre der Mitarbeiter nur Helfer, dann könnte man von ihm ein Mitdenken und ein eventuelles Verweigern nicht verlangen. Eine OP-Pflegefachkraft übt aber einen Lehrberuf – in der Regel sogar verbunden mit einer Weiterbildung – aus, wobei es auf die formale Weiterbildung insoweit gar nicht ankommt. Wenn der Mitarbeiter mit einem abgeschlossenen Lehrberuf vor eine Aufgabenwahrnehmung gestellt wird, muß er die Rechtmäßigkeit selbst überprüfen und erforderlichenfalls Nein sagen.

Im Berliner Bauchtuchfall hätte die OP-Schwester das Instrumentieren nach der einfachen Zählmethode ablehnen müssen, es sei denn, der Operateur macht einen Notfall geltend. Sie hätte also diese Aufgabe gar nicht übernehmen dürfen!

Zur zivilrechtlichen Schadensersatzhaftung

Hier braucht für die OP-Pflegekräfte nicht allzuviel ausgeführt zu werden, weil dieser Bereich ja haftpflichtversichert ist. Bedeutender ist dies für den Krankenhausträger, der nach einem neuesten Urteil des Bundesgerichtshofes[56] ein **Organisationsverschulden** des Trägers auch darin sieht, wenn ein Belegarzt seine ärztliche Tätigkeit erkennbar mangelhaft organisiert und der Krankenhausträger hier nicht interveniert. Das bedeutet natürlich auch auf das Vertragsrecht bezogen, daß der Krankenhausträger hier auf Einhaltung des Belegarztvertrages bestehen muß und notfalls in solchen Fällen von seinem außerordentlichen Kündigungsrecht des Belegarztvertrages aus wichtigem Grunde Gebrauch machen sollte. Jedenfalls besteht keine Veranlassung anzunehmen, daß hier die Beteiligten aus der zivilrechtlichen Schadensersatzhaftung entlassen werden können. Den Versicherungsträgern kann für diese Fälle nur dringend empfohlen werden, sofort die Versicherungsverträge mit den Krankenhäusern zu kündigen, wenn es zum Zwischenfall kommt, um nämlich auf diese Art und Weise zu erreichen, daß solche Belegkrankenhaussysteme schnellstens beseitigt werden, denn ohne Versicherungsschutz kann dieses System ernsthaft nicht durchgeführt werden.

---

55 Urteil in Strafsachen des Landgerichts Berlin unter dem AZ (504) 63 Ls 136/78 (Ns) (58/79) vom 26.06.1980, veröffentlicht in: *Teil 2: Haftungsrecht, unter 2.3.1., Fall 130, S. 250*

56 BGH (Z) vom 16.04.1996 unter dem AZ: VI ZR 190/95, NJW 1996, 2429-2431

2.7.3. Mitwirkung am Schwangerschaftsabbruch

Fall 64:

Krankenschwester E. soll am Absauggerät zur Durchführung von Schwangerschaftsabbrüchen ausgebildet werden. Aus Gewissensgründen verweigert sie die Ausbildung. Darf sie das?

Anweisungen dürfen für den Arbeitnehmer nicht unzumutbar sein. Hierbei sind insbesondere die Menschenwürde des Arbeitnehmers (Art. 1 GG) und die freie Entfaltung seiner Persönlichkeit (Art. 2 Abs. 1 GG) zu beachten.

So liegt ein erheblicher Verstoß gegen den Verhältnismäßigkeitsgrundsatz vor, wenn z.B. die Stationsschwester der sehr beschäftigten Krankenschwester befiehlt, einen richtig sitzenden, aber unschönen Kornährenverband noch einmal anzulegen.

Weiterhin ist das Recht auf Leben und körperliche Unversehrtheit (Art. 2 Abs. 2 GG) zu berücksichtigen. Ein Verstoß dagegen liegt z.B. vor, wenn die Ausführung der Anweisung mit Gefahren für Leben und Gesundheit verbunden ist, es sei denn, daß diese Gefährdung gerade Vertragsinhalt geworden ist, wie das Arbeiten mit TBC-Kranken.

Im Fall 64 beruft sich Schwester E. auf Gewissensgründe. Die Gewissensfreiheit ist grundgesetzlich in Art. 4 GG zum Menschenrecht erhoben.

Ein gesetzlich geregelter, heute in der Krankenhauspraxis bedeutender Fall findet sich in

Art. 2 des 5. Gesetzes zur Reform des Strafrechts vom 18.06.1974[57]

„(1) Niemand ist verpflichtet, an einem Schwangerschaftsabbruch mitzuwirken.

(2) Abs. 1 gilt nicht, wenn die Mitwirkung notwendig war, um von der Frau eine anders nicht abwendbare Gefahr des Todes oder einer schweren Gesundheitsschädigung abzuwenden."

Insoweit hat das Krankenpflegepersonal ein gesetzliches Weigerungsrecht, auch wenn die Klinik auf solche Abbrüche spezialisiert ist[58]. Etwas anderes gilt, wenn die Pflegekraft sich bei der Einstellung bereiterklärte, bei solchen Eingriffen mitzuwirken[59], wobei der Verfasser sogar der Meinung ist, daß es zur Verpflichtung ausreicht, daß der Mitarbeiter bei der Einstellung erfuhr, daß solche Eingriffe in der Abteilung, in der er beschäftigt ist, auch durchgeführt werden.

Dieses gesetzliche Weigerungsrecht besteht allerdings nur bei der Mitwirkung an einem Schwangerschaftsabbruch, also nicht bei der Nachsorge, und auch nicht bei Maßnahmen, die innerhalb von 14 Tagen nach Empfängnis eine Nidation verhindern. Schließlich muß das Krankenpflegepersonal im Falle der medizinischen Indikation am Schwangerschaftsabbruch mitwirken. Deshalb kann das Krankenpflegepersonal auch nicht die Ausbildung am Absauggerät verweigern[60]. Schwester E. ist also verpflichtet, die Ausbildung am Absauggerät mitzumachen.

Beachte:

In zwei aufsehenerregenden Urteilen hat das BAG zur Frage entschieden, ob eine Gewissensentscheidung eine Arbeitsverweigerung rechtfertigt.

Im Urteil vom 20.12.1984[61] entschied das BAG, daß unabhängig von den gesetzlich geregelten Fällen die Interessenlage von Arbeitgeber und Arbeitnehmer eine

---

57 Bundesgesetzblatt I, S. 1297
58 BAG, in: DB 1989, 1191
59 richtig *Schneider*, Rechtskunde, a.a.O., S. 140
60 vgl. *Brenner*, DKZ 12/1976, S. 674/675
61 BAG vom 20.12.1984, in: JZ 1985, S. 1108, 1110

Arbeitsverweigerung aus Gewissensgründen rechtfertigen kann.

Im Urteil vom 24.05.1989[62] wurde dies vom BAG ausdrücklich am Fall einer Krankenschwester konkretisiert, nämlich daß es ausnahmsweise wegen einer aus einer spezifischen Sachlage folgenden Gewissensnot heraus dem Arbeitnehmer nicht zumutbar sein kann, die an sich vertraglich geschuldete Leistung zu erbringen. Dabei ist der subjektive Gewissensbegriff maßgebend.

Entgegen *Brenner*[63] kann der fachlich vorgesetzte Arzt die Gewissensentscheidung nicht ersetzen. Die Problematik erschöpft sich auch keineswegs in einer Mitteilungspflicht gegenüber dem Arzt. Nachdem sowieso eine Notlage verlangt wird, die ja nur ganz ausnahmsweise zum Tragen kommt, hat der Mitarbeiter diese Entscheidung ganz alleine zu treffen und zu verantworten; der Arbeitgeber wird in solchen Ausnahmefällen sinnvollerweise sowieso nicht darauf bestehen, daß der Mitarbeiter mitwirken muß, und dieser Arbeitgeber ist in erster Linie nicht der Arzt, sondern die Pflegedienstleitung und die Personalleitung!

3. Anordnungen, die den Ort der Arbeitsleistung betreffen

3.1. Versetzung

Die mit dem Wechsel des Beschäftigungsorts verbundene Umsetzung wurde bereits im Zusammenhang mit Fall 57 abgehandelt, weswegen nachfolgend lediglich die Versetzung dargestellt ist. Das dort Ausge-

führte gilt wiederum auch für die Abordnung.

Fall 65:

Krankenpfleger P. ist seit zwei Jahren auf der Dialysestation der Universitätsklinik T-Stadt beschäftigt. Da die Universitätsklinik F-Stadt dringend eine Pflegekraft braucht, die auf der Dialysestation bereits gut eingearbeitet ist, wird Krankenpfleger P. auf Dauer nach F-Stadt versetzt. Dagegen wehrt P. sich, denn seine Verlobte hat in T-Stadt einen Ausbildungsplatz. Muß Krankenpfleger P. nach F-Stadt gehen?

1. *Wie ist es, wenn P. laut Arbeitsvertrag als „Krankenpfleger" eingestellt wurde?*
2. *Wie verhält es sich, wenn P. als „Krankenpfleger auf der Dialysestation" eingestellt wurde?*

Anweisung des Arbeitgebers

Es handelt sich wiederum um eine Anweisung, die sowohl Art als auch Ort der Arbeitsleistung betrifft. Auch hier steht der Beschäftigungsort für den Arbeitnehmer im Vordergrund. Während aber im Fall 54 eine Umsetzung, also der Wechsel des Arbeitsplatzes im Betrieb vorliegt, ist im vorliegenden Fall der Wechsel von einem Betrieb zu einem anderen gegeben.

Wenn der **Betriebswechsel auf Dauer** erfolgen soll, bezeichnet man diese Maßnahme in Anlehnung an die beamtenrechtliche Terminologie als **Versetzung.**

Bestimmungen aus dem Arbeitsvertrag

Ob der Betriebswechsel dem Weisungsrecht des Arbeitgebers unterliegt, richtet sich in erster Linie nach dem Arbeitsvertrag.

(1) Wenn im Fall 65 Herr P. als „Krankenpfleger" eingestellt worden ist, dann ist sein Arbeitsplatz nur fachlich und nicht räumlich bestimmt. Aus den Umständen ergibt sich aber regelmäßig der Beschäftigungsort, wie gerade der Fall 65 zeigt.

---

62 BAG vom 24.05.1989, in: NZA 1990, S. 144
63 *Brenner,* Rechtskunde für das Krankenpflegepersonal, 6. Auflage, 1997, S. 189

Wenn der Arbeitnehmer sich um einen Arbeitsplatz bewirbt, wird er in der Regel den einen Betrieb oder die eine Dienststelle des Arbeitgebers im Auge haben, wo er vorstellig wird. Krankenpfleger P. wollte ganz sicher in der Universitätsklinik T-Stadt arbeiten. Das war dem Arbeitgeber auch im Zeitpunkt des Vertragsabschlusses bekannt.

Der arbeitsvertragliche Anknüpfungspunkt des Ortes der Arbeitsleistung ist also in der Regel der Betrieb des Arbeitgebers, bei dem der Arbeitnehmer sich bewirbt.

Bei fachlicher Bestimmung des Arbeitsplatzes ist damit zwar eine **Umsetzung möglich,** die **mit** einem **Wechsel des Beschäftigungsortes** verbunden ist, aber niemals die Zuweisung eines Arbeitsplatzes in einem anderen Betrieb (einer anderen Dienststelle) des Arbeitgebers[64], gleichgültig ob der Betriebswechsel mit einem Wechsel des Beschäftigungsortes verbunden ist oder nicht.

Deshalb ergibt sich aus § 8 Abs. 2 Satz 1 BAT kein Weisungsrecht des Arbeitgebers bezüglich der Zuweisung eines Arbeitsplatzes in einem anderen Betrieb (einer anderen Dienststelle) des Arbeitgebers.

Etwas anderes gilt dann, wenn das Weisungsrecht des Arbeitgebers ausdrücklich arbeitsvertraglich auf den Betriebswechsel erstreckt wird. Solche Vereinbarungen sind aber selten.

Im öffentlichen Dienst ist aber § 12 BAT zu beachten. Nach § 12 BAT erstreckt sich das Direktionsrecht des Arbeitgebers **auch auf den Wechsel von einer Dienststelle zu einer anderen des gleichen Arbeitgebers.** Diese Bestimmung ist unmittelbar oder durch Verweisung auf den BAT Vertragsinhalt.

§ 12 BAT erweitert das Direktionsrecht des Arbeitgebers über § 8 Abs. 2 BAT hinaus[65]. Insoweit wird der besonderen Lage im öffentlichen Dienst Rechnung getragen. Daß § 12 BAT als Schutz des Angestellten des öffentlichen Dienstes vor dem *„uneingeschränkten Versetzungsrecht der Verwaltungen und Betriebe"* zu verstehen sei[66], ist nicht richtig, denn ein solches uneingeschränktes Versetzungsrecht besteht noch nicht

einmal bei Beamten (vgl. §§ 31, 32 Landesbeamtengesetz).

Diese Situation bedeutet für den Arbeitnehmer im öffentlichen Dienst eine Verschlechterung gegenüber Arbeitnehmern in der Privatwirtschaft. Der BMT enthält für Privatkrankenanstalten keine entsprechende Erweiterungsbestimmung, so daß dort kein Versetzungsrecht des Arbeitgebers besteht, außer daß ein solches Recht vertraglich ausdrücklich vereinbart worden ist.

Es ist also festzuhalten, daß der Arbeitgeber im vorliegenden Fall aufgrund seines Weisungsrechtes nach § 12 BAT F einen Arbeitsplatz in einem anderen Betrieb (einer anderen Dienststelle) zuweisen kann, wenn der Arbeitsplatz von Krankenpfleger P. arbeitsvertraglich nur fachlich bestimmt ist (Frage 1 von Fall 65).

(2) Etwas anderes könnte für den Fall gelten, daß P. als *„Krankenpfleger auf der Dialysestation"* eingestellt wurde (Frage 2 von Fall 65).

Dann ist der Arbeitsplatz von Krankenpfleger P. festbestimmt. Wenn der Arbeitgeber den Arbeitnehmer nicht einmal an einen anderen Arbeitsplatz im Betrieb umsetzen darf, dann darf er erst recht nicht den Arbeitnehmer an einen anderen Arbeitsplatz in einem anderen Betrieb (Dienststelle) versetzen[67]. Anderenfalls könnte der Arbeitgeber beliebig die Umsetzungsabrede umgehen.

Beachte:

Selbstverständlich kann das Versetzungsrecht des Arbeitgebers nach § 12 BAT im Arbeitsvertrag ausdrücklich ausgeschlossen werden. Insoweit gilt das **Günstigkeitsprinzip.**

---

64 *Schaub,* Arbeitsrechtshandbuch, a.a.O., § 45 IV 2

65 *Böhm/Spiertz,* BAT, a.a.O., § 12 Anmerkung 1

66 *Arndt/Baumgärtel,* a.a.O. T § 12 Anmerkung 1; *Clemens u.a.,* BAT, a.a.O., § 12 Anmerkung 1

67 ebenso *Bieler/Ebert,* 630, S.9

3. Anordungen zum Ort der Arbeitsleistung

Ergebnis im Fall 65: Wenn der Arbeitsplatz von Krankenpfleger P. im Arbeitsvertrag festbestimmt ist (Frage 2), dann ist eine Versetzung nach § 12 BAT ausgeschlossen. Wenn der Arbeitsplatz nur fachlich bestimmt ist (Frage 1), dann kann der Mitarbeiter grundsätzlich nach § 12 BAT versetzt werden.

(3) Das Weisungsrecht des Arbeitgebers unterliegt weiteren Einschränkungen, die in *Übersicht 13* dargestellt sind und nachfolgend erläutert werden:

Einschränkung des Versetzungsrechts

§ 12 BAT gibt dem Arbeitgeber kein uneingeschränktes Versetzungsrecht.
Der Angestellte kann nur **aus dienstlichen oder betrieblichen Gründen** versetzt werden (§ 12 Abs. 1 Satz 1 BAT). Die Gründe können sowohl in der Sphäre des Arbeitgebers als auch in der Sphäre des Arbeitnehmers liegen.

Dienstliche/betriebliche Versetzungsgründe in der Sphäre des Arbeitgebers:

• Bei einer anderen Dienststelle des Arbeitgebers ist ein besonderer Arbeitskräftebedarf qualitativer oder quantitativer Art eingetreten, der nur durch den Einsatz von Kräften aus anderen Dienststellen des Arbeitgebers ausgeglichen werden kann[68], z.B. bei Ausfall von Beschäftigten, Mehranfall von Arbeit usw.

• Der alte Arbeitsplatz ist nicht voll ausgelastet oder fällt gar infolge Rationalisierungsmaßnahmen oder Aufgabenverlagerung ganz weg, und in der bisherigen Dienststelle ist kein entsprechender Arbeitsplatz vorhanden.

Dienstliche/betriebliche Versetzungsgründe in der Sphäre des Arbeitnehmers:

• Wenn ein wichtiger Grund (verhaltens- oder personenbedingt) zur außerordentlichen Kündigung durch den Arbeitgeber vorliegt

• Wenn der Angestellte sich in seiner bisherigen Dienststelle als nicht geeignet erwiesen hat und zu erwarten ist, daß er bei einer anderen Dienststelle des Arbeitgebers seine Aufgaben besser erfüllen kann[69]

• Wenn der Angestellte den Betriebsfrieden stört, z.B. bei wiederholten heftigen Auseinandersetzungen mit Kollegen[70]

• Wegen häufiger Trunkenheit, auch außerdienstlich[71].

---

68 *Arndt/Baumgärtel*, T § 12 Anmerkung 7
69 BVerwG, DÖD 1965, S. 177
70 *Arndt/Baumgärtel*, T § 12 Anmerkung 8
71 BAG AP Nr. 8 zu § 611 BGB Direktionspflicht

Übersicht 13: Die Versetzung im öffentlichen Dienst

Einschränkungen des Arbeitgeber-Weisungsrechts

• Versetzung nur aus dienstlichen oder betrieblichen Gründen

• In der Probezeit keine Versetzung ohne Zustimmung des Angestellten

• Bei Bund und Ländern Versetzung nur innerhalb des Geschäftsbereichs oder obersten Dienstbehörde

• Anhörungsrecht des Arbeitnehmers bei Dienstortwechsel

Zumutbarkeit für den Arbeitnehmer

Beteiligung der Belegschaftsvertretung

Eine Versetzung ist auch auf Antrag des Angestellten möglich. Aus der Fürsorgepflicht des Arbeitgebers kann sich auch ausnahmsweise eine Verpflichtung des Arbeitgebers zur Versetzung des Angestellten ergeben, *„wenn das durch in der Person des Arbeitnehmers liegende Gründe geboten und dem Arbeitgeber zumutbar ist"*[72].

Im vorliegenden Fall ergibt sich der dienstliche Grund aus der Sphäre des Arbeitgebers, nämlich aus einem besonderen Arbeitskräftebedarf des Arbeitgebers an der Universitätsklinik F-Stadt.

Während der Probezeit (vgl. § 5 BAT) darf der Angestellte des öffentlichen Dienstes **ohne seine Zustimmung nicht** versetzt werden (§ 12 Abs. 3 BAT).

Im vorliegenden Fall ist Krankenpfleger P. bereits seit zwei Jahren beim Arbeitgeber beschäftigt, so daß schon längst keine Probezeit mehr gegeben ist.

Bei Bund und Ländern ist eine Versetzung **nur innerhalb des Geschäftsbereichs der obersten Dienstbehörde** zulässig. Die Versetzung in den Geschäftsbereich einer anderen Dienstbehörde des Arbeitgebers bedarf der Zustimmung des Angestellten (§ 12 Abs. 2 BAT).

Insoweit ist auf den besonderen Verwaltungsaufbau von Bund und Ländern abzustellen, was am Beispiel der Universitätsklinik im folgenden Fall erläutert werden soll.

Arbeitgeber im Sinne des abstrakten Arbeitgebers, also Krankenhausträger, ist nicht die Universitätsklinik, sondern das Bundesland (hier: Baden-Württemberg), vertreten durch den Ministerpräsidenten und die Fachminister. Die einzelnen Aufgaben des Landes sind den Ministerien übertragen. Ministerien sind oberste Dienstbehörde eines Landes. Jedes Ministerium hat einen Geschäftsbereich. Die Geschäftsbereiche der Ministerien ergeben sich aus der „Bekanntmachung der Landesregierung über die Abgrenzung der Geschäftsbereiche der Ministerien vom 25.07.1972" in der jeweils gültigen Fassung, zur Zeit vom 14.07.1992[73]. Nach deren § 1 VIII Nr. 11 ist das Ministerium für Arbeit, Gesundheit und Sozialordnung für das Gesundheitswesen zuständig. Die Zuständigkeit erstreckt sich z.b. auf die Psychiatrischen Zentren, aber nicht mehr auf die Gesundheitsämter, die seit 01. September 1995 den Landkreisen und damit den Landratsämtern zugeordnet sind. Nach § 1 Abs. 4 Nr. 2 der „Bekanntmachung" ist das Wissenschaftsministerium für Universitätskliniken zuständig. Das gilt für das Land Baden-Württemberg. In anderen Bundesländern und dem Bund ist die Abgrenzung der Geschäftsbereiche der Ministerien unterschiedlich erfolgt.

Somit ist im Fall 65 ein Geschäftsbereich des Wissenschaftsministeriums gegeben. Das Wissenschaftsministerium ist für alle Universitätskliniken, also auch für die in F-Stadt, zuständig. Es bedarf demnach nicht der Zustimmung des Mitarbeiters P. Etwas anderes würde z.B. gelten, wenn P. zu einem Psychiatrischen Zentrum versetzt werden sollte, weil dann der Geschäftsbereich einer anderen obersten Dienstbehörde, nämlich der des Ministeriums für Arbeit, Gesundheit und Sozialordnung, vorliegt.

Sollte der Angestellte an eine Dienststelle außerhalb des bisherigen Dienstortes versetzt werden, so ist er vorher zu hören (§ 12 Abs. 1 Satz 2 BAT). Der Betriebswechsel auf Dauer kann, muß aber nicht mit einem Wechsel des Beschäftigungsortes verbunden sein. Die Unterlassung der Anhörung bei Wechsel des Beschäftigungsortes im Rahmen einer Versetzung führt allerdings nicht zur Nichtigkeit der Versetzung[74]. Insoweit handelt es sich um ein schwaches Recht des Angestellten.

Im Fall 65 ist der Mitarbeiter anzuhören. Die Entscheidung trifft aber allein der Arbeitgeber.

---

72 BAG AP Nr. 27 zu § 611 BGB Direktionspflicht
73 GBl. S. 621; *Dürig*, Gesetze des Landes BaWü, a.a.O., Nr. 15
74 *Clemens u.a.*, § 12 Anmerkung 7

Zumutbarkeit für den Arbeitnehmer
Die Versetzung muß dem Arbeitnehmer **zumutbar** sein. Insoweit ist insbesondere sein Persönlichkeitsrecht zu beachten. Eine Versetzung ohne Wechsel des Dienstortes ist dem Arbeitnehmer regelmäßig zuzumuten. Bei Wechsel des Dienstortes können zwar besondere Erschwernisse für den Angestellten vorliegen, diese können aber unter Umständen durch flankierende Maßnahmen des Arbeitgebers gemildert werden.
Im Fall 65 kann die Trennung von der Verlobten für Krankenpfleger P. eine Härte darstellen. Es kommt hierbei, wie immer bei Wertungsfragen, auf die Umstände des Einzelfalles an. So ist zu berücksichtigen, wie lange die Ausbildung seiner Verlobten noch dauert, ob sie evtl. den Ausbildungsplatz wechseln kann usw.; dann ist die Versetzung zumutbar, denn Unannehmlichkeiten muß der Mitarbeiter in Kauf nehmen.

Beteiligung der Belegschaftsvertretung
Bei Versetzungen ist der **Betriebsrat** nach § 99 Abs. 1 BetrVG bzw. der **Personalrat** nach § 76 Abs. 1 Nr. 3 LPersVG zu **beteiligen.**
Der Mitbestimmung unterliegt auch eine Versetzung mit Zustimmung oder auf Antrag des Arbeitnehmers[75]. Nur wenn das Arbeitsverhältnis im alten Betrieb beendet und im neuen Betrieb ein neues Arbeitsverhältnis begründet wird, hat der Personalrat/Betriebsrat der bisherigen Dienststelle nicht mitzubestimmen. Der Personalrat/Betriebsrat der neuen Dienststelle hat dann aber ein Mitbestimmungsrecht bei der Einstellung (§§ 76 Abs. 1 Nr. 1 LPersVG, 99 Abs. 1 BetrVG).

Beachte:
Der Versetzungsbegriff des § 99 Abs. 1 BetrVG geht weiter als der in § 76 Abs. 1 Nr. 3 LPersVG. Nach § 95 Abs. 3 BetrVG fällt unter die betriebsverfassungsrechtliche Versetzung auch die Umsetzung, während die personalvertretungsrechtli-

che Versetzung allein den Wechsel der Dienststelle auf Dauer umfaßt.
Der Personalrat/Betriebsrat hat ein Mitbestimmungsrecht bei der Aufstellung von Richtlinien über die personelle Auswahl bei Versetzungen (§§ 79 Abs. 3 Nr. 5 LPersVG, 95 Abs. 1 BetrVG).
Im Fall 65 ist der Personalrat nach § 76 Abs. 1 Nr. 3 LPersVG zu beteiligen. Er darf seine Zustimmung aber nur aus Gründen des § 82 LPersVG (der Betriebsrat aus Gründen des § 99 Abs. 3 BetrVG) verweigern. Außerdem kann der Arbeitgeber im Eilfall die Versetzung vorläufig durchführen, wobei das Mitbestimmungsverfahren nachträglich durchzuführen ist (§§ 69 Abs. 5 LPersVG, 100 BetrVG).

Beachte weiter:
Es bestehen Bestrebungen, Universitätskliniken und Psychiatrische Landeskliniken in gewissem Umfang zu verselbständigen, wobei die GmbH-Lösung – jedenfalls in Süddeutschland – eher abgelehnt wird, weil zum einen den Besonderheiten in Forschung und Lehre und zum anderen der forensischen Psychiatrie Rechnung getragen werden muß.
Bei der GmbH-Lösung ist Arbeitgeber die GmbH. Dort kommt also die Versetzung im hier besprochenen Sinne nicht in Betracht. Gleiches gilt für Eigenbetriebe im Sinne der jeweiligen Eigenbetriebsgesetze der Länder.
Soweit nur eine relative Selbständigkeit vorliegt wie bei der kürzlich erfolgten Zentrums-Lösung von Psychiatrischen Einrichtungen des Landes Baden-Württemberg, bleibt es bei den zu Fall 65 besprochenen Grundsätzen.

---

75 *Dietz/Richardi*, BetrVG, a.a.O., § 99 Anm. 44; *Grabendorff u.a.*, BPersVG, a.a.O., § 75 Anm. 21;, *von Hoyningen-Huene*, Betriebsverfassungsrecht, a.a.O., S. 301

3.2. Abordnung

Fall 66

Krankenpfleger P. (vgl. Fall 65) soll auf Weisung des Arbeitgebers für vier Monate der Universitätsklinik F-Stadt zugewiesen werden. Muß er von T-Stadt nach F-Stadt gehen?

Anweisung des Arbeitgebers
Es handelt sich um eine Anweisung, die sowohl Art als auch Ort der Arbeitsleistung betrifft. Im Vordergrund steht wiederum der Beschäftigungsort. Während aber im Fall 67 der Betriebswechsel auf Dauer vorgesehen ist, soll der Mitarbeiter im Fall 68 nur **vorübergehend** in F-Stadt arbeiten. Man spricht insoweit in Anlehnung an die beamtenrechtliche Terminologie von einer **Abordnung.**

Abordnungsrecht des Arbeitgebers
Da der Betrieb des Arbeitgebers regelmäßig als vereinbarter Ort der Arbeitsleistung anzusehen ist, kommt eine Abordnung durch Weisungsrecht des Arbeitgebers grundsätzlich nicht in Betracht. Etwas anderes gilt im öffentlichen Dienst. § 12 BAT betrifft nicht nur die Versetzung, sondern auch die Abordnung. Es gilt das oben bereits Ausgeführte.
Im Fall 66 kann Krankenpfleger P. also grundsätzlich vom Arbeitgeber abgeordnet werden.

Beschränkung des Weisungsrechts
Die Abordnung unterliegt denselben Einschränkungen wie die Versetzung *(vgl. Übersicht 13 auf Seite 127).*

Beachte:
Die **Abordnung** ist im Gegensatz zur Versetzung **auch zu einem anderen Arbeitgeber** zulässig, weil der Vertragspartner des Arbeitnehmers weiterhin der alte Arbeitgeber ist. Der Arbeitnehmer wird nur „ausgeliehen". Das ist z.B. der Fall, wenn der Mit-

arbeiter von der Universitätsklinik zur Berufsgenossenschaftlichen Klinik in T-Stadt abgeordnet würde.
Dann ist allerdings das Arbeitnehmerüberlassungsgesetz (AÜG) zu beachten, wobei in Baden-Württemberg das Landesarbeitsamt in aller Regel entsprechende Genehmigungen nur befristet für bis zu 12 Monate erteilt. Allerdings kommt das AÜG nicht zur Anwendung für karitative Einrichtungen *(vgl. bereits oben unter B.3., Fall 21).*
Im Fall 66 liegt ein dienstlicher Grund (Arbeitskräftebedarf) vor. Es bedarf keiner Zustimmung des Arbeitnehmers, weil er sich nicht mehr in der Probezeit befindet. Er ist allerdings vorher zu hören, weil die Abordnung länger als drei Monate dauert.
Eine Abordnung ist dem Angestellten wegen ihrer vorübergehenden Dauer eher zuzumuten als eine Versetzung. Im Fall 66 ist Krankenpfleger P. eine viermonatige Trennung von seiner Verlobten zumutbar.
Der Personalrat/Betriebsrat hat bei Abordnungen ein Mitbestimmungsrecht nach den §§ 76 Abs. 1 Nr. 5 LPersVG, 99 Abs. 1 BetrVG. Das gilt allerdings nur für den Personalrat bei Abordnungen für die Dauer von mehr als drei Monaten, für den Betriebsrat bei Abordnungen von mehr als einem Monat (§ 95 Abs. 3 BetrVG).
Der öffentliche Dienst kennt auch die Abordnung mit dem Ziel der späteren Versetzung. Hier handelt es sich um eine Vorbereitung einer späteren Versetzung, die dem Mitbestimmungsrecht des Personalrats nach § 76 Abs. 1 Nr. 3 LPersVG unterliegt[76]. Hierunter fallen auch Vorbereitungsmaßnahmen von weniger als drei Monaten.
Im Fall 66 ist der Personalrat nach § 76 Abs. 1 Nr. 5 LPersVG zu beteiligen.
In *Übersicht 14* sind die Probleme bei Umsetzung, Versetzung und Abordnung am Beispiel einer Universitätsklinik veranschaulicht.

---

76 BVerwGE 13, 291

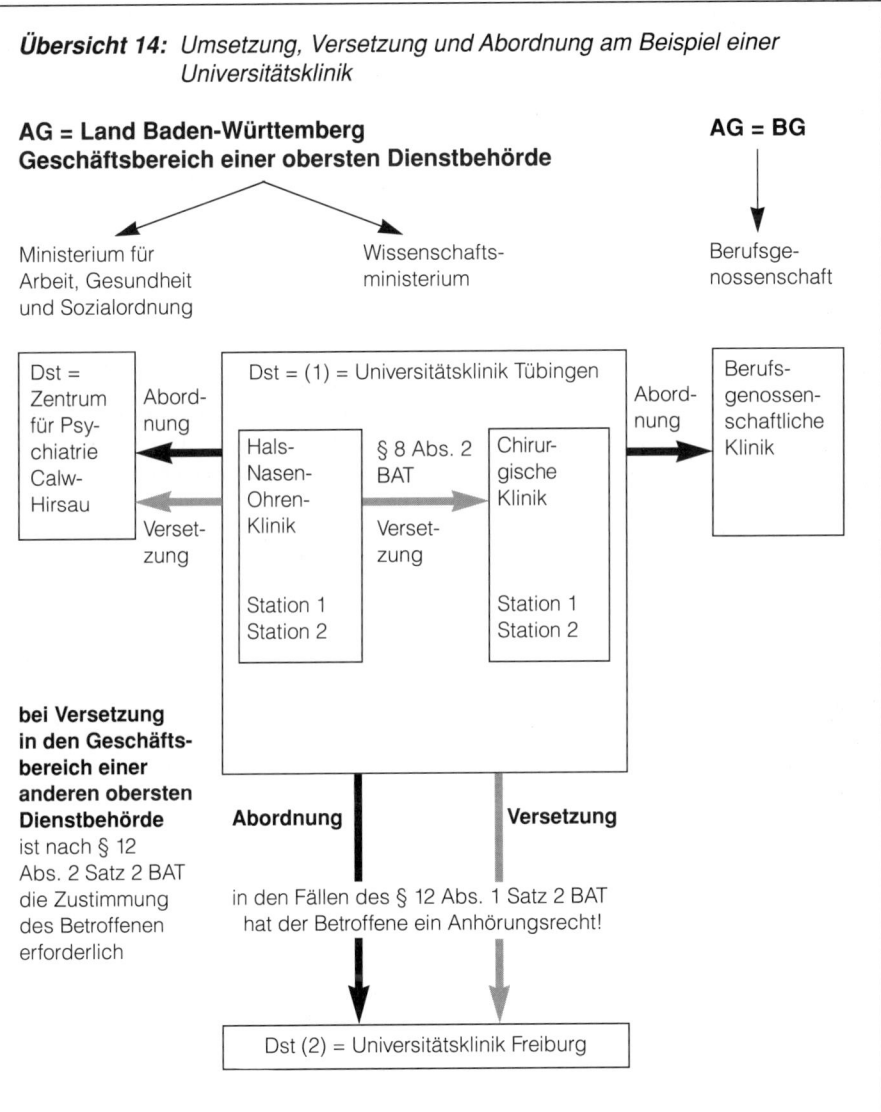

Übersicht 14: *Umsetzung, Versetzung und Abordnung am Beispiel einer Universitätsklinik*

AG = Land Baden-Württemberg
Geschäftsbereich einer obersten Dienstbehörde

AG = BG

Ministerium für
Arbeit, Gesundheit
und Sozialordnung

Wissenschafts-
ministerium

Berufsge-
nossenschaft

Dst =
Zentrum
für Psy-
chiatrie
Calw-
Hirsau

Abord-
nung

Verset-
zung

Dst = (1) = Universitätsklinik Tübingen

Hals-
Nasen-
Ohren-
Klinik

§ 8 Abs. 2
BAT

Verset-
zung

Chirur-
gische
Klinik

Station 1
Station 2

Station 1
Station 2

Abord-
nung

Berufs-
genossen-
schaftliche
Klinik

**bei Versetzung
in den Geschäfts-
bereich einer
anderen obersten
Dienstbehörde**
ist nach § 12
Abs. 2 Satz 2 BAT
die Zustimmung
des Betroffenen
erforderlich

Abordnung

Versetzung

in den Fällen des § 12 Abs. 1 Satz 2 BAT
hat der Betroffene ein Anhörungsrecht!

Dst (2) = Universitätsklinik Freiburg

In der Probezeit (§ 5 BAT) ist die Versetzung und Abordnung von der Zustimmung des Angestellten abhängig (§ 12 Abs. 3 BAT).

Beachte:
Bei Umsetzung (Wechsel des Arbeitsplatzes in der Dienststelle): § 76 Abs. 1 Nr. 4 LPersVG.
Bei Versetzung (Wechsel der Dienststelle auf Dauer): § 76 Abs. 1 Nr. 3 LPersVG.
Bei Abordnung (Wechsel der Dienststelle nur vorübergehend): § 76 Abs. 1 Nr. 5 LPersVG.

4. Anordnungen, die die Zeit der Arbeitsleistung betreffen

4.1. Regelungssystematik

Fall 67 (identisch mit Fall 55):

Die Beschäftigten des Krankenhauses in H-Stadt besprechen anläßlich einer Personalversammlung die Möglichkeit, statt der bisher geltenden „zwölf Arbeitstage und zwei Frei-Tage" eine günstigere Freizeitregelung mit der Krankenhausleitung zu vereinbaren. Es geht den Beschäftigten darum, statt wie derzeit an den zwölf Arbeitstagen nur stundenweise frei zu haben, lieber mehr zusammenhängende Frei-Tage zu bekommen. Wie können die Beschäftigten eine solche Regelung durchsetzen?

Beschränkungen des Weisungsrechts
Auch die Bestimmung der Arbeitszeit unterliegt grundsätzlich dem Weisungsrecht des Arbeitgebers (§ 8 Abs. 2 Satz 1 BAT).
Das Weisungsrecht ist aber hier **erheblich durch andere Regelungsformen eingeschränkt.**
Zwar wird im Arbeitsvertrag selbst in seltenen Fällen eine Arbeitszeitvereinbarung zu finden sein. Dafür gelten aber **umfangreiche tarifvertragliche und gesetzliche Regelungen.**
Für Privatkrankenanstalten gelten regelmäßig die §§ 6 bis 8 BMT, für den öffentlichen Dienst gelten die §§ 15 bis 17 BAT mit den Sonderregelungen, insbesondere SR 2 a Nr. 5 zu § 15 und Nr. 6 zu § 17 BAT. Weiterhin sind die Arbeitszeitvorschriften der Arbeitnehmerschutzgesetze (ArbZG, JArbSchG und MuSchG) zu beachten.
Die tarifvertraglichen Regelungen gelten für alle dem jeweiligen Manteltarifvertrag angeschlossenen Krankenhäuser. Diese Arbeitgeber führen den Tarifvertrag immer

durch Einzelarbeitsvertrag für alle Arbeitnehmer in die Einzelarbeitsverhältnisse ein. Die gesetzlichen Bestimmungen gelten für alle Krankenhäuser, wobei für verschiedene Berufsgruppen und besondere Personengruppen (z.B. Jugendliche und Schwangere) unterschiedliche Regelungen bestehen.
Den Besonderheiten der jeweiligen Arbeitsorganisation trägt die Dienstplangestaltung der Leitungskräfte (Pflegedienstleitung und Stationsleitung) Rechnung. Insoweit übt der Arbeitgeber, dessen Funktionsträger die Führungskräfte der Arbeitsorganisation sind, sein ihm zustehendes Weisungsrecht unter Beachtung des ihm durch die tarifvertraglichen und gesetzlichen Regelungen vorgegebenen Rahmens aus.
Da die tarifvertraglichen und gesetzlichen Regelungen der Arbeitszeit umfangreich und kompliziert sind, werden die einzelnen Vorschriften und Regelungszusammenhänge in einem besonderen Kapitel *„Arbeitsgestaltung und Arbeitsschutz"* (vgl. E.) dargestellt.
Für Fall 67 ist nur folgendes Ergebnis entscheidend:
Die Bestimmung der Arbeitszeit unterliegt dem Weisungsrecht des Arbeitgebers, der allerdings die tarifvertraglichen und gesetzlichen Regelungen zu beachten hat. Es ist also rechtlich nicht zu beanstanden, wenn der Arbeitgeber an der bisherigen Arbeitszeitverteilung auf zwölf Tage in zwei Wochen festhält.

Beteiligungsrechte der Belegschafts-
vertretung
Soweit der einzelne Arbeitnehmer eine ihm günstigere Regelung erreichen will, ist er auf das Wohlwollen des Arbeitgebers angewiesen. Das Gleiche gilt auch für die Beschäftigten in ihrer Gesamtheit.
Allerdings hat der Arbeitgeber bei der Ausübung seines Weisungsrechtes die Beteiligungsrechte des Betriebsrates bzw. Personalrates zu beachten.
Nach § 87 Abs. 1 Nr. 2 BetrVG bzw. § 79 Abs. 1 Nr. 1 LPersVG hat der Betriebsrat

bzw. Personalrat ein **Mitbestimmungsrecht** über *„Beginn und Ende der täglichen Arbeitszeit und der Pausen sowie die Verteilung der Arbeitszeit auf die einzelnen Wochentage".*

Die Festlegung des Beginns und des Endes der täglichen Arbeitszeit betrifft sowohl die zeitliche Lage als auch die Dauer der täglichen Arbeitszeit, die sich aus der Dauer der wöchentlichen Arbeitszeit ergibt[77].

Nur soweit die Dauer und die Lage der Arbeitszeit tarifvertraglich und gesetzlich geregelt ist, besteht kein Mitbestimmungsrecht des Betriebsrates bzw. Personalrates, denn hier ist ja auch der Arbeitgeber in der Ausübung seines Direktionsrechtes eingeschränkt. Der Betriebsrat bzw. der Personalrat haben aber im Rahmen ihrer allgemeinen Aufgaben darüber zu wachen, daß die tarifvertraglichen und gesetzlichen Regelungen durchgeführt werden (§ 80 Abs. 1 Nr. 1 BetrVG, § 68 Abs. 1 Nr. 2 LPersVG).

Das Mitbestimmungsrecht des Betriebsrates bzw. Personalrates bezieht sich nicht nur auf die regelmäßige Festsetzung der Arbeitszeitdauer, sondern auch auf Regelungen aus besonderem Anlaß, z.B. Vor- und Nacharbeiten für dienstfreie Tage, etwa in der Weihnachtszeit, zu Betriebsausflügen usw.[78].

Die betriebliche Mitbestimmung ist auch im Falle der Anordnung von Überstunden gegeben. Das ergibt sich für die Beteiligung des Betriebsrates aus § 87 Abs. 1 Nr. 3 BetrVG. Die Beteiligung des Personalrates folgt aus § 79 Abs. 1 Satz 1 Nr. 1 LPersVG, wie der Umkehrschluß aus § 79 Abs. 1 Satz 2 am Ende LPersVG zeigt.

Um eine Verteilung auf die einzelnen Wochentage handelt es sich, wenn die Aufteilung der Arbeitszeit in reine Tätigkeitszeit und Arbeitsbereitschaft *(dazu noch im Arbeitszeitrecht unter E.)* geregelt werden soll, ebenso bei der Festlegung dienstfreier Wochentage und bei der Einführung oder Änderung der gleitenden Arbeitszeit[79].

Der Betriebsrat/der Personalrat hat nicht nur bei generellen Anordnungen sondern auch bei Einzelmaßnahmen ein Mitbestimmungsrecht[80].

In § 79 Abs. 1 Satz 2 LPersVG ist allerdings folgende Einschränkung der Mitbestimmung des Personalrates enthalten:

§ 79 Abs.1 Satz 2 LVersVG BaWü:

„Muß für Gruppen von Beschäftigten die tägliche Arbeitszeit (Satz 1 Nr. 1) nach Erfordernissen, die die Dienststelle nicht voraussehen kann, unregelmäßig und kurzfristig festgesetzt werden, so beschränkt sich die Mitbestimmung auf die Grundsätze für die Aufstellung der Dienstpläne, insbesondere für die Anordnung von Dienstbereitschaft, Mehrarbeit und Überstunden."

Dieser Grundsatz gilt auch für die Mitbestimmung des Betriebsrates, wenn das auch nicht ausdrücklich im BetrVG erwähnt wird.

Somit hat der Betriebsrat bzw. Personalrat bei der Festsetzung der Dauer und der Lage der Arbeitszeit ein umfassendes **Mitbestimmungsrecht.** Dies bezieht sich **insbesondere** auf die Beteiligung **bei der Gestaltung von Dienstplänen.** Im Krankenhaus gibt es nur wenige Fälle, in denen der Betriebsrat bzw. Personalrat im Sinne des § 79 Abs. 1 Satz 2 LPersVG nur eingeschränkt mitbestimmen kann.

Das ist z.B. der Fall, wenn der Beschäftigte jederzeit damit rechnen muß, unter Unterbrechung seiner Freizeit zur Arbeitsleistung herangezogen zu werden, namentlich bei der Rufbereitschaft, oder wenn

---

77 BVerwG, Personalvertretung 1971, S. 269; *Fischer/Goeres*, BPersVG, a.a.O., K § 75 Anmerkung 74; *Dietz/Richardi*, BetrVG, § 87 Anmerkung 159

78 *Fischer/Goeres*, BPersVG, a.a.O., § 75 Anmerkung 74; *Dietz/Richardi*, BetrVG, § 87 Anmerkung 152

79 *Dietz/Richardi*, § 87 Anmerkung 160

80 *Dietz/Richardi*, § 87 Anmerkung 23

unvorhersehbar Überstunden angeordnet werden müssen.

Für den überwiegend planbaren Teil der Arbeitszeit besteht aber ein uneingeschränktes Mitbestimmungsrecht.

Im Fall 67 geht es aber nicht um eine Beteiligung des Betriebsrates bzw. Personalrates bei einer Maßnahme des Arbeitgebers, die dieser bereits eingeleitet hat oder einzuleiten beabsichtigt. **Zur Durchsetzung einer von den Beschäftigten gewünschten neuen Regelung muß der Betriebsrat bzw. Personalrat zunächst initiativ werden.**

Für den Betriebsrat ergibt sich das Initiativrecht aus Sinn und Zweck der Mitbestimmung[81].

Der Personalrat hat ausdrücklich ein **uneingeschränktes Initiativrecht** nach § 70 Abs. 1 LPersVG i.V.m. § 79 Abs. 1 Satz 1 LPersVG. Somit entscheidet also sowohl nach dem BetrVG als auch nach dem LPersVG die Einigungsstelle endgültig und abschließend.

Der Betriebsrat wird also im Fall 67 versuchen, eine Betriebsvereinbarung mit dem Arbeitgeber zu erreichen. Dies folgt aus § 77 Abs 2 BetrVG *(vgl. dazu oben unter C.5.).*

Der Personalrat wird im Fall 67 den Abschluß einer Dienstvereinbarung durchzusetzen versuchen (vgl. § 79 Abs. 1 Satz 1 LPersVG). Dem stehen nicht etwa die gesetzlichen und tariflichen Arbeitszeitregelungen entgegen (vgl. § 70 Abs. 3 BetrVG einerseits und § 79 Abs. 1 Satz 1 LPersVG andererseits), denn diese Regelungen geben nur einen allgemeinen Rahmen, der erst noch unter Zugrundelegung der jeweiligen Arbeitsorganisation auszufüllen ist.

4.2. Einzelfragen zur Mitbestimmung des Betriebsrats

Fall 68:

Der Betriebsrat versucht eine Neuregelung der Arbeitszeiten des Personals herbeizuführen. Der Arbeitgeber ist damit nicht einverstanden. Der Betriebsrat ruft deshalb die Einigungsstelle an. Diese entscheidet, daß die Arbeitszeit von Montag bis Freitag bereits eine Viertelstunde früher endet und dafür morgens um jeweils eine Viertelstunde früher beginnt. Der Arbeitgeber beantragt beim Arbeitsgericht, den Spruch der Einigungsstelle für unwirksam zu erklären. Zu Recht?[82]

§ 87 Abs. 1 Nr. 2 BetrVG gibt dem Betriebsrat ein Mitbestimmungsrecht über **Beginn und Ende der täglichen Arbeitszeit einschließlich der Pausen sowie Verteilung der Arbeitszeit auf die einzelnen Wochentage.** Demzufolge ist das **Arbeitszeitvolumen mitbestimmungsfrei.** Die Dauer der Arbeitszeit ist nur nach § 87 Abs. 1 Nr. 2 BetrVG mitbestimmungspflichtig, also soweit es um die **Verlängerung oder Verkürzung der täglichen Arbeitszeit** geht. Geht es z.B. um die tariflich festgelegte 38,5-Stunden-Woche oder 40-Stunden-Woche, so besteht das Mitbestimmungsrecht für

- Arbeitsbeginn und -ende (z.B. Frühschicht 06.00 Uhr bis 13.30 Uhr, Spätschicht 13.00 Uhr bis 20.30 Uhr, Nachtschicht 20.00 Uhr bis 06.30 Uhr einschließlich der Lage der Pausen)
- die Festlegung der Pausen (z.B. von 10.00 Uhr bis 11.00 Uhr, 15.00 Uhr bis 16.00 Uhr usw.)

---

81 BAG, EzA, § 87 BetrVG 1972, Initiativrecht Nr. 2
82 BAG vom 31.08.1982, AP Nr. 8 zu § 87 BetrVG 1972 Arbeitszeit; vgl. auch *von Hoyningen-Huene,* Betriebsverfassungsrecht, a.a.O., S. 252

- die Verteilung der durchschnittlichen tariflichen Wochenarbeitszeit z.b. auf 4$^1/_2$, 5, 5$^1/_2$ oder 6 Arbeitstage mit entsprechenden freien Tagen[83]

- die der Unterrichtsstunden von Lehrern[84] (gleiches gilt dann auch für die Unterrichtsstunden der Schüler in der Krankenpflegeausbildung).

Dieser Mitbestimmungsfall gilt auch bei Teilzeitbeschäftigung, wenngleich die Mitarbeiter häufig individuelle Arbeitszeiten wünschen[85]. Auch bei Festlegung kollektiver Rahmenbedingungen von bedarfsorientierter variabler Arbeitszeit nach § 4 des BeschFG 1985[86] oder Job-Sharing (§ 5 BeschFG 1985) bedarf es des Einverständnisses des Betriebsrates.
Selbst wenn § 87 Abs. 1 Nr. 2 BetrVG vom Wortlaut her gesehen eindeutig erscheint, erstreckt sich das Mitbestimmungsrecht auch auf die **Einführung arbeitsfreier Tage**, z.B. Einarbeitungstage oder Brückentage unter gleichzeitiger Verlängerung der Arbeitszeit in den anderen Wochen. Zur Festlegung der täglichen Arbeitszeit gehört auch die Einführung oder der Abbau von Schichtarbeit[87] bzw. die Festlegung von Dienst- bzw. Schicht-Plänen[88] sowie die Umsetzung eines Arbeitnehmers von einer zur anderen Schicht[89]. Mitbestimmungspflicht besteht auch im Fall der sogenannten gleitenden Arbeitszeit einschließlich Gleitspannen und Kernarbeitszeit sowie der Rufbereitschaft[90].
Nach § 87 Abs. 1 Nr. 3 BetrVG hat der Betriebsrat ein Mitbestimmungsrecht bei vorübergehender Verkürzung oder Verlängerung der betriebsüblichen Arbeitszeit. Im Unterschied zu § 87 Abs. 1 Nr. 2 BetrVG geht es hier in der Tat um die Dauer der Arbeitszeit im Sinne von Kurzarbeit oder Mehrarbeit, insbesondere auch um Überstunden. Allerdings verlangt Nr. 3 einen kollektiven Tatbestand, was aus dem Merkmal *„betriebsübliche Arbeitszeit"* abgeleitet wird, die aber nicht für alle Arbeitnehmer des Betriebs einheitlich sein muß[91]. Das Mitbestimmungsrecht des Betriebsrates greift dagegen nicht ein bei individuellen Regelungen ohne kollektiven Bezug. Nach Auffassung des Bundesarbeitsgerichtes liegt ein kollektiver Tatbestand allerdings schon dann vor, wenn Regelungsprobleme zur Arbeitszeit unabhängig von der Person, der Anzahl und den individuellen Wünschen der Arbeitnehmer entstehen, deshalb können auch die Überstunden eines einzelnen Arbeitnehmers einen Kollektivfall darstellen[92].

Anwendung auf Fall 68:

Der Spruch der Einigungsstelle ist dann unwirksam, wenn die Einigungsstelle für die Entscheidung unzuständig war, weil ein Mitbestimmungsrecht nach § 87 Abs. 1 BetrVG nicht vorliegt, oder wenn die Einigungsstelle die Grenzen des billigen Ermessens nach § 76 Abs. 5 Satz 3 BetrVG überschritten hat. § 87 Abs. 1 Nr. 2 BetrVG ist hier einschlägig, was zwangsläufig zu einer Einschränkung der unternehmerischen Entscheidungsfreiheit führt, wie das Beispiel der Ladenöffnungszeiten zeigt.

---

83 BAG vom 31.01.1989 und vom 25.07.1989, AP Nr. 31 und 38 zu § 87 BetrVG Arbeitszeit
84 BAG vom 23.06.1992, NZA 1992, S. 1098
85 BAG vom 13.10.1987, AP Nr. 24 zu § 87 BetrVG 1972 Arbeitszeit
86 BAG vom 28.09.1988, AP Nr. 29 zu § 87 BVG 1972 Arbeitszeit
87 BAG vom 28.10.1986, AP Nr. 20 zu § 87 BetrVG 1972 Arbeitszeit mit Anmerkung *Rath-Glawatz*
88 BAG vom 08.08.1989, AP Nr. 11 zu § 23 BetrVG 1972
89 BAG vom 19.02.1991, EZA § 95 BetrVG 1972 mit Anmerkung *von Hoyningen-Huene*
90 BAG vom 21.12.1982, AP Nr. 9 zu § 87 BetrVG 1972 Arbeitszeit mit Anmerkung *Gast*
91 BAG vom 16.07.1991, AP Nr. 44 zu § 87 BetrVG 1972 Arbeitszeit
92 vgl. BAG vom 10.06.1986, AP Nr. 18 zu § 87 BetrVG 1972 Arbeitszeit

Die Einigungsstelle konnte in dem hier zugrunde liegenden Fall gemäß § 87 Abs. 2 BetrVG die Einigung zwischen Arbeitgeber und Betriebsrat ersetzen[93].

5. Verhalten des Arbeitnehmers

5.1. Verhalten des Arbeitnehmers im Betrieb

5.1.1. Arbeitsbezogenes Verhalten

Fall 69:

Als die Pflegedienstleitung in Erfahrung bringt, daß in der Röntgenabteilung die zur Verfügung gestellte Schutzkleidung nicht oder nur unzureichend getragen wird, ordnet sie unverzüglich an, daß alle Personen im Kontrollbereich die Röntgenschutz-Doppelschürzen zu tragen haben. Die betroffenen Personen sind der Meinung, daß die sogenannte Chirurgenschürze völlig ausreiche. Zudem sei es ihre Sache, ob sie die angebotene Schutzkleidung tragen. Ist das richtig?

Anweisung des Arbeitgebers
Es liegt eine Anweisung des Arbeitgebers vor. Diese betrifft aber nicht die konkrete Ausführung der Tätigkeit unmittelbar, sondern nur mittelbar in dem Sinne, daß vom Arbeitnehmer während der Arbeitsleistung ein bestimmtes Verhalten verlangt wird. Dieses Verhalten hängt mehr oder weniger mit der Arbeitsleistung zusammen.
Entscheidend ist in diesem Zusammenhang, daß der Arbeitnehmer nicht nur seine Arbeitsleistung schuldet, sondern aufgrund der Treuepflicht auch ein be-

stimmtes Verhalten gegenüber sich, seinen Arbeitskollegen und dem Arbeitgeber.
Der **Arbeitgeber bestimmt** nicht nur die Einzelheiten der Arbeitsleistung ansich, sondern **auch das Verhalten des Arbeitnehmers und die Ordnung im Betrieb.** Auch insoweit gilt grundsätzlich das Weisungsrecht des Arbeitgebers.
Beispiele für solche Anweisungen sind:

- Vorschriften über die Bekleidung (Dienstkleidung, Schutzkleidung)
- Sicherung der von den Arbeitnehmern in den Betrieb eingebrachten Sachen (Spindordnung, Parkplatzordnung)
- das Meldewesen (Krankheitsmeldungen, Gefahrenmeldungen)
- Kontrolle über die Anwesenheit (Einführung von Stechuhren)
- Bestimmungen über gegenseitige Vertretungen im Krankheits- oder Urlaubsfall
- Bestimmungen über die Behandlung der Gerätschaften und des Werkzeugs
- Bestimmungen über die Ordnung des Arbeitsplatzes
- Vorschriften über die Verhütung von Arbeitsunfällen
- Torkontrollen und Leibesvisitationen
- Rauch- und Alkoholverbot
- Vorschriften über Belohnungen und Geschenke
- Vorschriften über ärztliche Untersuchungen (Einstellungs-, Kontroll- und Nachuntersuchungen)
- Betriebsbußen und Ordnungsstrafen.

Bestimmungen aus dem Arbeitsvertrag
Im Arbeitsvertrag finden sich vereinzelt Bestimmungen über das Verhalten des Arbeitnehmers im Betrieb. Üblicherweise wird aber im Arbeitsvertrag auf den BMT oder BAT verwiesen (vgl. § 4 Abs. 1 BMT und § 7 BAT: Ärztliche Untersuchungen;

---

93 anderer Auffassung ist *von Hoyningen-Huene*, Betriebsverfassungsrecht, S. 252

§ 4 Abs. 5 BMT und § 9 BAT: Schweigepflicht; § 10 BAT: Belohnungen und Geschenke). Verschiedene Verhaltenspflichten des Arbeitnehmers werden auch durch die Arbeitnehmerschutzgesetze geregelt. So bestimmt im Fall 69 § 21 Abs. 1 S. 3 RöV, daß alle Personen im Kontrollbereich eine ausreichende Schutzkleidung gegen Röntgenstrahlen zu tragen haben. Wenn hier der Arbeitgeber diese zwingende Regelung kraft seines Direktionsrechtes durchsetzen will, so kommt er damit seinen Verpflichtungen aus § 15 RöV nach, für die Einhaltung der RöV Sorge zu tragen. Anderenfalls handelt er ordnungswidrig nach § 46 Nr. 9 RöV.

Das gleiche gilt selbstverständlich für die Durchführung der anderen Arbeitsschutzvorschriften (z.b. UVV, Arbeitszeitgesetz, Mutterschutzgesetz, Jugendarbeitsschutzgesetz).

Zumutbarkeit für den Arbeitnehmer

Anordnungen des Arbeitgebers hinsichtlich des Verhaltens des Arbeitnehmers müssen in besonderem Maße auf ihre Vereinbarkeit mit dem **Persönlichkeitsrecht des Arbeitnehmers** überprüft werden. Sie müssen dem Arbeitnehmer zumutbar sein. Gerade Anweisungen, die sich auf das Verhalten des Arbeitnehmers beziehen, tragen die Gefahr in sich, das Recht des Arbeitnehmers auf freie Entfaltung seiner Persönlichkeit (Art. 2 Abs. 1 Grundgesetz) und das Recht auf Menschenwürde (Art. 1 Abs. 1 Grundgesetz) zu beeinträchtigen.

So sind z.B. Torkontrollen nur um ihrer selbst Willen, also ohne sachlichen Grund, nicht zulässig.

Ebenso ist es dem Arbeitnehmer unzumutbar, eine Dienst- oder Schutzkleidung zu tragen, die ihn der Lächerlichkeit preisgibt. Das ist namentlich dann der Fall, wenn diese Kleidung, die im öffentlichen Dienst vom Arbeitgeber zu stellen ist (vgl. §§ 66, 67 BAT), dem Arbeitnehmer viel zu groß oder viel zu klein ist.

Auch muß der Arbeitgeber alle Arbeitnehmer im Rahmen des Arbeitsverhältnisses gleich behandeln (**Gleichbehandlungspflicht des Arbeitgebers**). Liegt also ein sachlicher Grund für die Ungleichbehandlung vor, so ist die Gleichbehandlungspflicht nicht verletzt. Das ist z.b. der Fall, wenn der Arbeitgeber dem gesamten Personal Parkplätze zur Verfügung stellt und hierbei den Ärzten Sonderrechte gewährt, denn ein Arzt muß im Notfall schnell zur Stelle sein.

Im Fall 69 ist aber zu beachten, daß das Tragen von Schutzkleidung im Kontrollbereich der Röntgenabteilung nach § 21 RöV zwingend vorgeschrieben ist. Diese gesetzliche Regelung ist dem Arbeitnehmer auch zumutbar, denn sie dient seinem Schutz. Allerdings wird damit nur zwingend über das „Ob" entschieden.

„Wie" diese Maßnahme durchgeführt wird, also welche konkrete Schutzkleidung zu tragen ist, bleibt im Rahmen des § 21 RöV offen.

Dabei ist zu beachten, daß es sich beim Tragen von Schutzkleidung um ein **arbeitsnotwendiges Verhalten** des Arbeitnehmers im Betrieb handelt. Dieses Verhalten hängt eng mit der Arbeitsleistung zusammen. Insoweit muß der Arbeitnehmer zu seinem eigenen Schutz Unannehmlichkeiten und Belastungen auf sich nehmen. Da z.b. die Doppelschürze die gesamten Vorder- und Rückenpartien des Körpers schützt (Strahlenschutzumhang), stellt sie einen besseren Schutz vor Röntgenstrahlen dar als die Chirurgenschürze, die die Körperpartien nur teilweise abdeckt. Das größere Gewicht der Doppelschürze ist dem im Kontrollbereich beschäftigten Personal daher zumutbar.

Beteiligungsrechte der Belegschaftsvertretung

Allerdings hat der Arbeitgeber die Beteiligungsrechte des Betriebsrates bzw. Personalrates zu beachten.

Der Personalrat bzw. Betriebsrat hat bei der „*Regelung der Ordnung in der Dienststelle bzw. des Betriebes und des Verhaltens der Beschäftigten im Betrieb*" ein Mitbestimmungsrecht nach § 79 Abs. 3 Nr. 8 LPersVG bzw. § 87 Abs. 1 Nr. 1 BetrVG.

Der Umfang der Mitbestimmungsrechte nach § 79 Abs. 3 Nr. 8 LPersVG bzw. § 87 Abs. 1 Nr. 1 BetrVG ist umstritten.

(1) Zunächst einmal gilt diese Mitbestimmung nur für Maßnahmen, welche die allgemeine, äußere Ordnung des Betriebs und das nicht zur gegenseitigen Hauptpflicht zählende formale Verhalten der Arbeitnehmer betreffen (sogenanntes **Ordnungsverhalten**). Die Ausübung des Direktionsrechts bezüglich der Arbeitsleistung im Sinne des sogenannten Arbeitsverhaltens ist somit mitbestimmungsfrei.

Der Mitbestimmung unterliegen weder Führungsrichtlinien[94] noch das Ausfüllen von Tätigkeitsnachweisen oder Erfassungsbögen zu Kalkulationszwecken[95], auch nicht die Dienstreiseordnung[96].

Beispiele für mitbestimmungspflichtige Angelegenheiten nach § 87 Abs. 1 Nr. 1 BVG sind:

• Vorschriften über Vorkontrollen, Passierscheine, Parkplätze, die Benutzung des Telefons, Kleiderordnungen[97]
• die Regelung über das Betreten oder Verlassen des Betriebes[98]
• der Erlaß eines Rauchverbotes oder eines Alkoholverbotes[99].

(2) Nach einem Urteil des BAG zum BetrVG 1952[100] besteht dann kein Mitbestimmungsrecht, wenn die Maßnahme **arbeitsnotwendig** ist, d.h. eine arbeitstechnische Maßnahme von solcher Wichtigkeit vorliegt, daß der einzelne Arbeitnehmer seine Arbeitspflicht ohne die Beachtung der Anordnung nicht ordnungsgemäß erbringen kann. Das gilt z.B. für die Anordnung, daß die im OP Beschäftigten Schutzkleidung zu tragen haben oder im Fall 69 für die Anordnung, daß die im Kontrollbereich der Röntgenabteilung Tätigen Doppelschürzen anlegen müssen.

Es ist aber nicht einzusehen, daß deshalb das Mitbestimmungsrecht nicht eingreifen soll. Vielmehr kommt es stets in Betracht, wenn es sich um ein Verhalten des Arbeitnehmers im Rahmen der Ordnung des Betriebes handelt[101].

Allerdings ist das Mitbestimmungsrecht in der Weise eingeschränkt, daß der Personalrat bzw. Betriebsrat dem „Ob" einer arbeitsnotwendigen Maßnahme nicht widersprechen darf; er hat aber mitzubestimmen, „wie" sie ausgestaltet und durchgeführt wird[102].

So kann sich der Personalrat bzw. Betriebsrat nicht dagegen wenden, daß die Beschäftigten im OP Schutzkleidung zu tragen haben; er ist aber daran zu beteiligen, wie die Kleidung im Rahmen ihres Zweckes auszusehen hat.

Auch im Fall 69 kann sich der Personalrat bzw. Betriebsrat nicht gegen das Tragen von Schutzkleidung selbst wenden. Er hat aber darüber mitzubestimmen, ob Doppelschürzen oder Chirurgenschürzen verwendet werden sollen. Insoweit geht es nicht allein um die Zumutbarkeit für den Mitarbeiter, wie dies oben unter *„Zumutbarkeit für den Arbeitnehmer"* geprüft wurde. Der Personalrat bzw. Betriebsrat hat alle Gesichtspunkte, die für die eine oder die andere Lösung sprechen, abzuwägen. Hier finden also auch die Fragen Berücksichtigung, die sich auf die der Belastung für

---

94 BAG vom 23.10.1984, AP Nr. 8 zu § 87 BetrVG 1972 mit Anmerkung *von Hoyningen-Huene*
95 BAG vom 24.11.1981, AP Nr. 3 zu § 87 BetrVG 1972 Ordnung des Betriebes
96 BAG vom 08.12.1981, AP Nr. 6 zu § 87 BetrVG 1972 Lohngestaltung mit Anmerkung *Kraft*
97 BAG vom 08.08.1989, AP Nr. 15 zu § 87 BetrVG 1972 Ordnung des Betriebes
98 BAG vom 21.08.1990, AP Nr. 17 zu § 87 BetrVG 1972 Ordnung des Betriebes
99 BAG vom 23.09.1990, AP Nr. 20 zu § 75 BPersVG
100 BAG, AP Nr. 3 zu § 56 BetrVG 1952 Ordnung des Betriebes
101 *Dietz/Richardi*, § 87 Anmerkung 108
102 so jetzt auch BAG vom 26.05.1988, AP Nr. 14 zu § 87 BetrVG 1972 Ordnung des Betriebes; vgl. auch *von Hoyningen-Huene*, Betriebsverfassungsrecht, S. 236 sowie BAG vom 09.08.1989, AP Nr. 3 zu § 87 BetrVG 1972 Initiativrecht unter B.II.1

den Arbeitnehmer, die Notwendigkeit eines optimalen Strahlenschutzes unter Berücksichtigung der konkreten Verhältnisse im Kontrollbereich der Röntgenabteilung usw. erstrecken. Es geht dabei also nicht allein um die Rechtmäßigkeit der Maßnahme, wie sie bei der Zumutbarkeit für den Arbeitnehmer geprüft wird, sondern auch um die Zweckmäßigkeit einer Entscheidung, die sonst allein beim Arbeitgeber liegt. Hier zeigt sich plastisch die Bedeutung der betrieblichen Mitbestimmung.

(3) In bestimmten Fällen schreiben Unfallverhütungsvorschriften, Gesetze oder auch Tarifverträge bestimmte Verhaltensweisen vor.

So hat das Pflegepersonal unter den Voraussetzungen des § 7 UVV Gesundheitsdienst Schutzkleidung zu tragen.

Auch in diesen Fällen besteht ein Mitbestimmungsrecht, allerdings, *wie unter (2)*, beschränkt auf die Ausgestaltung und Durchführung der Maßnahme. Das Mitbestimmungsrecht entfällt nur dort, wo sich aus einer Unfallverhütungsvorschrift, einem Gesetz oder einem Tarifvertrag unmittelbar ein ganz bestimmtes Gebot oder Verbot ergibt und der Arbeitgeber auf die Bekanntmachung dieses Gebotes oder Verbotes sein Weisungsrecht beschränkt findet[102]. Das ist z.B. der Fall bei Rauchverbot in feuergefährdeten Räumen (§ 46 Abs. 1 A-UVV), Eignungsuntersuchungen nach dem Krankenpflegegesetz usw.

(4) Das BAG[103] und das BVerwG[104] hatten zum alten Recht entschieden, daß sich das Mitbestimmungsrecht des Personalrates bzw. Betriebsrates nicht auf Einzelmaßnahmen bezieht, z.B. auf Leibesvisitation oder Eignungsuntersuchung eines einzelnen Arbeitnehmers. Diese Meinung ist auch im Schrifttum vorherrschend[105].

Das BetrVG und die Personalvertretungsgesetze stehen unter der Zielbestimmung, die freie Entfaltung der Persönlichkeit der im Betrieb beschäftigten Arbeitnehmer zu schützen und zu fördern[106]. Dabei geht es nicht nur um den Schutz aller Arbeitneh-

mer, sondern gerade um den des einzelnen Arbeitnehmers. Deshalb ist es folgerichtig, eine Beschränkung des Mitbestimmungsrechts auf kollektive Maßnahmen abzulehnen[107].

Nach der hier vertretenen Ansicht kann es also nicht darauf ankommen, ob eine generelle oder eine einzelne Anweisung des Arbeitgebers erfolgt[108]. In jedem Fall besteht ein Beteiligungsrecht der betrieblichen Interessenvertretung der Arbeitnehmer.

Üblicherweise werden Ordnungsvorschriften in **Dienstvereinbarungen** bzw. **Betriebsvereinbarungen** geregelt.

So kann also die Belegschaftsvertretung im Fall 69 versuchen, daß in einer Dienstvereinbarung oder Betriebsvereinbarung geregelt wird, ob Doppelschürzen oder Chirurgenschürzen getragen werden müssen. Allerdings ist nicht gesagt, daß es zu einer formellen Dienstvereinbarung (Betriebsvereinbarung) kommen muß. Der Personalrat bzw. Betriebsrat kann sich auch darauf beschränken, die Anordnung, evtl. nach erfüllten Änderungswünschen, zu billigen, sogenannte formlose Betriebsabsprache *(vgl. dazu bereits oben unter C.5.).*

5.1.2. Betriebsbezogenes Verhalten

Fall 70:

Im Krankenhaus in X-Stadt sollen Stechuhren eingeführt werden. Ist das zulässig?

---

103 BAG, AP Nr. 2 zu § 56 BetrVG 1952
104 BVerwGE 11, S. 238
105 z.B. *Fischer/Goeres*, BPersVG, K § 75 Anmerkung 108
106 *Dietz/Richardi*, BetrVG, § 1, Vorbemerkung 1
107 *Dietz/Richardi*, § 77 Anmerkung 70 und § 87 Anmerkung 23
108 anderer Auffassung z.B. *von Hoyningen-Huene*, Betriebsverfassungsrecht, S. 249

Anweisung des Arbeitgebers

Es liegt eine Anordnung vor, die das Verhalten der Arbeitnehmer kontrollieren soll. Sie betrifft nicht unmittelbar die Arbeitsleistung, ist insbesondere nicht arbeitsnotwendig, sondern dient der **Ordnung im Betrieb** in dem Sinne, daß alle Beschäftigten vertragsgemäß ihren Dienst pünktlich antreten sollen. Ferner sollen sie sich während der Arbeit im Betrieb aufhalten und nicht frühzeitig den Dienst beenden. Insoweit ist dieses Verhalten des Arbeitnehmers im Betrieb nicht arbeitsbezogen, sondern **betriebsbezogen.**

Bestimmungen aus dem Arbeitsvertrag

Im Arbeitsvertrag finden sich regelmäßig keinerlei Bestimmungen über Kontrolleinrichtungen. Auch in den Tarifverträgen ist insoweit nichts geregelt.

Zumutbarkeit für den Arbeitnehmer

Anweisungen dürfen für den Arbeitnehmer nicht unzumutbar sein. Gerade bei der Einführung und Anwendung technischer Einrichtungen, die dazu bestimmt sind, das Verhalten oder die Leistung des Beschäftigten zu überwachen, bestehen besondere Gefahren für die Arbeitnehmer in der Einschränkung der Entfaltung ihrer Persönlichkeit und Menschenwürde (Artt. 1 und 2 Abs. 1 Grundgesetz). Der Mensch darf nicht durch totale Überwachung ohne eigene Intimsphäre zum Objekt degradiert werden.

Allerdings sind die schützenswerten Rechte des Arbeitnehmers mit den schützenswerten Rechten des Arbeitgebers **abzuwägen.** Das gilt für betriebsbezogene Maßnahmen in stärkerem Umfang als für arbeitsbezogene, insbesondere arbeitsnotwendige Anweisungen des Arbeitgebers.

Der Arbeitgeber hat ein durchaus berechtigtes Interesse an der ordnungsgemäßen Arbeitsleistung und an einem ordentlichen Verhalten des Arbeitnehmers.

Zur Überprüfung der vereinbarten Arbeitszeit ist es in der Privatwirtschaft schon lange üblich, Stechuhren einzusetzen. Die Rechte der Beschäftigten werden nur gering beeinträchtigt. Sie müssen bei Betreten und Verlassen des Betriebes ihre Karte oder den Schlüssel in die Stechuhr einführen. Ansonsten können sie im Betrieb oder außerhalb des Betriebes technisch unbewacht handeln.

Zwar kann der Arbeitgeber aufgrund der festgehaltenen Daten Rückschlüsse auf die Anwesenheit des Arbeitnehmers im Betrieb ziehen. Das kann er aber auch, wenn er den Arbeitsplatz des Beschäftigten aufsucht oder wenn er vom Beschäftigten eine Kontrollkarte ausfüllen läßt.

Die Anweisung ist somit den Arbeitnehmern zumutbar.

Rechtmäßigkeit der Anweisung

Die Anweisung muß rechtmäßig sein. Rechte Dritter – auch andere Arbeitnehmer – können auch und gerade durch verhaltensbezogene Anordnungen verletzt werden. Das ist etwa der Fall, wenn der Vorgesetzte vom Untergebenen verlangt, private Gespräche seiner Kollegen während der Dienstzeit mit ihrem wesentlichen Inhalt mitzuteilen. Solches Ansinnen kann der angewiesene Arbeitnehmer ablehnen. Im vorliegenden Fall sind keine Rechte Dritter betroffen.

Beteiligungsrechte der Belegschaftsvertretung

Der Personalrat bzw. Betriebsrat hat bei der *„Einführung und Anwendung technischer Einrichtungen, die dazu bestimmt sind, das Verhalten und die Leistung der Beschäftigten zu überwachen"*, ein Mitbestimmungsrecht nach § 79 Abs. 3 Nr. 3 LPersVG bzw. § 87 Abs. 1 Nr. 6 BetrVG. Insoweit hat der Gesetzgeber der Gefährdung wesentlicher Menschenrechte der Arbeitnehmer Rechnung getragen.

Der Umfang des Mitbestimmungsrechtes nach § 79 Abs. 3 Nr. 9 LPersVG bzw. § 87 Abs. 1 Nr. 6 BetrVG ist fraglich.

(1) Auch bei der Einführung technischer Kontrolleinrichtungen ist eine Maßnahme denkbar, die nur einen oder einzelne Arbeitnehmer betrifft. Gerade hier zeigt sich die Sinnlosigkeit, zwischen individuellen

und kollektiven Maßnahmen zu unterscheiden, denn in jedem Fall sind Grundrechte der Arbeitnehmer berührt. Deshalb fallen auch Einzelmaßnahmen unter die Mitbestimmung.

Diese Vorschriften dienen dem Persönlichkeitsschutz des einzelnen Arbeitnehmers im Sinne des Rechtes auf informationelle Selbstbestimmung. Deshalb hat auch der Betriebsrat kein Initiativrecht zur Einführung einer technischen Kontrolleinrichtung, ebenso wenig bedarf die Abschaffung einer solchen Einrichtung der Zustimmung des Betriebsrates[109]. Nach Auffassung des BAG ist auch die technische Erhebung von Leistungsdaten über eine überschaubare Gruppe von etwa fünf Arbeitnehmern mitbestimmungspflichtig, weil der von der technischen Einrichtung ausgehende Überwachungsdruck auf die Gruppe auch auf den einzelnen Arbeitnehmer durchschlage[110].

(2) Man könnte meinen, daß nur solche technischen Kontrolleinrichtungen mitbestimmungspflichtig sind, die unmittelbar die Überwachung des Arbeitnehmers bezwecken, wie z.B. gerade die Einführung von Stechuhren.

Zu Recht hat aber das BAG entschieden, daß sich die Mitbestimmung auch auf Einrichtungen bezieht, die zwar nach dem Willen des Arbeitgebers nur den **Arbeitsablauf** als solchen überwachen, aber infolge objektiver Nebenwirkung geeignet sind, den **Arbeitnehmer** zu überwachen[111]. Zu dem Ergebnis kam das BAG durch teleologische Auslegung des Tatbestandsmerkmals *„dazu bestimmt"*, das für das Vorliegen des Mitbestimmungsrechtes nicht bloß auf die subjektive Absicht des Arbeitgebers zur Kontrolle des Arbeitnehmers abstellt, sondern bereits die objektive Eignung einer technischen Kontrolleinrichtung ausreichen läßt.

Unter das Mitbestimmungsrecht fallen z.B. Stechuhren und Zeitstempler, Produktographen, Nutzungsschreiber, Multimomentfilmkameras, Fernsehkameras bzw. Videokameras, Abhöreinrichtungen oder

Tonbandgeräte sowie Geräte zur automatischen Telefondatenerfassung[112].

Im Krankenhaus ist das namentlich der Fall, wenn z.B. in der Psychiatrischen Klinik Patientenzimmer und Gänge mit Fernsehkameras und Monitoren überwacht werden.

Die z.T. im Schrifttum vertretene Gegenmeinung übersieht, daß die Grundrechte der Artt. 1 und 2 GG ein so hohes menschliches Gut verbürgen, daß ihre Gefährdung in jedem Fall verhindert werden muß. Diesen Schutz will der Gesetzgeber mit Hilfe der betrieblichen Mitbestimmung erreichen.

Dagegen ist die Kontrolle durch Menschen mitbestimmungsfrei[113], so z.B. der Einsatz von Privatdetektiven oder das Hilfsmittel der Anwesenheitsliste, des Tätigkeitsberichts oder eines Lochkartenbeleges. Soweit alleine Maschinen kontrolliert werden, wie z.B. Warnlampen, Druckmesser, Stückzähler oder Drehzahlmesser, besteht ebenfalls Mitbestimmungsfreiheit.

Besondere Aktualität hat naturgemäß dieses Mitbestimmungsrecht in den letzten Jahren für den Einsatz neuer Techniken, insbesondere in der EDV und durch Bildschirmarbeitsplätze, gewonnen. Mitbestimmungsrechte bestehen, wenn durch die technische Einrichtung aufgrund verschiedener Programme individuelle oder wenigstens individualisierbare Verhaltensdaten ermittelt und aufgezeichnet werden, unabhängig davon, zu welchem Zweck die Daten erfaßt werden[114]. Das gilt auch dann,

---

109 BAG vom 28.11.1989, AP Nr. 4 zu § 87 BetrVG 1972 Initiativrecht
110 BAG vom 18.02.1986, AP Nr. 13 zu § 87 BetrVG 1972 Überwachung mit ablehnender Anmerkung *Kraft*
111 vom 09.09.1975, AP Nr. 2 zu § 87 BetrVG 1972 mit Anmerkung *Hinz*
112 BAG vom 27.05.1986, AP Nr. 15 zu § 87 BVG 72 Überwachung
113 BAG vom 24.11.1991, AP Nr. 3 zu § 87 BetrVG 1972 Ordnung des Betriebes
114 BAG vom 06.12.1983, AP Nr. 7 zu § 87 BetrVG 1972 Überwachung mit Anmerkung *Richardi*

wenn die leistungs- und verhaltensbezogenen Daten nicht durch die technische Einrichtung selbst gewonnen werden, sondern erst dem System zum Zwecke der Speicherung und Verarbeitung eingegeben werden müssen[115]. Damit ist also die bloße Dateneingabe und Speicherung bereits mitbestimmungspflichtig, auch wenn diese Daten im Moment noch nicht zur Überwachung verwendet werden, aber auswertbar sind[116]. Es reicht sogar aus, daß die Aussagen dieser Daten erst in Verbindung mit weiteren Daten und Umständen zu einer vernünftigen und sachgerechten Beurteilung der Arbeitnehmer führen können[117]. Demzufolge sind auch sog. Personalinformationssysteme mitbestimmungspflichtig[118].

Maßnahmen ohne Beteiligung der Belegschaftsvertretung sind unwirksam.

Im Fall 70 ist neben der Mitbestimmung nach § 79 Abs. 3 Nr. 9 LPersVG bzw. § 87 Abs. 1 Nr. 6 BetrVG auch die bereits im Fall 69 besprochene Mitbestimmung nach § 79 Abs. 3 Nr. 8 LPersVG bzw. § 87 Abs. 1 Nr. 1 BetrVG gegeben. Denn es liegt nicht nur eine Kontrolleinrichtung vor. Im Gegensatz zu Fernsehkameras und Monitoren ist bei Stechuhren ein bestimmtes Verhalten der Arbeitnehmer Voraussetzung für das Funktionieren des Kontrollsystems, nämlich das Einstecken der Kontrollkarten.

Beide Mitbestimmungsfälle stehen nebeneinander.

Das hat bei der Anordnung neuer Maßnahmen durch den Arbeitgeber keine Auswirkungen, weil die Belegschaftsvertretung naturgemäß nur einmal umfassend mitbestimmen kann.

Vorhandene Ordnungsmaßnahmen und Kontrolleinrichtungen können durch das Initiativrecht der Belegschaftsvertretung geändert und beseitigt werden. Während das Initiativrecht des Betriebsrats in beiden Fällen gleich stark ist – dieses Recht ergibt sich aus Sinn und Zweck der Mitbestimmung -, ist das Initiativrecht des Personalrates unterschiedlich geregelt:
Der Personalrat hat ein

- eingeschränktes Initiativrecht nach § 70 Abs. 2 LPersVG im Fall des § 79 Abs. 3 Nr. 9 LPersVG (Kontrolleinrichtungen) und ein
- uneingeschränktes Initiativrecht nach § 70 Abs. 1 LPersVG im Fall des § 79 Abs. 3 Nr. 8 LPersVG (Regelung der Ordnung im Betrieb).

Diese unterschiedliche Ausgestaltung der Initiativrechte nach dem LPersVG ist eigentlich unverständlich.

Auch im Fall 70 wird die Belegschaftsvertretung, sofern sie der Arbeitgebermaßnahme nicht kategorisch widersprechen will, eine Dienstvereinbarung (Betriebsvereinbarung) oder wenigstens eine formlose Betriebsabsprache erreichen wollen.

5.1.3. Verweis

Fall 71:

Krankenschwester K. behandelt ihre Patienten recht grobschlächtig Sie ist nicht nur sehr launisch, oftmals unfreundlich und anmaßend, sondern beleidigt auch gerade ältere Patienten. Eines Tages wird es der Pflegedienstleitung nach vermehrten Beschwerden zu bunt. Sie erteilt der Krankenschwester einen schriftlichen Verweis, der zur Personalakte genommen wird, nachdem sie über diesen Verweis mit dem Personalratsvorsitzenden gesprochen hatte. Im Verweis wird Schwester K. zu einem ordnungsgemäßen Verhalten gegenüber den Patienten aufgefordert, ande-

---

115 BAG vom 14.09.1984, AP Nr. 9 zu § 87 BetrVG 1972 Überwachung mit Anmerkung *Richardi*

116 vgl. *von Hoyningen-Huene*, Betriebsverfassungsrecht, S. 260

117 BAG vom 23.04.1985, AP Nr. 11 zu § 87 BetrVG 1972 Überwachung

118 BAG vom 11.03.1986, AP Nr. 14 zu § 87 BetrVG 1972 Überwachung mit Anmerkung *Kraft*

renfalls werde sie fristlos gekündigt. Ist dieser Verweis zulässig?

Disziplinarcharakter des Verweises
Es könnte sich bei dem Verweis um eine verhaltensbezogene Maßnahme des Arbeitgebers im Sinne einer **Disziplinarmaßnahme** handeln. Es könnte aber auch eine **Abmahnung arbeitsvertragswidrigen Verhaltens** in Frage kommen. Die Abgrenzung dieser Möglichkeiten ist nicht einfach. Im ersten Fall handelt es sich um die Ausübung des Weisungsrechtes zur **Aufrechterhaltung der Ordnung im Betrieb.** Im zweiten Fall handelt es sich um das **Recht jeder Vertragsseite** (also sowohl des Arbeitgebers als auch des Arbeitnehmers), **die andere Seite an die Einhaltung der arbeitsvertraglich eingegangenen Pflichten zu erinnern** bzw. daran zu ermahnen. Sofern der Vertragspartner seine Pflichten nicht einhält, besteht die Möglichkeit der Kündigung. Allerdings setzt die verhaltensbedingte Kündigung grundsätzlich eine Abmahnung im oben genannten Sinne voraus[119] *(Einzelheiten vgl. unten unter K.3.).*
Die Abgrenzung wird dadurch erschwert, daß es nicht darauf ankommt, wie der Arbeitgeber die Abmahnung bezeichnet. Auch ein Verweis kann eine Abmahnung sein[120].
Diese Begriffsdurchmischung ist deshalb irreführend, weil der **Verweis im Beamtenrecht ein Disziplinarmittel** darstellt. Auch im üblichen Sprachgebrauch wird der Arbeitnehmer in der Regel einen Verweis als betriebliche Strafe ansehen, zumal dann, wenn dieser in die Personalakte Eingang findet.
Im Gegensatz zum Beamtenrecht kennt das **Arbeitsrecht kein Disziplinarrecht.** Insbesondere ergibt sich aus dem Weisungsrecht des Arbeitgebers kein Recht zu Disziplinarmaßnahmen. Zwar hat der Arbeitgeber das Recht, die Einzelheiten der Arbeitsleistung zu bestimmen und die betriebliche Ordnung zu regeln, aber **eine betriebliche Strafgewalt steht dem Arbeitgeber** aufgrund seiner Stellung an sich **nicht zu**[120]. Es ist aber anerkannt, daß auf-

grund eines Tarifvertrages oder einer Dienstvereinbarung bzw. Betriebsvereinbarung **ein Recht** des Arbeitgebers **auf Anordnung bestimmter Disziplinarmaßnahmen** bestehen kann.
In Tarifverträgen, insbesondere im BAT, ist insoweit nichts geregelt. In der Privatwirtschaft bestehen z.T. Betriebsvereinbarungen, im öffentlichen Dienst sind solche Dienstvereinbarungen nicht üblich mit Ausnahme des Arbeiterbereiches nach MTArb oder BMT-G.
Schon deshalb spricht eine Vermutung dafür, daß es sich im Fall 71 nur um eine Abmahnung handelt. Der Arbeitgeber will den Arbeitnehmer nicht bestrafen, sondern auf ein vertragswidriges Verhalten hinweisen, um für die Zukunft ein vertragsgemäßes Verhalten zu erreichen.
Eine **Abmahnung** kommt sowohl bezüglich der **Hauptleistungspflicht** (Arbeitspflicht, Lohnzahlungspflicht) als auch bezüglich der vertraglichen **Nebenpflichten** (Treuepflicht, Fürsorgepflicht) in Betracht.
Sofern der Arbeitnehmer schlecht arbeitet, sich mit seinen Arbeitskollegen nicht verträgt, unpünktlich zur Arbeit erscheint, die notwendige Schutzkleidung nicht trägt usw., hat der Arbeitgeber ein Rügerecht, den Arbeitnehmer auf das vertragswidrige Verhalten hinzuweisen und bei Androhung der Kündigung ein vertragsgemäßes Verhalten zu verlangen.
Im Fall 71 ergibt sich demnach folgendes: Aufgrund der Treuepflicht ist die Pflegekraft gehalten, den Patienten taktvoll und zuvorkommend, aber auch unvoreingenommen und unparteiisch zu behandeln[121]. Darauf will die Pflegedienstleitung die Krankenschwester K. hinweisen.
Etwas anderes ergibt sich auch nicht aus der Tatsache, daß diese Abmahnung aktenkundig wird. Selbstverständlich ist es das Recht des Arbeitgebers, alle wichtigen per-

---

119 BAG, EzA § 13 KSchG Nr. 1
120 BAG, EzA § 87 BetrVG Betriebliche Ordnung Nr. 1
121 *Clemens u.a.,* BAT, § 8 Anm. 2

sonellen Vorgänge in die Personalakte aufzunehmen. Dies muß er schon zu Beweiszwecken für einen später evtl. notwendigen
Arbeitsgerichtsprozeß machen.

Eine andere Frage ist es, ob der Arbeitnehmer einen Anspruch hat, daß nach einer
gewissen Zeit oder aus anderen Gründen
der für den Arbeitnehmer nachteilige Aktenvermerk herausgenommen wird. Das ist
ein Problem der Fürsorgepflicht des Arbeitgebers *(vgl. unter K.3.)*.
Somit ist im *Fall 71* der „Verweis" des Arbeitgebers zulässig.

**Beteiligungsrechte der Belegschafts-
vertretung**

Höchst umstritten ist die Frage, inwieweit
betriebliche Disziplinarmaßnahmen wie
Verwarnungen, Verweise, Betriebsbußen
oder Geldbußen mitbestimmungspflichtig
sind. Das BAG geht davon aus[122]. Bei Rü-
gen des Arbeitgebers gegenüber dem Arbeitnehmer muß aber danach entschieden
werden, ob eine Abmahnung zur Erinne-
rung an die Arbeitsvertragspflicht nach
§ 611 BGB ausgesprochen oder ob eine
Verwarnung mit moralischem Unwertur-
teil und Sanktionsfunktion erteilt wird; nur
im letzteren Fall hat der Betriebsrat ein
Mitbestimmungsrecht[123].
Beteiligungsrechte der Belegschaftsvertretung bestehen im Fall 71 demzufolge
nicht.

**Informationsanspruch der Belegschafts-
vertretung**

Problematisch ist aber im Fall 71 die Absprache mit dem Personalratsvorsitzenden.
Zwar spricht dies für eine vertrauensvolle
Zusammenarbeit zwischen Belegschaftsvertretung und Arbeitgeber (vgl. § 74 Abs. 1
BetrVG, 66 Abs. 1 LPersVG). Der Arbeit-
nehmerdatenschutz ist dabei aber nicht
ausreichend beachtet!
Die Weitergabe von personenbezogenen
Daten einzelner Arbeitnehmer an den Betriebsrat ist regelmäßig nur dann zulässig,
wenn der Betroffene zugestimmt hat[124]. In
der Entscheidung des BVerwG ging es um
die Mitteilung der Schwangerschaft. Diese

Mitteilung geht ja zunächst über ein Form-
blatt an die Gewerbeaufsicht mit einer
Durchschrift an die Betriebsvertretung.
Diese Form ist laut BVerwG nicht zulässig,
weil es sich um personenbezogene Daten
handelt, die ohne Einwilligung der Betroffenen nicht an den Betriebsrat gehen dürfen.
Damit der Betriebsrat überhaupt in die
Lage versetzt wird, seinen Aufgaben aus
dem BetrVG ausreichend nachkommen zu
können, legt zwar § 80 Abs. 2 Satz 1 BetrVG
fest, daß der Betriebsrat rechtzeitig und
umfassend vom Arbeitgeber zu unterrichten ist. Damit wird ein **umfassender Aus-
kunfts- und Informationsanspruch des Betriebsrats** geregelt, der sich auf alle betrieblichen Vorgänge erstreckt, insbesondere auch in Zusammenhang mit dem
Überwachungsrecht. Der Betriebsrat kann
demzufolge z.B. auch Einsicht in Lei-
stungsbeurteilungen aufgrund eines Tarifvertrages oder einer Betriebsvereinbarung
verlangen[125].
Dieser Informationsanspruch ist **aber
keine ausdrückliche Ermächtigungsgrundlage im Rahmen des Arbeitnehmerdaten-
schutzes,** wie sie im MuSchG zugunsten
der Gewerbeaufsicht besteht oder wie sie
sich aus den im einzelnen aufgezählten
Mitwirkungs- und Mitbestimmungsrechten
des Betriebsrates ergibt *(vgl. dazu noch ausführlich unter E.3.)!*

---

122 BAG vom 12.06.1967, AP Nr. 1 zu § 56
BetrVG 1952 Betriebsbuße mit Anmerkung
Dietz; BAG vom 22.02.1978, AP Nr. 84 zu
§ 611 BGB Fürsorgepflicht; BAG vom
07.11.1979, AP Nr. 3 zu § 87 BetrVG 1972
Betriebsbuße mit Anmerkung *Herschel;* vgl.
auch *von Hoyningen-Huene,* Betriebsverfassungsrecht, S. 251
123 BAG vom 07.11.1979, AP Nr. 3 zu § 87
BetrVG 1972 Betriebsbuße
124 BVerwG vom 04.09.1990 und vom
29.08.1990, AP Nr. 1 und 2 zu § 68 BPersVG
125 BAG vom 20.12.1988, AP Nr. 5 zu § 92
ArbGG 1979

Beachte:
Wenn der Arbeitgeber einem Mitglied der Belegschaftsvertretung nicht in seiner Eigenschaft als Arbeitnehmer, sondern in seiner besonderen Eigenschaft als Belegschaftsvertreter einen Verweis erteilt, weil er z.B. den Betriebsfrieden (vgl. § 74 Abs. 3 BetrVG, § 66 Abs. 2 LPersVG) durch Handlungen gestört hat, die der Betriebs- bzw. Personalverfassung entgegenstehen, so liegt keine Abmahnung, sondern eine unzulässige Disziplinarmaßnahme vor. Denn der Belegschaftsvertreter ist nach dem Gesetz besonders geschützt. Er kann nur unter den Voraussetzungen des § 23 BetrVG bzw. des § 28 LPersVG durch besonderen Beschluß des Arbeitsgerichtes (beim Betriebsrat) bzw. des Verwaltungsgerichtes (beim Personalrat) abgesetzt werden[126].

5.2. Außerdienstliches Verhalten des Arbeitnehmers

Fall 72:

Krankenpfleger H., Mitglied der NPD, hat im Wahlkampf zu den Landtagswahlen in seiner Freizeit in der Innenstadt von X-Stadt ein Extrablatt seiner Partei verteilt. In diesem Blatt wurden Mißstände im Gesundheitswesen angeprangert. Dabei wurden auch Beispiele aus dem Krankenhaus genannt, in dem H. seit mehreren Jahren als Krankenpfleger arbeitet. Das Extrablatt gipfelt in der Feststellung, daß an den Problemen u.a. auch der hohe Ausländeranteil an Personal und Patienten Schuld sei. Diese Leute gehörten alle in Konzentrationslager verlegt und „sonderbehandelt".
Nach einer Unterredung mit der Krankenhausleitung wird Krankenpfleger H. unter Hinweis auf sein Verhalten gekündigt. Ist das rechtens?

Verletzung der Treuepflicht
Die Arbeitsleistung und die Verhaltenspflichten sind vom Arbeitnehmer grund-

sätzlich während der Arbeitszeit im Betrieb zu erfüllen. Die Ausgestaltung der Freizeit ist allein Sache des Arbeitnehmers. Denn das Arbeitsverhältnis zwischen Arbeitnehmer und Arbeitgeber ist kein alle Lebensbereiche umfassendes Rechtsverhältnis wie z.B. die eheliche Lebensgemeinschaft.
Allerdings können sich betriebliche Regelungen in der Freizeit auswirken. Wenn der Arbeitgeber den Arbeitnehmer zum Stillschweigen über bestimmte betriebliche Vorkommnisse auffordert, dann gilt das insbesondere im Hinblick auf das außerdienstliche Verhalten des Arbeitnehmers. Insoweit wirkt sogar das Weisungsrecht des Arbeitgebers, das ja nur innerbetrieblich gilt, in die Freizeit des Arbeitnehmers hinein. Denn worüber Stillschweigen zu wahren ist, bestimmt der Arbeitgeber.
Umgekehrt wirkt sich die Gestaltung der Freizeit in gewisser Weise auf die Arbeitsleistung aus. Übt der Arbeitnehmer umfangreiche Nebenbeschäftigungen aus, kann dabei die Haupttätigkeit zu kurz kommen. Das ist der Grund, weshalb der Arbeitnehmer verpflichtet ist, grundsätzlich jedwede Nebenbeschäftigung seinem Hauptarbeitgeber zumindest anzuzeigen, wenn nicht gar genehmigen zu lassen (vgl. § 11 BAT).
Führt der Arbeitnehmer ein unsolides Freizeitleben, so kann dadurch die Arbeitsleistung vermindert werden. Da sich der Arbeitnehmer zur ordnungsgemäßen Arbeitsleistung während der vereinbarten Arbeitszeit verpflichtet hat, muß er sich in seiner Freizeit so verhalten, daß er die eingegangenen Verpflichtungen auch erfüllen kann.
Die Treuepflicht des Arbeitnehmers erstreckt sich also auch auf sein Freizeitverhalten.
Hält der Arbeitnehmer sich nicht daran, so riskiert er eine verhaltensbedingte Kündigung.

---

126 BAG, EzA, § 87 BetrVG Betriebliche Ordnung Nr. 1

Im Fall 72 ist eine Verletzung der Treuepflicht im oben genannten Sinne nicht zu erkennen.

Ein unbefugtes Offenbaren von Betriebsgeheimnissen liegt nur dann vor, wenn die veröffentlichten Vorgänge vom Arbeitgeber ausdrücklich als geheimnisbedürftig bezeichnet worden sind (§ 9 BAT). Das ist hier nicht anzunehmen.

Auch ist nicht ersichtlich, daß durch das Verteilen der Extrablätter während der Freizeit die Arbeitsleistung des Krankenpflegers H. beeinträchtigt wird.

Rechtfertigung der Kündigung

Die Treuepflicht ist aber zwischenzeitlich von der Rechtsprechung weiterentwickelt worden:

Der Arbeitnehmer ist danach verpflichtet, im Zusammenhang mit dem Arbeitsvertrag die Interessen des Arbeitgebers und seines Betriebes nach besten Kräften wahrzunehmen und alles zu unterlassen, was diese Interessen schädigt.

So gilt die

Treuepflicht dagegen abgerückt. Geht es allein um die Tatsache, daß Krankenpfleger H. als Extremist gleich welcher Richtung politisch tätig wird, bleibt der Verfasser allerdings bei seiner Meinung. Hier geht es aber um mehr: Unberechtigte und verleumdende Kritik ist eine Verletzung der Treuepflicht. Auch muß sich der Arbeitnehmer bei konkreten Mißständen im Betrieb zunächst zur Beseitigung an den Arbeitgeber wenden, ehe er damit an die Öffentlichkeit tritt.

Im Fall 72 liegt sogar der Straftatbestand der Volksverhetzung vor, und dies rechtfertigt eine außerordentliche Kündigung des Arbeitsverhältnisses aus wichtigem Grund[128].

Entscheidung des BAG[127] zur freien Meinungsäußerung von Arbeitnehmern:

„Der Arbeitnehmer darf bei Ausübung des Grundrechts (der freien Meinungsäußerung) nicht den Interessen des Arbeitgebers zuwiderhandeln oder diese beeinträchtigen. Eine solche Zuwiderhandlung ist gegeben, wenn durch die Meinungsäußerung das Arbeitsverhältnis konkret berührt wird" (Leitsatz 3).

Macht der Arbeitnehmer also von seinem Grundrecht auf freie Meinungsäußerung (Art. 5 GG) Gebrauch und richtet sich dies gegen seinen Arbeitgeber, so darf der Arbeitgeber im äußersten Fall die Kündigung aussprechen.

Im Vergleich zur Vorauflage ist der Verfasser von seiner Rüge der Ausweitung dieser

---

127 BAG, AP Nr. 2 zu § 134 BGB
128 BAG vom 09.03.1995, NZA 1995, S. 777

E. Arbeitsgestaltung und Arbeitsschutz

1. Arbeitsgestaltung

1.1. Definition

Fall 73:

Die Krankenhausleitung des Krankenhauses in X-Stadt will die Gruppenpflege einführen. Der Personalrat meldet erhebliche Bedenken an, während der Stadtrat und der Bürgermeister im Interesse der Patienten dafür sind. Kann die Gruppenpflege eingeführt werden?

Fall 74:

Beim Einsatz von Röntgenapparaturen im OP arbeitet das Personal aus Bequemlichkeit ohne Schutzschürzen. Muß die Krankenhausleitung etwas dagegen tun, insbesondere wenn die verwendeten Röntgenapparaturen älterer Bauart sind und eine größere Streubreite haben?

Fall 75:

Bei der Dienstplangestaltung wird die schwangere Krankenschwester G. von der Stationsleitung so eingesetzt, daß sie in der Doppelwoche auf 96 Stunden Arbeitszeit kommt und im geteilten Dienst am Wochenende bis 21.00 Uhr arbeiten muß. Nachdem das Gewerbeaufsichtsamt den Dienstplan überprüft hat, beanstandet es folgendes: „Nach § 8 Abs. 1 MuSchG dürfen schwangere Arbeitnehmerinnen nur bis 20.00 Uhr beschäftigt werden und nach § 8 Abs. 2 Nr. 3 MuSchG nur 90 Stunden in der Doppelwoche arbeiten". Was muß die Stationsleitung tun?

Arbeitsgestaltung bedeutet das **Wie der Arbeit** oder arbeitswissenschaftlich ausgedrückt: *„das Schaffen der technologischen, technischen, ergonomischen und organisatorischen Gegebenheiten im Bereich der Einwirkung, Lenkung, Überwachung und Umgebung des Menschen zur Erfüllung des Zweckes eines konkreten dynamischen Arbeitssystems unter Berücksichtigung der durch den Menschen vorgegebenen Voraussetzungen"[1].*

Die Krankenhausleitung will im Fall 73 eine neue Form der Zusammenarbeit einführen, nämlich statt der die Funktionspflege betonenden Einzelarbeit das Arbeiten in der Gruppe. Einem Pflegeteam werden hierbei sämtliche pflegerischen Funktionen für eine Pflegegruppe (etwa 16 bis 18 Patienten) übertragen. Zwar verrichtet die einzelne Pflegekraft in diesem System auch Einzelarbeit. Die einzelnen Arbeiten werden aber in der Gruppe anläßlich von Gruppenbesprechungen aufgeteilt. In den Gruppenbesprechungen werden auch bei der Einzelarbeit auftretende Probleme erörtert.

Der Arbeitsinhalt kann auch insoweit neu bestimmt werden, als der einzelnen Pflegekraft nicht mehr allein Teilarbeiten zugewiesen werden, wie z.B. allen Patienten der Station das Frühstück zu reichen oder die

---

1 *Rohmert,* Arbeitsgestaltung, in: *Bierfelder* (Hrsg.), Handwörterbuch des öffentlichen Dienstes - Das Personalwesen, Berlin, 1976, Spalte 55

Körpertemperatur zu messen, sondern die einzelne Pflegekraft soll mehr oder weniger Ganzheitspflege leisten, d.h., eigenverantwortlich Patienten in der Pflege umfassend betreuen.

Diese Fragen betreffen den **Arbeitsablauf.** Sie beziehen sich aber auch auf die **Arbeitsorganisation.** Denn die Gruppenpflege erzwingt die Abkehr von der strengen Hierarchie und die Hinwendung zu einer in sich differenzierten **Kollegialstruktur.** Die Pflegepersonen sind innerhalb des ihrem Berufsbildes entsprechenden Aufgabenbereichs gleichberechtigt.

Dies verlangt von der Gruppenschwester als Leiterin des Pflegeteams einen veränderten Führungsstil (nicht autoritär, sondern kooperativ)[2].

Im Fall 74 geht es um den **konkreten Arbeitsplatz** (OP), um den **Einsatz von Arbeitsmitteln** (Röntgenapparaturen mit den notwendigen Schutzvorrichtungen und notwendiger Schutzkleidung) und um die **Arbeitsumgebung** (z.B. Intensität der Röntgenstrahlen).

Fall 75 betrifft die **zeitliche Dimension des Arbeitsablaufs,** nämlich zu welcher Zeit gearbeitet wird, also die **Lage der Arbeit** (z.B. Nachtarbeit), und wie lange gearbeitet wird, also die **Dauer der Arbeitszeit.**

1.2. Gestaltungsrecht des Arbeitgebers

Durch den Arbeitsvertrag verpflichtet sich der Arbeitnehmer zur Arbeitsleistung und zu einem vertragsgemäßen Verhalten, während sich der Arbeitgeber zur Zahlung der Vergütung und seinerseits zu einem vertragsgemäßen Verhalten verpflichtet. Der Betrieb selbst ist nicht Gegenstand der Vertragsverhandlungen, sondern als Bestehendes vorgegeben. Der Betrieb gehört dem Arbeitgeber. Aufgrund seiner **Eigentümerstellung** beansprucht er die Ausgestaltung seines Betriebes und der betrieblichen Verhältnisse. Dies wird vom Arbeitnehmer bei den Vertragsverhandlungen als soziale Wirklichkeit wahrgenommen und durch das Angebot, den Arbeitsvertrag abzuschließen, akzeptiert. **Der Arbeitgeber gestaltet also die Arbeit.**

Das Recht dazu leitet der Arbeitgeber aus dem Arbeitsverhältnis ab. Insoweit ist das Anweisungsrecht des Arbeitgebers **ein Mittel,** die Arbeit zu gestalten, **um den Betriebszweck zu verwirklichen.**

Somit hat im Fall 73 der Arbeitgeber, also die Krankenhausleitung als Funktionsträger, im Einvernehmen mit dem Krankenhausträger X-Stadt grundsätzlich das Recht, die Gruppenpflege einzuführen.

1.3. Einschränkung der Gestaltungsfreiheit durch den Arbeitsschutz und Beteiligung der Belegschaftsvertretung

Stellt der Arbeitgeber nur den Betriebszweck in den Vordergrund, kommen die Belange des arbeitenden Menschen zu kurz. Solange der Arbeitgeber in der Arbeitsgestaltung frei ist, wird er in der Regel allein den Betriebszweck im Auge haben. Dementsprechend waren die Arbeitsbedingungen der Arbeitnehmer im letzten Jahrhundert untragbar. Dies betraf nicht zuletzt die Zustände in den Krankenhäusern[3]. Das Einschreiten des Staates **zum Schutz von Leben und Gesundheit des Arbeitnehmers, der Arbeitsschutz,** war deshalb dringend notwendig. **Durch Arbeitsschutzbestimmungen wird die Gestaltungsfreiheit des Arbeitgebers erheblich eingeschränkt.**

---

2 zu Fragen der Arbeitsorganisation und des Arbeitsablaufes im Krankenhaus vgl. *Böhme* (Hrsg.), Arbeitsgestaltung und Arbeitsschutz im Krankenhaus..., a.a.O., S. 25–31 und 73–76 mit weiteren Nachweisen

3 vgl. dazu im einzelnen *Böhme* (Hrsg.), Arbeitsgestaltung und Arbeitsschutz..., a.a.O., S. 20–24

So muß die Krankenhausleitung im Fall 74 dafür Sorge tragen, daß das Personal im OP beim Einsatz von Röntgenapparaturen die nach §§ 21 ff. RöV geforderte Schutzkleidung trägt, § 15 RöV, anderenfalls handelt sie ordnungswidrig, § 46 Nr. 9 RöV *(vgl. bereits oben Fall 69 unter D.5.1.1.).*

Im Fall 75 muß die Stationsleitung den Dienstplan hinsichtlich der schwangeren Krankenschwester G. so gestalten, daß § 8 Abs. 1 und Abs. 2 Nr. 3 MuSchG eingehalten wird. Auch hier handelt die Führungskraft anderenfalls ordnungswidrig (§ 21 Abs. 1 Nr 3 MuSchG).

Der Arbeitgeber hat also bei der Ausübung seines Weisungsrechts im Rahmen der Arbeitsgestaltung nicht nur den Betriebszweck, sondern auch die Belange des Arbeitnehmers zu beachten. **Arbeitsgestaltung und Arbeitsschutz sind somit zwei Aspekte der gleichen Sache.**

Die Gestaltungsfreiheit des Arbeitgebers wird außerdem durch die **Beteiligungsrechte der Belegschaftsvertretung** eingeschränkt. Soweit die Belegschaftsvertretung Initiativrechte hat, kann sie die Arbeit sogar mitgestalten.

Im Fall 73 hat der Personalrat zwar kein Beteiligungsrecht. Nach § 66 Abs. 1 LPersVG hat der Arbeitgeber bei den gemeinschaftlichen Besprechungen dem Personalrat alle Vorgänge mitzuteilen, die

die Beschäftigten wesentlich berühren. Die Einwände des Personalrates haben aber keine rechtlichen Auswirkungen auf die Entscheidungen des Arbeitgebers. Zudem hat die Belegschaftsvertretung die allgemeine Aufgabe, darüber zu wachen, daß die Arbeitsschutzbestimmungen im Betrieb auch durchgeführt werden (§ 80 Abs. 1 Nr. 1 BetrVG, § 68 Abs. 1 Nr. 2 LPersVG).

So hat die Belegschaftsvertretung in den Fällen 74 und 75 auf die Einhaltung der Arbeitsschutzbestimmungen hinzuwirken.

1.4. Grundsatz der menschengerechten Arbeitsgestaltung

Die Arbeit kann nicht allein unter technischen Gesichtspunkten gestaltet werden, wobei der Mensch als Arbeitsfaktor, als Teil im Arbeitsprozeß, eben als Objekt betrachtet wird. Bei der Arbeitsgestaltung ist auch der **Mensch als Subjekt** zu sehen. Es ist nicht nur eine Anpassung des Menschen an die Arbeit (z.B. durch Fortbildung) notwendig, sondern auch die **Anpassung der Arbeit an den Menschen** (z.B. durch Verbesserung der Arbeitsumgebung). Die Arbeit ist menschengerecht zu gestalten. Ziel

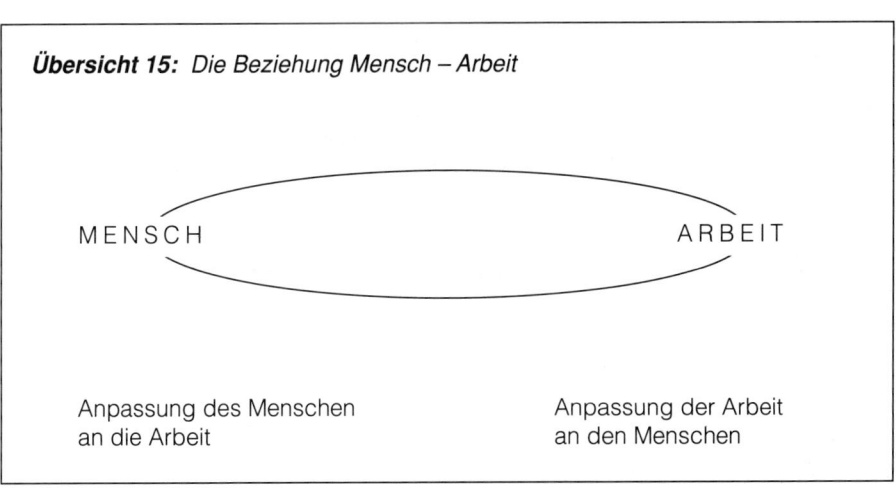

Übersicht 15: *Die Beziehung Mensch – Arbeit*

MENSCH   ARBEIT

Anpassung des Menschen
an die Arbeit

Anpassung der Arbeit
an den Menschen

Übersicht 16: *Das Mensch-Arbeit-System (Überblick)*

1. Kenntnisse
a) Ausbildung
b) Erfahrung
c) Denkfähigkeit

2. Geschicklichkeit
a) Handfertigkeit
b) Körpergewandtheit

**3. Gesundheits- und
Kräftezustand**

4. Belastungen
a) körperliche
(Muskel, Gelenke)
b) geistige
(Aufmerksamkeit,
Verantwortung,
Bereitschaft)

1. Arbeitsplatz
Wahrnehmungsbedingungen, Beschaffenheit
von Bedienungseinrichtungen,
Bewegungsraum

2. Arbeitsmittel und Arbeitsgegenstände
Zahl, Art, Beschaffenheit, Arbeitskleidung
und Körperschutzmittel

3. Arbeitsumgebung
Hitze, Nässe, Öl, Fett, Schmutz, Staub, Gase,
Dämpfe, Lärm, Erschütterungen, Blendung
oder Lichtmangel

4. Arbeitsorganisation
hierarchisch, teamartig, Führungsstil

MENSCH   ARBEITSSYSTEM   ARBEIT

5. Verantwortung
a) für die eigene Arbeit
b) für die Arbeit anderer
c) für die Sicherheit anderer

5. Arbeitsablauf
a) Art der Arbeit
Tag- oder Nachtarbeit, Einzel- oder
Gruppenarbeit, einmalige oder wiederkehrende, geistige oder körperliche,
leichte oder schwere Arbeit
b) Länge der Arbeit
(Dauer, Überstunden, Pausen)
c) Kooperation durch
– gegenseitige Terminierung
– gegenseitige Hilfeleistung
– Informationsaustausch

6. Wünsche und Motive

6. Verfahrens- und Sicherheitsvorschriften

7. Interaktionen
a) informelle Beziehungen
zu Arbeitskollegen
b) familiäre Beziehungen

der Arbeitsgestaltung ist nicht allein der Betriebszweck (Wirtschaftlichkeit). Ein weiteres Ziel ist **Humanität.** Beide Ziele, Wirtschaftlichkeit und Humanität, lassen sich im wesentlichen vereinbaren[4].

1.5. Mensch-Arbeit-System

Ausgangspunkt ist die Gestaltung des einzelnen Arbeitsplatzes[5].

In der Beziehung Mensch – Arbeit lassen sich die wesentlichen Kriterien der Arbeitsgestaltung jeweils einem der beiden Bezugspunkte zuordnen. Es gibt in diesem System Anforderungen an den Menschen und Anforderungen an die Arbeit, d.h. beide Faktoren müssen einander angepaßt werden *(vgl. Übersicht 15 auf S. 149).*

Daraus läßt sich demnach ohne Anspruch auf Vollständigkeit ein Mensch-Arbeit-System entwerfen[6], das in *Übersicht 16 auf S. 150* dargestellt ist.

2. Arbeitsschutz

2.1. Ziel des Arbeitsschutzes

Arbeitsschutz im klassischen Sinne bezweckt den Schutz von Gesundheit und Leben des Arbeitnehmers (vgl. Wortlaut des § 618 Abs. 1 BGB), ist also als physischer Schutz zu verstehen. Gesundheit bedeutet aber mehr als nur körperliches Wohlbefinden. Der Gesundheitsbegriff der Weltgesundheitsorganisation in Genf lautet zu Recht: *„Zustand vollständigen geistigen, körperlichen und sozialen Wohlbefindens"*[7]. Aufgrund des erweiterten Gesundheitsbegriffes ist das Arbeitsschutzrecht in dem Sinne neu zu interpretieren, daß es auch den Schutz des psychisch-sozialen Wohlbefindens betrifft. Diese Zielsetzung des Arbeitsschutzes fand ihren gesetzlichen Niederschlag erstmals in den §§ 90, 91 BetrVG

1972, wo der Begriff *„menschengerechte Gestaltung der Arbeit"* gesetzlich eingeführt wurde, der gerade diese zusätzliche Komponente des psychisch-sozialen Wohlbefindens beinhaltet *(vgl. auch Teil 1: Grundlagen und Grundbegriffe).* In der neueren Arbeitsschutzgesetzgebung wird dieser Entwicklung Rechnung getragen. So findet sich der Begriff der **menschengerechten Arbeit** wieder in § 6 ASiG vom 12.12.1973 (Aufgaben der Fachkräfte für Arbeitssicherheit), sinngemäß in § 3 ASiG (Aufgaben der Betriebsärzte) und ausdrücklich in § 28 JArbSchG vom 12.04.1976 sowie neuerdings in § 6 Abs. 1 ArbZG (Gestaltung der Arbeitsplätze für Nacht- und Schichtarbeitnehmer) und in § 2 Abs. 1 ArbSchG vom 13.06.1996.

2.2. Arbeitsschutz als personaler Arbeitsschutz und technischer Gefahrenschutz

Ausgehend vom Mensch-Arbeit-System, das zwischen Anforderungen des Menschen an die Arbeit und Anforderungen der Arbeit an den Menschen unterscheidet, gliedert sich der Arbeitsschutz nach neuerem Verständnis in den personalen Arbeitsschutz und in den technischen Gefahrenschutz bzw. Betriebsschutz (Betriebssicherheit)[8].

Im **personalen Arbeitsschutz** werden die Arbeitnehmer vor einer arbeitszeitlichen Überforderung geschützt (ArbZG). Jugendliche, Schwangere und Schwerbehinderte (JArbSchG, MuSchG, SchwbG) werden außerdem vor sonstiger Überforderung bewahrt.

---

4 vgl. dazu im einzelnen *Böhme* (Hrsg.), Arbeitsgestaltung und Arbeitsschutz..., a.a.O., S. 20–24
5 vgl. dazu *Weichardt*, DKZ 2/1976, 60 ff.
6 aus: *Böhme* (Hrsg.), Arbeitsgestaltung und Arbeitsschutz..., a.a.O., S. 19
7 vgl. *Böhme* (Hrsg.), Arbeitsgestaltung und Arbeitsschutz, a.a.O., S. 38 m.w.N.
8 dazu ausführlich *Burmann*, a.a.O., S. 294 ff.

151

Im **technischen Gefahrenschutz** hat der Arbeitgeber einen optimalen Betriebsschutz hinsichtlich der Arbeitsmittel, der Arbeitsumgebung, des Arbeitsplatzes, des Arbeitsablaufs, der Arbeitsorganisation und des gesamten Betriebes zu gewährleisten. Der technische Gefahrenschutz wird hauptsächlich in den Unfallverhütungsvorschriften der Berufsgenossenschaften und gesetzlichen Bestimmungen wie StrlSchVO, RöV, ArbeitsstättenVO, GefahrstoffVO, GerätesichG, MedGV, MPG, geregelt. Seit 1997 kommt überdies für Bildschirmarbeitsplätze die Bildschirmarbeitsverordnung vom 20.12.1996 zur Anwendung[9].

Zur Sicherung und Verbesserung der Sicherheit und des Gesundheitsschutzes der Beschäftigten bei der Arbeit ist am 13.06.1996 das am 21.08.1996 in Kraft getretene ArbSchG[10] geschaffen worden[11]. Schon längere Zeit gibt es zur Durchführung des Arbeitsschutzes das ASiG vom 12.12. 1973 *(dazu noch näher unter 2.4.).*

---

9 dazu *Richenhagen/Prümper/Wagner,* Handbuch der Bildschirmarbeit, 1997
10 BGBl.I S. 1246
11 vgl. ausführlich dazu *Pieper,* Das Arbeitsschutzgesetz, in: ArbuR 12/1996, S. 465 ff.

Übersicht 17: *Arbeitsschutz als personaler Arbeitsschutz und technischer Gefahrenschutz*

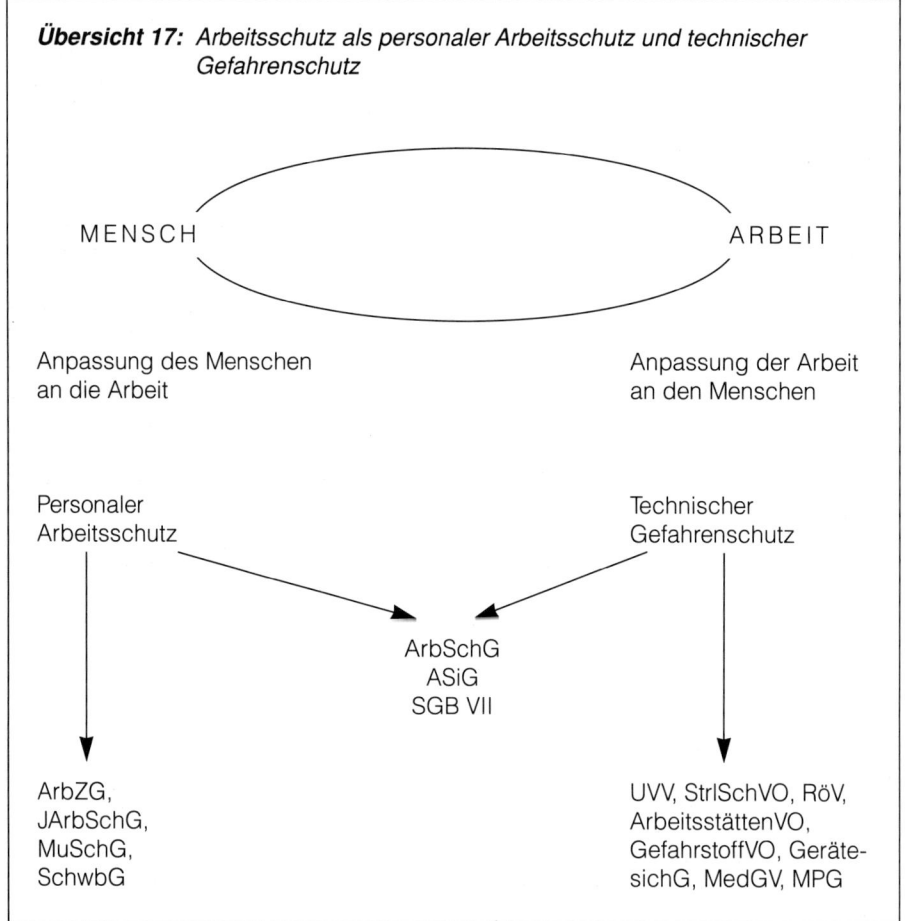

MENSCH — ARBEIT

Anpassung des Menschen an die Arbeit

Anpassung der Arbeit an den Menschen

Personaler Arbeitsschutz

Technischer Gefahrenschutz

ArbSchG
ASiG
SGB VII

ArbZG,
JArbSchG,
MuSchG,
SchwbG

UVV, StrlSchVO, RöV,
ArbeitsstättenVO,
GefahrstoffVO, Gerätesichg, MedGV, MPG

2.3. Rechtsgrundlagen des Arbeitsschutzes und Beteiligung der Belegschaftsvertretungen

Das Grundgesetz
Nach Artikel 1 Abs. 1 GG ist die **Würde des Menschen unantastbar** und nach Artikel 2 Abs. 1 GG hat jeder das **Recht auf freie Entfaltung der Persönlichkeit** *(zur Drittwirkung vgl. Teil 1: Grundlagen und Grundbegriffe).* Daraus ergibt sich ein Verfassungsauftrag auf eine menschengerechte Arbeitsgestaltung und damit einen optimalen Arbeitsschutz[12].

Das Bürgerliche Gesetzbuch
Nach § 618 BGB ist der Arbeitgeber verpflichtet, für Schutz von Leben und Gesundheit des Arbeitnehmers Sorge zu tragen.
Die Pflicht zu Schutzmaßnahmen ist geregelt in

§ 618 Abs. 1 BGB:

„Der Dienstberechtigte hat Räume, Vorrichtungen oder Gerätschaften, die er zur Verrichtung der Dienste zu beschaffen hat, so einzurichten und zu unterhalten und Dienstleistungen, die unter seiner Anordnung oder seiner Leitung vorzunehmen sind, so zu regeln, daß der Verpflichtete gegen Gefahr für Leben und Gesundheit soweit geschützt ist, als die Natur der Dienstleistung es gestattet."

Insoweit ist das vertragsgemäße Verhalten des Arbeitgebers bei der Arbeitsgestaltung gesetzlich festgelegt. Es handelt sich dabei weniger um eine arbeitsvertragliche, als vielmehr um eine privatrechtliche Verpflichtung des Arbeitgebers *(zum Unterschied von Privatrecht und öffentlichem Recht vgl. oben unter B.2.3.).*

Als solche hat sie sich im Laufe der letzten Jahrzehnte nicht bewährt, weil die Erfüllung dieser Verpflichtung oder Schadensersatz wegen Verletzung der Verpflichtung vor dem Arbeitsgericht eingeklagt werden müssen. Untersuchungen über die soziale Lage der Arbeitnehmer, nicht zuletzt des Krankenpflegepersonals, beweisen, daß allein eine privatrechtliche Verpflichtung des Arbeitgebers unzureichend ist[13].

Arbeitnehmerschutzgesetze
Nur Gesetze, die den Arbeitgeber zwingen, bestimmte Schutzmaßnahmen durchzuführen, konnten die Lage der Arbeitnehmer verbessern und können künftig eine menschengerechte Arbeitsgestaltung ermöglichen *(Einzelheiten in Teil 1: Grundlagen und Grundbegriffe).* Es handelt sich dabei um öffentlich-rechtliche Vorschriften *(zur staatlichen Durchführung vgl. unten unter 2.4. und Übersicht 17 auf S. 152).*

Manteltarifverträge
Der BAT und der BMT enthalten nur wenige Vorschriften, die den Arbeitsschutz und damit die Arbeitsgestaltung betreffen. Das sind einmal Bestimmungen hinsichtlich der Arbeitszeit – im BAT §§ 15–17, sowie SR 2 a Nr. 5 zu § 15 und Nr. 6 zu § 17, im BMT §§ 6–8. Das sind zum anderen Vorschriften, die den Erholungsurlaub und den Sonderurlaub betreffen – im BAT §§ 47, 48, 50, im BMT §§ 15 und 16. Weiterhin besteht unter den Voraussetzungen der §§ 7 BAT und 4 BMT eine Pflicht des Arbeitnehmers, sich ärztlich untersuchen zu lassen. Und nach §§ 66 BAT und 12 Abs. 4 BMT existiert eine Pflicht des Arbeitgebers, im Rahmen des Arbeitsschutzes unentgeltlich Schutzkleidung zur Verfügung zu stellen.

---

12 vgl. im einzelnen *Böhme* (Hrsg.), Arbeitsgestaltung und Arbeitsschutz..., a.a.O., S. 33–35 mit weiteren Nachweisen und S. 58–60
13 vgl. im einzelnen *Böhme* (Hrsg.), Arbeitsgestaltung und Arbeitsschutz..., a.a.O., S. 36/37 mit weiteren Nachweisen und S. 61–62

Übersicht 18: Das BetrVG im Mensch-Arbeit-System (Überblick)

Rationalisierung
(§ 106)

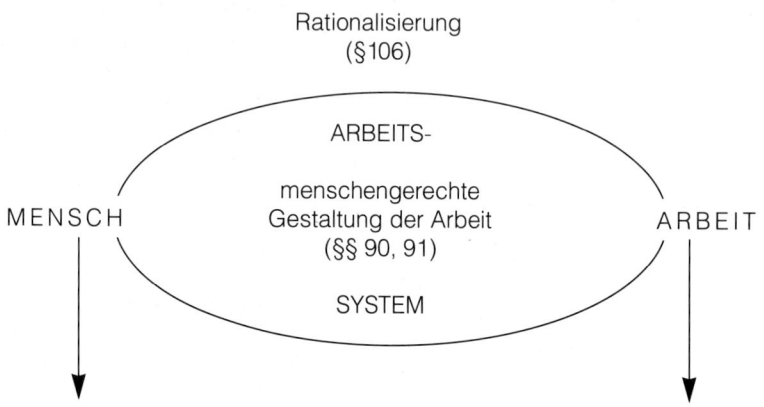

ARBEITS-

menschengerechte
Gestaltung der Arbeit
(§§ 90, 91)

MENSCH   ARBEIT

SYSTEM

1. Kenntnisse

– Unterrichtspflicht des
des Arbeitgebers (§ 81)

– Personalplanung (§ 92)

– Ausschreibung
von Arbeitsplätzen (§ 93)

– Personalbeurteilung (§ 94)

– Auswahlrichtlinien (§ 95)

– Berufsbildung
(§§ 96–98)

2. Motivation und Wünsche

– Anhörungs- und Erörte-
rungsrecht des Arbeitneh-
mers (§ 82)

– Beschwerderecht
(§§ 84, 85)

1. Arbeitsplatz

– Arbeitssicherheit
(§ 87 Abs. 1 Nr. 7)

– Arbeitsschutz (§ 89)

2. Arbeitsmittel

– technische Einrichtun-
gen (§ 87 Abs. 1 Nr. 6)

3. Arbeitsablauf

– Lage der Arbeitszeit
und Pausen
(§ 87 Abs. 1 Nr. 2)

– Verkürzung oder Ver-
längerung der Arbeits-
zeit (§ 87 Abs. 1 Nr. 3)

– Urlaubsgrundsätze
und Urlaubspläne
(§ 87 Abs. 1 Nr. 5)

Anpassung des Menschen
an die Arbeit

Anpassung der Arbeit
an den Menschen

Unfallverhütungsvorschriften
Die Berufsgenossenschaften bzw. Gemeindeunfallversicherungsverbände oder Versicherungsbanken haben als Träger der gesetzlichen Unfallversicherung aufgrund des neuen SGB VII (früher RVO) Unfallverhütungsvorschriften zu erlassen, die hauptsächlich dem Gefahrenschutz zuzurechnen sind.

Die Beteiligung der Belegschaftsvertretungen
Die Beteiligung der Arbeitnehmer beim Arbeitsschutz und bei der Arbeitsgestaltung ist ein Hauptanliegen der betrieblichen und überbetrieblichen Mitbestimmung. Soweit Unternehmen mitbestimmungspflichtig sind, wirken die Arbeitnehmervertreter in den Aufsichtsräten oder ähnlichen Gremien der Krankenhausträger, die in der Rechtsform einer Aktiengesellschaft, Kommanditgesellschaft auf Aktien, Gesellschaft mit beschränkter Haftung oder eines kommunalen Eigenbetriebes vertreten werden, an den Grundsatzentscheidungen mit, wie Planung neuer Krankenhausteile, Änderung der Krankenhausorganisation usw.
Der Betriebsrat/Personalrat hat ein umfassendes Mitwirkungsrecht beim Arbeitsschutz nach §§ 89 BetrVG, 83 LPersVG, das hauptsächlich die Durchführung des Arbeitsschutzes betrifft. Bei Maßnahmen zur Verhütung von Arbeitsunfällen, Berufskrankheiten und sonstigen Gesundheitsschädigungen hat die Belegschaftsvertretung ein uneingeschränktes Mitbestimmungs- und Initiativrecht (§§ 87 Abs. 1 Nr. 7 BetrVG und 79 Abs. 1 Nr. 8 LPersVG). Eine Orientierung über die Beteiligungsrechte der Belegschaftsvertretung bei der Arbeitsgestaltung und dem Arbeitsschutz geben *Übersicht 18 auf S. 154* über das BetrVG im Mensch-Arbeit-System[14] und die *auf S. 156 folgende Übersicht 19* über das LPersVG BaWü im Mensch-Arbeit-System[15]:

2.4. Durchführung des Arbeitsschutzes

Der öffentlich-rechtliche Arbeitsschutz wird auf zwei Wegen staatlich erzwungen:
Stellt die zuständige Behörde einen Verstoß gegen Arbeitnehmerschutzbestimmungen fest, wird sie gegenüber dem Arbeitgeber anordnen, was er zur Herstellung rechtmäßiger Zustände zu tun hat. Trifft der Arbeitgeber die angeordneten Maßnahmen nicht, wird er dazu zwangsweise angehalten (z.B. durch Androhung von Zwangsgeld bis zu DM 50.000,–, ersatzweise Zwangshaft bis zu 6 Monaten).
Für die begangenen Verstöße kommen als **Sanktionen** Bußgelder und Strafen (auch Freiheitsstrafen!) in Betracht (vgl. z.B. §§ 25, 26 ArbSchG, § 20 ArbSichG, §§ 22, 23 ArbZG, §§ 58, 59 JArbschG, § 21 MuSchG, § 52 RöV, §§ 57, 58 SchwbG usw.).
Der Schwerpunkt der Tätigkeit der staatlichen Behörden liegt aber in der **Überwachung.** Die Überwachungspersonen haben zu den Betrieben nach den verschiedenen Vorschriften Zutrittsrechte, die polizeilich durchgesetzt werden können (vgl. z.B. § 51 JArbSchG).
Im neuen ArbSchG ist klargestellt, daß die Beratung im Vordergrund steht (§ 21 Abs. 2 ArbSchG). Dabei geht es um eine neue Philosophie der Überwachung, nach der der Arbeitnehmer und der Arbeitgeber von Objekten zu Subjekten des Arbeitsschutzes werden sollen[16].
Zur Durchführung des Arbeitsschutzes besteht ein kompliziertes **Überwachungssystem,** das durch das ArbSchG nur ummantelt, aber keineswegs vereinfacht wird: Die Einhaltung der Arbeitnehmerschutz-

---

14 aus: *Böhme* (Hrsg.), Arbeitsgestaltung und Arbeitsschutz..., a.a.O., S. 50
15 zum BPersVG vgl. *Böhme* (Hrsg.), Arbeitsgestaltung und Arbeitsschutz..., S. 49, 51, 70–11
16 *Herschel,* Die rechtliche Bedeutung schutzgesetzlicher Vorschriften im Arbeitsrecht, RdA 1964, S. 11; *Herschel,* Arbeitsschutz im sozialen Rechtsstaat, ArbBl. 1995, S. 581

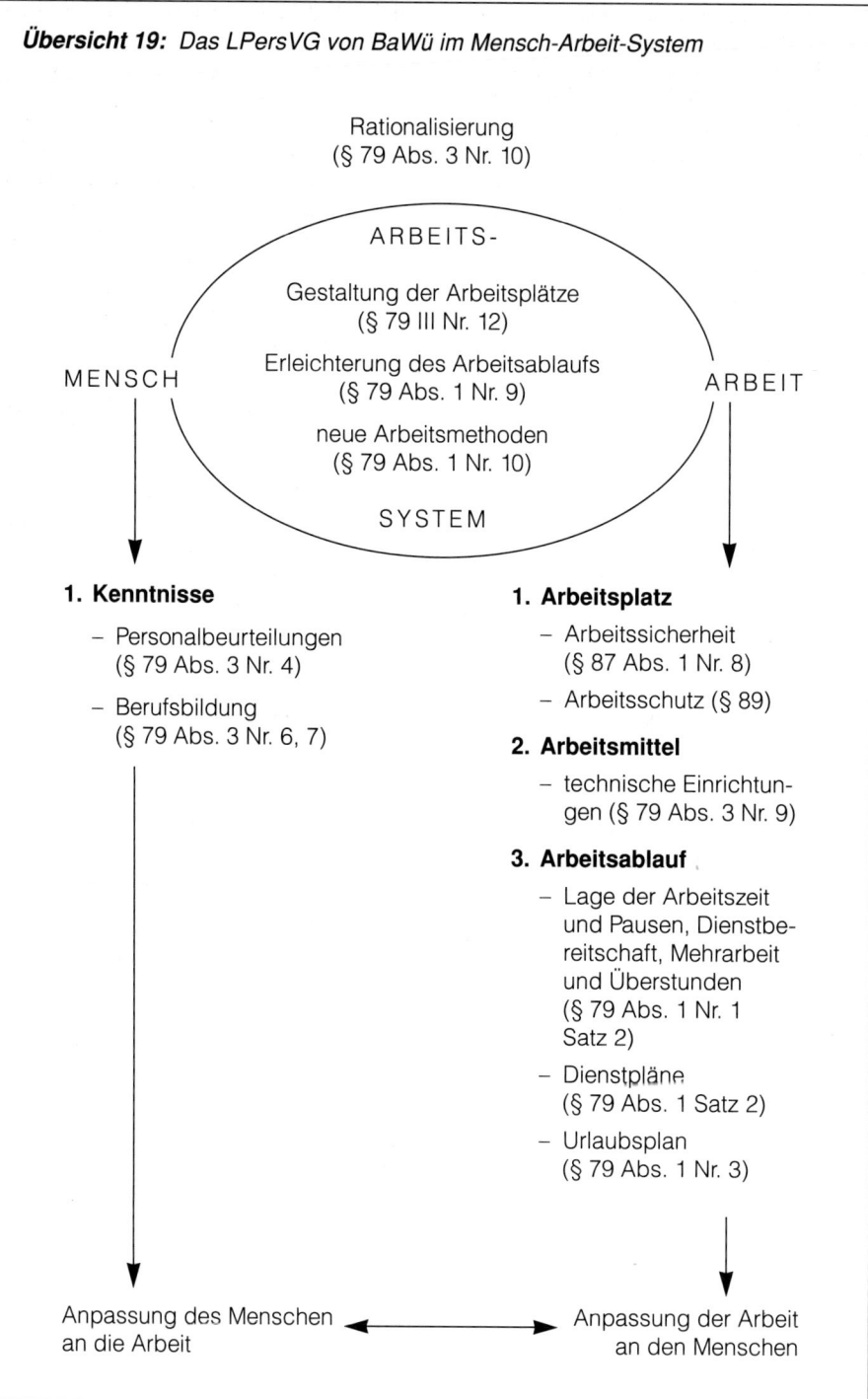

Übersicht 19: Das LPersVG von BaWü im Mensch-Arbeit-System

Rationalisierung
(§ 79 Abs. 3 Nr. 10)

ARBEITS-

Gestaltung der Arbeitsplätze
(§ 79 III Nr. 12)

Erleichterung des Arbeitsablaufs
(§ 79 Abs. 1 Nr. 9)

neue Arbeitsmethoden
(§ 79 Abs. 1 Nr. 10)

MENSCH

ARBEIT

SYSTEM

1. Kenntnisse

– Personalbeurteilungen
(§ 79 Abs. 3 Nr. 4)

– Berufsbildung
(§ 79 Abs. 3 Nr. 6, 7)

1. Arbeitsplatz

– Arbeitssicherheit
(§ 87 Abs. 1 Nr. 8)

– Arbeitsschutz (§ 89)

2. Arbeitsmittel

– technische Einrichtun-
gen (§ 79 Abs. 3 Nr. 9)

3. Arbeitsablauf

– Lage der Arbeitszeit
und Pausen, Dienstbe-
reitschaft, Mehrarbeit
und Überstunden
(§ 79 Abs. 1 Nr. 1
Satz 2)

– Dienstpläne
(§ 79 Abs. 1 Satz 2)

– Urlaubsplan
(§ 79 Abs. 1 Nr. 3)

Anpassung des Menschen
an die Arbeit

Anpassung der Arbeit
an den Menschen

gesetze und -verordnungen wird durch die **staatliche Gewerbeaufsicht** überwacht (Gewerbeaufsichtsämter, Ämter für Arbeitsschutz). Die hier tätigen Gewerbeaufsichtsbeamten werden in arbeitsmedizinischen Fragen von Gewerbeärzten unterstützt.

Die **Träger der gesetzlichen Unfallversicherung** überwachen die Durchführung ihrer erlassenen Unfallverhütungsvorschriften durch eigene technische Aufsichtsbeamte (§§ 17 ff. SGB VII).

Daneben sind in **Unternehmen mit mehr als 20 Beschäftigten** vom Unternehmer einer oder mehrere **Sicherheitsbeauftragte** zu bestellen, die den Arbeitnehmer bei der Durchführung des Unfallschutzes zu unterstützen haben (§ 22 SGB VII).

Nach dem Arbeitssicherheitsgesetz zu bestellende Betriebsärzte (§ 2) und Fachkräfte für Arbeitssicherheit (§ 5) – zu deren Aufgaben vgl. § 3 ASiG einerseits

und § 6 ASiG andererseits –, deren Bestellung durch von den Berufsgenossenschaften erlassene Unfallverhütungsvorschriften (VBG 122 und 123) verbindlich in Mindestgrenzen festgelegt ist, bilden zusammen mit dem Betriebsrat (§ 89 BetrVG) bzw. den Personalrat (§ 83 LPersVG) und dem bzw. den Sicherheitsbeauftragten nach dem SGB VII RVO einen Arbeitsschutzausschuß (§ 11 ASiG).

Der **Arbeitsausschuß** tritt mindestens einmal vierteljährlich mit dem Arbeitgeber zusammen (§ 11 ASiG).

Diese Personen haben nicht nur eine Überwachungsfunktion, sondern auch Beratungs- und Unterstützungsaufgaben in Sachen Arbeitsschutz.

Auf Bundesebene gibt es zur Erforschung der Arbeitsschutzes die Bundesanstalt für Arbeitsschutz und Unfallforschung.

Die Durchführung des Arbeitsschutzes ist in *Übersicht 20* bildlich zusammengefaßt:

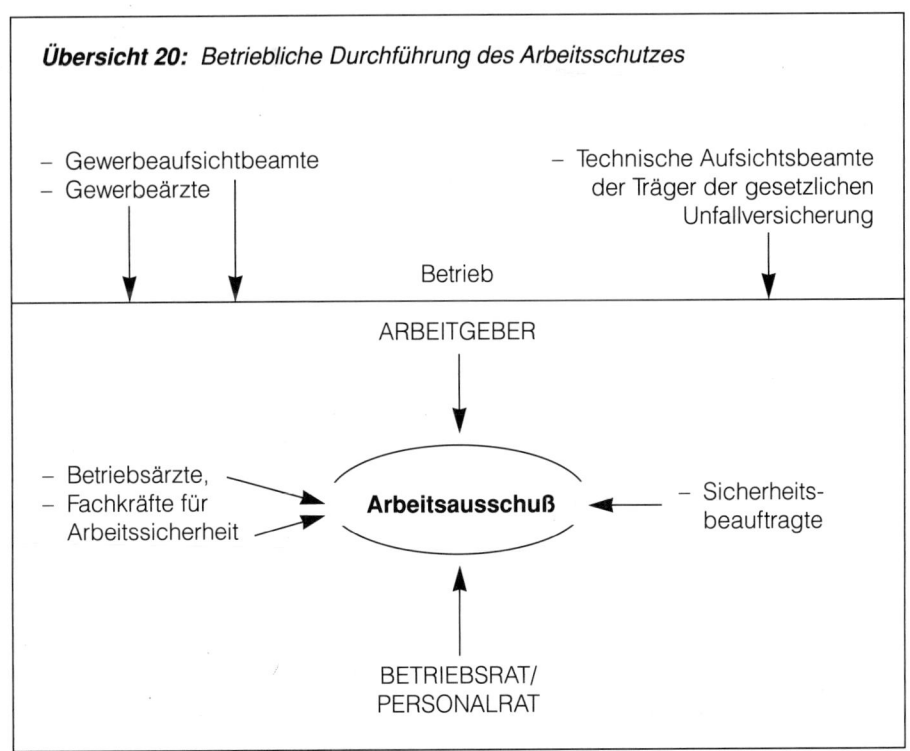

Übersicht 20: *Betriebliche Durchführung des Arbeitsschutzes*

– Gewerbeaufsichtbeamte
– Gewerbeärzte

– Technische Aufsichtsbeamte der Träger der gesetzlichen Unfallversicherung

Betrieb

ARBEITGEBER

– Betriebsärzte,
– Fachkräfte für Arbeitssicherheit

Arbeitsausschuß

– Sicherheitsbeauftragte

BETRIEBSRAT/
PERSONALRAT

2.5. Das Arbeitsschutzgesetz

Das Gesetz über die Durchführung von Maßnahmen des Arbeitsschutzes zur Verbesserung der Sicherheit und des Gesundheitsschutzes der Beschäftigten bei der Arbeit, Arbeitsschutzgesetz – ArbSchG – vom 07.08.1996 löst nach mehr als 100 Jahren § 120 a GewO ab.

Zielsetzung ist nach § 1 Abs. 1 Satz 1 ArbSchG, Sicherheit und Gesundheitsschutz der Beschäftigten bei der Arbeit durch Maßnahmen des Arbeitsschutzes zu sichern und zu verbessern. Im Gegensatz zu § 120 a GewO, der auf die *„Natur des Betriebs"* abstellte, erfolgt hier eine Dynamisierung, die sich auch auf die privatrechtliche Gestaltung des Arbeitsverhältnisses und auf die künftige Auslegung des § 618 BGB sowie des § 62 HGB auswirken wird[17]. Die **Kombination von Sicherheit und Gesundheitsschutz** führt zu einem integrierten Arbeitsschutzbegriff, was auch in Art. 2 Nr. 6 des EG-Arbeitsschutz-Umsetzungsgesetzes zum Ausdruck kommt, mit dem das bisherige Gebot der Zusammenarbeit von Betriebsärzten und Fachkräften für Arbeitssicherheit in § 10 Arbeitssicherheitsgesetz auf die anderen im Betrieb für technische Sicherheit, Gesundheits- und Umweltschutz zuständigen Personen ausgedehnt wird.

Nach § 1 Abs. 1 Satz 2 ArbSchG gilt dieses Gesetz in allen Tätigkeitsbereichen, wobei bedauerlicherweise die bisherige Zersplitterung bzw. starke Spezialisierung durch die Weitergeltung zahlreicher Spezialvorschriften nicht aufgehoben ist. Leider ist ja die Gesetzesinitiative des Landes Hessen auf Entwurf eines Arbeitsschutzgesetzbuches gescheitert.

Nach § 1 Abs. 2 Satz 1 ArbSchG gilt dieses Gesetz nicht für den Arbeitsschutz von Hausangestellten in privaten Haushalten, damit natürlich erst recht nicht für den Einsatz von Laienpflegern, kommt aber selbstverständlich auch für alle Mitarbeiter in ambulanten Diensten zur Anwendung[18]. § 1 Abs. 4 ArbSchG stellt unmißverständlich klar, daß der Arbeitsschutz uneinge-

schränkt auch in öffentlich-rechtlichen Religionsgemeinschaften gilt; da dort weder das BetrVG noch die PersVG zur Anwendung kommen, wird in § 1 Abs. 4 ArbSchG klargestellt, daß die Mitarbeitervertretungen entsprechend dem kirchlichen Recht an deren Stelle treten.

In § 1 Abs. 3 ArbSchG wird darüber hinaus hervorgehoben, daß die Pflichten des Arbeitgebers zur Gewährleistung von Sicherheit und Gesundheitsschutz der Beschäftigten bei der Arbeit nach sonstigen Rechtsvorschriften unberührt bleiben, was entsprechend für Pflichten und Rechte der Beschäftigten gilt. Eine große Bedeutung haben hier die GefahrstoffVO *(vgl. einerseits Teil 1: Grundlagen und Grundbegriffe sowie andererseits unten F.2.4.6.)* sowie das BetrVG und die PersVG.

In § 2 Abs. 1 des ArbSchG sind **Maßnahmen des Arbeitsschutzes** definiert als Maßnahmen zur Verhütung von Unfällen bei der Arbeit und arbeitsbedingten Gesundheitsgefahren einschließlich Maßnahmen der menschengerechten Gestaltung der Arbeit. Damit wird zwar die Trennung zwischen personalem Arbeitsschutz und technischem Gefahrenschutz *(vgl. oben E.2.2.)* nicht aufgehoben, aber doch ein stärkerer Zusammenhang hergestellt. Deutlich wird dies auch anhand des § 2 Abs. 4 ArbSchG, in dem festgelegt ist, daß sonstige Rechtsvorschriften im Sinne dieses Gesetzes Regelungen über Maßnahmen des Arbeitsschutzes in anderen Gesetzen, in Verordnungen und UVV sind.

In § 3 ArbSchG sind die **Grundpflichten des Arbeitgebers** erfaßt, nämlich die Verpflichtung, die erforderlichen Maßnahmen des Arbeitsschutzes unter Berücksichtigung der Umstände zu treffen, die Sicherheit und Gesundheit der Beschäftigten bei der Arbeit beeinflussen. Der Arbeitgeber hat die Maßnahmen auf ihre

---

17 *Pieper,* AuR 12/1996, S. 467

18 *Böhme,* Neue Regelungen im Arbeitsschutz- und Unfallschutzrecht, PFLEGEN AMBULANT 4/1997, S. 48-53

Wirksamkeit zu überprüfen und erforderlichenfalls sich ändernden Gegebenheiten anzupassen. Dabei hat er eine Verbesserung von Sicherheit und Gesundheitsschutz der Beschäftigten anzustreben. In der Begründung des Regierungsentwurfes ist als Auslöser dazu „*eine geänderte Gefahrenbeurteilung aufgrund neuer Erkenntnisse, bessere Schutzmöglichkeiten aufgrund neuer Techniken, aber auch eine Änderung in der Belastungsfähigkeit betroffener Arbeitnehmer, insbesondere durch gesundheitliche Beeinträchtigungen*" angegeben.

Diese Grundpflichten des Arbeitgebers werden jetzt dadurch sichergestellt, daß der Arbeitgeber nach § 3 Abs. 2 Nr. 1 ArbSchG für eine geeignete Organisation des Arbeitsschutzes zu sorgen hat und die erforderlichen Mittel hierzu bereitstellt. Darüber hinaus hat der Arbeitgeber nach § 3 Abs. 2 Nr. 2 ArbSchG Vorkehrungen zu treffen, daß die Maßnahmen erforderlichenfalls bei allen Tätigkeiten und eingebunden in die betrieblichen Führungsstrukturen beachtet werden und die Beschäftigten ihren Mitwirkungspflichten nachkommen können. Damit wird deutlich, daß der Arbeitgeber (auch eines ambulanten Dienstes) das Gesetz nicht einfach in der Schublade verschwinden lassen kann, sondern durch geeignete Organisationsmaßnahmen für die Umsetzung zu sorgen hat. Dies wurde vom Verfasser am Beispiel der MedGV[19] und am Beispiel des MPG[20] bereits eingehend dargestellt *(vgl. auch unter E.3.)*
Diese Grundpflichten des Arbeitgebers werden jetzt durch **allgemeine Grundsätze** in § 4 ArbSchG näher bestimmt, nämlich

1. die Arbeit so zu gestalten, daß eine Gefährdung für Leben und Gesundheit möglichst vermieden und die verbleibende Gefährdung möglichst gering gehalten wird
2. die Gefahren an ihrer Quelle zu bekämpfen
3. bei den Maßnahmen den Stand von Technik, Arbeitsmedizin und Hygiene sowie sonstige gesicherte arbeitswissen-

schaftliche Erkenntnisse zu berücksichtigen
4. die Maßnahmen mit dem Ziel zu planen, Technik, Arbeitsorganisation, sonstige Arbeitsbedingungen, soziale Beziehungen und Einfluß der Umwelt auf den Arbeitsplatz sachgerecht zu verknüpfen
5. Nachrangigkeit individueller Schutzmaßnahmen
6. spezielle Gefahren für besonders schutzbedürftige Beschäftigungsgruppen zu berücksichtigen
7. den Beschäftigten geeignete Anweisungen zu erteilen
8. mittelbar oder unmittelbar geschlechtsspezifisch wirkende Regelungen nur zuzulassen, wenn dies aus biologischen Gründen zwingend geboten ist.

In § 5 ArbSchG ist die **Beurteilung der Arbeitsbedingungen** festgelegt. So hat der Arbeitgeber durch eine Beurteilung der für die Beschäftigten mit ihrer Arbeit verbundenen Gefährdung zu ermitteln, welche Maßnahmen des Arbeitsschutzes erforderlich sind. Dabei hat der Arbeitgeber die Beurteilung je nach Art der Tätigkeit vorzunehmen. Hinweise zur Gefährdungsermittlung ergeben sich aus § 5 Abs. 3 ArbSchG, nämlich

1. Gestaltung und Einrichtung der Arbeitsstätte und des Arbeitsplatzes
2. physikalische, chemische und biologische Einwirkungen
3. Gestaltung, Auswahl und Einsatz von Arbeitsmitteln, insbesondere von Arbeitsstoffen, Maschinen, Geräten und Anlagen sowie den Umgang damit
4. Gestaltung von Arbeits- und Fertigungsverfahren, Arbeitsabläufen und Arbeitszeit und deren Zusammenwirken

---

19 *Böhme,* Umgang mit medizinisch-technischem Gerät, PFLEGEN AMBULANT 03/1991, S. 40–41, 04/1991, S. 37–39, 5/1991, S. 39–41
20 *Böhme,* Das neue Medizinproduktegesetz (MPG), PFLEGEN AMBULANT 04/1995, S. 47–50

5. unzureichender Qualifikation bzw. Unterweisung der Beschäftigten.

§ 6 ArbSchG regelt schließlich die **Dokumentation der Gefährdungsbeurteilung:** Der Arbeitgeber muß über die je nach Art der Tätigkeit und der Zahl der Beschäftigten erforderlichen Unterlagen verfügen, aus denen das Ergebnis der Gefährdungsbeurteilung, die von ihm festgelegten Maßnahmen des Arbeitsschutzes und das Ergebnis ihrer Überprüfung ersichtlich sind. Diese Dokumentationspflicht besteht allerdings nicht für Arbeitgeber mit 10 oder weniger Beschäftigten, wobei in § 6 Abs. 1 Satz 4 ArbSchG klargestellt ist, daß Teilzeitbeschäftigte nur anteilig gerechnet werden, nämlich bei einer regelmäßigen wöchentlichen Arbeitszeit von nicht mehr als 10 Stunden als 0,25, bei nicht mehr als 20 Stunden als 0,5 und nicht mehr als 30 Stunden als 0,75.

§ 6 Abs. 2 stellt aber klar, daß alle Arbeitgeber Unfälle zu dokumentieren haben, bei denen ein Beschäftigter getötet oder so verletzt wird, daß er stirbt oder für mehr als drei Tage völlig oder teilweise arbeits- oder dienstunfähig wird.

In § 7 ArbSchG ist klargestellt, daß bei der Übertragung von Aufgaben auf Beschäftigte der Arbeitgeber je nach **Art der Tätigkeiten** zu berücksichtigen hat, ob die Beschäftigten befähigt sind, die für die Sicherheit und den Gesundheitsschutz bei der Aufgabenerfüllung zu beachtenden Bestimmungen und Maßnahmen einzuhalten. Es geht dabei um die körperliche und geistige Befähigung.

Die Folgeparagraphen 8 (Zusammenarbeit mehrerer Arbeitgeber), 9, (besondere Gefahren) und 10 (Erste Hilfe und sonstige Notfallmaßnahmen) interessieren hier nicht weiter. Entscheidend ist aber § 11 **(arbeitsmedizinische Vorsorge).** Dieser Paragraph ist erstaunlicherweise sehr eingegrenzt geregelt, denn hier besteht eine Verpflichtung des Arbeitgebers nicht automatisch, sondern nur auf Wunsch des Arbeitnehmers, allerdings unbeschadet der Pflichten aus anderen Rechtsvorschriften,

wie z.B. der GefahrstoffVO und der noch anzusprechenden UVV „Arbeitsmedizinische Vorsorge" (VBG 100).

Nach § 12 ArbSchG hat der Arbeitgeber die Beschäftigten über Sicherheit und Gesundheitsschutz bei der Arbeit während ihrer Arbeitszeit ausreichend und angemessen zu **unterweisen.** Diese Unterweisung umfaßt Anweisungen und Erläuterungen, die eigens auf den Arbeitsplatz oder den Aufgabenbereich der Beschäftigten ausgerichtet sind. Die Unterweisung muß bei der Einstellung, bei Veränderung im Aufgabenbereich, der Einführung neuer Arbeitsmittel oder einer neuen Technologie vor Aufnahme der Tätigkeit der Beschäftigten erfolgen. Dabei ist in § 13 festgelegt, wer neben dem Arbeitgeber **verantwortliche Person** ist, nämlich dessen gesetzlicher Vertreter, vertretungsberechtigte Organe einer juristischen Person, vertretungsberechtigte Gesellschaft einer Personenhandelsgesellschaft, Personen, die mit der Leitung eines Unternehmens oder eines Betriebes beauftragt sind, im Rahmen der ihnen übertragenen Aufgaben und Befugnisse und sonstige aufgrund des ArbSchG oder nach einer Unfallverhütungsvorschrift beauftragte Personen im Rahmen ihrer Aufgaben und Befugnisse.

Damit ist der Geschäftsführer eines Pflegedienstes ebenso gemeint wie die verantwortliche Pflegefachkraft.

Nach § 13 Abs. 2 ArbSchG kann der Arbeitgeber zuverlässige und fachkundige Personen schriftlich beauftragen, die öffentlich-rechtlichen Aufgaben nach dem ArbSchG in eigener Verantwortung wahrzunehmen. Dies bedarf also der Schriftform.

Da im öffentlichen Dienstrecht eine dem § 81 BetrVG entsprechende Vorschrift fehlt, wird darüber hinaus in § 14 ArbSchG festgelegt, daß vor Beginn der Beschäftigung und bei Veränderungen im Arbeitsbereich Mitarbeiter im öffentlichen Dienst über die Gefahren für Sicherheit und Gesundheit sowie über entsprechende Schutzmaßnahmen unterrichtet werden müssen.

§ 15 ArbSchG regelt die **Pflichten der Beschäftigten,** nämlich die Sorge für ihre eigene und die Sicherheit und Gesundheit von Personen zu tragen, die von ihren Handlungen oder Unterlassungen bei der Arbeit betroffen sind. Dies gilt auch für die bestimmungsgemäße Verwendung von Maschinen, Geräten usw. Hält sich der Mitarbeiter daran nicht, kann er abgemahnt und evtl. das Arbeitsverhältnis aus verhaltensbedingten Gründen gekündigt werden.

In § 16 ArbSchG ist überdies festgehalten, daß der Beschäftigte **besondere Unterstützungspflichten** hat, nämlich den Arbeitgeber oder den Vorgesetzten über jede festgestellte unmittelbare erhebliche Gefahr für die Sicherheit und Gesundheit sowie über jeden an den Schutzsystemen festgestellten Defekt unverzüglich zu unterrichten. Kommt der Mitarbeiter diesen Meldepflichten nicht nach, liegt ebenfalls ein verhaltensbedingter Grund für Abmahnung und evtl. Kündigung vor.

§ 17 ArbSchG regelt weitere Rechte der Beschäftigten, nämlich dem Arbeitgeber **Vorschläge** zu allen Fragen der Sicherheit und des Gesundheitsschutzes bei der Arbeit zu machen. Wichtig ist in dem Zusammenhang § 17 Abs. 2 ArbSchG: Kommt der Arbeitgeber den Beschwerden von Arbeitnehmern hinsichtlich des Arbeitsschutzes nicht nach, kann die zuständige Behörde eingeschaltet werden. Während nach allgemeinen arbeitsrechtlichen Überlegungen der Arbeitnehmer sich grundsätzlich nicht an Behörden wenden darf, ist damit eine Vorschrift aus der Gefahrstoffverordnung für den Arbeitsschutz des Mitarbeiters generalisiert, daß nämlich, sofern innerbetrieblich keine Abhilfe erfolgt, die Behörde eingeschaltet werden darf, ohne daß dem Arbeitnehmer daraus ein Nachteil entstehen darf.

§ 18 ArbSchG ermächtigt die Bundesregierung, durch Rechtsverordnungen die Pflichten der Arbeitgeber und der Beschäftigten näher zu bestimmen. Dies ist bisher nicht geschehen.

Die Durchführung und Überwachung des Arbeitsschutzgesetzes ist nach § 21 Abs. 1 Satz 1 ArbSchG staatliche Aufgabe. Dabei steht Beratung im Vordergrund. Das duale System und die Befugnisse der Unfallversicherungsträger bleiben allerdings hiervon unberührt. Deshalb wird auch in § 21 Abs. 3 ArbSchG klargestellt, daß sich die Aufgaben und Befugnisse der Träger der gesetzlichen Unfallversicherung nach den Bestimmungen des Sozialgesetzbuches richten. Hier geht es um das neue 7. Buch des Sozialgesetzbuches, worauf noch eingegangen wird *(vgl. unten E.4.3.).*

In § 22 ArbSchG sind die Befugnisse der zuständigen Behörden zur Durchführung ihrer Überwachungsaufgaben näher geregelt.

§ 23 ArbSchG regelt schließlich die Weitergabe betrieblicher Daten.

Mit der Schaffung des Arbeitsschutzgesetzes wurden verschiedene andere Arbeitsschutzvorschriften angepaßt, nämlich das ASiG, das BetrVG, die GewO und das AÜG.

3. Beteiligung des Betriebsrats beim Arbeitsschutz und bei der Arbeitsgestaltung im einzelnen

3.1. Ergänzende Arbeitsschutzregelungen

Fall 76:

In Erfüllung von § 2 Abs. 1 ASiG will der Arbeitgeber zwei freiberufliche Ärzte als Betriebsärzte verpflichten. Er leitet deshalb dem Betriebsrat ein Muster des Betriebsärztevertrages zur Anhörung zu. Der Betriebsrat meint, er habe ein Mitbestimmungsrecht nach § 87 Abs. 1 Nr. 7 BetrVG, wie das ASiG zu erfüllen ist[21].

Nach § 87 Abs. 1 Nr. 7 BetrVG hat der Betriebsrat ein Mitbestimmungsrecht bei Regelungen über die **Verhütung von Arbeitsunfällen, Berufskrankheiten sowie über den Gesundheitsschutz** im Rahmen der gesetzlichen Vorschriften oder der Unfallverhütungsvorschriften. Es geht dabei nur um die Entscheidungen, die der Arbeitgeber zur **Ausfüllung** der Arbeitsschutzvorschriften zu treffen hat[22]. Soweit zwingende Vorschriften vorliegen, z.B. § 8 MuSchG, hat der Betriebsrat im Hinblick auf den Einleitungssatz des § 87 Abs. 1 BetrVG kein Mitbestimmungsrecht. Die meisten Vorschriften sind aber auslegbar und bedürfen durch konkrete Entscheidungen einer betrieblichen Umsetzung[23]. Dies wird aktuell am Nichtraucherschutz besonders kontrovers diskutiert.

Für Bildschirmarbeitsplätze gab es bis 1997 keine gesetzlichen Rahmenvorschriften, also auch keine Ausfüllungsmöglichkeit und damit auch kein Mitbestimmungsrecht des Betriebsrats[24], es sei denn, es kam der besondere Mitbestimmungsfall des § 87 Abs. 1 Nr. 6 BetrVG (technische Überwachungseinrichtungen) zur Anwendung. Der Betriebsrat konnte deshalb bisher besondere Pausenregelungen oder Augenuntersuchungen bei Bildschirmarbeitsplätzen nicht über § 87 Abs. 1 Nr. 7 BetrVG erzwingen[25]. Das hat sich durch die neue Bildschirmarbeitsverordnung vom 20.12.1996 geändert.

Anwendung auf Fall 76:

§ 87 Abs. 1 Nr. 7 BetrVG ist einschlägig, wenn nicht § 9 Abs. 3 Satz 3 ASiG eine vorrangige gesetzliche Regelung gemäß dem Einleitungssatz des § 87 Abs. 1 BetrVG darstellt. In § 9 Abs. 3 Satz 3 ASiG ist lediglich

eine Anhörung des Betriebsrates, hingegen in § 87 Abs. 1 Nr. 8 BetrVG eine qualifizierte Mitbestimmung geregelt *(vgl. oben Fall 43 unter C.3.6. und Fall 44 unter C.3.7.).* Allerdings will der Betriebsrat lediglich bei der Form der betriebsärztlichen Betreuung, also bei der Auswahl einer der drei in § 9 Abs. 3 Satz 3 ASiG vorgesehenen Möglichkeiten, mitbestimmen. Diese Auswahl geht jetzt als grundsätzliche Entscheidung der Einzelmaßnahme der konkreten Verpflichtung eines Betriebsrates logisch vor, so daß § 87 Abs. 1 Einleitungssatz BetrVG insoweit die Mitbestimmung nach § 87 Abs. 1 Nr. 7 BetrVG nicht hindert. Dies spricht dafür, die Auswahl unter den in § 9 Abs. 3 Satz 3 ASiG genannten Modellen im Interesse der Arbeitnehmer als Regelung über den Gesundheitsschutz im Sinne von § 87 Abs. 1 Nr. 7 BetrVG zu verstehen. Überdies kann die Form der betriebsärztlichen Betreuung für einen Betrieb von erheblicher Bedeutung sein. Der Betriebsrat hat also Recht.

3.2. Mitbestimmung über Arbeitsplätze

3.2.1. Überblick

Die wirtschaftliche und finanzielle Lage sowie die Produktions- und Absatzlage des Unternehmens sind die wirtschaftlichen Daten, die im wesentlichen die Betriebsor-

---

21 BAG vom 10.04.1979, AP Nr. 1 zu § 87 BetrVG 1972 Arbeitssicherheit mit Anmerkung *Hanau;* vgl. auch *von Hoyningen-Huene,* Betriebsverfassungsrecht, S. 262

22 BAG vom 28.07.1981, AP Nr. 3 zu § 87 BetrVG 1972 Arbeitssicherheit

23 eine ausführliche Aufzählung findet sich in *Fitting/Auffarth/Kaiser/Heither,* BetrVG, vor § 89 Randnummern 41–67

24 *von Hoyningen-Huene,* Betriebsverfassungsrecht, S. 262

25 BAG vom 06.12.1983, AP Nr. 7 zu § 87 BetrVG 1972 Überwachung mit Anmerkung *Richardi*

ganisation und die einzelnen Arbeitsplätze bestimmen. Hieraus ergeben sich unternehmerische Vorentscheidungen, die in mehrfacher Hinsicht Beteiligungsrechte des Betriebsrates auslösen, wie § 106 Abs. 2 a. E. BetrVG zeigt, nämlich zum einen die Mitwirkung bei der Personalplanung nach § 92 BetrVG, zum anderen die Mitwirkung bei der Gestaltung von Arbeitsplatz, Arbeitsablauf und Arbeitsumgebung nach den §§ 90, 91 BetrVG und schließlich die besondere individuelle Mitwirkung des Arbeitnehmers nach den §§ 81–86 BetrVG im Rahmen seiner Stellung als Mitarbeiter. **Die Mitbestimmung bei Arbeitsplätzen war ein zentrales Anliegen des neuen BetrVG 1972 unter dem Stichwort menschengerechte Gestaltung der Arbeit und Humanisierung des Arbeitslebens.** Wenngleich die diesbezüglichen Beteiligungsrechte schwach ausgebaut sind, darf in der Tat nicht verkannt werden, daß in den zurückliegenden fast 25 Jahren entscheidende Impulse hinsichtlich der Humanisierung des Arbeitslebens ausgegangen sind, die wir heute als so selbstverständlich ansehen.

3.2.2. Mitwirkung des Betriebsrats bei der Planung der Arbeitsplätze nach § 90 BetrVG

Fall 77:

Arbeitgeber C. will auf seinem Gelände ein neues Gebäude errichten. Er zeigt dem Betriebsrat die Baupläne und erläutert, wie nach seiner Vorstellung die Arbeitsplätze nach Fertigstellung des Gebäudes beschaffen sein sollten. Der Betriebsrat rechnet mit erheblichen Belastungen psychischer Art für die dort tätigen Arbeitnehmer und verlangt noch vor Fertigstellung des Baues die Errichtung einer Einigungsstelle zur Entscheidung über Maßnahmen zwecks Abwendung der auf die Arbeitnehmer zukommenden Belastungen[26].

Nach § 90 Abs. 1 BetrVG muß der Arbeitgeber den Betriebsrat über die **Planung von Bauten und Räumen, von technischen Anlagen, von Arbeitsverfahren und Arbeitsabläufen und von einzelnen Arbeitsplätzen rechtzeitig unterrichten** und die vorgesehenen Maßnahmen, insbesondere im Hinblick auf ihre Auswirkungen auf die Art der Arbeit und die Anforderungen an die Arbeitnehmer, mit ihm beraten. Dabei sollen die Betriebspartner nach § 90 Abs. 2 Satz 2 BetrVG die **gesicherten arbeitswissenschaftlichen Erkenntnisse über die menschengerechte Gestaltung der Arbeit** berücksichtigen. Hier setzen also die Mitwirkungsrechte des Betriebsrates bereits im Planungsstadium an, also zu einem Zeitpunkt, in dem die konkrete Durchführung der Maßnahmen noch nicht erfolgt ist. Abstrakte Denkmodelle müssen allerdings mit dem Betriebsrat nicht durchgesprochen werden[27].

Der Umfang des Mitwirkungsrechtes des Betriebsrates ist natürlich insbesondere deshalb problematisch, weil fraglich ist, was unter gesicherten arbeitswissenschaftlichen Erkenntnissen zu verstehen ist.

Anwendung auf Fall 77:

Nach § 90 Satz 1 Nr. 1 BetrVG ist der Arbeitgeber verpflichtet, den Betriebsrat über geplante Neubauten zu unterrichten und die Auswirkungen auf die Arbeitsanforderungen zu beraten. Der Betriebsrat hat jedoch im Rahmen des § 90 BetrVG hierbei kein Initiativ- oder Mitbestimmungsrecht. Somit kann er weder Planungen erzwingen noch die Durchsetzung von Planungen verhindern. Deshalb ist auch nicht das Anrufen der Einigungsstelle vor-

---

26 LAG Düsseldorf vom 03.07.1981, DB 1981, S. 1676

27 *von Hoyningen-Huene*, Betriebsverfassungsrecht, S. 278

gesehen. Das Anrufen der Einigungsstelle nach § 91 Satz 2 BetrVG setzt voraus, daß es zu einer **Änderung bei den Arbeitsplätzen** gekommen ist; Der Betriebsrat hat demzufolge im Fall 77 keinen Anspruch auf Errichtung einer Einigungsstelle.

3.2.3. Die Mitwirkung des Betriebsrats bei der Änderung der Arbeitsplätze nach § 91 BetrVG

Fall 78:

Der Betriebsrat verlangt vom Arbeitgeber für die Arbeitnehmer die Einführung von bezahlten Lärmpausen. Der Lärmpegel an verschiedenen Geräten sei seit Jahren unverändert hoch. Der Arbeitgeber lehnt den Vorschlag des Betriebsrates ab, weil diesem kein Mitbestimmungsrecht zustehe[28].

Nach § 91 Satz I BetrVG kann der Betriebsrat vom Arbeitgeber bei Veränderungen der Arbeitsplätze, des Arbeitsablaufs oder der Arbeitsumgebung Maßnahmen zur Abwendung, zur Milderung und zum Ausgleich verlangen, wenn die Veränderungen den gesicherten arbeitswissenschaftlichen Erkenntnissen zur menschengerechten Arbeitsgestaltung offensichtlich widersprechen und die Arbeitnehmer dadurch in besonderer Weise belastet werden. Dieses **reaktive Mitbestimmungsrecht** ist erzwingbar, weil bei Nichtzustandekommen der Einigung die Einigungsstelle nach § 91 Satz 2, 96 Abs. 5 BetrVG entscheidet. Der Spruch der Einigungsstelle ersetzt dann die Einigung zwischen Arbeitgeber und Betriebsrat, § 91 Satz 3 BetrVG. In der Praxis kommt dieser Vorschrift aber nur eine geringe Bedeutung zu[29].

Anwendung auf Fall 78:

Weder nach § 87 Abs. 1 Nr. 2 BetrVG noch aufgrund § 87 Abs. 1 Nr. 7 BetrVG besteht ein Mitbestimmungsrecht. Bei § 87 Abs. 1 Nr. 2 BetrVG geht es nur um unbezahlte Ruhepausen, § 87 Abs. 1 Nr. 7 BetrVG kommt nicht in Betracht, weil einschlägige Lärmschutzvorschriften nicht bestehen. Zu prüfen bleibt also nur noch die Mitbestimmung bei der Gestaltung des Arbeitsplatzes nach § 91 BetrVG. Diese Vorschrift setzt aber voraus, daß die besondere Belastung auf einer **Änderung der Arbeitsplätze** beruht. Nach dem klaren Wortlaut muß eine Änderung der bestehenden Lärmverhältnisse eingetreten sein. Das ist hier nicht der Fall, so daß ein Mitbestimmungsrecht des Betriebsrates nicht gegeben ist.

4. Technischer Gefahrenschutz

Neben der GewO, der ArbeitsstättenVO, den Landesbauordnungen, der StrlSchVO, der GefahrstoffVO und dem GerätesicherheitsG *(vgl. dazu Teil 1: Grundlagen und Grundbegriffe)* sind für den Pflegedienst von besonderer Bedeutung die MedGV, das MPG, die UVV und die RöV, die hier näher dargestellt werden.

---

28 BAG vom 28.07.1981, AP Nr. 3 zu § 87 BetrVG 1972 Arbeitssicherheit mit Anmerkung *Richardi*

29 *von Hoyningen-Huene,* Betriebsverfassungsrecht, S. 280

4.1. Die Medizingeräte-Verordnung (MedGV)

4.1.1. Vorschriften beim Umgang mit Geräten und Produkten

Fall 79:

Bei einer Patientin kommt ein Hoyer-Lifter zum Einsatz. Die Gemeindeschwester stellt vor dem Einsatz bei dem – angeblich wartungsfreien – Hoyer-Lifter fest, daß sich dort eine leichte Öl-spur bildet. Sie beachtet dies nicht weiter. Bei einem Folgeeinsatz kommt es zu einem Sturz der Patientin, die sich erheblich verletzt, weil am Lif-ter ein Bolzen zunächst nur angebrochen war – deshalb die Ölbildung – und nunmehr gebrochen ist[30].

Geräte und Produkte müssen sicher sein. Wie die notwendige Sicherheit geschaffen und erhalten werden muß, war bis Ende 1985 gesetzlich nicht geregelt. Maßgebend sind die Regeln der Technik[31], die DIN-Normen. Hierauf verweisen das Gerätesicherheitsgesetz vom 24. Juni 1968, zuletzt geändert durch Gesetz vom 18.02.1986, das sich in erster Linie an den Hersteller wendet[32], und die Unfallverhütungsvor-schrift „Allgemeine Vorschriften"[33]. Daneben kommen besondere Unfallverhütungs-vorschriften zur Anwendung, so auch die Unfallverhütungsvorschrift „Gesundheits-dienst"[34], die Unfallverhütungsvorschrift „Sauerstoff"[35] und die Unfallverhütungs-vorschrift „Lastaufnahmeeinrichtungen im Hebezeugbetrieb"[36]. Speziell zur Meßge-nauigkeit gilt schließlich noch die Eichord-nung[37].
Seit dem 01. Januar 1996 kommt die Neu-fassung der Verordnung über die Sicher-heit medizinischtechnischer Geräte (Me-dizingeräte-Verordnung – MedGV) vom 14. Januar 1985 zur Anwendung, die für Hersteller, Lieferanten und Importeure so-wie Betreiber und Anwender von medizi-

nisch-technischen Geräten neue Verhal-tens- und Sorgfaltspflichten aufstellt[38]. Darüber hinaus gilt seit dem 01. Januar 1995 das Medizinproduktegesetz vom 02. August 1994 *(vgl. dazu noch gesondert unten unter E.3.3.).*
Wie das gesamte Arbeitsschutzrecht gehört die MedGV zum öffentlichen Recht, gilt also im Über-Unterordnungsverhältnis Staat – Bürger. Das bedeutet: Mit der An-wendung der MedGV stellen sich für Her-steller/Lieferanten und Betreiber/Anwen-der öffentlich-rechtliche Pflichten, die behördlicherseits überwacht und ggfs. auch erzwungen werden können, wie *Über-sicht 21 auf S. 166* zeigt[39].
Diese Verhaltens- und Sorgfaltspflichten sind bußgeld- und sogar strafbewehrt nach den §§ 20 und 21 der MedGV für den Fall, daß Hersteller, Importeure und Betreiber einzelne in der Verordnung vorgeschrie-bene zulassungs-, funktions-, einweisungs- und sicherheitstechnische Prüfungspflich-ten nicht einhalten. Ordnungswidrigkei-

---

30 aus: *Böhme*, Umgang mit medizinisch-techni-schem Gerät, PFLEGEN AMBULANT 04/1991, S. 37

31 dazu *Herschel*, Regeln der Technik, in: NJW 14/1968, S. 617 ff.

32 dazu *Jacobs*, Das Gerätesicherheitsgesetz und seine möglichen Auswirkungen auf den Pfle-gedienst, in: Die Schwester/Der Pfleger 1983, S. 98–101

33 vgl. *Böhme* (Hrsg.), Arbeitsgestaltung und Ar-beitsschutz, a.a.O., S. 97 ff.

34 *Nöthlichs*, Sicherheitsvorschriften für medizi-nisch-technische Geräte, Kommentar und Textsammlung, a.a.O., Kennzahl 6720 unter 7.3., S. 18,

35 dazu *Böhme*, Arbeitsgestaltung *(vgl. Anm. 33)*, S. 67

36 vgl. *Böhme*, Teil 3: Haftungsrecht, a.a.O., un-ter F.V. 3.1., S. 294 ff.

37 dazu *Nöthlichs (vgl. Anm. 34)*, Kennzahl 6810, 6 S.

38 *Hahn*, NJW 1986, S. 752 ff.

39 abgewandelt nach *Brenner*, Die Medizin-geräte-Verordnung – rechtliche Auswirkun-gen, DEKRA-Schriftenreihe 1989, S. 7; vgl. auch *Menke*, Handbuch der Medizintechnik, Loseblatt, 11. Ergänzungslieferung 6/89

ten werden mit Geldbußen bis zu DM 50.000,– und Straftatbestände mit Freiheitsstrafen bis zu 1 Jahr oder Geldstrafen geahndet. Dabei darf nicht unbeachtet bleiben, daß **Betreiber und Anwender** nicht abstrakte juristische Personen **sind,** sondern die **konkreten Funktionsträger,** wie der Vorstandsvorsitzende des Trägers, der Geschäftsführer der Arbeitsorganisation, die Pflegedienstleitung, die Stationsleitung/Wohnbereichsleitung.

Beachte:
Nach dem MPG ist die Bußgeld- und Strafbewehrung sogar in bestimmten Fällen auf die Anwender ausgedehnt! Dies gilt z.b. für den wichtigen Fall, daß jemand ohne Sachkunde mit einem Medizinprodukt hantiert *(dazu noch unten unter 3.4.).*

4.1.2. Betreiber- und Anwenderpflichten

Wer vom Hersteller ein medizinisch-technisches Gerät erwirbt und in seinem Betrieb einsetzt, ist Betreiber im Sinne der MedGV[40]. Der Betreiber hat bestimmte Pflichten nach der MedGV, die in den §§ 6 ff. der MedGV festgelegt sind. Dabei ist es natürlich ein Unterschied, ob eine Infusionspumpe, ein Absauggerät, ein Krankenbett oder Einmalartikel erworben und eingesetzt werden. Von einer Infusionspumpe gehen weitaus größere Gefahren aus als von einem Einwegartikel. Die Geräte müssen also nach ihrer Gefährlichkeit eingestuft werden.

---

40 *Nöthlichs (vgl. Anm. 34),* Kennzahl 6720 unter 7.2, 16 S.

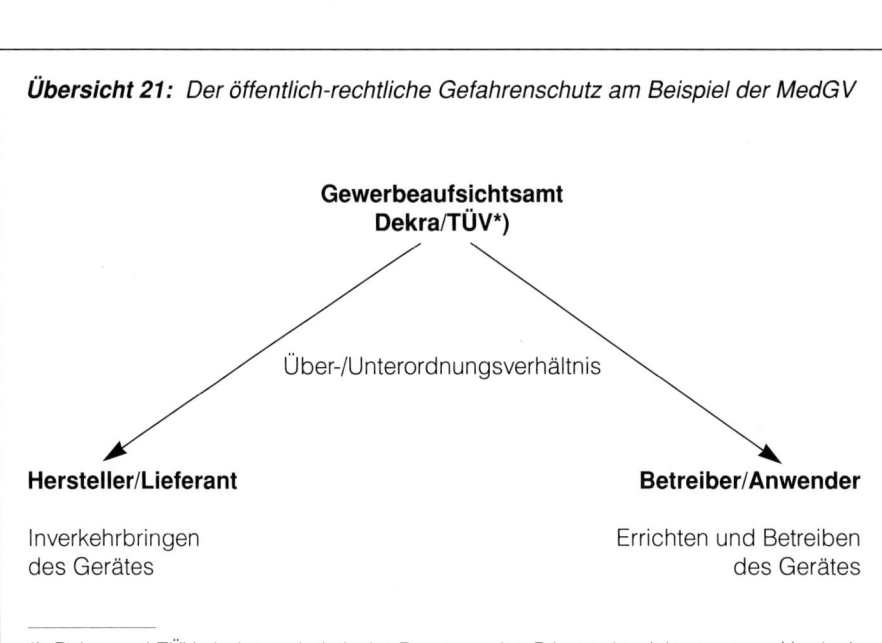

Übersicht 21: *Der öffentlich-rechtliche Gefahrenschutz am Beispiel der MedGV*

**Gewerbeaufsichtsamt
Dekra/TÜV*)**

Über-/Unterordnungsverhältnis

Hersteller/Lieferant

Inverkehrbringen
des Gerätes

Betreiber/Anwender

Errichten und Betreiben
des Gerätes

---

*) Dekra und TÜV sind zwar juristische Personen des Privatrechts (eingetragene Vereine), sie nehmen aber insoweit als öffentlich-rechtlich Beliehene staatliche Überwachungsaufgaben wahr.

§ 2 MedGV teilt die medizinisch-technischen Geräte in vier Gruppen ein:

Zur **Gruppe 1** gehören alle energetisch betriebenen medizinisch-technischen Geräte, die in der Anlage zu § 2 der MedGV in 25 Untergruppen aufgeführt sind. Für die Pflege kommen hier in Betracht:

- Anlage Nr. 12 Infusionspumpen
- Anlage Nr. 13 Infusionsspritzenpumpen
- Anlage Nr. 15 Beatmungsgeräte (nicht manuell)

Gruppe 2 (energetisch betriebene Implantate) ist durch das MPG seit 01.01.1995 aufgehoben und interessiert hier nicht.

Zu **Gruppe 3** sind zugeordnet alle energetisch betriebenen medizinisch-technischen Geräte, die nicht in der Anlage aufgeführt sind und nicht der Gruppe 2 zuzuordnen sind. Hierzu gehören aus der Sicht der Pflege die Absauggeräte[41] und energetisch betriebene Krankenbetten[42].

Die **Gruppe 4** betrifft alle sonstigen medizinisch-technischen Geräte. In der Pflege sind das sämtliche Einmalartikel, die in der Behandlungspflege zum Einsatz kommen, nicht aber Lifter, das Pflegebett, der Toilettenstuhl, der Duschstuhl usw., die in der Grundpflege eingesetzt werden; für diese kommt das Gerätesicherheitsgesetz zur Anwendung. **Die MedGV gilt nur im Rahmen der Behandlungspflege.**

Bei Geräten der **Gruppe 1,** also Infusions-(Spritzen)-Pumpen und Beatmungsgeräten, die nicht manuell bedient werden, muß der **Betreiber** ein **Gerätebuch** führen. Hierzu bestimmt

§ 13 MedGV:

„(1) Für medizinisch-technische Geräte der Gruppe 1 hat der Betreiber ein Gerätebuch zu führen. Andere Dokumentationen sind dem Gerätebuch gleichgestellt, sofern sie für das Gerätebuch geltende Anforderungen in gleicher Weise erfüllen und dem Anwender jederzeit zugänglich sind.

(2) In das Gerätebuch sind einzutragen:
1. Zeitpunkt der Funktionsprüfung vor der erstmaligen Inbetriebnahme des Gerätes,
2. Zeitpunkt der Einweisungen sowie die Namen der eingewiesenen Personen,
3. Zeitpunkt der Durchführung von vorgeschriebenen sicherheitstechnischen Kontrollen und von Instandhaltungsmaßnahmen sowie der Name der Person oder die Firma, die die Maßnahme durchgeführt hat,
4. Zeitpunkt, Art und Folgen von Funktionsstörungen und wiederholter gleichartiger Bedienungsfehler.

(3) Ein Abdruck der Bauartzulassungsbescheinigung oder der Bescheinigung nach § 22 Abs. 1 Satz 4 oder Abs. 2 Satz 4 sind beim Gerätebuch aufzubewahren.“

Darüber hinaus besteht gerade für Geräte der Gruppe 1 (Aufbewahrung der Gebrauchsanweisungen und Gerätebücher) die Regelung in

§ 14 MedGV:

„(1) Gebrauchsanweisungen und Gerätebücher für medizinisch-technische Geräte der Gruppe 1 sind so aufzubewahren, daß sie den mit der Anwendung beauftragten Personen jederzeit zugänglich sind.

(2) Der zuständigen Behörde ist auf Verlangen am Betriebsort jederzeit Einsicht in die Gerätebücher zu gewähren.“

---

41 *Nöthlichs (Anm. 34),* Kennzahl 6710, S. 9
42 für den Operationstisch, *Nöthlichs (Anm. 34),* Kennzahl 6710, S. 19

Hier handelt es sich um einen **gesetzlich geregelten Fall der Dokumentationspflicht,** die den Betriebsablauf auch in einer Arbeitsorganisation erheblich betrifft. Wichtig sind insbesondere die Nr. 2 und 3 des § 13 Abs. 2 MedGV: Es müssen alle Einweisungen von Personen mit Daten der Einweisung und Namen der eingewiesenen Personen dokumentiert sein. Es müssen sämtliche Kontroll- und Instandhaltungsmaßnahmen mit Datum und Namen der Person oder der Firma dokumentiert sein, die die Maßnahme durchgeführt hat. Das bedeutet z.B. für einen Geräteausleih, daß die bisherige Handhabung des rein tatsächlichen Verleihens, also der Herausgabe, nicht mehr ausreicht: Der Verleihvorgang muß dokumentiert sein. Derjenige, der das Gerät erhält, muß gesondert eingewiesen werden.

Anwender ist nämlich jeder, der das medizinisch-technische Gerät einsetzt, also jeder, der mit diesem Gerät arbeitet[43].

Insoweit regelt für Geräte der Gruppe 1 (Inbetriebnahme) ausdrücklich

§ 9 MedGV:

„Der Betreiber darf ein medizinisch-technisches Gerät der Gruppe 1 erst in Betrieb nehmen, wenn der Hersteller oder Lieferant

1. das Gerät am Betriebsort einer Funktionsprüfung unterzogen hat und
2. den für den Betrieb des Gerätes Verantwortlichen anhand der Gebrauchsanweisung in die Handhabung des Gerätes eingewiesen hat".

Es gibt somit einen Geräteverantwortlichen[44], der die Betreiberpflichten auf Anwenderebene zu erfüllen hat. Dabei müssen sämtliche Anwender in die Handhabung der Geräte eingewiesen sein. So die ausdrückliche Festlegung in

§ 6 Abs. 3 MedGV:

„Medizinisch-technische Geräte der Gruppen 1, 3 und 4 dürfen nur von Personen angewendet werden, die aufgrund ihrer Ausbildung oder ihrer Kenntnisse und praktischen Erfahrungen die Gewähr für eine sachgerechte Handhabung bieten."

Hervorzuheben ist, daß der Betreiber also nicht nur bei Geräten der Gruppe 1, sondern auch bei Geräten der Gruppe 3 und 4 (!) verpflichtet ist sicherzustellen, daß alle Anwender *„aufgrund ihrer Ausbildung oder ihrer Kenntnisse und praktischen Erfahrungen die Gewähr für eine sachgerechte Handhabung bieten".* Damit steht zwar fest, daß nur hinsichtlich der Geräte nach Gruppe 1 ein Gerätebuch zu führen ist, **die Anwendereinweisung aber auf jeden Fall für alle Geräte gewährleistet sein muß,** also auch für ein Krankenbett, sei es jetzt energetisch betrieben oder auch nicht.

Damit wird weiterhin offenkundig, daß der Geräteverantwortliche, der ja schließlich die Erfüllung der Betreiberpflichten auf der Anwenderebene zu verwirklichen hat, nicht nur für Geräte der Gruppe 1 zuständig sein kann. Es besteht deshalb Einigkeit dahingehend, daß **der Geräteverantwortliche die umfassende Zuständigkeit und Verantwortung im Sinne einer Gesamtverantwortung für den Einsatz medizinisch-technischer Geräte trägt.** Der Geräteverantwortliche ist insbesondere für folgende Aufgabengebiete zuständig und weisungsberechtigt:

• Prüfung der Warneinrichtungen (§ 3 Abs. 2 MedGV) und der Gerätekenn-

---

43 *Nöthlichs (Anm. 34),* Kennzahl 6720 unter 7.3, S. 18; Brenner (Anm. 39), S. 71

44 *Brenner (Anm. 39),* S. 15 und *Nöthlichs (Anm. 34),* Kennzahl 6724 unter 1., S. 1 sowie Kennzahl 6720 unter 5.2, S. 11

Übersicht 22: Muster einer Dienstanweisung zur MedGV

Hiermit wird

Frau/Herr _____

für die Abt./Bereich _____ als

GERÄTEVERANTWORTLICHER

entsprechend der Medizingeräteverordnung § 9 für die im Anhang beschriebenen Geräte der Gruppe 1 bestellt. Die übrigen Geräte unterliegen seiner allgemeinen Aufsichtspflicht.

Die Aufgaben und Pflichten des Geräteverantwortlichen umfassen folgende Punkte:

1. Die Einhaltung der Vorschriften der MedGV obliegt seinen Pflichten.

2. Der Geräteverantwortliche ist für das Anlegen und Führen von bereits vorhandenen und neuen Gerätebüchern (nur Gruppe 1) verantwortlich.

3. Er überprüft die ständige Einsatzbereitschaft der Geräte und führt die dazu notwendigen Kontrollen durch.

4. Er hat darauf zu achten, daß die Wartungs- und/oder Prüfarbeiten fristgerecht durchgeführt werden.

5. Er hat das Fachpersonal in die Handhabung der Geräte (Gruppe 1 und 3 einzuweisen bzw. einweisen zu lassen und dies in den Gerätebüchern (nur Gruppe 1) mittels Unterschrift (Einweisender und einzuweisende Person) zu bestätigen.

6. Bei Aussonderung von Altgeräten und bei Neuanschaffungen ist er zu unterrichten und hat dafür zu sorgen, daß das Bestandsverzeichnis der medizinisch-technischen Geräte der Gruppen 1 und 3 aktualisiert wird.

7. Der Geräteverantwortliche ist im Rahmen seiner Aufgaben in Bezug auf die MedGV allen anderen Personen gegenüber weisungsbefugt.

Der Geräteverantwortliche kann die ihm übertragenen Pflichten teilweise an Dritte übertragen. Die Verantwortlichkeit ist jedoch n i c h t übertragbar.

_____, den _____

_____   _____
Unterschrift des Geräteverantwortlichen   Unterschrift des Betreibers

zeichnung bei Geräten der Gruppen 1 bis 3 (§ 3 Abs. 3 MedGV)

- Überwachung der Funktionssicherheit der Geräte der Gruppen 1, 3 und 4 (§ 6 Abs. 1 Satz 2 MedGV)

- Gewährleistung der Sachkunde des Anwenders (§ 6 Abs. 3 MedGV) und der Einweisung bei Geräten der Gruppen 1 und 3 (§ 10 MedGV)

- Beachtung der Inbetriebnahmevoraussetzungen (Funktionsprüfung und Einweisung in die Handhabung vor erstmaliger Inbetriebnahme des Gerätes) bei Geräten der Gruppe 1 (§ 9 MedGV)

- Erstellung, Führung und Aufbewahrung des Gerätebuches für Geräte der Gruppe 1 (§ 13 MedGV) sowie Sicherstellung der jederzeitigen Zugänglichkeit zum Gerätebuch (§ 14 Abs. 1 MedGV).

Das Muster einer Dienstanweisung für einen Geräteverantwortlichen zeigt *Übersicht 22 auf S. 169.*

Für medizinisch-technische Geräte der Gruppen 1 und 3 regelt übrigens § 10 MedGV hinsichtlich der Einweisung des Personals ausdrücklich noch folgendes:

§ 10 MedGV:

„(1) Medizinisch-technische Geräte der Gruppen 1 und 3 dürfen nur von Personen nach § 6 Abs. 3 angewendet werden, die am Gerät unter Berücksichtigung der Gebrauchsanweisung in die sachgerechte Handhabung eingewiesen worden sind.
Nur solche Personen dürfen einweisen, die aufgrund ihrer Kenntnisse und praktischen Erfahrungen für die Einweisung in die Handhabung dieser Geräte geeignet sind.

(2) Werden solche Geräte mit Zusatzgeräten zu Gerätekombinationen erweitert, ist die Anweisung des Personals auf die Kombination und deren Besonderheiten zu erstrecken."

Besondere Pflichten regelt im übrigen noch für Betreiber und Anwender

§ 6 Abs. 1 Satz 1 MedGV:

„Medizinisch-technische Geräte der Gruppen 1, 3 und 4 dürfen nur bestimmungsgemäß, nach den Vorschriften dieser Verordnung, den allgemein anerkannten Regeln der Technik sowie den Arbeits- und Unfallverhütungsvorschriften errichtet und betrieben werden."

Die Anwender werden verpflichtet nach

§ 6 Abs. 4 MedGV:

„Der Anwender hat sich vor der Anwendung eines Gerätes der Gruppe 1, 3 oder 4 von der Funktionssicherheit und dem ordnungsgemäßen Zustand des Gerätes zu überzeugen."

Daraus ergeben sich besondere Sorgfaltspflichten *(vgl. Teil 1: Grundlagen und Grundbegriffe sowie Teil 3: Haftungsrecht).*
Da die Wissenslücken bei den Beteiligten erheblich sind, müssen sich sowohl Führungskräfte in den Trägereinrichtungen, also auch Führungskräfte in den Pflegediensten, und erst recht Mitarbeiter der Pflegedienste über entsprechende innerbetriebliche Fortbildungen kundig machen. Hier kann es sich schon lohnen, einen Sachbearbeiter des Gewerbeaufsichtsamtes, des Technischen Überwachungsvereins oder der DEKRA, aber auch einen versierten Techniker oder anerkannten Juristen, zu einer Fortbildungsveranstaltung einzuladen.

Anwendung auf Fall 79

Immer wieder kann man aus entsprechenden Zwischenfällen entnehmen, daß die schwäbische Regel „*Gutmütigkeit ist der erste Schritt zur Liederlichkeit*" durchaus seine Berechtigung hat. Natürlich kommen solche Zwischenfälle vor, weil im Laufe der Routine gewisse Nachlässigkeiten menschlich durchaus verständlich sind. Häufig wollen Mitarbeiter aber unbedingt die Aufgaben, die ihnen gestellt wurden, auch erfüllen, komme, was wolle. Dabei wird gerne übersehen, daß manche Arbeiten durchaus auch aufschiebbar sind, wenn ein Arbeitsgerät defekt ist. Jedenfalls darf defektes Arbeitsgerät auf keinen Fall zum Einsatz kommen, wie bereits § 5 UVV „Allgemeine Vorschriften" zeigt. Solange Betriebsmittel Mängel aufweisen, die eine Gefahr für Leben und Gesundheit der Arbeitnehmer bedeuten, sind sie der Benutzung zu entziehen. Dies ist ein allgemein gültiger Grundsatz, also eine **Sorgfaltsregel,** kommt also auch im Pflegeprozeß selbstverständlich zur Anwendung.

Im Fall 79 hätte die Gemeindeschwester den Badevorgang also verschieben und dafür Sorge tragen müssen, daß der Badelifter repariert wird. Wie gesagt, Unannehmlichkeiten sind in Kauf zu nehmen, Rechtsgutverletzungen müssen aber auf jeden Fall vermieden werden.

4.2. Das Medizinprodukte-gesetz (MPG)

Fall 80:

Schwester M. versorgt die 68jährige Frau F. zuhause. Frau F. ist bettlägrig. Ihr ist kalt. Schwester M. holt die uralte Wärmflasche der Frau F.

aus dem Schrank in der Diele, füllt sie mit heißem Wasser und legt die mit einem Handtuch umwickelte Wärmflasche der Frau F. an die Füße ins Bett. Da die Wärmflasche einen etwa 3 cm langen Riß aufweist, platzt sie. Ihr Inhalt läuft vollständig aus und zwar auch über die Füße der Frau F. Die dabei eingetretene Verbrühung hat zur Folge, daß der linke Fuß später teilweise amputiert werden muß.

1. *Was ist beim Einsatz von Geräten und Produkten ganz allgemein zu beachten?*
2. *Was ist beim Einsatz von Wärmflaschen insbesondere zu beachten?*
3. *Ist es ein Unterschied, ob der Vorfall sich zuhause oder im Heim ereignet?*
4. *Welche Konsequenzen wird die Leitung der Einrichtung ziehen?*[45]

4.2.1. Vorbemerkung

Unter E.4.1.2. wurde deutlich, daß das grundlegende Problem die Anwenderhaftung ist: **Es haftet der, der handelt.** Andererseits bestehen erhebliche Organisationspflichten seitens des Arbeitgebers und der Führungskräfte einer Einrichtung. Zwei Ereignisse aus dem Jahre 1994 verdeutlichen dies:

Zum einen hat der BGH in einem aufsehenerregenden Urteil zu den Organisationspflichten vor, bei und nach Einsatz von Wärmflaschen entschieden[46].

Zum anderen wurde vom Bundesgesetzgeber am 02. August 1994 das Medizinproduktegesetz (MPG) beschlossen[47], das nunmehr seit 01. Januar 1995 zur Anwendung kommt, ohne daß dies von den Betroffenen bisher im wesentlichen auch nur zur Kenntnis genommen wurde.

Im folgenden sollen die Grundzüge des neuen Rechts unter Berücksichtigung des Wärmflaschenurteils des BGH, angewen-

---

45 aus: *Böhme,* Das neue Medizinproduktegesetz (MPG), PFLEGEN AMBULANT 04/1995, S. 47

46 in: Neue Juristische Wochenschrift 24/1994, S. 1594–1596

47 Bundesgesetzblatt I, S. 1963–1984

det auf die Arbeitsbereiche der Heim- und Hauskrankenpflege dargestellt werden.

4.2.2. Sinn und Zweck des Gesetzes

Das MPG[48], setzt die Richtlinie des Europäischen Rates über aktive implantierbare medizinische Geräte[49] sowie die Richtlinie des Rates über Medizinprodukte[50] in nationales Recht um.

Dabei sind zwei Zielsetzungen maßgebend, nämlich zum einen der Gesichtspunkt der Verkehrsfähigkeit und zum anderen der Gesichtspunkt der Produktesicherheit.

Die Zulassung von Medizinprodukten zum freien Warenverkehr in allen EU-Mitgliedstaaten und im Europäischen Wirtschaftsraum wird von einem äußerlichen Maßstab abhängig gemacht, nämlich der CE-Kennzeichnung. Dies ist also ein formales Kriterium, wobei bei der **Verkehrsfähigkeit** keine Verbindlichkeit bzw. kein Zwang festgelegt wird, sondern nach § 6 ausschließlich die Vermutung begründet wird, daß Produktsicherheit ohne CE-Kennzeichnung nicht gegeben ist. Diese Vermutung kann aber widerlegt werden[51].

Bei dem weiteren Gesichtspunkt der **Produktsicherheit** geht es um die Übereinstimmung der Medizinprodukte mit den „grundlegenden Anforderungen" der EU-Richtlinie durch den Hersteller. Aus den EU-Richtlinien ergibt sich, daß Mitgliedsstaaten bei der Umsetzung in nationales Recht alle erforderlichen Maßnahmen treffen müssen, damit nur solche Medizinprodukte in den Verkehr gebracht und in Betrieb genommen werden, die die Gesundheit von Patienten, Anwendern und Dritten bei bestimmungsgemäßer Anwendung bzw. Verwendung nicht gefährden. Insoweit steht die Herstellerhaftung im Vordergrund, wenngleich daraber hinaus auch Regelungen für Lieferanten, Betreiber und Anwender vorhanden und in die Schutzwirkung Patienten, Anwender und Dritte miteinbezogen sind.

Überdies muß noch ein sozialrechtlicher Aspekt beachtet werden, nämlich die Aufnahme von Hilfsmitteln im Sinne des § 33

SGB V in das Hilfsmittelverzeichnis gemäß § 128 SGB V: Der Hersteller hat die Funktionstauglichkeit und den therapeutischen Nutzen des Hilfsmittels sowie seine Qualität nachzuweisen (§ 139 SGB V).

4.2.3. Legaldefinitionen und Anwendungsbereich

Das MPG regelt in 60 Paragraphen den Umgang mit Medizinprodukten und betrifft nicht nur indirekt, sondern unmittelbar auch den Anwender, d.h. denjenigen, der das Medizinprodukt benutzt.

Nach § 1 MPG ist Zweck des Gesetzes, den Verkehr mit Medizinprodukten zu regeln und dadurch für die Sicherheit, Eignung und Leistung der Medizinprodukte sowie Gesundheit und den erforderlichen Schutz von Patienten, Anwendern und Dritten zu sorgen.

Nach § 2 Abs. 1 MPG gilt dieses Gesetz für das Herstellen, Inverkehrbringen, Inbetriebnehmen, Ausstellen, Errichten, Betreiben und **Anwenden von Medizinprodukten** sowie deren Zubehör. Nach § 2 Abs. 2 MPG gilt das auch für Stoffe und Zubereitungen von Stoffen, die Arzneimittel im Sinne des AMG sind.

Nach § 3 Nr. I MPG sind Medizinprodukte alle einzeln oder miteinander verbunden verwendeten Instrumente, Apparate, Vorrichtungen, Stoffe und Zubereitungen aus Stoffen oder andere Gegenstände einschließlich der für ein einwandfreies Funktionieren des Medizinproduktes eingesetzten Software, die vom Hersteller kraft ihrer

---

48 vgl. dazu *Hill/Schmitt*, WIKO, a.a.O., 1995; *Kindler/Menke*, Das MPG, a.a.O., 1996; Nöthlichs, Sicherheitsvorschriften für Medizinprodukte, a.a.O.; *Schorn*, Medizinprodukterecht, a.a.O., Stuttgart, 1996
49 901385/EWG
50 93/421EWG
51 vgl. auch *Schneider*, Die zentrale Sterilgutversorgungsabteilung – Hersteller oder Anwender im Sinne des Medizinproduktegesetzes?, in: Zentralsterilisation, 4. Jahrgang, 1996, Heft 1

Funktion zu folgenden Anwendungen am Menschen bestimmt sind:

a) Erkennung, Verhütung, Überwachung, Behandlung oder Linderung von Krankheiten
b) Erkennung, Überwachung, Behandlung, Linderung oder Kompensierung von Verletzungen oder Behinderungen
c) Untersuchung, der Ersetzung oder der Veränderung des anatomischen Aufbaus oder eines physiologischen Vorganges oder
d) Empfängnisregelung.

Dem neuen Medizinprodukt steht ein als neu aufbereitetes gleich.

Damit sind Medizinprodukte alle bei der Heilbehandlung eingesetzten, also in der Behandlungspflege (bei S-Leistungen) verwendeten Produkte, seien es jetzt Einmalspritzen, Pens, Lanzettnadeln, Teststreifen, Verbandmaterial, Blutdruckmeßgeräte, Blutzuckermeßgeräte. Diese Definition umfaßt allerdings ebensowenig Lifter, die der Grundpflege (den A-Leistungen) dienen, wie Duschstühle[52], Toilettenstühle[53], also keine sog. Pflegehilfsmittel. Das Krankenbett ist medizinisch-technisches Gerät, weil es sowohl der Heilbehandlung als auch der Pflege dient[54].

4.2.4. Gesetzliche Verbote

In § 4 Abs. 1 MPG sind Verbote ausgesprochen, die insbesondere auch Einrichtung und Mitarbeiter betreffen:

§ 4 Abs. 1 MPG:

„Es ist verboten, Medizinprodukte in den Verkehr zu bringen, zu errichten, in Betrieb zu nehmen, zu betreiben oder anzuwenden, wenn

1. der begründete Verdacht besteht, daß sie die Sicherheit und die Gesundheit der Patienten, der Anwender oder Drit-

ter bei sachgemäßer Anwendung, Instandhaltung und ihrer Zweckbestimmung entsprechender Verwendung über ein nach den Erkenntnissen der medizinischen Wissenschaften vertretenes Maß hinaus gefährden oder
2. ihr Verfalldatum abgelaufen ist."

Dieses Verbot ist hinsichtlich § 4 Abs. 1 Nr. 2 MPG (abgelaufenes Verfalldatum) auch strafbewehrt, denn nach § 45 Abs. 2 Nr. 1 MPG handelt ordnungswidrig, wer vorsätzlich oder fahrlässig entgegen § 4 Abs. 1 Nr. 2 ein Medizinprodukt anwendet. Bereits der Verstoß kann, ohne daß es zu einem Gesundheitsschaden kommen muß, mit einer Geldbuße bis zu DM 50.000,– geahndet werden.

Entgegen *Debong/Andreas*[55] kommt dieser § 4 MPG nicht nur für die Betreiber, also Arbeitgeber, zur Anwendung, sondern sehr wohl für die Anwender selbst, auch in ihrer Eigenschaft als Arbeitnehmer[56].

Wie weit diese Vorschrift auslegbar ist, zeigt der Ausgangsfall:

Der Bundesgerichtshof hat in seinem Urteil vom 01.02.1994 zum Wärmflascheneinsatz entschieden, daß derjenige, der die Gesamtverantwortung trägt, durch organisatorische Maßnahmen sicherstellen muß, daß bei Wärmflaschen aus Gummi zumindest das Anschaffungsdatum erfaßt wird, daß sie vor jedem Einsatz äußerlich geprüft und nach vergleichsweise kurzer Dauer ausgesondert werden.

---

52 dazu Urteil des Bundesgerichtshofes in Zivilsachen vom 25.06.1991 unter dem AZ: VI ZR 320/90, in: Arztrecht 5/1992, S. 136 – 137
53 dazu *Wirth-Kreuzig*, Der Toilettenstuhl, in: Krankenpflege 3/1992, S. 159–160
54 *Nöthlichs* (vgl. *Anmerkung 34*), Kennzahl 67120, S. 23
55 *Debong/Andreas*, Neue Sicherheitsvorschriften für Medizinprodukte, Schw/Pfl 03/1995, S. 252–254
56 vgl. Entgegnung von *Hill* des BVMed-Arbeitskreises „Recht", Auch Pflegepersonal kann gegen § 4 MPG verstoßen, Schw/Pfl 4/1995, S. 363

Im Fall des BGH ging es um den Einsatz von Wärmflaschen in Inkubatoren in einer Kinderklinik. Dort trägt der Chefarzt die Gesamtverantwortung. In ambulanten Diensten liegt sie beim Geschäftsführer bzw. bei der Einsatzleitung, im Altenheim bei Heimleitung oder Pflegedienstleitung, je nach Kompetenzbereich.

Die vergleichsweise kurze Gebrauchsdauer wurde mit einem bis drei Monaten bestimmt, allerdings bezogen auf den Einsatz in Inkubatoren. Aus den Urteilsgründen ist aber ersichtlich, daß nach den Ausführungen des Sachverständigen **ganz allgemein bei berufs- und gewerbsmäßigem Einsatz Wärmflaschen grundsätzlich ein Jahr nach der Anschaffung auszusondern sind.**

Demzufolge muß das Anschaffungsdatum auf der Wärmflasche vermerkt sein, damit der Anwender überhaupt feststellen kann, ob sie noch einsetzbar ist oder nicht. Setzt er sie „*nach Ablauf des Verfallsdatums*" ein, haftet er nicht nur für den Zwischenfall, der ja glücklicherweise in der Praxis in der Regel vermieden werden kann, sondern er handelt wegen Verstoß gegen § 4 Abs. 1 Nr. 2 MPG ordnungswidrig, auch ohne daß es zu einem Vorfall kommen muß!

4.2.5. Gesetzlich vorgeschriebene Anwenderpflichten

In den §§ 22 und 23 MPG ist schließlich noch geregelt, daß Medizinprodukte nur ihrer Zweckbestimmung entsprechend, nach den Vorschriften dieses Gesetzes und hierzu erlassener Rechtsverordnungen, den allgemein anerkannten Regeln der Technik sowie den Arbeitsschutz- und Unfallverhütungsvorschriften errichtet, betrieben und angewendet werden dürfen. Sie dürfen nicht betrieben und angewendet werden, wenn sie Mängel aufweisen, durch die Patienten, Beschäftigte oder Dritte gefährdet werden können. **Medizinprodukte dürfen nur von Personen angewendet werden, die aufgrund ihrer Ausbildung oder ihrer Kenntnisse und praktischen Erfahrungen die Gewähr für eine sachgerechte Handhabung bieten.**

Diesbezüglich regelt dann § 45 MPG in Abs. 2 Nr. 11, daß ordnungswidrig handelt, wer entgegen der Verpflichtung zur Sach- und Fachkunde ein Medizinprodukt anwendet, und daß diese Ordnungswidrigkeit mit einer Geldbuße bis zu DM 50.000,– geahndet werden kann.

Während § 22 MPG für den **Einsatz aktiver Medizinprodukte** gilt, kommt § 23 MPG für den **Einsatz nichtaktiver Medizinprodukte** zur Anwendung. Die Begriffe sind definiert in

§ 3 Nr. 3 MPG:

„Aktives Medizinprodukt ist ein Medizinprodukt, dessen Betrieb auf eine Stromquelle oder eine andere Energiequelle als die unmittelbar durch den menschlichen Körper oder die Schwerkraft erzeugte Energie angewiesen ist."

Damit ist also die von der MedGV her bekannte Unterscheidung zwischen energetisch betriebenen und nicht energetisch betriebenen Geräten gemeint: Die Infusionspumpe ist ein aktives, die Wärmflasche ein nichtaktives Medizinprodukt. Für die entscheidende Frage der Anwenderpflichten ergeben sich aus der Unterscheidung keinerlei unterschiedliche Rechtsfolgen.

Die §§ 22, 23 MPG entsprechen im wesentlichen dem Pflichtenkatalog des § 6 MedGV (*vgl. oben unter E.4.1.2.*), ja verstärken diese Pflichten eher noch, denn in § 6 MedGV sind es eigentlich Betreiberpflichten, also Pflichten des Arbeitgebers, die nur indirekt auch Anwenderpflichten darstellen, während die §§ 22, 23 MPG unmittelbar Anwenderpflichten mitregeln, dazu noch im Punkte der Sach- und Fachkunde bußgeld- und strafbewehrt.

4.2.6. Exkurs: Neue Rechtslage bei der Sterilisation von Medizin-produkten und bei der Resterilisation von Einmalartikeln nach dem neuen MPG?

Im MPG ist mehrfach von Sterilisierung die Rede. Bei den Voraussetzungen für das Inverkehrbringen und die Inbetriebnahme nach § 8 MPG bezieht sich Abs. 3 letzter Satz auf die Gewährleistung der Sterilität eines Medizinproduktes. § 9 Abs. 3 MPG regelt die CE-Kennzeichnung auf der Steril-Verpackung, und in § 10 Abs. 3 sind die Voraussetzungen für das Sterilisieren von Medizinprodukten mit CE-Kennzeichnung aufgezählt.

Zu Recht weist *Schneider* darauf hin, daß zur Thematik der Sterilität von Medizinprodukten auch die Aufbereitung von Medizinprodukten gehört. Im MPG ist dies entweder mit dem Begriff *„aufbereitet"* (§ 3 Nr. I letzter Satz und Nr. 15, 2. Satz) sowie mit dem Verb *„aufgearbeitet"* in § 3 Nr. 12 b erwähnt. Beide Begriffe sind gleichbedeutend, bedeuten von der Definition her, daß *„der Hersteller durch fachgerechte Maßnahmen ein gebrauchtes Medizinprodukt in den Zustand versetzt, der rechtfertigt, es im Geschäftsverkehr als neuwertig anzubieten".* Nach der Definition in DIN 46001 Abs. 3.12 ist Aufarbeitung die *„Bearbeitung oder Wiederbearbeitung eines zuvor freigegebenen Medizinproduktes nach festgelegten Anforderungen. Anmerkung: Aufarbeitung gilt auch für das Wiederverpacken und/oder die Resterilisation von Medizinprodukten, die sterile Medizinprodukte sein sollen, wenn z.B. die die Sterilität sicherstellende Einzelverpackung geöffnet oder beschädigt wurde".*

Das MPG regelt demzufolge sowohl das Sterilisieren als auch das Wiederaufbereiten von Medizinprodukten.

Entscheidend bei der Frage der Sterilisation und der Wiederaufbereitung ist, ob das **Krankenhaus als Hersteller** oder lediglich als Betreiber und Anwender tätig wird.

Als Hersteller hat der Krankenhausträger sicherzustellen, daß die Produkte den *„grundlegenden Anforderungen"* entsprechen, es muß ein Konformitätsbewertungsverfahren durchgeführt werden, es muß ein Sicherheitsbeauftragter für Medizinprodukte bestellt werden usw. Ist das Krankenhaus nicht Hersteller, bestehen diese Pflichten nicht.

Nach § 3 Nr. 15 Satz 1 ist Hersteller *„die natürliche oder juristische Person, die für die Auslegung, Herstellung, Verpackung und Kennzeichnung eines Medizinproduktes im Hinblick auf das erstmalige Inverkehrbringen im eigenen Namen verantwortlich ist, unabhängig davon, ob diese Tätigkeiten von dieser Person oder stellvertretend für diese von einer dritten Person ausgeführt werden."* Nach Satz 2 gelten die dem Hersteller nach diesem Gesetz obliegenden Verpflichtungen auch für die Person, die ein oder mehrere vorgefertigte Medizinprodukte montiert, abpackt, behandelt, aufbereitet, kennzeichnet oder für die Festlegung der Zweckbestimmung als Medizinprodukt im Hinblick auf das erstmalige Inverkehrbringen im eigenen Namen verantwortlich ist.

Entscheidend ist also das *„Inverkehrbringen"*, das in § 3 Nr. 12 MPG ausdrücklich definiert wird: *„Inverkehrbringen ist jede Abgabe von Medizinprodukten an andere."*

Im Folgesatz wird klargestellt, daß als **Inverkehrbringen** auch das erneute **Überlassen** eines Medizinproduktes nach seiner Inbetriebnahme beim Anwender an einen anderen gilt, wenn das Medizinprodukt aufgearbeitet oder wesentlich verändert worden ist.

Allerdings **kommt es beim Herstellerbegriff das erstmalige Inverkehrbringen an,** und zwar auch im Hinblick auf aufbereitete Medizinprodukte. Da in § 3 Nr. 1 am Ende ein als neu aufbereitetes Medizinprodukt dem neuen Medizinprodukt gleichsteht, gilt auch für die Wiederaufbereitung von Medizinprodukten das erstmalige Inverkehrbringen im Sinne des Herstellerbegriffes, so daß entscheidend ist, was unter *„Abgabe an andere"* zu verstehen ist. *„Abgabe an andere"* bedeutet die Übertragung des unmittelbaren Besitzes im Sinne des

§ 854 Abs. 1 BGB

„Der Besitz einer Sache wird durch die Erlangung der tatsächlichen Gewalt über die Sache erworben."

Der Besitzer ist abzugrenzen vom Besitzdiener nach

§ 855 BGB

„Übt jemand die tatsächliche Gewalt über eine Sache für einen anderen in dessen Haushalt oder Erwerbsgeschäft oder in einem ähnlichen Verhältnis aus, vermöge dessen er den sich auf die Sache beziehenden Weisungen des anderen Folge zu leisten hat, so ist nur der andere Besitzer."

Weiterhin darf nicht unberücksichtigt bleiben, daß bloßes Mitbenutzen noch kein Mitbesitzen ist, wenn ein eigener Besitzwille fehlt[57].

Haben wir also z.B. im Krankenhaus eine Zentralsterilisation, die auch für Arztpraxen, andere Krankenhäuser oder auch sonstige Gesundheitseinrichtungen sterilisiert oder resterilisiert, so liegt *„Abgabe an andere"* vor, denn die anderen Einrichtungen erlangen die tatsächliche Gewalt über das sterilisierte oder resterilisierte Produkt.

Sterilisiert oder resterilisiert die Zentralsterilisation lediglich für das eigene Haus, so erfolgt keine Abgabe an andere, und zwar entgegen *Schneider* auch nicht im Falle der Abgabe von Sterilgut an Privatstationen des Krankenhauses oder gar im Falle des Belegkrankenhauses. Privatstation bedeutet ja lediglich, daß der Arzt selbst privatliquidationsberechtigt ist, er benutzt aber die Gegenstände des Krankenhauses. Das Produkt bleibt also räumlich-gegenständ-

lich im Haus. Von einer Abgabe an andere kann keine Rede sein. Dies gilt erst recht für den Belegarzt, sofern der Belegarzt nicht für seine eigene Praxis versorgt wird. Soweit der Belegarzt Betten im Krankenhaus hat, sind dies Betten des Krankenhauses und nicht des Belegarztes. Auf die Vertragsgestaltung kommt es insoweit nicht an. Ob hier ein Arbeitsvertrag, ein freies Mitarbeiterverhältnis oder ein freier Dienstvertrag vorliegt, ist unerheblich.

Als Zwischenergebnis läßt sich demzufolge festhalten, **daß Krankenhäuser dann als Hersteller zu betrachten sind, wenn sie für andere Einrichtungen als das Krankenhaus sterilisieren oder wiederaufbereiten und zu diesem Zweck außerhalb des Krankenhauses die Produkte ausliefern.** Probleme können allerdings auch auftreten, wenn in der Einrichtung mehrere selbständige Leistungserbringer zusammenwirken, denn dann kommt es auf den räumlich-gegenständlichen Bereich nicht an.

Zur Zulässigkeit des Wiederaufbereitens von Einmalprodukten gab es schon nach der alten Rechtslage einen Streit zwischen der formalen Auffassung[58] und der inhaltlichen Auffassung, die in der Literatur ganz überwiegend vertreten wurde[59].

Obwohl in der Anlage zu Ziff. 7.1 der „Richtlinie für die Erkennung und Verhü-

---

57 RGZ 108, 123

58 z.B. *Kamps,* Medizinrecht 1988, S. 170

59 so ausdrücklich Baden-Württembergische Krankenhausgesellschaft vom 06.07.1988, Mitteilung Nr. 120/88; *Bebensee/Vitt,* Wiederaufbereitung von Einmal-Artikeln (MD-Produkte), in: Gesundheitswesen 1994, 383 ff. m.w.N.; *Böhme,* Die Resterilisation von Einmalmaterial aus rechtlicher Sicht, Schw/Pfl 1989, S. 9 f.; *Daschner,* Zur Frage der Resterilisation von Einwegmaterial, in: Schw/Pfl 1989, S. 8 f.; *Kappstein/Schneider/Daschner,* Wiederverwendung von ärztlichen Einmal-Artikeln, in: Das Krankenhaus 1990, 382 ff.; *Schneider,* Die Wiederaufbereitung von Einmalartikeln – Rechtliche Überlegungen, Hygiene und Medizin 1987, S. 556 ff.; *Schneider,* Die Wiederaufbereitung von Einmal-Arti-

tung von Krankenhausinfektionen"[60] des Bundesgesundheitsamtes Berlin, jetzt Robert-Koch-Institut (RKI), unter Ziff. 1.3 „Sterile Einmalgeräte" ausgeführt wird, daß es unzulässig ist, gebrauchte Einmal-Artikel aufzuarbeiten und erneut zu sterilisieren, und auf Ziff. 6.3 der einschlägigen DIN 58953 Teil 8 (Mai 1987) besagt, daß Einmal-Artikel nicht resterilisiert werden dürfen, weil durch die Aufbereitung und/oder Resterilisation unter Umständen eine Materialschädigung eintritt, die den sicheren Gebrauch des Einmal-Artikels gefährden könnte, stehen diese Richtlinien der Wiederaufbereitung von Einmal-Artikeln keineswegs entgegen, denn diese Richtlinien und auch DIN-Normen haben nicht die Rechtsqualität eines Gesetzes oder einer Rechtsverordnung, sie sind lediglich als Empfehlungen zu qualifizieren[61]. Allerdings hat das Oberlandesgericht Zweibrücken in einem Urteil die Verwendung wiederaufbereiteter Herzkathe-

ter als groben Behandlungsfehler betrachtet[62]. DieAuffassung von *Daschner,* die Wiederaufbereitung von intravasalen Kathetern, z.b. Herzkathetern, Pulmonalis-Kathetern, Angiographie-Kathetern, unter Beachtung bestimmter Regeln für möglich zu halten, wird von anderen Hygienikern nicht geteilt[63]. Solche Fragen stellen sich aber z.b. für Hirndrucksonden, Arthroskopie-Einmalshaver, Einmal-Klammerapparate, Carotis-Shunt, Carotis-Patch.

Entgegen *Friedrich*[64] ergeben sich gegenüber der bisherigen Rechtslage durch das MPG keine wesentlichen Änderungen[65]. Die §§ 22–23 MPG entsprechen im wesentlichen den Regeln der §§ 6–16 MedGV. Auch dem § 4 Abs. 1 Nr. 1 MPG ist ein absolutes gesetzliches Verbot der Wiederaufbereitung nicht zu entnehmen.

Anwendung auf Fall 80:

Die im Ausgangsfall gestellten Fragen lassen sich wie folgt beantworten:

1. Beim Einsatz von Geräten und Produkten am Menschen ist ganz allgemein zu beachten, daß **oberstes Gebot die Sicherheit des Patienten** ist, eine Sicherungslücke also nicht entstehen darf. Die Sicherungsanforderungen ergeben sich aus allgemeinen Grundsätzen, die in den §§ 6 MedGV, 22, 23 MPG ganz allgemein für alle Produkte geltend aufgezählt sind.

2. Beim Einsatz von Wärmeflaschen speziell ist zu beachten, daß nach der neuesten Rechtsprechung des BGH zumindest das **Anschaffungsdatum erfaßt wird,** daß sie **vor jedem Einsatz äußerlich geprüft** und **nach vergleichsweise kurzer Dauer,** in der Regel nach spätestens einem Jahr, **ausgesondert** werden.

3. Der **häusliche Bereich** unterscheidet sich vom Heimbereich dadurch, daß in der sog. Laienpflege und Laienbehandlung die hier aufgestellten Grundsätze für den

keln – Ein nicht nur medizinisch-hygienisches Problem, in: Medizinrecht 1988, S. 166 ff.; *Schneider,* Die Wiederaufbereitung von Einmal-Artikeln, Medical Tribune Nr. 49 vom 08.12.1989; *Weißauer,* Wiederverwendung von Einmal-Artikeln aus rechtlicher Sicht, Anästhesiologie und Intensivmedizin 1990, 47 ff.; *Werner,* Hygiene und Medizin 1986, S. 426

60 veröffentlicht in: Bundesgesundheitsblatt 22 (1979) Nr. 1 0, S. 181–200; ebenso veröffentlicht in: Das Krankenhaus 1979 und Krankenhausumschau 1979

61 *Bölke,* Das Krankenhaus 1988, 261; *Pöhn,* Bundesgesundheitsblatt 1987, 211–214

62 Medizinrecht 1984, S. 27 f.

63 anderer Ansicht *Botzenhardt,* in: Schw/Pfl 1989, 3 ff, 5: *Koppensteiner,* Schw/Pfl 1989, S. 6 f., 7; *Linner,* Hygiene und Medizin 1988, 325–334, 333

64 *Friedrich,* Arbeitsrechtslage bei der Wiederaufbereitung von Einwegprodukten, Zentralsterilisation 1995; 3 (5): 323 ff.

65 so zu Recht *Schneider* im Kommentar zum Beitrag von *Friedrich,* in: Zentralsterilisation 1996, S. 6 f.

Patienten und die Angehörigen nicht zur Anwendung kommen. Das bedeutet, daß der Laie seine alte Wärmeflasche zuhause benutzen darf, während im Heim die oben dargestellten Grundsätze ausnahmslos zu beachten sind.

Das schafft für die Pflegekraft eines ambulanten Dienstes natürlich Probleme, denn sie verwendet in der Regel Hilfsmittel des Patienten oder Angehörigen. Das entbindet sie einerseits nicht von den **Anwenderpflichten,** bedeutet **aber** zugleich, daß sie **nur bedingt ein Verfügungsrecht** hat. So muß die Pflegekraft natürlich den äußeren Zustand der Wärmeflasche überprüfen und nach deren Alter fragen. Häufig wird es aber ausreichen, im Wege der Sicherungsaufklärung den Patienten oder den Angehörigen eingehend darüber zu belehren, daß eine Neuanschaffung erforderlich wird. Nur dann, wenn aus der Sieht der Pflegekraft der Einsatz nicht mehr als sach- und fachgerecht betrachtet werden kann, wird von ihr verlangt werden können, den Einsatz abzulehnen. Dies erfordert naturgemäß eine entsprechende Dokumentation.

4. Die **Leitung der Einrichtung** muß unbedingt darauf achten, daß durch **organisatorische Maßnahmen** sichergestellt wird, daß die **Anwenderpflichten** auch entsprechend **umgesetzt** werden. Dies verlangt entsprechende Dienstanweisungen, Anleitungen und auch ein entsprechendes Kostenbewußtsein.

4.3. Die Unfallverhütungsvorschriften nach dem neuen SGB VII

4.3.1. Rechtsgrundlagen

Die gesetzliche Unfallversicherung war bis 31.12.1996 in den §§ 537 ff. RVO geregelt und ist nunmehr seit dem 01.01. 1997 aufgrund des Unfallversicherungseinordnungsgesetzes vom 07.08.1996[66] als 7. Buch in das SGB aufgenommen.

Ohne hier auf Einzelheiten zum Gesamtgesetzeswerk einzugehen *(vgl. dazu Teil 1: Grundlagen und Grundbegriffe),* ist naturgemäß der Bereich Prävention in den §§ 14–25 SGB VII als Pendant zum öffentlich-rechtlichen Arbeitsschutz besonders hervorzuheben. Bereits in § 1 Nr. 1 SGB VII wird als die **entscheidende Aufgabe der Unfallversicherung** hervorgehoben, daß **mit allen geeigneten Mitteln Arbeitsunfälle und Berufskrankheiten sowie arbeitsbedingte Gesundheitsgefahren zu verhüten** sind. Zu diesem Zweck haben die Unfallversicherungsträger als autonomes Recht UVV zu erlassen (§ 15 SGB VII), nämlich zu

1. Einrichtungen, Anordnungen und Maßnahmen, welche die Unternehmer zur Verhütung von Arbeitsunfällen, Berufskrankheiten und arbeitsbedingten Gesundheitsgefahren zu treffen haben sowie die Form der Übertragung dieser Aufgaben auf andere Personen

2. dem Verhalten der Versicherten zur Verhütung von Arbeitsunfällen, Berufskrankheiten und arbeitsbedingten Gesundheitsgefahren

3. vom Unternehmer zu veranlassenden arbeitsmedizinischen Untersuchungen und sonstigen arbeitsmedizinischen Maßnahmen vor, während und nach der Verrichtung von Arbeiten, die für Versicherte oder für Dritte mit arbeitsbedingten Gefahren für Leben und Gesundheit verbunden sind

4. Voraussetzungen, die der Arzt, der mit Untersuchungen oder Maßnahmen nach Nr. 3 beauftragt ist, zu erfüllen hat, sofern die ärztliche Untersuchung nicht durch eine staatliche Rechtsvorschrift vorgesehen ist

5. der Sicherstellung einer wirksamen Ersten Hilfe durch den Unternehmer

6. den Maßnahmen, die der Unternehmer zur Erfüllung der sich aus dem Gesetz über Betriebsärzte, Sicherheitsingenieure und

---

66 BGBl. I 1254 ff.

andere Fachkräfte für Arbeitssicherheit ergebenden Pflichten zu treffen hat

7. der Zahl der Sicherheitsbeauftragten, die nach § 22 unter Berücksichtigung der in den Unternehmen für Leben und Gesundheit der Versicherten bestehenden arbeitsbedingten Gefahren und der Zahl der Beschäftigten zu bestellen sind.

4.3.2. Die UVV „Arbeitsmedizinische Vorsorge" (VBG 100)

Die arbeitsmedizinische Vorsorge gliedert sich in zwei Bereiche, nämlich der speziellen arbeitsmedizinischen Vorsorge und der betriebsmedizinischen Betreuung.

Bei der **arbeitsmedizinischen Vorsorge** ist für Pflegende die Vorsorgeuntersuchung **bei Tätigkeiten mit Infektionsgefährdung von Bedeutung.** Diese Untersuchung muß ein von der Berufsgenossenschaft ermächtigter Arzt durchführen. Eine Liste dieser Ärzte im jeweiligen Bereich des Arbeitgebers erhält man über die berufsgenossenschaftlichen Geschäftsstellen.

Die Untersuchung muß vor Arbeitsbeginn, dann nach 12 Monaten und danach alle drei Monate durchgeführt werden.

Die der arbeitsmedizinischen Vorsorge unterliegenden Mitarbeiter müssen in einer Kartei erfaßt werden. Karteikarten können über die zuständige Berufsgenossenschaft bezogen werden.

Wichtig ist, die Mitarbeiter im Pflegedienst darauf aufmerksam zu machen, **daß die Berufsgenossenschaft möglicherweise die Kosten für die Behandlung von Berufserkrankungen nicht übernimmt,** wenn Mitarbeiter z.B. Impfungen verweigern, womit entsprechende Erkrankungen hätten vermieden werden können. Schwierigkeiten kann es auch bei der Anerkennung von Ansprüchen auf Berufsunfähigkeitsrenten geben.

Die **betriebsmedizinische Betreuung** ist neu und gilt für alle Pflegedienste, damit auch für Kleinstbetriebe, seit dem 01. September 1997.

Die sicherheitstechnische und medizinische Betreuung ist im ASiG geregelt.

Die betriebsmedizinische Betreuung **dient dem allgemeinen Arbeitsschutz,** ist also nicht nur auf die Infektionsgefährdung ausgerichtet. Ihre Hauptaufgabe ist die innerbetriebliche Beratung. Diese Beratung richtet sich insbesondere auf die Beschaffung von technischen Hilfsmitteln, Hautpflegemitteln, Arbeitskleidung, Ergometrie usw. Die Aufgaben des Betriebsarztes sind in § 3 des Arbeitssicherheitsgesetzes bzw. in der VBG 100 geregelt. Sie dürfen nicht mit den Aufgaben des ermächtigten Arztes im Rahmen der arbeitsmedizinischen Vorsorge verwechselt werden. Je Arbeitnehmer sind 0,33 Stunden in drei Jahren für die betriebsmedizinische Betreuung anzusetzen.

Der betreuende Arzt muß die Gebietsbezeichnung Arbeitsmediziner oder die Zusatzbezeichnung Betriebsmedizin führen. Entsprechende Personen sind im Branchenbuch unter Arbeitsmedizin bzw. arbeitsmedizinischer Dienst zu finden. In der Regel rechnet ein solcher Arzt für die Stunde etwa DM 100,– bis DM 150,– ab. Möglich ist natürlich auch die Kooperation mit einer Klinik oder dem Betriebsarzt eines größeren Betriebes in der Nähe des Arbeitgebers.

Die sicherheitstechnische Betreuung erfolgt durch Fachkräfte für Arbeitssicherheit, die auch Sicherheitsingenieure genannt werden. Deren Aufgaben ergeben sich aus § 6 ASiG bzw. der VBG 122. Die in Frage kommenden Personen sind ebenfalls im Branchenbuch, dort unter Arbeitssicherheit, namentlich genannt.

Die für den Betrieb erforderlichen Einsatzzeiten der Fachkraft für Arbeitssicherheit sind von der Zahl der durchschnittlichen betriebsbeschäftigten Mitarbeiter abhängig. Diese Einsatzzeiten sind in einer Tabelle zur VBG 122 bei Gruppe II aufgeführt. So muß z.B. ein Betrieb mit 5 Mitarbeitern pro Jahr eine Stunde sicherheitstechnisch betreut werden. Diese Zeit muß dann in drei Jahren auch in drei Stunden, evtl. auch auf einmal, erbracht werden. Ab einer Betriebsgröße von mehr als 20 Mitarbeitern hat der Unternehmer unter Beteiligung des Betriebsrates oder Personalrates Sicherheitsbeauftragte nach § 22 SGB VII aus den Reihen der Mitarbeiter des Dienstes zu bestellen. Auf Kosten des Unfallversicherungsträgers kann dann dieser Mitarbeiter auf einem Schulungswochenende qualifiziert werden. Die Berufsgenossenschaft kontrolliert und berät bei den Auflagen. Stellt sie Mängel fest, müssen diese innerhalb einer bestimmten Frist behoben werden, ansonsten wird ein Ordnungswidrigkeitenverfahren mit Bußgeldfestsetzung eingeleitet.

4.4. Die Röntgenverordnung (RöV)

Die Röntgenverordnung (RöV) vom 08. Januar 1987 gilt für Röntgeneinrichtungen und Störstrahler, soweit nicht die Strahlenschutzverordnung Gültigkeit hat (§ 1 RöV). Der Betrieb von Röntgeneinrichtungen ist grundsätzlich genehmigungspflichtig (§ 3 RöV).

Kontrollbereiche (Bereiche, in denen Personen eine höhere Äquivalentdosis als 15 mSv im Jahr erhalten können) sind abzugrenzen und zu kennzeichnen; **betriebliche Überwachungsbereiche** (mehr als 0,5 mSv) sind festzulegen (§ 19 RöV).

Dauereinrichtungen, die dem Schutz beruflich strahlenexponierter Personen (Personen, die sich aufgrund ihrer Tätigkeit gewöhnlich in einem Kontrollbereich aufhalten, § 2 RöV i.V.m. Anlage I) vor Röntgenstrahlen dienen sollen, müssen so beschaffen sein, daß die von einer Person aufgenommenen Körperdosen ein Fünftel der Werte der Anlage IV Tabelle 1 Spalte 2 nicht überschreiten können (§ 21 Abs. 1 RöV).

Im Kontrollbereich dürfen Arbeitsplätze, Verkehrswege oder Umkleidekabinen nur liegen, wenn sichergestellt ist, daß sich dort während der Einschaltzeit Personen nicht aufhalten, es sei denn Arbeitsplätze können aus Gründen einer ordnungsgemäßen Anwendung der Röntgenstrah-

len nicht außerhalb des Kontrollbereichs liegen (§ 21 Abs. 2 RöV). Im Kontrollbereich ist nur der **Aufenthalt** von Personen erlaubt, die zur Durchführung oder Aufrechterhaltung der darin vorgesehenen Betriebsvorgänge tätig werden müssen, die dort zur Ausbildung sein müssen oder deren Aufenthalt als Patient, Tierhalter oder Begleitperson nach Auffassung einer zur Ausübung des ärztlichen, zahnärztlichen oder tierärztlichen Berufs berechtigten fachkundigen Person zur Untersuchung oder Behandlung erforderlich ist (§ 22 Abs. 1 RöV).

Nach § 22 Abs. 2 RöV besteht ein **Beschäftigungsverbot** für Jugendliche und Schwangere im Kontrollbereich.

Alle Personen haben im Kontrollbereich eine ausreichende **Schutzkleidung** gegen Röntgenstrahlen zu tragen (§ 21 Abs. 1 RöV), die vom Arbeitgeber zur Verfügung zu stellen ist (vgl. § 66 BAT und § 12 Abs. 4 BMT).

Die **Körperdosen** dürfen für beruflich strahlenexponierte Personen die Werte der Anlage IV Tabelle 1 Spalte 2 oder 3 im Kalenderjahr nicht überschreiten (§ 31 Abs. 1 RöV).

Bei Personen, die sich zu Ausbildungszwecken im Kontrollbereich aufhalten, ohne darin tätig zu werden, dürfen die auf ein Jahr verteilte aufgenommenen Körperdosen ein Zehntel der Grenzwerte nach Anlage IV Tabelle 1 Spalte 2 nicht überschreiten; dasselbe gilt für andere Personen, die sich im Kontrollbereich oder im betrieblichen Überwachungsbereich aufhalten (§§ 31 Abs. 2, 32 Abs. 1 RöV).

Ähnlich der Strahlenschutzverordnung sind Ortsdosis oder Ortsdosisleistung im Kontroll- und betrieblichen Überwachungsbereich und die Körperdosen zu messen (§§ 34 Abs. 1, 35 Abs. 1 RöV).

Die **Dosismessungen** sind aufzuzeichnen; die **Aufzeichnungen** sind dreißig Jahre aufzubewahren und auf Verlangen der zuständigen Behörde vorzulegen; die Dosimeter zur Körperdosisermittlung sind monatlich der Meßstelle nach Ablauf des jeweiligen Monats einzureichen (§§ 34 Abs. 2, 35

Abs. 5 RöV). Die Behörde kann Schutzmaßnahmen anordnen (§ 33 RöV). Das Personal ist über die möglichen Gefahren und Schutzmaßnahmen zu belehren (§ 36 RöV). Beruflich strahlenexponierte Personen sind ärztlich zu überwachen (§§ 37–41 RöV). Unfälle und sonstige Schadensfälle, die zu Strahlenschäden führen könnten, hat der Strahlenschutzverantwortliche dem staatlichen Überwachungsamt unverzüglich anzuzeigen (§ 42 RöV). Zur betrieblichen Durchführung der Strahlenschutzverordnung hat der Strahlenschutzverantwortliche (der Betreiber einer Röntgeneinrichtung, § 13 Abs. 1 RöV) eine erforderliche Zahl von Strahlenschutzbeauftragten zu bestellen (§ 13 Abs. 2 RöV). Der **Strahlenschutzbeauftragte** hat dem Strahlenschutzverantwortlichen unverzüglich alle Mängel mitzuteilen, die den Strahlenschutz beeinträchtigen (§ 14 Abs. 1 RöV); der Strahlenschutzverantwortliche und der Strahlenschutzbeauftragte haben zur Erfüllung ihrer Aufgaben mit dem Betriebsrat bzw. Personalrat und den Fachkräften für Arbeitssicherheit zusammenzuarbeiten, diese insbesondere über wichtige Angelegenheiten des Strahlenschutzes zu unterrichten (§ 14 Abs. 3 RöV). Der Strahlenschutzbeauftragte hat den Betriebsrat oder Personalrat auf dessen Verlangen in Angelegenheiten des Strahlenschutzes zu beraten (§ 14 Abs. 3 Satz 2 RöV). Der Strahlenschutzbeauftragte muß die für den Strahlenschutz erforderliche Fachkunde besitzen (§ 13 Abs. 4 RöV) und einen eigenen innerbetrieblichen Entscheidungsbereich, insbesondere für sofortige Maßnahmen der Gefahrenabwehr haben (§ 13 Abs. 2 RöV). Auch die Röntgenverordnung ist bußgeldbewehrt (§ 46 RöV).

F. Der personale Arbeitsschutz

1. Der Jugendarbeitsschutz

1.1. Geltungsbereich

Das JArbSchG gilt für alle – auch ausländische – Jugendlichen, die in einer Beschäftigung stehen (§ 1 Abs. 1 JArbSchG). Es gilt ferner in allen Bereichen, in denen Jugendliche gemäß § 1 Abs. 1 beschäftigt werden, also **auch im öffentlichen Dienst und in karitativen und religiösen Einrichtungen** *(siehe Übersicht 24 auf Seite 185).*
Jugendliche sind Personen, die 15, aber noch nicht 18 Jahre alt sind (§ 2 Abs. 2 JArbSchG).
Beschäftigung steht im Gegensatz zum eigentlichen **Schulunterricht.** Somit gehört zur Beschäftigung im Sinne des § 1 Abs. 1 auch die **betriebliche Ausbildung** in Heil- und Heilhilfsberufen (§ 107 BBiG)[1].
Der frühere Streit, ob es sich bei der Krankenpflegeausbildung um eine einheitliche schulische oder um eine einheitliche betriebliche Ausbildung handelt, ist durch das KrPflG von 1985 im Sinne einer einheitlichen schulischen Ausbildung gesetzlich geregelt worden *(vgl. oben unter B.5.2., Fälle 24 und 25),* bedeutet aber hinsichtlich der praktischen Unterweisung, daß diese unter das JArbSchG fällt!

1.2. Gesundheitsbetreuung des Jugendlichen

Nach § 32 ist eine **Erstuntersuchung** des Jugendlichen vorgeschrieben. Danach darf der Jugendliche vor Ausbildungsantritt nur beschäftigt werden, wenn er innerhalb der letzten 14 Monate von einem Arzt untersucht worden ist und dem Arbeitgeber eine von diesem Arzt ausgestellte Bescheinigung vorlegt.
In den Vorschriften für die Auszubildenden im Gesundheitsbereich ist festgelegt, daß ein **ärztliches Zeugnis über die körperliche Eignung zur Ausführung des Berufes** vorgelegt werden muß, so z.B. nach § 8 Abs. 1 Nr. 3 KrPflG für Lernpflegekräfte und nach § 14 e Abs. 1 Nr. 3 KrPflG für Schüler in der Krankenpflegehilfe. **Diese Untersuchungen ersetzen nicht die Erstuntersuchung** nach § 32!
Daraus ergibt sich, daß die Untersuchungen nach §§ 32 ff. weitergehen als diejenigen nach den Vorschriften der Auszubildenden im Gesundheitsbereich. Nach § 39 der Verordnung über die ärztliche Untersuchungen nach dem Jugendarbeitsschutzgesetz hat der Arzt

- einen aus der Anlage 1 zur Verordnung zu ersehenden umfangreichen Untersuchungsbogen (3 Blätter) auszufüllen

- nach § 5 der Verordnung Mitteilung an die Eltern auf einen Vordruck nach dem Muster der Anlage 2 der Verordnung und

- nach § 6 der Verordnung eine Bescheinigung für den Arbeitgeber auf einen Vordruck nach dem Muster der Anlage 3 der Verordnung zu fertigen.

Bei konkreten Anzeichen hat der Arzt die Bescheinigung mit einem Gefährdungsvermerk zu versehen (§ 40).
Ein Jahr nach Aufnahme der ersten Beschäftigung bedarf es der ersten **Nachun-**

---

1 so ausdrücklich Regierungsbegründung in Bundesdrucksache 7/2305, S. 26

Übersicht 23: *Das JArbSchG im Gesundheitsbereich*

Geltungsbereich: Das JArbSchG gilt für jede Beschäftigung Jugendlicher (Gegensatz: eigentlicher Schulunterricht), § 1; Jugendlicher ist, wer 14, aber noch nicht 18 Jahre alt ist, § 2 II

BETRIEB 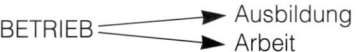 Ausbildung
Arbeit

Menschengerechte Gestaltung der Arbeit (§ 28)
- Verbot gefährlicher Arbeiten (§§ 22, 26, 27)
- Verbot der Beschäftigung durch nicht geeignete Personen (§§ 25, 27 II)
- Unterweisung über Gefahren (§ 29)
- Aufenthaltsräume (§ 11 III)
- Unterkünfte bei häuslicher Gemeinschaft (§ 30 I Nr. 1)
- Bekanntgabe des Gesetzes und der Aufsichtsbehörde (§ 47)
- Aushang über die Arbeitszeit und Pausen (§ 48)
- Beschäftigung erst nach ärztlicher Untersuchung (§ 32)
- Nachuntersuchungen (§§ 33 – 35)
- Ergänzungsuntersuchung (§ 38)
- Freistellung für Untersuchungen (§ 43)
- Züchtigungsverbot (§ 31)
- Verbot der Abgabe von Alkohol und Tabak (§ 31 II)
- Verzeichnisse der Jugendlichen (§ 49)

Berufsschule (§ 9)
- Freistellung
- bei Unterrichtsbeginn vor 9 Uhr keine vorherige Beschäftigung
- Unterrichtszeit von mindestens 5 Std. einschließlich Pausen = 1 Arbeitstag von 8 Std.
- Berufsschulwoche mit einem planmäßigen Blockunterricht von mindestens 25 Std. an mindestens 5 Tagen = 40-Stunden-Woche
- Entgelt wie sonst

Arbeitszeit: Höchstens 8 Std. täglich, 40 Std. wöchentlich (§ 8), Fünf-Tage-Woche (§15).

Schichtzeit = Arbeitszeit + Pausen 10 Stunden täglich (§ 12) = 8 Std. Arbeitszeit + 2 Std. Pausen!
Beachte: In der Praxis ist die Ausbildung an Krankenpflegeschulen regelmäßig betriebliche Ausbildung.

Ruhepausen = im voraus feststehende Arbeitsunterbrechung von mindestens 15 Minuten, spätestens nach 4½ Std.!
- bei mehr als 4½ bis 6 Std. Arbeit: 30 Min. Pause
- mehr als 6 Std.: 60 Min. (§ 11)

Urlaub: wenn Lebensalter zu Beginn des Kalenderjahres noch nicht
- 16 Jahre: 30 Werktage
- 17 Jahre: 27 Werktage
- 18 Jahre: 25 Werktage
jährlich unter Fortzahlung des Entgelts (§ 19)

Nachtruhe: 20 bis 6 Uhr (§ 14 I)
Ausnahme: in Kinderheimen ab 6 Uhr, wenn über 16 Jahre alt (§ 14 III Nr. 3)

Samstagsruhe = Grundsätzliches Beschäftigungsverbot (§ 16 Abs. I)
Ausnahmen:
- in Krankenanstalten, in Alten-, Pflege- und Kinderheimen (§ 16 Abs. 2 Nr. 1)
- im ärztlichen Notdienst (§ 16 Abs.2 Nr.10)

Sonntagsruhe = Grundsätzliches Beschäftigungsverbot (§ 17 I)
Ausnahmen:
- in Krankenanstalten, in Alten-, Pflege- und- Kinderheimen (§ 17 II Nr. I)
- im ärztlichen Notdienst (§ 17 II Nr. 7)

Feiertagsruhe: Beschäftigung
- am 24.12. und 31.12. nach 14 Std. und am 25.12., 1.1., Ostersonntag und 1.5. immer verboten (§ 18 II)
- an den übrigen Feiertagen grundsätzlich verboten (§ 18 I)
Ausnahmen:
- in Krankenanstalten, in Alten-, Pflege- und Kinderheimen (§ 18 II in Verb. mit § 17 II Nr. 1)
- im ärztl. Notdienst (§ 18 II in Verb. mit § 17 II Nr. 7)

Freizeit: Ununterbrochen mindestens 12 Std. täglich (§ 13).

tersuchung (§ 33). Weitere Nachuntersuchungen sind freiwillig (§ 34). Unter den Voraussetzungen des § 35 soll der Arzt außerordentliche Nachuntersuchungen anordnen.

Der Jugendliche hat die freie Arztwahl. Er ist zu den Untersuchungen vom Arbeitgeber unter Fortzahlung der Vergütung freizustellen (§ 43). Die Kosten der Untersuchungen trägt das Land (§ 44).

1.3. Züchtigungsverbot und Verbot der Abgabe von Alkohol und Tabak

Wer einen Jugendlichen beschäftigt, beaufsichtigt, anweist oder ausbildet, darf ihn nicht körperlich züchtigen (§ 31 Abs. 1). Der Arbeitgeber muß den Jugendlichen vor körperlicher Züchtigung und Mißhandlung und vor sittlicher Gefährdung durch andere bei ihm Beschäftigte an der Arbeitsstätte schützen (§ 31 Abs. 1 Satz 1). Mißhandlungen sind auch seelische Mißhandlungen, z.B. Schikane, Beleidigungen und ähnliches[2].

Jugendlichen unter 16 Jahren darf der Arbeitgeber keine alkoholischen Getränke und Tabakwaren abgeben, auch nicht in Kantinen, Jugendlichen über 16 Jahren keinen Branntwein (§ 31 Abs. 2 Satz 2).

1.4. Beschäftigungsverbote und -beschränkungen

Verboten sind nach § 22 **gefährliche Arbeiten.** Was darunter zu verstehen ist, kann der Bundesminister für Arbeit und Soziales in Rechtsverordnungen konkretisieren (§ 26). Die Aufsichtsbehörden können im Einzelfall Anordnungen treffen (§ 27). Es handelt sich um ein **individuelles Beschäftigungsverbot,** d.h. der Arbeitgeber (z.B. die Pflegedienstleitung oder Stationsleitung) hat in eigener Verantwortung zu entscheiden, ob eine Arbeit unter ein Beschäftigungsverbot fällt. Er muß z.B. kon-

kret und individuell prüfen, welche Arbeiten die Leistungsfähigkeit des Jugendlichen übersteigen. Dabei kann er sich nicht etwa darauf berufen, daß keine Rechtsverordnung nach § 26 erlassen ist oder keine Anordnung der Aufsichtsbehörde nach § 27 ergangen ist.

§ 22 ist im Zusammenhang mit verschiedenen Rechtsverordnungen und UVV zu sehen, auf die im folgenden verwiesen wird. Die einzelnen Kriterien sind der Regierungsbegründung entnommen[3].

Arbeiten, die die Leistungsfähigkeit des Jugendlichen übersteigen (§ 22 Abs. 1 Nr. 1)

- Heben, Tragen und Bewegen schwerer Lasten: Damit ist das Betten von Patienten ohne Hilfsmittel und das Tragen von Patienten jugendlichen Lernpflegekräften und Schülern der Krankenpflegehilfe verboten!

- Arbeiten, bei denen dauernd gestanden werden muß: Verboten ist z.B. das Lichteinrichten in der Ambulanz oder längere Laborarbeiten oder das Halten des Körperteils beim Gipsen.

- Arbeiten mit erzwungener Körperhaltung: Verboten z.B. ist das Festhalten des Patienten bei Lumbal-Punktionen in Bückstellung, was gelegentlich bis zu einer halben Stunde oder länger dauern kann, oder das Verbandwechseln beim Gipsen.

- Arbeiten, die das Sehvermögen besonders anstrengen: Längeres Überwachen von Kontrollgeräten ist somit schon aus diesem Grunde untersagt.

- Arbeiten mit hoher gleichmäßiger Dauerleistung: Verboten ist damit das übliche Bettenmachen über einen ganzen Vormittag hinweg.

---

2 *Zmarzlik*, JArbSchG, § 31 Anmerkung 3
3 Bundestagsdrucksache 7/2305, S. 32

Für Arbeiten nach § 22 Abs. 1 Nr. 1 besteht ein **absolutes Beschäftigungsverbot!**

Arbeiten, bei denen Jugendliche sittlichen Gefahren ausgesetzt sind (§ 22 Abs. 1 Nr. 1)

Der Begriff sittliche Gefahren ist heute sehr eng auszulegen im Sinne des Rotlichtmilieus einerseits[4] und des Kontakts zum kriminellen Bereich andererseits[5], so daß dieses Beschäftigungsverbot in Gesundheitseinrichtungen keine Rolle spielt.

Arbeiten, die speziell für Jugendliche mit Unfallgefahren verbunden sind (§ 22 Abs. 1 Nr. 3)

• Arbeiten in gefährlichen Arbeitssituationen: Pflege von tobenden oder alkoholisierten Patienten ist verboten. Bei Unfalleingängen und besonders bei Alarm

---

4 am Beispiel der Bardame OLG Karlsruhe, MDR 1976, 425

5 *Molitor/Volmer/Germelmann*, JArbSchG, § 22 Anm. 22

Übersicht 24: *Geltung des JArbSchG in Ausbildungsgängen des Gesundheitswesens*

• Apothekenhelfer (ab 14 bzw. 15 Jahren möglich)

• Arzthelferinnen (ab 14 bzw. 15 Jahren möglich)

• Diätassistenten (nach § 5 Abs. 2 des Gesetzes über den Beruf des Diätassistenten kein Mindestalter, aber wegen gefordertem Realschulabschlusses in der Regel erst mit 17 Jahren möglich)

• Krankengymnasten (nach § 8 Abs. 1 Nr. 2 a der Ausbildungs- und Prüfungsordnung für Krankengymnasten kein Mindestalter, aber wegen gefordertem Realschulabschlusses in der Regel erst ab 17 Jahren möglich)

• **Lernschwestern und Lernpfleger** (nach § 8 Abs. 1 Nr. 1 KrPflG erst ab 17 Jahren möglich)

• MTA's und ähnlichen (nach § 7 Abs. 1 des Gesetzes über technische Assistenten in der Medizin kein Mindestalter, aber wegen gefordertem Realschulabschlusses erst mit 17 Jahren möglich)

• Orthoptisten (z.B. in Nordrhein-Westfalen wegen gefordertem Realschulabschlusses in der Regel erst ab 17 Jahren möglich)

• Pharmazeutisch-technische Assistenten (nach § 5 Abs. 2 des Gesetzes über den Beruf des Pharmazeutisch-technischen Assistenten kein Mindestalter, aber wegen gefordertem Realschulabschlusses in der Regel erst ab 17 Jahren möglich)

• **Schüler und Schülerinnen in der Krankenpflegehilfe** (nach § 14 e Abs. 1 Nr. 1 KrPflG erst ab 17 Jahren möglich)

• Verwaltungslehrlinge in der Krankenhausverwaltung (ab 14 bzw. 15 Jahren möglich)

• Zahnarzthelferinnen (ab 14 bzw. 15 Jahren möglich).

darf der Jugendliche aufgrund der unübersichtlichen und hektischen Arbeitssituation, die unfallträchtig ist, nicht beschäftigt werden.

• Arbeiten mit gefährlichen Arbeitsstoffen: OP-Instrumente zu waschen ist ebenso verboten wie Reinigungsarbeiten mit Salzsäure oder Äther. In dem Zusammenhang sind das GerätesicherheitsG, die MedGV, das MPG und die GefahrstoffVO zu beachten.

• Arbeiten mit explosionsgefährlichen oder brandfördernden Stoffen: Insoweit ist die GefahrstoffVO zu beachten. Außerdem ist die UVV „Sauerstoff" zu berücksichtigen. Nach § 19 dieser Vorschrift dürfen Sauerstoffanlagen nur von Personen bedient und gewartet werden, die sachkundig sind und von denen zu erwarten ist, daß sie ihre Aufgaben zuverlässig erfüllen. Schon wegen der meist fehlenden Sachkunde scheiden daher jugendliche Auszubildende aus.

Arbeiten, bei denen die Gesundheit Jugendlicher durch außergewöhnliche Hitze oder Kälte oder starke Nässe gefährdet wird (§ 2 Abs. 1 Nr. 4)

• Hiernach ist es verboten, Jugendliche in Spezialeinheiten für Verbrennungskranke mit einer Außentemperatur von 30 bis 35 Grad in einer Luftfeuchtigkeit von 90% einzusetzen.

Arbeiten, bei denen Jugendliche schädlichen Einwirkungen von Lärm, Erschütterungen, Strahlen oder von giftigen, ätzenden oder reizenden Stoffen ausgesetzt sind (§ 22 Abs. 1 Nr. 5)

• Röntgenstrahlen: Zu beachten sind vor allem die §§ 22 Abs. 2, 31 Abs. 2 und 32 Abs. 1 RöV. Das nicht selten praktizierte Festhalten eines Patienten während der Röntgenaufnahme durch einen jugendlichen Auszubildenden ist ein schwerer Verstoß gegen die RöV!

• Radioaktive Strahlen: Hier ist das Beschäftigungsverbot des § 56 Abs. 1 StrlSchVO und die Beschäftigungsbeschränkung des § 56 Abs. 2 StrlSchVO zu beachten.

• Laserstrahlen: Nach § 13 UVV „Laserstrahlen" dürfen Jugendliche über 16 Jahre nur, soweit es die Berufsausbildung erfordert, und unter Aufsicht eines Fachkundigen beschäftigt werden.

• Giftige, ätzende und reizende Stoffe: Nach § 15 GefahrstoffVO ist die UVV „medizinische Laboratoriumsarbeiten" zu beachten.

Bei den Verboten nach § 22 Abs. 1 Nr. 3–5 ist zu beachten, daß es sich nur um **eingeschränkte Beschäftigungsverbote** handelt. Soweit eine Beschäftigung nach § 22 Abs. 1 Nr. 3–5 **zur Erreichung des Ausbildungszieles des Jugendlichen erforderlich und der Schutz des Jugendlichen durch die Aufsicht eines Fachkundigen gewährleistet** ist, dürfen Jugendliche in den genannten Bereichen tätig werden. Allerdings ist zum Schutz der Jugendlichen die *„Erforderlichkeit"* eng auszulegen[6]. Zur Erreichung des Ausbildungsziels ist eine Beschäftigung nur erforderlich, wenn für den Jugendlichen, der diese Beschäftigung nicht ausübt, die Gefahr besteht, daß er das Ziel der Ausbildung nicht erreicht. Das gilt sowohl für die Art wie auch für die Dauer der Beschäftigung. Der Arbeitgeber, der zu einer großzügigen Auslegung neigt, muß auf das Risiko der Bußgeld- und Strafvorschriften (§ 58 Abs. 1 Nr. 18 und Abs. 3 bis 6) hingewiesen werden.

Fachkundiger im Sinne der Vorschrift kann nur der Ausbilder sein, der auch die notwendigen Kenntnisse, Fertigkeiten und Erfahrungen hat, die das allgemeine Arbeitsschutzrecht an einen Fachkundigen stellt[7]. Daraus ist ersichtlich, daß in der

---

6 *Eichler,* JArbSchG, Loseblatt, § 22 Anmerkung III 8
7 *Zmarzlik,* JArbSchG, § 22 Anmerkung 33

Aus- und Fortbildung der im Gesundheitsbereich Tätigen mehr als bisher Arbeitsschutzrecht gelehrt werden muß! Ansonsten dürfen Jugendliche in gefährdeten Bereichen nicht ausgebildet werden.

Hat der Arbeitgeber nach dem ASiG oder im öffentlichen Dienst nach entsprechenden Vorschriften einen Betriebsarzt oder eine Fachkraft für Arbeitssicherheit eingestellt, dann muß die betriebsärztliche oder sicherheitstechnische Betreuung der Jugendlichen, die nach § 22 Abs. 1 Nr. 3–5 beschäftigt sind, sichergestellt sein (§ 22 Abs. 2 Satz 2). Soweit Krankenhäuser bei der Berufsgenossenschaft für Gesundheitsdienst und Wohlfahrtspflege versichert sind, sind dort die UVV „Betriebsärzte" und „Sicherheitsingenieure und andere Fachkräfte für Arbeitssicherheit" zu beachten *(vgl. bereits oben unter E.2.4.).*

Die Aufzählung in § 22 ist nicht abschließend, wie die §§ 26, 27 zeigen. Der Arbeitgeber hat, wie schon erwähnt, jeweils im Einzelfall zu prüfen, ob ähnliche Fälle vorliegen. Anderenfalls macht er sich strafbar und schadensersatzpflichtig.

Auf folgende Regelungen wird noch verwiesen:

- Für jugendliche Schwangere gelten die Beschäftigungsverbote der §§ 3, 4 und 6 MuSchG

- § 18 der UVV „Allgemeine Vorschriften" besagt, daß zu Beschäftigungen, die Berufskrankheiten (§ 9 SGB VII) hervorrufen können, nur geeignete Personen herangezogen werden dürfen

- § 19 der UVV „Gesundheitsdienst"[8], wonach Jugendliche nicht in Arbeitsbereichen mit erhöhter Infektionsgefährdung beschäftigt werden dürfen, es sei denn, sie sind über 16 Jahre, die Beschäftigung ist zur Erreichung des Ausbildungszieles erforderlich und ihr Schutz ist durch Aufsicht eines Fachkundigen gewährleistet

- § 8 der UVV „Apotheken und Dispensieranstalten", wonach Jugendliche nicht mit gefährlichen Arbeiten beschäftigt werden dürfen.

Nach § 25 Abs. 1 dürfen Jugendliche nicht beschäftigt, nicht angewiesen, nicht ausgebildet werden durch Personen, die wegen einer in den Nr. 1–5 ausgeführten Straftaten rechtskräftig verurteilt worden sind. Solche Personen dürfen auch nicht mit der Beaufsichtigung von Jugendlichen beauftragt werden.

Das Gewerbeaufsichtsamt kann darüber hinaus den Personen die Beschäftigung, Beaufsichtigung, Anweisung oder Ausbildung von Jugendlichen verbieten, die die Pflichten, die ihnen Kraft Gesetzes zugunsten der von ihnen beschäftigten, beaufsichtigten, angewiesenen oder auszubildenden Jugendlichen obliegen, wiederholt oder gröbst verletzt haben (§ 27 Abs. 2 Nr. 1). In Betracht kommen in erster Linie die Pflichten aus dem JArbSchG, dem BBiG und dem KrPflG.

1.5. Unterweisung über Gefahren

Der Arbeitgeber hat den Jugendlichen vor Beginn der Beschäftigung über die Unfall- und Gesundheitsgefahren sowie über die Einrichtungen und Maßnahmen zur Abwendung dieser Gefahren zu unterweisen. Weiterhin hat er sie vor der erstmaligen Beschäftigung an einem bestimmten Arbeitsplatz über die besonderen Gefahren und die erforderlichen Vorsichtsmaßregeln zu belehren (§ 29 Abs. 1). Die Unterweisungen sind in angemessenen Zeitabständen, mindestens aber halbjährlich, zu wiederholen (§ 29 Abs. 2).

„Zu jeder Belehrung gehört auch die Erläuterung der gerade diesen Bereich und den jeweiligen Arbeitsplatz betreffenden Arbeitsschutzvorschriften und UVV sowie der Anordnungen der Aufsichtsbehörde"[9]. Auch § 29 ist bußgeldbewehrt (§ 59 Abs. 1 Nr. 1).

---

8 VBG 103, vom 01.10.1982, in: Bundesanzeiger Nr. 155 vom 24.08.1982
9 *Knopp/Kraegeloh*, JArbSchG, § 29, Anmerkung 1

1.6. Gestaltung von Arbeitsstätten

Der Begriff der Arbeitsstätte in § 28 ist weit auszulegen. Insoweit ist insbesondere § 2 ArbeitsstättenVO zu beachten. Das JArbSchG enthält zusätzliche Vorschriften in den §§ 11 Abs. 3 und 30.

(1) Hat der Arbeitgeber einen Jugendlichen in die häusliche Gemeinschaft aufgenommen, so muß er ihm eine Unterkunft zur Verfügung stellen und dafür sorgen, daß sie so beschaffen, ausgestattet und belegt ist und so benutzt wird, daß die Gesundheit des Jugendlichen nicht beeinträchtigt wird (§ 30 Abs. 1 Nr. 1).
Der Arbeitgeber hat also eine **gesteigerte Fürsorgepflicht bei „häuslicher Gemeinschaft"**, so schon § 618 Abs. 2 BGB. Dieser Fall liegt auch dann vor, wenn der Jugendliche nicht in dem Familienhaushalt des Arbeitgebers, sondern, was gerade im Krankenhausbereich häufig ist, in einem davon getrennten Wohnheim untergebracht ist, das von dem Arbeitgeber für die bei ihm beschäftigten Jugendlichen eingerichtet ist. Das ist in Rechtsprechung und Literatur herrschende Meinung[10], gilt allerdings nicht für die Krankenfürsorge durch den Arbeitgeber (§ 30 Abs. 1 Nr. 2). Dort entspricht der Begriff der häuslichen Gemeinschaft demjenigen des Familienhaushalts in § 17 Abs. 2 Nr. 3.

(2) Für den Aufenthalt während der Ruhepausen sind den Jugendlichen im Betrieb mit mehr als 10 Jugendlichen **besondere Aufenthaltsräume** bereitzustellen, es sei denn, daß durch Betriebs- oder Dienstvereinbarung zwischen Betriebsrat oder Personalrat und Arbeitgeber etwas anderes vereinbart wird (§ 11 Abs. 3). In dem Zusammenhang ist die ArbeitsstättenVO zu beachten, deren § 29 sich auf Pausenräume bezieht, § 30 auf Bereitschaftsräume, § 31 auf Liegeräume, § 32 auf den Nichtraucherschutz und § 33 auf Räume für körperliche Ausgleichsübungen. *„Diese ergänzende Regelung bezüglich der Räume gilt*

auch im Bereich des JArbSchG, wenn auch dieses nicht hierauf verweist, was sicherlich zweckmäßig gewesen wäre"[11]. Nach § 29 ArbeitsstättenVO müssen Pausenräume leicht erreichbar sein und Mindestraumabmessungen haben. Außerdem müssen in § 29 Abs. 4 genannte Einrichtungsgegenstände (z.B. Tische, Sitzgelegenheiten mit Rückenlehne, Kleiderhaken, Abfallbehälter usw.) und bei Bedarf auch Vorrichtungen zum Anwärmen und Kühlen von Speisen und Getränken vorhanden sein. In unmittelbarer Nähe der Pausenräume müssen Toilettenräume existieren (§ 37 Abs. 2 ArbeitsstättenVO), die den Anforderungen des § 30 Abs. 2 ArbeitsstättenVO zu entsprechen haben. § 11 Abs. 3 JArbSchG ist bußgeldbewehrt nach § 59 Abs. 1 Nr. 2 JArbSchG.

2. Der Mutterschutz

2.1. Allgemeines

Frauenarbeit und die Notwendigkeit von Schutzmaßnahmen sind ein Problem, seit es Frauenarbeit gibt. Dies wurde aus Gründen des Gemeinwohls aber erst mit der Industriealisierung im 19. Jahrhundert als regelungsbedürftig erkannt[12]. Seit dem Preußischen Regulativ vom 09. März 1839 wurde die Kinderarbeit zur Erhaltung der Rekrutentauglichkeit nur noch eingeschränkt zugelassen. Jedoch erst 39 Jahre später wurden mit der Novelle zur Gewerbeordnung des Deutschen Reiches von 1878 die ersten gesetzlichen Mutterschutz-

---

10 *Molitor/Volmer/Germelmann*, JArbSchG, § 42, Anm. 4; *Zmarzlik*, JArbSchG, § 30 Anm. 8
11 *Riedel*, JArbSchG, S. 31
12 vgl. im einzelnen *Heilmann*, MuSchG, in: Maus, Handbuch des Arbeitsrechts, Loseblatt, Baden-Baden, Teil VII A, Einleitung, Randnummern 1–22

vorschriften erlassen. Danach durften Wöchnerinnen drei Wochen nach der Entbindung von der Arbeit fernbleiben.

Damit wird auch deutlich, daß **Frauenarbeitsschutz in erster Linie dem Schutz von werdenden Müttern und Müttern** betrifft. Nur **vereinzelt** enthält die umfangreiche Gesetzgebung sonstige **Schutzvorschriften für arbeitende Frauen,** wie z.B. in dem seit dem 01.07.1994 gültigen Arbeitszeitgesetz. Obwohl das Mutterschutzrecht bereits Ende des 19. Jahrhunderts erstaunlich weit entwickelt war[13], scheint in der Vergangenheit die Umsetzung in der Krankenpflege mit Schwierigkeiten verbunden gewesen zu sein, denn ausgerechnet vor dem Ersten Weltkrieg wurde ungewöhnlich massiv und heftig die Überbürdung der Krankenpflegerinnen diskutiert[14]. Symptomatisch ist in diesem Zusammenhang ein Bericht des Domkapitulars Prälat Dr. *Miller-Simonis* auf der Konferenz der „Freien Vereinigung der Katholischen Krankenhausvorstände Deutschlands" am 26. und 27. November 1912 in Fulda[15], in der u.a. ausgeführt wird: *„Wir stehen vor einer schrecklichen Abnützung der Kräfte... Die Hauptursache der Überbürdung ist aber die ständige Ausnützung der Schwestern... "[16].* Es verwundert deshalb keineswegs, daß auch in unserer Zeit gerade im Krankenhaus offenkundig Umsetzungsschwierigkeiten mit dem Mutterschutz auftreten, wobei die Parallele zur Gastronomie auffällt: Gastwirtschaftstätigkeit und Krankenpflege scheinen immer noch ein Schattendasein im Arbeitsleben zu führen, nachdem beide Tätigkeiten aus der Hausarbeit unmittelbar entspringen.

Im folgenden werden die Zielsetzungen und Entwicklungen des Mutterschutzrechtes behandelt, ein Überblick über den Mutterschutz gegeben sowie auf Einzelheiten der Umsetzungsschwierigkeiten im Krankenhaus eingegangen.

2.2. Zielsetzung und Entwicklung des Mutterschutzes

Der Mutterschutz soll sicherstellen, daß die in abhängiger Berufsarbeit tätigen Frauen vor Schäden bewahrt werden, die ihnen im Rahmen des Arbeitsverhältnisses während der und innerhalb bestimmter Zeiten nach der Schwangerschaft zustoßen können.

Im Vordergrund steht somit nicht der Schutz der Leibesfrucht, sondern der Schutz der Schwangeren und der Mutter. Neuerdings sollen die erwerbstätigen Frauen auch von materiellen und damit zugleich seelischen Sorgen und Belastungen anläßlich der Mutterschaft geschützt werden[17].

Die geschichtliche Entwicklung zum heute geltenden MuSchG wird nachfolgend skizziert.

2.2.1. Anfänge eines gesetzlichen Schutzes für Mütter

Mit Änderungsnovelle zur Gewerbeordnung vom 17.07.1878[18] durften gewerbliche Arbeiterinnen als Wöchnerinnen drei Wochen nach der Entbindung nicht beschäftigt werden. Finanzielle Ausgleichszahlungen während dieser Zeit in Höhe der Hälfte des Tageslohnes erhielten die Arbeiterinnen ab 1883 (§ 20 Nr. 2 des Gesetzes betreffend die Krankenversicherung

---

13 zur geschichtlichen Entwicklung vgl. *Gröninger* und *Thomas,* MuSchG, Kommentar, Frankfurt, 1986, S. 1–4
14 *Hecker,* Die Überbürdung der Krankenpflegerin, Straßburg, 1912; *Streiter,* Die wirtschaftliche und soziale Lage des Krankenpflegepersonals in Deutschland, 1910
15 *Caritasverband für das Katholische Deutschland* (Hrsg.), Zeitfragen der Katholischen Krankenpflege, 1913, S. 47–50
16 Einzelheiten hierzu in: *Böhme* (Hrsg.), Arbeitsgestaltung und Arbeitsschutz, a.a.O., S. 36/37
17 *Gröninger* und *Thomas,* MuSchG, Kommentar, a.a.O., S. 4
18 RGBl. I, S. 199

der Arbeiter vom 15. Juni 1883)[19]. Mit dem sogenannten Arbeiterschutzgesetz vom 01. Juni 1891[20] wurde im Anschluß an die internationale Arbeitsschutzkonferenz vom 15. bis 28. März 1890 in Berlin das Beschäftigungsverbot allgemein von drei auf vier Wochen nach der Entbindung und bei Vorlage eines ärztlichen Zeugnisses auf bis zu sechs Wochen ausgedehnt. Entsprechende Erweiterungen erfolgten 1892 durch Novellierungen der Krankenversicherung der Arbeiter für die Zahlung des Wochengeldes. Die endgültige allgemeine Anhebung des Zeitraums erfolgte 1903 mit Ausdehnung auf sechs Wochen. 1903 wurden auch die freien Hebammendienste und freie ärztliche Behandlung der Schwangerschaftsbeschwerden als Kann-Leistung der Krankenkasse eingeführt. § 137 der GewO in der Fassung des Gesetzes betreffend die Abänderung der GewO vom 28. Dezember 1908[21] brachte erstmals einen Mutterschutz auch für werdende Mütter: Freistellung von der Beschäftigung im Betrieb aus Anlaß der Mutterschaft wurde auf insgesamt acht Wochen festgesetzt, von denen sechs Wochen unmittelbar nach der Entbindung genommen werden mußten. Die Bekanntmachung betreffend Wochenhilfe während des Krieges vom 3. Dezember 1914[22] paßte auch das Wochengeld diesem Zeitraum an.

Aufgrund des Übereinkommens der Internationalen Arbeitsorganisation Nr. 3 betreffend die Beschäftigung der Frauen vor und nach der Niederkunft, das am 29. Oktober 1919 in Washington getroffen und am 16. Juli 1927 von Deutschland ratifiziert wurde[23], wurde der Entgeltschutz hinsichtlich des Wochengeldes in Höhe des Krankengeldes auf vier Wochen vor und sechs Wochen nach der Entbindung erweitert, und es wurde Stillgeld für die Dauer von 12 Wochen in Höhe des halben Krankengeldes eingeführt. Mit den Gesetzen über die Beschäftigung vor und nach der Niederkunft vom 16.07.1927[24] und vom 29.10. 1927[25] wurde der Mutterschutz auf alle weiblichen Arbeitnehmer erstreckt, die der Krankenversicherungspflicht unterla-

gen, mit Ausnahme der Beschäftigten im Haushalt und in Betrieben der Land- und Forstwirtschaft. Die Freistellung schwangerer Arbeitnehmerinnen wurde damit auf sechs Wochen vor der Niederkunft und sechs Wochen danach, somit auf insgesamt 12 Wochen, erweitert. Eine Gehaltsfortzahlung durch den Arbeitgeber war allerdings noch nicht vorgesehen. Dieses Gesetz führte aber erstmals feste Stillpausen für stillende Mütter ein und regelte erstmalig auch einen arbeitsrechtlichen Kündigungsschutz während der genannten Fristen vor und nach der Entbindung.

2.2.2. Vereinheitlichung des Mutterschutzrechts und Grundlegung des heute geltenden Rechts

Erst im Dritten Reich wurde das Mutterschutzrecht vereinheitlicht und in seiner heute noch gültigen Konzeption festgelegt, nämlich durch das Mutterschutzgesetz vom 17.05.1942[26]. Danach bestand ein Leistungsverweigerungsrecht in den letzten sechs Wochen vor der Entbindung sowie ein generelles absolutes Beschäftigungsverbot bis zum Ablauf von sechs Wochen nach der Entbindung, für stillende Mütter bis zum Ablauf von vier Wochen und für stillende Mütter von Frühgeburten bis zum Ablauf von 12 Wochen.

Das Wochengeld richtete sich nach dem Durchschnittsverdienst; Frauen, die nicht krankenversichert waren, war das regelmäßige Arbeitsentgelt während der Schutzfristen durch den Arbeitgeber weiterzugewähren. Erstmals wurde auch das im Grundsatz bis heute geltende **individuelle Beschäftigungsverbot** eingeführt, **wenn** nach ärztlichem Zeugnis **Leben und Ge-**

---

19 RGBl. I, S. 73
20 RGBl. I, S. 261
21 RGBl. I, S. 667
22 RGBl. I, S. 492
23 RGBl. II, S. 497
24 RGBl. I, S. 184
25 RGBl. I, S. 325
26 RGBl. I, S. 321

sundheit von Mutter oder Kind gefährdet waren. Weiterhin wurden auch generelle Beschäftigungsverbote eingeführt, wie z.B. für Tätigkeiten mit Heben und Tragen schwerer Lasten, mit Exposition schädlicher, gesundheitsgefährdender Stoffe oder Strahlen, für Akkord-Arbeit und ähnliches. Im Falle dieser Beschäftigungsverbote mußte der Arbeitgeber das regelmäßige Arbeitsentgelt weiter zahlen, Mehrarbeit, Nachtarbeit sowie Sonn- und Feiertagsarbeit waren ohne Lohnersatz verboten.

Überdies wurde das Kündigungsverbot auf die gesamte Schwangerschaftszeit und bis zum Ablauf von vier Wochen nach der Entbindung ausgedehnt. Schließlich wurde erstmals jeder Verstoß gegen diese Schutzvorschriften mit Strafe bedroht.

Nach der Verabschiedung des Grundgesetzes (GG), das in Art. 6 Abs. 4 jeder Mutter einen Anspruch auf Schutz und Fürsorge der Gemeinschaft gibt, wurde vom deutschen Bundestag das MuSchG vom 24. Januar 1952 erlassen[27]. Gegenüber dem Mutterschutzgesetz von 1942 wurde der Geltungsbereich auf alle Arbeitnehmerinnen, auch solche im Haushalt und Heimarbeiterinnen, ausgedehnt.

Das Leistungsverweigerungsrecht für die Dauer von sechs Wochen vor der Entbindung wurde in ein Beschäftigungsverbot von gleicher Dauer umgewandelt mit der Möglichkeit, sich ausdrücklich zur Arbeitsleistung bereit zu erklären. Die generellen Beschäftigungs-, Mehr-, Nacht- und Sonntagsarbeitsverbote wurden weiter ausgebaut und auch der Entgeltschutz wurde verbessert. Die Aufsicht über die Ausführung der Vorschriften des Mutterschutzgesetzes wurde allgemein den Gewerbeaufsichtsämtern übertragen, und zwar auch für den Bereich des öffentlichen Dienstes.

2.2.3. Impulse und Momente der weiteren Entwicklung

Aufgrund der Veröffentlichung internationaler Vergleichszahlen über die Mütter- und Säuglingssterblichkeit in der Bundesrepublik und anderen Ländern durch das statistische Bundesamt gab es seit 1961 heftige Diskussionen über eine Änderung und Ergänzung des Mutterschutzgesetzes, initiiert vom Deutschen Gewerkschaftsbund und der SPD. Das Mutterschutzänderungsgesetz vom 24. August 1965[28] sollte erhebliche Verbesserungen des Mutterschutzes erreichen, ist aber wegen der angespannten Haushaltslage nie in Kraft getreten. Erst das MuSchG vom 18. April 1968[29] brachte eine wesentliche Verbesserung. Erstmals wurde eine besondere Vorschrift über die Gestaltung des Arbeitsplatzes für werdende und stillende Mütter aufgenommen. Die generellen Beschäftigungsverbote wurden z.B. um Arbeiten ergänzt, bei denen die Frau schädlichen Einwirkungen von Lärm ausgesetzt ist. Das ganze Regelungswerk brachte eine erhebliche Änderung der gesetzessystematischen Grundkonzeption mit sich: Im MuSchG wurden jetzt nur noch die arbeitsschutzrechtlichen Bestimmungen geregelt, während die Leistungen bei Mutterschaft, insbesondere das Mutterschaftsgeld und die Mutterschaftshilfe, der Reichsversicherungsordnung (RVO) hinsichtlich der gesetzlichen Krankenversicherung angegliedert wurde. Diese Grundkonzeption, die ja auch zu Beginn des Mutterschutzrechts verfolgt wurde, ist bis zum heutigen Tage beibehalten und erweitert worden. Dies entspricht der Erkenntnis, daß zwischen der Risikosphäre des Arbeitgebers für den Arbeitnehmerschutz und der Risikosphäre der Versichertengemeinschaft, aber auch der Gesellschaft, für den Mutterschutz im übrigen in sozialversicherungsrechtlichen und sozialrechtlichen Vorschriften zu unterscheiden ist. 1968 wurden übrigens auch die Strafvorschriften bei Verstoßen gegen das MuSchG in Ordnungswidrigkeiten umgewandelt und präzisiert.

---

27 BGBl. I, S. 69
28 BGBl. I, S. 912
29 BGBl. I, S. 315

Mit dem Gesetz zur Einführung eines Mutterschaftsurlaubs vom 25. Juni 1979[30] wurde der Mutterschutz in folgenden Bereichen erheblich ausgebaut:

* Freistellung der Arbeitnehmerin von der Beschäftigung im Betrieb aus Anlaß der Mutterschaft (Einführung des § 8 a des MuSchG über den Mutterschaftsurlaub)

* Kündigungsverbot bei Mutterschaftsurlaub (§ 9 a MuSchG)

* Sonderkündigungsrecht der Arbeitnehmerin zum Ende ihres Mutterschaftsurlaubes (§ 10 Abs. 1 Satz 2 MuSchG).

Der Mutterschaftsurlaub betrug einschließlich der Schutzfrist nach Entbindung sechs Monate und wurde über Bundesmittel in Höhe eines Mutterschaftsgeldes bis zu DM 750,– netto monatlich finanziert. Die beurlaubte Arbeitnehmerin blieb beitragsfrei in der Renten-, Kranken- und Arbeitslosenversicherung versichert.

Der Einführung des Mutterschaftsurlaubes lag die Erfahrung und Erkenntnis zu Grunde, daß eine Mutter wegen der mit der Schwangerschaft und Entbindung zusammenhängenden Veränderungen über die Schutzfrist von in der Regel acht Wochen nach der Entbindung hinaus schonungsbedürftig ist [31].

In der Folgezeit wurde aus Gründen der Haushaltsersparnis mit § 4 des Kostendämpfungs-Ergänzungsgesetzes vom 22. Dezember 1981[32] eine Reihe von Abstrichen an den Leistungen des Mutterschaftsurlaubes vorgenommen und das Mutterschaftsgeld für nicht in der gesetzlichen Krankenversicherung versicherte Frauen auf insgesamt DM 400,– beschränkt.

Nach dem Wechsel der politischen Mehrheiten im Bundestag setzte die CDU/CSU-Fraktion ihre ursprünglichen Vorstellungen zur Familienpolitik mit dem Bundeserziehungsgeld vom 06.12.1985[33] durch. Durch § 22 Nr. 2 und § 38 Nr. 1 BErzGG wurden die §§ 8 a–d, 9 a, 10 Abs. 1 Satz 2 und 13 Abs. 3 MuSchG sowie die §§ 200 Abs. 4, 200 a Abs. 2 und 3 sowie 200 d Abs. 3 RVO über den Mutterschaftsurlaub

und das Mutterschaftsurlaubsgeld aufgehoben. Als Ersatz wurde ein einjähriger Erziehungsurlaub mit einem Erziehungsgeld von monatlich DM 600,– eingeführt. Damit soll erreicht werden, daß sich ein Elternteil in der für die ganze spätere Entwicklung entscheidenden ersten Lebensphase eines Kindes dessen Betreuung und Erziehung widmen kann[34]. Im Hinblick auf Art. 3 GG (Gleichheitsgrundsatz) wurden diese Ansprüche nicht nur wie der Mutterschaftsurlaub Arbeitnehmerinnen eingeräumt, sondern allen Eltern. Ferner wurde ein Wahlrecht zugestanden, ob der Vater oder die Mutter das Erziehungsgeld in Anspruch nehmen möchte[35].

2.3. Grundsätze und Rechtsgrundlagen des geltenden Mutterschutzrechts

Der Schutz der erwerbstätigen Mutter ruht auf drei Säulen, nämlich

* dem Gefahrenschutz
* dem Arbeitsplatzschutz
* dem Entgeltschutz.

Einen Überblick über die Vorschriften gibt *Übersicht 25 auf Seite 193*[36].

2.3.1. Gefahrenschutz

Wie bereits eingangs dargelegt, ist es Sinn und Zweck des mutterschutzrechtlichen Gefahrenschutzes, während der Schwangerschaft und in den ersten Monaten da-

30 BGBl. I, S. 797
31 *Zmarzlik, Zipperer und Viethen*, MuSchG, a.a.O., S. 36
32 BGBl. I, S. 1578
33 BGBl. I, S. 2154
34 *Zmarzlik, Zipperer und Viethen*, MuSchG, a.a.O., S. 42
35 *Meisel/Sowka*, Mutterschutz, Kommentar, a.a.O., S. 25
36 aus *Böhme*, Das Mutterschutzgesetz, in: DKZ12/1988, Beilage, S. 8

Übersicht 25: Das MuSchG im Mensch-Arbeit-System

Anforderungen an die schwangere Arbeitnehmerin

a. *keine Schwerarbeit*, also keine schweren Lasten von regelmäßig mehr als 5 kg oder gelegentlich mehr als 10 kg (§ 4 Abs. 2 Nr. 1)

b. *keine anstrengenden Bewegungen* wie ständiges Beugen, Strecken, Hocken oder Bedienung von Geräten mit Fußbeanspruchung (§ 4 Abs. 2 Nr. 3, Nr. 4)

c. *keine Belastung, die Leib und Leben der schwangeren Arbeitnehmerin gefährden* (§ 2 Abs. 1)
Näheres bestimmen Rechtsverordnungen, z.B., ob Liegeräume einzurichten sind (§ 2 Abs. 4)

Arbeitsablauf

a. *bei ständigem Stehen, Gehen oder Sitzen* ist ein Ausgleich durch *Sitzgelegenheiten* und durch *Arbeitsunterbrechungen* zu schaffen (§ 2 Abs. 2, 3); ständiges Stehen ist nach dem 5. Monat verboten (§ 4 Abs. 2 Nr. 2). Als Ausgleichsmaßnahme kommt insbesondere die Errichtung von Liegeräumen in Betracht (§ 2 Abs. 4)

b. *keine Mehrarbeit*, nicht länger als 8½ Stunden täglich oder 90 Stunden zweiwöchentlich (§ 8 Abs. I, Abs. 2); *keine Sonn- und Feiertagsarbeit* (§ 8 Abs. 3, Ausnahme: Krankenpflegebereich, § 8 Abs. 4); *keine Nachtarbeit*, 20.00 bis 6.00 Uhr (§ 8 Abs. 1)

c. *keine Akkord-, keine Fließarbeit* (§ 4 Abs. 3 Nr. 1 u. 2)

Arbeitsmittel

Einrichtung, Unterhaltung der Maschinen, Geräte und Werkzeuge dürfen Leib und Leben der Schwangeren nicht gefährden (§ 2 Abs. 1); Näheres bestimmen Verordnungen (§ 2 Abs. 4)

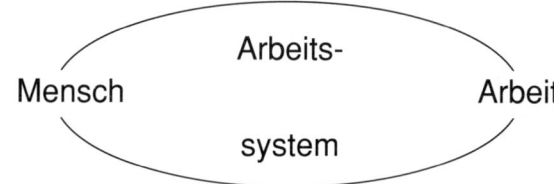

Die physische und geistig-nervliche Belastung müssen der Konstitution der Schwangeren und dem Stadium der Schwangerschaft angepaßt werden, damit keine Gefahren für die Gesundheit von Mutter und Kind eintreten können.

Beschäftigungsverbot

a. ausnahmslos *6 Wochen vor der Entbindung* (§ 3 Abs. 1) und *8 Wochen danach* (§ 6 Abs. 1)

b. Sonderfälle: §§ 3, 3 Abs. 1, 6 Abs. 2

Vorübergehende Beschäftigungsunterbrechung

Stillzeit (§ 7)

Anpassung des Menschen an die Arbeit

Arbeitsplatz

a. *keine negativen Umweltumgebungseinflüsse*, z.B. Staub, Erschütterungen, Gase, Dämpfe, Hitze, Kälte, Nässe, Lärm, Strahlen und gesundheitsgefährdende Stoffe (§ 4 Abs. 1); keine Arbeit mit erhöhtem Risiko einer Berufskrankheit im Sinne der Berufskrankheiten-Verordnung oder eines Arbeitsunfalles infolge der Schwangerschaft (§ 4 Abs. 2 Nr. 6 und 8)

b. *Gestaltung des Arbeits- und Aufgabenbereiches*, entsprechend der physischen und und geistignervlichen Konstitution der Schwangeren mit dem Ziel, die Gesundheit von Mutter und Kind zu sichern; die Größe des Arbeitsbereiches, die Anordnung und Gestaltung der Gegenstände, die Instrumentierung werden hier zur Körpergröße, den Greif- und Bewegungsräumen, den Wahrnehmungsfähigkeiten in Beziehung gesetzt (§ 2 Abs. 1). Wegen ihrer weiten Fassung verpflichtet diese Vorschrift zu allen Maßnahmen, die diesem Ziel dienen.

Anpassung der Arbeit an den Menschen

nach sicherzustellen, daß durch die Erwerbsarbeit keine Gefährdung der Gesundheit von Mutter oder Kind eintritt.

Zum Erreichen dieses Zweckes bedarf es der entsprechenden **Anpassung des Arbeitsplatzes an die arbeitsphysiologischen Erfordernisse werdender und stillender Mütter.** Dies ist in § 2 MuSchG mit der Überschrift „Gestaltung des Arbeitsplatzes" und den Beschäftigungsverboten nach den §§ 3 und 4 MuSchG als ausdrückliche gesetzliche Normierung der arbeitgeberischen Fürsorgepflicht, die grundsätzlich in § 618 BGB geregelt ist *(dazu oben unter E.2.3.),* zwingend vorgeschrieben.

2.3.2. Arbeitsplatzschutz

§ 9 MuSchG regelt einen **fast absoluten Kündigungsschutz für die Arbeitnehmerin während der Schwangerschaft bis zum Ablauf von vier Monaten nach der Entbindung sowie,** in Verbindung mit § 18 BErzGG, **während des Erziehungsurlaubes.** War dem Arbeitgeber die Schwangerschaft oder Entbindung nicht bekannt, ist die Kündigung unwirksam, wenn dem Arbeitgeber die Schwangerschaft oder Entbindung innerhalb zweier Wochen nach Zugang der Kündigung mitgeteilt wird. Die Ausnahme für im Familienhaushalt beschäftigte Frauen besteht seit 01.01.1997 nicht mehr.

Ausnahmen von dem Kündigungsverbot kann nur die Aufsichtsbehörde, also das Gewerbeaufsichtsamt, in besonderen Fällen zulassen, was in der Praxis jedoch höchst selten vorkommt. Das BAG hatte deshalb in der Vergangenheit dem Arbeitgeber die Befugnis zugestanden, bei der Einstellung nach einer Schwangerschaft zu fragen und den Arbeitsvertrag wegen arglistiger Täuschung anzufechten, wenn die Arbeitnehmerin die Frage der Wahrheit zuwider verneint[37] (wegen der zwischenzeitlich veränderten Rechtsprechung *vgl. bereits oben unter A. 7.).*

Andererseits hat die Arbeitnehmerin während der Schwangerschaft und während der Schutzfrist nach der Entbindung ein besonderes Kündigungsrecht nach § 10 MuSchG. Sie kann ohne Einhaltung einer Frist zum Ende der Schutzfrist nach der Entbindung kündigen. Während des Erziehungsurlaubes kann die Mutter ihr Arbeitsverhältnis unter Einhaltung einer Kündigungsfrist von nur einem Monat zum Ende des Erziehungsurlaubes kündigen, soweit nicht eine kürzere gesetzliche oder vereinbarte Kündigungsfrist gilt, so § 19 BErzGG.

2.3.3. Entgeltschutz

Im Falle eines individuellen oder generellen Beschäftigungsverbotes nach den §§ 3 Abs.1, 4, 6 Abs. 2 oder Abs. 3 MuSchG oder wegen des Mehr-, Nacht- oder Sonntagsarbeitsverbotes nach § 8 Abs. 1, Abs. 3 oder Abs. 5 MuSchG hat der Arbeitgeber das bisher erzielte Gehalt fortzuzahlen, so § 11 Abs. 1 MuSchG, es sei denn, der Arbeitgeber kann die Arbeitnehmerin auf einen anderen zumutbaren Arbeitsplatz verweisen *(dazu im einzelnen siehe unter F.2.4.6.)*[38].

Arbeitgeber mit nicht mehr als 20 Arbeitnehmern wird das von ihnen während eines Beschäftigungsverbots gezahlte Arbeitsentgelt (sogenannter Mutterschutzlohn) nach § 10 Abs. 1 Nr. 1 des Lohnfortzahlungsgesetzes bis zu 80% von der gesetzlichen Krankenversicherung erstattet, wofür der Arbeitgeber generell eine Umlage an die gesetzliche Krankenversicherung abzuführen hat.

Während der Schutzfristen vor und nach der Entbindung erhält die Arbeitnehmerin Mutterschaftsgeld von der zuständigen Krankenkasse in Höhe von höchstens kalendertäglich DM 25,– (§ 200 Abs. 1 RVO). Übersteigt das durchschnittliche Netto-Arbeitsentgelt diesen Höchstsatz, muß der Arbeitgeber nach § 14 MuSchG einen Zuschuß in Höhe des Unterschiedsbetrages

---

37 BAG vom 22.09.1961, AP Nr. 22 zu § 9 MuSchG; BAG vom 20.02.1986, BB 1986, 1852

38 *Zmarzlik, Zipperer und Viethen,* MuSchG, a.a.O, S. 45

zwischen dem Mutterschaftsgeld und dem um die gesetzlichen Abzüge verminderten durchschnittlichen kalendertäglichen Arbeitsentgelt zahlen.

Die gesetzliche Krankenversicherung schuldet im übrigen Mutterschaftshilfe in Form der ärztlichen Betreuung, Hebammenhilfe, Versorgung mit Arznei-, Verband- und Heilmitteln, Pflege in einer Entbindungs- oder Krankenanstalt sowie Hilfe und Wartung durch Hauspflegerinnen nach den §§ 195–199 RVO.

2.3.4. Rechtsgrundlagen

Art. 6 Abs. 4 GG (Familien, Schutz der Mutter) regelt: *„Jede Mutter hat Anspruch auf den Schutz und die Fürsorge der Gemeinschaft.“* Umstritten ist, ob dieses Grundrecht jeder Mutter ein konkretes, subjektives Recht auf Mutterschaftsfürsorge einräumt[39]. Dagegen spricht[40], daß der Staat seine Schutz- und Fürsorgeverpflichtung dadurch erfüllt, daß er entsprechende Gesetze erläßt, wie z.B. das MuSchG[41]. Art. 6 Abs. 4 GG soll keineswegs den Staat verpflichten, die Kosten des Mutterschutzes ausschließlich selbst zu tragen[42].

Das MuSchG konkretisiert diese Fürsorgepflicht des Arbeitgebers nach § 618 BGB *(vgl. oben E.2.3.2.).* Wenn im Einzelfall das MuSchG nicht eingreift, so ist immer noch auf diese Bestimmung zurückzugreifen.

Spezifisch mutterschutzrechtlich kommen zur Anwendung:

- das Gesetz zum Schutze der erwerbstätigen Mutter (MuSchG) vom 18. April 1968 in der Fassung vom 17. Januar 1997[43]
- Vorschriften der RVO über die Mutterschaftshilfe und Erziehungszeiten in der Fassung der Bekanntmachung vom 15. Dezember 1924[44], zuletzt geändert durch Gesetz vom 20. Dezember 1996[45]
- das Gesetz über Gewährung von Erziehungsgeld und Erziehungsurlaub (BErzGG) vom 06. Dezember 1985[46] in der Fassung der Bekanntmachung vom 31. Januar 1994[47].

Nach § 8 Abs. 1 Nr. 2 SGB V wird auf Antrag von der Krankenversicherungspflicht befreit, wer durch Aufnahme einer nicht vollen Erwerbstätigkeit nach § 2 BErzGG während des Erziehungsurlaubes versicherungspflichtig wird. Nach § 49 Abs. 1 Nr. 2 SGB V ruht der Anspruch auf Krankengeld für die Zeit, in der der Versicherte Erziehungsurlaub nach dem BErzGG erhält. In §§ 195–200 b RVO ist die Mutterschaftshilfe einschließlich des Mutterschaftsgeldes geregelt. In den §§ 24 ff. SGB V sind als Leistungen der gesetzlichen Krankenversicherung auch Vorsorgekuren für Mütter, Beratung über Empfängnisverhütung sowie Schwangerschaftsabbruch und Sterilisation aufgenommen. § 192 Abs. 1 Nr. 2 SGB V regelt die Erhaltung der Mitgliedschaft Versicherungspflichtiger bei Anspruch auf Mutterschaftsgeld oder Erziehungsgeld nach dem BErzGG. § 56 SGB VI regelt die Rentenversicherungspflicht während der ersten drei Lebensjahre nach Ablauf des Monats der Geburt des Kindes, die sogenannten Kindererziehungszeiten.

Für Beamtinnen gilt die Verordnung über den Mutterschutz für Beamtinnen (Mutterschutzverordnung) in der Fassung der Bekanntmachung vom 20.12.1983[48], geändert durch § 7 der Erziehungsurlaubsverordnung vom 17.12.1985[49]. Nach § 79 des Bundesbeamtengesetzes kann auf Antrag die Arbeitszeit ermäßigt oder Urlaub für die Kindererziehung beantragt werden;

39 so z.B. *Maunz und Dürig,* Kommentar zum GG, Loseblatt, Art. 6, Anmerkung II 4
40 wie hier *Bulla/Buchner,* MuSchG, Kommentar, a.a.O., Anm. 52; *Meisel/Sowka,* MuSchG, a.a.O., Einleitung, Randnummer 27
41 BVerfG vom 23.04.1974, AP Nr. 1 zu § 14 MuSchG 1968
42 BVerfG vom 03.07.1985, AP Nr. 5 zu § 11 MuSchG 1968
43 BGBl. I, S. 22, berichtigt S. 293
44 RGBl.I, S. 779
45 BGBl. I, S. 2110
46 BGBl. I, S. 2154
47 BGBl. I, S. 180
48 BGBl. I, S. I495
49 BGBl. I, S. 2322

eine entsprechende Vorschrift gibt es zwischenzeitlich auch für Arbeitnehmer im öffentlichen Dienst[50].

2.4. Einzelheiten zur Anwendung des MuSchG

2.4.1. Mitteilungspflicht nach § 5

Fall 81:

Die 19jährige Krankenpflegeschülerin G. ist im 4. Monat schwanger. Bisher hat sie dies aus Angst vor ihren Eltern und ihren Vorgesetzten verheimlicht. Lediglich ihrer Mitschülerin B. hat sie ihre Schwangerschaft mitgeteilt. Da B. nicht mit ansehen kann, wie G. entgegen den Beschäftigungsverboten eingesetzt wird, offenbart sie der Stationsleitung die Schwangerschaft: G. sei ständig „auf den Beinen" und müsse beim Umbetten der Kranken helfen, also schwere Lasten bewegen.

Muß die Stationsleitung reagieren, oder braucht sie, solange kein ärztliches Zeugnis vorgelegt wird, nicht tätig zu werden?

§ 5 MuSchG trägt die Überschrift *„Mitteilungspflicht, ärztliches Zeugnis"*. Allerdings regelt

§ 5 Abs. 1 MuSchG:

„Werdende Mütter sollen dem Arbeitgeber ihre Schwangerschaft und den mutmaßlichen Tag der Entbindung mitteilen, sobald ihnen ihr Zustand bekannt ist."

Entgegen der Überschrift in § 5 MuSchG besteht also **mutterschutzrechtlich keine Mitteilungspflicht der Schwangeren.** Mit dem *„sollen"* wird zum Ausdruck gebracht, daß trotz Mutterschutzrecht die Intimsphäre und damit die Persönlichkeits-

rechte der Arbeitnehmerin auch für den Fall einer Schwangerschaft gewahrt sein sollen. Im Gesetz ist deshalb nur eine *„nachdrückliche Empfehlung"* im Interesse der werdenden Mutter und des erwarteten Kindes geregelt[51].

Allerdings können sich aus der arbeitsvertraglichen Treuepflicht der Arbeitnehmerin während des Bestehens des Arbeitsverhältnisses Mitteilungspflichten ergeben, wenn die Beschäftigungsverbote des MuSchG zur Anwendung kommen oder die Mutter als *„Schlüsselkraft"* beschäftigt wird[52]. Dies kommt naturgemäß bei Beschäftigten in der Verwaltung kaum zum Tragen, hingegen in der Krankenpflege praktisch durchweg zur Anwendung, weil ernsthaft kein einziger Arbeitsplatz dort denkbar ist, der nicht die Beschäftigungsverbote des MuSchG tangiert. Dies gilt entsprechend auch für andere Gesundheitsberufe, insbesondere für Ärztinnen, die überdies zumindest als *„Schlüsselkraft"* beschäftigt sind.

Im Ergebnis läßt sich demzufolge festhalten, daß zwar mutterschutzrechtlich gesehen eine Mitteilungspflicht von Schwangeren auch in der Krankenpflege nicht besteht, jedoch durchweg eine **arbeitsvertraglich bestehende Mitteilungspflicht** gegeben ist. Verstößt der Mitarbeiter in der Krankenpflege gegen diese arbeitsvertragliche Verpflichtung, so kann dies nicht nur Schadensersatzansprüche des Arbeitgebers gegen den Mitarbeiter auslösen, weil z.B. ein Schaden bei einer verspäteten Mitteilung dadurch entstehen kann, daß eine Ersatzkraft nicht oder nur unter für den Arbeitgeber ungünstigen Bedingungen beschafft werden kann[53], sondern auch eine

---

50 vgl. neuerdings auch *Sollmann*, Mutterschutz und Erziehungsurlaub in der Pflege, PflR 3/1997, 66-74

51 *Herschel*, Bundesarbeitsblatt 1952, S. 103

52 *Schaub*, Arbeitsrechts-Handbuch, § 168, S.1088; LAG Hamm, DB 1961,475; LAG Düsseldorf, BB 1961,450;1974,321; LAG Ba-Wü, in: DB 1957, 972

53 *Zmarzlik, Zipperer und Viethen*, MuSchG, § 5, Randnummer 1; LAG Hamm, DB 1961, 475

arbeitsvertragliche Abmahnung auslösen. Eine Kündigung des Mitarbeiters hingegen kommt selbst in schwerwiegenden Fällen wegen des Kündigungsverbotes des § 9 Abs. 1 MuSchG nicht in Betracht[54].

Im Fall 81 ist die werdende Mutter Krankenpflegeschülerin, also kein Arbeitnehmer. Dennoch besteht Einigkeit, daß das MuSchG nicht nur auf Arbeitnehmerinnen Anwendung findet, sondern auch auf Auszubildende[55], damit auch auf Krankenpflegeschülerinnen[56]. Daran ändert auch das neue Krankenpflegegesetz nichts[57].

Übrigens gilt das MuSchG selbstverständlich auch für Arbeitnehmerinnen, die zur Probe, zur Aushilfe, nebenberuflich, in Teilzeit oder mehreren Arbeitsverhältnissen beschäftigt werden[58]. Dies gilt auch für Gestellungsverhältnisse, nachdem das MuSchG selbst in Leiharbeitsverhältnissen Anwendung findet[59]. Im letzteren Fall hat das Mutterhaus – in Person der Pflegedienstleitung – das Beschäftigungsverbot zu beachten, die Entgeltpflichten hingegen treffen den Krankenhausträger[60]. Frauen in karitativ oder religiös ausgerichteten Tätigkeiten gelten nicht als Arbeitnehmerinnen[61]. Für sie kommt der Arbeitsrechtsschutz deshalb nicht in Frage[62]. Allerdings ist das entgegen der noch herrschenden Meinung[63] auf keinen Fall vertretbar für Frauen, bei denen die bestehende Abhängigkeit zur Anstellungskörperschaft nicht mehr von der eines normalen Arbeitnehmers zu unterscheiden ist[64]. Abzustellen ist also nicht nur auf den Abschluß eines Arbeitsvertrages – in diesem Falle kommt das MuSchG ohne weiteres zur Anwendung –, sondern auf die arbeitnehmerähnliche Eigenschaft, die in diesen Gestellungsverhältnissen durchweg zutrifft[65].

Frage ist jetzt im Fall 81 noch, ob die Stationsschwester nur dann das MuSchG zu beachten hat, wenn die schwangere Mitarbeiterin ihrer Mitteilungspflicht nachkommt, oder ob es ausreicht, daß sie Kenntnis durch Dritte oder auch durch Augenschein (!) erlangt.

Dabei ist zunächst klarzustellen, daß die **Stationsschwester zwar selbst Arbeitneh-**

merin ist, aber in Arbeitgeber-Funktion tätig wird. Für den Fall eines bußgeldrechtlichen oder auch strafrechtlichen Ermittlungsverfahrens wegen Verstoß gegen das MuSchG wird naturgemäß nicht gegen den abstrakten Arbeitgeber, sondern gegen die Funktionsträger ermittelt. Verantwortlich für den Arbeitseinsatz auf Station ist die Stationsschwester. **Konkreter Arbeitgeber** ist demzufolge die Stationsschwester, die hier im Auftrag der Schulleitung der Krankenpflegeschule, die ja nach § 5 Abs. 3 des KrPflG die schulische Gesamtverantwortung trägt, tätig wird *(vgl. dazu oben B.5.3.).* Sie muß die Pflichten aus dem MuSchG beachten *(vgl. auch Teil 2: Haftungsrecht, unter D. IV.).*

Erstaunlicherweise wird jetzt in der Praxis häufig vertreten, daß die Mitteilung vom Willen und Wunsch des Mitarbeiters abhängig wäre. Dies ist aber völlig falsch, weil das MuSchG zu den öffentlich-rechtlichen Arbeitnehmerschutzgesetzen gehört, die zwingend einzuhalten sind. Auf den Wunsch der Beteiligten kommt es überhaupt nicht an, demzufolge auch keines-

---

54 *Bulla und Buchner,* § 5 MuSchG, Anmerkung 47, 49

55 BVerwG vom 26.08.1970, BB 1970,1482

56 BAG vom 29.10.1957, AP Nr. 10 zu § 611 BGB Lehrverhältnis; BSG vom 19.08.1964, in: BSGE 21, 247

57 *Kurtenbach/Golombek/Siebers,* KrPflG, Kommentar, 5. Auflage, 1994, Erläuterungen zu § 9, S. 136

58 *Bulla und Buchner,* § 1 MuSchG, Anm. 28–3 m. w. N.

59 *Schaub,* Arbeitsrechts-Handbuch, § 167 II 3, S. 1087

60 Allgemeine Ansicht. Statt aller *Gröninger und Thomas,* § 1 MuSchG, Anm. 4 c

61 vgl. *Heilmann,* MuSchG, in *Maus,* Handbuch des Arbeitsrechts, Anm. 42–45

62 BAG vom 25.04.1978, AP Nr. 2 zu Art. 140 GG

63 z.B. *Zmarzlik/Zipperer/Viethen,* § 1 MuSchG, Randnummer 10; *Bulla/Buchner,* § 1 MuSchG, Anm. 77

64 wie hier *Heilmann,* § 1 MuSchG, Anm. 42–45

65 anderer Ansicht noch BAG vom 18.02.1956, AP Nr. 1 zu § 5 ArbGG; BVerwG vom 29.11.1966, in: BVerwGE 24, 76

falls auf die Mitteilung durch die schwangere Arbeitnehmerin. Dies bestätigt ohne weiteres ein Vergleich der §§ 2, 3 Abs. 2, 4 und 6 Abs. 1 MuSchG mit den §§ 3 Abs. 1 und 6 Abs. 2 MuSchG. In der ersten Paragraphenkette wird die Anwendung an das **Vorliegen einer Schwangerschaft** angeknüpft, **nicht etwa** an das Vorliegen **einer mitgeteilten und** durch ärztliches Zeugnis **nachgewiesenen Schwangerschaft.** Nur in den Fällen der §§ 3 Abs. 1 und 6 Abs. 2 MuSchG haben die dort genannten Beschäftigungsverbote ein ärztliches Zeugnis zur Voraussetzung. Die Pflichten des Arbeitgebers und mithin der Stationsleitung zur Arbeitsplatzgestaltung und zur Beachtung der Beschäftigungsverbote bestehen also seit Beginn der Schwangerschaft[66]. Allerdings können diese Pflichten nur erfüllt werden, wenn der Arbeitgeber und mithin die Funktionsträger wie Schulleitung oder Stationsleitung davon Kenntnis erlangt. Wie die Kenntnis erlangt wird, ist unerheblich, also keinesfalls abhängig von der Mitteilung durch die schwangere Arbeitnehmerin[67].

Die von *Sollmann* neuerdings geäußerte Gegenmeinung unter Hinweis auf die Wahrung des Persönlichkeitsrechts der Schwangeren[68] verkennt die Stellung der Beteiligten im Betrieb und Sinn und Zweck des MuSchG. Es ist geradezu Anstiftung zur falsch verstandenen Kumpanei, wenn hier zwischen „offizieller„ und „informeller" Information unterschieden werden soll. So können betriebliche Belange von Arbeitgeber und Arbeitnehmer sowie der übergeordnete Arbeitsschutz nicht ausreichend gewahrt werden.

Hiervon zu unterscheiden ist die **Benachrichtigungspflicht des Arbeitgebers gegenüber der Aufsichtsbehörde,** sprich dem Gewerbeaufsichtsamt. Insoweit regelt

§ 5 Abs. 1 Satz 3 MuSchG:

„Der Arbeitgeber hat die Aufsichtsbehörde unverzüglich von der Mitteilung der werdenden Mutter zu benachrichtigen."

Ein Verstoß des Arbeitgebers hiergegen stellt eine Ordnungswidrigkeit nach § 21 Abs. 1 Satz 6 MuSchG dar! Nach dem bundeseinheitlich geltenden Bußgeldkatalog für die Ahndung von Verstoßen gegen das Mutterschutzgesetz wird dieser Verstoß in der Regel mit einer Geldbuße in Höhe von DM 120,– geahndet.

Nach einhelliger Auffassung besteht die Benachrichtigungspflicht aber nur dann, wenn die werdende Mutter ihrer Mitteilungspflicht nachkommt[69]. Dies kann aus der Sicht des Verfassers nicht unwidersprochen bleiben, weil die Benachrichtigung des Gewerbeaufsichtsamtes den Zweck erfüllen soll, daß die Aufsichtsbehörde Gelegenheit hat, sich um die Frau beratend, beaufsichtigend, mahnend und ggfs. auch eingreifend zu kümmern[70]. Nachdem es sich bei dem Mutterschutzrecht um zwingendes öffentliches Recht handelt, das eben auch aus Gründen des öffentlichen Interesses, also des Gemeinwohls, geschaffen ist, erscheint es zumindest problematisch, den Schutz der werdenden Mutter vor ungewollter Publizität ihrer Schwangerschaft[71] insoweit gelten zu lassen, wie dies einhellig angenommen wird. Allerdings wird nicht verkannt, daß der Wortlaut der Vorschrift zunächst für diese Auffassung spricht.

Weiter ist das **Verbot der unbefugten Bekanntgabe der Mitteilung der werdenden Mutter an Dritte** zu beachten, wie es in § 5 Abs. 4 Satz 4 MuSchG normiert ist. Mutterschutzrechtlich ist nur die Weitergabe der

---

66 vgl. statt aller *Heilmann*, § 5 MuSchG, Anm. 5
67 so zu Recht bereits BAG vom 13.04.1956, AP Nr. 9 zu § 9 MuSchG
68 *Sollmann*, PflR 3/1997, 67
69 *Bulla/Buchner*, § 5 MuSchG, Anm. 102; *Gröninger/Thomas*, § 5 MuSchG, Anm. 4b; *Zmarzlik/Zipperer/Viethen*, § 5 MuSchG, Randnummer 5
70 *Zmarzlik/Zipperer/Viethen*, § 5 MuSchG, Randnummer 6 a
71 vgl. *Heilmann*, § 5 MuSchG, Anm. 61

Mitteilung der werdenden Mutter verboten. Aus der arbeitsvertraglichen Fürsorgepflicht ergibt sich aber ohne weiteres ein Verbot, von der Schwangerschaft oder dem Entbindungstag Dritte unbefugt zu unterrichten, auch wenn der Arbeitgeber auf andere Weise hiervon Kenntnis erlangt hat[72]. Erlaubt ist die Bekanntgabe, wenn die Frau damit einverstanden ist[73]. Ansonsten darf die Mitteilung nur weitergegeben werden, wenn und soweit der Arbeitgeber berechtigte Gründe hat, so z.B. an den unmittelbaren Vorgesetzten der Frau, die zuständigen Personen der Personalstelle und den personalärztlichen Dienst[74]. Geht es um Beschäftigungsverbote und um die konkrete Ausgestaltung des Arbeitsplatzes, wird selbst die Unterrichtung von Arbeitskollegen zwingend geboten sein. Erlaubt ist selbstverständlich auch die Unterrichtung der Aufsichtsbehörde, also des Gewerbeaufsichtsamtes.

Hat die schwangere Arbeitnehmerin um Vertraulichkeit gebeten, wird die Mitteilungspflicht an den Betriebsrat[75] bzw. Personalrat[76] selbst unter Berücksichtigung der gesetzlichen Verschwiegenheitspflicht des Betriebsrates bzw. der Personalvertretung dann berührt, wenn die Schwangere gerade dies nicht will[77]. Eine **Bekanntgabe an Dritte** außerhalb des Betriebs ist durchweg **unbefugt, es sei denn, daß die Mitarbeiterin einverstanden ist.**

Im Falle der unbefugten Bekanntgabe hat die schwangere Mitarbeiterin ein Recht zur fristlosen Kündigung des Arbeitsverhältnisses, von dem sie aber im Hinblick auf die Bestandsschutzvorschriften ganz sicher regelmäßig nicht Gebrauch machen wird, und ggf. Anspruch auf Schadensersatz gegenüber dem Arbeitgeber, sofern ein Schaden entstanden ist, wobei nach den Grundsätzen der Verletzung von Persönlichkeitsrechten evtl. auch ein Schmerzensgeld verlangt werden kann[78].

2.4.2. Vorlage des ärztlichen Zeugnisses

Fall 82:

In Weiterführung des Falles 81 verlangt die Stationsschwester von der Krankenpflegeschülerin G. die Vorlage eines Zeugnisses über die bestehende Schwangerschaft und über den mutmaßlichen Tag der Entbindung. Krankenpflegeschülerin G. kommt dem Verlangen nicht nach. Welche Konsequenzen ergeben sich hieraus?

In § 5 Abs. 1 Satz 2 MuSchG ist geregelt:

„Auf Verlangen des Arbeitgebers sollen sie (die Schwangeren, d. Verf.) das Zeugnis eines Arztes oder einer Hebamme vorlegen."

Der Arbeitgeber kann also jederzeit und ohne Angabe von Gründen von der schwangeren Mitarbeiterin die Vorlage eines entsprechenden Zeugnisses verlangen[79]. Zwar verpflichtet insoweit § 5 Abs. 1 Satz 2 MuSchG die Arbeitnehmerin nicht. Eine Verpflichtung ergibt sich jedoch ohne weiteres aus der arbeitsvertraglichen

---

72 *Bulla/Buchner,* § 5 MuSchG, Anm. 108
73 *Zmarzlik/Zipperer/Viethen,* § 5 MuSchG, Randnummer 6 a
74 *Meisel und Sowka,* § 5 MuSchG, Anm. 16
75 BAG vom 27.02.1968, AP Nr. 2 zu § 58 BetrVG 1952
76 Bundesminister des Innern vom 29.06.1994, D III 1 - 220731/1-Zv 5.4
77 BAG vom 11.03. 1986, in: BB 1986, S. 1292 = DB 1986, S. 1469
78 *Zmarzlik/Zipperer/Viethen,* § 5 MuSchG, Randnummer 6 b; im einzelnen *Böhme,* Teil 2: Haftungsrecht, C.IV.6.
79 *Meisel/Sowka,* § 5 MuSchG, Anm. 11

Treuepflicht der Mitarbeiterin[80]. Zwar soll diese Verpflichtung nicht schlechthin, sondern nur in besonders begründeten Fällen bestehen[81]; da aber in der Krankenpflege und in der Medizin immer Beschäftigungsverbote und die Gestaltung des Arbeitsplatzes tangiert sind, liegt im Fall 82 insoweit auch durchweg ein besonders begründeter Fall vor[82]. Kommt die schwangere Mitarbeiterin dieser Verpflichtung nicht nach, macht sie sich einerseits schadensersatzpflichtig, andererseits kann ihr vertragswidriges Verhalten den Anlaß für eine Abmahnung geben. Eine Kündigung kommt im Hinblick auf § 9 MuSchG nicht in Betracht.

2.4.3. Befragung und Offenbarungspflicht vor Einstellung

Fall 83:

Krankenschwester H. bewirbt sich im Krankenhaus um eine Stelle im Operationssaal. Im Personalfragebogen steht die Frage: „Sind sie schwanger?" Wahrheitswidrig beantwortet H. die Frage mit „nein". Die Bewerberin wird eingestellt. Zwei Monate nach Arbeitsaufnahme läßt sich ihr Zustand nicht mehr verbergen. Die Pflegedienstleitung ist verärgert und will das Arbeitsverhältnis mit Krankenschwester H. beenden. Geht das?

Zwar befindet sich Krankenschwester H. noch in der Probezeit, so daß unter erleichterten Voraussetzungen eine Beendigungskündigung ausgesprochen werden könnte. Wie aber bereits dargelegt, ist der Kündigungsschutz für schwangere Arbeitnehmerinnen umfassend und vollständig, so § 9 Abs. 1 MuSchG. Ein **Rechtsverhältnis kann aber nicht nur durch Kündigung gelöst werden, sondern auch durch Anfechtung der bei Vertragsabschluß abgegebenen Willenserklärung.** Der Arbeitsvertrag kommt zustande durch An-

gebot und Annahme, also durch zwei übereinstimmende Willenserklärungen. Wille und Erklärung müssen bei jedem Vertragspartner im Einklang stehen, weshalb unter den besonderen Voraussetzungen der §§ 119 und 123 BGB bei rechtserheblichen Willensmängeln die Willenserklärung angefochten werden kann, womit normalerweise das Vertragsverhältnis von Anfang an unwirksam ist. Allerdings gilt im Arbeitsrecht insoweit eine Besonderheit, als dieses Dauerschuldverhältnis nur mit Wirkung für die Zukunft beendet wird. Ausgestanden ist, daß eine Anfechtung wegen Eigenschaftsirrtum nach § 119 Abs. 2 BGB nicht in Betracht kommt, weil die Schwangerschaft keine wesentliche Eigenschaft des Bewerbers ist, sondern ein vorübergehender Zustand[83]. Ein **erheblicher Anfechtungsgrund** ist aber **arglistige Täuschung durch den Vertragspartner** nach § 123 Abs. 1 BGB, wenn der Anfechtende seine Willenserklärung bei wahrheitsgemäßen Angaben nicht abgegeben hätte. Dies ist letztlich der Grund für die entsprechende Fragestellung im Personalfragebogen *(vgl. auch bereits oben unter A. 7.).*

Wie bereits ausführlich dargelegt, ist die Frage nach der Schwangerschaft bei Einstellung grundsätzlich unzulässig, weil diese Frage eine geschlechtsspezifische Benachteiligung der weiblichen Bewerber bedeutet, weil nur sie schwanger werden können und der Arbeitgeber mit der Frage nach der Schwangerschaft gerade ausschließen will, daß er einen Arbeitsvertrag mit einer Schwangeren abschließt. Diese Auffassung des BAG sowie des EuGH ist problematisch, weil sie die nun einmal bestehenden biologischen Unterschiede zwischen Mann und Frau deutlich verkennt,

---

80 BAG vom 05.05.1961, AP Nr. 23 zu § 9 MuSchG; vom 23.05.1969, AP Nr. 30 zu § 9 MuSchG; AP Nr. 3 zu § 9 MuSchG mit Anmerkung *Meisel;* vom 06.06.1974, AP Nr. 3 zu § 9 MuSchG 1968

81 *Gröninger/Thomas,* § 5 MuSchG, Anm. 2 c

82 *Gröninger/Thomas,* § 5 MuSchG, Anm. 3 c

83 *Schaub,* Arbeitsrechts-Handbuch, § 35 II 4

denn eine solche Frage kann beim besten Willen nur an eine Frau gestellt werden und hat mit der Gleichbehandlung von Mann und Frau überhaupt nichts zu tun. In einer jüngst ergangenen Entscheidung hat nunmehr das BAG klargestellt[84], daß die Frage nach der Schwangerschaft nur dann zulässig ist, wenn durch die Schwangerschaft das konkrete Arbeitsverhältnis unmittelbar betroffen sein kann. Hier gilt letztlich das gleiche wie zur Mitteilungspflicht unter Fall 81 ausgeführt: In der Verwaltung z.b. kann man entsprechend differenzieren, in Krankenpflege und Medizin hingegen ist das Arbeitsverhältnis durch die Schwangerschaft immer unmittelbar betroffen. Insoweit ist auch weiterhin eine entsprechende Frage im Personalfragebogen selbstverständlich zulässig, und die Bewerberin muß auch wahrheitsgemäße Angaben machen, ansonsten kann der Arbeitsvertrag wegen arglistiger Täuschung angefochten werden und das Arbeitsverhältnis mit Zugang der Anfechtungserklärung enden. Soweit die Anfechtung wirksam erklärt wird, unterliegt die Beendigung des Arbeitsverhältnisses keinem mutterschutzrechtlichen Verbot[85].

Von der **Zulässigkeit der Befragung** ist die Frage zu unterscheiden, inwieweit eine Offenbarungspflicht des Mitarbeiters besteht. Bereits nach früherer Auffassung[86] bestand eine **Offenbarungspflicht der schwangeren Bewerberin nur dann, wenn das Arbeitsverhältnis unmittelbar betroffen ist.** Das ist bei einer Operationsschwester immer der Fall. Der Verfasser geht da weiter: Da, wie bereits ausgeführt, in der Krankenpflege und in der Medizin Beschäftigungsverbote durchweg eingreifen, besteht seitens der Bewerberin eine Offenbarungspflicht[87]. Kommt der Bewerber dieser Offenbarungspflicht nicht nach, kann der Arbeitgeber wiederum wegen arglistiger Täuschung seine Willenserklärung anfechten.

Im Fall 83 kann demzufolge die Pflegedienstleitung die Beendigung des Arbeitsverhältnisses durch Anfechtung wegen arglistiger Täuschung erreichen.

2.4.4. Medizinisch indiziertes, individuelles Beschäftigungsverbot des § 3 Abs. 1

Fall 84:

Die im 4. Monat schwangere Krankenschwester E. legt dem Arbeitgeber ein ärztliches Zeugnis mit folgendem Inhalt vor: „Es besteht eine rezidivierende Ischialgie. Wegen der Gefährdung von Mutter und Kind darf Frau N. nicht mehr täglich den Weg von zuhause zur Arbeitsstätte und zurück fahren."

Muß die Pflegekraft weiterarbeiten? Erhält sie das Gehalt fortgezahlt?

Das MuSchG beinhaltet verschiedene Beschäftigungsverbote vor und nach der Entbindung:

- Wenn nach ärztlichem Zeugnis Leben oder Gesundheit von Mutter und/oder Kind gefährdet sind (§ 3 Abs. 1)
- bei schweren Arbeiten oder bei schädlichen Umgebungseinflüssen, z.B. Infektionsabteilung, OP, Röntgen (§ 4 Abs. 1)
- nach dem Katalog des § 4 Abs. 2
- 6 Wochen vor dem mutmaßlichen Entbindungstermin, es sei denn, die Schwangere will auf eigenen Wunsch länger arbeiten (§ 3 Abs. 2)
- 8 Wochen nach der Entbindung (§ 6 Abs. 1 S. 1)
- wenn nach ärztlichem Zeugnis in den ersten Monaten nach der Entbindung die Mutter nicht voll leistungsfähig ist, darf

---

84 BAG vom O1.07.1993, BB 1993, 2085 ff.
85 BAG vom 06.10.1962, AP Nr. 24 zu § 9 MuSchG
86 BAG vom 08.06.1955, AP Nr. 2 zu § 9 MuSchG
87 sowohl gegen jegliche Offenbarungspflicht und damit auch gegen Fragerecht, *Heilmann,* in: *Maus,* Handbuch des Arbeitsrechts, § 5 MuSchG, Anm. 21, 23 und 25

sie nicht zu einer die Leistungsfähigkeit übersteigenden Arbeit herangezogen werden (§ 6 Abs. 2).

Im Fall 84 ist nach dem ärztlichen Zeugnis wegen Gefährdung von Mutter und Kind der tägliche Arbeitsweg untersagt. Danach ergibt sich:

- Nach § 3 Abs. 1 MuSchG dürfen werdende Mütter nicht beschäftigt werden, soweit nach ärztlichem Zeugnis Leben oder Gesundheit von Mutter oder Kind bei Fortdauer der Beschäftigung gefährdet sind.
  Nach dem ärztlichen Zeugnis ist aber nur das Fahren von und zur Arbeitsstätte untersagt, nicht aber die Beschäftigung selbst. Für diese wörtliche Auslegung hat sich das BAG entschieden[88]. Danach besteht kein Beschäftigungsverbot nach § 3 Abs. 1 MuSchG.
- § 4 Mutterschutzgesetz bezieht sich allein auf die Qualität des Arbeitsplatzes und den konkreten Arbeitsablauf.
- Die Schutzfristen vor und nach der Entbindung (§§ 3 Abs. 2, 6 Abs. 1 MuSchG) sind allein zeitabhängig (6 Wochen vor bzw. 8 Wochen nach der Entbindung).
- § 6 Abs. 2 MuSchG bezieht sich allein auf die Zeit nach der Entbindung und betrifft auch nur die Arbeit und nicht den Weg.

Im Ergebnis ist demzufolge im Fall 84 festzuhalten:
Es besteht kein Beschäftigungsverbot nach dem MuSchG. Allerdings verlangt die Fürsorgepflicht des Arbeitgebers aufgrund des ärztlichen Zeugnisses (vgl. auch oben unter E.2.3.2.), daß er die Krankenschwester E. nicht weiterbeschäftigen darf.
Aber: Da kein Beschäftigungsverbot des MuSchG vorliegt, braucht der Arbeitgeber nach der Regel „ohne Arbeit kein Lohn" kein Arbeitsentgelt zu zahlen (vgl. § 11 MuSchG).

Hierzu die

Ausführung des BAG[88] zum Entgeltausfall bei schwangerschaftsbedingter Erkrankung:

„Der Senat verkennt nicht, daß der Ausfall des Arbeitsentgeltes oder eines entsprechenden Lohnersatzes in Fällen dieser Art für viele Arbeitnehmerinnen, die nur mit Erschwernissen ihren Arbeitsplatz erreichen können, ein soziales Problem darstellt. Im besonderen Fall der werdenden Mutter ist der Mutterschutz, der ihnen das Wegerisiko nicht abnimmt, unvollkommen."

Beachte:

Arbeitszeitrechtlich gelten nicht nur Zeiten der täglichen Freizeit und die Ruhepausen, sondern es gilt auch der **Arbeitsweg als Freizeit und nicht als Arbeitszeit.** Dies darf nicht verwechselt werden mit dem gesetzlichen Unfallversicherungsschutz für den Arbeitsweg und mit dem sogenannten Dienstweg. Einsatzzeiten des Rettungswagens z.B. sind selbstverständlich Arbeitszeiten[89].

2.4.5. Sogenannte Schutzfristen der §§ 3 Abs. 2, 6 Abs. 1

Fall 85:

Krankenschwester B. hat ihren mutmaßlichen Entbindungstermin am 15. Dezember 1997. Darf sie im November noch beschäftigt werden?

---

88 BAG vom 07.08.1970; ebenso *Meisel/Sowka,* § 3 MuSchG, Anm. 8; anderer Ansicht *Bulla/Buchner,* § 3 MuSchG, Anm. 9, sowie insbesondere *Zmarzlik u.a.,* § 3 MuSchG, Anmerkung 5
89 *Böhme,* Arbeitsgestaltung und Arbeitsschutz, a.a.O., S. 211

Eine Beschäftigung kommt nicht in Betracht, wenn sie dem Arbeitgeber nach dem MuSchG verboten ist.

Hier besteht nach § 3 Abs. 2 des MuSchG ein **generelles Beschäftigungsverbot von 6 Wochen vor dem mutmaßlichen Zeitpunkt der Entbindung.** Der mutmaßliche Entbindungstermin ist im Fall 85 der 15. Dezember 1997. Demnach ist **6 x 7 Tage,** das sind 42 Tage, **zurückzurechnen,** wobei der 15. Dezember 1997 selbst nicht berücksichtigt wird.

Also beginnt man bei der Fristberechnung mit dem 14. Dezember 1997, rechnet 42 Tage zurück und gelangt so zum 03. November 1997. Der letzte Beschäftigungstag ist demnach der 02. November 1997, der allerdings ein Sonntag ist. Außerdem ist Samstag, der 01. November 1997, ein Feiertag, so daß der letzte Arbeitstag wohl der 31.10.1997 sein wird, es sei denn, daß der Mitarbeiter am 01.11. und 02.11. dienstplanmäßig eingeteilt ist, so daß dann auch Samstag, der 02. November 1997 der letzte Arbeitstag sein könnte. Ab dem 03. November 1997 besteht ein generelles Beschäftigungsverbot, **es sei denn, daß die Schwangere auf eigenen Wunsch weiterarbeiten will. Dieser Wunsch muß aber ausdrücklich geäußert werden und ist jederzeit widerrufbar**[90]. Da die Krankenschwester B. im Fall 85 sich nicht geäußert hat, darf sie ab dem 03. November 1997 nicht mehr beschäftigt werden.

Beachte:
Da die Geburt nicht tatsächlich vorausbestimmt werden kann, muß dieser Termin gemutmaßt werden. Wenn das Kind früher zur Welt kommt, ist die vorgeburtliche Schutzfrist der Schwangeren kürzer, kommt das Kind später zur Welt, ist die Frist entsprechend länger.

Für die nachgeburtliche Schutzfrist spielt dagegen der Geburtstermin keine Rolle, da diese Frist stets gleich bleibt. Sollte das Kind z.B. am 06. November 1997 zur Welt kommen, dann besteht nach § 6 Abs. 1 MuSchG für die weiteren 8 Wochen, also 8 x 7 Tage, das sind 56 Tage, ein weiteres

Beschäftigungsverbot. Bei der Fristberechnung wird wiederum der Tag des Ereignisses nicht mitberücksichtigt. Also beginnt man mit dem 07. November 1997 und rechnet 56 Tage vor, gelangt so zum 01. Januar 1998 – den letzten Tag der Schutzfrist. Demnach müßte Krankenschwester B. dann ab dem 02. Januar 1998 wieder arbeiten, es sei denn, daß sie den Erziehungsurlaub nach dem BErzGG in Anspruch nimmt.

Beachte:
Die Schutzfrist nach der Entbindung hat vor allem den Zweck, der Mutter Gelegenheit zu geben, sich von Schwangerschaft und Entbindung zu erholen und ihr eine vom Arbeitsverhältnis ungestörte Rückbildung der durch die Schwangerschaft und Entbindung verursachten Organveränderungen zu ermöglichen[91]. Deshalb haben nur leibliche Mütter Anspruch auf die Schutzfrist, nicht Adoptivmütter[92], die jedoch nach § 15 BErzGG Anspruch auf Erziehungsurlaub haben[93]. Grundsätzlich setzt die Entbindung eine Lebendgeburt voraus, die vorliegt, wenn bei einem Kind nach der Scheidung vom Mutterleib entweder das Herz geschlagen oder die Nabelschnur pulsiert oder die natürliche Lungenatmung eingesetzt hat. Auf die Lebensfähigkeit, das Gewicht oder die Größe des Kindes kommt es nicht an, so § 29 der Verordnung zur Ausführung des Personenstandsgesetzes vom 12. August 1957[94]. Eine Totgeburt löst nur dann die Schutzfrist aus, wenn die Leibesfrucht mindestens 35 cm lang war[95]. Eine Entbindung liegt demzufolge nicht vor bei einer Fehlgeburt, aber

---

90 statt aller *Meisel/Sowka*, § 3 MuSchG, Anm. 36
91 statt aller *Zmarzlik u.a.,* § 6 MuSchG, Anm. 1
92 BSG vom 03.06.1981, in: BB 1982, 50
93 *Meisel/Sowka*, § 15 BErzGG, Anm. 4
94 BGBl. I, S. 1139
95 *Meisel/Sowka*, § 6 MuSchG, Anm. 1 m.w.N. aus Rechtsprechung und Literatur

auch nicht bei einem Schwangerschaftsabbruch[96].

Doch bei Vorliegen einer **Früh- oder Mangelgeburt,** wenn also das Kind ein Geburtsgewicht unter 2.500 g hat[97] bzw. zwar mehr als 2.500 g wiegt, jedoch vom Reifegrad her oder wegen der vorzeitigen Geburt besonders gepflegt und beobachtet werden muß[98], **sowie** bei **Mehrlingsgeburt verlän-** gert sich nach § 6 Abs. 1 Satz 2 MuSchG die **Schutzfrist nach der Entbindung auf 12 Wochen.**

Seit 01.01.1997 verlängert sich bei Frühgeburten die Frist zusätzlich um den Zeitraum, der nach § 3 Abs. 2 MuSchG nicht in Anspruch genommen werden konnte, so § 6 Abs. 1 S. 2 am Ende MuSchG. Ein Berechnungsbeispiel zeigt *Übersicht 26:*

Übersicht 26: Berechnungsbeispiel zur Schutzfristverlängerung bei Frühgeburt[99]

	Vor Geburt berechnete Fristen	Tatsächlicher Verlauf
↑ Vorausberechnung	03.11.1997 Beginn der Schutzfrist nach § 3 Abs. 2 MuschG.	
		14.11.1997 Frühgeburt 15.11.1997 Beginn der Schutzfristverkürzung
	14.12.1997 Ende der 6-wöchigen Schutzfrist vor der Geburt	14.12.1997 Ende der Schutzfristverkürzung (Zeitraum: 30 Tage)
	15.12.1997 Entbindungstermin (mutmaßlich)	
		06.02.1998 Ende der 12-wöchigen Schutzfrist nach § 6 Abs. 1 Satz 2 MuschG.
Ereignisfolge ↓		07.02.1998 Beginn und 08.03.1998 Ende der **Schutzfristverlängerung (30 Tage, die vor der Geburt nicht in Anspruch genommen werden konnten).**

Bei dieser Verlängerung der Schutzfrist geht es insbesondere um **finanzielle Vorteile für die Arbeitnehmerin,** weil das Mutterschaftsgeld und der Zuschuß zum Mutterschaftsgeld entsprechend länger bezahlt wird. Wenn die Arbeitnehmerin allerdings vor der Entbindung arbeitsunfähig erkrankt war und bis zur Entbindung Gehaltsfortzahlung bekommen hatte, was ja immer häufiger der Fall ist, hat sie diesen finanziellen Vorteil nicht[100].

Das Gesetz zur Änderung des Mutterschutzrechts vom 20.12.1996 erlaubt seit 01.01.1997 überdies parallel zur dispositiven Vorschrift des § 3 Abs. 2 MuSchG, daß beim Tode des Kindes die Mutter Wiederbeschäftigung vor Ablauf der Frist des § 6 Abs. 1 MuSchG verlangen kann, wenn nach ärztlichem Zeugnis nichts dagegen spricht. Dieses Verlangen kann jederzeit von der Mutter widerrufen werden (§ 6 Abs. 1 S. 3 und 4 MuSchG).

Während die Schutzfristen vor und nach der Entbindung im Krankenhaus zumeist eingehalten werden[101], traten in der Vergangenheit Probleme mit schwangeren Kranken- und Kinderkrankenpflegeschülerinnen auf, die kurz vor dem Examen niederkamen und am theoretischen Unterricht bzw. am Examen teilnahmen, um ihren Ausbildungsabschluß fristgerecht zu erhalten. Dem trägt nunmehr die Fehlzeitenanrechnung des § 9 KrPflG 1985 Rechnung, wonach auf die Ausbildungsdauer nicht nur Unterbrechungen durch Urlaub oder Ferien bis zu 6 Wochen jährlich, sondern insbesondere auch Unterbrechungen durch Schwangerschaft usw. bis zur Gesamtdauer von 12 Wochen angerechnet werden. Auf Antrag können darüber hinausgehende Fehlzeiten berücksichtigt werden, soweit eine besondere Härte vorliegt und das Ausbildungsziel durch die Anrechnung nicht gefährdet wird[102].

2.4.6. Beschäftigungsverbote bei schweren Arbeiten und bei schädlichen Umgebungseinflüssen nach § 4

Fall 91:

Die schwangere Krankenschwester P. ist im OP beschäftigt. Ist das zulässig?

Hierzu die Regelung in

§ 4 Abs. 1 MuSchG

„Werdende Mütter dürfen nicht mit schweren körperlichen Arbeiten und nicht mit Arbeiten beschäftigt werden, bei denen sie schädlichen Einwirkungen von gesundheitsgefährdenden Stoffen oder Strahlen, von Staub, Gasen oder Dämpfen, von Hitze, Kälte oder Nässe, von Erschütterung oder Lärm ausgesetzt sind."

§ 4 Abs. 2 MuSchG enthält einen Katalog von entsprechenden verbotenen Arbeiten, der aber nicht abschließend ist („insbesondere"), so daß bei Nichteingreifen der Katalogtatbestände immer auf die Generalklausel des § 4 Abs. 1 MuSchG zurückzugreifen ist. Es handelt sich dabei um

96 statt aller *Bulla/Buchner,* § 1 MuSchG, Anm. 102 ff., § 6 MuSchG, Anm. 7
97 *Zmarzlik u.a.,* § 6 MuSchG, Anm. 3
98 *Sollmann,* PflR 3/1997, 68
99 Weiteres Berechnungsbeispiel bei *Sollmann,* PflR 3/1997, 68
100 *Sollmann,* PflR 3/1997, 68
101 Untersuchung von *Niering und Schlott,* Arbeitsplatzgestaltung und Beschäftigungsverbote nach dem Mutterschutzgesetz im Krankenhaus, in: *Böhme (Hrsg.),* Arbeitsgestaltung und Arbeitsschutz..., a.a.O., S. 132, 133, 146
102 Einzelheiten in *Kurtenbach u.a.,* Erläuterungen zu § 9 KrPflG

sogenannte **generelle Beschäftigungsverbote**[103].

Der Arbeitgeber hat das Recht, die Frau auf einen anderen zumutbaren Arbeitsplatz umzusetzen[104]. Zumutbar sind alle Arbeiten, die der Arbeitnehmerin bei Berücksichtigung des Spielraumes, der dem Arbeitgeber nach dem ärztlichen Attest und seinen betrieblichen Möglichkeiten für eine erlaubte Beschäftigung verbleibt, angesonnen werden können[105]. Es muß sich nicht unbedingt um sozial gleichwertige Arbeiten handeln. **Die erhöhte Fürsorgepflicht des Arbeitgebers korrespondiert mit einer erhöhten Treuepflicht der Arbeitnehmerin,** die ihrerseits alles zu tun hat, um die Belastungen des Arbeitgebers so gering wie möglich zu halten[106]. Dieses Gebot der gegenseitigen Rücksichtnahme führt zu einer Interessenabwägung zwischen Schutzbedürfnis und Erfordernissen des Arbeitsplatzes[107], so daß auf Seiten der Arbeitnehmerin nur schwerwiegende, ernstzunehmende Gründe zu einem Ablehnungsrecht führen können. Lehnt die Mitarbeiterin eine zumutbare Arbeit ab, muß der Arbeitgeber auch den Mutterschutzlohn nicht bezahlen[108].

Verboten sind nicht nur schwere körperliche Arbeiten, sondern auch gesundheitsschädliche. Bei der Bewertung der Arbeiten sind diese zur Schwangerschaft einer Frau von normalem Gesundheitszustand in Beziehung zu setzen. Daher können auch Tätigkeiten, die im allgemeinen als leicht gelten, unter das Verbot fallen, z.B. solche, die besonders die Bauchmuskulatur beanspruchen, wie gerade der Katalog des § 4 Abs. 2 Satz 1 (Heben schwerer Lasten) und Satz 3 (anstrengende Körperstellung) des Mutterschutzgesetzes ohne weiteres zeigt. Nach *Bulla/Buchner*[109] sind schwere körperliche Arbeiten solche, die die Körperkraft stark in Anspruch nehmen und anstrengende Körperhaltungen oder -stellungen bedingen. *„Das Verbot der Beschäftigung mit solchen Arbeiten bezweckt, jede schädliche körperliche Überlastung der werdenden Mutter von Beginn der Schwangerschaft an zu vermeiden, aus der medizinischen Erfahrung*

heraus, daß solche Überanstrengung auch schon in den ersten Schwangerschaftsmonaten zu Fehlgeburten oder sonstigen Schädigungen für Mutter und Kind führen kann. Für die Bestimmung, was im einzelnen als verbotene schwere körperliche Arbeit anzusehen ist, gibt der Katalog des § 2 Abs. 2 MuSchG gewisse Anhaltspunkte. "

Gesundheitsschädliche Arbeiten sind solche, bei denen die werdende Mutter oder das Ungeborene schädlichen Auswirkungen ausgesetzt sind. Dabei ist auch die evtl. Gefährdung durch benachbarte Arbeitsplätze zu berücksichtigen!

Im Fall 86 geht es gerade um negative Umwelteinflüsse, die zu gesundheitlichen Schäden bei Mutter und Kind führen können. Diese sind im Katalog des § 4 Abs. 2 MuSchG nicht näher konkretisiert, was seinen Grund darin hat, daß im Rahmen des sogenannten technischen Gefahrenschutzes umfangreiche **gesetzgeberische Verordnungen und Unfallverhütungsvorschriften** vorliegen *(vgl. oben E.2.3.),* die als Anhaltspunkt für das entsprechende **Bestehen eines Beschäftigungsverbotes** heranzuziehen sind. In erster Linie ist hier die Verordnung über gefährliche Stoffe, die sogenannte Gefahrstoffverordnung, vom 26. Oktober 1993[110] in Verbindung mit der Bekanntmachung der Liste der gefährli-

---

103 statt aller *Meisel/Sowka,* § 4 MuSchG, Anm. 1 , 2
104 BAG, Urteile vom 31.03.1969, AP Nr. 2 zu § 11 MuSchG 1968 mit zustimmender Anm. *Meisel;* vom 09.09.1971 , AP Nr. 5 zu § 11 MuSchG 1968; vom 14.04.1972, AP Nr. 6 zu § 11 MuSchG 1968; vom 08.02.1984 unter dem Aktenzeichen 5 AZR 182/82
105 *Meisel/Sowka,* § 3 MuSchG, Anm. 11
106 *Meisel/Sowka,* Einleitung zum MuSchG, Anm. 26
107 *Bulla,* in: *Müller (Hrsg),* Das Arbeitsrecht der Gegenwart, Jahrbuch für das gesamte Arbeitsrecht und die Arbeitsgerichtsbarkeit, 1964, S. 49
108 BAG, Urteil vom 31.03.1969, AP Nr. 2 zu § 11 MuSchG 1968
109 *Bulla/Buchner* § 4 MuSchG, Anm. 4 und 5
110 BGBl. I Nr. 57 vom 30. Oktober 1993

chen Stoffe und Zubereitungen nach § 4 a der Gefahrstoffverordnung vom 16. September 1993[111] und der Neufassung der TRGS (Technische Regel für Gefahrstoffe) vom Juni 1994[112] zu beachten: § 4 Abs. 1 MuSchG und § 15 Abs. 3 GefahrstoffVO verbieten die Beschäftigung von werdenden oder stillenden Müttern mit sehr giftigen, mindergiftigen oder in sonstiger Weise den Menschen chronisch schädigenden Gefahrstoffen, wenn die Auslöseschwelle überschritten wird. Weiterhin darf der Arbeitgeber nach § 15 Abs. 7 der Gefahrstoffverordnung werdende Mütter mit krebserzeugenden, fruchtschädigenden oder erbgutverändernden Gefahrstoffe nicht beschäftigen, es sei denn, die werdenden Mütter sind bei bestimmungsgemäßem Umgang den Gefahrstoffen nicht ausgesetzt (TRGS 900 2.7). Schließlich darf der Arbeitgeber stillende Mütter mit diesen Gefahrstoffen nicht beschäftigen, wenn die Auslöseschwelle überschritten ist.

TRGS 100:

(Auslöseschwelle ist) „die Konzentration eines Stoffes in der Luft, am Arbeitsplatz oder im Körper, bei deren Überschreitung zusätzliche Maßnahmen zum Schutz der Gesundheit erforderlich sind. Der Überschreitung der Auslöseschwelle steht es gleich, wenn Verfahren angewendet werden, bei denen zusätzliche Maßnahmen zum Schutze der Gesundheit erforderlich sind oder wenn ein unmittelbarer Hautkontakt besteht. Die Auslöseschwelle gilt dabei aber auch als nicht überschritten, wenn Verfahren angewendet werden, bei denen es sicher ist, daß eine Exposition nicht möglich ist."

Ob jetzt die Auslöseschwelle über- oder unterschritten ist, wird mittels einer Arbeitsbereichsanalyse festgestellt im Rahmen der Überwachung der TRK (Technische Richtkonzentration), bei krebserzeugenden Arbeitsstoffen bzw. der MAK (Maximale Arbeitsplatzkonzentration)-Werte bei anderen Gefahrstoffen. Nach TRGS 402 werden Höhe und Umstände der Exposition gegenüber Gefahrstoffen nach festgelegten Regeln bestimmt. Eine dauerhaft sichere Einhaltung des TRK bei krebserzeugenden Stoffen oder des MAK-Wertes ist in der Regel dann zu unterstellen, wenn bei Kontrollmessungen die Schichtmittelwerte kleiner als ein Viertel des TRK bzw. MAK-Wertes sind oder bei Dauerüberwachung durch Alarmierung garantiert werden kann, daß kein Schichtmittelwert den TRK bzw. MAK-Wert übersteigt.

Im Anhang I der Gefahrstoffverordnung erfolgt eine **Einstufung von Stoffen in krebserzeugend, erbgutverändernd sowie fortpflanzungsgefährdend**. Bedeutsam für erbgutverändernde und fortpflanzungsgefährdende Stoffe ist die **Einteilung in die Kategorien 1 bis 3.**

- In der **Kategorie 1** finden sich die Stoffe, die **bekanntermaßen** beim Menschen erbgutverändernd bzw. fruchtschädigend und die Fortpflanzung beeinträchtigend wirken.

- Für Stoffe der **Kategorie 2** bestehen hinreichende Anhaltspunkte zu der begründenden **Annahme,** daß die Exposition eines Menschen gegenüber dem Stoff zu vererbbaren Schäden bzw. zu einer Beeinträchtigung der Fortpflanzungsfähigkeit und bei Exposition einer Schwangeren gegenüber dem Stoff zu schädlichen Auswirkungen auf die Entwicklung der Nachkommenschaft führen können. Diese Erkenntnisse beruhen im Regelfall auf geeigneten Tierversuchen und sonstigen relevanten Informationen.

---

111 Bundesanzeiger, Jahrgang 45, Nr. 229a vom 07. Dezember 1993
112 dazu ausführlich Landesgesundheitsamt Baden-Württemberg, Mutterschutz im Krankenhaus - Ein Leitfaden, 1995

- Stoffe, die in die **Kategorie 3** eingestuft werden, geben zu der Besorgnis Anlaß, daß eine **mögliche** erbgutverändernde Wirkung bzw. mögliche Beeinträchtigung der Fortpflanzungsfähigkeit und mögliche fruchtschädigende Wirkung vorliegen kann.

Hierzu wird folgendes ausgeführt im

Leitfaden des Landesgesundheitsamtes Baden-Württemberg auf Seite 13:

„Im Krankenhaus muß für jeden Einzelfall geprüft werden, ob eine mögliche Gefahr für die werdende oder stillende Mutter und ihr Kind besteht. Dies gilt besonders für den Umgang mit *Desinfektions- und Reinigungsmitteln,* mit *Narkosegasen* und beim Umgang mit *Zytostatika* und *Arzneimitteln,* sowie im Laborbereich bei den unterschiedlichen *Färbeverfahren.* So ist zu prüfen, welche Inhaltsstoffe in den verwendeten Desinfektions- und Reinigungsmitteln (z.B. Formaldehyd)[113], in den Arzneimitteln und in den Testlösungen enthalten sind.

Eine Exposition der werdenden Mutter gegenüber Narkosegasen, besonders gegenüber Halothan, ist generell zu vermeiden, da es als wahrscheinlich fruchtschädigend (Kategorie 2) eingeordnet ist. Beim Umgang mit Zytostatika ist die Schwangere vor den alkylierenden Substanzen (z.B. Cyclophosphamid) zu schützen. Das gilt auch für den pflegerischen Bereich, da auch die Körperflüssigkeiten und die Körperausscheidungen diese Substanzen enthalten können."

Soweit werdende Mütter Arbeitsstoffen ausgesetzt sind, die erwiesenermaßen oder mit hoher Wahrscheinlichkeit fruchtschädigend sind, ist ihre Beschäftigung unzulässig[114].

---

113 dazu *Böhme,* Müssen Mitarbeiter in der Endoskopie hohe Formaldehyd-Belastungen hinnehmen?, in: ENDO-PRAXIS 2/1990, 29–30
114 vgl. *Meisel/Sowka,* § 4 MuSchG, Anm. 7 d; im einzelnen *Zmarzlik u.a.,* § 4 MuSchG, Anm. 8 a ff.

Übersicht 27: *Zahl der Gefahrstoffe in Anhang I der Gefahrstoffverordnung (nach Gefährdungskategorien).*

	erbgutverändernde Stoffe	fortpflanzungsgefährdende Stoffe
Kategorie 1 (bekannte Gefährdung)	–	11
Kategorie 2 (angenommene Gefährdung)	8	15
Kategorie 3 (mögliche Gefährdung)	10	7
Summe	**18**	**33**

In Zweifelsfällen sollten der Betriebsarzt und evtl. das Gewerbeaufsichtsamt eingeschaltet werden[115].

Auf jeden Fall gehören hierzu Verbindungen mit Arsen, Benzol, Berylium, Blei, Chrom, Fluor, Halogenkohlenwasserstoff, Kadmium, Kohlenoxyd, Mangan, Methanol (Methylalkohol), Phosphor, Quecksilber, Schwefelkohlenstoff, Schwefelwasserstoff, Thallium u.a.

Bereits am 07. September 1973 hatte deshalb auf Empfehlung der Staatlichen Gewerbeärzte das Ministerium für Arbeit, Gesundheit und Sozialordnung Baden-Württemberg ein *„Verbot der Beschäftigung werdender und stillender Mütter mit Narkosemitteln"* erlassen[116]: *„Werdende und stillende Mütter dürfen als Ärztinnen, Krankenschwestern und sonstiges weibliches Hilfspersonal (z.B. medizinisch-technische Assistentin) in Räumen, in denen mit halogenkohlenwasserstoffhaltigen Narkosemitteln gearbeitet wird, aufgrund von § 4 Abs. 1, Abs. 2 Satz 6 und § 6 Abs. 3 MuSchG nicht beschäftigt werden, weil sie hierbei durch die Einwirkung schädlicher Gase und Dämpfe in besonderem Maße einer Berufskrankheit (Nr. 9 der 7. Berufskrankheitenverordnung) ausgesetzt sind."*

Wenige Jahre später hat dann das Ministerium dieses Verbot auf (die noch zahlreichen) Fälle beschränkt, in denen keine **Absaugvorrichtungen oder Absorptionsfilter** in den besagten Räumen vorhanden sind.

Sofern also die halogenkohlenwasserstoffhaltigen Narkosemittel durch entsprechende Geräte wirksam abgesaugt werden, können Schwangere in solchen Räumen beschäftigt werden.

Im Fall 86 darf Krankenschwester E. nach der Generalklausel des § 4 Abs. 1 Mutterschutzgesetz also beschäftigt werden, wenn sie entsprechenden Einwirkungen durch die Gase nicht ausgesetzt ist.

Allerdings sind überdies auch § 22 Abs. 2 RöV vom 08. Januar 1987 zu beachten, wonach sich Schwangere im sogenannten Röntgenkontrollbereich nur zur eigenen Untersuchung und Behandlung aufhalten dürfen, sowie § 56 Abs. 1 der Strahlenschutzverordnung vom 13.10.1976, wonach schwangere Frauen sich nicht in radioaktiven Kontrollbereichen aufhalten, schwangere oder stillenden Frauen nicht mit offenen radioaktiven Stoffen, mit denen nur aufgrund einer Genehmigung umgegangen werden darf, umgehen und stillende Frauen sich nicht in Kontrollbereichen aufhalten dürfen, in denen mit offenen radioaktiven Stoffen umgegangen wird.

Da, wie bereits ausgeführt, **auch die evtl. Gefährdung durch benachbarte Arbeitsplätze zu berücksichtigen** ist, wird hier in der Krankenhauspraxis öfters ein Beschäftigungsverbot eingreifen, als weithin angenommen wird. Jedenfalls darf bei Einsatz entsprechender Geräte im Operationssaal die schwangere Mitarbeiterin dort nicht eingesetzt werden.

Dagegen gibt es keine Einschränkungen der Beschäftigung von werdenden oder stillenden Müttern an Bildschirmarbeitsplätzen[117] oder im Umgang mit Laserstrahlen.

Im ersteren Fall ist allerdings die neue Bildschirmarbeitsverordnung vom 20. Dezember 1996,[118] im letzten Fall sind die UVV Laserstrahlen in der Fassung vom 01. Oktober 1994 und die dazugehörigen Durchführungsanweisungen (VBG 93) zu beachten.

Hinzu kommt, daß nach § 4 Abs. 2 Satz 2 MuSchG sichergestellt werden muß, daß die Mitarbeiterin nicht ständig stehen muß. Ihr ist also eine entsprechende Sitzgelegenheit anzubieten. Nach § 4 Abs. 2 Satz 3 MuSchG sind überdies anstrengende Körperstellungen zu vermeiden, so

---

115 vgl. auch allgemein *Seeger und Spieker,* Gefährliche Arbeitsstoffe im Betrieb, 1986, 4. Auflage; zur Gefahrstoffverordnung insgesamt vgl. *Kaufmann,* DB 1986, S. 2229 ff.

116 vgl. auch Erlaß des Hessischen Sozialministers vom 18.04.1975, in: Staatsanzeiger für Hessen, 1975, S. 910

117 vgl. BAG, Beschluß vom 06.12.1983, AP Nr. 7 zu § 27 BetrVG 1972, Überwachung

118 dazu *Richenhagen/Prümper/Wagner,* Handbuch der Bildschirmarbeit, 1997

z.B. Bückhaltung beim Baden von Patienten oder Streckhaltung auch im Operationssaal. Inwieweit hier entsprechende Mitarbeiterinnen überhaupt noch einsetzbar sind, kommt auf die Umstände des Einzelfalles an und fällt voll und ganz in die Verantwortungskompetenz der Einsatzleitung, also der leitenden Operationsschwester.

Zu beachten ist, daß ein Verstoß gegen § 4 MuSchG eine Ordnungswidrigkeit nach § 21 Abs. 1 Satz 1 MuSchG darstellt, und zwar mit einer Regelbuße in Höhe von DM 1000,–. Wer vorsätzlich gegen diese Vorschrift verstößt und dadurch die Frau in ihrer Arbeitskraft oder Gesundheit gefährdet, wird mit Freiheitsstrafe bis zu 1 Jahr oder mit Geldstrafe bestraft. Ist der Verstoß fahrlässig verursacht, wird mit Freiheitsstrafe bis zu 6 Monaten oder mit Geldstrafe bis zu 180 Tagessätzen bestraft! Auf der leitenden Operationsschwester lastet also eine **erhebliche Verantwortung.**

Beachte:
Die schwangere Mitarbeiterin ist auch vor Hitze, Kälte und Nässe zu schützen. Sofern es im Krankenhaus Waschküchen und Bügelstuben gibt, sind den dort tätigen Schwangeren unter Umständen andere Arbeitsplätze zuzuweisen, und zwar abhängig vom Einsatz technischer Geräte; ähnliches gilt für Großküchen, Milchküchen und Bettenzentralen. In Kühlräumen, wie es sie in großen Blutzentralen gibt, dürfen schwangere medizinisch-technische Assistentinnen nicht eingesetzt werden; ebenso dürfen Physiotherapeutinnen oder Bademeisterinnen nicht selbst im Wasser stehend Unterwassermassage u.a. ausführen (hinzu kommt noch Druck bei Wasserstrahlmassagen)[119].

Auch sind Erschütterungen zu vermeiden: Das Begleiten von Krankentransporten ist hiermit für Schwangere untersagt, so der Einsatz in Intensivrettungswagen oder Rettungshubschraubern.

Schließlich ist auch Lärm wegen der schädlichen Folgen für das Ungeborene[120] zu vermeiden. *„Unter Lärm ist nur der Betriebs-* *lärm zu verstehen, also nicht auch sonstiger Lärm wie Straßenlärm, Lärm von Flugzeugmotoren usw., der sich am Arbeitsplatz störend bemerkbar macht... Eine Umsetzung (ist notwendig), wenn am Arbeitsplatz die Lautstärke dauernd mehr als 80 Dezibel (dB) beträgt"*[121].

2.4.7. Besonderen Beschäftigungsverbote nach § 4 Abs. 2

Fall 87:

Stationsschwester L. hat Bedenken gegen den Einsatz der schwangeren Krankenschwester V. auf ihrer Station, weil die Station einen Infektions-Raum hat und nicht sichergestellt werden kann, daß die Mitarbeiterin dort nicht zum Einsatz kommt. Sie will deshalb die schwangere Kollegin umsetzen, steht aber vor der Frage, wo diese überhaupt einsetzbar ist, nachdem die Patienten einem Aidstest nicht unterworfen werden und somit das Vorliegen einer HIV-Infektion bei den einzelnen Patienten nicht bekannt ist.

§ 4 Abs. 2 MuSchG enthält besondere generelle Beschäftigungsverbote, die im folgenden kommentiert werden.

Heben schwerer Lasten
„Gelegentliches Heben" bedeutet „weniger als zweimal pro Stunde", wobei ein Belastungsvorgang einen Weg von 3–4 Schritten einschließt, somit ein längerer Weg mit einer „regelmäßigen" Last gleichzusetzen ist[122]. Nach § 29 UVV Gesundheitsdienst

119 vgl. *Niering und Schlott*, in *Böhme (Hrsg.)*, Arbeitsgestaltung und Arbeitsschutz, a.a.O., S. 136

120 *Schürmann u. Maerz*, Das MuSchG aus gewerbeärztlicher Sicht, in: Zentralblatt für Arbeitsmedizin und Arbeitsschutz, Band 18, Heft 1, S. 12–14

121 *Bulla/Buchner*, § 4 MuSchG, Anm. 15/16

122 *Landesgesundheitsamt Baden-Württemberg*, Mutterschutz im Krankenhaus – Ein Leitfaden, 1995, S. 8

(VBG 103) sind in stationären Gesundheitseinrichtungen (vgl. Legaldefinition in § 1 Abs. 1 Nr. 1 UVV Gesundheitsdienst) zum Heben und Umlagern von Patienten leicht bedienbare, stand- und fahrsichere Hebevorrichtungen oder sonstige geeignete Hilfsmittel bereitzustellen und zu verwenden. Auch hier dürfen natürlich die Belastungen beim Betätigen der Lifter nicht größer als 5 Kilogramm bzw. gelegentlich 10 Kilogramm sein.

Heben schwerer Lasten beansprucht besonders die Bauchmuskulatur und das Zwerchfell und ist wegen der damit verbundenen Druckwirkung für die Schwangere in hohem Maße gefährlich[123]. Routinemäßig verlangt bereits die normale Pflegetätigkeit häufiges Heben, Bewegungen und Befördern schwerer Lasten, z.B. beim Betten, Umlagern und Mobilisieren. Schon das Hochstellen der Kopfstütze eines Bettes ohne oder mit defekten technischen Hilfsmitteln bedeutet das Heben einer schweren Last und gehört doch zur normalen Handlung an Patienten im Krankenhaus[124].

Bei atomistischer Aufspaltung der Krankenpflege läßt sich naturgemäß eine Arbeitsumverteilung ohne größere Probleme vornehmen. Bei Ganzheitspflege oder Gruppenpflege bedarf es einer Abstimmung zwischen den Mitarbeitern, um solche Situationen in den Griff zu bekommen.

Unzulässig ist es aber auch, Pflegekräfte während der Schwangerschaft in augenscheinlich ruhige „und damit leichtere" Funktionseinheiten umzusetzen wie in die Milchküche oder Zentralsterilisation; in ersterer sind schwere Flaschenkörbe und große, gefüllte Küchengefäße, in letzterer schwere Instrumentensiebe von oft unzulässigem Gewicht zu heben[125].

Arbeiten mit erhöhten Unfallgefahren

Nach *Bulla/Buchner*[126,] ist generell das Arbeiten auf glitschigen Böden oder auf Gerüsten verboten. Auf Leitern stehend Fenster zu putzen oder frisch gewachste bzw. geölte Fußböden zu pflegen, ist

schwangerem Hauspersonal zu untersagen[127].

Im Fall 87 ist einschlägig das Arbeiten mit erhöhtem Risiko einer Berufskrankheit.

Kommentar zu § 4 Nr. 6 MuSchG

„Maßgebend ist dabei nicht nur die Überlegung, daß eine werdende Mutter besonders leicht an Berufskrankheiten erkranken könnte, sondern auch, daß im Fall einer solchen Erkrankung die Schwangerschaft äußerst gefährdet ist und damit für die Mutter und das Kind ein besonderer Schaden entstehen kann. Demgemäß ist das Verbot vor allem für die Fälle bedeutsam, in denen sich Berufskrankheiten besonders bei der werdenden Mutter und dem Kind nachteilig auswirken können, wie z.B. Berufserkrankungen durch Benzol, die zu einer Früh- oder Fehlgeburt führen können..., andererseits dürfte aber... die generell gesteigerte Anfälligkeit der werdenden Mutter gegenüber Krankheiten und damit auch gegenüber Berufskrankheiten infolge ihres labilen Zustandes während der Schwangerschaft oder infolge Herabsetzung ihrer körperlichen Abwehrkraft durch die Schwangerschaft die Anwendung des Beschäftigungsverbotes rechtfertigen..."[128].

Gemeint sind mit letzterem z.B. allergische Hauterkrankungen durch Umgang mit Desinfektionsmitteln bei Krankenschwe-

---

123 *Niering und Schlott*, in: *Böhme (Hrsg.)*, a.a.O., S. 137
124 *Bulla/Buchner*, § 4 MuSchG, Anm. 49
125 *Niering und Schlott*, in: *Böhme (Hrsg.)*, a.a.O., S. 137
126 *Bulla/Buchner*, § 4 MuSchG, Anm. 49
127 *Niering und Schlott*, in: *Böhme (Hrsg)*, a.a.O., S. 142
128 *Bulla/Buchner*, § 4 MuSchG, Anm. 34 und 37

stern oder mit Reinigungsmitteln bei hauswirtschaftlichem Personal[129].

Bereits im Juni 1975 stellten die Arbeitsmediziner des Staatlichen Gewerbeaufsichtsamtes Stuttgart den Vorschlag einer Richtlinie zur Diskussion, nämlich ein *„Verbot von Blutentnahmen durch Schwangere"*, das jedem Krankenhaus nach erfolgter Meldung einer Schwangerschaft verbindlich zugehen sollte: *„Wegen der erhöhten Ansteckungsgefahr darf eine Krankenschwester, Laborantin oder MTA während der Schwangerschaft gemäß § 4 Mutterschutzgesetz keinen Umgang mit bekanntem infektiösem Material haben. Wegen der Verletzungsgefahr und der damit verbundenen Infektionsgefährdung soll die werdende Mutter keine Blutentnahme vornehmen. Grundsätzlich ist der Einsatz der Schwangeren so zu regeln, daß eine Infektionsgefährdung vermieden wird."* Anlaß, diese Richtlinie vorzuschlagen, war der Stand von Hepatitis-epidemica-Erkrankungen bei Ärzten und Pflegepersonal im Bereich des Gewerbeaufsichtsamtes Stuttgart[130].

Besondere Probleme bietet die Gefahr der Röteln-Infektion. Hierzu führt *Fischer* aus[131]: *„Die Befunde über das Ausmaß konnataler Defekte nach Röteln-Infektion während der Gravidität weichen stark voneinander ab. Übereinstimmung besteht aber darin, daß die Schäden um so größer sind, je früher die Infektion vorliegt. Bei Infektionen im ersten Schwangerschaftsmonat werden 10 bis 50% kindliche Defekte angegeben, im zweiten Monat 14 bis 25% und im dritten Monat 10 bis 15%. Eine Gefährdung kann auch dann eintreten, wenn die mütterliche Infektion bis zu etwa drei Wochen vor der Konzeption oder nach dem ersten Trimester der Schwangerschaft erfolgt ist."*

Daß damit das Problem im Raume steht, ein generelles Beschäftigungsverbot für Pflegepersonal im Krankenhaus in den ersten Monaten der Gravidität zu fordern[132], ist wahrlich nicht von der Hand zu weisen. Aufsehen erregte deshalb Anfang der 70er-Jahre ein „Beschäftigungsverbot für Praxishilfen wegen Gefahr von Röteln-Embryopathie"[133].

Demgegenüber ist die Gefahr einer berufsbedingten Infektion mit HI-Viren denkbar gering. So berichtet *Mehrtens*[134] 1988 von weltweit vier gesicherten Nadelstichverletzungen mit nachfolgender HIV-Infektion, drei weiteren Verdachtsfällen, einem HIV-positiven Zahnarzt von 1.200 untersuchten Zahnärzten, der sich über eine Schnittverletzung in der Hand die Infektion zugezogen hatte, sowie drei Krankenschwestern, die im Wege einer Schmierinfektion sich mit HIV infiziert hatten. In diesen Fällen liegen Berufskrankheiten nach Nr. 3101 der Anlage 1 zur Berufskrankheitenverordnung in allen Stadien der Krankheit vor.

Das **Problem** besteht, wie bei allen Infektionserkrankungen, im **Nachweis des Kausalzusammenhanges**. Aus der Fürsorgepflicht des Arbeitgebers ergeben sich gemäß § 618 BGB in Verbindung mit den UVV[135] jetzt nicht nur das Bereitstellen entsprechender Hilfsmittel wie Schutzschuhe, sondern nach § 2 a der UVV Gesundheitsdienst (VBG 103) auch arbeitsmedizinische Vorsorgeuntersuchungen, nämlich Erstuntersuchung vor Aufnahme der Beschäftigung und Nachuntersuchungen während dieser Beschäftigung. Diese dem Schutz des betreffenden Arbeitnehmers ebenso wie dem Schutz der Arbeitskollegen dienenden Untersuchungen erstrecken sich auch auf das Vorliegen von Infektionskrankheiten und damit einer Infektion mit dem HI-Virus (vgl. Abs. 2 der Durchführungsanweisung zu § 2 a Abs. 1

---

129 *Niering und Schlott*, in: *Böhme (Hrsg.)*, S. 138, a.a.O., S. 138

130 vgl. im einzelnen *Niering und Schlott*, in: *Böhme (Hrsg.)*, a.a.O., S. 139 ff..

131 *Fischer*, Zur Epidemiologie der Röteln, in: Die gelben Hefte, XIII 1973, S. 155 ff.

132 *Niering und Schlott*, in: *Böhme (Hrsg.)*, a.a.O., S. 141

133 *Reinmöller/Schreck*, Beschäftigungsverbot für Praxishilfen wegen Röteln-Embryopathie, in: Der niedergelassene Arzt 20/1973, S. 63–64

134 *Mehrtens*, Die Anerkennung von Aids als Berufskrankheit, in: DKZ 3/1988, S. 210

135 dazu *Klie*, Unfallverhütung – Recht und Realität, in: Altenpflege 10/1984, S. 565–568

UVV Gesundheitsdienst, nachdem sich der Umfang der Untersuchungen nach der Gefährdung durch die Arbeit *„unter besonderer Berücksichtigung der Einwirkung von Krankheitserregern"* richtet). Insoweit sind Mitarbeiter und nicht nur schwangere Mitarbeiterinnen verpflichtet, sich dem HIV-Test zu unterziehen[136]. Entgegen *Eberbach*[137] ist der Arzt nicht nur befugt, sondern sogar verpflichtet, den Pflegekräften der Station von der Kenntnis Mitteilung zu machen, daß ein aidskranker Patient auf der Station liegt, denn der Arzt unterliegt gegenüber dem Krankenhausträger einer Treuepflicht und der Krankenhausträger gegenüber den Mitarbeitern einer Fürsorgepflicht, die im Rahmen des § 618 BGB in Verbindung mit UVV so weit geht, daß entsprechende Vorsichtsmaßnahmen auch fallbezogen ergriffen werden können[138].

Anwendung auf Fall 87

Im Fall 87 darf also die schwangere Krankenschwester nicht auf einer Infektionsstation beschäftigt werden und auf der konkreten Station nur dann, wenn gewährleistet ist, daß sie mit dem Infektionsraum nicht in Berührung kommt. Das allgemeine Risiko von Infektionserkrankungen im Krankenhaus bedarf entsprechender prophylaktischer Maßnahmen. Insoweit kann auch verwiesen werden auf die gemeinsamen Hinweise und Empfehlungen der Bundesärztekammer und der Deutschen Krankenhausgesellschaft zur HIV-Infektion unter VI. und VII.[139]. Übrigens wird dort unter IV.3. empfohlen, daß für den Fall, daß ein Patient die Durchführung eines HIV-Tests verweigert, obwohl dieser aus medizinischer Sicht geboten ist, das Krankenhaus grundsätzlich nicht zur Behandlung und Weiterbehandlung verpflichtet ist, soweit die Durchführung des Tests notwendige Voraussetzung der Behandlung ist. Die Fürsorgepflicht des Arbeitgebers, sprich Kranken-

hausträgers, gebietet nach § 618 BGB in Verbindung mit den UVV nicht nur entsprechende Untersuchungen von Mitarbeiten, sondern auch von Patienten.

2.4.8. Gestaltung des Arbeitsplatzes nach § 2

Unabhängig von den vorstehend dargestellten Beschäftigungsverboten ist der Arbeitgeber verpflichtet, den Arbeitsplatz der Schwangeren gemäß § 2 MuSchG mutterschutzgerecht zu gestalten. Insoweit schreibt § 2 MuSchG vor:

Arbeitsplatz ist die Stelle, an der die Mutter arbeitet, wobei es gleichgültig ist, ob innerhalb oder außerhalb des Betriebs, **ferner der Raum,** in dem die Frau arbeitet, **und die Zugänge zu diesem Raum.** Andere Räume kommen für die besondere Arbeitsplatzgestaltung des § 2 MuSchG erst dann in Betracht, wenn sich die allgemeinen Vorkehrungen und Maßnahmen als unzureichend erweisen[140].

Zugleich ist der Arbeitsplatz als der Raum anzusehen, **auf den Umgebungseinflüsse einwirken** (Gas, Staub, Lärm, Licht)[141]. Daher müssen z.B. Arbeitssitze und Arbeitstische den physiologischen Gegebenheiten der werdenden oder stillenden Mutter angepaßt werden. Weiterhin kann z.B. erforderlich sein, eine gute Beleuchtung zu schaffen oder Vorkehrungen zur Vermeidung von Zugluft zu treffen. Das Gesetz hat dabei im Auge, daß ein Wechsel des Arbeitsplatzes infolge der Schwangerschaft möglichst vermieden werden soll, denn

---

136 *Löwisch*, Arbeitsrechtliche und persönlichkeitsrechtliche Probleme von Aids, in: *Schünemann und Pfeiffer (Hrsg.)*, Die Rechtsprobleme von Aids, Baden-Baden 1988, S. 315

137 *Eberbach*, Rechtsfragen bei Aids, in: DKZ 3/1988, S. 206/207

138 wie hier offenbar *Laufs und Laufs,* Aids und Arztrecht, in: NJW 24/1 987, S. 2265

139 veröffentlicht in: Das Krankenhaus 1/1988, S. 3–8

140 statt aller *Zmarzlik u.a.,* § 2 MuSchG, Anm. 3

141 *Natzel,* Der Betrieb 1972, Beilage 24, S. 5/6

dieser bringt für die psychisch ohnehin in gesteigertem Maße empfindliche, schwangere Frau nur zusätzliche seelische Belastungen mit sich[142].

Nach § 2 Abs. 1 MuSchG ist der Arbeitgeber verpflichtet, den Arbeitsplatz der werdenden Mutter von sich aus so zu gestalten, daß keine Gefährdung für Mutter und Kind möglich ist. *„Welche Maßnahmen und Vorkehrungen zur Unterhaltung und Einrichtung des Arbeitsplatzes im Einzelfall zu treffen sind, hängt von den konkreten Umständen ab, hier können die Beschaffenheit des Betriebes, die Art der Arbeit, die Länge der Arbeitszeit, aber auch die psychische, physische und überhaupt biologische Konstitution der Frau sowie das Stadium der Schwangerschaft eine Rolle spielen"*[143].

Nach einer Umfrage im Sommer 1975[144] **gelten folgende Tätigkeiten für eine schwangere Pflegekraft im Krankenhaus als unzumutbar:**

- Betten, Umbetten,
- Umlagern
- Mobilisieren von Patienten
- Heben von Patienten
- Tragen von Patienten
- Assistenz bei Röntgenuntersuchungen
- in den ersten Monaten fast alle pflegerischen Arbeiten
- Nachtdienst, Spätdienst, Bereitschaftsdienst, geteilter Dienst, unregelmäßige Arbeitszeit
- körperlich anstrengende Tätigkeiten
- mit Streß verbundene Tätigkeiten
- langes Stehen, ständiges Sitzen, gebückte Haltung
- Pflege von Karzinom-Patienten im Endstadium
- Pflege von Schwerkranken und Sterbenden
- Pflege von geistig und körperlich Behinderten
- Versorgung von Verstorbenen
- Übelkeit hervorrufende Tätigkeiten.

Nach dieser Umfrage **gilt der Einsatz in folgenden Fachbereichen des Krankenhauses als nicht geeignet:**

- Anästhesieabteilung, Aufwachraum (gesundheitsgefährdende Gase, physische und psychische Überforderung)
- Aufnahmestation (Hektik, erhöhtes Infektionsrisiko, psychische und physische Überforderung)
- Bäderabteilung (Nässe, gebückte Haltung)
- Dialyseabteilung (erhöhtes Infektionsrisiko, Hepatitisgefahr)
- Infektionsstation (erhöhtes Infektionsrisiko)
- Intensivstation (Hektik, psychische und physische Überforderung, erhöhtes Infektionsrisiko)
- Laborbereiche (gesundheitsgefährdende Stoffe, erhöhtes Infektionsrisiko)
- Milchküche (Hitze, Nässe, Gefahr des Ausgleitens, Dämpfe, schwere körperliche Arbeit wie Heben und Tragen)
- Notfall-Ambulanz (Hektik, erhöhtes Infektionsrisiko, physische und psychische Überforderung)
- Nuklearmedizinische Abteilung (gesundheitsschädigende Strahlen)
- Operationsabteilung (langes Stehen, Gase)
- Personalmäßig unterbesetzte Abteilungen (psychische und physische Überforderung, Hektik, erhöhtes Infektionsrisiko)
- Psychiatrische Stationen (psychische Überforderung)
- Röntgenabteilung (Strahlen)
- Sterilisationszentrale (Dämpfe, Hitze, Heben und Tragen schwerer Lasten)
- Strahlenklinik (gesundheitsschädigende Strahlen, psychische und physische Überforderungen durch Karzinom-Patienten im Endstadium).

Daß damit eigentlich **nur noch wenige Möglichkeiten des Einsatzes verbleiben,** ist offenkundig, so z.B. leichte Grundpflege wie Waschen, Nagelpflege, Mundpflege,

142 *Meisel/Sowka,* § 2 MuSchG, Anm. 4
143 *Bulla/Buchner,* § 2 MuSchG, Anm. 26
144 *Niering und Schlott,* in: *Böhme (Hrsg.),* Arbeitsgestaltung und Arbeitsschutz, a.a.O., S. 125

Fußpflege und Haarpflege, Schreibtischarbeiten und Essenverteilen[145].
Wegen der Liegeräume nach § 2 Abs. 4 MuSchG sind bislang keine Rechtsverordnungen ergangen. Allerdings regelt § 31 der ArbeitsstättenVO die entsprechende Verpflichtung des Arbeitgebers, solche Räume einzurichten, wobei zu beachten ist, daß nach § 1 der ArbeitsstättenVO diese insbesondere für den öffentlichen Dienst nicht gilt!
Nach § 2 Abs. 5 MuSchG kann das Gewerbeaufsichtsamt im Einzelfall die Verpflichtungen des Arbeitgebers nach § 2 Abs. 1 MuSchG konkretisieren, so Anordnungen über Pausenverlängerungen, Arbeitszeitverkürzungen sowie erhebliche Vorkehrungen und Maßnahmen. Hiervon wird von den Gewerbeaufsichtsämtern je nach Person der Sachbearbeiter mehr oder weniger rege Gebrauch gemacht. Entsprechende Anordnungen sind naturgemäß vom Verhältnismäßigkeitsgrundsatz geprägt[146]. Die Aufsichtsbehörde darf also dem Arbeitgeber nichts Unmögliches oder Unzumutbares abverlangen.
Übrigens ist **§ 2 Abs. 1 bis Abs. 5 MuSchG weder bußgeld- noch strafbewehrt mit Ausnahme des Abs. 5 bei Anordnungen der Gewerbeaufsicht,** die zwangsweise mit entsprechenden Androhungen durchgesetzt werden können. Dies dürfte mithin ein Grund dafür sein, daß § 2 MuSchG in der Praxis nicht so ernst genommen wird.

2.5. Beteiligung der Belegschaftsvertretung

Die betriebliche Mitbestimmung ist unter verschiedenen Gesichtspunkten gerade bei Mutterschutz zu beachten: Über die Einhaltung der Schutzvorschriften haben der Betriebsrat nach § 80 Abs. 1 Satz 1 BetrVG[147] und der Personalrat nach § 68 Abs. 1 BPersVG[148] und nach den gleichlautenden Bestimmungen der LPersVG[149] sowie die Mitarbeitervertretung nach den kirchlichen Mitarbeitervertretungsordnungen[150] zu wachen und bei der Bekämpfung

von Unfall- und Gesundheitsverfahren für werdende und stillende Mütter nach § 89 BetrVG bzw. nach § 81 BPersVG und den gleichlautenden Bestimmungen nach den LPersVG und den Mitarbeitervertretungsordnungen mitzuwirken.
Nach § 88 Abs. 1 BetrVG können **freiwillige Betriebsvereinbarungen** zwischen Betriebsrat und Betriebsleitung zur Verhütung von Unfällen und Gesundheitsschädigungen der werdenden und stillenden Mutter abgeschlossen werden, die z.B. die Beleuchtungsanlagen, die Einrichtung zur Lüftung usw. betreffen können.
Nach § 85 Abs. 1 BetrVG hat der Betriebsrat auch **Beschwerden** von werdenden und stillenden Müttern entgegenzunehmen und, falls sie berechtigt erscheinen, durch Verhandlung mit dem Arbeitgeber auf ihre **Abstellung** hinzuwirken.
Nach § 80 Abs. 1 Satz 2 und 4 BetrVG kann der Betriebsrat **Maßnahmen,** z.B. die Einrichtung von Liege- und Stillräumen, zugunsten werdender und stillender Mütter **beantragen** und auch im übrigen ihre Eingliederung in den Betrieb fordern. Im wesentlichen gleichlautende Vorschriften enthalten auch die übrigen Mitbestimmungsgesetze.
Grundlegend sind hier naturgemäß die §§ 90, 91 BetrVG, die als erste bisher erlassene Bestimmungen ausdrücklich die Arbeitsgestaltung ansprechen und den Begriff der

145 *Niering und Schlott*, in: *Böhme (Hrsg.)*, Arbeitsgestaltung und Arbeitsschutz, a.a.O., S. 126
146 *Meisel/Sowka*, § 2 MuSchG, Anm. 9
147 *Sahmer*, BetrVG, Kommentar, Frankfurt, 1986 § 80, Anm. 8
148 *Grabendorff u.a.*, BPersVG, Kommentar, § 68, Anm. 26 ff.
149 vgl. für Baden-Württemberg: *Rooschüz u.a.*, Landespersonalvertretungsgesetz für Baden-Württemberg, § 68, Anm. 5
150 *vgl.* *Duhnenkamp*, Das Mitarbeitervertretungsrecht im Bereich der evangelischen Kirche, Stuttgart, 1986, S. 491 ff.; *Dietmann*, Rahmenordnung für eine Mitarbeitervertretungsordnung der katholischen Kirche, Stuttgart, 1984, S. 113 ff.

"menschengerechten Gestaltung der Arbeit" verwenden. Eine vergleichbare Vorschrift findet sich in § 75 Abs. 3 Nr. 16 BPersVG, allerdings nur mit dem Begriff *"Gestaltung von Arbeitsplätzen".* Daß diese Bestimmung nur die Arbeitsplatzgestaltung betrifft, ergibt sich bereits aus dem Vergleich mit § 76 Abs. 2 Satz 5 Nr. 5 (Arbeitsablauf) und § 76 Abs. 2 Nr. 7 (Arbeitsmethoden). Entsprechende Vorschriften enthalten die LPers-VG und die Mitarbeitervertretungsordnungen.

Diese Aufgaben im Rahmen des MuSchG kann der Betriebsrat bzw. Personalrat bzw. die Mitarbeitervertretung nur erfüllen, wenn bekannt ist, welche werdenden und stillenden Mütter im Betrieb arbeiten. Der Arbeitgeber muß deshalb die Mitarbeitervertretung unverzüglich und unaufgefordert unterrichten, es sei denn, daß die schwangere Mitarbeiterin dies ausdrücklich nicht wünscht. Das BVerwG vertritt diesbezüglich allerdings wegen des Arbeitnehmer-Datenschutzes eine entgegengesetzte Auffassung[151].

Sofern es zu einer innerbetrieblichen Umsetzung der Mitarbeiterin auf einen anderen Arbeitsplatz kommt, bedarf dies nach dem BetrVG der Zustimmung des Betriebsrates[152]. Nach den meisten Personalvertretungsgesetzen[153] und den Mitarbeitervertretungsordnungen[154] unterliegt die innerbetriebliche Umsetzung nicht der Zustimmung des Personalrates bzw. der Mitarbeitervertretung.

Sollte ganz ausnahmsweise die Kündigung der schwangeren Mitarbeiterin in Erwägung gezogen werden, so ist trotz des Genehmigungsverfahrens beim Gewerbeaufsichtsamt vor Ausspruch der Kündigung die jeweilige Belegschaftsvertretung zu beteiligen, da ansonsten trotz evtl. Genehmigung die Kündigung doch noch unwirksam ist.

2.6. Befugnisse der Gewerbeaufsichtsämter

§ 20 MuSchG gibt eine allgemeine Ermächtigungsgrundlage für die Aufsichtsbehörde, überläßt aber die Durchführung den Ländern. Entsprechende Ausführungsgesetze liegen von den Ländern vor. Folgende **Befugnisse** stehen in **der** Regel den **Aufsichtsbehörden** zu:

1. Das Recht zur jederzeitigen **Revision** der Betriebe, Verwaltungen und Familienhaushalte; der Arbeitgeber muß nach § 20 Abs. 2 MuSchG gestatten, daß die Gewerbeaufsichtsbeamten jederzeit Zutritt erlangen, namentlich auch in der Nacht[155]; im Falle der Nichtgestattung liegt eine Ordnungswidrigkeit vor.

2. Darüber hinaus kommt eine **Beratung** von Arbeitgeber und Mitarbeiter in Frage, insbesondere eine Belehrung des Arbeitgebers über die Rechtslage, verbunden mit der Aufforderung zu gesetzesmäßigem Verhalten und ggf. Warnung vor Wiederholung von Übertretungen.

3. Führen diese Maßnahmen nicht zum Ziel oder ist mit ihrer freiwilligen Erfüllung von vornherein nicht zu rechnen, dann kann die Aufsichtsbehörde von ihren polizeilichen Befugnissen Gebrauch machen, vollziehbare Verfügungen erlassen und diese ggf. mit Mitteln des Verwaltungszwanges durchsetzen; **Zwangsmittel** sind Zwangsgeld, Ersatzvornahme und unmittelbarer Zwang.

4. Ist die Aufsichtsbehörde auch Verwaltungsbehörde im Sinne des § 35 des Ordnungswidrigkeitengesetzes, dann kann sie bei Zuwiderhandlungen gegen § 21 MuSchG auch eine **Geldbuße** verhängen, anderenfalls erfolgt Anzeige bei der Bußgeldbehörde.

---

151 BVerwG vom 04.09.1990, AP Nr. 1 zu § 68 BPersVG
152 *Sahmer,* § 99 BetrVG, Anm. 5
153 *Grabendorff u.a.,* § 76 BPersVG, Anmerkung 14 sowie *Rooschüz u.a.,* § 76 LPersVG Ba-Wü, Anm. 7
154 *Duhnenkamp,* S. 661 ff.; *Dietmann,* S. 133 ff.
155 *Zmarzlik u.a.,* § 20 MuSchG, Anm. 7

3. Der Schwerbehindertenschutz

Für Schwerbehinderte kommt das Gesetz zur Sicherung der Eingliederung Schwerbehinderter in Arbeit, Beruf und Gesellschaft, das Schwerbehindertengesetz – SchwbG – in der Fassung der Bekanntmachung vom 26. August 1986[156], zuletzt geändert durch Gesetz vom 24. März 1997[157] zur Anwendung.

Schwerbehinderte im Sinne des SchwbG sind Personen mit einem Grad der Behinderung von wenigstens 50%, sofern sie ihren Wohnsitz, ihren gewöhnlichen Aufenthalt oder ihre Beschäftigung auf einem Arbeitsplatz im Sinne des § 7 Abs. 1 SchwbG rechtmäßig im Geltungsbereich des Gesetzes haben (§ 1 SchwbG).

Personen mit einem Grad der Behinderung von weniger als 50, aber wenigstens 30%, bei denen im übrigen die Voraussetzungen des § 1 vorliegen, sollen aufgrund einer Feststellung nach § 4 auf ihren Antrag vom Arbeitsamt den Schwerbehinderten gleichgestellt werden, wenn sie infolge ihrer Behinderung ohne die Gleichstellung einen geeigneten Arbeitsplatz nicht erlangen oder nicht behalten können. Die Gleichstellung wird mit dem Tag des Eingangs des Antrages wirksam. Sie kann befristet werden (§ 2 Abs. 1 SchwbG).

Nach § 3 SchwbG ist eine Behinderung im Sinne des Gesetzes die Auswirkung einer nicht nur vorübergehenden **Funktionsbeeinträchtigung, die auf einem regelwidrigen** körperlichen, geistigen oder seelischen **Zustand beruht.** Regelmäßig ist der Zustand, der von dem für das Lebensalter typischen abweicht. Als **nicht nur vorübergehend** gilt ein Zeitraum von mehr als 6 Monaten. Bei mehreren sich gegenseitig beeinflussenden Funktionsbeeinträchtigungen ist deren Gesamtauswirkung maßgebend.

Da auch die seelische Behinderung zur Schwerbehinderung führen kann, kann es sehr wohl vorkommen, daß auch Pflegekräfte im Arbeitsleben Schwerbehinderte

im Sinne des SchwbG sind. Dies kann z.B. sogar der Fall bei der operativen Entfernung einer oder gar beider Brüste oder bei Totalausschabung sein.

Nach § 5 SchwbG haben private Arbeitgeber und Arbeitgeber der öffentlichen Hand, die über mindestens 16 Arbeitsplätze verfügen, auf wenigstens 6 vom Hundert der Arbeitsplätze Schwerbehinderte zu beschäftigen.

Solange Arbeitgeber die **vorgeschriebene Zahl Schwerbehinderter** nicht beschäftigen, haben sie für jeden unbesetzten Pflichtplatz monatlich eine Ausgleichsabgabe zu entrichten. Die Ausgleichsabgabe beträgt je Monat und unbesetzten Pflichtplatz DM 200,–, so § 11 SchwbG.

Soweit Arbeitgeber Schwerbehinderte beschäftigen, sind sie verpflichtet, ein Verzeichnis der bei ihnen beschäftigten Schwerbehinderten, Gleichgestellten und sonstigen anrechnungsfähigen Personen laufend zu führen und den Vertretern des Arbeitsamtes und der Hauptfürsorgestelle, die für den Sitz des Betriebes oder der Dienststelle zuständig sind, auf Verlangen vorzuzeigen (§ 13 Abs. 1 SchwbG).

Nach § 14 SchwbG sind Arbeitgeber verpflichtet zu prüfen, ob freie Arbeitsplätze mit Schwerbehinderten, insbesondere mit beim Arbeitsamt gemeldeten Schwerbehinderten, besetzt werden können.

Nach § 14 Abs. 2 SchwbG haben die Arbeitgeber die Schwerbehinderten so zu beschäftigen, daß diese ihre Fähigkeiten und Kenntnisse möglichst voll verwerten und weiterentwickeln können. Sie haben die Schwerbehinderten zur Förderung ihres beruflichen Fortkommens bei innerbetrieblichen Maßnahmen der beruflichen Bildung bevorzugt zu berücksichtigen. Die Teilnahme an außerbetrieblichen Maßnahmen ist in zumutbarem Umfang zu erleichtern.

Nach § 14 Abs. 3 SchwbG sind Arbeitgeber verpflichtet, die Arbeitsräume, Betriebs-

---

156 BGBl. I, S. 1428, berichtigt S. 1550
157 BGBl. I, S. 594

vorrichtungen, Maschinen und Gerätschaften unter besonderer Berücksichtigung der Unfallgefahr so einzurichten und zu unterhalten und den Betrieb so zu regeln, daß wenigstens die vorgeschriebene Zahl Schwerbehinderte in ihren Betrieben dauernde Beschäftigung finden kann; die Einrichtung von Teilzeitarbeitsplätzen ist zu fördern. Die Arbeitgeber sind ferner verpflichtet, den Arbeitsplatz mit den erforderlichen technischen Arbeitshilfen auszurüsten.

Schwerbehinderte haben einen **besonderen Kündigungsschutz.** Nach § 15 SchwbG bedarf die Kündigung des Arbeitsverhältnisses eines Schwerbehinderten der **vorherigen Zustimmung der Hauptfürsorgestelle.** Die Kündigungsfrist beträgt mindestens 4 Wochen (§ 16 SchwbG).

Die Zustimmung zur Kündigung hat der Arbeitgeber bei der für den Sitz des Betriebes oder der Dienststelle zuständigen Hauptfürsorgestelle schriftlich, und zwar in doppelter Ausfertigung zu beantragen (§ 17 SchwbG). Die Hauptfürsorgestelle holt eine Stellungnahme des zuständigen Arbeitsamtes, des Betriebsrates oder Personalrates und der Schwerbehindertenvertretung ein. Sie hat ferner den Schwerbehinderten zu hören (§ 17 Abs. 2 SchwbG). Die Hauptfürsorgestelle soll die Entscheidung, falls erforderlich aufgrund mündlicher Verhandlung, innerhalb eines Monats vom Tage des Eingangs des Antrages an treffen (§ 18 Abs. 1 SchwbG). Nach § 19 SchwbG gibt es eine Einschränkung der Ermessensentscheidung der Hauptfürsorgestelle bei bestimmten betriebsbedingten Kündigungen.

Die Vorschriften über den besonderen Kündigungsschutz für Schwerbehinderte gelten nicht

• für Arbeitsverhältnisse unter 6 Monaten
• für die besonderen Beschäftigungsverhältnisse nach § 7 Abs. 2 Nr. 2 bis 6 SchwbG (karitative, religiöse Beschäftigungen, Rehabilitationsmaßnahmen, Arbeitsbeschaffungsmaßnahmen, Wahlarbeitsverhältnisse und Beschäftigungen im Sinne des § 19 des Bundessozialhilfegesetzes), sowie
• für Arbeitsverhältnisse, sofern der Arbeitnehmer das 58. Lebensjahr vollendet hat und entsprechende Entschädigungen vorgesehen sind, der Arbeitgeber dies rechtzeitig mitgeteilt hat und der Arbeitnehmer der beabsichtigten Kündigung nicht widersprochen hat.

Der Kündigungsschutz gilt auch für außerordentliche Kündigungen (§ 21 SchwbG). Nach § 22 SchwbG bedarf die Beendigung des Arbeitsverhältnisses eines Schwerbehinderten auch dann der vorherigen Zustimmung der Hauptfürsorgestelle, wenn sie im Falle des Eintritts der Berufsunfähigkeit oder der Erwerbsunfähigkeit auf Zeit ohne Kündigung erfolgt.

In Betrieben und Dienststellen, in denen wenigstens 5 Schwerbehinderte nicht nur vorübergehend beschäftigt sind, werden ein Vertrauensmann oder eine Vertrauensfrau und wenigstens ein Stellvertreter gewählt, der den Vertrauensmann oder die Vertrauensfrau im Falle der Verhinderung vertritt (§ 24 SchwbG). Dies dient der betrieblichen Durchführung des Schwerbehindertenschutzes.

Nach § 46 SchwbG sind Schwerbehinderte auf ihr Verlangen von Mehrarbeit freizustellen. Nach § 47 SchwbG haben Schwerbehinderte **Anspruch auf einen bezahlten zusätzlichen Urlaub** von 5 Arbeitstagen im Jahr; verteilt sich die regelmäßige Arbeitszeit des Schwerbehinderten auf mehr oder weniger als 5 Arbeitstage in der Kalenderwoche, erhöht oder vermindert sich der Zusatzurlaub entsprechend. Soweit tarifliche, betriebliche oder sonstige Urlaubsregelungen für Schwerbehinderte einen längeren Zusatzurlaub vorsehen, bleibt sie unberührt.

Die staatliche Durchführung des Schwerbehindertengesetzes obliegt der Hauptfürsorgestelle und der Bundesanstalt für Arbeit (§ 30 SchwbG).

G. Das Arbeitszeitrecht
(Rechtsgrundlagen der Dienstplangestaltung)

1. Überblick über die aktuellen arbeitszeitrechtlichen Fragen

Bei der Dienstplangestaltung treten häufig vorkommende besondere Probleme auf, die in der Pflegepraxis unterschiedlich gelöst werden. Unter Berücksichtigung der umfangreichen Rechtsprechung des BAG und der LAGe soll deshalb zunächst ein Überblick über die aktuellen arbeitszeitrechtlichen Fragen gegeben werden.

Es gibt **verschiedene Arbeitszeitformen,** deren Zuordnung zur Arbeitszeit oder Freizeit zum Teil nicht einfach ist. *Auf Seite 220 folgt Übersicht 28* über die **Formen der Arbeitszeit und Freizeit**[1].

Die **Arbeitszeit** ist das **Maß der Arbeitsleistung des Arbeitnehmers**[2]. Einen einheitlichen Zeitbegriff für das gesamte Arbeitsrecht als Maßstab für die Arbeitsleistung gibt es allerdings nicht, weil die Arbeitszeit zum einen als Grundlage für die Vergütung dient und zum anderen im Sinne des Arbeitszeitschutzrechtes zu bestimmen ist[3]. Die Vergütungsseite der Arbeitszeit ist vor allem im BAT mit seinen Sonderregelungen (insbesondere SR 2 a und SR 2 c) sowie in den AVR der konfessionellen Einrichtungen mit den entsprechenden Vergütungsordnungen geregelt.

Der öffentlich-rechtliche Arbeitszeitschutz hingegen ergab sich bisher aus der Arbeitszeitordnung vom 30.04.1938, modifiziert in Krankenanstalten durch die Verordnung über die Arbeitszeit in Krankenpflegeanstalten vom 13.02.1924, und ergibt sich nunmehr aus dem Arbeitszeitgesetz vom 06.06.1994 *(vgl. im einzelnen unten G.3.),* sowie aus Sonderregelungen im JArbSchG und dem MuSchG. Diese öffentlich-rechtlichen Vorschriften des Arbeitszeitschutzes sollen den einzelnen Arbeitnehmer vor übermäßiger Ausnutzung seiner Arbeitskraft schützen und ihm eine ausreichende Freizeit zur Entfaltung seiner Persönlichkeit sichern[4]. Dieses Ziel wird allerdings auch durch tarifliche Arbeitszeitregelungen verfolgt, wenn § 15 BAT die wöchentliche Arbeitszeit auf durchschnittlich 38,5 Stunden begrenzt.

Während aber im **Tarifrecht** der Grundsatz zur Anwendung kommt: Wo **kein Kläger,** da ist **kein Richter,** ist das **öffentlich-rechtliche Arbeitszeitrecht zwingendes Recht,** das nur durch staatliche Ausnahmegenehmigung modifiziert werden kann.

Daß der Arbeitszeitbegriff dieser beiden Rechtsgebiete nicht vollständig übereinstimmt, ergibt sich schon aus dem **unterschiedlichen Regelungsgedanken** heraus. Während z.B. das öffentlich-rechtliche Arbeitszeitrecht sehr wohl bestimmte Dienste nicht als Arbeitszeit einstufen kann, wie z.B. den Bereitschaftsdienst, können die Tarifvertragsparteien umgekehrt solche Dienste als Arbeitszeit werten, also auf der Vergütungsseite entsprechend berücksichtigen, wie dies gerade beim Bereitschaftsdienst in den Sonderregelungen SR 2 a und SR 2 c geschehen ist.

Formen minderer Arbeitsleistung sind **Arbeitsbereitschaft, Bereitschaftsdienst und Rufbereitschaft.**

---

1 abgeändert nach *Böhme (Hrsg.),* Arbeitsgestaltung und Arbeitsschutz, a.a.O., S. 215
2 *Söllner,* Grundriß des Arbeitsrechts, § 26 Abs. 1
3 statt aller *Böhm/Spiertz,* BAT-Kommentar, Erläuterung 1 zu § 15
4 BAG AP Nr. 1 zu § 4 AZO

Arbeitsbereitschaft wird nach einer bereits vom Reichsarbeitsgericht verwandten Formel als *„wache Achtsamkeit im Zustand der Entspannung"* bezeichnet[5]. Diese Definition hat übrigens auch das BAG übernommen[6]. Eine derartige mindere Arbeitsleistung kann beispielsweise während des Nachtdienstes einer Pflegekraft vorliegen während Zeiträumen, in denen keine Arbeit geleistet wird.

Übrigens kennt weder das MuSchG noch das JArbSchG diese Art der Arbeitszeitform, während im ArbZG, im BAT in § 15 Abs. 2 und in den AVR der Begriff aufge-

nommen wurde. Nach § 15 BAT und den AVR kann die regelmäßige Arbeitszeit auf bis zu 11 Stunden täglich (durchschnittlich 55 Stunden wöchentlich) verlängert werden, wenn in sie regelmäßig eine Arbeitsbereitschaft von durchschnittlich mindestens 3 Stunden täglich fällt. Mit dieser tariflichen Vorschrift wird im Rahmen des § 7 Abs. 2 der bisher geltenden Arbeitszeit-

---

5 RAG ArbRS Band 25, S. 63
6 BAG vom 05.05.1988 – 6 AZR 658/85 und BAG vom 27.02.1992 – 6 AZR 478/90

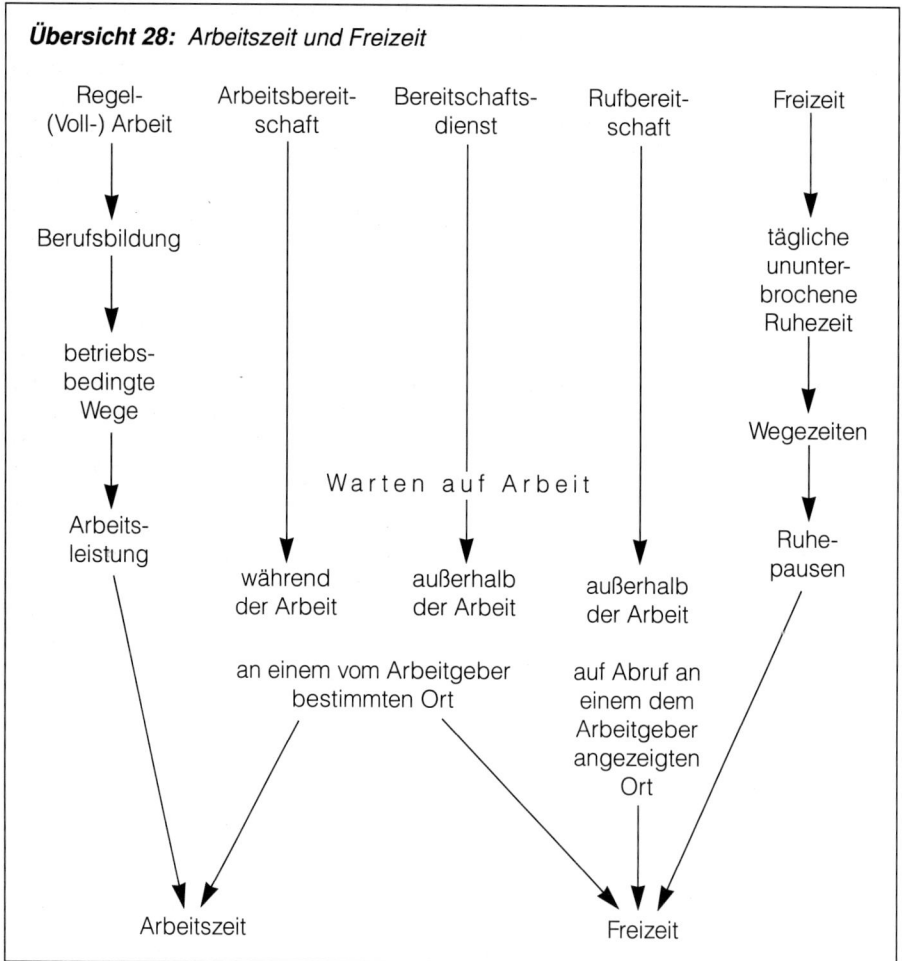

Übersicht 28: *Arbeitszeit und Freizeit*

ordnung, jetzt § 7 ArbZG, öffentlich-rechtliches Arbeitsschutzrecht gestaltet[7]. Übrigens hat das BAG zur tariflichen Ausdehnung der wöchentlichen Arbeitszeit gemäß
§ 15 Abs. 2 BAT bei Rettungssanitätern entschieden, daß der Arbeitgeber eine solche
Ausdehnung für die Zukunft auch dann
vornehmen darf, wenn er in der Vergangenheit jahrelang, ja jahrzehntelang hiervon nicht Gebrauch gemacht hat.

Das bedeutet also, daß der Grundsatz der
Betriebsübung nicht etwa einen Vertrau-
enstatbestand für den Arbeitnehmer insoweit setzt, daß alles beim alten bleiben
muß, sondern daß für die Zukunft sehr
wohl eine bisher tariflich nicht ange-
wandte Vorschrift bei Vorliegen der entsprechenden tariflichen Voraussetzungen
angewandt werden darf[8]!

Bereitschaftsdienst und Rufbereitschaft
hingegen gelten ebenfalls als Minderar-
beit, sind aber insofern Formen der Mehrarbeit, als sie außerhalb der regelmäßig
vereinbarten Arbeitszeit abzuleisten sind.
Ihre Zuordnung bringt sowohl begrifflich
als auch vergütungsmäßig sowie arbeitszeitrechtlich Probleme mit sich.

Begrifflich gesehen liegt **Bereitschaftsdienst** dann vor, wenn der Arbeitnehmer
sich auf Anordnung des Arbeitgebers
außerhalb der regelmäßigen Arbeitszeit an
einer vom Arbeitgeber bestimmten Stelle
bereit hält, um im Bedarfsfall die Arbeit
aufzunehmen (vgl. SR 2 a Nr. 6 B I und SR
2 c Nr. 8, jeweils zu § 17 BAT).

Rufbereitschaft liegt vor, wenn der Arbeitnehmer sich außerhalb der regelmäßigen
Arbeitszeit an einer dem Arbeitgeber anzuzeigenden Stelle, also z.B. zu Hause, bereit
hält, um auf Abruf die Arbeit aufzunehmen (vgl. dazu SR 2 a Nr. 6 B VI, unter
Abs. 1 und SR 2 c Nr. 8 VI, unter Abs. 1, jeweils zu § 17 BAT).

Diese formale Unterscheidung ist noch relativ einfach. Komplizierter wird es dann
schon, wenn es um den **Umfang der Inanspruchnahme** geht.

Da es sich sowohl bei Bereitschaftsdienst
als auch bei Rufbereitschaft um Formen
minderer Arbeitsleistung außerhalb der re-

gelmäßig vereinbarten Arbeitszeit handelt,
zugleich aber um Formen der Mehrarbeit,
muß eine Abgrenzung auch zu Überstunden vorgenommen werden.

Ergibt sich aus den **Aufzeichnungen des
Arbeitnehmers über einen Zeitraum von
mindestens 6 Monaten** hinweg eine **arbeits-
mäßige Belastung von mehr als 50%,** ist
dies kein Bereitschaftsdienst mehr, sondern Arbeitszeit im Sinne von Überstunden[9].

Schwieriger ist die **Abgrenzung von Rufbereitschaft und Bereitschaftsdienst** anhand
von Dauer und Häufigkeit der Inanspruchnahme des Mitarbeiters. Wie die Stufen-
einteilung in Nr. 6 B II a der SR 2 a BAT
zeigt, kann Rufbereitschaft auch schon bei
einem Arbeitsanfall in den Grenzen von
0 % bis 10 % angeordnet werden. Anhand
der arbeitszeitlichen Inanspruchnahme eines Anästhesie-Pflegers hatte das LAG
Frankfurt[10] diese Frage geprüft und kam
zum Ergebnis, daß es sich bei einer tatsächlichen zeitlichen Inanspruchnahme von
7,06 % nicht um Bereitschaftsdienst, sondern immer noch um Rufbereitschaft handelt.

Selbst wenn tarifwidrigerweise Rufbereitschaft angeordnet wurde, obwohl Bereitschaftsdienst hätte angeordnet werden
müssen, führt dies noch keineswegs zu erhöhten Vergütungsansprüchen für die Vergangenheit, wie ein Urteil des BAG im
Falle einer Röntgenhelferin zeigt[11]. Dort
war es nämlich so, daß die klagende Röntgenhelferin über einen Zeitraum von $1^1/_2$
Jahren Aufzeichnungen führte, aus denen
sich ergab, daß sie während sämtlicher
Dienste gearbeitet hatte. Dennoch kam das
BAG zum Ergebnis, daß zwar eine tarifwi-

---

7 *Böhm/Spiertz*, BAT-Kommentar, Erläuterung
   11 zu § 15
8 BAG vom 17.03.1988 – 6 AZR 268/85
9 BAG vom 26.11.1992 – 6 AZR 455/91, in: BB
   1993, 1517 f.
10 LAG Frankfurt/M. vom 28.07.1988 – 9 Sa
   977/87, in: Zeitschrift für Tarifrecht 2/1989,
   74 f.
11 BAG vom 04.08.1988 – 6 AZR 48/86

drige Anordnung vorliegt, die **entschei-dende Abgrenzung** zwischen Rufbereitschaft und Bereitschaftsdienst aber danach erfolgt, **wer den Aufenthaltsort des Arbeitnehmers bestimmt. nämlich ob der Arbeitgeber oder ob der Arbeitnehmer selbst.** Dies folgt das BAG aus den Definitionen in den Sonderregelungen.

Dem Mitarbeiter wird also nichts anderes übrig bleiben, als sich für den Fall der tarifwidrigen Anordnung von Rufbereitschaften die Geltendmachung seiner Rechte vorzubehalten, denn wenn er der Anordnung Folge leistet, was ja von ihm zu erwarten ist, dann begibt er sich seiner Rechte. Er wird also notfalls auf den Rechtsweg verwiesen, muß also das Verbot tarifwidriger Anordnung von Rufbereitschaft gerichtlich anordnen lassen.

Das BAG[12] hat weiterhin klargestellt, daß der Mitarbeiter, der im Rahmen der Rufbereitschaft Fahrtkosten geltend macht, diese nicht nach beamtenrechtlichen Grundsätzen im Rahmen der Reisekostenabrechnung verlangen kann, weil ein *„besonderer dienstlicher Anlaß"* nach § 42 Abs. 1 Buchstabe e BAT nicht vorliegt. Zwar wird bei den Rufbereitschaften die **Fahrtzeit** selbst als **Arbeitszeit** gewertet. Der Mitarbeiter erhält **aber keinen Kostenersatz im reisekostenrechtlichen Sinne.**

Hinsichtlich der öffentlich-rechtlichen Zuordnung wird sowohl Bereitschaftsdienst als auch Rufbereitschaft als Freizeit im öffentlich-rechtlichen Sinne gewertet. Umstritten ist allerdings, inwieweit Zeiten der tatsächlichen Inanspruchnahme bei der Berechnung der Tagesarbeitszeit mitzuberücksichtigen sind *(vgl. unten 6.5.4.).*

Sowohl das öffentlich-rechtliche Arbeitsschutzrecht als auch das Tarifrecht bieten jetzt zahlreiche **Einzelprobleme,** von denen die wichtigsten hier dargestellt werden sollen:

Problematisch ist bereits die **Festlegung der Arbeitswoche,** weil lediglich in § 4 Abs. 4 JArbSchG ausdrücklich festgelegt ist, daß die Woche von Montag bis Sonntag reicht. In § 8 Abs. 2 Satz 2 MuSchG ist geregelt, daß in die Doppelwoche die Sonn-

tage eingerechnet werden, auch dies spricht dafür, daß die Sonntage am Ende liegen. Zwischenzeitlich wurde auch der BAT insoweit berichtigt, daß die Woche bei der tariflichen Berechnung von Montag 0.00 Uhr bis Sonntag 24.00 Uhr reicht. **Im öffentlich-rechtlichen Arbeitsschutzrecht beginnt die Woche grundsätzlich am Montag und endet am Sonntag.**

Ein besonderes Problem stellt sich im **Mutterschutzrecht.** Dort ist ja für den Fall von Sonn- und Feiertagsarbeit in § 8 Abs. 4 MuSchG geregelt, daß in Krankenanstalten schwangere Arbeitnehmerinnen zwar an Sonn- und Feiertagen beschäftigt werden können, sofern der werdenden oder der stillenden Mutter in jeder Woche einmal eine ununterbrochene Ruhezeit von mindestens 24 Stunden im Anschluß an eine Nachtruhe gewährt wird. In Verbindung mit dem Nachtarbeitsverbot bedeutet dies eine vollständige Ruhezeit von 20.00 Uhr abends bis 06.00 Uhr morgens des übernächsten Tages, und zwar in jeder Woche.

Geht man jetzt vom **formalen Wochenbegriff** aus, also Montag bis Sonntag, ist die übliche Arbeitseinteilung, nämlich Samstag-/Sonntag-Frei, zwar möglich, dem Arbeitgeber aber nicht zuzumuten, weil er der Mitarbeiterin in der folgenden Woche ja wieder freigeben muß; er wird also Sonntag/Montag freigeben, um zu gewährleisten, daß in jeder Woche eine Ruhezeit gewährt wird.

Geht man jetzt von der **materiellen, inhaltlichen Betrachtungsweise** aus, stellt man lieber auf die **Doppelwoche** ab, wie es § 8 MuSchG sowieso tut (werdende und stillende Mütter dürfen in der Doppelwoche nicht länger als 90 Stunden beschäftigt werden). In diesem Fall ist es unschädlich, wenn die Schwangere am Samstag/Sonntag frei hat anstatt Sonntag/Montag. Letzteres ist ja eigentlich auch recht familienunfreundlich.

---

12 BAG vom 16.02.1989 – 6 AZR 289/87

Sofern die zusammenhängende Freizeit nicht am Wochenende erfolgt, geht die Woche nicht von Montag bis Sonntag, sondern bestimmt sich nach der zusammenhängenden Arbeitszeit (inhaltliche Betrachtungsweise).

Ein weiteres durchweg strittiges Problem ist der Schaukeldienst und der geteilte Dienst, denn nach § 5 Abs. 1 ArbZG hat der Mitarbeiter Anspruch auf eine tägliche ununterbrochene Ruhezeit von mindestens 11 Stunden, die in Krankenhäusern und ähnlichen Einrichtungen bis auf 10 Stunden verkürzt werden darf *(vgl. unten 3.3.)!*

Der weitverbreitete Schaukeldienst und geteilte Dienst am Wochenende ist rechtlich **unzulässig, sofern nicht mindestens eine tägliche ununterbrochene Ruhezeit von 10 Stunden eingehalten werden kann.**

Ein wunder Punkt ist die **Behandlung der Feiertagsvergütung bei dienstplanmäßig freiem Feiertag**[13]:

Häufig verlangen Pflegende Abgeltung des dienstplanmäßigen Frei, wenn dies mit einem Feiertag verbunden ist. Dabei wird übersehen, daß bereits das BAG im Jahre 1983[14] bei einem Krankenhausarzt entschieden hat, daß selbstverständlich für den Fall, daß **an einem Feiertag dienstplanmäßig frei** ist, der Mitarbeiter **keinen Anspruch auf** eine **Feiertagsvergütung** hat. Mitarbeiter berufen sich dann gerne auf das in der Tat vorhandene Feiertagsgesetz, das regelt, daß für die ausgefallene Arbeit an einem gesetzlichen Feiertag der Arbeitgeber zur Vergütungsfortzahlung verpflichtet ist. Dabei wird aber übersehen, daß Angestellte, ob jetzt nach BAT oder nach AVR, eine **Monatsvergütung** bekommen und insoweit ein Vergütungsausfall überhaupt nicht eintreten kann. Es geht lediglich um die Frage, ob Mehrarbeit zu leisten ist oder nicht.

Ein ganz erheblicher Streitpunkt ist der **Freizeitausgleich an einem Wochenfeiertag.** Hier haben ja die Tarifvertragsparteien bereits vor Jahren festgelegt, daß der **Ausgleich ausnahmsweise** auch an einem Wochenfeiertag erfolgen kann. Dies ist

vom BAG bereits bestätigt[15] und wurde speziell für Pflegende durch Urteil des Arbeitsgerichts Nürnberg vom 02.08.1988[16] nochmals klargestellt.

Auch die **Behandlung der Dienstunfähigkeit bei dienstplanmäßiger Überstundenersatzfreizeit** ist längst geklärt.

Durch ein Urteil des BAG aus dem Jahre 1985[17] ist die **Risikolehre** bzw. die **Sphärentheorie** für die hier anstehende Frage nutzbar gemacht worden. Nach dieser Interessenverteilung geht das BAG von folgendem aus: Was in der **Freizeit** passiert, fällt grundsätzlich in die **Risikosphäre des Arbeitnehmers,** was hingegen in der **Arbeitszeit** passiert, fällt grundsätzlich in die **Risikosphäre des Arbeitgebers.** Das bedeutet: Bei dienstplanmäßigem Arbeitseinsatz trägt der Arbeitgeber das Risiko der Dienstunfähigkeit, hat hingegen der Arbeitnehmer dienstplanmäßig frei, so trägt er dieses Risiko, es sei denn er befindet sich im Urlaub, weil das BUrlG insoweit eine Sonderregelung enthält:

Erkrankt der Mitarbeiter während des Urlaubes und zeigt er dies unverzüglich dem Arbeitgeber an, so behält er seinen Erholungsurlaubsanspruch.

Diese Vorschrift ist aber nicht analogiefähig auf andere Bereiche wie z.B. Arbeitsbefreiung, Arbeitszeitverkürzung oder wie hier Ersatzfreizeit. Hier bleibt es bei der grundsätzlichen Risikoverteilung zwischen Arbeitgeber und Arbeitnehmer, wie oben beschrieben.

Zu **Beginn und Ende der Arbeitszeit** gibt es inzwischen eine ausgefeilte Rechtsprechung, die in aller Regel aber mißverstanden wird:

In privaten und kirchlichen Betrieben, in denen der BAT keine Anwendung findet

---

13 guter Überblick von *Schneider,* DKZ 5/1985, 340 ff.
14 BAG vom 27.09.1983 – 3 AZR 159/81
15 BAG vom 11.11.1987 – 4 AZR 340/87
16 ArbG Nürnberg vom 02.08.1988 – 8 Ca 1421/88
17 BAG vom 04.09.1985 – 7 AZR 531/82

und nach der Neufassung des Satzes 2 der Protokollnotiz zu § 15 Abs. 7 BAT beginnt und endet die Arbeitszeit **auf der Station, also am Einsatzort.** Hierfür ist klarstellend die

2. Neue arbeitszeitrechtliche Entwicklungen am Beispiel der Ruhepausen-Urteile des BAG

Entscheidung des LAG Hamm[18] zum Einsatzort:

„Ist die Pflegekraft eines Krankenhauses nur in einer bestimmten Station dieses Krankenhauses eingesetzt und hat sie ihre Dienstkleidung auf dieser Station an- bzw. auszuziehen, ist für diese Pflegekraft die Wegezeit zwischen dem Eingang des Krankenhauses und der Station seit dem 01. April 1991 wegen der Neufassung des Satzes 2 der Protokollnotiz zu § 15 Abs. 7 des Bundesangestelltentarifvertrages keine Arbeitszeit im Sinne des § 15 Abs. 7 des Bundesangestelltentarifvertrages.

Dagegen ist dieser Pflegekraft weiterhin die Zeit für das An- und Ausziehen der Dienstkleidung auf der Station als Arbeitszeit im Sinne des § 15 Abs. 7 des Bundesangestelltentarifvertrages zu bezahlen, wenn der Träger des Krankenhauses angeordnet hat, daß die Dienstkleidung auf der Station aufzubewahren ist und nur dort an- und ausgezogen werden darf.“

Dieses Urteil des LAG Hamm wurde durch Urteil des Großen Senats des BAG vom 28.07.1994 vollinhaltlich bestätigt[19].
Nur in Betrieben, in denen der BAT Anwendung findet, galt für Arbeitsverhältnisse bis zum 31 . März 1991 im Hinblick auf die damalige Formulierung des Satzes 2 der Protokollnotiz zu § 15 Abs. 7 des BAT eine weitaus großzügigere Regelung.
Übrigens können die Arbeitgeber, für die der BAT gilt, seit dem 01. April 1991 vom Einsatzort ausgehen, weil in den Arbeitsverträgen geregelt ist, daß der BAT in seiner jeweils gültigen Fassung Anwendung findet!

Fall 88:

Krankenschwester P. ist als Nachtwache tätig, und zwar arbeitet sie in der Nacht alleine auf der Station von 22.00 Uhr bis 06.30 Uhr, also 8,5 Stunden. In diesem Zeitraum muß sie eine Ruhepause von 30 Minuten Länge nehmen.
Zunächst war man sich einig, daß diese Ruhepause als Arbeitszeit bezahlt wird, und der Mitarbeiter sich diese Pause selbst nehmen soll. Nachdem diese Praxis vom Rechnungshof des Landes beanstandet wird, wird die Pause nicht mehr bezahlt. Schwester P. verklagt das Land und verlangt die Bezahlung der halben Stunde Mehrarbeit in der Nacht im Wege der Überstundenvergütung[20].

Fall 89:

Krankenpfleger H. arbeitet auf einer Intensivstation, die über 11 Intensivbetten und 6 Nachsorgebetten verfügt. In der Regel leisten während der Frühschicht sechs bis sieben, während der Spätschicht fünf und während der Nachtschicht vier Pflegekräfte Dienst. Außerdem sind Stationshilfen und weitere Hilfskräfte im Einsatz. Die Anwesenheitszeit des klagenden Krankenpflegers beträgt je Schicht 8 Stunden und 30 Minuten.

---

18 LAG Hamm vom 11.11.1993 – 17 Sa 759/93, ArbuR 2/1994, 69
19 BAG, Urteil vom 28.07.1994 – G AZR 220/94, in: *Roßbruch*, Handbuch des Pflegerechts, a.a.O., C. 16,5
20 BAG vom 05.05.1988 – 6 AZR 658/85, in: BB 1988, 2111

Diese Zeit vergütete der beklagte Arbeitgeber ursprünglich voll, obwohl in ihr eine halbstündige Ruhepause stattfindet. Nachdem der Rechnungshof dies beanstandet, zahlt der Arbeitgeber nur noch die Vergütung für eine achtstündige Arbeitszeit und einen sogenannten Pausenausgleich von 6 Minuten. Eine Pausenregelung des Arbeitgebers gibt es für die Mitarbeiter der Intensivstation nicht. Sie halten sich während der Zeit, die der Arbeitgeber als Ruhepause gewertet wissen möchte, gemeinsam in dem Bereitschaftsraum auf: Dort befindet sich ein Stationstelefon sowie eine Computeranlage mit Monitor, die der ständigen Sichtüberwachung der Patienten dient. Auch die akustische Überwachung von Beatmungs- und Infusionsgeräten findet vom Bereitschaftsraum aus statt.

Deshalb klagt Krankenpfleger H. und verlangt rückwirkend für die Zeit von 6 Monaten die halbstündige Ruhepause als Überstunde ersetzt, weil er der Meinung ist, daß es sich hier nicht um eine Ruhepause handelt[21].

Die Rechtsprechung der letzten 10 Jahre hat zwischenzeitlich eine Entwicklung eingenommen, die ganz sicher erhebliche betriebliche Konsequenzen hat.

Dies wird im Zusammenhang insbesondere mit den Ruhepausen-Urteilen deutlich.

Bis 1988 war eigentlich noch **umstritten, wie die Ruhepause definiert ist.** Einig war man sich dahingehend, daß die Ruhepause Freizeit ist und zwei Merkmale auf jeden Fall aufweist, nämlich

- eine Arbeitsunterbrechung darstellt und
- im voraus bestimmt ist.

Streitig war aber, ob diese Arbeitsunterbrechung auch zur freien Verfügung des Mitarbeiters stehen muß (die sogenannte **Präsenztheorie**) oder ob es ausreicht, daß tatsächlich keine Arbeit geleistet wird (sogenannte **Leistungstheorie**).

Das BAG hat sich in mehreren Urteilen mit dieser Frage auseinandergesetzt[22] und sich **eindeutig der Präsenztheorie angeschlossen,** nämlich daß maßgebend für die Ruhepause insbesondere auch ist, daß die **Zeit zur freien Verfügung des Mitarbeiters**

bleibt. Und zwar stellt das BAG ganz entscheidend darauf ab, daß die Ruhepause von der Arbeitsbereitschaft abgegrenzt werden muß. Während, wie gesagt, Arbeitsbereitschaft *„wache Achtsamkeit im Zustand der Entspannung"* darstellt, ist Ruhepause **totale Entspannung,** d.h. es bedarf eben keiner wachen Achtsamkeit, also muß diese Zeit zur freien Verfügung stehen.

Diese Entscheidungen haben also zur Konsequenz, daß in der Regel kein Mitarbeiter während der Ruhepause daran gehindert werden kann, den Betrieb und auch das Betriebsgelände zu verlassen. **Der Mitarbeiter darf während der Ruhepause tun und lassen, was er will.** Wenn die Ruhepausenanordnung verbunden ist mit einer Beschränkung, ist dies nicht akzeptabel. Dies gilt selbst für den Piepser, der im Rahmen der Pause an der Pforte abzugeben ist oder auf der Station zu verbleiben hat.

Wie im folgenden anhand der Problematik mit der Umsetzung des ArbZG noch zu zeigen ist, wird diese Auffassung des BAG in seiner Absolutheit nicht aufrechterhalten werden können, sondern gibt nur Anhaltspunkte für den **Regelfall** *(vgl. dazu unten unter G.5.7.).*

Anwendung auf Fall 88:

Das BAG bestätigte das Urteil des LAG, wonach die klagende Schwester Recht bekam, ihr also 8 1/2 Stunden Nachtdienst bezahlt werden mußte.

Dies bedeutet natürlich für den Nachtdienst, daß dort Pause zu gewähren ist, daß aber, um diese wahrnehmen zu können, die Nachtwache nicht ernsthaft alleine auf

21 BAG vom 27.02.1992 – 6 AZR 478/90, in: BB 15/1993
22 vgl. auch BAG, Urteil vom 25.10.1989 unter dem AZ.: 2 AZR 633/88 sowie für das Altenheim BAG, Urteil vom 23.09.1992 unter dem AZ.: 4 AZR 562/91, in: ZTR 1993, S. 111

Station bleiben kann, sondern daß Hauptnachtwachen oder andere Vertretungen organisiert werden müssen.

Anwendung auf Fall 89:

Auch hier hat das BAG nochmals klargestellt, daß in der Tat eine Ruhepause nicht vorliegt, weil diese Zeit nicht zur freien Verfügung des Mitarbeiters steht, denn er hält sich in dem Aufenthaltsraum auf, der gleichzeitig Bereitschaftsraum ist, in dem sich akustische und optische Überwachungsgeräte befinden. Damit ist dies Arbeitsbereitschaft und nicht Ruhe.

Hierzu auszugsweise die

Entscheidungsgründe des BAG zum Pausenbegriff:

„I. Der Kläger hat Anspruch auf Überstundenvergütung und Nachtzuschläge für Überstunden, die er in der Zeit vom 01. Januar 1987 bis zum 31. Oktober 1989 in Nachtschichten geleistet hat, in Höhe von DM 1.349,57 und für Überstunden, die er in der Zeit vom 01. Mai 1988 bis zum 30. November 1989 in den sonstigen Schichten geleistet hat, in Höhe von DM 2.026,31. Dies folgt aus § 17 Abs. 5 Satz 4 i.V.m. § 35 Abs. 3 Unterabs. 2, 17 Abs. 1 und § 15 Abs. 1 BAT. Der Kläger hat in den 24 Minuten, um die die tägliche Zeit der Anwesenheit am Arbeitsplatz die bezahlte Arbeitszeit überstieg, gearbeitet. Denn die Beklagte hat dem Kläger während dieser Zeit keine Pause gewährt.

1. In Übereinstimmung mit der Rechtsprechung des Senats hat das Landesarbeitsgericht den weder gesetzlich noch tariflich definierten Begriff der Pause zutreffend unter Rückgriff auf den natürlichen Sprachgebrauch bestimmt. Danach sind als Ruhepausen im voraus festliegende Unterbrechungen der Arbeitszeit anzusehen, in denen der Arbeitnehmer weder Arbeit zu leisten noch sich dafür bereitzuhalten braucht, sondern freie Verfügung darüber hat, wo und wie er diese Ruhezeit verbringen will. Entscheidendes Kriterium für die Pause ist somit die Freistellung des Arbeitnehmers von jeder Dienstverpflichtung und auch von jeder Verpflichtung, sich zum Dienst bereitzuhalten[23].

2. Der Kläger war während der streitgegenständlichen Zeiträume nicht von jeder Dienstverpflichtung und auch von jeder Verpflichtung, sich zum Dienst bereitzuhalten, freigestellt.

a) Nach den Feststellungen des Landesarbeitsgerichtes, an die der Senat gemäß § 561 Abs. 2 Zivilprozeßordnung gebunden ist, gab es für die Mitarbeiter der Intensivstation keine Pausenregelung des Arbeitgebers. Damit fehlte es an einer Bestimmung, der der Kläger im voraus entnehmen konnte, von wann bis wann seine Arbeitszeit durch eine Ruhepause unterbrochen wurde.

b) Eine solche Regelung hat die Beklagte auch nicht dadurch getroffen, daß sie es den Mitarbeitern der Intensivstation überlassen hat, einvernehmlich zu bestimmen, wann sie ihre Ruhepause einlegen.

ba) Nach den Feststellungen des Landesarbeitsgerichts ist es zu einer einvernehmlichen Regelung der Ruhepause des Klägers durch die Mitarbeiter nicht gekommen. Diese blieben, auch wenn sie gemeinsam den Bereitschaftsraum aufsuchten, in Arbeitsbereitschaft. Eine Einigung darüber, wer von wann bis wann seine Ruhepause nimmt, trafen sie nicht. Zu einer im voraus festliegenden Unterbrechung der Arbeitszeit des Klägers

---

23 BAGE 58, 243, 247 = AP Nr. 1 zu § 3 AZO Kr. zu II 2 der Gründe, mit weiteren Nachweisen

führte somit auch dieses von der Beklagten – offenbar mit Billigung des Personalrats – geduldete Verfahren nicht. Denn kein Mitarbeiter konnte sich ohne Abstimmung mit seinen Kollegen, von der er im voraus nicht wußte, ob sie zustande käme, gänzlich aus der Arbeitsbereitschaft zurückziehen.

bb) Eine andere Beurteilung ergibt sich auch nicht aus § 3 der Verordnung über die Arbeitszeit in Krankenpflegeanstalten (AZO Kr) vom 13. Februar 1924. Im Urteil vom 05. Mai 1988[24] hat der Senat die Auffassung vertreten, diese Bestimmung gestatte abweichend von der AZO dem Arbeitgeber möglicherweise eine Delegation des Pausenbestimmungsrechts an die betroffenen Arbeitnehmer. Die Frage brauchte nicht abschließend entschieden zu werden, weil den Klägerinnen hiermit jenes Verfahrens auch unter dieser Voraussetzung keine Pause gewährt worden war. Auch der vorliegende Fall nötigt den Senat nicht zu einer abschließenden Stellungnahme. Selbst wenn davon auszugehen wäre, daß der Arbeitgeber durch eine Regelung der Anstaltsleitung im Sinne des § 3 AZO Kr das Pausenbestimmungsrecht auf die Arbeitnehmer übertragen kann, würde dadurch die Pflicht zur Gewährung der Ruhepause (§ 12 Abs. 2 AZO) nur erfüllt, wenn die Mitarbeiter eine Regelung treffen, die für den einzelnen Arbeitnehmer verbindlich im voraus die Unterbrechung der Arbeitszeit festlegt. Im vorliegenden Fall ist es – wie dargelegt – zu einer solchen Regelung nicht gekommen.

Die Beklagte könnte demgegenüber nicht einwenden, sie habe den Arbeitnehmern die Möglichkeit eingeräumt, ihre Pause eigenverantwortlich zu gestalten. Dabei würde verkannt, daß durch die kollektive Übertragung des Pausenbestimmungsrechts auf die Arbeitnehmer dem einzelnen Arbeitnehmer gegenüber die Pflicht zur Gewährung einer Ruhepause nicht erfüllt wird, wenn die Arbeitnehmer – wie hier – keine Regelung treffen, die sicherstellt, daß der einzelne Arbeitnehmer während eines im voraus bestimmten Zeitraums seine Arbeit unterbrechen kann, oder wenn eine getroffene Regelung nicht eingehalten wird. Denn dafür, daß eine Pausenregelung zustandekommt und durchgeführt wird, ist der Arbeitgeber verantwortlich, weil es seine Pflicht ist, die Ruhepause zu gewähren.

Die Beklagte hätte somit eine verbindliche Pausenregelung jedenfalls treffen müssen, nachdem es zu einer Vereinbarung der Arbeitnehmer nicht gekommen war und auch die von der Beklagten behauptete Erörterung des Problems zwischen den Pflegern und der Stationsschwester, auf deren Vernehmung es somit entgegen der Revision nicht ankam, keine Lösung gebracht hatte. Dadurch, daß die Beklagte eine solche Regelung, die der Zustimmung der Betriebsvertretung bedurft hätte[25], unterlassen hat, hat sie geduldet, daß der Kläger während der nichtvergüteten 24 Minuten der Anwesenheitszeit Arbeit oder Arbeitsbereitschaft geleistet hat."

Diese Entscheidung ist in mehrfacher Hinsicht hochinteressant:

Zum einen wird nochmals ausdrücklich wiederholt, daß die Ruhepause von der Arbeitsbereitschaft abzugrenzen ist im Sinne der Präsenztheorie, d.h. die Zeit muß wirklich zur freien Verfügung des Mitarbeiters stehen. Zum anderen wird aber auch auf das Kriterium „im voraus bestimmt" abgestellt, das bedeutet, der **Arbeitgeber** muß von seinem Weisungsrecht auch Gebrauch machen, d.h. er **muß sicherstellen, daß der einzelne Arbeitnehmer die Ruhepause auch nimmt.** Dabei wird hier nicht entschieden, ob das Pausenbestimmungsrecht auf die Mitarbeiter übertragen werden

---

24 BAGE 58, 243, 247 f. = AP Nr. 1 zu § 3 AZO Kr, zu II 2 b der Gründe
25 vgl. BAG, Beschluß vom 06. November 1990 – 1 ABR 88/89 – in: EzA § 37 BetrVG 1972 Nr. 15

kann, daß also die Mitarbeiter eine verbindliche Regelung treffen. Diese Selbstbestimmung bleibt möglich. Es muß aber klargestellt werden, daß der **Pausenzeitraum** feststeht.

Es leuchtet ein, daß es Arbeitsbereiche gibt, in denen trotz Planungsvorgaben aus der Natur der Sache heraus nicht einfach pünktlich die Pause genommen werden kann. Dies gilt sicherlich bereits für den OP-Dienst, dürfte aber auch für andere Dienste, z.T. auch für den Stationsdienst, in Frage kommen. Hier dürfte es in der Tat sinnvoller sein, mit einem Fenster wie bei der gleitenden Arbeitszeit zu arbeiten, denn mit § 14 ArbZG (außergewöhnliche Fälle) lassen sich die Ausnahmen nur schwer regeln. Dies birgt im übrigen auch immer die Gefahr in sich, daß der außergewöhnliche Fall dann zum Routinefall wird. Der klare Wortlaut des § 14 ArbZG zeigt, daß diese Ausnahmeregelung nur gedacht ist für vorübergehende Arbeiten bzw. an einzelnen Tagen, wenn dies anders nicht organisierbar ist, womit wir hier eine erhebliche Einschränkung der Ausnahmevorschrift haben. Da nach § 1 Abs. 1, 2. Alternative ArbZG Sinn und Zweck des Gesetzes eben nicht nur der Gesundheitsschutz ist, sondern insbesondere auch die Rahmenbedingungen für flexiblere Arbeitszeiten zu verbessern, dürfte die starre Auslegung, wie sie noch wohl vom Bundesarbeitsgericht in seinem Urteil vom 27.02.1992 zur Ruhepause einer Intensivpflegekraft ins Auge gefaßt wurde, nicht mehr gesetzesgerecht sein. Hier wird man flexiblere Formen akzeptieren dürfen.

Viel zu wenig beachtet wurde ein Urteil des BAG zur Dauer der täglichen Arbeitszeit, das ganz erhebliche organisatorische Auswirkungen nach sich zieht[26]. Es ging um folgenden Sachverhalt[27].

Zwei als Teilzeitkräfte in einem Krankenhauslabor beschäftigte medizinisch-technische Assistentinnen mit einer durchschnittlichen wöchentlichen Arbeitszeit von 25 Stunden wurden vom Krankenhausträger über ihre regelmäßige Arbeitszeit hinaus zur Teilnahme an sogenannten Be-

reitschaftsdiensten verpflichtet, die wochentags einen Zeitraum von 15 Stunden und am Wochenende einen Zeitraum von 24 Stunden umfaßten. Ausweislich einer von den Arbeitnehmerinnen einvernehmlich mit dem Krankenhausträger durchgeführten Erhebung fiel während dieser Bereitschaftsdienste zu 70% Arbeit an. Bei den Bereitschaftsdiensten gab es keine im voraus festgelegten Pausen. Der Krankenhausträger vergütete die Dienste wie Überstunden.

Anfangs wurden die Bereitschaftsdienste von den medizinisch-technischen Assistentinnen erbracht, wobei sie die Bereitschafts-Nachtdienste mit Zustimmung des Krankenhausträgers an entsprechend qualifizierte Studenten abgeben und sich zu Hause in Rufbereitschaft aufhalten konnten.

Nachdem die Abgabe von Nachtdiensten an Studenten untersagt worden war, weigerten sich die medizinisch-technischen Assistentinnen nach entsprechender vorheriger Ankündigung, die angeordneten Bereitschaftsdienste in vollem Umfang abzuleisten. Den Ankündigungen entsprechend brachen sie die Bereitschaftsdienste in der Folgezeit vorzeitig ab, woraufhin der Krankenhausträger die Arbeitsverhältnisse mit den betroffenen Krankenhausangestellten wegen angeblich beharrlicher Arbeitsverweigerung kündigte.

Fraglich ist bereits, ob Teilzeitkräfte sich überhaupt an Bereitschaftsdiensten beteiligen müssen: Der 5. Senat des BAG hat mit Urteil vom 12.02.1992 diese Frage bejaht[28]. Dem stehen gegenüber die

26 *Debong u.a.,* Die Schwester/Der Pfleger 8/1990, S. 718; *Weiß,* DKZ 11/1990, 824 ff.
27 BAG, Urteil vom 25.10.1989 – 2 AZR 633/88
28 BAG, Urteil vom 12.02.1992 – 5 AZR 566/90

Ausführungen des 6. Senats des BAG in einem Urteil vom 21.11.1991[29] zur Beteiligung von Teilzeitkräften an Bereitschaftsdiensten:

„Außerdem zwingt die tarifliche Regelung über die Pflicht zur Teilnahme am Bereitschaftsdienst nicht zur Gleichbehandlung von vollbeschäftigten und nichtvollbeschäftigten Angestellten. Die Tarifvertragsparteien haben nämlich bei nicht vollbeschäftigten Angestellten anders als bei vollbeschäftigten Angestellten... keine tarifliche Verpflichtung normiert, Bereitschaftsdienst zu leisten. Leistet deshalb ein nicht Vollbeschäftigter...ohne eine entsprechende tarifliche Verpflichtung Bereitschaftsdienst, so sind die Gerichte für Arbeitssachen jedenfalls nicht befugt, eine Regelung einzuführen, nach der dieser Bereitschaftsdienst ebenso wie der aufgrund tariflicher Verpflichtung geleistete Bereitschaftsdienst vollbeschäftigter Ärzte zu vergüten ist. Es muß den Tarifvertragsparteien überlassen bleiben, ob und ggf. in welchem Umfang sie eine entsprechende Verpflichtung für nicht Vollbeschäftigte...normieren und in welcher Weise sie den Vergütungsanspruch regeln."

Bis zur endgültigen Aufklärung des aufgezeigten **Widerspruches in der höchstrichterlichen Rechtsprechung** ergibt sich demzufolge **folgende Rechtssituation[30]:**

„Ordnet der Krankenhausträger unter Berufung auf die tariflichen Bestimmungen Bereitschaftsdienst oder Rufbereitschaft an, muß dieser Anordnung zunächst Folge geleistet werden. Die Teilzeitkraft kann jedoch, sofern diese abweichenden einzelvertraglichen Vereinbarungen getroffen worden sind, der Heranziehung zu Bereitschaftsdienst oder Rufbereitschaft unter Hinweis auf die Entscheidung des 6. Senats des Bundesarbeitsgerichtes vom 21. November 1991 widersprechen und die Frage der tariflichen Verpflichtung zur Teilnahme am Bereitschaftsdienst

und/oder an der Rufbereitschaft durch die Arbeitsgerichte klären lassen. In jedem Falle aber sollten teilzeitbeschäftigte Arbeitnehmer bei der Heranziehung zu Bereitschaftsdienst und/oder Rufbereitschaft ungeachtet der Entscheidung des 6. Senats vom 21. November 1991 schriftlich die tariflichen Vergütungsansprüche geltend machen, sofern der Krankenhausträger diese infrage stellen sollte. Wie wir es nämlich im Ergebnis bei der Entscheidung des 5. Senats sehen, wonach Teilzeitbeschäftigte tarifvertraglich zur Leistung von Rufbereitschaft und somit gleichermaßen auch Bereitschaftsdienst verpflichtet sind, ist nicht ausgeschlossen, daß die Frage der tariflichen Vergütung für Bereitschaftsdienst bzw. Rufbereitschaft, die von einem nicht vollbeschäftigten Angestellten über die vereinbarte Arbeitszeit hinaus bis zur regelmäßigen tariflichen Arbeitszeit geleistet werden, anders und damit im Ergebnis zugunsten der betroffenen Arbeitnehmer entschieden werden wird. Für diesen Fall gilt es, seine Ansprüche zu wahren."

Im oben dargelegten Fall ging es jetzt allerdings nicht um die Frage, ob Teilzeitkräfte überhaupt Mehrarbeit leisten müssen, sondern um die Frage der arbeitszeitlichen Begrenzung nach dem öffentlich-rechtlichen Arbeitszeitschutz.

Das BAG hat mit Urteil vom 25.10.1989[31] entschieden, daß der Arbeitgeber auch bei der **Anordnung von Bereitschaftsdienst** hinsichtlich der **Zeiten tatsächlicher Inanspruchnahmen** nicht nur die Wochenarbeitszeitbegrenzung zu beachten hat, sondern auch die **Tagesarbeitszeitgrenze,** d.h. Pflegende in Gesundheitseinrichtungen dürfen täglich **höchstens 10 Stunden** beschäftigt werden, es sei denn, daß vorübergehende Arbeiten, die in Notfällen unverzüglich vorgenommen werden müssen, durchzuführen sind.

Weiterhin wird in diesem Urteil auf **vorübergehende Notfälle** abgestellt, wobei Notfälle wie folgt konkretisiert sind:

29 BAG, Urteil vom 21.11.1991 – 6 AZR 551/89

30 *Debong u.a.,* Die Schwester/Der Pfleger 9/1991, 872

31 BAG, Urteil vom 25.10.1989 – 2 AZR 633/88

„Einlieferung Verunglückter oder Schwerkranker, plötzlich notwendige Operationen, Einspritzungen, Entbindungen usw. "
Dementsprechend bedeutet dies, daß eine plötzliche Erkrankung der Nachtwache ebenfalls ein Notfall ist. Wichtig ist aber in dem Zusammenhang, daß ein Dauernotstand keine Überschreitung der Tagesarbeitszeit rechtfertigt. Es muß sich um einen vorübergehenden Notfall handeln.
Legt man jetzt die hier dargelegten Gesichtspunkte zugrunde, wird überdeutlich, daß **organisatorische Vorkehrungen im Rahmen einer generellen Dienstanordnung der Pflegedirektion oder im Wege der Dienstvereinbarung mit dem Personalrat nötig sind.**

3. Das Arbeitszeitgesetz (ArbZG) vom 06.06.1994

3.1. Vorgeschichte

Aufgrund der Gesetzgebungsaufträge in Art. 30 Abs. 1, Nr. 1 des Einigungsvertrages[32] und im Beschluß des Bundesverfassungsgerichtes vom 13.11.1979 zur Unvereinbarkeit des Hausarbeitstages für Frauen mit Art. 3 des Grundgesetzes[33] sowie im Urteil des Bundesverfassungsgerichtes vom 28.01.1992 über die Unvereinbarkeit des Nachtarbeitsverbotes für Arbeiterinnen mit Art. 3 des Grundgesetzes[34], legte der Gesetzgeber den Entwurf eines Arbeitszeitgesetzes (ArbZG) vor[35].
Es gab bereits in der Endphase der sozialliberalen Koalition Anfang der achtziger Jahre einen ArbZG-Entwurf, der nicht mehr verabschiedet wurde[36]. Die SPD-Bundestagsfraktion brachte zum Entwurf eines ArbZG einen Alternativ-Entwurf ein[37], der wesentlich vom Regierungsentwurf abwich[38].
Am 10.03.1994 verabschiedete der Bundestag das Gesetz entsprechend dem Regierungsentwurf. Wegen der Widerstände im Bundesrat formulierte man das ArbZG so, daß es ein im Bundesrat nicht zustimmungsbedürftiges Gesetz wurde. Es passierte also den Bundesrat und wurde am 06.06.1994 **mit Gültigkeit ab 01.07.1994** verkündet[39].

3.2. Sinn und Zweck, Legaldefinitionen

Im ersten Abschnitt des Arbeitszeitgesetzes „Allgemeine Vorschriften" werden in den §§ 1 und 2 Sinn und Zweck des Gesetzes und einige Begrifflichkeiten erläutert.
In § 1 wird der **Zweck des ArbZG** näher bestimmt.
Nach Nr. 1 ist es Zweck des Gesetzes, die **Sicherheit und** den **Gesundheitsschutz der Arbeitnehmer** bei der Arbeitszeitgestaltung zu gewährleisten und die Rahmenbedingungen für flexible Arbeitszeiten zu verbessern.
Nach Nr. 2 ist es Zweck des Gesetzes, den **Sonntag und** die staatlich anerkannten **Feiertage als Tage der Arbeitsruhe** der Arbeitnehmer zu schützen.
In § 2 ArbZG werden die Begriffe Arbeitszeit, Arbeitnehmer, Nachtzeit und Nachtarbeitnehmer näher bestimmt.

---

32 Auftrag, das öffentlich-rechtliche Arbeitszeitrecht einschließlich der Zulässigkeit von Sonn- und Feiertagsarbeit und den besonderen Frauenarbeitsschutz möglichst bald einheitlich neu zu regeln
33 BVerfGE Band 52, S. 369 = BB 1980, S. 207
34 BVerfG, Urteil vom 28.01.1992 unter dem AZ: 1 BvR 1025/82, in: BB 1992, Beilage 3 zu H.5.
35 Bundesregierungs-Drucksache 507/93
36 veröffentlicht in: *Gröninger u.a.,* Arbeitszeitschutz, Der Wirtschafts-Kommentator, Band 51, Loseblatt, Anhang A1
37 Bundestagsdrucksache 12/ 5282
38 vgl. *Oppolzer,* Rückbau oder Ausbau des Arbeits- und Gesundheitsschutzes?, in: AuR 2/1994, S. 41–49
39 Bundesgesetzblatt I, Nr.33/1994 vom 10.06. 1994, S. 1170–1177

Nach § 2 Abs. 1 ist Arbeitszeit wie bereits nach § 2 Abs. 1 der Arbeitszeitordnung die **Zeit vom Beginn bis zum Ende der Arbeit ohne die Ruhepausen, aber einschließlich der betriebsbedingten Warte- und Wegezeiten innerhalb dieser Zeitpunkte.** Damit wird zugleich klargestellt, daß mit dem Wort Arbeitszeit **nicht Bereitschaftsdienst oder Rufbereitschaft** erfaßt werden. Dies folgt ferner aus den Nummern der vorgesehenen Vorschrift des § 7 Abs. 1 Nr. 1 a und Nr. 4 a, in denen nur die Arbeitsbereitschaft, nicht aber der Bereitschaftsdienst und die Rufbereitschaft, als Arbeitszeit gewertet werden. Aus § 7 Abs. 2 Nr. 1 ArbZG folgt nur, daß Bereitschaftsdienst und Rufbereitschaft vom Arbeitgeber allein nicht als Ruhezeit im Sinne des § 5 Abs. 1 bewertet werden dürfen.

Der **Arbeitnehmerbegriff** entspricht dem § 5 Abs. 1 des BetrVG bzw. § 20 Abs. 1 BErzGG; Heimarbeiter und sonstige arbeitnehmerähnliche Personen werden nicht einbezogen.

Die **Nachtzeit** reicht von **23.00 Uhr bis 06.00 Uhr** mit Abweichungsmöglichkeiten nach § 7 Abs. 1 Nr. 5; **Nachtarbeit ist Arbeit, die mehr als 2 Stunden der Nachtzeit umfaßt.**

Nachtarbeitnehmer sind Arbeitnehmer, die aufgrund ihrer Arbeitszeitgestaltung **regelmäßig wiederkehrend in Wechselschicht** Nachtarbeit zu leisten haben oder **Nachtarbeit an mindestens 48 Tagen jährlich leisten.**

3.3. Grundnormen des öffentlich-rechtlichen Arbeitszeitrechts

Der zweite Abschnitt des ArbZG beschränkt die öffentlich-rechtlichen Arbeitszeitregelungen in den §§ 3–5 auf drei allgemeine für alle Arbeitnehmer und alle Bereiche in gleicher Weise geltenden Grundnormen für die **Höchstarbeitszeit, die Mindestruhepausen und Mindestruhezeiten.** Im Unterschied zur Arbeitszeitordnung soll nach § 7 ArbZG die Anpassung an betriebliche und regionale Erfordernisse nicht durch staatliche Stellen, sondern durch die Tarifvertragsparteien und die Betriebspartner erfolgen. Nur dort, wo ein besonderer Gesundheitsschutz geboten ist, erfolgt eine Anpassung durch öffentlich-rechtliche Regelungen: Bei Nacht- und Schichtarbeit (§ 6) und bei gefährlichen Arbeiten (§ 8).

Nach § 3 darf die **werktägliche Arbeitszeit des Arbeitnehmers 8 Stunden nicht überschreiten.** Da auch Samstag Werktag ist, geht der Gesetzgeber weiterhin von der **6-Tage-Woche** aus, also von einer **höchstzulässigen wöchentlichen Arbeitszeit von 48 Stunden.**

Nach § 3 Satz 2 kann diese **werktägliche Arbeitszeit auf bis zu 10 Stunden verlängert** werden, wenn entweder in einem **Ausgleichszeitraum von 6 Kalendermonaten oder 24 Wochen ein 8-Stunden-Durchschnitt** erreicht wird. Das bedeutet, daß eine finanzielle Abgeltung von Mehrarbeit als Überstunden nicht mehr so ohne weiteres möglich ist. Nach spätestens 6 Monaten muß die durchschnittstägliche Arbeitszeit 8 Stunden betragen!

Selbstverständlich kann der Arbeitgeber einen kürzeren Ausgleichszeitraum wählen. Die Neuregelung wird auf jeden Fall für die Entwicklung neuer Arbeitszeitmodelle sehr viel Platz belassen[40].

Nach § 4 ArbZG wird die bis 30.06.1994 vorhandene unterschiedliche Pausenregelung für Männer und Frauen aus Gründen der Gleichbehandlung vereinheitlicht. Die **Mindestdauer der Ruhepausen** ist nach der Dauer der Arbeitszeit gestaffelt, nämlich

- 30 Minuten bei einer Arbeitszeit von mehr als 6 bis zu 9 Stunden und
- 45 Minuten bei einer Arbeitszeit von mehr als 9 Stunden.

Nach § 4 Satz 2 ArbZG sind Ruhepausen nur **Arbeitsunterbrechungen von mindestens 15 Minuten.** Zeiten unterhalb dessen

---

[40] so richtig *Zmarzlik,* Entwurf eines Arbeitszeitgesetzes, BB 1993, S. 2011

sind Verschnaufzeiten, die als Arbeitszeit gelten. Ruhepausen können aber in Zeiträume von 15 Minuten aufgeteilt werden.

Selbstverständlich sind auch in ambulanten Diensten Ruhepausen zu gewähren und zu nehmen[41]. Nach § 5 Abs. 1 ArbZG muß der Arbeitnehmer **nach Beendigung der täglichen Arbeitszeit eine ununterbrochene Ruhezeit von 11 Stunden** haben. In **Krankenhäusern und anderen Einrichtungen zur Behandlung, Pflege und Betreuung von Personen** in weiteren aufgezählten Einrichtungen kann die **Dauer** der Ruhezeit **bis auf 10 Stunden verkürzt** werden! Jede Verkürzung der Ruhezeit muß innerhalb eines Kalendermonats oder innerhalb von 4 Wochen durch Verlängerung einer anderen Ruhezeit auf mindestens 12 Stunden ausgeglichen werden (§ 5 Abs. 2).

Nach Auffassung etlicher Autoren funktioniert die kalendertägliche Berechnung nicht mehr: Der individuelle Arbeitstag hat zwar auch 24 Stunden, er wird jedoch nach dieser Auffassung nicht wie der Kalendertag ab 0.00 Uhr, sondern vom Beginn der Arbeitszeit des betreffenden Arbeitnehmers an gezählt und endet 24 Stunden später[42]. Das bedeutet, daß von Blockarbeitszeit auszugehen wäre, nämlich Beginn der Arbeitsaufnahme und Ende der Arbeit. Das ist aber nicht zwingend *(vgl. im einzelnen unten 5.3.).*

Da die Neuregelung von Durchschnittswerten ausgeht, kann im Extremfall der Arbeitstag 24 Stunden betragen, so daß dann erst die Ruhezeit zu laufen beginnt *("nach der Beendigung der täglichen Arbeitszeit").* Im **Extremfall** kann also auch eine **70-Stunden-Woche** eintreten[43] . Was dabei aber nicht außeracht bleiben sollte, daß im **Durchschnitt** die Grenzwerte 8 Stunden täglich und **48 Stunden wöchentlich** eingehalten werden müssen, so daß dies eine **deutliche Verbesserung gegenüber dem bisher geltenden Arbeitszeitrecht** mit immerhin wöchentlich 60 Stunden ausmacht.

3.4. Nacht- und Schichtarbeit

Bei Nacht- und Schichtarbeit geht der Gesetzgeber verpflichtendere Wege: Nach § 6 Abs. I ArbZG ist die **Arbeitszeit der Nacht- und Schichtarbeitnehmer nach den gesicherten arbeitswissenschaftlichen Erkenntnissen über die** menschengerechte Gestaltung der Arbeit festzulegen. Für die Dauer gilt grundsätzlich das Gleiche wie für die Tagesarbeitszeit mit der Maßgabe, daß der Ausgleichszeitraum auf einen Kalendermonat bzw. auf vier Wochen reduziert wird. Tarifvertraglich kann der Ausgleichszeitraum verlängert werden. § 6 Abs. 3 ArbZG regelt **arbeitsmedizinische Untersuchungen** auf Kosten des Arbeitgebers und § 6 Abs. 4 ArbZG die **Umsetzungspflicht auf einen geeigneten Tagesarbeitsplatz** unter den dort genannten Voraussetzungen. Als **Ausgleich** für die Nachtarbeit hat der Arbeitgeber eine **angemessene Zahl bezahlter freier Tage oder** einen **angemessenen Nachtarbeitszuschlag** zu gewähren (§ 6 Abs. 5 ArbZG). Auch hier sind durch Tarifvertrag oder Vereinbarungen mit den Betriebspartnern abweichende Regelungen möglich.

Nach § 8 ArbZG kann bei **Arbeiten mit besonderen Gesundheitsgefahren** über die dargestellten Vorschriften der §§ 3–7 hinaus ein **verstärkter Gesundheitsschutz durch Rechtsverordnung** bestimmt werden, was bisher allerdings noch nicht geschehen ist.

3.5. Sonn- und Feiertagsarbeit

§ 9 ArbZG regelt die **Sonn- und Feiertagsruhe.** Arbeitnehmer dürfen an Sonn- und gesetzlichen Feiertagen von 0.00 Uhr bis

---

41 *Debong u.a.,* Pausenregelungen in der ambulanten Pflege, Schw/Pfl 1/1992, S. 73 f.
42 so richtig *Zmarzlik,* BB 1993, 2011
43 darauf weist zu Recht *Bach,* Die Entwicklung im Tarifrecht, BALK-Sonderheft 13/I.Quartal 1994, S. 66 hin

24.00 Uhr nicht beschäftigt werden. Die Dauer der Ruhezeit des einzelnen Arbeitnehmers muß sich mit dem Kalendersonntag bzw. mit dem Kalenderfeiertag decken und mindestens 24 Stunden betragen, für zwei aufeinanderfolgende Feiertage mindestens acht Stunden.

Wie bisher kann in mehrschichtigen Betrieben Beginn und Ende der Sonn- und Feiertagsruhe um bis zu 6 Stunden vor- oder zurückverlegt werden (§ 9 Abs. 2 ArbZG), z.B. auf Samstag 22.00 Uhr bis Sonntag 22.00 Uhr oder auf Sonntag 06.00 Uhr bis Montag 06.00 Uhr entsprechend den Schichtwechselzeiten 06.00 Uhr, 14.00 Uhr, 22.00 Uhr. Voraussetzung für diese Vor- oder Zurückverlegung ist aber eine absolute Betriebsruhe für mindestens 24 Stunden.

In § 10 ArbZG sind die **Ausnahmen vom Beschäftigungsverbot an Sonn- und Feiertagen** in einem Katalog zusammengefaßt. Hierunter fallen u.a. **Krankenhäuser,** nach § 10 Abs. 1 Nr. 3 aber auch der Bereich der **ambulanten Dienste**[44].

Eine Neuerung ergibt sich aus § 11 ArbZG, denn für die Beschäftigung an einem Sonn- oder Feiertag ist den Arbeitnehmern **je ein Ersatzruhetag** zu gewähren. **15 Sonntage müssen im Kalenderjahr beschäftigungsfrei sein.** Die Sonn- und Feiertagsruhe oder der Ersatzruhetag ist den Arbeitnehmern unmittelbar in Verbindung mit einer Ruhezeit zu gewähren. Abweichungen sind nur in einem Tarifvertrag oder aufgrund eines Tarifvertrages in einer Vereinbarung mit den Betriebspartnern zulässig.

3.6. Strukturelle abweichende Regelungen nach § 7

In § 7 ArbZG sind **Tariföffnungs- und Betriebsöffnungsklauseln** enthalten, die sowohl hinsichtlich ihrer Voraussetzungen als auch hinsichtlich ihrer Varianten erläutert werden müssen.

In den Absätzen 1 und 2 sind Sachverhalte genannt, die in einem Tarifvertrag oder

aufgrund eines Tarifvertrages in einer Betriebsvereinbarung zwischen Betriebsrat und Betrieb abweichend festgelegt werden können.

Wenn entsprechende Tarifverträge nicht vorliegen, können im Geltungsbereich eines Tarifvertrages durch Betriebsvereinbarung die in den Absätzen 1 und 2 genannten Abweichungen festgelegt werden (§ 7 Abs. 3 ArbZG).

Die Kirchen und die öffentlich-rechtlichen Religionsgesellschaften können die in den Absätzen 1 und 2 genannten Abweichungen in ihren Regelungen vorsehen, also z.B. in den AVR (Arbeitsvertragsrichtlinien), so § 7 Abs. 4 ArbZG.

Dieses Recht ergibt sich bereits aus dem verfassungsrechtlich garantierten Selbstbestimmungsrecht der Kirchen[45] und der hierzu ergangenen Rechtsprechung[46]. Hierzu zählen auch deren karitative und erzieherische Einrichtungen wie Caritasverbände und Diakonische Werke.

In einem Bereich, in dem Regelungen durch Tarifverträge üblicherweise nicht getroffen werden, können Ausnahmen im Rahmen der Abs. 1 und 2 durch die Aufsichtsbehörde, in der Regel das staatliche Gewerbeaufsichtsamt, bewilligt werden, wenn dies aus betrieblichen Gründen erforderlich ist und die Gesundheit der Arbeitnehmer nicht gefährdet wird (§ 7 Abs. 5 ArbG).

Schließlich kann die Bundesregierung durch Rechtsverordnung mit Zustimmung des Bundesrates Ausnahmen im Rahmen des Abs. 1 oder 2 zulassen unter den Voraussetzungen, die in Abs. 5 bereits genannt sind.

---

44 vgl. Bundesregierungs-Drucksache 507/93, 83
45 Artikel 140 Grundgesetz i.V.m. Artikel 137 Abs. 3 der Weimarer Verfassung
46 BVerfG, Urteil vom 04.06.1985, AP Nr. 24 zu Artikel 140 GG; BAG, Urteil vom 25.04.1978, in: AP Nr. 2 zu Artikel 140 GG

3.7. Inhaltliche Abweichungs-möglichkeiten nach § 7

Inhaltlich werden in Absatz 1 Abweichungen ohne weitere Einschränkungen zugelassen, während § 7 Abs. 2 ArbZG die Einschränkung macht:

„…sofern der Gesundheitsschutz der Arbeitnehmer durch einen entsprechenden Zeitausgleich gewährleistet wird. "

Folgende Fälle können durch Tarifvertrag oder aufgrund eines Tarifvertrages in einer Betriebsvereinbarung ohne weiteres abweichend geregelt werden:

Abweichungen von der werktäglichen Arbeitszeit nach § 3

(1) Die **Arbeitszeit** darf **über 10 Stunden werktäglich auch ohne Ausgleich verlängert** werden, **wenn** in die Arbeitszeit regelmäßig und in erheblichem Umfang **Arbeitsbereitschaft** fällt.

Arbeitsbereitschaft ist Warten auf Arbeit während der vertraglich vereinbarten Arbeitszeit *(„wache Achtsamkeit im Zustand der Entspannung");* dies betrifft also insbesondere auch Nachtdienste. Hier gibt es bereits nach altem Recht Abweichungen, z.B. in § 15 Abs. 2 BAT und in den Arbeitsvertragsrichtlinien, die ohne weiteres weiter gelten (§ 25 ArbZG).

(2) Es kann ein **anderer Ausgleichszeitraum** festgelegt werden, also anstatt 6 Monate oder 24 Wochen kann auch beispielsweise 12 Monate oder 48 Wochen geregelt sein. Davon haben die Tarifparteien im öffentlichen Dienst 1996 Gebrauch gemacht: In § 15 Abs. 1 BAT wurde in Satz 2 anstatt 26 Wochen das Kalenderjahr aufgenommen!

(3) **An höchstens 60 Tagen** im Jahr kann die **Arbeitszeit auf bis zu 10 Stunden werktäglich ohne Ausgleich verlängert** werden.

Abweichungen von der Ruhepausenregelung nach § 4 Satz 2

In Schichtbetrieben und Verkehrsbetrieben kann die Gesamtdauer der Ruhepausen auf **Kurzpausen** von angemessener Dauer aufgeteilt werden.

Während normalerweise die Regel gilt, daß Verschnaufpausen bis zu 15 Minuten als Arbeitszeit gelten, können hier also Kurzpausen von z.B. 5 Minuten oder 10 Minuten als Ruhepausen zugelassen werden.

Abweichungen von der Ruhezeitregelung nach § 5

(1) Wenn die Art der Arbeit dies erfordert und die Kürzung der Ruhezeit innerhalb eines festzulegenden Ausgleichszeitraumes ausgeglichen wird, kann die **Ruhezeit bis zu 2 Stunden gekürzt** werden, **also auf mindestens 9 Stunden.**

Die Caritas-Arbeitsrechtskommission hat im November 1994 in den Arbeitsvertragsrichtlinien in der Anlage zu § 5 der AVR in deren § 1 Abs. 10 eine entsprechende Verkürzung aufgenommen, die innerhalb eines 3-Wochen-Zeitraumes durch entsprechende Freizeit auszugleichen ist.

(2) Bei Bereitschaftsdienst und Rufbereitschaft dürfen die Ruhezeiten den Besonderheiten dieser Dienste angepaßt werden. Insbesondere dürfen Kürzungen der Ruhezeit in Folge von Inanspruchnahmen während dieser Dienste zu anderen Zeiten ausgeglichen werden.

Für Krankenhäuser und andere Einrichtungen zur Behandlung, Pflege und Betreuung von Personen kommt aber bereits § 5 Abs. 3 ArbZG zum Tragen. Dort ist geregelt, daß Kürzungen der Ruhezeit durch Inanspruchnahmen während des Bereitschaftsdienstes oder der Rufbereitschaft, die nicht mehr als die Hälfte der Ruhezeit betragen, zu anderen Zeiten ausgeglichen werden können. Das bedeutet also, daß ausgehend von einer regelmäßigen Mindestruhezeit von 11 Stunden **bei Inanspruchnahmen während des Bereitschaftsdienstes oder der Rufbereitschaft in Höhe von höchstens 5,5 Stunden der Ausgleich an anderen Tagen erfolgen darf,** evtl. auch auf andere Tage verteilt. Bei Inanspruchnahmen von mehr als 5,5 Stunden ist im Anschluß an den Bereitschaftsdienst oder die Rufbereitschaft eine entsprechende Ruhezeit zu gewähren. Nur insoweit besteht deshalb Grund, nach § 7 Abs. 2 Nr. 1 weitere Abweichungen zu regeln.

Klarzustellen ist noch, daß „andere Einrichtungen zur Behandlung, Pflege und Betreuung von Personen" nicht nur Anstalten und Betriebe sondern auch ambulante Dienste sind[47].

Abweichungen von der werktäglichen Arbeitszeit der Nachtarbeitnehmer nach § 6 Abs. 2

(1) Auch hier darf die **Arbeitszeit über 10 Stunden werktäglich hinaus ohne Ausgleich verlängert** werden, **wenn** in die Arbeitszeit regelmäßig und in erheblichem Umfang **Arbeitsbereitschaft** fällt.

(2) Auch hier darf ein **anderer Ausgleichszeitraum** als ein Monat oder 4 Wochen festgelegt werden.

Abweichungen des Nachtarbeitszeitraumes von 23.00 Uhr bis 06.00 Uhr nach § 2 Abs. 3

Der **Beginn** des siebenstündigen **Nachtzeitraumes** kann auf die Zeit **zwischen 22.00 Uhr und 24.00 Uhr** festgelegt werden.

Weitere Abweichungen

Die werktägliche Arbeitszeit der Arbeitnehmer, die Ruhepausen, die Ruhezeit und die werktägliche Arbeitszeit der Nachtarbeitnehmer kann bei der Behandlung, Pflege und Betreuung von Personen der Eigenart dieser Tätigkeit und dem Wohl dieser Personen entsprechend angepaßt werden.

Wer diese Vorschrift losgelöst von systematischem Hintergrundwissen liest, konnte meinen, daß hier der Willkür Tür und Tor geöffnet wäre. Dem ist aber nicht so. Ganz abgesehen davon, daß die Gewerkschaften und die Betriebsvertretungen ein qualifiziertes Mitentscheidungsrecht haben, müssen natürlich trotz allem die Grundsätze der Rechtsprechung beachtet werden, was *oben unter 2.* am Beispiel der Ruhepausen schon verständlich gemacht wurde.

In demselben Umfang können auch im öffentlichen Dienst sowie bei den Arbeitgebern, die der Tariffindung eines für den öffentlichen Dienst geltenden oder eines im wesentlichen inhaltsgleichen Tarifvertrages unterliegen, die gesetzlichen Regelungen durch eine abweichende Vereinbarung der Eigenart der Tätigkeit angepaßt werden.

3.8. Außergewöhnliche Fälle nach §14

Von den Arbeitszeitregelungen, wie sie bereits eingehend dargestellt wurden, kann in außergewöhnlichen Fällen abgewichen werden, wobei der Gesetzgeber in zwei Absätzen zwei verschiedene Sachverhalte unterscheidet, nämlich

- die Notfallsituation nach § 14 Abs. 1, in denen von sämtlichen Arbeitszeitregelungen abgewichen werden darf und

- sonstige außergewöhnliche Fälle, in denen mit Ausnahme der Sonn- und Feiertagsruhe sowie der Sonn- und Feiertagsbeschäftigung im übrigen abgewichen werden darf.

Notfälle sind ungewöhnliche, unvorhersehbare und plötzlich eintretende Ereignisse, die ein sofortiges Eingreifen erfordern (z.B. plötzliche Erkrankung, Unfall, Todesfall)[48].

Nicht dazu gehören Fehldispositionen des Arbeitgebers[49].

---

47 ebenso *Voss/Halbach*, Das Arbeitszeitgesetz, in: Das Personalbüro, Heft Nr. 7 vom 20.07.1994, S. 61

48 vgl. BAG, Urteil vom 25.10.1989 unter dem AZ.: 2 AZR 633/88; vgl. auch *Debong u.a.*, Kein Dienst rund um die Uhr, Schw/Pfl 8/1990, S. 718; *Weiß*, Die Regelung der zulässigen Arbeitszeit und der Ruhepausen für das Krankenpflegepersonal, DKZ 11/1990, S. 824 ff.

49 *Voss/Halbach (vgl. Anmerkung 51)*, S. 55

Sonstige außergewöhnliche Fälle nach § 14 Abs. 2 ArbZG liegen vor, wenn dem Arbeitgeber andere Vorkehrungen nicht zugemutet werden können, so bei der vorübergehenden Beschäftigung einer verhältnismäßig geringen Zahl von Arbeitnehmern mit Arbeiten, deren Nichterledigung das Ergebnis der Arbeiten gefährden oder einen unverhältnismäßigen Schaden zur Folge haben würde *(§14 Abs. 2 Nr. 1 ArbZG)*: So wäre es in der Tat unverhältnismäßig, eine auswärtige Arbeit einfach deshalb abzubrechen, weil die werktägliche Arbeitszeit zu Ende ist, obwohl der Aufwand hierfür minimal wäre und der Anfahrtsweg dazu in einem deutlichen Mißverhältnis steht. D.h., daß die Arbeitszeit sich hier beispielsweise um eine halbe Stunde verlängert, durch die Hin- und Rückfahrt aber wenigstens eine Stunde verloren gehen könnte.

An einzelnen Tagen darf von den Arbeitsschutzvorschriften abgewichen werden bei unaufschiebbaren Arbeiten zur Behandlung, Pflege und Betreuung von Personen oder zur Behandlung und Pflege von Tieren *(§ 14 Abs. 2 Nr. 2 ArbZG)*.

3.9. Bußgeld- und Strafvorschriften

Alle Arbeitszeitregelungen sind bußgeld- und sogar strafbewehrt.

Nach § 22 Abs. 1 Nr. 1 bis 10 ArbZG handelt ordnungswidrig, wer als Arbeitgeber vorsätzlich oder fahrlässig entgegen den Katalognummern Arbeitnehmer beschäftigt. Die **Ordnungswidrigkeit** kann in diesem Falle mit einer **Geldbuße bis zu DM 30.000,–** geahndet werden (§ 22 Abs. 2 ArbZG).

Nach § 23 ArbZG wird sogar mit **Freiheitsstrafe bis zu einem Jahr oder Geldstrafe bestraft,** wer vorsätzlich gegen die §§ 3 bis 5, 9 und 11 ArbZG verstoßt oder einer vollziehbaren Anordnung nach § 13 Abs. 3 Nr. 2 ArbZG zuwiderhandelt und entweder dadurch Gesundheit und Arbeitskraft eines Arbeitnehmers gefährdet oder den Rechtsverstoß beharrlich wiederholt.

Dies ist kein Erfolgsdelikt, sondern ein **schlichtes Tätigkeitsdelikt** *(vgl. dazu Teil 2: Haftungsrecht unter 2.1., Fall 37 = S. 52)!*

Arbeitgeber ist der Betriebsinhaber, der Betriebsleiter, die Aufsichtsperson oder eine sonstige Person, die der Arbeitgeber zur Leitung und Beaufsichtigung des Betriebes bestellt hat[50]. Damit ist also der Geschäftsführer einer Sozialstation, die Pflegedienstleitung einer Sozialstation, die Abteilungsleitung, die Stationsleitung und wer auch immer, der die Dienstplangestaltung zu verantworten hat, Arbeitgeber im Sinne dieser Vorschrift.

3.10. Sonstige Vorschriften

Mit dieser Neuregelung wird der **Frauenarbeitsschutz** mitgeregelt, die bisherigen Sondervorschriften für Frauen sind im wesentlichen aufgehoben.

Zu ergänzen ist noch die Regelung, daß das ArbZG nicht Anwendung findet auf leitende Angestellte im Sinne des § 5 Abs. 3 BetrVG *(vgl. dazu oben B.4.1.),* auf Chefärzte, Leiter von öffentlichen Dienststellen und deren Vertreter sowie auf Arbeitnehmer im öffentlichen Dienst, die zu selbständigen Entscheidungen in Personalangelegenheiten befugt sind, ferner nicht auf den Familienhaushalt und nicht auf den liturgischen Bereich der Kirchen (§ 18 Abs. 1 ArbZG). Für Jugendliche und Kinder, also für Beschäftigte unter 18 Jahren, kommt das Jugendarbeitsschutzgesetz zur Anwendung. Im öffentlichen Dienst können, soweit keine tarifvertragliche Regelung besteht, durch die zuständige Dienstbehörde die für Beamte geltenden Bestimmungen über die Arbeitszeit auf die Arbeitnehmer übertragen werden (§ 19 ArbZG), was nach der Arbeitszeitordnung ebenso geregelt war (§ 13).

---

50 Bayerisches Oberstes Landesgericht, Urteil vom 27.3.1958, AP Nr. 2 zu § 25 Arbeitszeitordnung

3.11. Würdigung des ArbZG

Daß das öffentlich-rechtliche Arbeitszeitrecht jetzt in einem Arbeitszeitgesetz zusammengefaßt ist, dient sicherlich der Rechtsvereinfachung, wenngleich die 26 Paragraphen doch recht unübersichtlich geregelt sind.

Der öffentlich-rechtliche Arbeitszeitschutz ist jetzt durch die vielen Abweichungsmöglichkeiten mehr oder weniger ausgehöhlt[51]. Entscheidend kommt es daher auf die Tarifpartner, die Arbeitsrechtskommissionen und die Betriebspartner an, den Arbeits- und Gesundheitsschutz der Mitarbeiter gebührend zu berücksichtigen.

4. Die Arbeitszeitrichtlinie der Europäischen Union

Das vom Bundestag beschlossene Arbeitszeitgesetz geht deutlich über die am 23.11.1993 beschlossene Richtlinie des Rates der Europäischen Union über bestimmte Aspekte der Arbeitszeitgestaltung (ArbzRL) (93/104/EG)[52] hinaus, läßt aber auch einige Lücken im bundesdeutschen Recht erkennen. Materiell ist in dieser Richtlinie folgendes geregelt[53]:

- tägliche und wöchentliche Mindestruhezeiten: 11 zusammenhängende Stunden pro 24 Stunden (Artikel 3) und 35 (24 plus 11) Stunden pro Siebentageszeitraum (Artikel 5)
- Ruhepausen: Pause nach 6 Stunden Arbeit (Artikel 4)
- wöchentliche Höchstarbeitszeit: 48 Stunden pro Siebentageszeitraum (Artikel 6 Nr. 2)
- Mindestjahresurlaub: vier Wochen (Artikel 7)
  Das bestehende Bundesurlaubsgesetz mit drei Wochen bedurfte also der Änderung, was mit Wirkung ab 01.01.1995

in Artikel 2 des Arbeitszeitrechtsgesetzes geschehen ist
- bestimmte Aspekte der Nacht- und Schichtarbeit: durchschnittlich höchstens 8 Stunden Nachtarbeit (Artikel 8 Absatz 1); Versetzung in Tagearbeit bei gesundheitlichen Schwierigkeiten (Artikel 9 Absatz 1 Buchstabe b); Schutz bei Nacht- und Schichtarbeit (Artikel 12 Nr. 1).

Allerdings gibt es hiervon zahlreiche Ausnahmen, so daß das ArbZG insgesamt gesehen weitergehende Regelungen enthält.

5. Praktische Probleme mit dem Arbeitszeitrecht[54]

5.1. Für wen und für welche Tätigkeiten gilt die Tagesarbeitszeit von maximal 10 Stunden?

Fall 90:

Neben seiner Tätigkeit als Pflegedienstleitung nimmt Herr L. an einem Studiengang Betriebswirtschaftslehre teil.

---

51 so auch *Oppolzer*, Rückbau oder Ausbau des Arbeits- und Gesundheitsschutzes?, AuR 2/94, S. 47 ff.
52 ABl. Nr. L 307/18 v. 13.12.1993
53 vgl. im einzelnen *Lörcher*, Die Arbeitszeitrichtlinie der EU, AuR 2/1994, S. 49–51
54 vgl. bereits *Böhme*, Praktische Probleme mit dem Arbeitszeitrecht, 1. Teil, Schw/Pfl 6/1995, S. 530–533 und 2. Teil, Schw/Pfl 7/1995, S. 629–633

Wie ist die arbeitsrechtliche Lage, wenn Herr L. mit beiden Tätigkeiten zusammen auf mehr als 10 Arbeitsstunden täglich kommt?

Fall 91:

Kann ein Mitarbeiter, der im Frühdienst 7 Stunden arbeitet, zu einer 4stündigen innerbetrieblichen Fortbildung am Nachmittag dienstverpflichtet werden?

Nach § 2 Abs. 2 Satz 1 ArbZG findet das Arbeitszeitgesetz Anwendung auf **Arbeiter und Angestellte sowie auf Personen in Berufsbildung,** also nicht Berufsausbildung. Das bedeutet, daß die arbeitszeitrechtlichen Vorschriften für alle Praktikanten und sonstigen in arbeitsrechtlichem Verhältnis stehenden Personen Anwendung finden mit Ausnahme des schulischen Bereiches, d.h., auf jede arbeitsrechtliche Aus-, Fort- und Weiterbildung einschließlich der Krankenpflegeausbildung finden die arbeitszeitrechtlichen Vorschriften Anwendung.

Etwas anderes gilt nur für die rein schulische Ausbildung.

Anwendung auf Fall 90:

Da nach § 2 Abs. 1 Satz 2 ArbZG die **Arbeitszeiten bei mehreren Arbeitgebern zusammengezählt** werden, muß das Studium beurteilt werden. Die Beurteilung ergibt allerdings, daß es sich um eine **schulische Ausbildung** handelt, die **nicht unter** die **arbeitsrechtliche Beurteilung** fällt.

Die Zeiten werden also nicht zusammengezählt.

Anwendung auf Fall 91:

Hier ergibt sich eine Beschränkung der innerbetrieblichen Fortbildung:

Wenn ein Mitarbeiter im Frühdienst 7 Stunden arbeitet, kann er nicht zu einer 4stündigen innerbetrieblichen Fortbildung dienstverpflichtet werden, weil damit die tägliche Höchstarbeitszeitgrenze von 10 Stunden unzulässigerweise überschritten würde. Der Arbeitgeber könnte nur für drei Stunden dienstverpflichten. Der Rest könnte über Freizeit laufen, d.h., die Teilnahme ist dem Mitarbeiter freigestellt.

Beachte:

Umstellen müssen sich insbesondere auch die Ärzte, weil auch sie Angestellte im Sinne des § 2 Abs. 2 Satz 1 des ArbZG sind. Aus § 25 (Nichtanwendung des Gesetzes) ist zu schließen, daß das ArbZG nur für leitende Angestellte im Sinne des § 5 Abs. 3 BetrVG und für Chefärzte keine Anwendung findet. Umkehrschluß ist logischerweise, daß sämtliche sonstigen Ärzte, seien es Oberärzte oder Stationsärzte, vom ArbZG erfaßt werden[55].

Fazit: Im Krankenhaus muß für einen erweiterten Personenkreis und für alle Tätigkeitsbereiche im Betrieb die Arbeitszeitgrenze von maximal 10 Stunden beachtet werden.

---

55 vgl. auch *Böhme*, Die Umsetzung des neuen Arbeitszeitgesetzes im ärztlichen Dienst und in Funktionsdiensten, plexus 1/1996, S. 44–49

5.2. Arbeitszeitrechtliche Bewertung von Nebentätigkeiten

Fall 92:

Krankenschwester M. arbeitet ganztags im Krankenhaus und möchte künftig 12 Stunden in der Woche in einem ambulanten Dienst mitwirken. Geht das?

Nach § 2 Abs. 1 Satz 2 ArbZG müssen die **Arbeitszeiten bei mehreren Arbeitgebern zusammengezählt** werden. Hier besteht eine **Sicherstellungs- und Kontrollpflicht für jeden der Arbeitgeber.**
Im öffentlichen Dienst läßt sich dies relativ leicht sicherstellen, weil dort für **Nebentätigkeiten** geregelt ist, daß **bis zu einer Vergütung in Höhe von DM 200,– monatlich** die Nebentätigkeit **anzuzeigen und darüber hinaus** die Nebentätigkeit **vom Arbeitgeber zu genehmigen ist.** Die Genehmigung ist in der Regel zu erteilen, wenn keine sachlichen Gründe, die das Arbeitsverhältnis betreffen, dagegen sprechen. Wenn jetzt der Mitarbeiter beim Arbeitgeber im öffentlichen Dienst täglich sieben Stunden arbeitet und sich eine weitere Arbeit von zweimal täglich 6 Stunden bei einem anderen Arbeitgeber genehmigen lassen will, so muß der Arbeitgeber die Genehmigung versagen, weil insgesamt nicht mehr als täglich 10 Stunden gearbeitet werden darf.
Maßgebend ist also nicht das Einkommen, sondern die Länge der Arbeitszeit, weshalb sowohl bei der Anzeige einer geringfügigen Nebentätigkeit als auch bei der Genehmigung einer sonstigen Nebentätigkeit der Arbeitgeber die Frage nach dem Umfang dieser Tätigkeit, insbesondere nach der Lage der Arbeitszeiten, zu stellen hat. Hiervon muß der Arbeitgeber seine Entscheidung abhängig machen.

Anwendung auf Fall 92:

Krankenschwester M. kann die Nebentätigkeit dann nicht versagt werden, wenn sie die 12 Stunden auf die Woche verteilt, also zweimal 6 Stunden z.B., oder wenn sie im ambulanten Dienst als freie Mitarbeiterin tätig wird (*vgl. dazu bereits oben Fall 1 unter A.1.*).

5.3. Fehlende Parameter im ArbZG

Fall 93:

Die Diensteinteilung eines Mitarbeiters in der Pflege sieht wie folgt aus:
1. *Tag: 13. 00 Uhr bis 20. 00 Uhr*
    (mit einer halben Stunde Pause
    = 6, 5 Stunden Arbeitszeit)
    dazwischen 10 Stunden Ruhezeit nach
    § 5 Abs. 2 ArbZG
2. *Tag: 06.00 Uhr bis 13.30 Uhr*
    (davon eine halbe Stunde Pause mit
    einer Arbeitszeit von 7 Stunden).

Fall 94:

Die Diensteinteilung eines Mitarbeiters in der Pflege für den Nachtdienst sieht wie folgt aus:
– *Nachtdienst von 20.00 Uhr bis 06.45 Uhr*
  (mit einer dreiviertel Stunde Pause = reine Arbeitszeit von 10 Stunden)
– *dazwischen eine Ruhezeit von 10,25 Stunden nach § 5 Abs. 2 AZG*
– *danach Einsatz in einem späten Spätdienst von 17.00 Uhr bis 00.00 Uhr (bei einer halben Stunde Pause = reine Arbeitszeit von 6,5 Stunden).*
Verstößt diese Diensteinteilung gegen das Arbeitszeitgesetz?

Zu Recht hat *Burger*[56] problematisiert, daß das ArbZG wichtige Definitionen nicht bereithält, so z.B. den **Begriff der Tagesarbeitszeit,** der Begriff der **Nachtarbeitszeit,** der Begriff **der Wochenarbeitszeit,** um nur einige der wichtigen Parameter zu nennen. In der Tat gibt es grundsätzlich **zwei Auslegungsmöglichkeiten,** nämlich entweder eine **materielle, inhaltliche,** oder eine **formelle, kalendarische, uhrzeitliche** *(vgl. bereits oben unter F. 1.).*

Anwendung auf Fall 93:

Bei inhaltlicher Betrachtungsweise beginnt die tägliche Arbeitszeit um 13.00 Uhr und endet 24 Stunden später am nächsten Tag um 13.00 Uhr. Geht man von dieser inhaltlichen Betrachtungsweise aus, arbeitet der im Fall 93 eingesetzte Mitarbeiter in einem 24-Stunden-Zeitraum 13 Stunden, was logischerweise gegen § 3 ArbZG auch unter Berücksichtigung der Verlängerungsmöglichkeiten verstößt. Wie bereits gesagt, ist eine Arbeitszeit von mehr als 10 Stunden grundsätzlich nicht erlaubt.

Geht man von der formellen Betrachtungsweise aus, legt man also die Tagesarbeitszeit auf 00.00 Uhr bis 24.00 Uhr fest, dann ist im obigen Beispiel der Einsatz des Mitarbeiters nicht zu beanstanden. Er arbeitet am 1. Tag 6,5 Stunden, hat auch eine halbe Stunde Ruhepause, hat wenigstens 10 Stunden ununterbrochene Ruhezeit und arbeitet am 2. Tag 7 Stunden.

Die zweite Auslegungsmöglichkeit ist ebenso zulässig wie die erste, weshalb *Burger* völlig zu Recht empfiehlt, daß in einer **allgemeinen Dienstanweisung** von der Einrichtung festgelegt wird, daß die **tägliche Arbeitszeit von 00.00 Uhr bis 24.00 Uhr** reicht.

---

56 *Burger,* Arbeitszeitgesetz 1994 – Wichtige Regelungen für den Krankenhausbereich, Pflegezeitschrift 8/1995, S. 472 ff.

Anwendung auf Fall 94:

Bei der Nachtarbeit im Fall 94 kommt man mit der formellen Betrachtungsweise allerdings in Schwierigkeiten:

Sind jetzt die Parameter nach der Uhrzeit festgelegt, arbeitet der Mitarbeiter im Fall 94 von 00.00 Uhr bis 06.45 Uhr abzüglich einer dreiviertel Stunde Ruhepause, also 6 Stunden, und von 17.00 Uhr an bis 00.00 Uhr weitere 6,5 Stunden, käme also auf 12,5 Stunden, was erneut nach § 3 AZG nicht erlaubt wäre.

Es bietet sich deshalb an, **in der allgemeinen Dienstanweisung bei der Festlegung der Parameter einen Ausnahmefall zu formulieren,** nämlich wie folgt:

„Für den Fall, daß in der Zeit von 20. 00 Uhr bis 06. 00 Uhr zusammenhängend gearbeitet wird, beginnt die tägliche Arbeitszeit mit dem tatsächlichen Arbeitseinsatz und endet auch mit dem tatsächlichen Arbeitsende. "

5.4. Zählt die tatsächliche Inanspruchnahme während des Rufdienstes und des Bereitschaftsdienstes bei der Berechnung der Tagesarbeitszeit mit?

Fall 95:

Im OP-Dienst erfolgt folgende Diensteinteilung:

– *08.00 Uhr bis 16.30 Uhr Volldienst mit einer halben Stunde Pause (ergibt eine Tagesarbeitszeit von 8 Stunden)*

– *16.30 Uhr bis 08.00 Uhr Bereitschaftsdienst der Stufe D (ergibt Anwesenheitszeit von 15 Stunden und 30 Minuten)*

– *08.00 Uhr bis 16.30 Uhr erneut Volldienst mit einer halben Stunde Pause (ergibt eine Tagesarbeitszeit von 8 Stunden).*

Wie ist die Rechtslage, wenn
a) während des Bereitschaftsdienstes keine In-
   anspruchnahme durch Arbeit erfolgt?
b) während des Bereitschaftsdienstes 7 Stunden
   Inanspruchnahme durch Arbeit erfolgt?
c) während des Bereitschaftsdienstes 11 Stun-
   den Inanspruchnahme durch Arbeit er-
   folgt?[57]

Unter Berufung auf *Fiedler/Schelter* (Vorauflage)[58] und *Zmarzlik*[59] hat auch der Verfasser die Rechtsauffassung eingenommen,
daß auch die tatsächlichen Inanspruchnahmen während des Rufdienstes
und des Bereitschaftsdienstes nicht zu
berücksichtigen sind[60].
Nicht nur *Burger*[61] vertritt jetzt selbst auch
die entgegenstehende Auffassung von *Roggendorff*[62], sondern auch *Fiedler/Schelter* in
der Neuauflage haben jetzt zu diesem
Thema folgendes ausgeführt[63]:
„In der Literatur wird die Auffassung vertreten,
daß die Inanspruchnahmen während des Bereit-
schaftsdienstes oder der Rufbereitschaft auf die
tägliche Arbeitszeit anzurechnen sind. Die
Höchstarbeitszeitgrenzen des § 3 und 6 Abs. 2
des Arbeitszeitgesetzes dürfte nicht überschritten
werden. Habe der Arbeitnehmer bereits bis zur
Grenze der höchstzulässigen Arbeitszeit – d.h. 10
Stunden gearbeitet, dürfte er während des Bereit-
schaftsdienstes nicht mehr zu Arbeitsleistungen
herangezogen werden, so daß sich in diesem Fall
die Anordnung der Dienste verbietet… An dieser
Auslegung können wegen des Wortlautes des § 5
Abs. 3 des ArbZG Zweifel bestehen, da in § 5
Abs. 3 der Begriff der „Inanspruchnahmen"
(und nicht der Arbeit) während des Bereit-
schaftsdienstes oder der Rufbereitschaft verwen-
det wird. Diese Zweifel müssen jedoch wegen des
Gesundheitsschutzes der Arbeitnehmer (§ 1 Ar-
beitszeitgesetz) zurückgestellt werden. "

Dies wird übrigens auch vom BAG vertreten[64].
Damit lassen sich allerdings die Sonderregelungen SR 2 a und 2 c nicht erklären.
Insbesondere bleibt offen, wen die Tarifvertragsparteien bei Bereitschaftsdiensten
der Stufen C und D im Auge haben.
Was für einen Sinn soll denn das Berechnungsbeispiel zu § 5 Abs. 3 ArbZG bei

Fiedler/Schelter[65] haben, wenn dort der reguläre Dienst von 08.00 Uhr bis 16.30 Uhr
geht, d.h. 8 Stunden, und im Fall 95 b) bereits 7 Stunden Inanspruchnahmen demzufolge zu einer täglichen Arbeitszeit von
15 Stunden führen würde! Dann bräuch-
ten wir keine Prüfung mehr nach § 5 Abs. 3
ArbZG vornehmen. Die Prüfung wäre bereits bei § 3 ArbZG erledigt, denn nach einer tatsächlichen Inanspruchnahme von
höchstens 2 Stunden müßte der Mitarbeiter nach Hause geschickt werden.
Noch schlimmer ist es im Fall 95 c) mit
11 Stunden Inanspruchnahme, was mit
den bereits erarbeiteten 8 Stunden insgesamt 19 Stunden ergäbe.
Wie soll denn der Praktiker einen Bereitschaftsdienst organisieren, wenn der Mitarbeiter nach 2 Stunden wieder nach Hause
gehen muß? Wie soll mit dem bestehenden
Personalbestand, der sich nicht vermehren
läßt – die Krankenkassen bewilligen wegen
des ArbZG nicht eine Stelle mehr –, hier
die Versorgung der Patienten aufrechterhalten werden?
Nur insoweit macht der § 5 Abs. 3 AZG aus
der Sicht des Verfassers auch Sinn: Da eben
der Gesetzgeber die Zeiten des Rufdienstes

57 Beispiel aus: *Fiedler/Schelter,* Das Arbeitszeitrechtsgesetz, 2. Auflage, 1995, S. 79 f.
58 *Fiedler/Schelter,* Das Arbeitszeitrechtsgesetz,
   1. Auflage, 1994, S. 74 ff.
59 *Zmarzlik,* Entwurf eines Arbeitszeitgesetzes,
   BB 1993, S. 2011
60 *Böhme,* Praktische Probleme mit dem Arbeitszeitrecht, 1. Teil, Schw/Pfl 6/1995,
   S. 530
61 *Burger,* Arbeitszeitgesetz 1994 – Wichtige Regelungen für den Krankenhausbereich, Pflegezeitschrift 8/1995, S. 478
62 *Roggendorff,* Arbeitszeitgesetz, 1994, Rehm-
   Verlag, München, S. 42, Erl. 33 zu § 2
63 *Fiedler/Schelter,* Das Arbeitszeitrechtsgesetz,
   2. Auflage, 1995, S. 80
64 BAG, Urteil vom 10.01.1991, NZA 1991,
   S. 516
65 *Fiedler/Schelter,* Das Arbeitszeitrechtsgesetz,
   2. Auflage, 1995, S. 79/80

und des Bereitschaftsdienstes nicht geregelt hat, weil dies zu einer Kostenexplosion geführt hätte, wollte er zumindest sicherstellen, daß die Ruhezeitregelung nicht einfach durch Rufdienste und Bereitschaftsdienste ad absurdum geführt wird. Eine andere Auslegung kann § 5 Abs. 3 für den Verfasser nicht haben: Bei der Beurteilung der täglichen Arbeitszeit ist der reguläre Dienst, sind die Arbeitsbereitschaftszeiten, sind die Zeiten der Aus-, Fort- und Weiterbildung sowie betriebsbedingte Wege zu berücksichtigen, nicht mehr und nicht weniger. Zwar hat das BAG zur alten Gesetzeslage in der Tat definitiv den Standpunkt eingenommen, Zeiten der tatsächlichen Inanspruchnahme während des Rufdienstes und des Bereitschaftsdienstes seien bei der Tagesarbeitszeitgrenze zu berücksichtigen.

Nach der alten Rechtslage, also unter der Geltung der Arbeitszeitordnung aus dem Jahre 1938 und der Krankenanstalten-Arbeitszeitordnung aus dem Jahre 1924, gab es überdies keine dem § 5 Abs. 3 AZG entsprechende Regelung. Folglich wird das BAG überlegen müssen, ob es seine Rechtsauffassung künftig wird beibehalten können.

Im übrigen weist die Deutsche Krankenhausgesellschaft in ihrer Empfehlung und Stellungnahme zu Recht darauf hin, **daß die Sonderregelungen SR 2 a (für Pflegepersonal) und SR 2 c (für Ärzte) zum BAT tarifliche Abweichungen im Sinne des § 7 Abs. 2 Nr. 3 ArbZG darstellen.** Damit wird zwar § 5 Abs. 3 ArbZG nicht aufgehoben, aber ganz sicher verständlich, daß die tatsächlichen Inanspruchnahmen während des Ruf- oder Bereitschaftsdienstes bei der Tagesarbeitszeit nicht mitzuberücksichtigen sind.

§ 5 Abs. 3 ArbZG ist nach Sinn und Zweck unter Beachtung einer verfassungskonformen Auslegung so zu verstehen, daß gewährleistet sein muß, daß innerhalb des Tages von 24 Stunden im Anschluß an das Ende der Schicht ununterbrochen 5,5 Stunden Ruhezeit zu gewährleisten sind.

Anwendung auf Fall 95:

Dienstplangestalter sollten sich nicht beirren lassen und die Zeiten der tatsächlichen Inanspruchnahmen während des Rufdienstes und des Bereitschaftsdienstes nicht als Zeiten im Sinne der §§ 3, 6 Abs. 2 AZG werten. Es dürfte sich empfehlen, auch dies in die oben zu den fehlenden Parametern angesprochene Dienstanweisung mitaufzunehmen[66].

Sollte hier die Gewerbeaufsicht Schwierigkeiten machen, so wird man sicherlich zunächst einmal auf den Meinungsstreit und die Vorschrift des § 5 Abs. 3 AZG hinweisen und sollte ggfs. das Verwaltungsgerichtsverfahren nicht scheuen, das ja Jahre in Anspruch nehmen kann.

Beachte:

In der Information der Staatlichen Gewerbeaufsichtsämter des Landes Baden-Württemberg über die Anwendung des Arbeitszeitgesetzes – ArbZG – in Krankenhäusern[66 a] wird folgende Rechtsauffassung vertreten:

„Die tarifvertraglichen Vereinbarungen treten an die Stelle der gesetzlichen Vorschriften über die Arbeits- und Ruhezeiten. Der Arbeitgeber hat die Wahl zwischen der Anwendung der gesetzlichen oder der tarifvertraglichen Regelung. Eine gemischte Anwendung von § 5 Abs. 3 ArbZG und der tariflichen Regelung bezogen auf den einzelnen Beschäftigten ist jedoch nicht zulässig.

In den Fällen, in denen die im Tarifvertrag vorgesehenen Rahmenbedingungen jedoch nicht vorliegen (mindestens 12 Stunden Bereitschaftsdienst im Anschluß an mindestens 7,5 Stunden Arbeitszeit), sind die gesetzlichen Bestimmungen (§§ 3, 5 Abs. 3 ArbZG) anzuwenden. Dies wäre z.B. der Fall, wenn die vor dem Bereitschaftsdienst liegende Arbeitszeit unter 7,5 Stunden

---

66   *Böhme,* Praxisnahe Umsetzung des Arbeitszeitgesetzes, 1. Teil, Schw/Pfl 2/1996, 179f.
66 a vollständiger Wortlaut mit Anmerkungen von *Böhme* in PKR 1/98, S. 25–27

oder der Bereitschaftsdienst unter 12 Stunden verkürzt werden. "
Diese Auslegung bedeutet dann also, daß **bei tariflicher Anwendung nach dem Bereitschaftsdienst eine achtstündige Ruhezeit zwingend** ist!

5.5. Unter welchen Voraussetzungen kann der Arbeitgeber täglich mehr als 10 Stunden arbeiten lassen?

Fall 96:

Hebamme T. versorgt die Gebärende. Die Geburt verlängert sich mehr und mehr. Darf die Hebamme auch nach der zehnten Stunde bei der Gebärenden bleiben?

Der Arbeitgeber hat zwei Möglichkeiten, die Tagesarbeitszeitgrenze zu überschreiten, und zwar einmal unter Beachtung der §§ 7 Abs. 1 Nr. 2 a ArbZG i.V.m. § 15 Abs. 2 BAT bei Vorliegen von erheblichen Arbeitsbereitschaften und unter Beachtung des § 14 ArbZG bei Vorliegen außergewöhnlicher Fälle.
Wenn in die tägliche Arbeitszeit ein Anteil von mindestens 2 Stunden **Arbeitsbereitschaft** fällt *(„wache Achtsamkeit im Zustand der Entspannung")*, dann kann der Arbeitgeber bei gleicher Vergütung (!) die tägliche Arbeitszeit um 2 Stunden verlängern, bei 3 Stunden Arbeitsbereitschaft um 3 Stunden, und wenn der Angestellte lediglich an der Arbeitsstelle anwesend sein muß, um im Bedarfsfall vorkommende Arbeiten zu verrichten, auf insgesamt 12 Stunden täglich. Hier erfolgt auch nicht etwa ein Zeitausgleich, wie dies nach § 3 Satz 2 ArbZG vorgesehen ist, wonach ja bei der Verlängerung der täglichen Arbeitszeit von 8 Stunden auf 10 Stunden in einem

Ausgleichszeitraum von 6 Monaten oder 24 Wochen sichergestellt sein muß, daß der Arbeitnehmer werktäglich nicht mehr als 8 Stunden im Durchschnitt arbeitet. Dieser Durchschnittswert darf nicht überschritten werden. Für die hier angesprochene Problematik der Verlängerung der täglichen Arbeitszeit bei Vorliegen von Arbeitsbereitschaft kommt dieser Zeitausgleich nicht zur Anwendung.
Allerdings setzt natürlich diese Verlängerung der täglichen Arbeitszeit voraus, daß auch wirklich Arbeitsbereitschaftszeiten im entsprechenden Umfange vorliegen, wobei das BAG im Falle von Rettungssanitätern entschieden hat, daß diese Arbeitsbereitschaften nicht in einem einheitlichen Zeitraum vorliegen müssen, sondern in kleinen Teilzeiträumen von mindestens 10 Minuten insgesamt diese Zeitwerte ergeben[67].
Die Tagesarbeitszeit von maximal 10 Stunden kann ausnahmsweise überschritten werden, wenn nach § 14 ArbZG ein **außergewöhnlicher Fall** vorliegt. Wer sich den § 14 genau anschaut, stellt fest, daß er zwar im wesentlichen identisch ist mit dem alten § 3 Abs. 2 der Krankenanstalten-Arbeitszeitordnung, wonach bei vorübergehenden Arbeiten in Notfällen von den Arbeitszeitgrenzen und -vorschriften abgewichen werden durfte. Insgesamt ist aber die Regelung im Arbeitszeitgesetz genauer, umfangreicher und einschränkender. Es wird hier exakt das verlangt, was gerade der Verfasser immer wieder fordert, nämlich daß der Notfall ein **sachlich begründeter Notfall** sein muß. Diese Auffassung wird dadurch gestützt, daß dies nur für vorübergehende Arbeiten gilt, also nicht für einen Dauerzustand im Sinne eines Dauernotstandes. Hier muß der Arbeitgeber organisatorische Abhilfe schaffen.
Eine wichtige Ausnahme steht auch in § 14 Abs. 2 Nr. 2 ArbZG, daß nämlich gerade bei der Behandlung, Pflege und Betreuung

---

67 BAG, Urteil vom 12.2.1986 – 7 AZR 358/84 –, AP Nr. 7 zu § 15 BAT

von Personen unaufschiebbare Arbeiten an einzelnen Tagen zu einem Abweichen von den Arbeitszeitvorschriften führen können, wenn dem Arbeitgeber andere organisatorische Vorkehrungen nicht zuzumuten sind!

Anwendung auf Fall 96:

Die Hebamme, die sich in der zehnten Stunde bei der Gebärenden befindet, muß auch die 11., 12. oder 13. Stunde dort verbleiben, bis das Kind auf die Welt gekommen ist, denn es ist weder der Hebamme noch der Gebärenden zuzumuten, daß es hier aus rein formalrechtlichen Gründen zu einem Personenwechsel bei einem so wichtigen Vorgang kommt. Begründen läßt sich dies rechtlich mit § 14 Abs. 2 Nr. 2 ArbZG, wobei „an einzelnen Tagen" mit 60 Kalendertage im Jahr anzunehmen ist[67 a]. Diese Zeitmarke steht in § 7 Abs. 1 Nr. 1 c ArbZG, und zwar bei der Verlängerung der Arbeitszeit auf bis zu 10 Stunden ohne Ausgleich.

5.6. Wie ist eine Betriebs- oder Dienstvereinbarung zu behandeln, die noch Fallgestaltungen mit 12stündiger täglicher Arbeitszeit regelt?

Normalerweise muß eine Betriebs- oder Dienstvereinbarung von einem der Betriebspartner gekündigt werden. Sie wirkt dann allerdings fort, bis sie durch eine neue Regelung ersetzt ist. Das ist die sog. **normative Wirkung** einer solchen Vereinbarung.

Allerdings muß die Betriebs- oder Dienstvereinbarung auch Recht und Gesetz entsprechen. Schon nach der alten Regelung des § 1 der Krankenanstalten-Arbeitszeit-

ordnung (Tagesarbeitszeit von höchstens 10 Stunden) entsprach die Betriebs-/ Dienstvereinbarung nicht den gesetzlichen Anforderungen, denn das BAG hatte in seinem oben zum Notfall erwähnten Urteil vom 25.10.1989[68] entschieden, daß diese Sollvorschrift als Mußvorschrift zu verstehen ist. Dies gilt natürlich erst recht für die Neuregelung nach § 3 ArbZG, deren Nichteinhaltung für den Arbeitgeber eine Ordnungswidrigkeit oder sogar einen Straftatbestand vorsieht. Folgerichtig ergibt sich aus § 134 BGB (Nichtigkeit bei gesetzlichem Verbot), daß eine Vereinbarung zwischen den Parteien dann unwirksam ist, wenn sie gegen das Gesetz verstößt. So ist dies hier.

Beachte:

Die bestehende Dienstvereinbarung ist gesetzesgemäß auszulegen. Tagesarbeitszeiten von mehr als 10 Stunden sind verboten, also ist die Dienstvereinbarung unabhängig von einem Gestaltungsakt der Betriebspartner in diesem Punkte von vornherein unwirksam.

5.7. Wie sind Ruhepausen zu organisieren?

Fall 97:

Die Mitarbeiter der Station X machen gemeinsam Pause von 08.30 Uhr bis 09.00 Uhr. Um 08.45 Uhr kommt ein Arzt in das Stationszimmer und fragt nach einer Schwester.

---

67 a (vgl. Information der Staatlichen Gewerbeaufsichtsämter des Landes Baden-Württemberg über die Anwendung des Arbeitszeitgesetzes – ArbZG – in Krankenhäusern

68 BAG, Urteil vom 25.10.1989 unter dem AZ.: 2 AZR 633/88

Fall 98:

Die Nachtarbeit dauert von 20.00 Uhr bis 06.00 Uhr. Wie ist die Ruhepause im Nachtdienst zu organisieren?

Fall 99:

In der geburtshilflichen Abteilung sind zwei Hebammen im Einsatz. Die erste befindet sich gerade bei einer Geburt, die andere sollte nach 6 Stunden Arbeit eine Pause nehmen. Eine weitere Hebamme ist nicht da. Was ist zu tun, wenn trotz aller Organisationsbemühungen eine Vertretung für die pausennehmende Hebamme nicht gefunden werden kann?

Fall 100:

Wie ist die Rechtslage, wenn der Arbeitgeber seinen Mitarbeitern zu verstehen gibt, daß sie die Pause dann zu nehmen hätten, wenn sich die Möglichkeit ergebe, er selbst aber keine weiteren Regelungen treffen werde?

Nachdem es ständige Rechtsprechung des BAG ist, **daß Ruhepausen drei Voraussetzungen haben, nämlich Arbeitsunterbrechung, Bestimmung im voraus und zur freien Verfügung des Mitarbeiters,** bekommt die Organisation der Ruhepausen naturgemäß eine neue Qualität durch § 22 Abs. 1 Nr. 2 des ArbZG, wonach das Nichtgewähren einer Ruhepause, das nicht rechtzeitige Gewähren einer Ruhepause und das Nichteinhalten der Mindestdauer Ordnungswidrigkeiten darstellen, die mit Geldbußen bis DM 30.000,– im Einzelfall geahndet werden können. Noch drastischer ist der § 23 des Arbeitszeitgesetzes,

der in Abs. 1 Nr. 2 regelt, daß bei *„beharrlicher Wiederholung"* des Rechtsverstoßes ein Straftatbestand vorliegt; dieser Rechtsverstoß wird dann geahndet mit einer Freiheitsstrafe bis zu einem Jahr oder mit Geldstrafe.

Während es bisher recht einfach war, sich auf den Standpunkt zurückzuziehen, wo kein Kläger, da ist auch kein Richter, wie das nun einmal im Tarifrecht der Fall ist, liegt hier natürlich eine Erschwernis im Verwaltungsrecht vor, denn das **Arbeitszeitgesetz** steht nicht zur Disposition von Arbeitgeber und Arbeitnehmer. Es **ist zwingendes Recht** und muß von den Beteiligten verbindlich beachtet werden. Organisiert der Dienstplangestalter die Arbeit nicht so, wie die Verwaltungsvorschrift es verlangt, befindet er sich in einer persönlichen Verantwortlichkeit entweder unter dem Gesichtspunkt des Verwaltungsunrechts, des Ordnungswidrigkeitenrechts oder gar des Strafrechtes. Dabei wird von den Praktikern überdies gerne verkannt, daß **Arbeitgeber im Sinne der Verwaltungsvorschriften** nicht etwa der abstrakte Arbeitgeber im Sinne des Krankenhausträgers **ist**, sondern der Funktionsträger im Betrieb, also im Rahmen der Dienstplangestaltung **der für den Dienstplan Verantwortliche.** Dies ist in erster Linie nicht etwa die Pflegedienstleitung, die hier lediglich Kontrollfunktionen ausübt, auch wenn sie sich jeden Dienstplan vorlegen und ihn erst nach Genehmigung in Kraft setzen läßt. Verantwortlicher im Sinne des Gesetzes ist der konkrete Arbeitgeber, der nach dem Grundsatz der Sachnähe und der Beherrschbarkeit die Möglichkeit hat, Einfluß auf die Dienstplangestaltung vor Ort zu nehmen, und das ist in der Regel die Abteilungsleitung, die Stationsleitung, also der vorgesetzte Mitarbeiter vor Ort.

Dies hört sich natürlich am grünen Tisch recht einfach an, bringt aber für die Praxis doch ganz erhebliche Probleme, was anhand der Fälle 97–100 behandelt wird.

Anwendung auf Fall 97:

Rein organisationsrechtlich und damit auch haftungsrechtlich ist es problematisch, daß die Mitarbeiter gemeinsam Pause machen. **Die Station darf nicht** für eine halbe Stunde **einfach verwaist sein, sondern die Mitarbeiter** einer Station sind gehalten, in Absprache Schichten zu bilden, die **abwechselnd Pause machen.** Das bedeutet, ein Teil der Mitarbeiter z.B. von 08.30 Uhr bis 09.00 Uhr, der zweite Teil dann von 09.00 Uhr bis 09.30 Uhr. Dies gilt natürlich besonders für Überwachungsbereiche, in denen eine personelle Mindestbesetzung schon haftungsrechtlich erforderlich ist, weil das gemeinsame Pausemachen ja schon den Straftatbestand des Verlassens in hilfloser Lage nach § 221 StGB erfüllt, und zwar auch dann, wenn in einem Bereitschaftsraum akustische und optische Überwachungsgeräte vorhanden sind *(vgl. dazu im einzelnen Teil 2: Haftungsrecht, Fall 56 = S. 93 unter B III. 5.)* Das gilt aber auch für sonstige Stationen mehr oder weniger aus Zweckmäßigkeitsgründen, weil auf der Station Ansprechpartner vorhanden sein sollten. Wenn sich nämlich ein Besucher, ein anderer Dienst oder ein Patient meldet, können Mitarbeiter sich nicht einfach auf den Standpunkt stellen, sie hätten jetzt Pause, sondern es muß der Nachfragende betreut werden. Das ist aber in Wirklichkeit Arbeitsbereitschaft und nicht Ruhepause im Sinne einer Freizeit des Mitarbeiters.

Das bedeutet andererseits aber auch, daß der **Ärztliche Dienst Rücksicht nehmen muß auf die Pausenregelungen des Pflegedienstes.** Etwas anderes kommt nur in den eng begrenzten Fällen der Notfallkompetenz in Frage, denn wenn ein Patient z.B. kollabiert, muß unverzüglich Hilfe geleistet werden.

Das bedeutet aber letztlich, daß hinsichtlich der Ruhepause Organisationspflich-

ten bestehen, weshalb hier eine Rahmenvorgabe seitens der Pflegedienstleitung ebenso erforderlich ist wie eine Stationsvorgabe der Stationsleitung.

Überhaupt ist in dem Zusammenhang auch das Haftungsrecht zu berücksichtigen. Dies hat völlig zu Recht bereits einmal das Oberlandesgericht München in einem Strafverfahren gegen einen Krankenhausarzt mit Beschluß vom 20. Dezember 1978 wie folgt festgestellt: Seitens des für die Einteilung Verantwortlichen liegt eine Sorgfaltspflichtverletzung gegenüber dem betroffenen Patienten vor, die im Fall eines übermüdungsbedingten Versagens des Bereitschaftsarztes und einer sich hieraus bei einem Patienten ergebenden Todes- oder Verletzungsfolge durchaus die Annahme rechtfertigt, der für die Einteilung Verantwortliche habe sich des entsprechenden Fahrlässigkeitsdeliktes schuldig gemacht[69]. Dies gilt in entsprechender Weise auch für den Leiter des Pflegedienstes[70].

Anwendung auf Fall 98:

Nach § 6 Abs, 1 ArbZG hat der Arbeitgeber **bei Nacht- und Schichtarbeitnehmern** die **gesicherten arbeitswissenschaftlichen Erkenntnisse über die menschengerechte Gestaltung der Arbeit** zu berücksichtigen. Erstens ist Nachtarbeit für den Menschen erheblich belastend. Zweitens ist sie umso belastender, je länger dieser Zustand dauert. Damit wird die **Beschäftigung von Dauernachtwachen** zwar vom Gesetzgeber nicht explizit verboten, ist aber durch die Regelung des § 6 Abs. 1 des Arbeitszeitgesetzes **erheblich in Frage** gestellt. Ein verantwortlicher Arbeitgeber wird die Dauer-

---

69 OLG München, Beschluß vom 20.12.1978 –
    1 Ws 376/77; vgl. auch *Ulsenheimer,* Arztstrafrecht in der Praxis, 1988, a.a.O., S. 113

70 vgl. auch *Andreas/Siegmund/Schultze,* Die Schwester/Der Pfleger 10/1987, S. 1062

nachtwachen abschaffen, jedenfalls auf Teilzeitarbeit beschränken.

Doch auch wenn Dauernachtwachen abgeschafft oder eingeschränkt werden, bleibt das Nachtarbeitsproblem im Krankenhaus selbstverständlich aufrecht erhalten und wird hier zu einem Dauerbrenner, denn dem Arbeitgeber kann es gleichgültig sein, wie letztlich organisiert wird, soweit dies im finanziellen Rahmen erträglich bleibt und keine Sicherungslücke eintritt. Für den Mitarbeiter ist es aber schon ein Unterschied, ob er mehrere Nächte zusätzlich arbeiten muß und nur einen Teil der Anwesenheitszeit bezahlt bekommt. Diese zusätzliche Belastung kann zu Unzufriedenheit des Mitarbeiters führen.

Aufgrund der klaren Rechtsprechung des BAG i.V.m. den §§ 4 ff. ArbZG und unter Beachtung der Bußgeld- und Strafbewehrung bleibt dem Arbeitgeber überhaupt nichts anderes übrig, als in irgendeiner Form die Ruhepausen beim Nachtdienst zu berücksichtigen, und zwar mit den Mindestdauern von 30 Minuten bei einer Arbeitszeit von sechs bis zu neun Stunden und von 45 Minuten bei einer Arbeitszeit von über neun Stunden.

Das bedeutet für den klassischen Nachtdienst von 10 Stunden, daß der Arbeitgeber $9^1/_4$ Stunden bezahlt und im übrigen eine dreiviertel Stunde Pause gewährt, oder besser gleich auf 9 Stunden Nachtdienst geht, die dann als 9 Stunden bezahlt werden bei einer gesamten Anwesenheitszeit des Mitarbeiters von $9^1/_2$ Stunden.

Die Pause allerdings muß dann auch tatsächlich zur freien Verfügung des Mitarbeiters stehen, d.h. **der Arbeitgeber muß eine Ablösung organisieren.** Hierbei hat er einen größeren Spielraum als bisher, denn er muß ja lediglich erst nach 6 Stunden Arbeitszeit eine Ruhepause gewähren, so daß die Ruhepause in einen Zeitraum gelegt werden kann, der es ermöglicht, bis zu vier Nachtwachenvertretungen zu organisieren.

Zu beachten ist, daß **als Vertretung grundsätzlich jede Pflegekraft** in Frage kommt, **die ein dreijähriges Examen hat.** Die Rechtsprechung hat nämlich zur Vertretung von Fachärzten durch Kollegen anderer Fachrichtungen entschieden. Z.B. muß beim kassenärztlichen Wochenend-Notdienst die Vertretung auch durch einen Psychiater oder einen Laborarzt erfolgen.

Übersicht 29: *Berechnungsbeispiel für Nachtdienst, Pausenzeiten und Vertretungen*

- Nachtarbeit von 20.00 Uhr bis 06.00 Uhr = 10 Stunden Anwesenheit,

- daraus eine dreiviertel Stunde Pause,

- die spätestens um 02.00 Uhr beginnen muß (= spätestens nach 6 Stunden), jedoch nicht vor 0.00 Uhr enden darf, weil ansonsten für die restliche Arbeitszeit erneut eine Pause nach spätestens 6 Stunden gewährt werden müßte.

Unter Berücksichtigung dieser Überlegungen kann also **die Pause zwischen 23.15 Uhr (frühest zulässiger Beginn) und 02.45 Uhr (rechtlich letzte Möglichkeit) liegen.**
Der Organisation stehen demzufolge $3^1/_2$ Stunden zur Verfügung, in die bei knappen Übergabezeiten vier Vertretungen organisiert werden können.

Beide haben ein medizinisches Grundstudium.

Entsprechend muß man bei Pflegenden sagen, alle haben eine dreijährige Ausbildung und müssen das pflegerische Grund-Know-how beherrschen.

Von Pflegeexperten wird geltend gemacht, daß in bettenführenden Stationen sehr wohl auch bei A3-/S1-Patienten (bei S2 und S3 wird eine ärztliche Anwesenheit zu fordern sein) eine Schlaf- und Ruhezeit eintritt, die erfahrungsgemäß gerade den Zeitraum von 23.00 Uhr bis etwa 03.00 Uhr erfaßt. Deshalb könnten sich auch benachbarte Stationen innerhalb dieser Pausenzeiträume gegenseitig vertreten, sofern dies räumlich möglich ist. Gegebenenfalls wäre auch eine technische Zusatzabsicherung über Rufanlagen zu empfehlen. Zu denken ist ebenso an eine personelle Koordinierung durch eine sog. Rufschwester, die in der Zentrale der Rufanlagen den Nachtwachendienst lenkt.

Das gilt natürlich erst recht für Kurkliniken, Reha-Kliniken und Altenpflegeheime. Noch ein Wort zu den Übergaben: Natürlich muß bei der Übergabe an eine Vertretung nicht so viel Aufwand getrieben werden wie bei einer Schichtübergabe. Im übrigen sollte auch die Übergabe standardisiert werden, denn sie soll dazu dienen, die für den Vertreter erforderlichen Informationen zu vermitteln, mehr nicht. Das bedeutet allerdings auch, daß die Dokumentationssysteme vereinfacht und leichter handhabbar gemacht werden müssen.

Anwendung auf Fall 99:

Um eine geburtshilfliche Abteilung aufrechtzuerhalten, muß eine geburtshilfliche Bereitschaft organisiert sein. Hierfür kommt nur eine Hebamme oder ein Entbindungspfleger in Frage, denn nach dem Hebammengesetz darf Geburtshilfe nur in Anwesenheit einer Hebamme oder eines Entbindungspflegers erfolgen. Man kann

jetzt ganz sicher dem Arbeitgeber nicht zumuten, wegen der Pausenproblematik zusätzliches Personal zu beschäftigen. Andererseits steht objektiv fest, daß eine Pause für diese „Einzelkämpfer" nicht organisierbar ist.

Was ist zu tun?

Nach § 7 Abs. 2 Nr. 3 ArbZG kann in Einrichtungen, die der Betreuung, Behandlung und Pflege dienen, durch Tarifvertrag oder in Tarifverträgen zugelassenen Betriebsvereinbarungen eine Abweichung vereinbart werden, die der Eigenart der Tätigkeit gerecht wird. Es muß allerdings gewährleistet bleiben, daß der Gesundheitsschutz durch solche Veränderungen nicht verschlechtert wird.

Abweichungen durch Tarif- und Betriebsöffnungsklauseln

Roggendorff, Oberregierungsrat im Bundesministerium für Arbeit und Sozialordnung, hat auf Anfrage der ÖTV Heilbronn hierzu mit Schreiben vom 01.02.1995 explizit folgendes ausgeführt:

„Sofern der Gesundheitsschutz der Arbeitnehmer durch einen entsprechenden Zeitausgleich gewährleistet wird, können gemäß § 7 Abs. 2 Nr. 3 ArbZG in einem Tarifvertrag oder aufgrund eines Tarifvertrages in einer Betriebsvereinbarung im Krankenhausbereich von den Regelungen über die Begrenzung der täglichen Arbeitszeit sowie den Regelungen über die Mindestruhepausen und Mindestruhezeiten Abweichungen zugelassen werden. Danach wäre es im Prinzip möglich, durch eine tarifvertragliche Regelung bei Nachtdiensten im Krankenhausbereich ganz auf die Ruhepausen zu verzichten, wenn der Gesundheitsschutz der Arbeitnehmer durch einen entsprechenden Zeitausgleich gewährleistet würde, wobei als entsprechender Zeitausgleich sicherlich längere Freizeitblöcke eher in Betracht kommen dürften als die Verlängerung von Ruhepausen der folgenden Tagschichten.

Eine generelle Aussage, unter welchen Voraussetzungen der Gesundheitsschutz von Nachtwachen durch eine entsprechenden Zeitausgleich gewährleistet wird, ist kaum möglich, da die Arbeitsbelastung der Arbeitnehmer von Krankenhaus zu Krankenhaus und von Station zu Sta-

tion sehr unterschiedlich sein kann. Ein voll-kommener Verzicht auf Ruhepausen während des Nachtdienstes dürfte in der Regel nur dann in Betracht kommen, wenn die Arbeitsbelastung relativ gering ist.

Abschließend möchte ich darauf hinweisen, daß die Vorschriften des ArbZG einer Regelung, wonach die Ruhepausen auf die tarifvertragliche Regelarbeitszeit angerechnet und dementsprechend auch vergütet werden, nicht entgegenstehen."

Dabei muß allerdings beachtet werden, daß ein Tätigwerden der Tarifvertragsparteien erforderlich ist. Sie müssen entweder in einen Tarifvertrag beispielsweise eine bezahlte Ruhepause für solche Fälle regeln oder im Wege einer tariflichen Ermächtigung den Betriebspartnern das Auffinden einer moderaten Lösung gestatten. Diese kann dann Abweichungen mittels Betriebsvereinbarung unter Beachtung der tariflichen Rahmenvorgaben und der gesetzlichen Vorgaben des § 7 Abs. 2 ArbZG erreichen.

Nach derzeitigem Recht kommt eine Vereinbarung mit dem Betriebsrat ohne tarifliche Ermächtigung auf keinen Fall in Frage, weil der Gesetzgeber diese tarifliche Ermächtigung ausdrücklich vorschreibt und die Betriebsöffnung im Gesetz nicht unmittelbar vorgesehen hat, sondern nur vermittelt über das Tätigwerden der Tarifparteien. Es handelt sich hier um eine doppelte Ermächtigungsgrundlage. Einerseits werden die Tarifpartner ermächtigt, Ausnahmeregelungen unter Beachtung gesetzlicher Rahmenvorgaben zu treffen. Andererseits werden die Tarifpartner aber auch ermächtigt, unter bestimmten Voraussetzungen die Betriebspartner zu ermächtigen.

Dabei weisen *Fiedler/Schelter*[71] auf folgendes hin:

„Der Begriff der Betriebsvereinbarung ist dem Bundespersonalvertretungsgesetz fremd. Im Bereich der Personalvertretungsgesetze können Dienstvereinbarungen zwischen Personalrat und Dienststelle gemeinsam beschlossen werden. Dienstvereinbarungen sind keine Betriebsvereinbarungen. Im Geltungsbereich der Personalver-

tretungsgesetze sind darum abweichende Regelungen im Sinne des § 7 ArbZG nur durch Tarifvertrag möglich. Eine Öffnungsklausel in einem Tarifvertrag, die in § 7 Abs. 1 Nr. 1 bis 5 genannte Tatbestände in die Dispositionsbefugnis der Personalvertretungen und Dienststellen legt, entfaltet keine Wirkung, da eine entsprechende Dienstvereinbarung wegen des Bestehens einer gesetzlichen Regelung unzulässig ist."

Entgegen der früher geäußerten Auffassung[72] wird nunmehr diese Klarstellung von *Fiedler/Schelter* bestätigt: *Burger*[73] hat den Verfasser zu Recht darauf hingewiesen, daß der Bund wegen der Bundesratsproblematik das ArbZG so formuliert hat, daß keine Zustimmungspflichtigkeit gegeben ist. Der Begriff *„Betriebsvereinbarung"* ist formaljuristisch eng auszulegen, denn für die Personalvertretungsgesetze sind in Landesangelegenheiten die Länder zuständig. Insoweit hätte also der Bundesrat zustimmen müssen.

Das Mitbestimmungsrecht der Belegschaftsvertretungen darf sowieso nicht mißverstanden werden, denn gemeinsam ist ihnen allen, daß ein Beteiligungsfall dann vorliegt, wenn es um Beginn und Ende der täglichen Arbeitszeit und die Lage der Ruhepausen geht. Im BetrVG kommt noch die generelle Regelung über Verkürzung und Verlängerung der täglichen Arbeitszeit dazu, womit Kurzarbeit oder der Mehrarbeit (Überstunden) gemeint sind.

Beachte:

Nach dem derzeit geltenden Recht besteht zwar die Möglichkeit, durch Tätigwerden der Tarifpartner eine moderate Lösung zu finden durch Einführung der bezahlten Ruhepause. Da davon noch nicht Gebrauch gemacht wurde, haben wir derzeit

---

71 *Fiedler/Schelter,* Das Arbeitszeitrechtsgesetz, 2. Auflage, 1995, S. 98 f.

72 *Böhme,* Praxisnahe Umsetzung des Arbeitszeitgesetzes, 2. Teil, Schw/Pfl 3/1996, 277 f.

73 *Ernst Burger,* Richter am ArbG Passau, wird auf diesem Wege für dieses anregende Gespräch in Regensburg im Mai 1996 gedankt

eine ungelöste und unlösbare Rechtssituation.

Folgen aus der ungeklärten Rechtslage
Von den Personalverwaltungen und Pflegedienstleitungen wurde versucht, gerade für diese Fälle Lösungen auf dem Gesetzeswege zu finden.
Eine Überlegung geht in die Richtung, Rufbereitschaft und Bereitschaftsdienst hierfür nutzbar zu machen.
Dabei ist die Grundannahme, daß Rufbereitschaft und Bereitschaftsdienst Ruhezeiten im Sinne des Arbeitszeitgesetzes darstellen und keine Arbeitszeiten. Dies gilt übrigens auch für die tatsächliche Inanspruchnahme von Arbeitszeit während dieser Zeiten. Deswegen gibt es verschiedene Überlegungen, die Vollarbeit in zwei Blöcke aufzuteilen und dazwischen einen Block der Rufbereitschaft oder des Bereitschaftsdienstes zu legen, der dann Ruhepause im Sinne des § 4 ArbZG darstellen soll.
Rein arbeitszeitrechtlich gesehen dürfte dies in der Tat unproblematisch sein, weil das BAG die Ruhepause lediglich von der Arbeitsbereitschaft, also von einer Form der Vollarbeit, abgegrenzt hat und nicht etwa von den Formen minderer Arbeitsleistung, nämlich Bereitschaftsdienst und Rufbereitschaft.
Tarifrechtlich gesehen sind beide Lösungen problematisch:
Bei der **Rufbereitschaftslösung** besteht eine Drei-Stunden-Garantie. Sollte hier ein Mitarbeiter, für den eine solche Arbeitszeit organisiert wurde, vor dem Arbeitsgericht die Drei-Stunden-Garantie einklagen, könnte es einen Haftungsfall für die Personalleitung/Pflegedienstleitung geben.
Es gibt aber noch ein weiteres Bedenken: Rufbereitschaft darf nur angeordnet werden, wenn erfahrungsgemäß in diese Zeit keine Arbeit fällt. Dies ist bei einem 24-Stunden-Dienst ein Problem, denn es gibt Arbeitsbereiche, die 24 Stunden rund um die Uhr organisiert werden müssen. Das läßt sich nicht einfach über Rufbereitschaften lösen.

Selbst wenn man die Drei-Stunden-Garantie nicht als für diese Fallkonstellation notwendig betrachtet, besteht das Problem einer sogenannten unsauberen Lösung. Vorteil dieser Lösung ist aber, daß wo kein Kläger auch kein Richter ist.
Tarifwidrig ist zwar auch die Anordnung von **Bereitschaftsdienst.** Sie hat aber zum einen den Vorteil, die pekuniäre Seite für den Mitarbeiter besser auszugleichen und bedarf unbedingt der doppelten Auslegung mit Bezahlung nach Stufe D (bis 49%). Was nämlich schon bei der Rufbereitschaftslösung ein Problem ist, ist erst recht bei der Bereitschafts-Lösung ein Problem, wenn nämlich einfach die halbstündige oder evtl. dreiviertelstündige Ruhepause nur als Rufbereitschaft oder Bereitschaftsdienst deklariert wird. Was ist, wenn in diese Zeit Arbeit fällt? Dann hat der Mitarbeiter keine ausreichende Ruhepause genommen und muß erneut Ruhepause nehmen. Um diesem Problem zu entgehen, bleibt nur der Weg, entweder eine einstündige Bereitschaft (bei halbstündiger Ruhepause) oder eine anderthalbstündige Bereitschaft (bei dreiviertelstündiger Ruhepause) zu organisieren.
Zu betonen ist auf jeden Fall noch folgendes: Es gibt offenkundig eine Tendenz von Einrichtungen, die versuchen, Ersatzlösungen auf alle diese Fälle anzuwenden. Dies ist aber keinesfalls rechtens. Es geht bei diesen Hilfskonstruktionen immer nur um Lösungen für den Fall, daß der Arbeitgeber aufgrund seiner organisatorischen Möglichkeiten keine andere Lösung findet, die ihm zumutbar wäre und die es ihm gestattet, seiner Pflicht nachzukommen, eine Ruhepause zu gewähren.

Beachte:
Nach § 15 Absatz 2 ArbZG kann die Aufsichtsbehörde über die in diesem Gesetz vorgesehenen Ausnahmen hinaus weitergehende Ausnahmen zulassen, soweit sie im öffentlichen Interesse dringend nötig sind. So hat z.B. in Nordhessen die Gewerbeaufsicht entsprechend beantragte Ausnahmegenehmigungen bereits erteilt,

während in Baden-Württemberg von der Gewerbeaufsicht eine abwartende Haltung eingenommen wird und zur Zeit Ausnahmegenehmigungen nicht zu erwarten sind.

Beachte weiter:
In der Information der Staatlichen Gewerbeaufsichtsämter des Landes Baden-Württemberg über die Anwendung des Arbeitszeitgesetzes – ArbZG – in Krankenhäusern[73 a] wird folgende Rechtsauffassung vertreten:
„Nach Auffassung der Gewerbeaufsicht ist es nach dem Sinn und Zweck des Arbeitszeitgesetzes ausreichend, wenn durch die ‚Pause‘ ein Erholungseffekt erzielt wird. In Tätigkeitsbereichen, in denen es dem Arbeitnehmer möglich ist, sich während Zeitabschnitten von mindestens 15 Minuten Dauer von der Arbeit zurückzuziehen und privaten Dingen zu widmen (ggf. eine Mahlzeit

einnehmen, Kaffee trinken, Zeitung lesen oder ähnliches), wird eine ‚Pause‘ selbst dann anerkannt, wenn die Verpflichtung für den Arbeitnehmer besteht, sich in einem bestimmten räumlichen Bereich aufzuhalten und auf Abruf bereitzustehen. Die Pausenzeiten können nur dann anerkannt werden, wenn eine ausreichende Zahl zusammenhängender Zeiträume von mindestens 15 Minuten Dauer in Anspruch genommen werden konnte. Ist der Zeitabschnitt einer als Pause vorgesehenen Arbeitsunterbrechung kürzer als 15 Minuten, bleibt ein entsprechender Pausenanspruch bestehen.
Die Anerkennung einer solchen ‚Pause‘ steht einer Vergütung dieser Zeiten nicht entgegen. Arbeitsrechtliche Vergütungsansprüche bleiben von dieser Interpretation der ‚Pause‘ im Sinne des Arbeitszeitgesetzes unberührt. "

---

73 a in: PKR 2/98, S. 25

Übersicht 30: *Muster einer Rahmenvorgabe zur Pausenregelung auf bettenführenden Stationen*)*

Der Rahmendienstplan sieht im Tagdienst der bettenführenden Stationen bei einer täglichen Anwesenheitszeit von 8 Stunden eine 30minütige Pause vor.
Nach den tariflichen und gesetzlichen Bestimmungen sowie richterlichen Entscheidungen ist der Arbeitgeber gehalten, für eine ungestörte geplante Pausenzeit der Mitarbeiterinnen zu sorgen. Da keine feste Pausenzeiten für alle Stationen beschrieben werden können, wird hier ausschließlich der Rahmen zur Umsetzung festgelegt. Innerhalb dieser Rahmenvorgabe zeichnet die Stationsleitung bzw. die schichtführende Pflegekraft für die praktische Umsetzung vor Ort verantwortlich.

Rahmenvorgabe:
Orientiert an der festgelegten Arbeitsablauforganisation wird für alle Stationen die Zeitspanne zur Pausenregelung wie folgt festgelegt:

Frühdienst	**08.00 – 13.00 Uhr**
Spätdienst	**15.30 – 20.30 Uhr.**

Innerhalb dieser Zeitspannen sind die Pausen so einzuplanen, daß nicht nur jede(r) Mitarbeiter(in) seine 30minütige **Pausenzeit ungestört** in Anspruch nehmen kann, sondern auch ein **ungestörter Arbeitsablauf** gewährleistet wird.

---

*) erstellt von Marie-Luise Müller, Pflegedirektorin der HSK Wiesbaden, dem Autor freundlicherweise zur Veröffentlichung freigegeben.

Anwendung auf Fall 100:

Diese Fallgestaltung ist explizit vom BAG im letzten Urteil vom 27.02.1992 entschieden worden[74]. Dort wird ausgeführt, daß der Arbeitgeber im Rahmen seines Weisungsrechtes ein Pausenbestimmungsrecht hat, das er nicht einfach auf die Mitarbeiter kollektiv übertragen darf, weil er verpflichtet ist, die Ruhepause zu gewähren. Dies ist ja schließlich auch bußgeld- und strafbewehrt.

D.h., der Arbeitgeber hat wie folgt vorzugehen: Er kann selbstverständlich die Mitarbeiter in den Entscheidungsprozeß einbeziehen in dem Sinne, daß er anregt, die Mitarbeiter sollen untereinander abklären, wann sie gerne Pause machen möchten. Er darf es aber dabei nicht belassen, sondern muß die Mitarbeiter auffordern, ihm demnächst Bescheid zu geben, damit er das Ergebnis auf die Rechtmäßigkeit prüfen kann und ggf. in seine Entscheidungsfindung in Ausübung des Weisungsrechtes mit aufnimmt.

Das bedeutet natürlich auch, daß die übliche Handhabung, in Dienstplänen nur die Dauer der Ruhepause anzugeben und nicht die Lage, problematisch erscheint, weil eigentlich die Lage anzugeben ist und nicht in erster Linie die Dauer. Diese Angaben müssen auch nicht unbedingt in den Dienstplänen erfolgen, wie *Übersicht 30 auf Seite 251* zeigt.

Entscheidend ist dort das zweite Merkmal der Pause, daß nämlich die Arbeitsunterbrechung im voraus bestimmt sein muß, damit der Mitarbeiter auch die Möglichkeit hat, wegen der Ruhepause, die ja schließlich Freizeit ist, zu disponieren.

6. Bereitschaftsdienst

Während bis April 1991 im BAT die Verpflichtung zur Leistung von Bereitschaftsdienst und Rufbereitschaft für bestimmte Personenkreise in Sonderregelungen vorgesehen war, so für den Pflegedienst in den Sonderregelungen SR 2 a und für den ärztlichen Dienst SR 2 c, kam es im Rahmen der Tarifverhandlungen am 24.04.1991 zu einer Erweiterung dieser Verpflichtung für alle Angestellten in § 15 BAT unmittelbar, nämlich Abs. 6 a und Abs. 6 b.

Die Sonderregelungen enthalten etliche Klippen, die im folgenden dargestellt werden.

6.1. Tarifrechtliche Vorgaben

6.1.1. Allgemeines

Bereitschaftsdienst und Rufbereitschaft sind im ArbZG nicht geregelt, wenn man von der Ausnahme des § 5 Abs. 3 ArbZG absieht *(vgl. dazu oben unter 5.4.).*

Hingegen ist im BAT und in den Sonderregelungen Bereitschaftsdienst und Rufdienst auch definiert.

Bereitschaftsdienst bedeutet: Der Angestellte ist verpflichtet, sich auf Anordnung des Arbeitgebers außerhalb der regelmäßigen Arbeitszeit an einer vom Arbeitgeber bestimmten Stelle aufzuhalten, um **im Bedarfsfall** die Arbeit aufzunehmen.

Rufbereitschaft heißt: Der Angestellte ist verpflichtet, sich auf Anordnung des Arbeitgebers außerhalb der regelmäßigen Arbeitszeit an einer dem Arbeitgeber anzuzeigenden Stelle aufzuhalten, um **auf Abruf** die Arbeit aufzunehmen.

Die Sonderregelungen SR 2 a und SR 2 c enthalten für den Pflegedienst und für den ärztlichen Dienst gewisse tarifliche Vorgaben, die die Tarifparteien und die Arbeits-

---

74 BAG vom 27.02.1992 – 6 AZR 478/90, in: BB 15/1993

vertagsparteien eigentlich einzuhalten haben, wobei, wie so oft, die Details zu beachten sind.

6.1.2. Zuweisung zu den Stufen des Bereitschaftsdienstes

Die Zuweisung zu den Stufen des Bereitschaftsdienstes erfolgt durch bezirkliche oder örtliche Vereinbarung.
Nach dem Tarifvertrag werden vier Stufen unterschieden *(vgl. Übersicht 31):*
Mit der Zuweisung zu den Stufen des Bereitschaftsdienstes durch Tarifvertrag soll vermieden werden, daß bei jedem einzelnen Bereitschaftsdienst das Maß der geleisteten Arbeit festgehalten und nachgeprüft werden muß[75].
Sofern eine **Zuweisung** zu den Stufen des Bereitschaftsdienstes **durch bezirkliche oder örtliche Vereinbarung** nicht erfolgt ist, gibt es demzufolge keine **Zuweisung.** Sie **kann** auch **nicht anderweitig zustandekommen.** Dabei besteht keine Rechtsgrundlage für die Vergütungsberechnung.
Dennoch ist auch dann der Angestellte verpflichtet, Bereitschaftsdienste auf Anordnung zu leisten, denn die Vergütungsberechnung muß dann mangels einer anderen Grundlage nach der tatsächlichen Arbeitsleistung „spitz" vorgenommen werden[76].
Eine besondere Regelung besteht in den neuen Bundesländern durch die

Übergangsvorschrift zu Abschnitt B Abs. 5 des BAT Ost:
„Bis zum Abschluß der bezirklichen oder örtlichen Vereinbarung richtet sich die Zuweisung zu den einzelnen Stufen nach der erfahrungsgemäß durchschnittlich anfallenden Zeit der Arbeitsleistung."

6.1.3. Bewertung des Bereitschaftsdienstes als Arbeitszeit

Die Bewertung des Bereitschaftsdienstes als Arbeitszeit erfolgt zum **Zweck** der **Vergütungsberechnung** nach dem **Maß der durchschnittlich anfallenden Arbeitsleistung** (Abs. 2 Buchstabe a) und nach der **Anzahl der im Kalendermonat geleisteten Bereitschaftsdienste** (Abs. 2 Buchstabe b).
Die Anzahl der Bereitschaftsdienste im Kalendermonat ist nach Abs. 8 zu ermitteln.
Bei der Ermittlung des prozentualen Anteils der Arbeitsleistung ist die tatsächliche Arbeitsleistung aus dem Gesamtzeitraum nicht herauszurechnen, sondern im Ge-

---

75 *Clemens u.a.,* Erläuterung 7 Nr. 6 SR 2 A BAT
76 *Schelter,* Das Tarifrecht der Angestellten im Pflegedienst (BAT), a.a.O., S. 175

Übersicht 31: *Die vier Stufen des Bereitschaftsdienstes*

Stufe	Arbeitsleistung innerhalb des Bereitschaftsdienstes	Bewertung als Arbeitszeit
A	0 bis 10%	15%
B	mehr als 10 bis 25%	25%
C	mehr als 25 bis 40%	40%
D	mehr als 40 bis 49%	55%

genteil miteinzubeziehen. Das bedeutet, daß der gesamte Zeitraum von Beginn bis Ende des Bereitschaftsdienstes der Ermittlung zugrundezulegen ist *(vgl. Übersicht 32)*. Die errechnete Arbeitszeit kann nach § 15 Abs. 6 a Unterabsatz 3 BAT zum Ende des 3. Kalendermonats auch durch entsprechende Arbeitsbefreiung abgegolten werden; für diesen Fall ist aufgrund des 66. Änderungstarifvertrages § 15 Abs. 6 a Unterabsatz 3 Satz 3 BAT gefaßt worden: Der Angestellte erhält bei Freizeitausgleich die Vergütung (§ 26) und die in Monatsbeträgen festgelegten Zulagen fortgezahlt, also keine Überstundenzuschläge!

6.1.4. Belastungsgrenzen

In den Stufen A und B dürfen nicht mehr als 7 und in den Stufen C und D nicht mehr als 6 Bereitschaftsdienste im Kalendermonat angeordnet werden. Diese Höchstgrenzen dürfen vorübergehend nur dann überschritten werden, wenn sonst die Patientenversorgung nicht sichergestellt werden könnte.

Sofern der Angestellte Bereitschaftsdienst und Rufbereitschaft leistet, werden für die Ermittlung der zulässigen Zahl der Bereitschaftsdienste zwei Rufbereitschaften als ein Bereitschaftsdienst gezählt.

In den Stufen C und D darf eine **Wochenendbereitschaft** zusammenhängend von demselben Angestellten nicht abgeleistet werden. Nach einem zusammenhängenden Wochenendbereitschaftsdienst in den Stufen A und B oder einem anderen entsprechend langen Bereitschaftsdienst ist dem Angestellten eine 12stündige Ruhezeit dienstplanmäßig einzuräumen. Es handelt sich dabei um eine **tarifliche Ruhezeit** im Gegensatz zur gesetzlichen Ruhezeit nach § 5 ArbZG (11 Stunden bzw. mit Kompensation 10 Stunden), also nicht etwa um einen Freizeitausgleich.

Nach einem vollen Dienst und sich daran anschließenden Bereitschaftsdienst der Stufe C und D soll der Angestellte eine Ruhezeit von mindestens 8 Stunden haben. Dieses „soll" bedeutet in der Regel „muß", in begründeten Ausnahmefällen kann hiervon abgewichen werden. Der Volldienst muß allerdings mindestens 7,5 Stun-

---

Übersicht 32: *Berechnungsbeispiel[77] für Bereitschaftsdienste*

Eine Krankenschwester hat in einem Kalendermonat 10 Bereitschaftsdienste zu je 12 Stunden geleistet, die nach dem örtlichen Tarifvertrag über die Stufenzuweisung der Bereitschaftsdienste nach Stufe C bewertet sind. Die Vergütung für diese Bereitschaftsdienste wird wie folgt errechnet:

1. bis 8. Bereitschaftsdienst:
(8 x 12 =) 96 Stunden, die mit (40% + 25% =) 65% als Arbeitszeit gewertet werden = 62,4 Stunden;

9. bis 10. Bereitschaftsdienst:
(2 x 12 =) 12 Stunden, die mit (40% + 35% =) 75% als Arbeitszeit gewertet werden = 18 Stunden.

Insgesamt ergibt dies 62,4 + 18 = 80,4 Stunden, die mit der Überstundenvergütung zu bezahlen sind.

---

77 nach *Schelter,* a.a.O., S. 176

den betragen und der Bereitschaftsdienst mindestens 12 Stunden dauern.

Dasselbe gilt nach einer mindestens 24stündigen ununterbrochenen Inanspruchnahme durch Dienst und Bereitschaftsdienst zwischen 06.00 Uhr an einem Sonntag oder einem Wochenfeiertag und 09.00 Uhr am folgenden Tag.

Doch auch bei dieser Vorschrift des Abs. 7 kommt der Vorbehalt zum Tragen, daß vorübergehend hiervon abgewichen werden darf, wenn die Patientenversorgung anders nicht sichergestellt werden kann.

Daß es hier allerdings auch Grenzen aus dem Gesichtspunkt des Organisationsverschuldens gibt, darf auch nicht unberücksichtigt bleiben *(dazu bereits oben unter 2.).*

Kann der Angestellte nachweisen, daß er während eines mindestens 12stündigen zusammenhängenden Bereitschaftsdienstes, egal welcher Stufe, zu mehr als der Hälfte der Zeit des Bereitschaftsdienstes gearbeitet hat, so ist der Arbeitgeber nach Abs. 7 Unterabsatz 5 Satz 1 verpflichtet, dem Angestellten **Arbeitsbefreiung** zu gewähren, es sei denn, daß dies aus Notfallgründen nicht geht (dazu § 14 ArbZG, *vgl. oben 3.8.1).* Es handelt sich bei dieser Arbeitsbefreiung um einen Freizeitausgleich, der somit voraussetzt, daß dienstplanmäßig zu arbeiten ist, es sei denn, der Mitarbeiter hat frei (dann braucht man auch keine Arbeitsbefreiung).

Da Überhangstundenausgleich, Überstundenausgleich und Bereitschaftsdienstfreizeitausgleich zusammenfallen können, sollte nach Auffassung von *Schelter*[78] die Quelle des Freizeitausgleiches im Dienstplan kenntlich gemacht werden. Zwingend ist das allerdings nicht.

6.1.5. Ermittlung der Anzahl der innerhalb eines Kalendermonats geleisteten Bereitschaftsdienste

Es gibt **zwei Alternativen,** um die Anzahl der Bereitschaftsdienste zu ermitteln:

Alternative A:
Die innerhalb eines 24-Stunden-Schichtdienstes vom Beginn des einen bis zum Dienstbeginn des folgenden Tages von demselben Angestellten geleisteten Bereitschaftsdienstzeiten gelten als ein Bereitschaftsdienst. Auf die Dauer des Bereitschaftsdienstes nach Stunden kommt es nicht an.

Beispiel[79]:
Der Frühdienst beginnt um 06.30 Uhr und endet um 13.00 Uhr. Der Mitarbeiter leistet von 13.00 Uhr bis 16.00 Uhr Bereitschaftsdienst und von 16.00 Uhr bis 19.00 Uhr volle Arbeit, sodann von 19.00 Uhr bis 06.30 Uhr am nächsten Morgen Bereitschaftsdienst.

Es handelt sich um einen Bereitschaftsdienst, weil der Tag um 06.30 Uhr beginnt und am nächsten Morgen um 06.30 Uhr endet (inhaltliche Betrachtungsweise).

Man könnte allerdings im Hinblick auf § 15 Abs. 8 Unterabsatz 1 BAT beim Arbeitstag auch uhrzeitlich von 0.00 Uhr bis 24.00 Uhr ausgehen! Dann würden im Berechnungsbeispiel zwei Bereitschaftsdienste vorliegen.

Alternative B:
Sofern innerhalb eines 24-Stunden-Schichtzeitraumes vom Dienstbeginn des einen bis zum Dienstbeginn des folgenden Tages nicht von demselben Angestellten Bereitschaftsdienstzeiten geleistet werden, gelten je 16 Bereitschaftsdienststunden als ein Bereitschaftsdienst. Dies gilt auch, wenn innerhalb von 24 Stunden in mehreren Schichten gearbeitet wird.

---

78 *Schelter,* a.a.O., S. 178
79 dieses und das folgende Beispiel nach *Schelter,* a.a.O., S. 178

Beispiel:
Der Angestellte leistet lediglich den Bereitschaftsdienst von 19.00 Uhr bis 06.30 Uhr; die im Beispiel zu Alternative A genannten Bereitschaftsdienststunden von 13.00 Uhr bis 16.00 Uhr werden von einem anderen Angestellten geleistet.

In diesem Fall wird die Zahl der im Kalendermonat tatsächlichen Bereitschaftsdienststunden durch 16 dividiert. Bei 10 Bereitschaftsdiensten im Kalendermonat: 10 x 11,5 Stunden = 115 Stunden: 16 = 7,18 Bereitschaftsdienste.

Dieser Angestellte hat dann also 7 Bereitschaftsdienste geleistet. Die Reststunden (Zahl hinter dem Komma) werden wie die vollen Bereitschaftsdienste für den Kalendermonat entsprechend Abs. 2 als Arbeitszeit gewertet.

Beginnt ein Bereitschaftsdienst am Ende des einen Kalendermonats und endet er zu Beginn des anderen Kalendermonats, wird er üblicherweise dem Kalendermonat zugerechnet, in dem er beginnt.

Zusammenhängender Wochenendbereitschaftsdienst und Wochenfeiertagsbereitschaftsdienst (Abs. 8 Unterabsatz 2) rechnet als zwei Bereitschaftsdienste. Diese Berechnung ist allerdings nur zulässig, wenn derselbe Angestellte diese Bereitschaftsdienste leistet und nicht in mehreren Schichten gearbeitet wird, anderenfalls muß die Berechnung nach Alternative B vorgenommen werden.

Da in der Fünf-Tage-Woche das Dienstende nicht am Samstag ist, sondern bereits am Freitag, und demzufolge der Bereitschaftsdienst häufig erst am Samstagmorgen beginnt, ändert dies nichts an dem Begriff der Wochenendbereitschaft, der wie gesagt als zwei Bereitschaftsdienste gewertet wird[80].

6.2. Aktuelle Rechtsprechung

Über die oben bereits dargestellte Rechtsprechung hinaus (vgl. oben unter G.1.) sind noch folgende Entscheidungen von praktischer Relevanz:

Während Arbeitsbereitschaft im Rahmen der regelmäßigen Arbeitszeit eine Form minderer Leistung darstellt (vgl. § 15 Abs. 2 BAT), handelt es sich bei **Bereitschaftsdienst und Rufbereitschaft** um **andersartige Leistungen,** nämlich im wesentlichen um eine Aufenthaltsbeschränkung des Angestellten außerhalb der regelmäßigen Arbeitszeit, verbunden mit der Verpflichtung, bei Bedarf sofort tätig zu werden bzw. abrufbar unter Berücksichtigung einer gewissen Wartezeit verfügbar zu sein[81]. Bereitschaftsdienst darf insoweit im Hinblick auf den Umfang der zu erwartenden Arbeit nur angeordnet werden *„wenn zu erwarten ist, daß zwar Arbeit anfällt, erfahrungsgemäß aber die Zeit ohne Arbeitsleistung überwiegt."* Nach SR 2 a Nr. 6 ist die Anordnung von Bereitschaftsdienst jedenfalls unzulässig, wenn die Beanspruchung während des Bereitschaftsdienstes erfahrungsgemäß mindestens 50% beträgt. Sofern der Arbeitgeber dennoch Bereitschaftsdienst anordnet oder weiterhin anordnet, hat der Angestellte dennoch nicht Anspruch auf die volle Vergütung, weil hier nach der Rechtsprechung des BAG eine sogenannte bewußte Tariflücke vorliegt[82]. Der Angestellte kann demnach lediglich für die Zukunft im Wege der Feststellungsklage gerichtlich geltend machen, daß die Anordnung von Bereitschaftsdienst tarifwidrig und unzulässig ist. Sofern der Arbeitnehmer sich dann der Anordnung widersetzt, liegt keine Arbeitsverweigerung vor, wenn das Arbeitsgericht positiv im Sinne des Arbeitnehmers entschieden hat.

In den Fällen des BAG ging es um Arbeitsleistungsanteile von bis zu 61%. Das BAG hat offengelassen, ob nicht nach allgemeinen arbeitsrechtlichen Grundsätzen ein

---

80 vgl. auch *Clemens u.a.,* Erläuterung 25 zu SR 2 a BAT

81 BAG, Urteil vom 27.02.1985 unter dem AZ: 7 AZR 552/82, AP Nr. 12 zu § 17 BAT

82 BAG, Urteil vom 27.02.1985 *(vgl. Fußnote 81)* und BAG, Urteil vom 26.02.1987 unter dem AZ: 7 AZR 462/83

Vergütungsanspruch in voller Höhe besteht, wenn der Arbeitsleistungsanteil höher ist.

Wechselschichtarbeitnehmer (vgl. § 15 Abs. 8 BAT) können auch zum Bereitschaftsdienst herangezogen werden[83]. Solche Arbeitnehmer sollen aber im Anschluß an einen Nachtdienst nicht zum Bereitschaftsdienst herangezogen werden.

Die tarifliche Verpflichtung des Arbeitnehmers, Bereitschaftsdienste auf Anordnung leisten zu müssen, bedeutet aber nicht etwa, daß der Arbeitgeber verpflichtet ist, solche Anordnungen auch zu erteilen[84].

Da die Anordnung von Bereitschaftsdienst und Rufbereitschaft dem Direktionsrecht des Arbeitgebers unterliegt, bestimmt er einseitig nach pflichtgemäßen Ermessen gemäß § 315 BGB, ob ein solcher Dienst erforderlich ist oder nicht. Er kann demzufolge auch jederzeit einseitig bereits angeordneten Bereitschaftsdienst für die Zukunft wieder zurücknehmen, ohne daß etwa die Grundsätze der betrieblichen Übung zum Tragen kämen, die im öffentlichen Dienst selten zur Anwendung kommen.

Auch bei der Abgeltung von Bereitschaftsdienstzeiten bei teilzeitbeschäftigten Angestellten besteht nach der Rechtsprechung des BAG eine bewußte Tariflücke[85].

In dem Zusammenhang ist noch ein weiteres Urteil des BAG von Bedeutung[86]:

Sofern der Arbeitgeber weder **Freizeitausgleich** gewährt noch **Überstundenvergütung** bezahlt, hat er indirekt nach Ablauf von drei Monaten, die er nach den Sonderregelungen ja nur auf 6 Monate auf ausdrückliche Begründung hin verlängern kann, von einem Wahlrecht insoweit Gebrauch gemacht, daß kein Freizeitausgleich erfolgt, sondern nur noch Überstundenvergütung. Der Arbeitnehmer, der also den Ausgleich für die Bereitschaftsdienste und Überstunden einklagt, kann demzufolge niemals Freizeitausgleich, sondern immer nur Überstundenvergütung gerichtlich geltend machen.

Insoweit kommt naturgemäß § 70 BAT zur Anwendung, wonach Arbeitgeber und Angestellte fällig gewordene Ansprüche innerhalb eines 6-Monats-Zeitraumes geltend machen müssen, anderenfalls sind die Ansprüche erloschen. Das bedeutet bezogen auf die eingeklagte Überstundenvergütung, daß geleistete Bereitschaftsdienste und geleistete Überstunden mit Ablauf von drei Monaten nach Ableistung fällig werden und innerhalb von weiteren 6 Monaten demzufolge auch schriftlich geltend gemacht werden müssen, wonach für die Folgeansprüche nach Klarstellung des § 70 Unterabsatz 2 BAT die erstmalige schriftliche Geltendmachung für die Wahrung dieser **Ausschlußfrist** ausreicht. Bedeutung hat diese Frage gerade im Pflegedienst und im ärztlichen Dienst, weil dort immer noch eine weitverbreitete Unsitte besteht, Überstunden und sonstige Arbeitszeitanteile zu sammeln, ohne daß ein Arbeitszeitkonto eingerichtet ist.

Dieses Urteil ist richtig, denn ein Anspruch des Angestellten auf Freizeitausgleich besteht nicht, nachdem im Tarifvertrag von „kann" die Rede ist. Damit fällt die Bestimmung der Abgeltung durch Überstundenvergütung oder Freizeitausgleich ohne Zeitzuschläge in das Direktionsrecht des Arbeitgebers, der nach § 315 BGB einseitig nach pflichtgemäßen Ermessen zu entscheiden hat, womit dem Arbeitgeber in der Tat ein Wahlrecht zusteht.

Mit Urteil vom 12.12.1990 hat das BAG klargestellt, daß der Freizeitausgleich nicht an einem Tag erfolgen darf, an dem der Angestellte ohnehin nicht hätte arbeiten müssen[87]. Im entschiedenen Fall wurde einem Arzt der Freizeitausgleich für gelei-

---

83 BAG, Urteil vom 13.02. 1985 unter dem AZ: 7 AZR 311/82, AP Nr. 6 zu § 15 BAT

84 BAG, Urteil vom 04.12.1986 unter dem AZ: 6 AZR 123/84

85 BAG, Urteil vom 21.11.1991 unter dem AZ: 6 AZR 551/89, ZTR 1992, S. 198

86 BAG, Urteil vom 29.11.1989 unter dem AZ: 6 AZR 774/87, MedR 1990, S. 224–228

87 BAG, Urteil vom 12.12.1990 unter dem AZ: 4 AZR 269/90, ZTR 1991, 200

stete Bereitschaftsdienste an einem Wochenfeiertag ausgeglichen, an dem der Arzt dienstplanmäßig ohnehin frei hatte. Das ist natürlich unzulässig. Es bedarf eines zusätzlichen freien Tages.

7. Rechtsfragen bei der dienstplanmäßigen Behandlung der Vorfesttage (24. und 31.12.)[88]

7.1. Vorbemerkung

Die Tarifpartner im öffentlichen Dienst haben von den zwei Arbeitsverkürzungstagen einen gestrichen (vgl. den neuen § 16 Abs. 1 BAT) und dafür den 24.12. und 31.12. voll freigegeben. Es handelt sich also um eine Kompensationslösung. Ostersamstag und Pfingstsamstag sind ab 12.00 Uhr frei, wie bisher.

Durch eine Protokollerklärung zu § 16 Abs. 2 BAT wird klargestellt, daß Angestellte, die dienstplanmäßig oder in Schicht- bzw. Wechselschicht arbeiten und am 24. oder 31.12. bis 12.00 Uhr frei haben, dafür $1/10$ der durchschnittlichen Wochenarbeitszeit des Angestellten angerechnet erhalten. Die durchschnittliche Wochenarbeitszeit beträgt 38,5 Stunden : 10 = anrechenbare 3,85 Stunden.

7.2. Umsetzung auf die Dienstplangestaltung in verschiedenen Fallvarianten

Man kann es als Grundfall bezeichnen, daß der Angestellte am 24.12. oder am 31.12. dienstplanmäßig vollständig frei hat. Während bisher der Mitarbeiter nach der Regel *„ohne Arbeit kein Lohn"* i.V.m. der Risi-

kolehre oder Sphärentheorie keine zusätzliche Vergünstigung erhielt, sondern bei dienstplanmäßigem Frei eben an diesem Tag frei hatte, werden ihm jetzt 3,85 Arbeitszeitstunden angerechnet, also entweder beim Soll abgezogen oder beim Ist dazugezählt. Auf jeden Fall wird es sich empfehlen, schon im Hinblick auf die Urlaubsproblematik, diese beiden Tage im Dienstplan gesondert kenntlich zu machen, damit diese Tage auch entsprechend behandelt werden.

Wenn der Angestellte im Frühdienst von 06.00 Uhr bis 13.30 Uhr arbeitet, sind das unter Einschluß von 30 Minuten Ruhepause 7 Stunden Arbeitszeit.

Da der Angestellte vor 12.00 Uhr arbeitet, kommt die Protokollnotiz nicht zur Anwendung. Es bleibt bei dem bisherigen Streit, ob die dienstplanmäßige **Ist-Arbeitszeit** angerechnet wird oder die ausgehend von den zu arbeitenden Wochentagen tarifliche Durchschnittsarbeitszeit. Gehen wir von der 5-Tage-Woche aus, beträgt die durchschnittliche Tagesarbeitszeit 7,7 Stunden, die hier tatsächliche Dienstplanzeit hingegen 7 Stunden.

Da bei dienstplanmäßiger Arbeit der Arbeitgeber zu erkennen gibt, daß er sein Direktionsrecht mittels der Dienstplangestaltung ausübt, gilt der Grundsatz, daß die dienstplanmäßig festgesetzte Arbeitszeit maßgebend ist, also hier 7 Stunden. Mehr bekommt der Mitarbeiter im Frühdienst hier nicht angerechnet.

Eine weitere Möglichkeit ist, daß der Angestellte im Nachtdienst von 20.00 Uhr bis 06.30 Uhr mit einer Dreiviertelstunde Pause arbeitet, also die Nacht $9^{3}/_{4}$ Stunden, und zwar am 23.12. und am 24.12. Nachtarbeit liegt lt. Tarif in der Zeit von 20.00 Uhr bis 06.00 Uhr morgens vor. Dies ist aber nur ein Problem für die Nachtar-

---

88 vgl. bereits *Böhme*, Rechtsfragen bei der dienstplanmäßigen Behandlung der Vorfestfeiertage, Schw/Pfl 12/1996, 1133 f.

beitszeitzuschläge. Die Tagesarbeitszeit hingegen reicht von 0.00 Uhr bis 24.00 Uhr, so im Vergleich mit § 15 Abs. 6 BAT (Montag 0.00 Uhr bis Sonntag 24.00 Uhr). Das bedeutet, daß der Mitarbeiter am 24.12. von 0.00 Uhr bis 06.30 Uhr arbeitet, also vor 12.00 Uhr; somit kommt die Protokollnotiz nicht zur Anwendung. Maßgebend ist demzufolge wie schon zuvor die **Ist-Arbeitszeit,** die im Hinblick auf die weitere Arbeit am 24.12. von 20.30 Uhr bis 24.00 Uhr eine Ist-Arbeitszeit von $9^3/_4$ Stunden ausmacht. Das bedeutet, daß dann, wenn unter tariflicher durchschnittlicher Arbeitszeit gearbeitet wird, der geringere Ist-Anteil maßgebend ist, während umgekehrt, wenn mehr gearbeitet wird, natürlich das Mehr maßgebend ist.

Gesetzt den Fall, der Mitarbeiter ist lediglich in der Nacht von 23. auf den 24.12. eingesetzt, hat aber in der Nacht vom 24. auf den 25. dienstplanmäßig frei, so ergibt sich folgendes:
Die Tagesarbeitszeit reicht von 0.00 Uhr bis 06.30 Uhr am 24.12., so daß vor 12.00 Uhr gearbeitet wird und die Protokollnotiz nicht zur Anwendung kommt. Dem Mitarbeiter werden 6,5 Ist-Stunden angerechnet, ohne daß hier etwa noch fiktive weitere Stunden dazu kämen!

Was ergibt sich, wenn der Angestellte am 23. und 24.12. dienstplanmäßig frei hat, aber seit 23.12. einen Bereitschaftsdienst ab 16.00 Uhr leistet?
Da der Bereitschaftsdienst keine arbeitszeitgesetzliche Arbeitszeit und auch tarifrechtlich keine Arbeitszeit ist, sondern lediglich bei entsprechender Einstufung wie Arbeitszeit vergütet wird und darüber hinaus über die tariflich vereinbarte Arbeitszeit hinaus zu leisten ist, kommt die Protokollnotiz zur Anwendung. Solche Mitarbeiter haben am Vorfeiertagsruhetag vor 12.00 Uhr frei und erhalten demzufolge + 3,85 Arbeitszeitstunden angerechnet!

Eine abschließende Betrachtung:
Der Angestellte leistet am 24.12. Spätdienst von 13.00 Uhr bis 20.30 Uhr.
Hier werden jetzt zwei Meinungen vertreten:

(1) Die eine Meinung besagt, daß der Mitarbeiter neben den im Spätdienst geleisteten 7 Stunden Ist-Arbeitszeit noch zusätzlich 3,85 Stunden angerechnet bekommt, weil er vor 12.00 Uhr nicht arbeitet.

(2) Die andere Auffassung besagt, daß die Protokollnotiz lediglich dem dienstplanmäßig arbeitenden Angestellten für den Fall eine Vergünstigung bringen soll, daß er an einem solchen Tag überhaupt frei hat, weshalb hier bei Arbeitsleistung die Anrechnungsregelung nicht zur Anwendung kommt, somit 7 Stunden Ist-Arbeitszeit angerechnet werden.

Der Auffassung unter (2) ist der Vorzug zu geben, denn die Tarifpartner wollten hier lediglich der aus dem Tarifrecht und der Rechtsprechung entstandenen Rechtslage Rechnung tragen, wonach bei einem Wochenfeiertag oder bei den Vorfeierruhetagen und Arbeitszeitverkürzungstagen, sofern dienstplanmäßig frei ist, keine Anrechnung erfolgt. Da das von Arbeitnehmerseite als unerfreuliches Ergebnis betrachtet wird, hat man sich in den Tarifverhandlungen darauf geeinigt, wenigstens eine „Halb-Anrechnung" vorzunehmen. Nichts soll sich aber für die Fälle ändern, in denen an einem solchen Tag gearbeitet wird. D.h., der Mitarbeiter, der Spätdienst leistet, soll nicht einen Bonus für diesen Spätdienst noch zusätzlich erhalten. Sicherlich ist es mißlich, an Heiligabend oder an Silvester bis in den Abend hinein arbeiten zu müssen, dies bekommt man dann nicht zusätzlich bezahlt! Das bedeutet für Mitarbeiter, die ganzschichtig arbeiten, daß sich letztlich durch die Neuregelung für Mitarbeiter, die nach 12.00 Uhr arbeiten, eigentlich gar nichts ändert.

8. Entwürfe von Krankenhausbeschlüssen und Abteilungsdienstplänen[89]

Übersicht 33: *Beschluß der Krankenhausleitung zur Neuordnung der Abteilungsdienstpläne gemäß den Anforderungen aus dem ArbZG und den Tarifverträgen*

1. Höchstzulässige Tagesarbeitszeit

Die Abteilungsleitungen stellen sicher, daß die gesetzliche Höchstarbeitszeit von 48 Stunden (gemittelt über ein halbes Jahr) Volldienst innerhalb und außerhalb der Regelarbeitszeit nicht überschritten wird. Die tägliche Höchstarbeitszeit im Sinne des Arbeitszeitgesetzes beträgt 10 Stunden.

2. Die Neuordnung der Dienstpläne erfolgt nach folgenden Kriterien:

2.1. Rufbereitschaften

Keine Anpassungen nötig

2.2. Bereitschaftsdienste

Bereitschaftsdienste beginnen während der Woche im Anschluß an die tägliche Regelarbeitszeit und enden mit Beginn des neuen Arbeitstages. Am Wochenende umfaßt der Bereitschaftsdienst maximal 24 Stunden. Nach einer angemessenen Übergabe, die stets als Volldienst anzuordnen ist, ist der Dienst zu beenden (Bereitschaftsdienst Stufen C und D)

Ausnahmen:

a) In den Fällen, in denen dienstplanmäßig eine zusammenhängende Nachtruhe von wenigstens 5,5 Stunden im Zeitraum von 21.00 Uhr und 08.00 Uhr sichergestellt werden kann (gegenseitige Vertretung), darf am nächsten Morgen weiter gearbeitet werden. Wird diese Nachtruhe in Ausnahmefällen unterbrochen, muß der Mitarbeiter dies persönlich dokumentieren und am Morgen des Folgetages den Dienst beenden. Hierbei wird das Freizeitausgleichskonto (freie Nachmittage und Ausgleichstage, welche die Einhaltung der 38,5-Stunden-Woche sicherstellen) mit einem Tag tariflicher täglicher Regelarbeitszeit belastet abzüglich Übergabezeit.

b) In den Fällen, in denen im oben genannten Zeitraum eine zusammenhängende Nachtruhe des erforderlichen Umfanges gegeben ist (mindestens 5,5 Stunden), diese aber nicht von vornherein sichergestellt ist, darf am nächsten Morgen weitergearbeitet werden, falls die Nachtruhe ungestört und ausreichend lang war, anderenfalls ist am Morgen der Dienst zu beenden. Der Freizeitausgleich erfolgt wie oben. Hier hat stets eine lückenlose, individuelle Dokumentation der Ruhezeit zu erfolgen.

2.3. Volldienste außerhalb der tariflichen Regelarbeitszeit

Volldienste sind nunmehr bis zu 10 Stunden pro Tag zulässig, hierbei ist die Übergabe am nächsten Morgen in die Addition mit aufzunehmen.

Zwischen zwei Regelarbeitstagen müssen 11 (10) Stunden Ruhezeit liegen, wobei Bereitschaftsdienst als Ruhezeit gilt!

24-Stunden-Volldienste sind nicht mehr möglich.

---

89 aus: *Böhme,* Praxisnahe Umsetzung des Arbeitszeitgesetzes, 2. Teil, Schw/Pfl 3/1996, 278 f.

Die bisherigen 24-Stunden-Volldienste sind entweder
• als Schichtdienst umzugestalten oder
• in Bereitschaftsdienste für 2 Personen aufzuteilen.

Pausenregelung:
Bei einer Arbeitszeit bis zu 6 Stunden ist keine Pause vorgeschrieben. Eine Arbeitszeit von mehr als 6 bis 9 Stunden erfordert 30 Minuten, von mehr als 9 Stunden bis 10 Stunden 45 Minuten Pause. Pausen müssen spätestens nach 6 Stunden Arbeit genommen werden bzw. geplant sein. Die Pausen werden durch Vertretung innerhalb der Dienstgruppen sichergestellt. Hierzu erläßt der Chefarzt eine verbindliche Anweisung mit im vorhinein feststehenden Zeiten und Vertretungen. Ist eine Fachrichtung nur durch einen Diensthabenden vertreten bzw. die fachliche Befähigung nur bei einem Diensthabenden vorhanden, muß der Chefarzt in der Mitte des Dienstes Bereitschaftsdienst anordnen, sofern die tatsächliche Belastung dies zuläßt. Die Dauer des Bereitschaftsdienstes muß von mindestens doppelter Länge der zustehenden Pause sein (Bereitschaftsdienst und Pause sind nach gesetzlicher Definition Ruhezeit). Hierbei ist davon auszugehen, daß mindestens 50% der Zeit während des Bereitschaftsdienstes als arbeitsfreie Zeit anfällt und der echten Erholung dient.
Um die Akzeptanz dieser Lösung zu erhöhen, besteht Einverständnis, in diesem Sonderfall die Zeit des Bereitschaftsdienstes pauschal wie Arbeit zu vergüten, unabhängig von der tatsächlichen Inanspruchnahme.
Nur für die kurze Zeit der Pause einen Arzt aus dem Frei zu holen oder den Hintergrunddienst zu bemühen, ist weder sozial zumutbar noch wirtschaftlich in irgendeiner Weise vertretbar.

3. Pausen während der tariflichen Regelarbeitszeit:
Hier gilt der Passus unter 2.3. zur Pausenregelung sinngemäß.

4. Ersatzruhetage für Sonn- und Feiertagsdienste:
Diese sind klar und konkret definiert und werden bei der Dienstplangestaltung bindend berücksichtigt, wodurch die Einzeldokumentation entfällt.

5. Probephase:
Die neuen Regelungen sollen ein Jahr zur Probe eingeführt werden. Beginn ist der 01.01.1998. Nach einem halben Jahr werden die Maßnahmen hinsichtlich Praktikabilität und Akzeptanz überprüft, nötigenfalls den Erfordernissen angepaßt. Während des folgenden halben Jahres sollen die Korrekturmaßnahmen umgesetzt werden. Die Dienstregelung soll endgültig ab 01.01.1999 gelten.

6. Vergütung:
Die Art der Vergütung (Bezahlung und/oder Freizeitausgleich) wird für jede Abteilung einzeln und einvernehmlich zwischen dem Chefarzt und der Verwaltung geregelt. Zu beachten gilt es lediglich, daß bei Probemodellen mit Freizeitausgleich aufgrund der unbefristeten Arbeitsverträge kein Weg zurück zur Bezahlung führt, weil das Personalbudget auf diesem Wege verbraucht ist. Der umgekehrte Weg, von Dienstmodellen mit finanziellem Ausgleich hin zu solchen mit Freizeitausgleich, steht nach der Probephase jederzeit durch Umwandlung von bisher bezahlten Diensten in Planstellen offen.

Ärztlicher Direktor   Verwaltungsdirektor   Pflegedirektor

Übersicht 34: *Dienstgestaltung Kinderabteilung gemäß neuem AZG*

1. Regelmäßige Arbeitszeit (38,5-Woche)

- Montag bis Freitag 08.00 Uhr bis 17.00 Uhr = 45 Stunden
- ein freier Nachmittag 4,5 Stunden/AssA. = 40,5 Stunden
- an restlichen vier Wochentagen 0,5 Stunden Pause = 38,5 Stunden.

Die Pausen sind in der Zeit von 11.30 Uhr bis 13.30 Uhr durch gegenseitige Vertretung gewährleistet.

- Samstag 08.00 Uhr bis 12.00 Uhr 2 Ärzte = 8 Stunden/Woche (Ausgleich durch Freizeit)
- 10.00 Uhr bis 12.00 Uhr 1 Arzt = 2 Stunden/Woche (Ausgleich durch Freizeit).

2. Bereitschaftsdienst (BD) der Stufe C

- Montag bis Freitag 17.00 Uhr bis 08.00 Uhr BD der Stufe C = 15 x 5 = 75 Stunden ... 80%
- Samstag 18.00 Uhr bis 08.00 Uhr = 14 Stunden Stufe C . . . 80%
- Sonntag/Feiertag 18.00 Uhr bis 08.00 13hr = 14 Stunden Stufe C . . . 80%.

Der Dienst wird jeweils im Anschluß an eine 8,5stündige (Montag bis Freitag) Regelarbeitszeit bzw. einen 9,5stündigen Volldienst (Samstag, Sonntag) absolviert. In der Zeit zwischen 23.00 Uhr und 08.00 Uhr wird seitens des Intensivdienstes eine ununterbrochene Ruhepause von 5,5 Stunden sichergestellt. Sollte dies ausnahmsweise nicht möglich sein, verläßt der Bereitschaftsdienst das Krankenhaus unmittelbar nach der Übergabe (um 08.30 Uhr nach einer kumulativen Volldienstzeit von 9 Stunden werktags und 10 Stunden Samstag/Sonntag/Feiertag). Im Regelfall versorgt er nach der Übergabe seine Station und verläßt dann das Krankenhaus (etwa ab 10.00 Uhr) zu einem vorgezogenen freien Nachmittag. Die Vergütung des Bereitschaftsdienstes erfolgt durch Bezahlung (Pauschale) abzüglich der bereits jetzt schon üblichen „Freizeiten pro Woche".

3. Intensivdienst (Schichtdienst, bisher sogenannter „Volldienst")

Für die Intensivstationen stehen in der regelmäßigen Arbeitszeit Montag bis Freitag 08.00 Uhr bis 17.00 Uhr drei Ärzte zur Verfügung, davon ein Arzt für die Übergabe bis 17.30 Uhr, in der restlichen Zeit 17.00 Uhr bis 08.00 Uhr nur ein Arzt.
Ein Arzt der Kinderabteilung (täglicher Wechsel) macht geteilten Dienst: 08.00 Uhr bis 12.30 Uhr und von 17.00 Uhr bis 20.30 Uhr Schichtdienst auf Intensivstation.
Der „Nachtdienst" übernimmt den Schichtdienst von 20.00 Uhr bis 08.30 Uhr am folgenden Tag einschließlich einer 0,5 stündigen Übergabe für eine Woche (von Freitag bis Donnerstag) und hat anschließend eine Woche (zwei Samstage und zwei Sonntage eingeschlossen) frei. Der „Nachtdienst" macht von 20.00 Uhr bis 24.00 Uhr Volldienst und von 24.00 Uhr bis 02.30 Uhr Bereitschaftsdienst der Stufe D, von 02.30 Uhr bis 08.30 Uhr Schichtdienst einschließlich einer halben Stunde (von 08.00 Uhr bis 08.30 Uhr) Übergabe.
Das sind 70 Stunden Volldienst und 17,5 Stunden als Volldienst zu wertender Bereitschaftsdienst der Stufe D = 87,5 Stunden = 59 Überstunden pro Woche, von

denen 38,5 Stunden in der folgenden Woche durch Freizeit ausgeglichen werden, so daß 10,5 Stunden zur Bezahlung verbleiben einschließlich Zeitzuschlägen.

4. Tagdienst an Samstagen, Sonn- und Feiertagen

a) Der Bereitschaftsdienst des Vortages macht jeweils von 08.00 Uhr bis 12.00 Uhr Volldienst (Schichtdienst/Intensivdienst).

b) Ein weiterer Volldienst (Schichtdienst) kommt von 08.00 Uhr bis 18.00 Uhr und übernimmt anschließend den Bereitschaftsdienst der Stufe C.

c) Ein weiterer Volldienst (Schichtdienst/Intensivdienst) kommt von 10.00 Uhr bis 20.30 Uhr und übergibt an den Nachtdienst. Die Pausen mit insgesamt 45 Minuten sind in der Zeit von 11.30 Uhr bis 13.30 Uhr durch gegenseitige Vertretung gewährleistet.

5. Kinder-Notarzt-Dienst

Jede 4. Woche von 08.00 Uhr bis 23.00 Uhr übernimmt die Assistentenschaft der Kinderabteilung den Kinder-Notarzt-Dienst. Die Arbeitsbelastung zur Zeit eingestuft in Bereitschaftsdienst der Stufe A wird durch Kostenersatz (zur Zeit 1 AIP-Stelle) und Freizeitausgleich kompensiert.

6. Oberarzt-Rufbereitschaft

Montag bis Freitag von 17.00 Uhr bis 08.00 Uhr, Samstag von 12.00 Uhr bis 08.00 Uhr und Sonntag und Feiertag 08.00 Uhr bis 08.00 Uhr besteht eine Oberarzt-Rufbereitschaft, die bezahlt wird. Regelmäßiger Samstagdienst für den rufbereiten Oberarzt von 08.00 Uhr bis 12.00 Uhr bzw. 09.00 Uhr bis 13.00 Uhr wird durch Pauschale beglichen.

7. Ausgleich für Sonn- und Feiertagsdienst

Für alle Dienste gilt: Im Anschluß an einen Sonn- oder Feiertagsdienst ist automatisch der darauffolgende Samstag der Ausgleichstag.

8. Feiertagsdienste

Feiertagsdienste werden bei den Regelungen 2 bis 6 wie Sonntagsdienste behandelt.

Unterschrift des Chefarztes der Kinderabteilung

9. Der Jugendarbeits- zeitschutz

Fall 101:

Die 17jährige Krankenschwesterschülerin S. wird an der Staatlich anerkannten Krankenpflegeschule für Krankenpflege und Schule für Krankenpflegehilfe bei den Universitätskliniken in T-Stadt ausgebildet. Sie wird zu den aus dem nachfolgenden Dienstplanauszug hervorgehenden Zeiten beschäftigt:

Dienstplanauszug:

Mo	Di	Mi	Do	Fr	Sa	So
03.	04.	05.	06.	07.	08.	09.
F	F	ST	F	F	0	0

Mo	Di	Mi	Do	Fr	Sa	So
10.	11.	12.	13.	14.	15.	16.
S	S	ST	S	S	G	G

F = Frühdienst: 06.30 Uhr bis 13.30 Uhr; Ruhepause von 10.00 Uhr bis 10.30 Uhr

S = Spätdienst: 13.00 Uhr bis 20.00 Uhr; Ruhepause von 18.00 Uhr bis 18.30 Uhr

G = Geteilter Dienst: 06.30 Uhr bis 10.30 Uhr; 17.00 Uhr bis 21.00 Uhr Ruhepause von 09.00 Uhr bis 09.30 Uhr

ST = Schultag: 08.00 Uhr bis 12.00 Uhr nach jeweils 50 Min. Unterrichtszeit 14.00 Uhr bis 18.00 Uhr wird eine Pause von 10 Min. gewährt

0 = Dienstfrei

Donnerstag, der 06., ist Feiertag.
Ist das so rechtmäßig?

Um den besonderen Schutz des Jugendlichen vor übermäßiger zeitlicher Inanspruchnahme am Arbeitsplatz zu gewähren, normiert das JArbSchG Arbeitszeitregelungen, die weit über die Regelungen des ArbZG und der tariflichen Bestimmungen hinausgehen *(vgl. Übersicht 35 auf Seite 265).*

Die arbeitszeitrechtlichen Bestimmungen des JArbSchG werden im folgenden anhand des Ausgangsfalles erläutert.

9.1. Dauer der Arbeitszeit und der Schichtzeit

9.1.1. Tägliche Arbeitszeit

Nach § 8 darf der Jugendliche **nicht mehr als 8 Stunden täglich** beschäftigt werden. § 4 beschreibt als tägliche Arbeitszeit die Zeit von Beginn bis zum Ende der täglichen Beschäftigung **ohne die Ruhepausen.** Im Ausgangsfall ist ein Verstoß gegen das JArbSchG wegen des Überschreitens der täglichen Höchstarbeitszeit nicht ersichtlich. An den Arbeitstagen im geteilten Dienst wurden jeweils 6^1/$_2$ Stunden gearbeitet, denn die Ruhepausen werden nicht mitgerechnet. An den Schultagen wurde jeweils an 8 Stunden gearbeitet, denn die 10minütigen „Pausen" nach jeder Unterrichtsstunde sind keine Ruhepausen im Sinne des § 11.
Ein solcher 8-Stunden-Schultag ist allerdings unter pädagogischen Gesichtspunkten nicht vertretbar.

9.1.2. Schichtzeit

Nach § 4 Abs. 2 ist Schichtzeit **die tägliche Arbeitszeit unter Hinzurechnung der Ruhepausen** (§ 11). Sie darf **10 Stunden nicht überschreiten,** § 12. Das JArbSchG hat den Begriff der Schichtzeit und deren Begrenzung auf 10 Stunden erstmalig eingeführt, um dem Jugendlichen eine möglichst lange und zusammenhängende Freizeit zu garantieren. Der Arbeitstag der Jugendlichen kann nicht mehr beliebig „auseinandergezogen" werden. Der Beschäftigung von Jugendlichen im geteilten Dienst sind nunmehr enge Grenzen gesetzt. Die Arbeitsverteilung an den Tagen des geteilten Dienstes (15. und 16.) ist im Fall 101 unzulässig. Bereits um 16.30 Uhr ist an diesen Tagen die höchstzulässige Schichtzeit von 10 Stunden erreicht (4 Stunden Arbeitszeit + 6 Stunden Ruhepause). Nach 16.30 Uhr darf Schülerin S. daher nicht mehr beschäftigt werden.

Folgender geteilter Dienst würde, in Abwandlung von Fall 101, jedoch nicht gegen § 12 verstoßen: Arbeitszeit von 07.00 Uhr bis 11.00 Uhr und von 14.30 Uhr bis 17.00 Uhr.

9.1.3. Wöchentliche Arbeitszeit

Nach § 8 Abs. 1 darf der Jugendliche **nicht mehr als 40 Stunden in der Woche** beschäftigt werden. Als Woche ist die **Zeit von Montag bis einschließlich Sonntag** anzusehen (§ 4 Abs. 4 Satz 1).

Diese Begrenzung der wöchentlichen Arbeitszeit auf 40 Stunden im JArbSchG stellt für die Jugendlichen im Krankenhauswesen eine echte Verbesserung dar, denn nach dem alten JArbSchG war eine 44-Stunden-Woche möglich. Bei der Berechnung der wöchentlichen Arbeitszeit muß die nachstehende Anrechnungsvorschrift des § 4 Abs. 4 Satz 2 beachtet werden. Danach wird die Arbeitszeit, die an einem Werktag infolge eines gesetzlichen Feiertages ausfällt, auf die wöchentliche Arbeitszeit angerechnet. Das Gleiche gilt, entgegen dem Wortlaut des § 4 Abs. 4 Satz 2 auch bei Feiertagen, die auf einen Sonntag fallen. Es handelt sich hierbei um ein Versehen des Gesetzgebers[90].

Anwendung auf Fall 101:

Aus dem Dienstplan ergeben sich folgende wöchentliche Arbeitszeiten:

Arbeitszeit der ersten Woche:
4 x Frühdienst (= je 6,5 Std.)	=	26 Std.
1 x Schultag	=	8 Std.
Insgesamt	=	34 Std.

Arbeitszeit in der zweiten Woche:
4 x Spätdienst (= je 6,5 Std.)	=	26 Std.
2 x geteilter Dienst (= je 7,5 Std.)	=	15 Std.
1 x Schultag	=	8 Std.
Insgesamt	=	49 Std.

In der zweiten Woche wird also verbotswidrig die höchstzulässige Wochenarbeitszeit um 9 Stunden überschritten.

---

90 *Zmarzlik u.a.,* JArbSchG, Anmerkung 11 zu § 4

Übersicht 35: *Arbeitszeitrechtlich relevante Sachverhalte nach dem JArbSchG*

1. Dauer der Arbeitszeit und der Schichtzeit
   a) Dauer der täglichen Arbeitszeit
   b) Dauer der Schichtzeit
   c) Dauer der wöchentlichen Arbeitszeit

2. Ruhepausen

3. Tägliche Freizeit

4. Nachtruhe

5. 5-Tage-Woche

6. Samstagsruhe und Sonntagsruhe

7. Feiertagsruhe

8. Ersatzruhezeit

9.2. Ruhepausen

9.2.1. Was ist eine Ruhepause im Sinne des §11 JArbSchG?

Die Feststellung, ob eine Zeitspanne als Ruhepause zu qualifizieren ist, ist in zweifacher Hinsicht von Bedeutung:
Einmal für die **Dauer der Arbeitszeit,** denn nach § 4 Abs. 1 zählen Ruhepausen nicht als Arbeitszeit. Bei der Frage, ob die tägliche oder wöchentliche Höchstarbeitszeit überschritten wurde, sind also die Ruhepausen jeweils auszuklammern.
Zum anderen schreibt § 11 bei einer Ruhepause zwingend deren Dauer und deren Lage **(Verteilung)** vor.
Eine Ruhepause im Sinne des JArbSchG muß folgende Voraussetzungen erfüllen:

* Es muß eine **Arbeitsunterbrechung** vorliegen.
Mindestens 1 Stunde wurde gearbeitet und mindestens noch eine Stunde ist zu arbeiten (§ 11 Abs. 2 Satz 1).
Wird der Jugendliche beispielsweise eine halbe Stunde vor dem regulären Dienstschluß nach Hause entlassen, so ist diese Zeit keine Ruhepause.

* Die Zeiten der Arbeitsunterbrechung müssen **im voraus bestimmt** sein, mindestens jedoch bei Beginn der täglichen Arbeitszeit feststehen.
Demnach müssen diese Arbeitsunterbrechungen im voraus als Ruhepausen gekennzeichnet sein (§ 11 Abs. 1 Satz 1). Es reicht aber aus, Pausenfenster festzulegen!
Zufällige Arbeitsunterbrechungen sind daher keine Ruhepausen, sondern Arbeitszeit.
Die gesetzliche gebotene vorherige Bekanntgabe von Lage und Dauer der Ruhepause sollte zweckmäßig durch Eintragung in den Dienstplan und Bekanntgabe des Dienstplanes durchgeführt werden. Hiergegen wird in der Praxis häufig verstoßen.
Nur ausnahmsweise darf die tatsächliche Lage der Ruhepause von der im voraus

festgelegten Lage einmal abweichen, wenn der Jugendliche mit vorübergehenden und unaufschiebbaren Arbeiten in Notfällen beschäftigt wird und erwachsene Beschäftigte nicht zur Verfügung stehen (vgl. § 21 Abs. 1).

* Die Arbeitsunterbrechung muß **mindestens 15 Minuten** betragen (§ 11 Abs. 1 Satz 3):
Eine kürzere Arbeitsunterbrechung ist deshalb keine Ruhepause, sondern Arbeitszeit.

* Während der Arbeitsunterbrechung muß der Jugendliche die **freie Verfügung** darüber haben, wie und wo er die Freizeit verbringen will.

9.2.2. Dauer der Ruhepause

Die Dauer der Ruhepausen ist nach der Dauer der Arbeitszeit gestaffelt (§ 11 Abs. 1 Satz 2).
Danach ist

* bei mehr als 4,5 Stunden bis zu 6 Stunden Arbeitszeit eine Ruhepause von 30 Minuten und

* bei mehr als 6 Stunden Arbeitszeit eine Ruhepause von 60 Minuten zu gewähren.

An den Tagen des Frühdienstes und des Spätdienstes sind im Fall 101 die Ruhepausen zu kurz. An diesen Tagen wird jeweils 6,5 Stunden gearbeitet, jedoch nur eine halbe Stunde Ruhepause gewährt. Der Jugendliche hätte bei einer Arbeitszeit von mehr als 6 Stunden insgesamt eine Stunde Ruhepause erhalten müssen.

9.2.3. Lage der Ruhepausen (Verteilung der Ruhepausen)

Der Jugendliche darf nicht länger als 4,5 Stunden hintereinander ohne Ruhepause beschäftigt werden (§ 11 Abs. 2 Satz 2). Außerdem müssen die Ruhepausen in angemessener zeitlicher Lage gewährt werden:

- frühestens 1 Stunde nach Beginn und

- spätestens 1 Stunde vor Ende der Arbeitszeit (§ 11 Abs. 2 Satz 1).

Das bedeutet, daß z.B. mit einer halbstündigen Ruhepause nicht 1,25 Stunden vor dem Ende der Arbeitszeit begonnen werden darf. Die Ruhepause muß vielmehr 1 Stunde vor dem Ende der Arbeitszeit bereits abgeschlossen sein. Umgekehrt darf die erste Ruhepause nicht beginnen, bevor die erste Arbeitsstunde abgelaufen ist. Dieses durch das Jugendarbeitsschutzgesetz eingeführte Erfordernis einer angemessenen Lage der Ruhepausen soll bewirken, daß die Ruhepausen ihrem Zweck entsprechend **arbeitsphysiologisch sinnvoll innerhalb der täglichen Arbeitszeit** verteilt werden.

Im Fall 101 wird an den Tagen des Spätdienstes erst nach 5 Stunden Arbeitszeit eine Ruhepause gewährt. Sie hätte jedoch spätestens nach 4,5 Stunden Arbeitszeit, also ab 17.30 Uhr, gewährt werden müssen.

9.3. Tägliche Freizeit

Der Jugendliche darf nach Beendigung der tägliche Arbeitszeit nicht vor Ablauf einer **ununterbrochenen Freizeit von mindestens 12 Stunden** beschäftigt werden, § 13. Freizeit ist die Zeit zwischen dem Ende der Arbeitszeit und ihrem Wiederbeginn am nächsten Tag.

Die 12stündige Freizeit wurde im Ausgangsfall in dem Dienstplanauszug zweimal nicht eingehalten:

- beim Wechsel vom Spätdienst am 14. zum geteilten Dienst am 15. = 10,5 Stunden Freizeit

- zwischen dem geteilten Dienst am 15. und dem geteilten Dienst am 16. = 9,5 Stunden Freizeit.

Zusätzlich zu den eben genannten Gesetzesverstößen liegt an den Tagen des geteilten Dienstes ein Verstoß gegen das Nachtarbeitsverbot vor *(dazu unter 9.4.)*.

9.4. Nachtruhe

Der Jugendliche darf nur in der Zeit von 06.00 Uhr bis 20.00 Uhr beschäftigt werden (§ 14 Abs. 1). Anders ausgedrückt: **Die Beschäftigung von Jugendlichen zwischen 20.00 Uhr und 06.00 Uhr ist verboten.**

Im Gegensatz zum alten JArbSchG ist eine Ausnahme, die den jugendlichen Auszubildenden im Bereich der Krankenpflege erfaßt, nicht vorgesehen; allerdings erlaubt § 14 Abs. 2 Nr. 2 eine Beschäftigung **von Jugendlichen über 16 Jahre bis 23 Uhr in mehrschichtigen Betrieben.** Davon sind grundsätzlich alle Krankenhäuser und Altenheime betroffen!

Im Fall 101 wird daher an den Tagen des geteilten Dienstes gegen dieses gesetzliche Verbot verstoßen.

9.5. Fünf-Tage-Woche

Der Jugendliche darf **nur an 5 Tagen in der Woche** beschäftigt werden (§ 15). Diese Bestimmung garantiert dem Jugendlichen zwei arbeitsfreie Tage in der Woche und stellt damit, was den Freizeitschutz des Jugendlichen angeht, eine echte Verbesserung dar. Nach der Rechtslage unter dem alten Jugendarbeitsschutzgesetz war für jugendliche Auszubildende im Bereich der Krankenpflege eine 7-Tage-Woche (in jeder 2. Woche) möglich.

Im Fall 101 wird in der 2. Woche (10. bis 16.) gegen diese Vorschrift verstoßen.

9.6. Samstagsruhe und Sonntagsruhe

Grundsätzlich dürfen Jugendliche **an Samstagen** (vgl. § 16 Abs. 1) und an Sonntagen (vgl. § 17 Abs. 1) **nicht beschäftigt** werden. Das Gesetz läßt jedoch **Ausnahmen** in den Bereichen zu, in denen heute die Beschäftigung am Samstag oder Sonntag üblich ist (§ 17 Abs. 2). Dazu gehören auch Krankenhäuser (§ 16 Abs. 2 Nr. 1 und § 17 Abs. 2 Nr. 1).

Die **Fünf-Tage-Woche** ist aber in jedem Fall **sicherzustellen.** Der Jugendliche ist daher wegen der Samstagsbeschäftigung an einem anderen Arbeitstag derselben Woche freizustellen (§ 16 Abs. 3). Als (freizustellender) Arbeitstag kommt im Krankenhausbereich auch der Sonntag in Betracht. Auch wegen Sonntagsarbeit ist der Jugendliche zur Sicherstellung der 5-Tage-Woche an einem Arbeitstag derselben Arbeitswoche freizustellen (§ 17 Abs. 3 Satz 1). Wird der Jugendliche beispielsweise am Samstag und am Sonntag beschäftigt, so müssen innerhalb derselben Woche im Zeitraum Montag bis Freitag zwei arbeitsfreie Tage enthalten sein. Die §§ 16 Abs. 3 Satz 1 und 17 Abs. 3 Satz 1 sorgen also dafür, daß trotz ausnahmsweise möglicher Samstags- oder Sonntagsarbeit die 5-Tage-Woche des § 15 dem Jugendlichen garantiert bleibt. Auf die Dauer der jeweiligen Beschäftigung am Samstag oder Sonntag kommt es dabei nicht an.

Mindestens 2 Samstage im Monat und jeder zweite Sonntag sollen beschäftigungsfrei bleiben (§ 16 Abs. 3 Satz 2 und § 17 Abs. 2 Satz 2).

Aus dieser Unverbindlichkeit (*„soll"*) herauszukommen, ist eine Aufgabe für Betriebsräte bzw. Personalräte. Sie können im Rahmen der Mitbestimmung (vgl. § 87 Abs. 1 Nr. 1 BVG bzw. die entsprechende Bestimmung in den Personalvertretungsgesetzen der Länder wie z.B. § 79 Abs. 1 Nr. 1 LPersVG von Ba-Wü) Betriebsvereinbarungen bzw. Dienstvereinbarungen über die Verteilung der Arbeitszeit auf die einzelnen Wochentage abschließen.

Damit könnte der Arbeitgeber zur Freistellung der Jugendlichen an den oben genannten Samstagen und Sonntagen verpflichtet werden.

Mindestens zwei Sonntage im Monat müssen jedoch beschäftigungsfrei bleiben (§ 17 Abs. 2 Satz 2).

Im Fall 101 hätte in der zweiten Woche wegen der Samstags- und Sonntagsarbeit an zwei Arbeitstagen eine Freistellung erfolgen müssen.

9.7. Feiertagsruhe

9.7.1. Tage bzw. Feiertage, an denen der jugendliche Auszubildende in der Pflege nicht beschäftigt werden darf

Die gesetzliche Regelung der Feiertagsruhe in § 18 ist aufgrund ihrer Ausnahmevorschriften und der (problematischen) Verzahnung mit den anderen Arbeitszeitvorschriften recht kompliziert geraten.

Der Jugendliche darf **am 24. Dezember und am 31. Dezember nicht nach 14.00 Uhr** beschäftigt werden (§ 18 Abs. 1).

An den gesetzlichen Feiertagen darf er jedoch beschäftigt werden, mit Ausnahme der nachstehenden **vier Feiertage, an denen die Beschäftigung generell unzulässig ist** (§ 18 Abs. 2):

25. Dezember, 01. Januar, 1. Osterfeiertag, 01. Mai.

Daraus ergibt sich für den Fall 101, daß eine Beschäftigung der Krankenschwesterschülerin S. z.B. am 06. Januar zulässig wäre.

9.7.2. Zusammenspiel von Feiertagsruhe bzw. beschäftigungsfreien Halbtagen und 5-Tage-Woche

Die arbeitsfreien Tage (bzw. Halbtage) im Rahmen des § 18 Abs. 1 und Abs. 2 hängen nicht wie die arbeitsfreien Samstage oder Sonntage mit der 5-Tage-Woche zusammen. *„Sie stellen für die Jugendlichen gegenüber den §§ 15 bis 17 zusätzliche freie Tage bzw. Halbtage sicher"*[91]. Deshalb dürfen die wegen Samstags- oder Sonntagsarbeit (zur Sicherstellung der 5-Tage-Woche) zu gewährenden freien Tage nicht auf einen arbeitsfreien Feiertag gelegt werden. **In einer Woche mit Samstags- und Sonntagsarbeit und einem arbeitsfreien Feiertag muß der**

---

91 aus der Regierungsbegründung zu § 18 JArbSchG

Jugendliche, einschließlich dem arbeitsfreien Feiertag, **an insgesamt drei Tagen freigestellt werden.**

9.8. Ersatzruhetag

9.8.1. Wann muß dem Jugendlichen ein Ersatzruhetag gewährt werden?

Wird der Jugendliche an einem **ausnahmefähigen Feiertag** beschäftigt, der auf einen Werktag fällt, so ist er für diese Beschäftigung an **einem anderen Arbeitstag derselben oder der folgenden Woche freizustellen** (§ 18 Abs. 3). Im Fall 101 hätte also Krankenschwesternschülerin S. für ihre Beschäftigung, z.B. am 06. Januar, in der ersten oder in der zweiten Woche einen Ersatzruhetag erhalten müssen.

9.8.2. Zusammenspiel von Ersatzruhetag und 5-Tage-Woche

Da der Ersatzruhetag an die Stelle des gesetzlichen Feiertags rückt (§ 18 Abs. 3 Satz 1: *„Für die Beschäftigung...freizustellen"*), muß er **arbeitszeitrechtlich wie ein Feiertag** behandelt werden. Deshalb darf der Ersatzruhetag nicht mit den wegen der Einhaltung der 5-Tage-Woche zu gewährenden freien Tagen zusammenfallen, sondern ist **zusätzlich** zu gewähren. Dies ergibt sich auch aus dem Wortlaut des § 18 Abs. 3 Satz 1, denn dort wird im Gegensatz zur Samstags- oder Sonntagsarbeit gerade nicht auf die 5-Tage-Woche verwiesen, was bedeutet, daß der Ersatzruhetag unabhängig von den durch die 5-Tage-Woche garantierten zwei freien Tagen zu gewähren ist. Im Ausgangsfall kann als Ersatzruhetag für die Arbeit am 06. Januar z.B. nur der Samstag oder Sonntag (08.01. oder 09.01.) in der ersten Woche in Frage kommen. Der Jugendliche hätte aufgrund der 5-Tage-Woche zwei freie Tage und zusätzlich einen Ersatzruhetag – also insgesamt 3 freie Tage

– erhalten müssen. Gewährt wurden aber in der ersten Woche lediglich zwei freie Tage (in der darauffolgenden Woche keiner!). Daher wurde im Ergebnis entweder die 5-Tage-Woche nicht eingehalten oder der Ersatzruhetag nicht gewährt. In jedem Falle liegt ein Verstoß gegen Vorschriften des JArbSchG vor.

10. Der Mutterarbeitszeitschutz

10.1. Stillzeit

Stillzeit ist gemäß § 7 MuSchG **Freizeit während der Arbeitszeit, die auf diese anzurechnen ist**[92]. Sie ist nur auf Verlangen der stillenden Mutter zu gewähren. Die Umfrage von *Niering/Schlott*[93] hat zu diesem Punkt ergeben, daß in noch nicht einmal 10% der Fälle eine Arbeitnehmerin während ihrer Dienstzeit Pausen beanspruchte, um ihr Kind stillen zu können.

10.2. Dauer der Arbeitszeit

Fall 102:

Die im 4. Monat schwangere Krankenschwester D. arbeitet von Montag bis Freitag täglich 7½ Stunden im Spätdienst und am Samstag und Sonntag je 9 Stunden im geteilten Dienst; in der nächsten Woche von Montag bis Freitag täglich 7½ Stunden im Frühdienst; am Wochenende hat sie frei.

---

92 *Zmarzlik u.a.,* MuSchG, Anmerkung 5 zu § 7
93 *Niering/Schlott,* in: *Böhme (Hrsg.),* Arbeitsgestaltung und Arbeitsschutz..., a.a.O., S. 148

Nach § 8 MuSchG dürfen werdende und stillende Mütter **nicht mit Mehrarbeit** beschäftigt werden. Mehrarbeit ist jede Arbeit, die von Frauen unter 18 Jahren über 8 Stunden täglich oder 80 Stunden in der Doppelwoche oder von sonstigen Frauen über 8,5 Stunden täglich oder 90 Stunden in der Doppelwoche hinaus geleistet wird. In der Doppelwoche werden die Sonntage eingerechnet.

Wegen des Abstellens der Mehrarbeit auf die Doppelwoche ist eine Höchstarbeitszeit von 7 x 8,5 Stunden, das sind 59,5 Stunden, in einer der beiden Wochen denkbar.

Anwendung auf Fall 102:

Eine solche Arbeitszeitgestaltung wäre aber wegen des **Verbots der Sonntagsarbeit** gemäß § 8 Abs. 1 MuSchG in Verbindung mit Abs. 4 MuSchG unzulässig.

An den Wochenenden mit jeweils 9 Stunden täglicher Arbeitszeit wird gegen das Verbot der täglichen Mehrarbeit verstoßen. Auch gegen das Verbot der Mehrarbeit in der Doppelwoche wird verstoßen. Krankenschwester D. arbeitet in der ersten Woche im Spätdienst 37,5 Stunden und im geteilten Dienst 18 Stunden, in der zweiten Woche im Frühdienst 37,5 Stunden. Dies ergibt eine Arbeitszeit von 93 Stunden in der Doppelwoche.

Für die Dienstplangestaltung ist die Stationsschwester zuständig. Eine Überschreitung der zulässigen täglichen Arbeitszeit ist nach den §§ 8 Abs. 1 Satz 1 und Abs. 5 Satz 1 in Verbindung mit § 23 Abs. 1 Satz 3 MuSchG als Ordnungswidrigkeit mit einer Geldbuße zu ahnden. Nach dem Bußgeldkatalog beträgt die Geldbuße bei einer Überschreitung der zulässigen täglichen Arbeitszeit um mehr als eine Viertelstunde bis zu einer Stunde und je angefangene weitere Stunde DM 100,–.

10.3. Nachtarbeitsverbot

Fall 103:

Schwester E. ist als Dauernachtwache von 19.00 Uhr bis 06.00 Uhr morgens eingesetzt. Als die Pflegedienstleitung von ihrer Schwangerschaft erfährt, verbietet sie ihr die Nachtarbeit und setzt sie auf eine Tagstelle um. Schwester E. macht geltend, daß sie wegen der Versorgung ihrer schwerkranken Mutter nur nachts arbeiten könne.

Nach § 8 Abs. 1 MuSchG dürfen werdende und stillende Mütter **nicht in der Nacht zwischen 20.00 Uhr und 06.00 Uhr beschäftigt** werden. **Gesetzliche Ausnahmen** gibt es nur für Gast- und Schankwirtschaften und im übrigen Beherbergungswesen bis 22.00 Uhr, **nicht** jedoch **für den Gesundheitsbereich**[94]. Die Aufsichtsbehörde, z.B. das Gewerbeaufsichtsamt, kann zwar in begründeten Einzelfällen Ausnahmen von den Vorschriften des § 8 Abs. 6 MuSchG zulassen. Mit der Erteilung solcher Ausnahmegenehmigungen ist aber nur in besonders gelagerten Ausnahmefällen zu rechnen[95]. Es muß sich um Fälle handeln, die sich von den sonst üblichen Verhältnissen merklich unterscheiden[96]. Sie kommt deshalb in der Regel für Gesundheitseinrichtungen nicht zum Tragen.

Manchmal kann sich das in § 8 Abs. 1 MuSchG ausgesprochene Nachtarbeitsverbot nachteilig für die werdende und stillende Mutter auswirken. Deshalb können Ausnahmegenehmigungen auf Antrag der Frau beim Gewerbeaufsichtsamt mit der

---

94 statt aller *Meisel/Sowka*, MuSchG, Anmerkung 28 c zu § 8

95 vgl. z.B. die Erlasse des Arbeitsministers von Baden-Württemberg vom 05.01.1956, in: Arbeits- und Sozialrecht 1956, S. 91, und vom 29.01.1957, in: BB 1957, 548

96 *Bulla/Buchner*, MuSchG, Anmerkung 58 zu § 8

Zustimmung des Arztes erteilt werden, falls z.b. Verkehrsverbindungen auf den Schichtbeginn um 05.30 Uhr zugeschnitten sind (eigentlich darf die werdende Mutter ja erst ab 06.00 Uhr arbeiten). Hier würde ein normaler Arbeitsbeginn nur eine Verlängerung des Arbeitstages bewirken[97]. Völlig ausgeschlossen ist hingegen, daß zwingende persönliche Gründe der Mutter das Verbleiben im Nachtdienst rechtfertigen könnten.

Aus einer Belehrung des Gewerbeaufsichtsamtes Stuttgart kann wie folgt zitiert werden[98]:

„Sollten Sie eine Frau während der Nachtzeit beschäftigen, die Ihnen ihre Schwangerschaft mitteilt, müßte diese in erlaubte Tagzeit umgesetzt werden. Ist eine Umsetzung aus Gründen, die Sie nicht zu vertreten haben, unmöglich oder trägt die werdende Mutter zwingende persönliche Gründe vor, die eine Umsetzung unmöglich erscheinen lassen, so muß die Frau von der Arbeit freigestellt werden und hat nach § 11 Abs. 1 des Mutterschutzgesetzes Anspruch auf Bezahlung ihres Durchschnittsarbeitsentgeltes, das sie in den drei Monaten oder 13 Wochen vor Beginn des Monats, in dem die Schwangerschaft eingetreten ist, erzielt hat."[99]

Dabei ist allerdings richtig zu stellen, daß es, wie oben eingehend dargelegt, nicht darauf ankommt, ob die Schwangerschaft dem Vorgesetzten mitgeteilt wird. Schon bei Kenntniserlangung auf andere Art und Weise muß der Vorgesetzte einschreiten. Auch kommt es auf den Wunsch der Schwangeren nicht an. Wie bereits dargelegt, ist Mutterschutzrecht öffentliches Arbeitnehmerschutzrecht und damit zwingend. Es steht nicht zur Disposition der Beteiligten. Eine unzulässige Beschäftigung zur Nachtzeit wird nach § 8 Abs. 1 Satz 1 und Abs. 3 in Verbindung mit § 21 Abs. 1 Satz 3 MuSchG als Ordnungswidrigkeit mit einer Geldbuße geahndet, und zwar bis zu einer Stunde und je angefangene weitere Stunde DM 100,–, so daß der Höchstbetrag des § 28 Abs. 2 MuSchG in Höhe von DM 5.000,– schnell erreicht ist. Im übrigen gilt auch hier eine Strafbewehrung bei vorsätzlicher Begehung mit Freiheitsstrafe bis zu

einem Jahr oder mit Geldstrafe und bei fahrlässiger Herbeiführung mit Freiheitsstrafe bis zu 6 Monaten oder mit Geldstrafe bis zu 180 Tagessätzen. Wie bereits dargelegt, gilt die Bußgeld- und Strafbewehrung nicht nur zu Lasten des Arbeitgebers, und zwar des konkreten Funktionsträgers, sprich Einsatzleiters, was regelmäßig die Pflegedienstleitung für den Nachtdienst ist, bei anderer Kompetenzverteilung z.B. die Stationsleitung. Von den Verantwortungsebenen her gesehen handelt es sich typischerweise um ein Problem der Anordnungsverantwortung *(vgl. dazu Teil II: Haftungsrecht, unter D.II.2.).*

Anwendung auf Fall 103:

Wie ebenfalls bereits dargelegt, steht dem Arbeitgeber ein Umsetzungsrecht zu, das von dem Gebot gegenseitiger Rücksichtnahme geprägt ist. Dies ist der Grund dafür, daß sich die schwangere Arbeitnehmerin nicht auf die vertragsrechtliche Absprache berufen kann, z.B. im Fall 103 auf die Beschäftigung als Dauernachtwache. Sie ist verpflichtet, die neu zugewiesene Arbeiten auch dann zu verrichten, wenn sie nicht in ihren arbeitsvertraglichen Einsatzbereich fallen. Die Arbeit muß ihr allerdings zumutbar sein. Im Rahmen dieser Zumutbarkeitsprüfung hat der Arbeitgeber auch auf die berechtigten persönlichen Belange der Arbeitnehmerin Rücksicht zu nehmen. Im familiären und per-

---

97 aus einer Arbeit von *Wettlaufer* des Gewerbeaufsichtsamtes Stuttgart, nach *Niering/ Schlott*, in: *Böhme (Hrsg.)*, Arbeitsgestaltung und Arbeitsschutz..., a.a.O., S. 150

98 nach *Niering und Schlott*, in: *Böhme (Hrsg.)*, Arbeitsgestaltung und Arbeitsschutz, a.a.O., S. 150

99 siehe BAG, Urteil vom 31. März 1969 unter dem AZ.: 3 AZR 300/68, LAG Baden-Württemberg, Urteil vom 03.12.1969, 5 Sa 42/69

sönlichen Bereich der Arbeitnehmerin zählen Zweckmäßigkeitsgründe aber überhaupt nicht, sondern nur dringend notwendige Gründe.

Wenn z.B. eine Mitarbeiterin geltend macht, sie habe einen 8jährigen Sohn zu versorgen, wird zu prüfen sein, ob dies familiär nicht anders organisierbar ist, z.B. mit einer Verwandten, dem Mann, durch Inanspruchnahme einer Kindertageseinrichtung oder aber durch entsprechende Verlegung der Tagesarbeitszeit.

Erfahrungsgemäß sind etliche der persönlichen Gründe, die Mitarbeiter gegen entsprechende Maßnahmen vorbringen, mehr oder weniger vorgeschoben, weil es schlichtweg an der entsprechenden Flexibilität in der Änderung persönlicher und familiärer Verhaltensweisen fehlt. Diese Unbeweglichkeit mancher Mitarbeiter ist naturgemäß arbeitsrechtlich unbeachtlich. Dann muß der Mitarbeiter entsprechend motiviert werden. Sieht er sich dazu nicht in der Lage, muß er sich damit abfinden, nach der Regel „ohne Arbeit kein Lohn" kein Entgelt zu erhalten. Natürlich ist es der bequemste Weg, einfach so weiter zu arbeiten wie bisher.

10.4. Sonn- und Feiertagsarbeit

Fall 104:

Laut Dienstplan hat die schwangere Krankenschwester G. eine Woche Spätdienst, die andere Woche Frühdienst und das dazwischen liegende Wochenende geteilten Dienst. Zwischen Spätdienst und Frühdienst hat sie das Wochenende frei. Geht das mutterschutzrechtlich in Ordnung?

Nach § 8 Abs. 1 MuSchG dürfen werdende und stillende Mütter grundsätzlich nicht an Sonn- und Feiertagen beschäftigt werden. **In Krankenpflegeanstalten** ist jedoch die **Beschäftigung an Sonn- und Feiertagen zulässig, wenn** der werdenden oder der stillenden Mutter **in jeder Woche einmal eine ununterbrochene Ruhezeit von mindestens 24 Stunden im Anschluß an eine Nachtruhe gewährt wird,** so § 8 Abs. 4 MuSchG. In Verbindung mit dem Nachtarbeitsverbot bedeutet dies eine vollständige Ruhezeit von 20.00 Uhr abends bis 06.00 Uhr morgens des übernächsten Tages, und zwar **in jeder Woche.**

Obwohl in § 8 Abs. 4 MuSchG nur Krankenpflegeanstalten erwähnt sind, sind damit alle Gesundheitseinrichtungen gemeint, ob jetzt *„Säuglingsheim, Entbindungsanstalt, Heil- und Pflegeanstalt, Alten- und Kinderheime (vgl. auch § 16 Abs. 2 Nr. 1 und § 17 Abs. 2 Nr. 1 JArbSchG)* "[100].

Anwendung auf Fall 104:

Laut Dienstplan hat die Krankenschwester G. im Fall 104 nur alle 14 Tage von Freitagmittag bis Montagmittag frei. Entscheidend ist jetzt, wie eigentlich die Woche definiert ist.

In zahlreichen Dienstplanformularen wird der Wochenanfang auf Sonntag und das Wochenende auf Samstag festgelegt[101]. Sofern hier überhaupt eine Begründung angegeben wird, erfolgt meist der Hinweis auf § 15 Abs. 1 unter Abs. 1 Satz 1 BAT, wonach als Woche der Zeitraum von Sonntag 06.00 Uhr bis zum folgenden Sonntag 06.00 Uhr gilt. Ganz abgesehen davon, daß

---

100 *Meisel/Sowka,* MuSchG, Anmerkung 35 zu § 8

101 z.B. *Hübner/Triebel,* Die Arbeitszeit des Krankenpflegepersonals am Beispiel ausgewählter Dienstpläne, in: *Böhme (Hrsg.),* Arbeitsgestaltung und Arbeitsschutz..., a.a.O., S. 185; *Fischer,* Dienstplan einer neurologischen Abteilung des Nervenkrankenhauses G-Stadt über 5 Wochen in: *Böhme (Hrsg.),* Arbeitsgestaltung und Arbeitsschutz..., S. 240

zwischenzeitlich der BAT insoweit geändert wurde, daß jetzt die Woche von Montag 0.00 Uhr bis Sonntag 24.00 Uhr definiert ist, wird dabei auch übersehen, daß der BAT im wesentlichen lediglich die vergütungsrechtliche Seite des Arbeitszeitrechts regelt[102]. Da der BAT ein Tarifvertrag ist, gehen im übrigen selbstverständlich die zwingenden öffentlich-rechtlichen Arbeitszeitgesetze dem BAT vor[103]. Das **ArbZG regelt den Wochenbegriff nicht.** In § 4 Abs. 4 JArbSchG ist aber ausdrücklich bestimmt, daß die Woche von Montag bis Sonntag reicht. In § 8 Abs. 2 Satz 2 MuSchG ist geregelt, daß in die Doppelwoche die Sonntage eingerechnet werden. Da das Mutterschutzgesetz lediglich den Begriff der Doppelwoche kennt, ist dort ein Wochenbegriff nicht vorhanden. Das „eingerechnet" weist aber darauf hin, daß die **Sonntage am Ende liegen.**

Im Ergebnis ist festzuhalten:

Im öffentlich-rechtlichen Arbeitszeitschutz beginnt die Woche grundsätzlich am Montag und endet am Sonntag[104]. Das bedeutet für Fall 116, daß der Krankenschwester G. wegen der ihr einmal wöchentlich zustehenden ununterbrochenen Ruhezeit von mindestens 24 Stunden im Anschluß an eine Nachtruhe jeweils der auf ein Dienstwochenende folgende Montag als freier Tag eingeräumt und die übrige Dienstzeit entsprechend geändert werden muß. Dies hat das Gewerbeaufsichtsamt Karlsruhe im Jahre 1973 beanstandet[105] *(vgl. aber oben G.1., Seite 222).*

11. Prüfungsschemata zur Arbeitszeit

Die vom Verfasser vor nunmehr fast 20 Jahren veröffentlichten Prüfungsschemata[106] lassen sich heute unter Berücksichtigung der Gesetzesänderungen, der höchstrichterlichen Rechtsprechung und der Tarifänderungen fortschreiben.

---

102 *Gaßmann,* Der Begriff der Arbeitszeit im Krankenhaus, in: *Böhme (Hrsg.),* Arbeitsgestaltung und Arbeitsschutz..., S. 204

103 *Böhme,* Arbeitsgestaltung im Krankenhaus und ihre rechtlichen Grundlagen, in: *Böhme (Hrsg.),* Arbeitsgestaltung und Arbeitsschutz..., S. 46

104 *Böhme,* Ausgewählte Probleme des Arbeitszeitrechts bei der Dienstplangestaltung im Krankenhaus, in: *Böhme (Hrsg.),* Arbeitsgestaltung und Arbeitsschutz..., S. 216

105 nach *Niering/Schlott,* in: *Böhme (Hrsg),* Arbeitsgestaltung und Arbeitsschutz..., S. 149

106 *Böhme,* Ausgewählte Probleme des Arbeitszeitrechts bei der Dienstplangestaltung im Krankenhaus, in: *Böhme (Hrsg.),* Arbeitsgestaltung und Arbeitsschutz..., a.a.O., S. 221–223

Übersicht 36: *Prüfungsschema Arbeitszeit examinierter Pflegekräfte*

1. **Arbeitszeitunabhängige Beschäftigungsverbote**
   keine

2. **Dauer der Arbeitszeit**

   a) gesetzliche Regelung:
   aa) tägliche Arbeitszeit darf höchstens 10 Stunden betragen (§ 3 Satz 2 ArbZG)
   ab) wöchentliche Arbeitszeit darf höchstens 48 Stunden durchschnittlich in einem Ausgleichszeitraum von höchstens 6 Kalendermonaten oder 24 Wochen betragen (§ 3 Satz 2 ArbZG)

   b) tarifliche Regelung:
   ba) wöchentliche Arbeitszeit durchschnittlich 38,5 Stunden, gemessen an einem 52-Wochen-Zeitraum als Regelfall (§ 15 Abs. 1 BAT bzw. § 8 KrPfl-SchülerInnenTV i.V.m. § 15 Abs. 1 BAT)
   bb) Überstunden nur in dringenden Fällen, dafür Ersatzfreizeiten oder, wenn das betrieblich nicht geht, finanzielle Überstundenabgeltung (SR 2 a Nr. 6 A zu § 15 Abs. 6 a und 6 b und zu § 17 BAT); für Schülerinnen und Schüler in der Krankenpflegeausbildung ist Überstundenanordnung nur ausnahmsweise zulässig (§ 8 Abs. 2 am Ende KrPflSchülerInnenTV)

3. **Lage der Arbeitszeit**

   a) gesetzliche Regelung:
   aa) bei Nacht- und Schichtarbeit Berücksichtigung der gesicherten arbeitswissenschaftlichen Erkenntnisse über die menschengerechte Gestaltung der Arbeit (§ 6 Abs. 1)
   ab) Sicherstellung der 48-Stunden-Woche innerhalb eines Kalendermonats oder von vier Wochen (§ 6 Abs. 2 Satz 2 ArbZG)
   ac) regelmäßige arbeitsmedizinische Untersuchungen und Anspruch auf Versetzung auf einen geeigneten Tagesarbeitsplatz unter bestimmten Voraussetzungen (§ 6 Abs. 3 und 4 ArbZG)
   ad) angemessene Zahl bezahlter freier Tage oder Nachtarbeitszuschlag (§ 6 Abs. 5)

   b) tarifliche Regelung:
   Nachtarbeit darf im Jahresdurchschnitt nur ein Drittel der regelmäßigen Arbeitszeit betragen; Nachtarbeit darf nicht mehr als 4 zusammenhängende Wochen betragen, es sei denn der Arbeitnehmer will auf eigenen Wunsch diese Dauer überschreiten (SR 2 a Nr. 5 Abs. 2 zu § 15 BAT bzw. § 8 Abs. 2 KrPflSchülerInnenTV i.V.m. diesen Vorschriften)

4. **Ersatzfreizeiten**

   a) gesetzliche Regelung:
   für Sonn- und Feiertagsarbeit je ein Ersatzruhetag bei Sonntagsarbeit innerhalb eines den Beschäftigungstag einschließenden Zeitraums von

2 Wochen oder bei Wochenfeiertagen 8 Wochen; mindestens 15 Sonntage im Jahr müssen beschäftigungsfrei sein (§ 11 ArbZG)

b) tarifliche Regelung:

ba) Arbeitnehmer, die regelmäßig an Sonn- und Feiertagen arbeiten müssen, erhalten innerhalb von zwei Wochen zwei arbeitsfreie Tage, wovon ein freier Tag auf einen Sonntag fallen soll (SR 2 a Nr. 5 Abs. 1 zu § 15 bzw. § 8 Abs. 2 KrPflSchülerInnenTV i.V.m. diesen Vorschriften)

bb) Bei Überstunden entsprechende Ersatzfreizeiten möglichst innerhalb eines Monats; wenn innerhalb von drei Monaten keine Ersatzfreizeit möglich, Überstundenvergütung (SR 2 a Nr. 6 A zu § 15 Abs. 6 a und und zu § 17 BAT, § 17 Abs. 5 Satz 4 BAT bzw. § 8 Abs. 2 KrPflSchülerInnenTV i.V.m. diesen Vorschriften)

5. Freizeit

a) angemessene Ruhepausen sind zu gewähren bei einer Arbeitszeit von mehr als 6 Stunden, und zwar eine oder mehrere Arbeitsunterbrechungen von mindestens 1/4 Stunde mit folgender Staffelung:
(1) bei mehr als 6 bis 9 Stunden 30 Minuten
(2) bei mehr als 9 Stunden 45 Minuten (§ 4 ArbZG)

b) tägliche ununterbrochene Ruhezeit:

ba) in der Regel 11 Stunden (§ 5 Abs. 1 ArbZG)

bb) in Krankenhäusern und anderen Einrichtungen zur Behandlung, Pflege und Betreuung von Personen mindestens 10 Stunden, wenn sichergestellt wird, daß in einem Zeitraum von einem Kalendermonat oder vier Wochen ein Ausgleich der Verkürzung der Ruhezeit durch Verlängerung einer anderen Ruhezeit auf mindestens 12 Wochen erfolgt (§ 5 Abs. 2 ArbZG)

bc) abweichend von der 11stündigen Ruhezeit können in Krankenhäusern und anderen Einrichtungen zur Behandlung, Pflege und Betreuung von Personen Kürzungen der Ruhezeiten, die durch Inanspruchnahmen während des Bereitschaftsdienstes oder der Rufbereitschaft entstehen, zu anderen Zeiten ausgeglichen werden, wobei sichergestellt sein muß, daß mindestens die Hälfte der Ruhezeit, also mindestens 5,5 Stunden zusammenhängend erfolgen (§ 5 Abs. 3 ArbZG)

Übersicht 37: *Prüfungsschema Arbeitszeit jugendlicher Pflegekräfte*

Jugendliche sind alle noch nicht 18 Jahre alte Personen (§ 2 Abs. 2 JArbSchG i.V.m. § 1 Abs. 1 JArbSchG)

1. **Arbeitszeit-unabhängige Beschäftigungsverbote**
   Jugendliche dürfen nicht mit gefährlichen Arbeiten beschäftigt werden (§§ 22, 26, 27 Abs. 1 JArbSchG); beachte bei Schwangeren: §§ 3, 4, 6 MuSchG

2. **Dauer der Arbeitszeit**
   a) tägliche Arbeitszeit höchstens 8 Stunden ohne Ruhepausen (§ 8 Abs. 1 JArbSchG)
   b) Schichtzeit (= tägliche Arbeitszeit und Ruhepausen im Sinne von betrieblicher Anwesenheit) höchstens 10 Stunden täglich (§ 12 JArbSchG)
   c) wöchentliche Arbeitszeit höchstens 40 Stunden ohne Ruhepausen (§ 8 Abs. 1)
   Beachte: Unterrichtszeiten an Krankenpflegeschulen sind regelmäßig Arbeitszeiten, die nach § 9 JArbSchG mit 8 Arbeitszeitstunden pro Tag berechnet werden, wenn der Unterricht mindestens 6 Schulstunden beträgt

3. **Lage der Arbeitszeit**
   a) Nachtarbeit (20 bis 6 Uhr) ist verboten (§ 14 Abs. 1 JArbSchG)
   b) Beschäftigung nur an 5 Tagen in der Woche (§ 15 JArbSchG)
   c) keine Beschäftigung am 24. und 31.12. nach 14.00 Uhr und am 25.12., 1.1., 1. Osterfeiertag und am 1. Mai (§ 18 Abs. 1, Abs. 2 JArbSchG)
   d) mindestens 2 Samstage im Monat sollen beschäftigungsfrei sein (§ 16 Abs. 2 Satz 2 JArbSchG), jeder 2. Sonntag soll beschäftigungsfrei bleiben (§ 17 Abs. 2 Satz 2)
   e) mindestens 2 Sonntage im Monat müssen beschäftigungsfrei bleiben (§ 17 Abs. 3 Satz 2 JArbSchG)

4. **Ersatzfreizeit**
   a) Bei Samstag- und Sonntagsarbeit ist unabhängig von der Dauer für jeden Tag an einem anderen berufsschulfreien Arbeitstag derselben Woche Ersatzfreizeit zu gewähren (§§ 16 Abs. 3, 17 Abs. 3 Satz 1 JArbSchG)
   b) Bei Feiertagsarbeit an ausnahmefähigen Feiertagen ist gegenüber den in §§ 15 bis 17 dargestellten Sachverhalten *(vgl. Ziff. 3 b), d), e)*, ein zusätzlicher freier Tag zu gewähren (§ 18 Abs. 3 JArbSchG)
   Beachte bei Schwangeren: Sonn- und Feiertagsarbeit ist grundsätzlich verboten (§ 8 Abs. 1 Satz 1 MuSchG); Ausnahme: Gesundheitseinrichtungen, wenn der Schwangeren in jeder Woche einmal eine ununterbrochene Ruhezeit von mindestens 24 Stunden im Anschluß an eine Nachtruhe gewährt wird (§ 8 Abs. 4 MuSchG)

5. **Freizeit**
   a) Ruhepausen:
      – bei mehr als 4½ Stunden Arbeit: 30 Minuten
      – bei mehr als 6 Stunden Arbeit: 60 Minuten (§ 11 Abs. 1 Satz 2 JArbSchG) länger als 4½ Stunden hintereinander nicht ohne Pausen (§ 11 Abs. 2 Satz 2), Ruhepausen frühestens 1 Stunde nach Beginn und spätestens 1 Stunde vor Ende der Arbeitszeit (§ 11 Abs. 2 Satz 1 JArbSchG)
      Ruhepause ist Arbeitsunterbrechung von mindestens 15 Minuten (§ 11 Abs. 1 Satz 3 JArbSchG)
   b) tägliche ununterbrochene Freizeit von 12 Stunden (§ 13 JArbSchG)

Übersicht 38: *Prüfungsschema Arbeitszeit schwangerer Pflegekräfte*

1. Arbeitszeitunabhängige Beschäftigungsverbote

a) wenn nach ärztlichem Zeugnis Leben oder Gesundheit von Mutter und/oder Kind gefährdet ist (§ 3 Abs. 1 MuSchG)

b) bei schweren Arbeiten oder bei schädlichen Umgebungseinflüssen (z.B. Infektionsabteilung, OP, Röntgen) (§ 4 Abs. 1 MuSchG)

c) Katalog des § 4 Abs. 2 MuSchG

d) 6 Wochen vor dem mutmaßlichen Zeitpunkt der Entbindung, es sei denn, die Schwangere will auf eigenen Wunsch länger arbeiten (§ 3 Abs. 2 MuSchG)

e) 8 bzw. 12 Wochen nach der Entbindung (§ 6 Abs. 1 MuSchG)

f) wenn die Schwangere nach ärztlichem Zeugnis in den ersten Monaten nach der Entbindung nicht voll leistungsfähig ist, darf sie nicht zu einer die Leistungsfähigkeit übersteigenden Arbeit herangezogen werden (§ 6 Abs. 2 MuSchG)

2. Dauer der Arbeitszeit

a) gesetzliche Regelung:

aa) tägliche Arbeitszeit höchstens $8^1/_2$ Stunden (§ 8 Abs. 1 i.V.m. Abs. 2 Nr. 3 MuSchG)

ab) Arbeitszeit in der Doppelwoche höchstens 90 Stunden (§ 8 Abs. 1 i.V.m. Abs. 2 Nr. 3 MuSchG)

b) tarifliche Regelung:

ba) wöchentliche Arbeitszeit durchschnittlich 38,5 Stunden, gemessen an einem 52 Wochen-Zeitraum als Regelfall (§ 15 Abs. 1 BAT bzw. § 8 KrPfl-SchülerInnenTV i.V.m. § 15 Abs. 1 BAT)

bb) Überstunden nur in dringenden Fällen, dafür Ersatzfreizeiten oder, wenn es betrieblich nicht geht, finanzielle Überstundenabgeltung (SR 2 a Nr. 6 A zu § 15 Abs. 6 a und 6 b und zu § 17 BAT); für Schülerinnen und Schüler in der Krankenpflegeausbildung ist Überstundenanordnung nur ausnahmsweise zulässig (§ 8 Abs. 2 am Ende KrPflSchülerInnenTV)

3. Lage der Arbeitszeit

a) Nachtarbeit (20.00 Uhr bis 06.00 Uhr) ist verboten (§ 8 Abs. 1 Satz 1 MuSchG)

b) Sonn- und Feiertagsarbeit ist grundsätzlich verboten (§ 8 Abs. 1 Satz 1 MuSchG)

Ausnahme: Gesundheitseinrichtungen, wenn der Schwangeren in jeder Woche einmal eine ununterbrochene Ruhezeit von mindestens 24 Stunden im Anschluß an eine Nachtruhe gewährt wird (§ 8 Abs. 4 MuSchG)

4. Ersatzfreizeiten

Bei Überstunden entsprechende Ersatzfreizeiten möglichst innerhalb eines Monats; wenn innerhalb von drei Monaten keine Ersatzfreizeit möglich, Überstundenvergütung (SR 2 a Nr. 6 A zu § 15 Abs. 6 a und 6 b und zu § 17 BAT, § 17 Abs. 5 Satz 4 BAT bzw. § 8 Abs. 2 KrPflSchülerInnenTV i.V.m. diesen Vorschriften)

5. Freizeit

a) angemessene Ruhepausen sind zu gewähren bei einer Arbeitszeit von mehr als 6 Stunden, und zwar eine oder mehrere Arbeitsunterbrechungen von mindestens $1/4$ Stunde mit folgender Staffelung, nämlich
(1) bei mehr als 6 bis 9 Stunden 30 Minuten
(2) bei mehr als 9 Stunden 45 Minuten (§ 4 ArbZG)
b) tägliche ununterbrochene Ruhezeit:
ba) in der Regel 11 Stunden (§ 5 Abs. 1 ArbZG)
bb) in Krankenhäusern und anderen Einrichtungen zur Behandlung, Pflege und Betreuung von Personen mindestens 10 Stunden, wenn sichergestellt wird, daß in einem Zeitraum von einem Kalendermonat oder 4 Wochen ein Ausgleich der Verkürzung der Ruhezeit durch Verlängerung einer anderen Ruhezeit auf mindestens 12 Wochen erfolgt (§ 5 Abs. 2 ArbZG)
bc) abweichend von der 11stündigen Ruhezeit können in Krankenhäusern und anderen Einrichtungen zur Behandlung, Pflege und Betreuung von Personen Kürzungen der Ruhezeiten, die durch Inanspruchnahmen während des Bereitschaftsdienstes oder der Rufbereitschaft entstehen, zu anderen Zeiten ausgeglichen werden, wobei sichergestellt sein muß, daß mindestens die Hälfte der Ruhezeit, also mindestens 5,5 Stunden zusammenhängend erfolgen (§ 5 Abs. 3 ArbZG).

H. Rechte und Pflichten aus dem Arbeitsverhältnis

1. Allgemeine Arbeitsbedingungen

1.1. Fürsorgepflicht des Arbeitgebers

Zum Umfang der Fürsorgepflicht des Arbeitgebers existiert eine umfangreiche Rechtsprechung, woraus einige wichtige Beispiele aufgezählt werden:

- Verpflichtung, die Lohnsteuer richtig zu berechnen[1]
- Erstellung der Dienstleistungsberichte nach pflichtgemäßem Ermessen[2]
- unter besonderen Umständen Verpflichtung des öffentlichen Arbeitgebers, den Arbeitnehmer an einem anderen als dem vereinbarten Dienstort zu beschäftigen[3]
- Verpflichtung, die gemäß § 318 Reichsversicherungsordnung (jetzt SGB V) der Krankenkasse gegenüber auszustellende Bescheinigung in zutreffender Weise richtigzustellen[4]
- Verpflichtung, dem Arbeitnehmer vor einer fristlosen Kündigung Gelegenheit zur Stellungnahme zu geben, wenn nicht auszuschließen ist, daß diese Stellungnahme zur Entlastung des Arbeitnehmers führt[5]
- Verpflichtung, in der Regel bei dem Ausspruch einer außerordentlichen Kündigung die Gründe anzugeben[6]
- Verpflichtung, dem Arbeitnehmer die Vollendung der (nach einer Ruhelohnordnung) vorgeschriebenen Wartezeit noch zu ermöglichen, wenn der Ruhelohnanspruch nur noch vom Fehlen eines geringfügigen Zeitraumes (12 Tage) abhängt[7]
- Verpflichtung, den Arbeitnehmer auf die zu seinen Gunsten bestehende Versorgungsmöglichkeiten hinzuweisen[8]
- Verpflichtung des Arbeitgebers des öffentlichen Dienstes, dem Arbeitnehmer die Möglichkeit der Versicherungen zu eröffnen, die im Interesse des Arbeitnehmers zur Sicherung seiner Altersversicherung eingerichtet sind[9]
- Verpflichtung zur vollständigen Eintragung des beitragspflichtigen Bruttoentgelts in die Versicherungskarte des Arbeitnehmers[10]
- Verpflichtung, gesundheitliche Schädigung durch Überlastung des Arbeitnehmers zu verhindern und für Urlaubsgewährung zu sorgen[11]
- Verpflichtung, die Intimsphäre des Arbeitnehmers zu berücksichtigen.

---

1 BAG, Urteil vom 27.03.1958 – 2 AZR 188/56 –, AP Nr. 1 zu § 670 BGB – mehrere Urteile bis 17.03.1960 – 5 AZR 395/58 –, AP Nr. 8 zu § 670 BGB
2 BAG, Urteil vom 25.02.1959 – 4 AZR 549/57 –, AP Nr. 6 zu § 611 BGB Fürsorgepflicht
3 BAG, Urteil vom 25.03.1959 – 4 AZR 236/56 –, AP Nr. 27 zu § 611 BGB Fürsorgepflicht
4 BAG, Urteil vom 02.06.1960 – 2 AZR 168/59 –, AP Nr. 56 zu § 611 BGB Fürsorgepflicht
5 BAG, Urteil vom 14.07.1960 – 2 AZR 64/59 –, AP Nr. 13 zu § 123 BGB
6 BAG, Urteil vom 30.01.1963 – AZR 143/62 –, AP Nr. 50 zu § 626 BGB
7 BAG, Urteil vom 30.10.1962 – 3 AZR 7/62 –, AP Nr. 85 zu § 242 BGB Ruhegehalt
8 BAG, Urteil vom 24.05.1963 – 1 AZR 66/62 –, AP Nr. 5 zu § 611 BGB öffentlicher Dienst
9 BAG, Urteil vom 09. September 1966 – 1 AZR 259/65 –, AP Nr. 76 zu § 611 BGB Fürsorgepflicht
10 BAG, Urteil vom 13. Mai 1970 – 5 AZR 385/69 –, AP Nr. 79 zu § 611 BGB Fürsorgepflicht
11 BAG, Urteil vom 27.02.1970 – 1 AZR 258/69 –, AP Nr. 16 zu § 618 BGB

So hat das BAG[12] entschieden, daß der Arbeitgeber aufgrund des verfassungsrechtlich gewährleisteten Persönlichkeitsschutzes verpflichtet ist, die Personalakten des Arbeitnehmers sorgfältig zu verwahren, bestimmte Informationen vertraulich zu behandeln und für die vertrauliche Behandlung durch die Sachbearbeiter Sorge zu tragen. Auch muß der Arbeitgeber den Kreis der mit Personalakten befaßten Mitarbeiter möglichst eng halten *(vgl. auch 1.4.).*

1.2. Betriebsübung

Fall 105:

Im Raum K-Stadt ist es üblich, am Rosenmontag Arbeitnehmer des öffentlichen Dienstes freizustellen. Wegen des Golfkrieges im Jahre 1991 findet der Rosenmontagsumzug nicht statt, weshalb auch keine Freistellung erfolgt. Hiergegen wehrt sich die MTA P. aus den Medizinischen Einrichtungen der Universität B-Stadt[13].

Fall 106:

Seit Jahren ist es in W-Stadt bei einem Arbeitgeber üblich, in der Vorweihnachtszeit den Arbeitnehmern einen sogenannten Weihnachtseimer im Werte von ca. DM 50,– zu überreichen, der mit Nahrungs- und Genußmitteln gefüllt ist. Aufgrund der schlechten wirtschaftlichen Lage entschließt sich der Arbeitgeber erstmals im November 1991, den Weihnachtseimer für immer ersatzlos zu streichen[14].

Unter einer **betrieblichen Übung** versteht man die regelmäßige Wiederholung bestimmter Verhaltensweisen des Arbeitgebers, aus denen die Arbeitnehmer schließen können, ihnen solle eine Leistung

oder eine Vergünstigung auf Dauer eingeräumt werden. **Aus diesem als Willenserklärung des Arbeitgebers,** die von den Arbeitnehmern stillschweigend angenommen wird (§ 151 BGB), **zu wertenden Verhalten** des Arbeitgebers **erwachsen vertragliche Ansprüche** auf die üblich gewordenen Leistungen[15]. Bei der Anspruchsentstehung ist nicht ein Verpflichtungswille des Arbeitgebers entscheidend, sondern nur die Frage, wie der Erklärungsempfänger die Erklärung oder das Verhalten nach Treu und Glauben unter Berücksichtigung aller Begleitumstände verstehen durfte (§§ 133, 157 BGB).

Für die **Arbeitsverhältnisse des öffentlichen Dienstes** gelten diese Grundsätze jedoch nur mit **Einschränkungen.** Hier ist davon auszugehen, daß der **Arbeitgeber** im Zweifel nur die von ihm zu beachtenden **gesetzlichen und tarifvertraglichen Normen vollziehen** will. Daher müssen selbst bei langjährigen Vergünstigungen besondere zusätzliche Anhaltspunkte dafür vorliegen, daß der Arbeitgeber des öffentlichen Dienstes über das gewährte tarifliche Entgelt hinaus weitere Leistungen einräumen will, die auf Dauer gewährt und damit Vertragsbestandteil werden sollen.

Anwendung auf Fall 105:

Hier hat das BAG entschieden, daß der Arbeitnehmer des öffentlichen Dienstes in aller Regel davon ausgehen muß, daß ihm

---

12 BAG mit Urteil vom 15.07.1987, NZA 1988, 53 = DB 1987, 2571

13 BAG, Urteil vom 24.03.1993 – 5 AZR 16/92, BB 1993, S. 2161

14 Arbeitsgericht Würzburg, Urteile vom 24.06. 1993 – 5 Ca 1050/92A und vom 19.10.1993 – 8 Ca 0909/93A, BB 1993, S. 2452

15 dazu BAGE 59, S. 73, 84 f. = AP Nr. 33 zu § 242 BGB betriebliche Übung mit weiteren Nachweisen

sein Arbeitgeber nur die Leistungen gewähren will, zu denen er rechtlich verpflichtet ist. Ohne besonderen Anhalt darf der Arbeitnehmer deshalb auch bei langjähriger Gewährung einer zusätzlichen Vergünstigung nicht darauf vertrauen, sie sei Vertragsinhalt[16].

Anwendung auf Fall 106:

Ein vom Arbeitgeber mit Nahrungs- und Genußmitteln im Wert von ca. DM 50,– gefüllter und jährlich in der Vorweihnachtszeit dem Arbeitnehmer gewährter sogenannter Weihnachtseimer stellt keine Gratifikation mit Entgeltcharakter, sondern eine symbolische Geste, also ein Geschenk dar. Aus der Gewährung eines Geschenkes kann ein Rechtsbindungswille des Arbeitgebers, der Voraussetzung für eine betriebliche Übung wäre, nicht abgeleitet werden. Ist ein Rechtsbindungswille nicht zu erkennen, kann eine bindende Betriebsübung nicht durch bloßes „Einreißen" einer Gewohnheit entstehen. Ein unterstellter Anspruch aus einer betrieblichen Übung entfällt dadurch, daß eine umgekehrte betriebliche Übung eintritt. Eine solche tritt jedenfalls dann ein, wenn der Arbeitnehmer seit mindestens 6 Jahren jährliche Erklärungen des Arbeitgebers widerspruchslos hingenommen hat, daß der Weihnachtseimer eine freiwillige und jederzeit widerrufliche Leistung darstellt.

1.3. Ärztliche Untersuchungen (§ 7 BAT)

In § 7 Abs. 1 BAT ist geregelt, daß der Arbeitgeber vor der Einstellung des Angestellten eine ärztliche Einstellungsuntersuchung verlangen kann.
Nach Absatz 2 kann der Arbeitgeber bei gegebener Veranlassung durch den Medizinischen Dienst der Krankenkassen bzw. dem

Gesundheitsamt die Dienstfähigkeit bzw. das Nichtvorliegen ansteckender und ekelerregender Krankheiten feststellen lassen. Hiervon darf aber nicht willkürlich Gebrauch gemacht werden.
Zu § 7 Absatz 2 BAT hat das BAG entschieden[17]: Dies gilt **nur bei Vorliegen eines sachlichen Grundes;** der Arbeitnehmer kann die Untersuchung verweigern, wenn er vertretbare Gründe geltend macht.

1.4. Personalakten (§ 13 BAT)

Personalakten sind die Aufzeichnungen über die persönlichen und dienstlichen Verhältnisse des Arbeitnehmers, die von dem Arbeitgeber geführt werden[18]! Dazu gehören auch die Bei-, Hilfs- und Nebenakten, nicht jedoch Prüfungsakten[19] *(vgl. auch oben unter 1.1. am Ende).*

1.5. Der Gleichbehandlungsgrundsatz am Beispiel der Teilzeitbeschäftigung

Fall 107:

Eine Angestellte in Teilzeit bei einer regelmäßigen Arbeitszeit von 30 Stunden pro Woche will die Mehrarbeit mit Zuschlägen bezahlt haben, obwohl die Vollarbeitszeit 39 Stunden pro Woche beträgt[20].

---

16 Anschluß an BAGE 49, S. 31 = AP Nr. 19 zu § 242 BGB betriebliche Übung
17 BAG, Urteil vom 23.02.1967 – 2 AZR 124/66 –, AP Nr. 1 zu § 7 BAT
18 vgl. dazu ausführlich *Lopacki,* Personalaktenrecht der Beamten, Angestellten und Arbeiter des Bundes und der Länder, Beck, München, 1985
19 Erklärung der Tarifpartner in der Verhandlung über § 13 BAT am 26./27.06.1956
20 LAG BaWü, Urteil des vom 09.06.1993 – AZ 4 AZR 684/93, BB 1993, 1948

Im Bereich der Teilzeitbeschäftigung hat die **Bedeutung internationaler Arbeitsrechtsnormen,** insbesondere des Art. 119 EWGV, **und die Rechtsprechung des Europäischen Gerichtshofes** eine **für das deutsche Arbeitsrecht sehr wichtige Veränderung** mit sich gebracht[21]. Gerade für die Arbeitgeber des öffentlichen Dienstes kam Schlag auf Schlag ein Urteil nach dem anderen, das die Ungleichbehandlung von Teilzeitbeschäftigten nicht nur rügt, sondern für den Arbeitgeber teuere Konsequenzen nach sich zieht. Im folgenden soll insoweit ein kurzer Überblick gegeben werden:

Es geht jeweils um die Prüfung eines Verstoßes gegen Art. I § 2 Abs. 1 des Beschäftigungsförderungsgesetzes und Art. 119 EWG-Vertrag (EWGV) sowie eines Verstoßes gegen die Richtlinie 75/117/EWG vom 10.02.1975.

Die Rechtsprechung geht davon aus, daß der Ausschluß von **Teilzeitbeschäftigten** aus tariflichen Regelungen willkürlich ist, überdies **vorwiegend Frauen** davon betroffen sind und damit auch ein **Verstoß gegen das Lohngleichheitsgebot des Art. 119 EWGV** besteht. Dabei ist **auch eine mittelbare Diskriminierung verboten.** Es muß also nicht gesondert geprüft werden, ob sich hier ein unmittelbarer Diskriminierungsgesichtspunkt ergibt. Teilzeitarbeit ist Frauenarbeit, und demzufolge beruht die benachteiligende Wirkung schließlich auch auf geschlechtsspezifischen Gründen.

So wurde z.B. vom BAG zur **Wechselschichtzulage für Teilzeitkräfte** entschieden, und zwar speziell zum § 34 Abs. 2 BAT[22]: Teilzeitbeschäftigte erhalten nach Auffassung des BAG die Wechselschicht- und Schichtzulagen voll, wenn sie die jeweiligen Voraussetzungen auch ungekürzt erfüllen – zumal Teilzeitbeschäftigte in der Regel in gleichem Umfang zu Diensten in ungünstigen Zeiten (hier Wochenenddiensten) herangezogen werden können wie Vollzeitbeschäftigte[23].

Die Kürzungsvorschrift des § 34 Abs. 2 BAT verstößt insoweit gegen den Gleichbehand-

lungsgrundsatz für Teilzeitbeschäftigte gemäß § 2 Abs. 1 Beschäftigungsförderungsgesetz 1985, wobei die geringere Arbeitszeit der Teilzeitbeschäftigten gerade keinen Grund darstellt, der eine unterschiedliche Behandlung gegenüber den Vollzeitbeschäftigten rechtfertigen könnte[24].

Eine mittelbare Frauendiskriminierung liegt auch vor, wenn

* der Arbeitgeber, der Leistungen der **betrieblichen Altersversorgung** über eine Lebensversicherung zusagt (Direktversicherung), zu weniger als 50% Beschäftigte davon ausschließt[25]
* beim **Bewährungsaufstieg** im BAT geregelt ist, daß Teilzeitbeschäftigte die zurückgelegten Bewährungszeiten nur anteilig angerechnet bekommen, somit Halbtagsbeschäftigte die doppelte Zeit warten müßten[26]
* für zu weniger als 50% Beschäftigte im öffentlichen Dienst ein **Beihilfeanspruch** vollständig abgelehnt wird, weil unter dem Gesichtspunkt des Gleichbehandlungsgrundsatzes den entsprechenden Arbeitnehmern eine anteilige Beihilfe zuzusprechen ist[27]
* bei der Eingruppierung von Teilzeitarbeit nur eine **Stundenvergütung** verein-

---

21 vgl. z.B. *Leinemann/Schütz,* Die Bedeutung internationaler und europäischer Arbeitsrechtsnormen für die Arbeitsgerichtsbarkeit, BB 1993, 2519

22 BAG vom 23.06.1993 unter dem AZ: 10 AZR 127/92, BB 1993, S. 1875 = NZA 1994, S. 41 f.

23 BAG, Urteil vom 01.12.1994, DB 1995, S. 2482

24 so auch das LAG Berlin als Vorinstanz zur zitierten Entscheidung des BAG mit Urteil vom 25.11.1991 unter dem AZ: 9 Sa 57/91; vgl. LAG Köln, Urteil vom 01.12.1995, ZTR 1996, S. 224

25 BAG vom 05.10.1993 unter dem AZ: 3 AZR 695/92, BB 1994, S. 222

26 BAG, Urteil vom 02.12.1992 unter dem AZ: 4 AZR152/92, BB 1993, 503

27 BAG, Urteile vom 17.06.1993 unter dem AZ: 6 AZR 396/92 und 6 AZR 620/92, BB 1993, 1288

bart wird, die geringer ist als die anteilmäßige Vergütung für Vollzeitbeschäftigte[28]

- der Mitarbeiter bis 1991 in der **Zusatzversorgung** im öffentlichen Dienst nicht berücksichtigt wurde, weil er unter 18 Wochenstunden arbeitete; in diesem Fall muß der Arbeitgeber sogar die entsprechende Rente bezahlen, wenn er eine Zusatzversorgung nicht nachentrichten kann[29].

Eine **Frauendiskriminierung** wird aber **nicht** darin gesehen ist, daß **Vollzeitkräften am 24. und 31.12. ab 12.00 Uhr Arbeitsbefreiung** unter Fortzahlung der Bezüge gewährt wird, während Teilzeitbeschäftigte diesen Vorteil nicht haben. Dies ist keine Diskriminierung, sondern ergibt sich aus der Natur der Sache[30].

Beachte:
Am 14.12.1995 hat der Europäische Gerichtshof zur Überraschung vieler Experten entschieden, daß die 610-DM-Arbeitsverhältnisse (in den neuen Bundesländern DM 520,–) nicht gegen Europäisches Recht verstoßen, so daß die Sozialversicherungsfreiheit aufrecht erhalten bleibt, sofern nicht der bundesdeutsche Gesetzgeber hier etwas ändern sollte.

Anwendung auf Fall 107:

Im Fall 107 hat das LAG BaWü in seinem Urteil entschieden, daß die entsprechende tarifliche Bestimmung, die § 34 BAT entspricht, wegen Verstoßes gegen Art. I § 2 Abs. 1 des Beschäftigungs-Förderungsgesetzes und Art. 119 EWG-Vertrag (EWGV) sowie eines Verstoßes gegen die Richtlinie 75/117/EWG vom 10.02.1975 unwirksam ist, so daß diese Angestellte Anspruch auf den 25%igen Mehrarbeitszuschlag bereits ab der 31. von ihr geleisteten Arbeitsstunde zu erhalten habe.
Ebenso hat das Arbeitsgericht Hamburg[31] entschieden.

Das BAG hat zwischenzeitlich dagegen entschieden, daß der Teilzeitbeschäftigte für Mehrarbeit bis zu 100% entsprechend der Regel des § 34 Abs. 1 BAT keine Überstundenvergütung erhält, sondern den vollen Lohnanteil. Dies widerspricht nicht den Europäischen Vorschriften zur Verhinderung der Frauendiskriminierung.
Wegen der Vergütung von Teilzeitbeschäftigten hat zwischenzeitlich das Arbeitsgericht Bremen mit Beschluß vom 15.05.1993 den Europäischen Gerichtshof angerufen[32].

1.6. Pflichten des Arbeitnehmers

Der BAT enthält eigene Vorschriften über das **Gelöbnis** und das **Verbot der Annahme von Belohnungen oder Geschenken**. Im übrigen kann auf allgemeine arbeitsrechtliche Grundsätze abgestellt werden.
Der Arbeitgeber kann im Rahmen seines Direktionsrechtes die Annahme von Belohnungen oder Geschenken vollständig verbieten, wovon in der Praxis zwischenzeitlich auch Gebrauch gemacht wird.

Fall 108:

Im Krankenhaus ereignet sich ein Zwischenfall: Eine Patientin wacht nach der OP im Aufwachraum nicht auf. Die für den Aufwachraum

---

28 BAG, Urteil vom 16.06.1993 unter dem AZ: 4 AZR 317/92, BB 1993, 2532
29 BAG, Urteil vom 28.07.1992 unter dem AZ: 3 AZR 173/92, BB 1993, 437
30 BAG, Urteil vom 26.05.1993 unter dem AZ: 5 AZR 184/92, BB 1993, 2451
31 Arbeitsgericht Hamburg, Urteil vom 21.10.1991 unter dem AZ: 21 Ca 173/91, veröffentlicht in: *Roßbruch*, Handbuch des Pflegerechts, unter C.201,5
32 Arbeitsgericht Bremen, Beschluß vom 15.05. 1993, BB 1993, 1291

verantwortliche Schwester S. kopiert vorsorglich die für den Fall vorhandenen Krankenunterlagen und sonstigen Dokumentationen und verwahrt sie persönlich. Im Strafprozeß gegen den Anästhesisten wird sie als Zeugin vernommen. In der Berufungsinstanz liegt auf einmal, vom Verteidiger des Anästhesisten vorgelegt, ein Übergabebogen vor, in dem dokumentiert ist, die Patientin sei an den Monitor anzuschließen. Dieser Bogen befand sich nicht bei den Unterlagen, die die Schwester S. vor zwei Jahren im Beisein einer Kollegin kopierte. Schwester S. legt im daraufhin stattfindenden Strafprozeß gegen ihre Person die kopierten Unterlagen vor, um sich zu entlasten. Wie ist die Rechtslage?

Verkannt wird gerne, daß Dokumentationssysteme bei einem Zwischenfall nur eine geringe Hilfe für die Zuordnung der Verantwortlichkeiten auf den einzelnen Mitarbeiter darstellen. Viel sinnvoller ist bei einem Zwischenfall die in *Übersicht 39* wiedergegebene Vorgehensweise[33, 34]: Hierzu folgende Anmerkungen:

Feststellen der Beteiligten

Wichtig ist, daß sofort aufnotiert wird, wer an diesem Vorfall beteiligt war, ob als Mitarbeiter oder als Zeuge, und zwar mit Vorname, Nachname und Anschrift. Man mag zunächst darüber erstaunt sein, aber es kommt immer wieder häufig vor, daß Schadensfälle und Zwischenfälle erst Jahre später verhandelt werden und evtl. ein Mitarbeiter oder ein Zeuge nicht mehr in der Klinik tätig ist. Nur wenn eine ladungsfähige Anschrift im Zeitpunkt des Schadensfalles feststeht, kann der verzogene Mitarbeiter oder Zeuge ermittelt werden.

Erstellen eines Erinnerungsprotokolls (auch durch die Zeugen)

Im Extremfall kann es passieren, daß nach 10, 15 oder gar 20 Jahren im Gerichtsprozeß als Prozeßpartei oder gar als Zeuge der Betroffene vernommen wird. Da wird dann in der Tat ganz genau gefragt, wer wann Vitalfunktionen gemessen hat, wie der Patient von wem und wann gelagert worden ist, und so fort. Da dies selbst nach Wochen und Monaten aus dem Gedächtnis nicht mehr mit Sicherheit ohne weiteres gesagt werden kann, empfiehlt es sich für den Zwischenfall, in einem Erinnerungsprotokoll die wesentlichen Daten sobald wie möglich festzuhalten, um dann für den Fall des Falles durch ein „Auffrischen des Gedächtnisses", was durchaus erlaubt ist, die Wahrheitsfindung zu verbessern.

Sicherstellung der Dokumentations-Systeme

Da Dokumentations-Systeme verändert werden oder gar verschwinden, ist es durchaus angemessen, sie im Schadensfalle zu kopieren und an einem geeigneten Ort die Kopien vorsorglich aufzubewahren. Dies ist zwar für den Mitarbeiter arbeitsrechtlich nicht ganz unproblematisch, für ein etwaiges Strafverfahren oder Zivilverfahren kann dies aber von entscheidender Bedeutung sein.

---

33 siehe hierzu auch den ausführlichen Beitrag von *Jacobs, P.:* „Richtiges Verhalten nach einem Zwischenfall", Schw/Pfl 32, 896–899 (1993)

34 aus: *Böhme, H./Jacobs, P.:* Rechtsfragen bei ärztlichen Anordnungen, Schw/Pfl 2/1997, S. 149

Übersicht 39: *Vorsichtsmaßnahmen nach Eintreten eines Zwischenfalls*

1. Feststellen der Beteiligten

2. Erstellen eines Erinnnerungsprotokolls (auch durch die Zeugen)

3. Sicherung der Dokumentations-Systeme

4. Schulterschluß mit der Pflegeleitung

Schulterschluß mit der Pflegeleitung
Dies ist eigentlich der entscheidende Gesichtspunkt: Es muß auf dem Dienstweg festgestellt werden, wer für was verantwortlich ist, und man muß sich entscheiden, wie man weiter verfahren wird. Wie wird die offizielle Stellungnahme gegenüber der Kriminalpolizei, gegenüber der Versicherung, gegenüber dem Anstellungsarbeitgeber abgegeben? Problematisch ist aber, ob diese Vorgehensweise nicht gegen die arbeitsrechtliche Schweigepflicht verstößt, die im öffentlichen Dienst für Angestellte gesondert in § 9 BAT geregelt ist.

§ 9 BAT:

„(1) Der Angestellte hat über Angelegenheiten der Verwaltung oder des Betriebes, deren Geheimhaltung durch gesetzliche Vorschriften vorgesehen oder auf Weisung des Arbeitgebers angeordnet ist, Verschwiegenheit zu bewahren.

(2) Ohne Genehmigung des Arbeitgebers darf der Angestellte von dienstlichen Schriftstücken, Formeln, Zeichnungen, bildlichen Darstellungen, chemischen Stoffen oder Werkzeugen, Herstellungsverfahren, Maschinenteilen oder anderen geformten Körpern zu außerdienstlichen Zwecken weder sich noch anderen Kenntnis, Abschriften, Ab- oder Nachbildungen, Proben oder Probestücke verschaffen. Diesem Verbot unterliegen die Angestellten bezüglich der sie persönlich betreffenden Vorgänge nicht, es sei denn, daß deren Geheimhaltung durch Gesetz oder dienstliche Anordnung vorgeschrieben ist.

(3) Der Angestellte hat auf Verlangen des Arbeitgebers dienstliche Schriftstücke, Zeichnungen, bildlichen Darstellungen usw. sowie Aufzeichnungen über Vorgänge der Verwaltung oder des Betriebes herauszugeben.

(4) Der Angestellte hat auch nach Beendigung des Arbeitsverhältnisses über Angelegenheiten, die der Schweigepflicht unterliegen, Verschwiegenheit zu bewahren."

Dabei muß die Geheimhaltungsbedürftigkeit durch Gesetz vorgesehen oder auf Weisung des Arbeitgebers angeordnet sein. Allgemein ausgedrückt, muß es sich um Tatsachen im Zusammenhang mit einem Geschäftsbetrieb handeln, die nur einem eng begrenzten Personenkreis bekannt und nicht offenkundig sind und die nach dem Willen des Arbeitgebers und im Rahmen eines berechtigten wirtschaftlichen Interesses geheimgehalten werden sollen[35]. Insoweit geht die arbeitsrechtliche Verschwiegenheitspflicht sogar weiter als die strafrechtliche. Der Arbeitnehmer muß selbst dann schweigen, wenn ihm strafbare Handlungen des Arbeitgebers oder eines Arbeitskollegen bekannt geworden sind[36]. Es reicht aber nicht aus, daß die Tatsachen für den Arbeitgeber unangenehm sind, er muß vielmehr die Geheimhaltungswürdigkeit ausdrücklich anordnen. Dies aber kann naturgemäß den Mitarbeiter nicht daran hindern, sich selbst zu verteidigen. Letzteres ist auch ein tragendes Argument dafür, daß nicht etwa eine Verletzung der Treuepflicht des Arbeitnehmers vom Arbeitgeber erfolgreich geltend gemacht werden könnte, weil es dem Arbeitnehmer unzumutbar ist, ihn entlastende Tatsachen nicht zu sammeln und aufzubewahren. Sicherlich darf der Mitarbeiter damit nicht an die Öffentlichkeit gehen, er hat aber das Recht, diese sichergestellten Unterlagen seinem Verteidiger zu geben und in einen etwaigen Prozeß miteinzuführen.

35 BAG, BB 1982, 1792
36 LAG Berlin, BB 1970, 710

2. Das Arbeitszeugnis

Nach § 630 BGB ist der Arbeitgeber verpflichtet, bei Beendigung des Arbeitsverhältnisses dem Arbeitnehmer ein schriftliches Arbeitszeugnis auszustellen. Dabei wird das einfache vom qualifizierten Zeugnis unterschieden:

Das **einfache Zeugnis** enthält lediglich die **Beschreibung der Arbeit,** die der Arbeitnehmer verrichtet hat (sogenannte **Tätigkeitsbeschreibung**).

Das **qualifizierte Zeugnis,** das nur **auf Verlangen des Arbeitnehmers** erteilt wird, enthält neben der Tätigkeitsbeschreibung **auch eine Beurteilung der Führung und Leistung und die besonderen fachlichen Fähigkeiten.**

Das Zeugnis soll dem Arbeitnehmer als Unterlage für eine neue Bewerbung dienen, den künftigen Arbeitgeber im Einstellungsverfahren unterrichten und den Mitarbeiter darüber in Kenntnis setzen, wie der Arbeitgeber seine Leistungen bewertet hat.

Das Zeugnis ist bei Beendigung des Arbeitsverhältnisses, also nach Ablauf der Kündigungsfrist, auszuhändigen.

Da der Arbeitnehmer für Bewerbungen bei anderen Arbeitgebern unabhängig davon auch ein Zeugnis benötigt, hat er einen **Anspruch auf ein Zwischenzeugnis.**

Ein triftiger Grund für die Erteilung eines Zwischenzeugnisses liegt aber nicht vor, wenn der Angestellte das Zeugnis allein deshalb verlangt, weil er es in einem Rechtsstreit, in dem er seine Höhergruppierung anstrebt, als Beweismittel verwenden will[37].

Der Anspruch auf Erteilung eines qualifizierten Zeugnisses unterliegt der sechsmonatigen Ausschlußfrist des § 70 Abs. 2 BAT. Das bedeutet, daß bei nicht rechtzeitiger Geltendmachung des Anspruches ein qualifiziertes Arbeitszeugnis nicht mehr verlangt werden kann.

Von Belang ist die

Entscheidung des BAG zur äußeren Form des Arbeitszeugnisses[38]:

„Werden im Geschäftszweig des Arbeitgebers für schriftliche Äußerungen üblicherweise Firmenbogen verwendet und verwendet auch der Arbeitgeber solches Geschäftspapier, so ist ein Zeugnis nur dann ordnungsgemäß, wenn es auf Firmenpapier geschrieben ist."

Das Zeugnis muß **wahr** sein. Wenn der Arbeitgeber ein unrichtiges Zeugnis ausstellt, also Verfehlungen des Arbeitnehmers verschweigt, und ein Dritter, z.B. der neue Arbeitgeber, hierdurch geschädigt wird, so hat der neue Arbeitgeber gegenüber dem Arbeitgeber, der das Zeugnis ausgestellt hat, evtl. Schadensersatzansprüche nach den §§ 826, 823 Abs. 1, 823 Abs. 2 BGB.

Nicht aufgenommen werden dürfen einmalige Verfehlungen und Umstände, die für den Arbeitnehmer, seine Führung und Leistung nicht charakteristisch sind. Der Beendigungsgrund ist nur auf Wunsch des Arbeitnehmers aufzunehmen.

Das Zeugnis muß **wohlwollend** sein. Der Arbeitnehmer darf durch die Zeugnisformulierung in seinem weiteren Lebensweg nicht behindert werden, wenngleich es wahr sein muß. Die Formulierung des Zeugnisses selbst steht allerdings im **Ermessen des Arbeitgebers.**

Zum **Umfang** des Zeugnisses.

Zu kurze Arbeitszeugnisse sind ebenso auffällig wie zu lange Arbeitszeugnisse. Ausgehend von einem wohlwollenden Arbeitszeugnis hat ein durchaus wahres aber angemessenes Arbeitszeugnis einen Umfang

---

37 BAG v. 21.1.1993 – 6 AZR 171192, in: BB 1993, 2309 f.
38 BAG v. 03.3.1993 – 5 AZR 182/92, in: BB 1993, 1439 f.

Übersicht 40: *Schema zum Aufbau eines qualifizierten Zeugnisses*

1. Personalien, Beschäftigungszeitraum

2. Beschreibung der verschiedenen Arbeitsplätze und Aufgabengebiete, insbesondere bei Erweiterung und beruflichem Aufstieg

3. Beurteilung von Leistung, Fortbildung, Vertrauenswürdigkeit, Sozialverhalten zu Kollegen, Vorgesetzten und Patienten, der Führungsqualifikation

4. Angaben zur Beendigung des Arbeitsverhältnisses

5. Abschließende Formulierungen des Dankes und zur weiteren beruflichen Entwicklung.

---

von mindestens einer Schreibmaschinenseite DIN A 4 bis höchstens zwei Seiten. Alles andere ist von Schaden und für den einstellenden Arbeitgeber auffallend.

Bei der Formulierung des Zeugnisses hat sich eine gewisse **Zeugnissprache** entwickelt, die insbesondere Wertungen betrifft. In der Praxis wird mit dem Grad der Zufriedenheit eine Leistungseinstufung vorgenommen.

Eine darüber hinausgehende allgemeine, verbindliche Zeugnissprache gibt es jedoch nicht.

Ist das Zeugnis unvollständig oder unrichtig, hat der Arbeitnehmer einen **Ergänzungs- oder Berichtigungsanspruch,** der notfalls beim Arbeitsgericht im Klagewege geltend zu machen ist. Der Arbeitnehmer muß einen konkreten Klageantrag stellen, d.h., die Formulierung, die er will, muß im Klageantrag ausformuliert sein.

Für die Behauptungen und Wertungen im Zeugnis ist der **Arbeitgeber beweispflichtig.** Kann er diesen Nachweis nicht erbringen, wird das Gericht entsprechend dem Klageantrag die Formulierung in einem Urteil aussprechen. Der Arbeitgeber muß dann ein berichtigtes Zeugnis unter Berücksichtigung der gerichtlichen Formulierung erstellen, wobei hier ausnahmsweise eine Rückdatierung des Ausstellungstages zu erfolgen hat, weil ansonsten der

---

Übersicht 41: *Sprachliche Leistungseinstufung in Arbeitszeugnissen*

- Sie/er hat sich bemüht, ihren/seinen Aufgaben gerecht zu werden
  = ungenügende Leistung

- Sie/er hat ihre/seine Aufgabe zu unserer Zufriedenheit erfüllt
  = durchschnittliche, noch brauchbare Leistungen

- Sie/er hat ihre/seine Aufgabe zur vollen Zufriedenheit erfüllt
  = gute Leistungen

- Sie/er hat ihre/seine Aufgabe zur vollsten Zufriedenheit erfüllt
  = sehr gute Leistungen

Arbeitnehmer bei Bewerbungen Nachteile erleiden könnte[39]. Weigert sich der Arbeitgeber, kann er durch Vollstreckungsmaßnahmen dazu gezwungen werden, nämlich durch Anordnung von Zwangsgeld und Zwangshaft bis zu sechs Monaten.

Wenn das Zeugnis falsch ist oder verspätet ausgestellt wird, hat überdies der Arbeitgeber gegenüber dem Mitarbeiter Schadensersatz zu leisten, sofern ein Schaden entstanden ist.

Krankenpflegeschüler/innen haben im Gegensatz zu anderen Auszubildenden (vgl. § 8 BBiG) keinen gesetzlichen Anspruch auf Erteilung eines Zeugnisses. Im KrPflG ist ein solcher Anspruch nicht geregelt. Eine entsprechende Anwendung des § 8 BBiG ist nicht möglich, weil das KrPflG die Anwendung des BBiG ausdrücklich ausschließt. Aus der Fürsorgepflicht des Ausbildenden ergibt sich allerdings ein Zeugnisanspruch. Das Zeugnis muß Angaben über Art, Dauer und Zeit der Berufsausbildung sowie über die erworbenen Fertigkeiten und Kenntnisse erhalten. Auf Verlangen des Auszubildenden sind auch Angaben über Führung und Leistung und besondere Fähigkeiten aufzunehmen.

sich einen Tariftext zu besorgen und die Ausschlußfrist darin festzustellen.

Es besteht der Grundsatz, daß **alle Ansprüche aus dem Arbeitsverhältnis** von den Ausschlußfristen betroffen sind, und zwar handelt es sich um die Hauptpflichten und Hauptrechte, insbesondere

- Überzahlungen[40]
- Urlaubsabgeltung[41]
- Schadensersatzansprüche
- Personalakte[42]
- Zeugnis[43]
- Entfernung von Abmahnung aus der Personalakte[44]

Ausschlußfristen gelten nicht für

- Ansprüche aus der Zusatzversorgung[45]
- Verletzung des Persönlichkeitsrechtes[46]
- öffentlich-rechtliche Ansprüche
  a) Beitragszuschuß zur freiwilligen Krankenversicherung (§ 257 SGB V)[47]
  b) Kindergeld (§ 45 BKGG)

Die **Ausnahme** von der Ausschlußfristregelung ist der § 21 BAT:

Bei **Beschäftigungs- und Dienstzeiten** (§§ 19, 20 BAT) gilt eine Ausschlußfrist von lediglich 3 Monaten nach Aufforderung durch den Arbeitgeber, die Zeiten nachzuweisen.

3. Ausschlußfristen

3.1. Tarifregelung

§ 70 BAT, nach dem alle fälligen Ansprüche aus dem Arbeitsverhältnis binnen einer Ausschlußfrist von sechs Monaten ab Fälligkeit schriftlich geltend zu machen sind, dient der Rechtsklarheit und Rechtssicherheit.

Es handelt sich um eine **Verfallfrist,** d.h., der jeweilige Anspruch verfällt bzw. erlischt, während er bei Verjährung lediglich in seiner Durchsetzung gehindert ist.

Auf die Kenntnis kommt es nicht an. Jeder deutsche Arbeitnehmer ist in der Lage,

3.2. Ausnahmen von der Ausschlußwirkung

Folgende **fallbezogene Ausnahmen** von der Ausschlußwirkung kommen zum Tragen:

---

39 BAG v. 09.09.1992 – 5 AZR 509/91, BB 1993, 729 f.
40 BAG vom 28.02.79 – 5 AZR 728/77
41 BAG vom 03.02.71 – 5 AZR 282/70
42 BAG vom 25.04.72 – 1 AZR 322/71
43 BAG vom 23.02.83 – 5 AZR 515/80
44 BAGE 24, 247
45 ständige Rechtsprechung des BAG
46 BAG vom 25.04.72 – 1 AZR 322/71
47 Gemeinsamer Senat der Obersten Gerichtshöfe des Bundes 2/73, Beschluß vom 04.06.74

Die Geltendmachung wird ersetzt, wenn **Klarheit auf andere Weise** besteht. Dieses ist zum Beispiel der Fall, wenn

- die Schlußabrechnung bei Beendigung des Arbeitsverhältnisses vorgenommen, die Vergütung aber noch nicht vollständig bezahlt wurde[48]
- eine Sozialabfindung im gerichtlichen Vergleich zustande kommt[49].

Der **Grundsatz von Treu und Glauben** hindert den Verfall des Anspruchs:

- Wenn der Schuldner von Schadensersatzansprüchen den Gläubiger durch sein Verhalten über die tatsächlichen Grundlagen des Anspruchs im Unklaren gelassen hat, läuft die Ausschlußfrist erst, wenn der Gläubiger die tatsächlichen Grundlagen kennt und den Schadensersatzanspruch in etwa beziffern kann[50].
- Wenn dem aus dem Arbeitsverhältnis ausgeschiedenen Mitarbeiter versehentlich die Vergütung einige Monate weiterbezahlt wird, verstößt es gegen Treu und Glauben, wenn der Mitarbeiter sich auf die Ausschlußfrist beruft, weil er die Überzahlung dem Arbeitgeber hätte anzeigen müssen[51].
  Allerdings muß es sich um eine **„erhebliche" Überzahlung** handeln.
  Weiterhin verlangt das BAG **Bösgläubigkeit**. So wurde z.B. bei einer Angestellten, deren Bezüge sich häufig änderten und der versehentlich über längere Zeit Kindergeld und Kinderanteile im Ortszuschlag gezahlt wurden, Bösgläubigkeit mit der Begründung verneint, daß § 36 Abs. 4 BAT den Angestellten nicht verpflichte, die Vergütungsabrechnungen zu überprüfen[52].

4. Allgemeine Grundsätze des Tarifrechts

4.1. Bezugnahme im Arbeitsvertrag

Im Interesse einheitlicher Arbeitsbedingungen werden im Bereich des öffentlichen Dienstes im Arbeitsvertrag die für den öffentlichen Dienst geltenden Tarifverträge in die einzelvertraglichen Absprachen mit aufgenommen. Die übliche Formulierung „in der jeweils geltenden Fassung" ist entgegen den sonstigen privatrechtlichen Grundsätzen als Blankettverweisung arbeitsrechtlich unbedenklich.

4.2. Auslegungsgrundsätze

a) Oberster Grundsatz ist, vom Wortlaut der Tarifvorschrift auszugehen[53].
b) Der übereinstimmende Wille der Tarifvertragsparteien ist insoweit von rechtlicher Bedeutung, als er in der Tarifnorm seinen erkennbaren Ausdruck gefunden hat[54].
c) Der Grundsatz des § 133 BGB (Erforschung des wirklichen Willens, Nichthaften an dem buchstäblichen Sinn des

---

48 BAG, Urteile vom 08.08.79 – 5 AZR 660/77 – und vom 20.10.1982 – 5 AZR 110/82
49 BAG, Urteil vom 13.01.82 – 5 AZR 546/79
50 BAG, Urteil vom 10.08.1967 – 3 AZR 221/66 –, BAGE 20, 30 = AP Nr. 37 zu § 4 TVG
51 BAG, Urteil vom 11.06.1980 – 4 AZR 443/78 –, AP Nr. 7 zu § 70 BAT
52 BAG, Urteil vom 29.04.1982 – 5 AZR 1229/79
53 ständige Rechtsprechung des BAG, z.B. BAG, Urteile vom 29.02.1968 – 5 AZR 225/67 – und vom 25.08.1982 – 4 AZR 1072/79
54 z.B. BAG, Urteile vom 09.07.1980 – 4 AZR 560/78 – und vom 25.08.1982 – 4 AZR 1072/79

Ausdrucks), somit die Auslegung nach Sinn und Zweck, findet gerade bei der Auslegung von Tarifvorschriften Anwendung[55].

d) Soweit der Tarif allgemein gebräuchliche und anerkannte Rechtsbegriffe verwendet, sind sie in ihrer allgemeinen Bedeutung der innerstaatlichen Rechtsordnung zu verstehen[56].

e) Die Verwendung von unbestimmten Rechtsbegriffen in Tarifverträgen und deren Kumulierung, z.B. in tariflichen Tätigkeitsmerkmalen, verstößt nicht gegen verfassungsrechtliche Grundsätze, insbesondere nicht gegen das Rechtsstaatsprinzip.

f) Verwaltungsrechtliche Grundsätze dürfen zur Anwendung und Auslegung von Tarifverträgen grundsätzlich nicht herangezogen werden, weil es sich beim Verwaltungsrecht nach seiner Art und Zweckbestimmung um vom Privatrecht und Arbeitsrecht wesensverschiedenes Recht handelt.

g) Einem in einem Tarifvertrag gebrauchten Wort kommt in erster Linie die Bedeutung zu, die die Tarifpartner nach ihrem im Tarifvertrag zum Ausdruck gebrachten Willen diesem Wort beigelegt haben. Nur wenn ein Tarifvertrag nicht klar erkennen läßt, was mit diesem Wort gemeint ist, wird der allgemein übliche Sinn des Wortes als gemeint angesehen werden können.

h) Evtl. ist der Gesamtzusammenhang der tariflichen Regelung zur Auslegung heranzuziehen.

i) Ggf. ist auch eine bestehende Tarifübung zu berücksichtigen; eine solche liegt aber nur vor, wenn sie in Kenntnis und mit Billigung der Tarifvertragsparteien praktiziert wird[57].

k) Die Anschauung der beteiligten Berufskreise auf Arbeitgeber- und Arbeitnehmerseite ist z.B. bei der Auslegung eines Tätigkeitsmerkmals nur eine Erkenntnisquelle.

l) Die öffentliche Meinung ist unerheblich.

m) Tarifnormen können nur auf Rechtmäßigkeit, nicht auf Zweckmäßigkeit überprüft werden.

n) Die Tarifgeschichte hat wegen der Schriftform nach § 1 Abs. 2 TVG nur subsidiäre Bedeutung.

o) Tariflücken dürfen von den Gerichten als Eingriff in die Tarifautonomie nicht geschlossen werden, was gerade für Tätigkeitsmerkmale gilt, es sei denn, es liegt eine unbewußte Tariflücke vor.

p) Übernimmt der Tarif lediglich ohne inhaltliche Änderung gesetzliche Vorschriften – z.B. entspricht § 53 BAT nahezu wörtlich dem § 626 BGB (außerordentliche Kündigung) – so liegt keine Tarifnorm vor, sondern es gelten die Auslegungsregeln für Gesetzesvorschriften[58].

Gewährt der Arbeitgeber dem Arbeitnehmer Dienstzeitzulagen, weil er sich infolge unvollständiger Kenntnis des Sachverhalts hierzu für verpflichtet hält, so kann er nach Entdeckung des Irrtums weitere Zahlungen auch gegen den Willen des Arbeitnehmers einstellen[59].

Bedeutend sind auch drei weitere Urteile des BAG vom 25.08.1982[60], vom 09.03. 1983[61] und vom 20.04. 1983[62]:

Bei der Tarifauslegung soll möglichst auch darauf Bedacht genommen werden, daß die Tarifparteien eine vernünftige, zweckentsprechende, praktisch nachvollziehbare und zudem materiell gerechte Regelung haben treffen wollen, so daß im Zweifelsfalle derjenigen Auslegung der Vorzug

---

55 BAG, Urteile vom 29.06.1957 – 2 AZR 148/55 – und vom 22.01.1960 – 1 AZR 449/57

56 BAG, Urteil vom 24.09.1980 – 4 AZR 744/78

57 BAG, Urteil vom 25.08.1982 – 4 AZR 878/79

58 BAG, Urteil vom 20.04.1977 – 4 AZR 778/75

59 BAG, Urteil vom 30.09.1968 – 5 AZR 26/68, ebenso BAG, Urteil vom 31.01.1969 – 3 AZR 439/68

60 BAG, Urteil vom 25.08.1982 – 4 AZR 1072/89

61 BAG, Urteil vom 09.03.1983 – 4 AZR 61/80

62 BAG, Urteil vom 20.04.1983 – 4 AZR 497/80

zu geben ist, die diesen Anforderungen des Rechts- und Arbeitgebers am ehesten entspricht.

Die in den Protokollerklärungen von den Tarifvertragsparteien vereinbarten Begriffsbestimmungen geben die übereinstimmende Auffassung der Tarifpartner über die Auslegung bestimmter Begriffe wieder. Diese Definitionen sind auch für die Gerichte bindend.

Verhandlungsniederschriften hingegen sind nur Auslegungshilfen.

"Sinngemäße Anwendung beamtenrechtlicher Bestimmungen" bedeutet die Anwendung dieser Bestimmungen unter Berücksichtigung des besonderen Rechtsstatus der Arbeitnehmer des öffentlichen Dienstes im Verhältnis zu den Beamten[64].

Die Verweisung auf *"Vorschriften"* oder *"Bestimmungen"* ist nicht einheitlich.

Während **Vorschriften** das materielle Gesetzesrecht, also Gesetze, Rechtsverordnungen und Tarifverträge betrifft, bedeutet **Bestimmungen** auch Verwaltungsanordnungen und Erlasse des Arbeitgebers.

4.3. Vorrang des Gesetzesrechts

Tarifnormen können gegen höherrangiges Recht verstoßen, z.B. einfaches Gesetzesrecht, Grundgesetz oder auch gegen Europäisches Recht.

Hier ist die derzeitige Rechtsprechung des BAG und des EuGH zur Teilzeitarbeit *(vgl. oben unter 1.5., Fall 107)* zu nennen, aber auch die Rechtsprechung des BAG zum tariflichen Arbeitszeitrecht[63], wo noch kein Dienst rund um die Uhr bei Bereitschaftsdienst und Rufbereitschaft erfolgen darf, weil dies ein Verstoß gegen die Menschenwürde nach Art. 1 GG darstellt.

Der Tarif unterscheidet Soll-Vorschriften, z.B. SR 2 a Nr. 5 zu § 15 BAT Abs. 1 Satz 2, sowie Kann-Vorschriften, z.B. SR 2 a Nr. 5 zu § 15 BAT Abs. 2 Satz 3.

Soll-Vorschriften sind verpflichtend, im allgemeinen ist entsprechend zu handeln, wenn dem nicht triftige Gründe entgegen stehen.

Kann-Vorschriften enthalten keine Verpflichtung, es sei denn, daß eine Ermessensfindung des Arbeitgebers durch betriebsübliches Handeln vorliegt.

"Entsprechende Anwendung" (z.B. § 14 BAT) ist enger im Sinne von rechtlich unmittelbar vergleichbaren Tatbeständen, als *"sinngemäße Anwendung"* (z.B. § 11 BAT), was nur die Übertragung von Sinn und Zweck der anderen Vorschrift bedeutet.

---

63 z.B. BAG vom 24.02.1982 – 4 AZR 223/80
64 BAG vom 11.11.1981 – 4 AZR 272/79

I. Die Vergütung

1. Vergütungsbestandteile und Sozialbezüge im BAT

1.1. Vorbemerkung

Während der VI. Abschnitt in den §§ 22–25 BAT i.V.m. der Vergütungsordnung (Anlagen 1 a und 1 b) bestimmt, nach welcher Vergütungsgruppe sich der tarifliche Vergütungsanspruch des Angestellten richtet (Eingruppierung), befaßt sich der VII. Abschnitt im einzelnen mit dem **Arbeitsentgelt.** Die Abschnittsüberschrift *„Vergütung"* kennzeichnet, wie bereits § 26 ausweist, den Regelungsgegenstand nicht umfassend; als zusammenfassende Bezeichnung des laufenden Arbeitsentgelts hat sich der Ausdruck **„Bezüge"** eingebürgert (vgl. auch § 36 BAT).

§ 26 BAT definiert den Kernbestand des Arbeitsentgelts und stellt die Beziehung zu den jeweiligen Tarifverträgen her, in denen die Sätze der Grundvergütungen und Ortszuschläge festgelegt werden.

Anknüpfend an § 26 BAT befaßt sich § 27 BAT (für den VKA-Bereich i.V.m. § 26 a) mit dem Aufbau der Grundvergütungen und regelt im einzelnen, welche Stufe (Lebensaltersstufe) dem Angestellten zusteht. § 28 BAT legt die besonderen Bemessungssätze der Grundvergütung für Angestellte zwischen 18 und 21/23 Jahren fest. § 29 regelt den Ortszuschlag. § 30 behandelt die Gesamtvergütungen junger Angestellter (vgl. § 26 Abs. 2). In § 31 war früher der Kinderzuschlag geregelt, seit dessen Wegfall ist die Vorschrift ohne Inhalt. § 32 behandelte früher den örtlichen Sonderzuschlag, der ebenfalls weggefallen ist.

Zulagen, die zur Vergütung hinzutreten, sind in § 33 angesprochen. Diese Regelung ist unvollständig. § 35 legt Voraussetzungen und Höhe der Zeitzuschläge fest, die für Überstunden, Nacht- und Feiertagsarbeit usw. zustehen.

Während die §§ 26–33 und 35 einzelne **Bestandteile des Arbeitsentgelts** behandeln, werden in § 34 und 36 die **Berechnung und Zahlung** geregelt. Dabei ergibt sich aus § 34 die Anteilsberechnung für Teilzeitbeschäftigte; in § 36 sind Zahlungszeit und Zahlungsart, die monatsweise bzw. monatsanteilige Berechnung sowie die zeitversetzte Bemessung der sogenannten unständigen Bezüge-Bestandteile geregelt.

Das Arbeitsentgelt ist im VII. Abschnitt **nicht erschöpfend behandelt;** auch fehlt es an einer systematischen und im Anwender-Interesse wünschenswerten Aufzählung, wie sie für das Besoldungsrecht in § 1 Abs. 2 und 3 Bundesbesoldungsgesetz enthalten ist.

Zum tariflichen Arbeitsentgelt im BAT-Bereich gehören vielmehr sowohl Leistungen, die an anderer Stelle des BAT geregelt sind, als auch nicht zuletzt solche Leistungen, die – ohne daß der BAT selbst darauf hinweist – in besonderen, den BAT ergänzenden Tarifverträgen vereinbart worden sind.

Der erstgenannten Kategorie sind zuzuordnen einmal – mehr in formeller Hinsicht die Vorschriften über die Fortzahlung des Entgelts bei Krankheit, Urlaub und ähnliches (§§ 37, 47 ff.), in materieller Hinsicht aber auch Leistungen aus besonderen Anlässen (Jubiläumszuwendungen, Übergangsgeld, im weiteren Sinne auch das Sterbegeld).

Zur zweiten Kategorie gehören sowohl laufende monatliche Leistungen wie insbesondere die nicht in § 33 geregelten Zulagen (vor allem nach dem Tarifvertrag für Zulagen an Angestellte; Zulagenregelungen finden sich auch in anderen Tarifverträgen und in der Vergütungsordnung) und die vermögenswirksamen Leistungen; zum anderen jährlich wiederkehrende Leistungen in Gestalt der Zuwendung und des Urlaubsgeldes.

1.2. Bestandteile der Vergütung

Hauptbestandteil des Arbeitsentgelts ist die **Grundvergütung**. Hinzu tritt der **Ortszuschlag**. Aus diesen beiden Bestandteilen setzt sich die Vergütung jedes Angestellten zusammen.

Die Grundvergütung richtet sich in erster Linie nach der Vergütungsgruppe, in der der Angestellte nach den §§ 22 ff. *„eingruppiert"* oder die in Sonderfällen außertariflich oder übertariflich im Arbeitsvertrag vereinbart ist. Damit kommt der unmittelbare Zusammenhang zwischen Tätigkeit und Bezahlung zum Ausdruck, der allerdings in den Fällen des Bewährungsaufstieges nach § 23 a BAT wieder aufgelockert ist. Innerhalb der jeweiligen Vergütungsgruppe steigern sich die Vergütungssätze stufenweise von der Anfang- bis zur Endgrundvergütung. Die Stufung als solche ist im BAT verbindlich vorgeschrieben (§ 26 a Abs. 1 Satz 1, § 27 Abschnitt A Abs. 1 Satz 1 Bund/Tarifgemeinschaft Deutscher Länder –, § 27 Abschnitt B Abs. 1 BAT).

Die Spannenverhältnisse (vertikales Spannenverhältnis zwischen den Vergütungsgruppen, horizontales Spannenverhältnis innerhalb der jeweiligen Vergütungsgruppe) sind lediglich für den Bereich der VKA in § 26 a BAT angesprochen, im übrigen jedoch der konkreten Entscheidung der Tarifvertragsparteien bei Vereinbarung des jeweiligen Vergütungstarifvertrages (die bei Abweichungen auch dem § 26 a als Sonderregelung vorginge) überantwortet. Auch die Zahl der Stufen in den einzelnen Vergütungsgruppen ist im BAT nicht festgelegt, jedoch geht aus den Einzelbestimmungen des § 27 BAT hervor, daß zu ihrer sinnvollen Anwendung jedenfalls eine bestimmte Mindestzahl von über das 31. bzw. 35. Lebensjahr hinausgehenden Stufen erforderlich ist.

Beeinflußt durch die vom Besoldungsrecht her geprägte Bezahlungstradition des öffentlichen Dienstes, haben auch die Tarifvertragsparteien des BAT daran festgehalten, innerhalb der einzelnen Bezahlungs-(Vergütungs-)Gruppen eine verhältnismäßig große Bandbreite vorzusehen im Gegensatz zu den typischen Tarifregelungen der Wirtschaft, die ein Aufsteigen in der Gehaltsgruppe entweder gar nicht oder jedenfalls in geringerem Ausmaß und in kürzerer Dauer einräumen. Dies läßt sich für die Angestellten zwar nicht aus alimentationsrechtlichen Grundsätzen ableiten, soll aber Lebenserfahrung und teilweise die Dienstdauer honorieren. Faktisch kommen hier ungeachtet der abweichenden Rechtsgrundlagen der Dienstverhältnisse Strukturelemente des Besoldungsrechts zum Tragen.

Dies ist auch die entscheidende Kritik an diesem System, das eigentlich längst hinfällig ist (Verschlankung des öffentlichen Dienstes).

1.3. Ortszuschlag

Der zweite Kernbestandteil des Arbeitsentgelts ist der zur Grundvergütung hinzutretende Ortszuschlag. Er ist für die Angestellten in vollem Umfang aus dem Besoldungsrecht übernommen worden. Die Höhe des Ortszuschlages richtet sich einmal nach **„Tarifklassen"**, hängt insoweit also von der Vergütungsgruppe des Angestellten ab; zum anderen richtet sie sich nach **„Stufen"**, die auf den Familienstand des Angestellten abstellen. In seiner heutigen Ausgestaltung konnte der Ortszuschlag von der Sache her nur insoweit als *„Zuschlag"* angesehen werden (den **Bezug zu einem „Ort" hat er sachlich schon seit längerem verloren**), als er familienstandsbezogene Erhöhungsbeträge enthält; im übrigen aber – d.h., in Höhe der Stufe 1 der jeweiligen Tarifklasse – läßt er sich vom „normalen" Arbeitsentgelt nur noch äußerlich durch die gesonderte Regelung unterscheiden, die er auch im BAT gefunden hat.

1.4. Gesamtvergütung nach § 26 Abs. 2

§ 26 Abs. 2 sieht in Abweichung von Abs. 1 vor, daß Angestellte **vor Vollendung des 18. Lebensjahres** keine Grundvergütung und keinen Ortszuschlag, sondern eine sogenannte Gesamtvergütung erhalten. Ihre Berechnung ergibt sich aus § 30. Wo in anderen Vorschriften auf die **„Vergütung (§ 26)"** Bezug genommen wird, bezieht sich das für die Fälle des Abs. 2 auf die Gesamtvergütung.

1.5. Verweis auf die Vergütungstarifverträge in § 26 Abs. 3

In § 26 Abs. 3 BAT wird die vertragsmäßige Festlegung der Grundvergütungen und des Ortszuschlages der besonderen Vereinbarung in den jeweiligen, bei den Tarifverhandlungen über die Einkommensbewegung für die Arbeitnehmer des öffentlichen Dienstes abgeschlossenen Vergütungstarifverträgen zugewiesen.

Die jetzige Fassung des Abs. 3 berücksichtigt, daß wegen der ab 1982 eigenständigen Regelung des Ortszuschlages auch dessen Beträge im Vergütungstarifvertrag zu regeln sind; vorher war dies zwar faktisch auch schon der Fall, jedoch nur deshalb, weil regelmäßig zum Zeitpunkt des Tarifabschlusses die Besoldungsanpassung der Beamten noch nicht vollzogen war und deshalb die nach der Verweisung in § 29 a.F. maßgebenden neuen Sätze des Ortszuschlages noch nicht zur Verfügung standen.

Die Vergütungstarifverträge enthalten neben den Tabellen der Grundvergütungen (einschließlich der Grundvergütungen nach § 28 BAT) und des Ortszuschlages auch die Gesamtvergütung gemäß § 30 BAT. Dies in § 26 Abs. 3 BAT zu erwähnen, war überflüssig, weil sich die Berechnung der Gesamtvergütungen nach § 30 BAT aus den Grundvergütungen und Ortszuschlägen ergibt. In den Vergütungstarifverträgen werden ferner regelmäßig die Beträge der sogenannten Stundenvergütungen (vgl. § 35 Abs. 3 Unterabsatz 1 BAT) ausgewiesen.

1.6. Grundvergütung nach den §§ 26 a, 27

Die §§ 26 a und 27 gelten für die unter die Anlage 1 a und unter die Anlage 1 b fallenden Angestellten, nicht also für Angestellte, deren Grundvergütung durch einzelvertragliche Bezugnahme auf die einschlägigen TdL-Richtlinien oder überhaupt einzelvertraglich festgelegt sind.

Für die unter die Anlagen 1 a und 1 b fallenden Angestellten gelten die §§ 26 a und 27 BAT, wenn diese ein bestimmtes Mindestalter – als Angestellte nach der Anlage 1 a in den Vergütungsgruppen X bis III 21 Jahre und in den Vergütungsgruppen II b bis I 23 Jahre, als Angestellte nach der Anlage 1 b 20 Jahre – erreicht haben und damit nach Ansicht der Tarifpartner die für ihre jeweilige Tätigkeit erforderliche Lebenserfahrung besitzen. Für die jüngeren Angestellten gilt, soweit sie volljährig sind, § 28. Minderjährige erhalten eine Gesamtvergütung nach § 30.

Zu unterscheiden ist nach unter die Anlage 1 a fallenden Angestellten im Bereich des Bundes und der Länder (§ 27 A „für Bund und Länder"), für die unter die Anlage 1 a fallenden Angestellten im Bereich der VKA (§ 26 a und 27 A *„für den Bereich der VKA"*) und für alle unter die Anlage 1 b fallenden Angestellten im Bereich des Bundes, der Länder und der VKA (§ 27 B).

1.7. Grundsätze für die Festsetzung der Grundvergütung in den Vergütungstarifverträgen

Für die unter die Anlage 1 b fallenden Angestellten ist die Grundvergütung innerhalb der Vergütungsgruppe in den Vergütungstarifverträgen nach Stufen festzusetzen (§ 27 B BAT).

In allen Vergütungstarifverträgen sind die Stufen an bestimmte Lebensalter geknüpft. Sie beginnen mit dem vom BAT als Regel angesehenen Eintrittsalter von 21, 23 oder 20 Jahren, haben einen Zweijahresrhythmus und enden bei einem je nach Vergütungsgruppe zwischen 35 und 49 liegenden Alter mit einer Endstufe, die bei der tarifgemäßen Vergütung nicht überschritten werden darf.

2. Gehaltsbescheinigung, Eingruppierung, Umgruppierung

2.1. Gehaltsbescheinigung

Fall 109:

Krankenpfleger G. erhält eine Gehaltsbescheinigung, aus der sich nur der Bruttobetrag seiner Vergütung und die Abzüge erkennen lassen. In den letzten zwei Jahren hat sich seine Vergütung wiederholt geändert. Mehrmals erhielt er Berichtigungsmitteilungen, weil bei der Gehaltsberechnung Fehler vorgekommen sind. G. verlangt daher eine aufgeschlüsselte und erläuterte Gehaltsbescheinigung.

Im öffentlichen Dienst ergibt sich der **Anspruch auf eine aufgeschlüsselte und erläuterte Gehaltsbescheinigung** unmittelbar

aus § 36 Abs. 4 BAT, während der Arbeitnehmer **außerhalb des öffentlichen Dienstes** nach § 82 Abs. 2 BetrVG **lediglich** einen **Anspruch auf mündliche Erläuterung** der Gehaltszusammensetzung hat.

Soweit früher als Rechtsgrundlage auf die Fürsorgepflicht des Arbeitgebers abgestellt wurde, hatte das BAG entschieden, *„ein im 20. Jahrhundert lebender deutscher Arbeitnehmer"* müsse sich selbst bemühen, die Rechtskenntnisse zu erwerben, die er im Arbeitsleben zur Wahrung seiner Belange braucht. Ggf. müsse er sich der Hilfe Dritter oder von Organisationen bedienen.

Insoweit haben Gesetzgeber und Tarifparteien entsprechende Arbeitgeberpflichten ausdrücklich normiert.

2.2. Eingruppierung

Fall 110:

Krankenpfleger G., 23 Jahre alt, ledig, hat vor 2 Jahren das Krankenpflegeexamen abgelegt. Seine Tätigkeit ist vielseitig: Früh morgens arbeitet er auf der Station, anschließend im Operationssaal als Gipspfleger und danach in der Ambulanz. Welche Überlegungen sind bei der Errechnung seiner Vergütung anzustellen?

Bei der Errechnung der Vergütung steht die Frage der Eingruppierung am Anfang. Die Vergütungsgruppe ist neben dem Lebensalter und dem Familienstand die bestimmende Größe für die Hauptbestandteile der Vergütung, nämlich die Grundvergütung und den Ortszuschlag.

Für die Eingruppierung der Angestellten im Pflegedienst, für die der BAT zur Anwendung kommt[1], sind die §§ 22 ff. BAT

---

1 dazu im einzelnen *Schelter*, Das Tarifrecht der Angestellten im Pflegedienst (BAT), 4. Auflage, 1995, ötv Courier-verlag, Stuttgart, S. 487.

sowie Anlage 1 b zum BAT, die Vergütungsordnung für das Pflegepersonal, maßgebend.

In der Vergütungsordnung werden typisierte Tätigkeiten mit Vergütungsgruppen verknüpft. So ist z.B. das Anlegen von Gipsverbänden in Gipsräumen durch Krankenschwestern bzw. Krankenpfleger der Vergütungsgruppe Kr. V (Nr. 6) zugeordnet.

Die typisierten Tätigkeiten werden durch Anforderungen an die Art der Tätigkeit und durch Voraussetzungen in der Person des Arbeitnehmers beschrieben.

Die Vergütungsordnung enthält als **persönliche Voraussetzungen:**

- Berufsausbildung (*"Krankenschwester mit entsprechender Tätigkeit"*, Kr. IV Nr. 1)
- Berufserfahrung (*"nach zweijähriger Tätigkeit in Vergütungsgruppe Kr. V Fallgruppe 1"*, Kr. V Nr. 1).

Als **Tätigkeitsarten** kommen in Betracht:

- Allgemeine Krankenpflege (*"Krankenschwester"*, Kr. IV Nr. 1)
- besondere Krankenpflege (*"Krankenschwestern, die in Dialyseeinrichtungen Kranke pflegen sowie die Geräte bedienen und überwachen"*, Kr. V Nr. 2)
- Krankenpflege, die mit der fachlichen Leitung anderer Pflegepersonen verbunden ist (*"als Stationsschwester"*, Kr. V a Nr. 5 und die Protokollerklärung Nr. 11)
- gesamtverantwortliche Leitung des Pflegedienstes (*"Leitende Krankenschwestern"*, Kr. VII Nr. 9 und die Protokollerklärungen Nr. 20 und 21).

Die typisierten Tätigkeiten werden vom BAT als *"Tätigkeitsmerkmale"* bezeichnet, (vgl. § 22 BAT). Dieser Begriff ist jedoch mißverständlich, weil er besser auf die Anforderungen an die Art der Tätigkeit und die persönlichen Voraussetzungen paßt. Es wird daher im folgenden anstelle des Ausdrucks „Tätigkeitsmerkmal" der Ausdruck *"Tätigkeitstypus"* verwendet.

Zur Feststellung der Vergütungsgruppe ist **die gesamte dem Arbeitnehmer übertragene Tätigkeit zu betrachten** (§ 22 Abs. 2 BAT).

In einem ersten Schritt ist zu prüfen, welche Tätigkeitstypen auf die einzelnen Arbeitsvorgänge zutreffen. Dann ist die Vergütungsgruppe zu bestimmen.

Trifft auf sämtliche Arbeitsvorgänge nur ein einziger Tätigkeitstypus zu, so bereitet die Bestimmung der Vergütungsgruppe keine Schwierigkeiten. Unproblematisch ist auch der Fall, daß die Gesamtheit der Arbeitsvorgänge unter mehrere Tätigkeitstypen der selben Vergütungsgruppe fällt.

Fallen die Arbeitsvorgänge unter Tätigkeitstypen verschiedener Vergütungsgruppen, so ist nach § 22 Abs. 2 BAT zu verfahren: Danach bestimmt sich die Vergütungsgruppe nach dem Tätigkeitstypus, der zeitlich mindestens die Hälfte der Gesamttätigkeit ausmacht. Zeitanteile mehrerer Tätigkeitstypen der selben Vergütungsgruppen sind zusammenzurechnen.

Anwendung auf Fall 110:

Ist Krankenpfleger G. noch keine zwei Jahre in seinem Beruf tätig und sowohl im allgemeinen Stationsbetrieb als auch mit dem Anlegen von Gipsverbänden in Gipsräumen beschäftigt, richtet sich die Vergütung nach Kr. IV Fallgruppe 1, wenn die Tätigkeit im Gipsraum einen Zeitanteil von weniger als der Hälfte an der Gesamttätigkeit hat.

Ist er zudem noch in der Ambulanz tätig, richtet sich die Vergütung nach Kr. V Fallgruppen 5/6, wenn die Tätigkeiten im Gipsraum und in der Ambulanz zusammengerechnet mehr als die Hälfte der Gesamttätigkeit ausmachen.

Ist Krankenpfleger G. bereits zwei Jahre in seinem Beruf tätig (*"in Vergütungsgruppe Kr. IV Fallgruppe 1"*), dann ist er entweder in Vergütungsgruppe Kr. V Fg. 1 oder in Vergütungsgruppe Kr. V Fg. 5/6 einzugruppieren.

2.3. Der Unterschied zwischen Einstellung und Eingruppierung

Fall 111:

Krankenpfleger G. liest in seinem Arbeitsvertrag, der ihm bei seiner Einstellung nach dem Krankenpflegeexamen ausgehändigt worden ist: „Der Angestellte wird gemäß Anlage 1 b zum BAT in Vergütungsgruppe Kr. IV Fallgruppe 1 eingruppiert." Welche Bedeutung hat dieser Satz?

Bei der Begründung des Arbeitsverhältnisses ist zwischen der Einstellung und der Eingruppierung zu entscheiden. Während bei der **Einstellung** über die auszuübende Tätigkeit entschieden wird, handelt es sich bei der **Eingruppierung** um die Einstufung in eine Vergütungsgruppe .

Eine Eingruppierung ist jedoch wohl überflüssig, wenn die Parteien des Arbeitsvertrages tarifgebunden sind. Es genügt, daß sie sich bei der Einstellung über die auszuübende Tätigkeit einigen. Da die gesamte auszuübende Tätigkeit eines Arbeitnehmers durch die Vergütungsordnung einer Vergütungsgruppe zugeordnet ist, ergibt sich die Vergütungsgruppe unmittelbar aus dem BAT (**„Vergütungsautomatik"**). Die Eingruppierung des Angestellten im Arbeitsvertrag dient daher nur der Verlautbarung der Vergütungsgruppe (vgl. § 22 Abs. 3 BAT).

Mit der Eingruppierung im Arbeitsvertrag ist in Wirklichkeit gemeint, daß dem Arbeitnehmer all diejenigen Tätigkeiten übertragen werden dürfen, die einem der Vergütungsgruppen angehörenden Tätigkeitstypus entsprechen.

2.4. Umgruppierung

Fall 112:

Krankenpfleger J. arbeitet im Gipsraum. Er ist in die Vergütungsgruppe Kr. V Fallgruppe 6 eingruppiert. Als eines Tages Not am Mann ist, wird er für mehrere Wochen im Stationsdienst eingesetzt. Der Arbeitgeber ist mit den von Krankenpfleger J. angelegten Gipsverbänden ohnehin nicht recht zufrieden und will den ihn auf Dauer im Stationsdienst beschäftigen, wo sich seine Vergütung nach Kr. IV Fallgruppe 1 richtet.

Fall 113:

Krankenschwester B. muß des öfteren ihre Stationsleiterin bei Urlaub, Krankheit oder sonstigen Verhinderungsfällen vertreten. Nachdem die Stationsleitung altershalber ausscheidet, übernimmt Schwester B. von sich aus die Stationsleitung. B., die bisher in Kr. V Fallgruppe 1 eingruppiert war, fragt sich, ob ihr nunmehr Vergütung nach Kr. VI Fallgruppe 13 zusteht.

Eine Veränderung der tariflichen Einstufung ist nur durch Übertragung einer tariflich höher oder niedriger bewerteten Tätigkeit möglich.

Dazu ist eine **Vertragsänderung erforderlich.** Mit der *„Eingruppierung"* im Arbeitsvertrag ist gemeint, daß dem Arbeitnehmer all diejenigen, aber auch nur diejenigen, Tätigkeiten übertragen werden dürfen, die einem der Vergütungsgruppe angehörenden Tätigkeitstypus entsprechen.

Der Arbeitgeber kann demzufolge weder Krankenpfleger J. die Tätigkeit auf der Station noch Krankenschwester B. die Stationsleitung zuweisen und so auf die tarifliche Einstufung Einfluß nehmen.

Es ist eine ganz andere Frage, ob der Arbeitgeber bei gleichbleibender Bezahlung eine niedriger oder höher bewertete Tätigkeit zuweisen kann. Aufgrund der Treuepflicht muß der Arbeitnehmer eine geringerwertige Tätigkeit verrichten, wenn betriebliche Gründe dies erfordern. Krankenpfleger J. muß daher im Stationsdienst arbeiten, wenn Not am Mann ist. Er bleibt aber in der bisherigen Vergütungsgruppe. Umgekehrt bleibt der Arbeitnehmer auch dann in der bisherigen Vergütungsgruppe, wenn er aus betrieblichen Gründen eine höherwertige Tätigkeit verrichten muß. Krankenschwester B. muß daher im Verhinderungsfalle ihre Stationsleiterin vertreten. Sie hat allerdings möglicherweise einen Anspruch auf Zahlung einer persönlichen Zulage nach § 24 BAT.

Die Treuepflicht rechtfertigt jedoch nur die vorübergehende Übertragung einer höher oder geringerwertigen Tätigkeit. Will der Arbeitgeber Krankenpfleger J. die Tätigkeit auf der Station, Krankenschwester B. die Stationsleitung auf Dauer übertragen, ist eine **Vertragsänderung** erforderlich, die **nur einverständlich** erfolgen kann.

Anwendung auf Fall 112:

In der dauernden Beschäftigung auf der Station könnte das Angebot des Arbeitgebers zu sehen sein, Krankenpfleger J. in Zukunft nach Kr. IV. zu vergüten. Versieht J. die Arbeit auf der Station einfach weiter, nachdem der Notfall behoben ist, ist das als Annahme der Herabgruppierung auszulegen. Ist er nicht einverstanden und arbeitet er nur unter Vorbehalt weiter, muß der Arbeitgeber zum Mittel der Änderungskündigung greifen.

Anwendung auf Fall 113:

Während im Fall 112 der Wille des Arbeitgebers zur Vertragsänderung zweifelsfrei feststand, bei Krankenpfleger J. das Einverständnis jedoch fraglich ist, liegt es im Fall der Krankenschwester B. umgekehrt. In ihrem Verhalten kommt ihr Einverständnis mit der Übernahme der Stationsleitung zum Ausdruck. Zweifelhaft ist aber, ob auch der Arbeitgeber eine dauernde Übertragung der höherwertigen Tätigkeit will. An einer Übertragung, d.h. an einer bewußten und gewollten Zuweisung, könnte es schon deshalb fehlen, weil sich die Tätigkeit aus sich selbst heraus geändert haben könnte. Der Arbeitnehmer rückt in diesem Fall erst nach sechsmonatiger Tätigkeit in die höhere Vergütungsgruppe auf (§ 23 BAT).

Es wäre daher möglich, dem Arbeitnehmer die höherwertige Tätigkeit vor Ablauf von sechs Monaten wieder zu entziehen.

Betrachtet man die Tätigkeitstypen der Anlage 1 b zum BAT, so ist ein solcher Fall unvorstellbar. Das Ausscheiden der Stationsleiterin geschah mit Wissen des Arbeitgebers, die Übernahme der Stationsleitung durch Schwester B. nicht ohne sein Wollen. Für § 23 BAT ist daher kein Raum. Es handelt sich um einen Fall der Übertragung der Tätigkeit.

Fraglich ist aber, ob im Verhalten des Arbeitgebers die dauerhafte oder nur die vorübergehende Übertragung der Stationsleitung zum Ausdruck kommt. Schwester B. müßte es sich dann gefallen lassen, daß nach mehreren Monaten eine Stationsleiterin bestimmt wird, während sie in Vergütungsgruppe Kr. V bleibt und nur die persönliche Zulage nach § 23 BAT erhält.

Die Bedeutung des Stillschweigens des Arbeitgebers kann nur anhand aller Umstände des Einzelfalles geklärt werden. Das Ausscheiden der bisherigen Stationsleiterin war für den Arbeitgeber voraussehbar. Er hätte sich rechtzeitig um eine Nachfolgerin bemühen können. Es spricht daher alles dafür, daß er der Krankenschwester B. die Stationsleitung auf Dauer übertragen will.

Die nicht nur vorübergehende Übertragung einer höher- oder geringerwertigen Tätigkeit bedarf der **Zustimmung der Belegschaftsvertretung** nach §§ 76 Abs. 1 Nr. 2 LPersVG, 99 Abs. 1 BetrVG *("Umgruppierung")*, die jedoch nur aus besonderen Gründen verweigert werden darf (§§ 82 LPersVG, 99 Abs. 2 BetrVG).

3. Einstufung

3.1. Allgemeines; Regelfall

Auch die in § 27 geregelte Einstufung richtet sich im konkreten Fall grundsätzlich nach dem Lebensalter, wobei jedoch eine Einstellung in einen höheren als dem regulären Anfangsalter und eine spätere Höher- oder Herabgruppierung zu Modifizierungen führen kann. Soweit das Lebensalter entscheidend ist, beginnt die Einstufung immer mit Beginn des Monats in den die **Vollendung des ausschlaggebenden Lebensjahres** fällt (§ 27 A *„für Bund und Länder"* Abs. 5, 27 A *„für Bereich der VKA"* Abs. 5 und 27 B Abs. 6 BAT).

Anfangs- und Endstufe einer Vergütungsgruppe dürfen bei Einstufungen nie unter- bzw. überschritten werden.

Im **Regelfall** geht § 27 davon aus, daß ein Angestellter im Anfangsalter eingestellt wird und bereits eingestellt ist und dann die Anfangsvergütung (1. Stufe) erhält.

3.2. Einstufung bei Neueinstellung nach Überschreiten des Anfangsalters

Bei den unter die Anlage 1 b fallenden Angestellten werden die Mitarbeiter, die nach vollendetem 20. Lebensjahr eingestellt werden, in die Stufe eingestuft, die unter der ihrem Lebensalter entsprechenden Stufe liegt.

Z.B. erhält eine am 15.03.1940 geborene, am 01.03.1977 eingestellte Krankenschwester Vergütung nach Stufe 8 statt – lebensaltersgemäß – nach Stufe 9.

Untere Grenze ist natürlich die Anfangsvergütung.

Die Einstufung in der **Folgezeit** ist unabhängig davon vorzunehmen, wie die Einstufung erfolgte. Ist bei Anlage 1 b das gerade Lebensjahr vollendet, kommt es zur Folgestufe, was im Einzelfall bedeuten kann, daß beim ersten Mal bereits nach einem Jahr die Folgestufe erreicht ist. Die spätere Höherstufung erfolgt wieder im Zwei-Jahres-Rhythmus.

3.3. Einstufung bei einer Neueinstellung nach vorangegangener Tätigkeit im öffentlichen Dienst

Bei Angestellten, die für eine nach der Anlage 1 b zu bewertende Tätigkeit eingestellt werden, sind **vorangegangene Anstellungsverhältnisse** grundsätzlich **nur dann zu berücksichtigen,** wenn sie dem neuen Anstellungsverhältnis **unmittelbar vorangegangen** sind und **ebenfalls unter die Anlage 1 b** fielen (§ 27 B BAT).

Bei der vorangegangenen Tätigkeit muß es sich nicht in jedem Fall um eine Tätigkeit im öffentlichen Dienst gehandelt haben[2], andererseits finden aber Anstellungsver-

---

2 *Clemens u.a.,* Anmerkung 11 zu § 27 Abschnitt A Grundvergütung VkA

hältnisse, für die ein dem BAT im wesentlichen nachgebildeter Tarifvertrag gilt, keine Berücksichtigung.
Unterbrechung und kein unmittelbarer Anschluß bedeuten nach der Protokollnotiz zu Abs. 3 das Gleiche: Zwischen den Beschäftigungsverhältnissen hat auch nur ein nicht allgemein arbeitsfreier Werktag gelegen, an dem der Angestellte weder arbeitsunfähig krank war, noch Zeit für einen Umzug benötigte[3]. Daraus folgt umgekehrt, daß jeder Umzug im Rahmen der dafür erforderlichen Zeit eine Unterbrechung ausschließt.

Eine Unterbrechung liegt auch dann nicht vor, wenn eine Mutter ihre Tätigkeit nach der Geburt eines Kindes nach § 10 Abs. 2 MuSchG oder nach dem BErzGG unterbricht.

Bei einer Einstellung in **unmittelbarem Anschluß an einen Gestellungsvertrag** wird der Angestellte hinsichtlich der Einstufung so behandelt, als sei er schon mit Beginn des Gestellungsvertrags eingestellt worden. Wenn der Angestellte **in eine höhere Vergütungsgruppe neu eingestellt** wird, so ist anschließend an die Einstufung am gleichen Tag eine Höhergruppierung nach Abs. 2 vorzunehmen.

Wenn der Angestellte **in eine niedrigere Vergütungsgruppe neu eingestellt** wird, so schließt sich dementsprechend an die Einstufung eine Herabgruppierung nach Abs. 4 an.

Von den dargestellten Fällen abgesehen wird ein früheres Angestelltenverhältnis nur dann noch berücksichtigt, wenn es sich um eine **Wiedereinstellung** nach § 59 Abs. 5 BAT handelt, also auf Antrag eines unkündbaren, in den Ruhestand versetzten Angestellten nach Wiederherstellung seiner Berufsfähigkeit in den früheren Dienst.

Bei einer Wiedereinstellung in die bisherige Vergütungsgruppe ist für die Einstufung in diesem Fall die Stufe maßgeblich, mit der das alte Anstellungsverhältnis geendet hat, es sei denn, eine Neueinstufung nach Unterabsatz 1 ist für den Angestellten günstiger.

Bei Wiedereinstellung in eine höhere oder niedrigere Vergütungsgruppe schließt sich an die Einstufung noch eine Höhergruppierung bzw. Herabgruppierung am Wiedereinstellungstag an.

Bei einer Höhergruppierung erhält der Angestellte die Stufe, die er in der verlassenen Vergütungsgruppe hatte oder am Tag der Höhergruppierung gehabt hätte, wenn auf diesen Tag zugleich eine Höherstufung fällt.

Bei einer Herabgruppierung bleibt die Stufe gleich.

3.4. Auswirkungen eines unbezahlten Sonderurlaubs bzw. eines Ruhens des Arbeitsverhältnisses

Mit dem 59. Änderungstarifvertrag sind ab 01.01.1988 im BAT Vorschriften aufgenommen worden, die sich mit den Auswirkungen eines Ruhens des Arbeitsverhältnisses, sei es infolge unbezahlten Sonderurlaubs, sei es aus anderen Gründen, auf die Festsetzung der Lebensalterstufe/Stufe der Grundvergütung befaßt. Die für § 27 BAT gefundene Regelung knüpft jeweils an die unterschiedliche Struktur der drei Abschnitte an. Sie findet sich für Abschnitt B im neu eingefügten **Unterabsatz 4 des Abs. 3.**

Die Zeit der unbezahlten Beurlaubung bzw. des Ruhens aus sonstigem Grund wird danach wie die Zeit des Nichtbestehens des Arbeitsverhältnisses gewertet; bei Wiederaufnahme der Beschäftigung ist die Grundvergütung also so festzusetzen, als ob das Arbeitsverhältnis mit Ablauf des Tages vor dem Beginn des Sonderurlaubs/des Ruhens beendet und als ob der Angestellte nach Ablauf des Sonderur-

---

3 *Baumgärtel/Fieberg*, Recht der Arbeiter und Angestellten im öffentlichen Dienst, Kommentar, Loseblatt, Anmerkung 38 zu T § 26 a, 27 BAT

laubs/des Ruhens wieder eingestellt worden wäre.

Dabei wird an die Regelung angeknüpft, die für eine Wiedereinstellung nach § 59 Abs. 5 vorgesehen ist; danach kann sich **äußerstenfalls die nächst niedrigere Stufe** als diejenige ergeben, die ununterbrochener Fortdauer der Beschäftigung zugestanden hätte.

Die Regelungen gelten nicht bei einem Erziehungsurlaub nach dem BErzGG, wohl aber für eine an diesen anschließende unbezahlte Beurlaubung, soweit diese zusammen mit dem vorangegangenen Erziehungsurlaub – je Kind – drei Jahre übersteigt, ferner nicht für den Grundwehrdienst/Zivildienst sowie für eine Beurlaubung ohne Bezüge, für die vor Antritt ein dienstliches/betriebliches Interesse anerkannt worden war. In diesen Fällen ist also bei Wiederaufnahme der Beschäftigung nach wie vor diejenige Lebensaltersstufe/Stufe der Grundvergütung maßgebend, die sich ohne die Unterbrechung der Beschäftigung ergeben hätte.

3.5. Geltendmachung des Anspruchs aus § 27 BAT

Der Anspruch auf die Grundvergütung nach § 27 BAT aufgrund einer richtigen Einstufung ergibt sich unmittelbar aus dem Tarifvertrag. Die Einstufung durch den Arbeitgeber hat wie die Eingruppierung nur deklaratorische Bedeutung. Die richtige Einstufung ist mit dem monatlichen Vergütungsanspruch nach § 70 innerhalb einer Ausschlußfrist von 6 Monaten geltend zu machen. Muß geklagt werden, so ist auch hier neben der Leistungsklage eine Feststellungsklage zulässig und oft zweckmäßig.

3.6. Grundvergütung der Angestellten zwischen 18 und 21 bzw. 23 Jahren nach § 28 BAT

Die Vergütungstabelle setzt die Grundvergütung an sich erst ab dem 20. Lebensjahr bei Anlage 1 b fest; erst nach Vollendung dieses Lebensjahres steht nach § 27 Abschnitt B Abs. 1 die *„Anfangsgrundvergütung"* zu. In der Erstfassung des BAT lag dieses *„Eingangsalter"* noch bei 22 bzw. 26 Jahren.

Für jüngere Angestellte (sobald sie das 18. Lebensjahr vollendet hatten, ansonsten vgl. § 30 BAT) war bis 01.05.1995 in § 28 stets eine geminderte Grundvergütung vorgesehen (der Ortszuschlag wurde demgegenüber voll bezahlt).

Mit dem 71. Änderungstarifvertrag (insoweit Bestandteil des Verhandlungsergebnisses der Tarifrunde 1995) sind die geminderten besonderen Vergütungssätze entfallen; § 28 erhielt zeitgleich mit dem Inkrafttreten der allgemeinen Vergütungserhöhung 1995 (01.05.1995) die jetzige Fassung. Nunmehr steht auch den unter 20jährigen Angestellten, soweit sie nicht unter § 30 BAT fallen, stets die volle Anfangsgrundvergütung zu. Die nächste Stufe der Grundvergütung erreichen sie freilich weiterhin erst zwei Jahre nach Vollendung des 20. Lebensjahres. Die jetzige Rechtslage entspricht dem Besoldungsrecht; der unter 21 Jahre alte Beamte erhält (ebenfalls) das Anfangsgrundgehalt, § 28 Abs. 4 Bundesbesoldungsgesetz.

Die Verweisung in § 28 Abs. 4 BAT auf § 27 B Abs. 6 hat Bedeutung nur für die Fälle, in denen das Arbeitsverhältnis in dem Monat, in dem der Angestellte das 18. Lebensjahr vollendet hat, bereits besteht.

4. Der Ortszuschlag nach § 29 BAT

4.1. Vorbemerkung

Seit dem 01.05.1982 ist § 29 BAT als eigenständige, vom Besoldungsrecht unabhängige Regelung vereinbart. In den Redaktionsverhandlungen vom 10./17.05.1982 erfolgte dahingehend die Niederschrift des Einvernehmens der Tarifvertragsparteien

„daß

a) die Verwaltungsvorschriften zu den am 31.12.1981 geltenden Ortszuschlagsvorschriften des Bundesbesoldungsgesetzes entsprechend anzuwenden sind,

b) im Falle der Änderung der Ortszuschlagsvorschriften des Bundesbesoldungsgesetzes und sich hieraus für Angestellte ergebende Folgerungen auch bei ungekündigtem Tarifvertrag zu verhandeln ist.“

Diese Niederschriftserklärung begründet allerdings keinen Automatismus, weil diese Niederschriftserklärung keine tarifvertragliche Regelung im Sinne des Tarifvertragsgesetzes darstellt[4]. Verwaltungsvorschriften regeln nicht die Rechte und Pflichten der vom Geltungsbereich des Gesetzes erfaßten Personen, sondern dienen dazu, die gleichmäßige Anwendung des Gesetzes zu gewährleisten und verbindliche Auslegungsregeln für die auszuführenden Behörden festzulegen[5].

4.2. Tarifklassen und Stufen

Die Höhe des Ortszuschlages richtet sich nach der Tarifklasse, der die Vergütungsgruppe des Angestellten zugeteilt ist und nach der Stufe, die sich aus den Familienverhältnissen des Angestellten ergibt. Das bedeutet für die Angestellten der Anlage 1 b: Gemäß Abs. 2 gehören zur Tarifklasse 1 b die Angestellten der Vergütungsgruppe Kr. XIII, zur Tarifklasse 1 c die Angestellten

der Vergütungsgruppe Kr. XII bis Kr. VII, zur Tarifklasse II die Angestellten der Vergütungsgruppen Kr. VI bis Kr. I.

Für die Zuordnung zu einer Stufe des Ortszuschlages sind die **Familienverhältnisse** maßgebend, die in dem Zeitraum vorliegen, für den Vergütung zusteht:

- **Verheiratet** sind Angestellte, wenn die Ehe rechtswirksam besteht
- **Verwitwet** sind Angestellte, deren Ehe durch den Tod des Ehegatten beendet ist. Maßgebend ist die letzte Ehe. Heiratet der verwitwete Angestellte wieder und wird seine Ehe geschieden, aufgehoben oder für nichtig erklärt, so gehört er zur Stufe 1
- **Geschieden, aufgehoben oder für nichtig erklärt ist eine Ehe** erst mit der Rechtskraft der gerichtlichen Entscheidung.

Für Angestellte, die bis zum 31.12.1975 zur Stufe 2 gehörten, ohne obige Voraussetzungen zu erfüllen (ledige Angestellte, die das 40. Lebensjahr vollendet haben und Angestellte, deren Ehe geschieden, aufgehoben oder für nichtig erklärt worden war) besteht eine **Rechtsstandswahrung** in Protokollnotiz 2 zu Abschnitt B. Dabei handelt es sich um eine **Stichtagsregelung**[6]: Dem Angestellten, der am 01.01.1976 das 40. Lebensjahr vollendet hat und geschieden ist, nach diesem Zeitpunkt jedoch eine neue Ehe eingegangen ist, die wiederum geschieden wurde, steht nach der rechtskräftigen Scheidung der neuen Ehe nur noch Ortszuschlag nach Stufe 1 zu.

---

4 vgl. Urteil des BAG vom 15.05.1968 unter dem AZ: 4 AZR 356/67, AP Nr. 1 zu § 23 a BAT

5 vgl. BAG, Urteil vom 24.01.1984 unter dem AZ: 3 AZR 205/86, AP Nr. 3 zu § 29 BAT

6 BAG, Urteil vom 08.06.1982 unter dem AZ: 3 AZR 948/79

4.3. Unterhaltsverpflichtung aus der Ehe

Aus der Ehe (§ 29 Abs. 2 Nr. 3) besteht eine Unterhaltsverpflichtung nur dann, wenn sie dem **früheren Ehegatten** gegenüber existiert. Eine Unterhaltsverpflichtung Kindern gegenüber führt nur unter den Voraussetzungen des § 29 Abs. 2 Nr. 4 zur Zahlung des Ortszuschlages der Stufe 2.

Die Unterhaltsverpflichtung entfällt durch Wiederheirat, Tod des Unterhaltsberechtigten oder Wegfall der in den §§ 1569 ff. BGB für das Bestehen der Unterhaltspflicht maßgebenden Gründe. Das Gleiche gilt auch dann, wenn die Unterhaltsverpflichtung durch Gewährung einer Abfindung oder durch Vereinbarung zwischen den ehemaligen Ehegatten erloschen ist.

Insbesondere die Zahlung einer Kapitalabfindung nach § 1585 Abs. 2 BGB führt zum Erlöschen der Unterhaltspflicht, weshalb die Voraussetzung für die Anwendung des Abs. 2 Nr. 3 entfällt[7]. Dieser Angestellte erhält Ortszuschlag nach Stufe 1 und nicht nach Stufe 2.

In einem anderen Fall hat das BAG entschieden[8], daß der mehrfach geschiedene Angestellte Anspruch auf Zahlung des Ortszuschlages der Stufe 2 nur dann hat, wenn er seiner früheren Ehefrau **aus der letzten Ehe** zum Unterhalt verpflichtet ist. Eine bestehende Unterhaltsverpflichtung gegenüber einer geschiedenen Ehefrau aus seiner früheren Ehe genügt nicht den tariflichen Voraussetzungen.

§ 29 Abs. 2 Nr. 3 BAT verlangt das Bestehen eines rechtlichen für den betreffenden Zeitraum gegenüber dem Angestellten einklagbaren Anspruchs auf Unterhaltsleistung ab. Die Verpflichtung zur Zahlung von Unterhalt kann auf Gesetz oder Vertrag beruhen und kann z.B. durch Vorlage eines entsprechenden Unterhaltsurteils, eines gerichtlichen oder außergerichtlichen Vergleichs, aber auch durch einen schriftlichen Unterhaltsvertrag nachgewiesen werden. Soweit freiwillig ohne Rechtsgrund Unterhalt geleistet wird, ist dies kein Unterhalt im Sinne der Nr. 3[9].

4.4. Andere Angestellte im Sinne des § 29 Abs. 4 BAT

Andere Angestellte im Sinne des § 29 Abs. 2 Nr. 4 sind ledige Angestellte, Angestellte deren Ehe geschieden, aufgehoben oder für nichtig erklärt ist, soweit diese nicht unter § 29 Abs. 2 Nr. 3 fallen. Angestellte, die durch Abs. 2 Nr. 1 bis 3 erfaßt sind, können nicht durch Nr. 4 erfaßt sein[10].

Selbst wenn der Angestellte den Unterschiedsbetrag der Stufen 1 und 2 nur zur Hälfte bezieht, weil seine Ehefrau ebenfalls im öffentlichen Dienst arbeitet, erhöht sich der Ortszuschlag eines **verheirateten Angestellten,** der von Abs. 2 Nr. 1 (verheiratete Angestellte) erfaßt ist, nicht, wenn in die häusliche Gemeinschaft eine **unterhaltsberechtigte Person** aufgenommen wird[11].

Etwas anderes gilt für den Anspruch auf den Kinderanteil des Ortszuschlages, wenn die Voraussetzungen dafür vorliegen.

Bei Nr. 4 kommt es – anders als beim Unterhalt aus der Ehe – auf die **tatsächliche Gewährung** von Unterhalt an, was auch durch die Aufnahme dieser anderen Person in die Wohnung des Angestellten geschieht. Der Barwert des Unterhaltes darf allerdings nicht ganz unerheblich sein[12]. Die **allgemeine Verwaltungsvorschrift** zum Bundesbesoldungsgesetz vom 23.11.1979 ist allerdings unwirksam, soweit sie die Gewährung des erhöhten Ortszuschlages für den Fall ausschließt, daß der Unterhaltsberechtigte über Eigenmittel von mehr als DM 360,– monatlich verfügt.

---

7 BAG, Urteil vom 25.06.1987 unter dem AZ: 6 AZR 332/85

8 BAG, Urteil vom 25.06.1987 unter dem AZ: 6 AZR 278/85

9 *Schelter,* Das Tarifrecht der Angestellten im Pflegedienst, 4. Auflage, 1995, a.a.O., S. 245

10 *Schelter,* a.a.O., S. 245

11 vgl. BAG vom 05.06.1982 unter dem AZ: 3 AZR 948/79, AP Nr. 2 zu § 29 BAT

12 vgl. BAG, Urteil vom 24.01.1984 unter dem AZ: 3 AZR 198/83, AP Nr. 4 zu § 29 BAT

Durch den 54. Änderungstarifvertrag wurde mit Wirkung vom 01.01.1986 eine **Eigenmittelgrenze** in den BAT aufgenommen.

Die Stufe 2 ist ausgeschlossen, wenn für den Unterhalt der aufgenommenen Person Mittel zur Verfügung stehen, die das Sechsfache des Unterschiedsbetrages zwischen der Stufe 1 und der Stufe 2 des Ortszuschlages der Tarifklasse I c übersteigen.

Bei einem Kind sind zur Verfügung stehendes **Kindergeld** und kinderbezogener Teil des Ortszuschlages ebenso eingeschlossen wie zweckgebundene Leistungen Dritter für den Unterhalt der aufgenommenen Person (z.B. von einem geschiedenen Elternteil für das Kind gewährter **Unterhalt**). Die Mittel müssen allerdings **zur Verfügung** stehen. Wenn z.B. Unterhaltsansprüche nicht durchsetzbar sind, bleiben sie unberücksichtigt.

Steuerliche Entlastungen des Angestellten sind bei der Ermittlung der Eigenmittel für den Unterhaltanspruchsberechtigten nicht zu berücksichtigen, weil die Entlastung nur dem verpflichteten Elternteil zugute kommt[13].

Da immer der Monat maßgebend ist, in dem die Mittel zufließen, sind einmalige Leistungen, die der aufgenommenen Person z.B. in Form von Urlaubsgeld oder Weihnachtsgeld zufließen, nur in dem Monat zu berücksichtigen, in dem sie zufließen[14].

Als in die Wohnung aufgenommen gelten nach Abs. 2 Nr. 4 Satz 3 **Kinder** (nicht andere Personen) auch dann, wenn der Angestellte das Kind auf seine Kosten **anderweitig untergebracht** hat, ohne daß dadurch die häusliche Verbindung mit ihm aufgehoben werden soll. Mindestkosten sind nicht vorausgesetzt.

Im übrigen hat das BVerwG entschieden[15], daß die nicht nur vorübergehende Aufnahme eines Kindes in die Wohnung des einen Elternteils nicht schon dadurch ausgeschlossen wird, daß das Kind auch zeitweise beim anderen Elternteil wohnt.

Der Angestellte muß **gesetzlich oder sittlich zur Unterhaltsgewährung verpflichtet** sein. Eine gesetzliche oder sittliche Verpflichtung auch zur Wohnungsaufnahme ist zu verneinen. Es genügt, daß der Angestellte gesetzlich oder sittlich zur Unterhaltsgewährung verpflichtet ist und die Person tatsächlich in seine Wohnung aufnimmt[16].

Die gesetzliche Verpflichtung zur Gewährung von Unterhalt ergibt sich aus den Vorschriften des Bürgerlichen Rechts. Ob eine sittliche Verpflichtung zur Unterhaltsgewährung vorliegt, ist nach den besonderen Umständen des Einzelfalles zu entscheiden. In den allgemeinen Verwaltungsvorschriften zum Bundesbesoldungsgesetz steht unter Nr. 40.2.10 die

Ausführung zur gleichlautenden Vorschrift des § 40 Abs. 2 Nr. 4 Bundesbesoldungsgesetz:

„Eine sittliche Verpflichtung gegenüber der aufgenommenen Person setzt voraus, daß zwischen dem Beamten und der anderen Person eine persönliche Bindung vorliegen muß, aus der sich nach der Verkehrsauffassung eine Pflicht zum Helfenmüssen ergibt. Es handelt sich hierbei um eine im außerrechtlichen Raum bestehende Anstandspflicht, etwa gegenüber Personen, die den Beamten einmal wesentlich und nachhaltig unterstützt haben oder gegenüber nicht unterhaltsberechtigten Geschwistern."

---

13 BAG, Urteil vom 04.02.1988 unter dem AZ: 6 AZR 357/85

14 ebenso *Schelter*, a.aO., S. 246; anderer Auffassung z.B. *Clemens u.a.*, BAT, Anmerkungen 5.4 zu §29

15 BVerwG, Beschluß vom 12.12.1990 unter dem AZ: BVerwG 2 B 116.90, ZTR 1991, S. 135

16 vgl. BVerwG, Urteil vom 31.05.1990 unter dem AZ: 2 C 43.88

In der Kommentarliteratur wird z.T. die Auffassung vertreten[17], daß der Zusammenschluß zu einer **eheähnlichen Gemeinschaft** für keinen der Partner gesetzlich oder sittlich die Verpflichtung begründe, den anderen in seine Wohnung aufzunehmen oder gar Unterhalt zu gewähren. Das folge schon daraus, daß eheähnliche Gemeinschaft begrifflich von anderen mehr oder weniger dauerhaften Zusammenschlüssen kaum abgrenzbar ist. Die Aufnahme eines „Lebensgefährten" kann demzufolge nach dieser Auffassung nicht zur Gewährung eines Ortszuschlages der Stufe 2 führen.

Nach Auffassung von *Schelter*[18] könne einer solchen pauschalisierenden Betrachtungsweise nicht gefolgt werden.

Die Rechtslage ist aber derzeit eindeutig: Eine eheähnliches Verhältnis begründet aus der Gemeinschaft heraus keinerlei Ansprüche, sondern es bedürfte einer gesonderten vertraglichen Vereinbarung oder sonstiger Rechtsgründe, die Unterhalt weder unter gesetzlichen noch unter sittlichen Gesichtspunkten rechtfertigen.

Etwas anderes gilt nur für den Fall, daß aus der eheähnlichen Gemeinschaft ein Kind hervorgeht, weil natürlich gegenüber dem Kind eine gesetzliche Unterhalts- und Personensorgepflicht besteht[19].

Der Angestellte selbst muß als Voraussetzung für die Anwendung der Regelung aus beruflichen oder gesundheitlichen Gründen der Hilfe einer anderen Person, die er nicht nur vorübergehend in seine Wohnung aufgenommen hat und der er Unterhalt gewährt, bedürfen.

Aus **beruflichen Gründen** bedarf der Angestellte der Hilfe der aufgenommenen Person, wenn diese zur Ausübung der Berufstätigkeit beiträgt. Zu eng dürfte die Auffassung sein, die Hilfe müsse zur Erfüllung der beruflichen Pflichten erforderlich oder notwendig sein.

Aus **gesundheitlichen Gründen** bedarf der Angestellte der Hilfe der aufgenommenen Person, wenn der Angestellte infolge Krankheit oder körperlicher Behinderung fremde Hilfe in Anspruch nimmt und die Hilfe der aufgenommenen Person dazu beiträgt, dem Angestellten die Auswirkungen einer Krankheit oder Behinderung zu erleichtern.

Unschädlich für die Zuordnung zur Stufe 2 sind **Eigenmittel,** die der aufgenommenen Person zur Verfügung stehen.

Der Unterschiedsbetrag zwischen den Stufen 1 und 2 des Ortszuschlags ist **anteilig** zu gewähren, wenn **mehrere Anspruchsberechtigte** wegen der Aufnahme einer anderen Person in eine gemeinsam bewohnte Wohnung den Ortszuschlag der Stufe 2 beanspruchen. Die Konkurrenzregelung greift jedoch nur wegen eines in Abs. 2 Nr. 4 genannten Sachverhalts. Sie ist nicht anzuwenden, wenn der Ortszuschlag der Stufe 2 einem Angestellten wegen Erfüllung der Voraussetzungen des Abs. 2 Nr. 4 zusteht und dieser Angestellte die Wohnung mit einer Angestellten bewohnt, die verwitwet ist und somit die Voraussetzungen des Abs. 2 Nr. 2 erfüllt. In diesem Fall erhalten beide Angestellte den Ortszuschlag der Stufe 2 ungekürzt.

In Protokollnotiz Nr. 4 ist eine **Besitzstandswahrung** enthalten. Angestellte, denen nach der bis zum 31.12.1995 geltenden Fassung des § 29 Abschnitt B Abs. 2 Nr. 4 Ortszuschlag zugestanden hat, erhalten ihn bei Vorliegen der in der Protokollnotiz Nr. 4 zu Abschnitt B genannten Voraussetzungen weiter, und zwar auch dann, wenn die Eigenmittelgrenze des Abs. 2 Nr. 4 neue Fassung überschritten ist.

4.5. Konkurrenzklausel beim Ehegattenanteil

§ 29 Abs. 5 BAT geht davon aus, daß miteinander verheiratete Personen im öffentlichen Dienst den Unterschiedsbetrag zwi-

---

17 *Clemens u.a.,* BAT, Erläuterung 5.4 Buchstabe d) zu § 29

18 *Schelter,* Das Tarifrecht der Angestellten im Pflegedienst (BAT), a.a.O., S. 247

19 BVerwG, Urteil vom 31.05.1990 unter dem AZ: 2 C 43.88

schen der Stufe 1 und Stufe 2 des Ortszu-schlages (Ehegattenanteil) zusammen nur **einmal** in vollem Umfang erhalten sollen. Der Differenzbetrag zwischen der Stufe 1 und der Stufe 2 wird zu diesem Zwecke je-weils halbiert.

Keine Anwendung findet § 29 Abs. 5 BAT auf frühere Ehegatten, deren Ehe geschie-den, aufgehoben oder für nichtig erklärt wurde.

„Nach beamtenrechtlichen Grundsätzen" **ver-sorgungsberechtigt** im Sinne des § 29 Abs. 5 BAT ist der Ehegatte eines Ange-stellten, wenn ihm[20]

* aufgrund einer Tätigkeit im öffentlichen Dienst im Sinne des § 29 Abs. 7 BAT Ver-sorgungsbezüge nach den Vorschriften des Beamtenversorgungsgesetzes oder entsprechender versorgungsrechtlicher Vorschriften gewährt werden
* für eine Tätigkeit im öffentlichen Dienst im Sinne des § 29 Abs. 7 BAT eine insbe-sondere durch Tarifvertrag, Dienstord-nung, Statut oder Einzelvertrag vom Dienstherrn oder Arbeitgeber zugesi-cherte lebenslängliche Versorgung, z.B. wegen Dienstunfähigkeit oder Erreichen der Altersgrenze oder als Hinterbliebe-nenversorgung auf der Grundlage des Arbeitsentgelts und der Dauer der Dienstzeit gewährt wird.

Der Bezug von **Waisengeld** nach beamten-rechtlichen Grundsätzen durch den Ehe-gatten eines Angestellten bewirkt nicht, daß § 29 Abs. 5 BAT auf die Dienstbezüge anwendbar ist. Der Ehegattenbestandteil in den ruhegehaltsfähigen Dienstbezügen, die einem Waisengeld zugrundeliegen, knüpft nämlich nicht an die Ehe des Wai-sengeldempfängers, sondern an die des Versorgungsurhebers an.

Hingegen ist § 29 Abs. 5 BAT anzuwenden, wenn der im öffentlichen Dienst stehende Ehegatte des Beamten

* **Mutterschaftsgeld** erhält und bei der Be-messung dieser Leistung auch der **Ehe-gattenbestandteil** im Ortszuschlag be-rücksichtigt wird

* während einer **Erkrankung** Krankengeld nach §§ 44 ff. SGB V oder eine entspre-chende Leistung aus einem Versiche-rungsverhältnis erhält, sofern der Arbeit-geber zu der Versicherung Beitragsan-teile oder -zuschüsse leistet, wobei § 29 Abs. 5 BAT für die Zeit der Aussteuerung nicht Anwendung findet
* während einer **Rehabilitationsmaßnah-me** Übergangsgeld nach dem SGB VI aus der gesetzlichen Rentenversicherung er-hält.

Die Konkurrenzvorschrift findet keine An-wendung, wenn der Ehegatte Arbeiter ist oder auch wenn der Angestellte gar keinen Anspruch auf den Ortszuschlag hat, weil er z.B. unter Wegfall der Dienstbezüge beur-laubt ist, als nebenberufliche Lehrkraft eine Stundenvergütung erhält, die keinen Ortszuschlag berücksichtigt, Leistungen nach dem Unterhaltssicherungsgesetz er-hält, ein erhöhtes Praktikantenentgelt für Verheiratete bezieht, einen Anwärterver-heirateten-Zuschlag erhält oder Über-gangsgeld nach Tarifvorschriften des öf-fentlichen Dienstes bezieht.

Die Konkurrenzregelung kommt auch dann nicht zum Tragen, wenn der Ehe-gatte bei einem sonstigen Arbeitgeber be-schäftigt ist.

Ist der Angestellte **teilzeitbeschäftigt** und sein Ehegatte im öffentlichen Dienst voll beschäftigt, so findet eine Kürzung des Dif-ferenzbetrages zwischen Stufe 1 und Stu-fe 2 entsprechend der vereinbarten durch-schnittlichen Arbeitszeit des Angestellten abweichend von § 34 Abs. 1 (Vergütung nicht Vollbeschäftigter) nicht statt. Damit wird ausgeschlossen, daß die Teilzeitbe-schäftigung eines Ehepartners insofern keine Schlechterstellung der Ehepartner zusammen hinsichtlich der Höhe des Ehe-gattenanteils am Ortszuschlag bedeutet, als wenn nur ein Ehepartner im öffentlichen Dienst vollbeschäftigt wäre.

Sind beide Ehegatten mit jeweils mindes-tens der Hälfte der durchschnittlichen re-

---

20 nach *Schelter,* a.a.O., S. 250

gelmäßigen Arbeitszeit beschäftigt, so ist sichergestellt, daß sie zusammen einmal den vollen Differenzbetrag zwischen Stufe 1 und Stufe 2 erhalten.

Für den Fall, daß ein sonstiger Arbeitgeber seinem Beschäftigten keinen Ehegattenanteil oder eine entsprechende Leistung zahlt, weil dessen Ehegatte im öffentlichen Dienst beschäftigt ist (Gegenkonkurrenz), erhält der nicht vollbeschäftigte Angestellte von dem Unterschiedsbetrag den Teil, der dem Maß seiner vereinbarten durchschnittlichen Arbeitszeit entspricht[21].

4.6. Kinderanteil

§ 29 Abs. 3 BAT erfaßt die Angestellten der Stufen 2, denen Kindergeld nach dem **Bundeskindergeldgesetz** zusteht oder ohne Berücksichtigung des § 3 oder § 8 BKGG zustehen würde.

Zu den Stufen 3 folgende gehören auch Angestellte, denen ohne Berücksichtigung des § 3 oder § 8 BKGG Kindergeld zustehen würde.

Da nur einer Person Kindergeld gewährt wird, regelt § 3 BKGG die Rangfolge für die Gewährung des Kindergelds beim Zusammentreffen mehrerer Ansprüche. Der nachrangige Angestellte erhält dennoch den kinderbezogenen Anteil am Ortszuschlag, wenn nicht ein anderer Anspruchsberechtigter im öffentlichen Dienst steht oder nach beamtenrechtlichen Grundsätzen oder nach einer Ruhelohnordnung versorgungsberechtigt ist. Dann ist ggf. die Konkurrenzregelung des § 29 Abs. 6 BAT maßgebend.

§ 8 BKGG bestimmt, daß Kindergeld nicht für ein Kind gewährt wird, für das eine der folgenden Leistungen zu zahlen ist:

* Kinderzulagen aus der gesetzlichen Unfallversicherung oder Kinderzuschüsse aus den gesetzlichen Rentenversicherungen
* Leistungen für Kinder, die außerhalb des Geltungsbereichs dieses Gesetzes ge-

währt werden und dem Kindergeld oder eine der unter Nr. 1 genannten Leistungen vergleichbar sind
* Kindergeldzuschlag nach § 56 des Bundesbesoldungsgesetzes oder entsprechenden tariflichen Vorschriften im Bereich des öffentlichen Dienstes
* Leistungen für Kinder, die von einer zwischen- oder überstaatlichen Einrichtung gewährt werden und dem Kindergeld vergleichbar sind.

Je nach der **Zahl der berücksichtigungsfähigen Kinder** ist der Angestellte der Stufe 3 oder einer höheren Stufe zugeordnet. Dabei kommt es nicht darauf an, wem das Kindergeld ausbezahlt wird, sondern, ob es dem Angestellten zusteht.

Angestellte der Stufe 1, denen Kindergeld nach dem BKGG zusteht oder ohne Berücksichtigung der §§ 3, 8 BKGG zustehen würde, erhalten zusätzlich zum Ortszuschlag der Stufe 1 den **Differenzbetrag** zwischen Stufe 2 und der der Anzahl der berücksichtigungsfähigen Kinder entsprechenden Stufe (§ 29 Abs. 4 BAT).

4.7. Konkurrenzklausel beim Kinderanteil

Der Kinderanteil des Ortszuschlages soll nur einmal ausgezahlt werden. Einer anderen Person, die neben dem Angestellten Ansprüche auf den kinderbezogenen Anteil des Ortszuschlags hat, kann somit der kinderbezogene Anteil nur dann zustehen, wenn er dem Angestellten nicht gezahlt wird. Grundsätzlich soll der Angestellte den kinderbezogenen Anteil des Ortszuschlages erhalten, dem das Kindergeld nach dem BKGG zusteht oder zustehen würde, § 29 Abs. 3 BAT.

Eine **andere Person** kann neben dem Ehegatten oder früheren Ehegatten des Angestellten jede im öffentlichen Dienst (vgl. § 29 Abs. 7 BAT) stehende oder aufgrund

---

21 BAG, Urteil vom 01.03.1990 unter dem AZ: 6 AZR 364/88, ZTR 1990, 292

einer Tätigkeit im öffentlichen Dienst nach beamtenrechtlichen Grundsätzen oder nach einer Ruhelohnverordnung versorgungsberechtigte Person sein, der ohne die in § 29 Abs. 6 BAT enthaltene Konkurrenzregelung der Kinderanteil im Ortszuschlag, Sozialzuschlag nach den Tarifverträgen für Arbeiter des öffentlichen Dienstes oder eine entsprechende Leistung für das betreffende Kind zustehen würde.

So entfällt z.B. der Sozialzuschlag eines Arbeiters beim Deutschen Roten Kreuz (§ 32 Abs. 6 DRK-Tarifvertrag), wenn seine Ehefrau im öffentlichen Dienst tätig ist[22].

Eine dem Ortszuschlag nach Stufe 3 oder einer der folgenden Stufen oder dem Sozialzuschlag nach den Tarifverträgen für Arbeiter des öffentlichen Dienstes **entsprechende Leistung** im Sinne des § 29 Abs. 6 Satz 1 BAT liegt nur dann vor, wenn sie der anderen Person mindestens in Höhe des Betrages gewährt wird, der nach der Ortszuschlagstabelle für das jeweilige Kind zu zahlen wäre[23]. Dies gilt auch für das **Mutterschaftsgeld,** wenn bei der Bemessung dieser Leistung der Kinderanteil im Ortszuschlag oder der Sozialzuschlag berücksichtigt wird. Da jedoch nach der Geburt eines Kindes das Mutterschaftsgeld nicht neu festgesetzt wird und somit für dieses neugeborene Kind ein Kinderanteil im Ortszuschlag oder ein Sozialzuschlag nicht berücksichtigt wird, kommt im Hinblick auf das neugeborene Kind § 29 Abs. 6 BAT erst zur Anwendung, wenn die Mutter wieder Bezüge aus dem Arbeitsverhältnis erhält[24].

Ein **Erziehungsgeld** nach dem BErzGG führt nicht zur Anwendung der Konkurrenzregelung.

Eine dem Orts- oder Sozialzuschlag entsprechende Leistung im Sinne des § 29 Abs. 6 Satz 1 liegt auch vor, wenn während einer Erkrankung **Krankengeld** nach § 44 SGB V oder eine entsprechende Leistung aus einem Versicherungsverhältnis gewährt wird, sofern der Arbeitgeber zu der Versicherung Beitragsanteile oder -zuschüsse leistet.

5. Zulagen

5.1. Begriff

§ 33 BAT regelt die Zulagen, wobei allerdings diese Vorschrift nicht die Grundlage für alle tariflichen Zulagen ist. Es gibt auch andere Rechtsgrundlagen. Zulagen, die beispielsweise als Funktionszulagen nach den Protokollerklärungen der Anlage 1 b zustehen, haben z.T. ihren Grund in besonderen Gefährdungen durch bestimmte Tätigkeiten, obwohl sie keine Zulagen im Sinne von § 33 sind.

Eine Abgrenzung der Begriffe Zulagen und Zuschläge wird tariflich nicht vorgenommen.

Die Zulagen sind etwas über die Vergütung hinaus „Zugelegtes"[25]. Demzufolge muß dem Angestellten Vergütung nach § 26 BAT zustehen.

5.2. Mehraufwendungsentschädigung nach § 33 Abs. 1 Buchstabe a) BAT

Voraussetzung für den Anspruch auf diese Zulage ist, daß diese für **Beamte** im Besoldungsrecht normiert sind und den dem Angestellten entsprechenden Beamten eine Zulage zu gewähren ist. Abs. 1 Buchstabe a) BAT verlangt darüber hinaus, daß dem entsprechenden Beamten unter den gleichen Voraussetzungen und Umständen eine Zulage zu gewähren ist.

Es handelt sich bei dieser Zulage um eine **Aufwendungsentschädigung.**

Es werden durch die Aufwendungsentschädigungen **Mehraufwendungen** und nicht

---

22 BAG, Urteil vom 01.03.1990 unter dem AZ: 6 AZR 364/88, ZTR 1990, 293
23 *Schelter,* a.a.O., S. 251
24 *Schelter,* a.a.O., S. 251
25 vgl. *Böhm/Spiertz,* BAT, Erläuterungen 5 zu § 33

Erschwernisse abgegolten. Darum gehören Erschwerniszuschläge, die Beamte erhalten, nicht zu den durch Buchstabe a) erfaßten Zulagen. In den Fällen des Buchstaben a) erhält der Angestellte auch der Höhe nach die Zulage wie der entsprechende Beamte. Ausschließlich bei der Berechnung der Krankenbezüge, der Urlaubsvergütung und bei der Zuwendung wird die Zulage berücksichtigt, wenn und soweit sie bei den entsprechenden Bezügen der Beamten berücksichtigt wird.

Für Angestellte im Pflegedienst können Mehraufwandsentschädigungen nach Buchstabe a) in Betracht kommen, die beamtete Krankenpfleger erhalten.

Buchstabe b) ist für Angestellte im Krankenhaus ohne Bedeutung.

5.3. Zulage für gefährliche und gesundheitsschädliche Arbeiten

§ 33 Abs. 1 Buchstabe c) BAT enthält eine eigenständige Regelung für Angestellte. Diese Regelung ist hinsichtlich der Anspruchsvoraussetzungen und Höhe der Zulage durch den Tarifvertrag über die Gewährung von Zulagen gemäß § 33 Abs. 1 Buchstabe e) BAT vom 11.01.1962 ausgeregelt.

Eine Zulage nach Buchstabe e) steht nicht zu, wenn ein **anderweitiger Ausgleich** „zu gewähren ist". So steht neben einem Zusatzurlaub, der für die selben gefährlichen oder gesundheitsschädigenden Arbeiten „zu gewähren ist", keine Zulage nach § 33 Abs. 1 Buchstabe e) zu[26]. Es muß sich jedoch um einen anderweitigen Ausgleich für **denselben Tatbestand** handeln. Dies ist z.B. dann nicht der Fall, wenn dem Angestellten ein Zusatzurlaub wegen des überwiegenden Einsatzes im Röntgen- und Radiumdienst aufgrund der Beamtenurlaubsverordnung (§ 49 BAT) zusteht und gleichzeitig wegen ständigen Umgangs mit geisteskranken Patienten ein Anspruch auf eine Zulage nach dem Tarifvertrag vom 11.01.1962 besteht. Zusatzurlaub und Zulage werden hier nebeneinander gewährt[27]. Der Anspruch auf Zahlung von in Monatsbeträgen festgelegten Zulagen fällt mit Ablauf des Monats weg, in dem die Voraussetzungen für die Gewährung weggefallen sind. Zulagen, die nur für Tage zustehen, an denen die Zulagen berechtigende Tätigkeit ausgeübt wird, sind von Abs. 3 nicht erfaßt.

Entsteht der Anspruch auf eine in Monatsbeträgen festgelegte Zulage erst im Laufe eines Monats, wird von der Zulage, soweit nicht in der Zulagenregelung selbst etwas anderes bestimmt ist, gemäß § 36 Abs. 2 BAT nur der auf den Anspruchszeitraum fallende Teil gezahlt. § 33 Abs. 3 gilt als von § 36 Abs. 2 abweichende Regelung nur für den **Wegfall** der Zulage[28].

Ein Anspruch darauf, eine zulagenberechtigende Tätigkeit auszuüben, kann arbeitsvertraglich vereinbart werden[29].

Eine Zulage nach § 33 Buchstabe e) steht dann zu, wenn die für den Angestellten als besonders gefährlich anzusehende Arbeit im Tarifvertrag bestimmt ist. Aus § 33 Abs. 6 BAT ist zu entnehmen, daß eine Gefahrenzulage nur in den tariflich ausdrücklich geregelten Fällen und in der vorgesehenen Höhe bezahlt werden soll[30].

---

26 so zum Zusatzurlaub in Psychiatrischen Einrichtungen nach der Bayerischen Urlaubsverordnung entschieden worden vom BAG, Urteil vom 16.02.1989 unter dem AZ: AZR 129/87, AP Nr. 13 zu § 33 BAT

27 *Schelter,* Das Tarifrecht der Angestellten im Pflegedienst, a.a.O., S. 256; *Clemens u.a.,* BAT, Erläuterung 4 zu § 33

28 BAG, Urteil vom 22.08.1990 unter dem AZ: 4 AZR 565/89, ZTR 1990, S. 521

29 *Schelter,* Das Tarifrecht der Angestellten im Pflegedienst, a.a.O., S. 257

30 vgl. BAG, Urteil vom 18.01.1983 unter dem AZ: 3 AZR 207/80, AP Nr. 6 zu § 33 BAT und BAG, Urteil vom 03.09.1986 unter dem AZ: 4 AZR 359/85

6. Rechtsfragen bei der Gewährung von Wechselschicht- und Schichtzulagen[31]

6.1. Überblick

Die **Wechselschicht- und Schichtzulagen** wurden im Zusammenhang mit dem Pflegenotstand zum 01.08.1989 in den BAT eingeführt. Es handelt sich dabei um **typische Erschwerniszulagen.** Honoriert werden sollen die Erschwernisse und Belastungen, die mit der Wechselschicht- und Schichtarbeit verbunden sind wie gesundheitliche Probleme, Beeinträchtigung des Familienlebens usw. Für die Auslegung des § 33 a BAT ist von entscheidender Bedeutung: **Je belastender die Schichtarbeit oder Wechselschichtarbeit, desto höher ist die Zulage**[32]. Die Belastung steigt natürlich mit dem Ansteigen des Nachtschichtanteiles.

Die **Handhabung** in Krankenhäusern und Pflegeeinrichtungen ist sehr unterschiedlich, weil der Wortlaut des § 33 a BAT nicht eindeutig (der Wortlaut ist bei der Tarifauslegung entscheidend, *vgl. oben unter H.4.2.!*) und der systematische Aufbau ebenfalls unklar ist. Es sind deshalb **mehrere Auslegungen** möglich.

Die Wechselschichtzulagen betragen DM 200,– bis DM 120,– monatlich und die Schichtzulagen DM 90,– bis DM 70,– monatlich.

Strittig waren insbesondere die Frage des Zeitraums für die Berechnung der Zulagenvoraussetzungen, der anzurechnenden Nachtarbeitsstunden, ein Erfordernis eines gleichmäßigen Einsatzes in den einzelnen Schichten, die Bewertung des Ausfalls von Schicht- und Nachtarbeit durch Urlaub und Krankheit und anderes.

Zwischenzeitlich ist durch eine ganze Reihe von Grundsatzentscheidungen des Bundesarbeitsgerichtes in den letzten zwei bis drei Jahren der größte Teil der Streitfragen geklärt worden[33]. Wie noch zu zei-

gen ist, ermöglicht die Rechtsprechung des BAG eine relativ einfache und praktikable Umsetzung in die gängige Dienstplanpraxis[34].

6.2. Gewährung der Wechselschichtzulage von monatlich DM 200,–

Fall 114:

Ein Angestellter leistet in unregelmäßigem Umfang Dienste von einmal 16.45 Uhr bis 24.00 Uhr und zum anderen von 23.45 Uhr bis 07.00 Uhr. Hat er Anspruch auf die Wechselschichtzulage?[35]

Diese ab 01.01.1991 auf DM 200,– monatlich erhöhte Zulage erhält der Angestellte, der *„ständig nach einem Schichtplan (Dienstplan) eingesetzt ist, der einen regelmäßigen Wechsel der täglichen Arbeitszeit in Wechselschichten (§ 15 Abs. 1 Unterabsatz 6 Satz 2) vorsieht, und der dabei je 5 Wochen durchschnittlich mindestens 40 Arbeitsstunden in der dienst-*

---

31 zu danken hat der Verfasser Herrn *Ernst Burger,* Richter am Arbeitsgericht Regensburg, der sein Manuskript mit Stand Juli 1997 zur Verfügung stellte *(vgl. auch Anm. 33)*

32 vgl. BAG, zuletzt Urteil vom 07.02.1996 unter dem Aktenzeichen 10 ArbZR 203/94

33 vgl. bereits *Burger,* Schichtzulagen für den Pflegedienst – Voraussetzungen und Handhabung in der Praxis, in: Die Schwester/Der Pfleger 10/1996, S. 940–949

34 vgl. den für PKR 1/1998 vorgesehenen Beitrag von *Weiß,* Wechselschicht- und Schichtzulagen für Pflegekräfte – Voraussetzungen und Hinweise für die Dienstplangestaltung sowie das für PKR 1/1998 zusammengestellte Rechtsprechungsarchiv

35 Sachverhalt nach der Entscheidung des LAG München vom 15.03.1995 unter dem Aktenzeichen 5 Sa 79/95, mitgeteilt von *Burger,* Schw/Pfl 10/1996, 945

planmäßigen Nachtschicht leistet" (§ 33 a Abs. 1 BAT).

Diese Voraussetzungen werden mit nachstehenden Abschnitten erläutert *(vgl. unten Übersicht 42).*

6.2.1. Ständiger Einsatz nach Schicht- oder Dienstplan

Der Angestellte wird nach einem im voraus festgelegten **Plan** eingesetzt, wobei es keine Rolle spielt, nach welchem zeitlichen Schema dieser Plan erstellt wird (monatlich oder auch längerfristig). Es kommt auch nicht darauf an, ob die Planung regelmäßige Schichtfolgen, einen festen Einsatzrhythmus, oder jedenfalls gewisse standardisierte Schichtsequenzen enthält oder jeweils freihändig alle vier Wochen individuell neu erstellt wird. Auch der freihändige Einsatzplan ist ein Dienstplan[37].

„Ständiger" Dienstplan-Einsatz bedeutet, daß der Angestellte durchgängig, d.h. dauernd oder fast ausschließlich[38] und nicht nur zufällig einmal, im Einzelfall, so eingesetzt wird, weil nach Sinn und Zweck der Zulagenregelung erst dann die besonderen Erschwernisse dieser Tätigkeit vorhanden sind.

6.2.2. Regelmäßiger Wechsel der täglichen Arbeitszeit in Wechselschichten

Wechselschichten sind nach § 15 Abs. 8 Unterabsatz 6 Satz 2 BAT *„wechselnde Arbeitsschichten, in denen ununterbrochen bei Tag und Nacht, werktags, sonntags und feiertags gearbeitet wird".*

Daraus ergibt sich zunächst einmal, daß durch die Schichtfolgen die **komplette Tages- und Wochenzeit** abgedeckt sein muß: Auf der Station muß rund um die Uhr 24 Stunden am Tag und 7 Tage in der Woche gearbeitet werden.

Nach der Auffassung des BAG[39] kommt es nur darauf an, daß im jeweiligen Arbeitsbereich *„rund um die Uhr"* gearbeitet wird. Der einzelne Angestellte muß nicht unbedingt lückenlos über alle 24 Stunden hinweg eingesetzt werden, zumindest nicht in

---

36 nach *Burger,* Schw/Pfl 10/1996, 941

37 so auch BAG, Urteil vom 07.02.1996, 10 AZR 203/94

38 BAG, Urteil vom 01.02.1983, AP Nr. 5 zu § 33 BAT

39 Urteil vom 05.02.1997, 10 AZR 639/96

Übersicht 42: *Die Voraussetzungen[36] zur Gewährung der Wechselschichtzulage von DM 200,– monatlich*

- Ständiger Einsatz nach Schicht- oder Dienstplan *(dazu 6.2.1.),* der

- einen regelmäßigen Arbeitszeitwechsel in Wechselschichten vorsieht *(dazu 6.2.2.),* innerhalb derer

- in der dienstplanmäßigen bzw. betriebsüblichen Nachtzeit *(dazu 6.2.3.)*

- durchschnittlich mindestens 40 Arbeitsstunden in jeweils 5 Wochen *(dazu 6.2.4.)*

- abgeleistet werden *(dazu 6.2.5.).*

Form des Volldienstes. Phasen eines Bereitschaftsdienstes, etwa während des Nachtdienstes, ändern noch nichts daran, daß Arbeit in „Wechselschichten" vorliegen kann.

Außerdem stellt das BAG[40] zusätzlich auf die Notwendigkeit der Leistung auch von *„Wechselschichtarbeit"* ab, wie sie in § 15 Abs. 8 Unterabsatz 6 BAT definiert ist. Danach leistet der Angestellte Wechselschichtarbeit dann, wenn er bei den dienstplanmäßigen Wechselschichten *„durchschnittlich längstens nach Ablauf eines Monats erneut zur Nachtschicht (Nachtschichtfolge) herangezogen wird"*. Das BAG geht davon aus, daß zwischen zwei Nachtschichten *„durchschnittlich"* ein Zeitraum von höchstens einem Monat liegen darf. Nach *Burger* ist dieser „Schlenker" des BAG überflüssig, weil in der Praxis beim jetzt anzuwendenden „Abzählvers" bei erforderlichen 80 Nachtschichtstunden in 10 Wochen (70 Kalendertagen) bzw. 14 Wochen (98 Kalendertagen) wohl immer ein Durchschnittsabstand von weniger als einem Monat zwischen den Nachtdiensten liegt[41].

Der Einsatz des Angestellten in den einzelnen Schichten **muß jedoch nicht gleichmäßig erfolgen**[42]. Bezeichnend ist die Grundsatzentscheidung des BAG vom 13.10.1993. Dort hatte der klagende Krankenpflegehelfer in Berlin im maßgeblichen Zeitraum Mai und Juni neben 10 Nachtdiensten 23 Frühdienste, aber nur 9 Spätdienste gearbeitet und durch alle Instanzen erfolgreich die Differenz zwischen der gezahlten Schichtzulage von DM 70,– monatlich und der geforderten Wechselschichtzulage von DM 200,– monatlich eingeklagt.

Das bedeutet demzufolge: Ist eine Pflegekraft im Frühdienst oder im Spätdienst häufiger tätig, z.B. aus familiären Gründen oder als Stationsleitung, so ist dies für den Anspruch auf die Wechselschichtzulage unschädlich.

Zu Recht weist *Burger* aber darauf hin, daß dann, wenn der Mitarbeiter innerhalb des 10- oder 14wöchigen Berechnungszeitraumes nur sehr selten Tagdienst leistet, in

der Regel keine Wechselschichtarbeit mehr geleistet wird, weil der Mitarbeiter eben nicht mehr rund um die Uhr arbeitet[43].

6.2.3. Dienstplanmäßige bzw. betriebsübliche Nachtschicht

Dienstplanmäßige Nachtschicht ist jede Schicht, bei der der Nachtarbeitszeitraum zwischen 20.00 Uhr und 06.00 Uhr zeitlich überwiegt[44]. Der Begriff der **Nachtschicht** ist demzufolge **nicht identisch mit den Nachtarbeitsstunden** zwischen 20.00 Uhr und 06.00 Uhr, der entscheidend ist für den Nachtarbeitszuschlag.

Wenn also z.B. ein später Spätdienst um 21.30 Uhr oder noch später endet, so wird zwar für die Zeit ab 20.00 Uhr Nachtarbeitszuschlag bezahlt, liegt aber keinesfalls eine Nachtschicht vor. Im Fall des BAG ging es um einen zweiten Spätdienst von 16.00 Uhr bis 01.00 Uhr. Hier liegt eine Nachtschicht vor, weil die Zeit von 20.00 Uhr bis 01.00 Uhr mit 5 Stunden deutlich gegenüber der Zeit vor 20.00 Uhr mit 4 Stunden überwiegt. Dabei ist es unerheblich, wie hier die Pausen geplant sind.

Soweit Betriebe gerade im Nachtdienst die Arbeitszeit in zwei Teile aufteilen und dazwischen einen Bereitschaftsdienst organisieren, der zumeist mit 1,5 Stunden Dauer geplant ist, treten mit der Wechselschicht-

---

40 Urteil vom 05.06.1996, 10 AZR 610/95 unter III.1.b der Entscheidungsgründe

41 *Burger,* Schw/Pfl 10/1996, 942

42 BAG, Urteil vom 13.10.1993, NZA 1994, S. 805 f. = ZTR 1994, S. 244 f.; BAG, Urteil vom 18.05.1994, ZTR 1994, S. 428; BAG, Urteil vom 14.09.1994, ZTR 1995, S. 75; Urteil vom 25.01.1995, ZTR 1995, S. 318; Urteil vom 22.03.1995, ZTR 1995, S. 407 f.; BAG Urteil vom 18.10.1995, 10 AZR 853/94, ZTR 1996, S. 227 f.

43 *Burger,* Schw/Pfl 10/1996, 943

44 BAG, Urteil vom 07.09.1994, ZTR 1995, S. 126 f.; BAG, Urteil vom 18.10.1995, ZTR 1996, S. 272 f.; LAG München, Urteil vom 15.03.1995, 5 SA 79/95

zulage Probleme auf, denn nach Wortlaut und auch Sinn und Zweck der Tarifregelung zählen nur volle Arbeitsleistung und damit nicht der Bereitschaftsdienst im Gegensatz zur Arbeitsbereitschaft[45]. Es handelt sich dabei also nicht um eine *„dienstplanmäßige oder betriebsübliche Nachtschicht"*. Dies gilt erst recht für die Rufbereitschaft[46].

6.2.4. Anfall von durchschnittlich mindestens 40 Arbeitsstunden in jeweils fünf Wochen

Für die Wechselschichtzulage ist **das zeitliche Volumen der Nachtdienstarbeit** entscheidend. Nach § 33 a Abs. 1 BAT ist erforderlich, daß *„dabei in je 5 Wochen durchschnittlich mindestens 40 Arbeitsstunden"* in der Nachtschicht anfallen.

Das BAG legt hier eine einfache Berechnungsmethode zugrunde, wonach am Monatsende bzw. dem 1. Kalendertag des Folgemonats abzuzählen ist, ob der Angestellte in den vergangenen 70 Kalendertagen, alternativ in den vergangenen 10 Wochen (die Woche ist in § 15 Abs. 8 Unterabsatz 1 BAT definiert von Montag 0.00 Uhr bis Sonntag 24.00 Uhr) 2 x 40 = 80 Arbeitsstunden in der dienstplanmäßigen Nachtschicht gearbeitet hat oder nicht.

Das BAG geht davon aus, daß für den Fall, daß kein strukturierter Dienstplan mit gleichmäßigen Schichtsequenzen vorhanden ist, wie dies im Pflegedienst immer noch weitgehend üblich ist,

- **monatlich im nachhinein** (am Monatsletzten) nach dem tatsächlichen Einsatz ermittelt werden muß,
- ob der Angestellte durchschnittlich, also **in den letzten 2 x 5 Wochen** oder in den letzten 70 Kalendertagen (= 2 x 5 Wochen x 7 Tage/Woche), mindestens 80 (= 2 x 40) Stunden in den Nachtdiensten, wie oben definiert, gearbeitet hat.

Das BAG schließt dies aus dem Begriff *„durchschnittlich"*, weil ein Durchschnitt wenigstens zwei Vergleichsfaktoren voraus-

setze, aus denen erst ein Durchschnitt beider ermittelt werden könne. Andererseits sei nicht sachgerecht, einen längeren Bezugszeitraum zur Errechnung des Durchschnitts zugrundezulegen als zwei Wochen, weil die Wechselschichtzulage die zusätzlichen Belastungen ausgleichen solle, die bei Arbeit in Wechselschicht durch den häufigen Schichtwechsel, zumal von einer der Tagschichten in den Nachtdienst, hingenommen werden müssen[47].

Da der Monat mehr als 4 Wochen hat, somit der Monatsschluß nicht immer mit dem Wochenschluß zusammenfällt, kann aus Gründen der Praktikabilität statt eines Bezugszeitraums von 2 x 5 Wochen = 10 Wochen auch auf 10 Wochen x 7 Kalendertage/Woche = 70 Kalendertage abgestellt werden, wobei **im gesamten Betrieb,** in der gesamten Einrichtung allerdings **einheitlich verfahren** werden muß[48].

Burger hält es dem gegenüber durchaus für möglich und praxisnah, daß einvernehmlich durch Einzelabsprache zwischen Arbeitnehmer und Arbeitgeber oder kollektiv durch eine Dienstvereinbarung zwischen Personalrat/Mitarbeitervertretung und Träger ein durchaus längerer Berechnungszeitraum vereinbart wird[49].

6.2.5. Ableistung

Nach dem Tarifwortlaut müssen diese Arbeitsstunden *„geleistet"* werden. Das bedeutet also, daß diese Arbeitsstunden auch **tatsächlich gearbeitet** worden sein müssen, nicht im Nachhinein wegen Urlaub, wegen Krankheit oder aus anderen Gründen ausgefallen sein dürfen[50].

---

45 BAG, Urteil vom 05.02.1997 unter dem AZ: 10 AZR 639/96
46 *Burger,* Schw/Pfl 10/1996, 944
47 BAG vom 18.05.1994, a.a.O.; BAG, Urteil vom 18.10.1995 unter dem Aktenzeichen 10 AZR 853/94; BAG, Urteil vom 07.02.1996 unter dem Aktenzeichen 10 AZR 203/94
48 BAG, Urteil vom 07.02.1996, a.a.O.
49 *Burger,* Schw/Pfl 10/1996, 945
50 BAG, Urteil vom 07.02.1996, a.a.O.

Da die Wechselschichtzulage eine Erschwerniszulage ist, die die besonderen Belastungen aus der Wechselschichtarbeit abgelten soll, fallen diese weg, wenn der Angestellte erkrankt, sich im Urlaub befindet, Arbeitsbefreiung wegen Umzugs oder aus anderen persönlichen Gründen nach § 52 BAT beansprucht.

Andererseits werden aber als Nachtschichtstunden die Stunden gewertet, die zwar nicht geplant, aber durch **Schichttausch** tatsächlich (vielleicht im Berechnungszeitraum zusätzlich) geleistet werden.

Anwendung auf Fall 114

Beide Dienste gelten vollständig als Nachtdienste gemäß § 33 a Abs. 1 BAT, weil in beiden Fällen die Nachtarbeit (20.00 Uhr bis 06.00 Uhr) zeitlich überwiegt. Dieser Angestellte erhält die Wechselschichtzulage von DM 200,– für die Monate, bei denen am Monatsschluß feststeht, daß in diesen Nachtschichten innerhalb der letzten 70 Kalendertage (oder 10 Wochen) 80 Arbeitsstunden tatsächlich angefallen sind.

6.3. Die Gewährung der Schicht-(Wechselschicht-) Zulage von monatlich DM 120,–

Diese Zulage nach § 33 a Abs. 2 Buchstabe a) aa) BAT knüpft an die **Voraussetzungen der Wechselschichtzulage** an[51], allerdings **mit zwei** unterschiedlichen **Veränderungen,** die die mit der Wechselschichttätigkeit verbundenen Erschwernisse herabsetzen, nämlich

- was das Erfordernis des kontinuierlichen Einsatzes in Wechselschichten betrifft *(dazu 6.3.1.)*, und alternativ,
- was den Zeitraum für die notwendigen 40 Arbeitsstunden in der Nachtschicht betrifft *(dazu 6.3.2.)*.

6.3.1. Unregelmäßiger Wechsel der täglichen Arbeitszeit in Wechselschichten

Diese verminderte Wechselschichtzulage von DM 120,– monatlich erhält der Angestellte dann, wenn er die Voraussetzungen der Wechselschichtzulage nur deshalb nicht erfüllt, weil nach dem Schichtplan eine Unterbrechung der Arbeit am Wochenende von höchstens 48 Stunden vorgesehen ist.

Damit ist der in der Praxis seltenere Fall gemeint, daß nicht nur der individuelle Dienstplan des jeweiligen Angestellten, sondern der **gesamte Schichtplan der Station** oder ähnliches **am Wochenende** (und zwar für **maximal 48 Stunden**) unterbrochen ist, also eigentlich gar keine Wechselschichten abgeleistet werden. Dies dürfte z.B. für eine Dialysestation[52] oder für bestimmte Funktionsdienste in Frage kommen.

6.3.2. Anfall von durchschnittlich mindestens 40 Arbeitsstunden in jeweils sieben Wochen

Nach § 33 a Abs. 2 Satz 1 Buchstabe a) bb) BAT erhält der Angestellte die verminderte Wechselschichtzulage von DM 120,– monatlich, wenn er nur deshalb die Voraussetzungen des Abs. 1 nicht erfüllt, weil er die nach Abs. 1 erforderlichen durchschnittlichen mindestens 40 Arbeitsstunden in der dienstplanmäßigen oder betriebsüblichen Nachtschicht nur in je 7 Wochen leistet. Das ist natürlich eine praktisch häufig vorkommende Variante.

Die einzige Änderung gegenüber der Wechselschichtzulage nach Abs. 1 besteht also nur in der **geminderten Anforderung an den Umfang der Nachtschichtarbeit.**

Unter Beachtung der zur Wechselschichtzulage erläuterten „Abzählregelung" bedeutet das, daß grundsätzlich am Monats-

---

51 *Burger*, Schw/Pfl 10/1996, 946
52 *Burger*, Schw/Pfl 10/1996, 946

ende bzw. dem folgenden Monatsanfang zu ermitteln ist, ob der Angestellte in der letzten (= 2 x 7) 14 Wochen bzw. (= 14 x 7) 98 Kalendertagen als Berechnungszeitraum für den Durchschnitt 80 (= 2 x 40) Arbeitsstunden in der dienstplanmäßigen Nachtschicht gearbeitet hat. Für die erforderliche tatsächliche Arbeitsleistung, den Begriff der Nachtschicht und die anderen Voraussetzungen gelten die Ausführungen *unter 6.2.*

6.4. Gewährung der Schichtzulage von monatlich DM 90,–

Fall 115:

Eine Krankenschwester im OP, die überwiegend im Tagdienst (07.00 Uhr bis 15.00 Uhr), etwa einmal pro Woche im Spätdienst (12.00 Uhr bis 21.00 Uhr mit anschließendem Bereitschaftsdienst bis 07.00 Uhr) und lediglich ein- bis zweimal im Monat im Zwischendienst (10.00 Uhr bis 18.30 Uhr) eingesetzt ist, beansprucht die Schichtzulage von DM 90,–[53].

Die Zahlung der Schichtzulage von DM 90,– monatlich ist an **zwei Voraussetzungen** geknüpft:
Der Angestellte muß

- Schichtarbeit leisten *(dazu 6.4.1.)* und
- diese Schichtarbeit muß innerhalb einer Zeitspanne von 18 Stunden geleistet werden *(dazu 6.4.2.)*.

6.4.1. Begriff der Schichtarbeit

Nach der Tarifdefinition in § 15 Abs. 8 Unterabsatz 1 BAT bedeutet Schichtarbeit *„die Arbeit nach einem Schichtplan (Dienstplan), der einen regelmäßigen Wechsel der täglichen Arbeitszeit in Zeitabschnitten von längstens einem Monat vorsieht“.* § 33 a Abs. 2 Satz 1 BAT

nimmt auf diese Tarifdefinition ausdrücklich Bezug.

Das bedeutet, daß der Angestellte dienstplanmäßig ständig (vgl. § 33 a Abs. 2 Satz 1 BAT) zu wechselnden Arbeitszeiten, somit in **mindestens 2 Schichten** eingesetzt sein muß und der (Schicht-)Wechsel, das Überwechseln von der einen in die/eine andere Schicht oder allgemein Arbeitsantritt und -ende zu unterschiedlichen Zeiten, nach spätestens einem Monat erfolgen muß, somit der Angestellte **nicht länger als einen Monat in einer der Schichten** arbeiten darf. Auch wenn nur einmal monatlich etwa vom Frühdienst in den Spätdienst gewechselt wird, liegt Schichtarbeit in diesem Sinne vor[54].

Die Schichten müssen nicht unmittelbar aufeinander folgen. Selbst wenn die Schichten zeitlich z.T. parallel geführt werden, liegt Schichtarbeit in diesem Sinne vor. Das BAG hat ausdrücklich entschieden, daß *„Schichtarbeit“* in diesem Sinne bei jedem regelmäßigen Wechsel von Arbeitsbeginn und -ende vorliegt, auch dann, wenn der Angestellte regelmäßig längere Pausen zwischen seinen Arbeitsplätzen hat, in denen individuell oder generell nicht gearbeitet wird[55]. Schichtarbeit liegt selbst dann vor, wenn ein geringfügiger Abstand des Beginns zweier Schichten von nur einer oder zwei Stunden besteht.

Beispiel:
Beginn der Dienstzeiten eines Krankenpflegers in der Psychiatrie im Frühdienst 06.00 Uhr, im Mitteldienst 07.00 Uhr, im Spätdienst 08.00 Uhr, jeweils 12stündige Schichtzeiten.
Der Umfang der Arbeitszeitverschiebung ist unerheblich bzw. ergibt sich mittelbar

---

53 LAG Köln, Urteil vom 04.06.1993, ZTR 1993, S. 461 f.
54 vgl. BAG, Urteil vom 22.03.1995, ZTR 1995, S. 407 f.
55 z.B. im Fall eines „geteilten Dienstes“, vgl. BAG, Urteil vom 02.10.1996 unter dem AZ: 10 AZR 232/96

aus der weiter erforderlichen Zeitspanne von 18 oder 13 Stunden[56].

Burger weist zu Recht darauf hin, daß mit dieser Rechtsprechung der Landesarbeitsgerichte und des Bundesarbeitsgerichts das Weggehen vom alten klassischen Dreischichtensystem zu neueren Schichtmodellen mit Zwischenschichten für die Zahlung der Schichtzulage unschädlich ist[57].

Das BAG hat auch klargestellt, daß der zeitliche Anteil, mit dem der Angestellte in den unterschiedlichen Schichten arbeitet, also z.B. mehr Frühdienst als Spätdienst, ohne Bedeutung ist[58].

6.4.2. Zeitspanne von 18 Stunden

Entscheidend für die Schichtzulage sowohl dem Grunde als auch der Höhe nach ist der zeitliche Umfang, den der Einsatz in den verschiedenen Schichten für den Angestellten insgesamt einnimmt und seinen persönlichen Lebensbereich damit einschränkt.

§ 33 a Abs. 2 Satz 1 Buchstabe b) aa) BAT bestimmt, daß die Schichtzulage von DM 90,– monatlich dann bezahlt wird, wenn die Schichtarbeit *„innerhalb einer Zeitspanne von mindestens 18 Stunden geleistet wird"*. Hierzu wird der auslegungsbedürftige **Begriff** der *„Zeitspanne"* von den Tarifvertragsparteien wie folgt konkretisiert:

Protokollnotiz zu § 33 a Satz 1 Buchstabe b) aa) BAT

Zeitspanne „ist die Zeit zwischen dem Beginn der frühesten und dem Ende der spätesten Schicht innerhalb von 24 Stunden (1). Die geforderte Stundenzahl (18 bzw. 13 Stunden) muß im Durchschnitt an den im Schichtplan vorgesehenen Arbeitstagen erreicht werden (2). Sieht der Schichtplan mehr als 5 Arbeitstage wöchentlich vor, können, falls dies günstiger ist, der Berechnung des Durchschnitts

5 Arbeitstage wöchentlich zugrundegelegt werden (3)".

Somit muß die Schichtzulage von monatlich DM 90,– nur dann bezahlt werden, wenn die Schichten, zu denen der Angestellte – nicht unbedingt gleichgewichtig eingeteilt ist, über einen Zeitraum von mindestens 18 Stunden gespreizt sind, oder anders ausgedrückt: Nur maximal 6 Stunden eines 24-Stunden-Zeitraumes dürfen von Arbeit frei bleiben. Diese 18-Stunden-Schichtspreizung muß im **Durchschnitt** der dienstplanmäßigen Arbeitstage anfallen. Bei einer 5½- oder 6-Tage-Woche kann der Angestellte die 5 Arbeitstage selbst festlegen, die für die Errechnung der notwendigen Schichtspreizung von 18 Stunden heranzuziehen sind[59]!

In dieser Entscheidung des BAG hatte ein Krankenpfleger in einem rheinland-pfälzischen Alten- und Pflegeheim in der 6-Tage-Woche so gearbeitet, daß er wöchentlich abwechselnd von Montag bis Freitag zum Frühdienst (06.00 Uhr bis 13.10 Uhr) und zur Spätschicht (12.50 Uhr bis 19.30 Uhr) eingeteilt war und an jedem zweiten Wochenende Samstag und Sonntag nur Frühdienst oder Spätdienst hatte. Der Arbeitgeber hatte die Zahlung einer Schichtzulage von DM 90,– mit dem Argument abgelehnt, daß zwar die Zeitspanne vom Beginn des Frühdienstes bis zum Ende des Spätdienstes an den Tagen Montag bis Freitag 13,5 Stunden betrage, die Einbeziehung der Arbeit nur im Frühdienst oder nur im Spätdienst an jedem zweiten Wochenende die Zeitspanne für die Schichtarbeit auf durchschnittlich

---

56 BAG, Urteil vom 14.12.1993, NZA 1994, S. 804 = ZTR 1994, S. 427 f.; vgl. auch LAG Niedersachsen, Urteil vom 26.01.1996, ZTR 1996, S. 274

57 *Burger,* Schw/Pfl 10/1996, 948

58 BAG, Urteil vom 22.03.1995, ZTR 1995, S. 407 f.; LAG Köln, Urteil vom 04.06.1993, ZTR 1993, S. 461 f.

59 BAG, Urteil vom 01.09.1993, ZTR 1994, S. 162 f.

11,65 Stunden reduziere – und die in Satz 3 der Protokollnotiz vorgesehene Möglichkeit der Einschränkung der 6-Tage-Woche auf 5 Arbeitstage *("können")* sein Einverständnis voraussetze.

Das BAG war zu Recht anderer Auffassung und hat ausgeführt, daß aus Sinn und Zweck der tariflichen Regelung zu folgern sei, daß immer dann, wenn es für den Arbeitnehmer zu einem günstigeren Ergebnis führe und er dies verlange, die Berechnung der durchschnittlichen Zeitspanne im Sinne der Schichtzulagenregelung nach 5 vom Angestellten ausgewählten Arbeitstage (hier also: Montag bis Freitag) zu erfolgen habe. Die Tarifregelung verfolge erkennbar den Zweck, eine Benachteiligung derjenigen Angestellten zu verhindern, die an mehr als 5 Arbeitstagen ständig Schichtarbeit verrichten müßten und deren Zeitspanne durch die zusätzlichen Schichten – vor allem an Wochenenden – gedrückt werden konnte.

Wie allerdings für eine Zulage von monatlich DM 90,– die Tarifvertragsparteien auf eine Zeitspanne von 18 Stunden gekommen sind, bleibt unerfindlich, denn eine solche umfangreiche Zeitspanne erscheint doch äußerst praxisfern, weil auch unter Einbeziehung zusätzlicher Zwischen- oder Tagschichten in der Regel ein solcher 18-Stunden-Zeitraum gar nicht erfüllbar erscheint, zumal nach § 5 des ArbZG die Ruhezeit zwischen zwei Arbeitstagen ununterbrochen 11 Stunden, in Pflegeeinrichtungen reduzierbar auf 10 Stunden mit Kompensation der verlorenen Stunde zu berücksichtigen ist *(vgl. dazu ausführlich oben unter G.3.2. und G.5.4.)*. Außerhalb der Psychiatrie oder der Dialyse dürfte der ausgedehnte Zeitraum kaum in Frage kommen[60].

Anwendung auf Fall 115

Das LAG Köln hat im vorliegenden Fall ausdrücklich die Schichtzulage von DM 90,– zugestanden und ausgeführt, daß das teilweise Überlappen auch von Tagdienst und Spätdienst (12.00 Uhr bis 15.00 Uhr) unerheblich sei; der Tarifvertrag verlange keine Aufeinanderfolge der Schichten im Sinne eines Sich-Ablösens, sondern nur das Vorliegen unterschiedlicher Schichten überhaupt – wobei eben eine erhebliche zeitliche Breite der Schichtspreizung von der weiteren Voraussetzung der notwendigen Zeitspanne gefordert wird.

6.5. Gewährung der Schichtzulage von monatlich DM 70,–

Die Voraussetzungen sind ähnlich der Schichtzulage von DM 90,– monatlich, allerdings mit der Maßgabe, daß die **Zeitspanne für die ständig zu leistende Schichtarbeit nur 13 Stunden** auszumachen braucht.

Im traditionellen Drei-Schicht-System kommt dies auch unter Einbeziehung von Zwischenschichten in der Praxis im Regelfall vor. Dabei ist es gleichgültig, ob der Zusammenhang der Schichten Frühdienst/Spätdienst oder Spätdienst/Nachtdienst oder Nachtdienst/Frühdienst ausmacht. Daraus ergibt sich folgerichtig, daß immer dann, wenn ein Angestellter im Pflegedienst dienstplanmäßig ständig in mehr als einer Schicht eingesetzt ist, er eine Schichtzulage von DM 70,– monatlich erhält, weil er in den allermeisten Fällen einen zeitlichen Rahmen von mindestens 13 Stunden ausfüllen wird.

6.6. Fälligkeit der Zulagen

Da sowohl die Wechselschichtzulagen als auch die Schichtzulagen als monatliche Gehaltszulagen für jeden Monat im Nachhinein errechnet werden müssen, werden

---

60 *Burger,* Schw/Pfl 10/1996, 949

sie erst am 15. des jeweils übernächsten Monats fällig.

Beispiel:
Die Schichtzulage von DM 70,– für August ist fällig am 15.10.

Damit sind sie auch erst mit dem Gehalt des übernächsten Monats zu bezahlen, was auch maßgebend ist für den Beginn und den Ablauf der Ausschlußfrist des § 70 BAT von 6 Monaten[61].

7. Zeitzuschläge und Überstundenvergütung nach § 35 BAT

7.1. Berechnung der Zeitzuschläge

Für die Zeitzuschläge ist eine Rundungsvorschrift nicht vereinbart. Es ist deshalb die für einen oder mehrere Zeitzuschläge anspruchsberechtigende Arbeitszeit zu ermitteln und in Stunden und Minuten umzurechnen und sodann mit dem entsprechenden Zuschlag oder den entsprechenden Zuschlägen zu multiplizieren.

Beispiel:[62]
In einem Monat werden in einer Woche vier Stunden und 15 Minuten Überstunden und in einer weiteren Woche 2 Stunden und 30 Minuten Überstunden geleistet. Es steht danach bei Freizeitausgleich der Zeitzuschlag für Überstunden für 6 Stunden und 45 Minuten zu.

7.2. Zeitzuschlag für Überstunden

Überstunden sind die in § 17 Abs. 1 bezeichneten Stunden. Davon zu unterscheiden sind Überhangstunden im Rahmen der Durchschnittsberechnung nach § 15

Abs. 1 BAT. Darüberhinaus ist klarzustellen, daß die über die regelmäßige Arbeitszeit von 38,5 Stunden wöchentlich im Rahmen einer nach § 15 Abs. 2 verlängerten regelmäßigen Arbeitszeit hinausgehenden Stunden keine Überstunden sind. Der Zeitzuschlag für Überstunden steht jedoch zu, wenn über die durch Arbeitsbereitschaft verlängerte regelmäßige Arbeitszeit hinaus Überstunden geleistet werden.

Zeitzuschlag für Überstunden wird neben anderen Zeitzuschlägen, z.B. dem Zeitzuschlag für Arbeit an Sonntagen, gezahlt (vgl. § 35 Abs. 2 Unterabsatz 1 BAT). Die Zahlung des Zeitzuschlages für Überstunden kommt nur für durch entsprechende Arbeitsbefreiung ausgeglichene Überstunden zur Geltung, anderenfalls wird die **Überstundenvergütung** gezahlt.

Leistet der **nicht vollbeschäftigte Angestellte** über die arbeitsvertraglich vereinbarte durchschnittliche regelmäßige wöchentliche Arbeitszeit hinaus Arbeit, so erhält er für jede Arbeitsstunde, die er darüber hinaus leistet, den auf eine Stunde entfallenden Anteil der Vergütung, so § 34 BAT (vgl. dazu oben unter H.1.5.).

Der Zeitzuschlag für Überstunden wird nach der Vergütungsgruppe berechnet, in der der Angestellte eingruppiert ist. Eine Zulage für die **vorübergehende oder vertretungsweise** Ausübung einer höherwertigen Tätigkeit (§ 24 BAT) bleibt unberücksichtigt.

7.3. Zeitzuschlag für Arbeit an Sonntagen

Der Angestellte erhält für Arbeit an Sonntagen einen Zeitzuschlag.
Wenn **Sonntage und Wochenfeiertage oder Vorfesttage zusammenfallen,** ist nur der **jeweils höhere Zeitzuschlag** zu zahlen (§ 35 Abs. 8 Unterabsatz 3).

---

61 BAG, Urteil vom 28.08.1996, NZA 1997, S. 264 f.
62 vgl. *Schelter,* Das Tarifrecht der Angestellten im Pflegedienst (BAT), a.a.O., S. 271

Die Zulage für Sonntagsarbeit wird nur für die Stunden gezahlt, die auf einen Sonntag fallen, unabhängig davon, an welchem Tag der Dienst beginnt oder endet.

Beispiel 1:[63]
Eine Angestellte leistet eine Schicht von Samstag 22.00 Uhr bis Sonntag 06.00 Uhr. Sie erhält einen Zeitzuschlag für Arbeit an Sonntagen für die Zeit von Sonntag 0.00 Uhr bis Sonntag 06.00 Uhr.

Beispiel 2:[63]
Ein Angestellter leistet eine Schicht von Sonntag 22.00 Uhr bis Montag 06.00 Uhr. Er erhält einen Zeitzuschlag für Arbeit an Sonntagen für die Zeit von Sonntag 22.00 Uhr bis 0.00 Uhr.

7.4. Zeitzuschlag für Arbeit an Wochenfeiertagen

Der Angestellte erhält für Arbeit an Wochenfeiertagen einen Zeitzuschlag gezahlt. Für den Ausgleich dienstplanmäßiger bzw. betriebsüblicher Arbeit an einem Wochenfeiertag gilt § 15 Abs. 6 Unterabsatz 3:

- Entweder erhält der Angestellte einen **Freizeitausgleich** bei voller Vergütung zzgl. eines Zuschlages von 35% für die am Feiertag geleistete Arbeit, oder
- er beansprucht **keinen Freizeitausgleich** und erhält für die Feiertagsarbeit 135%, der ihm neben der Vergütung und den in Monatsbeträgen festgelegten Zulagen zu bezahlen ist[64].

Der Angestellte hat hier ein **Wahlrecht.**
Da hinsichtlich des Freizeitausgleichs für dienstplanmäßige Arbeit nicht unterschieden wird, ob der Wochenfeiertag auf Montag bis Freitag oder auf einen Samstag fällt, gilt das Wahlrecht auch für den Fall, daß der Wochenfeiertag auf einen Samstag fällt.
Fällt der Wochenfeiertag auf einen Sonntag, ist nur der Zeitzuschlag für Arbeiten an Wochenfeiertagen zu zahlen, weil dieser höher ist als der Zeitzuschlag für Arbeiten

an Sonntagen (§ 35 Abs. 2 Unterabsatz 1 BAT).
Bei Arbeit an einem auf einen Sonntag fallenden Wochenfeiertag steht dem Angestellten ohne Freizeitausgleich ein Zeitzuschlag von 135% der Stundenvergütung zu und bei Freizeitausgleich ein Zeitzuschlag von 35% der Stundenvergütung.
Arbeitet der Angestellte im Rahmen seines **Schichtdienstes** an einem auf einen Sonntag fallenden Wochenfeiertag und erhält er dafür nur den dienstplanmäßig vorgesehenen Zeitausgleich nach § 15 Abs. 6 Unterabsatz 1, steht ihm lediglich ein Zeitzuschlag von 35% der Stundenvergütung zu[65].
Das gilt auch für Arbeit an einem auf einen Sonntag fallenden Feiertag oder am Oster- oder Pfingstsonntag[66].
Der 100%ige Anteil der Vergütung ist nicht in dem 135%igen Zeitzuschlag für Arbeit an Wochenfeiertagen gemäß § 35 Abs. 1 c) BAT enthalten. Dem Angestellten steht für **Arbeit an Wochenfeiertagen, für die er keinen Freizeitausgleich erhält,** ein Zeitzuschlag in Höhe von 135% zu, gleichgültig, ob dienstplanmäßige oder außerdienstplanmäßige Arbeit vorliegt[67].

7.5. Zeitzuschlag für Nachtarbeit und Samstagsarbeit

Nachtarbeit ist die **Arbeit von 20.00 Uhr bis 06.00 Uhr** (§ 15 Abs. 8 BAT). Für in dieser Zeit tatsächlich geleisteter Arbeit erhält

---

63 aus: *Schelter*, a.a.O., S. 271
64 BAG, Urteil vom 24.03.1988 unter dem AZ: 6 AZR 787/85
65 BAG, Urteil vom 22.09.1981 unter dem AZ: 3 AZR 330/79, AP Nr. 1 zu § 35 BAT
66 bestätigt durch BAG, Urteil vom 18.03.1986 unter dem AZ: 3 AZR 541/84, AP Nr. 3 zu § 35 BAT
67 so BAG, Urteil vom 24.03.1988 unter dem AZ: 6 AZR 787/85 zur Tarifvorschrift des § 27 Abs. 1 e MTL II, der dem BAT vom Wortlaut her entspricht

der Angestellte je Stunde DM 2,50 Zuschlag.

Für Samstagsarbeit von 13.00 Uhr bis 20.00 Uhr erhält der Angestellte für jede tatsächlich geleistete Stunde 1,25 DM Zeitzuschlag.

Der Zeitzuschlag für Nachtarbeit wird neben anderen Zeitzuschlägen gezahlt.

7.6. Arbeitsbereitschaft, Bereitschaftsdienst und Rufbereitschaft

Zeitzuschläge nach § 35 Abs. 1 BAT sind auch für Zeiten der **Arbeitsbereitschaft** zu zahlen, wenn die regelmäßige wöchentliche Arbeitszeit gemäß § 15 Abs. 2 verlängert ist, weil in die Arbeitszeit regelmäßig Arbeitsbereitschaft in dem dort bezeichneten Mindestumfang fällt[68].

Für Bereitschaftsdienst und Rufbereitschaft wird hingegen kein Zeitzuschlag gezahlt (§ 35 Abs. 2 Unterabsatz 3 BAT).

8. Berechnung und Auszahlung der Bezüge und Vorschüsse nach § 36 BAT

8.1. Bargeldlose Zahlung der Bezüge

Mit Wirkung ab 01.01.1980 wurde die bargeldlose Zahlung auf ein Girokonto des Angestellten tarifvertraglich eingeführt. Der Angestellte ist verpflichtet, ein Girokonto einzurichten[69]. Diese Regelung ist dann nicht ganz unproblematisch, wenn der Angestellte hoch verschuldet ist und gar kein Geldinstitut findet, das ihm ein Konto einrichtet.

8.2. Fälligkeit des Anspruchs auf Bezüge

Die Bezüge sind **am 15. eines jeden Monats** (Zahltag) für den laufenden Monat fällig. An diesem Tag ist also nicht die Gehaltsüberweisung vorzunehmen, sondern hat das **Geld auf dem Konto des Angestellten** zu sein. Diese Tarifvorschrift ist für den Arbeitnehmer gegenüber der gesetzlichen Regelung (*„nach der Leistung der Dienste"*, § 614 BGB) günstiger.

Ist das Geld nicht am 15. des Monats auf dem Konto, befindet sich der Arbeitgeber in Verzug. Es bedarf hier also nicht einer Mahnung des Angestellten, weil die Leistung kalendermäßig bestimmt ist. Ab dem 15. des Monats kann der Angestellte vom Arbeitgeber ggf. **Verzugsschaden** geltend machen. Dies kann z.B. bedeuten: Wenn Einziehungsermächtigungen mangels Deckung nicht ausgeführt werden können, hat der Arbeitgeber die Rückbelastungsgebühren dem Angestellten zu ersetzen.

Nach § 196 Nr. 8 BGB verjährt der Zahlungsanspruch in zwei Jahren ab Fälligkeit zum Ende des Kalenderjahres.

Beispiel:
Die Oktober-Vergütung war fällig am 15. Oktober 1997. Der Anspruch auf die Oktober-Vergütung verjährt deshalb mit Ablauf des 31.12.1999.

Wegen des § 70 BAT muß aber der Anspruch mindestens innerhalb einer sechsmonatigen Ausschlußfrist schriftlich gegenüber dem Arbeitgeber geltend gemacht werden.

Hinsichtlich **rückwirkend erhöhter Vergütungen** schließen die Tarifvertragsparteien in aller Regel die Geltung der Rückwir-

---

68 BAG, Urteil vom 30.01.1985 unter dem AZ: 7 AZR 446/82, AP Nr. 2 zu § 35 BAT

69 BAG, Urteil vom 15.12.1976 unter dem AZ: 4 AZR 531/75, AP Nr. 1 zu § 36 BAT

kung für ausgeschiedene Angestellte aus. Das ist rechtlich zulässig[70].

8.3. Nicht in Monatsbeträgen festgelegte, unständige Bezügebestandteile (§ 36 Abs. 1, Unterabss. 2 und 3 BAT)

Die unständigen Bezügebestandteile werden nach der Arbeitsleistung des Vorvormonats **bemessen**. Bei den Unterabsätzen 2 und 3 des § 36 Abs. 1 BAT handelt es sich um Bemessungsvorschriften. **Abgegolten** dagegen wird die Arbeitsleistung des Monats, in den die Zahlung fällt **(Zahlmonat)** nicht etwa die Arbeitsleistung aus dem Vorvormonat[71]. *„Daraus ergibt sich, daß die für den laufenden Monat (Zahlmonat) maßgebende Verhältnisse bei der Berechnung der sogenannten unständigen Bezügebestandteile zu berücksichtigen sind. Bezahlungsgrundlage sind die Vergütungssätze, die im Zahlmonat gelten und die im Vorvormonat z.B. geleistete Zahl der Überstunden."*[72] Dies gilt namentlich für **allgemeine Vergütungserhöhungen** und für **Höher- und Herabgruppierungen**.

Diese tarifliche Regelung ist zulässig[73].

Als *„Teil der Bezüge, die nicht in Monatsbeträgen festgelegt ist"*, gilt für den Fall, daß im Vorvormonat für Tage des Urlaubs und/oder der Arbeitsunfähigkeit Urlaubsvergütung oder Krankenbezüge zugestanden haben, nach § 36 Abs. 1 Unterabs. 2 Satz 2 BAT auch der Aufschlag nach § 47 Abs. 2 BAT, durch den der Teil der Bezüge, der nicht in Monatsbeträgen festgelegt ist, als Teil der Urlaubsvergütung berücksichtigt wird. Entgegen der oben dargestellten Regel hat das BAG entschieden[74], daß der Aufschlag zur Urlaubsvergütung nach § 47 Abs. 2 Unterabsatz 2 BAT nach den unständigen Zulagen des Kalenderjahres berechnet wird, das dem Beginn des Urlaubs vorangegangen ist. Demnach müßte der Aufschlag bei der Bemessung für den „Zahlmonat" in der für den Vorvormonat

maßgebenden Höhe berücksichtigt werden.

Für den Fall, daß in einem ganzen Monat nur Urlaubsvergütung oder Krankenbezüge zustehen, gilt nach § 36 Abs. 1 Unterabs. 2 Sätze 3–5 BAT für den übernächsten Monat der **Aufschlag** als Teil der Bezüge, der nicht in Monatsbeträgen festgelegt ist.

Beispiel:[75]
Der Angestellte hat während des **ganzen Monats August Erholungsurlaub**. Für diesen Monat erhält er die **Urlaubsvergütung** gemäß § 47 Abs. 2 BAT (Vergütung nach § 26, Zulagen in Monatsbeträgen und Aufschlag). Der im Monat August zustehende **Aufschlag** ist bei der Bemessung der Bezüge im Monat **Oktober** zu berücksichtigen.

Unständige Bezügebestandteile werden nur dann wirksam, wenn der Angestellte im Zahlmonat wenigstens für einen Tag Anspruch auf Vergütung nach § 26, auf Urlaubsvergütung oder auf Krankenbezüge nach § 37 BAT hat. Seit 01.01.1988 besteht der Beginn eines Erziehungsurlaubs nach dem BErzGG, des Grundwehrdienstes, des Zivildienstes, des Ruhens des Arbeitsverhältnisses im Fall des § 59 Abs. 1 Unterabsatz 1 Satz 5 BAT und Beurlaubung ohne Bezüge von länger als 12 Monaten einer Beendigung des Arbeitsverhältnisses gleich. Einer Abrechnung der unsteten Bezügebestandteile steht in diesen Fällen nichts entgegen.

---

70 BAG, Urteil vom 10.03.1982 unter dem AZ: 4 AZR 540/79, AP Nr. 47 zu § 242 BGB Gleichbehandlung
71 so auch *Clemens*, BAT, Erläuterung 11 zu § 36
72 *Schelter*, Das Tarifrecht der Angestellten im Pflegedienst, a.a.O., S. 279
73 BAG, Urteil vom 15.05.1987 unter dem AZ: 8 AZR 586/84
74 BAG, Urteil vom 26.05.1988 unter dem AZ: 8 AZR 719/85, AP Nr. 9 zu § 47 BAT
75 vgl. *Schelter*, Das Tarifrecht der Angestellten im Pflegedienst, a.a.O., S. 280

8.4. Regelungen für den Fall der Beendigung des Arbeitsverhältnisses (§ 36 Abs. 1 Unterabss. 3 und 4 BAT)

Die Bemessungsvorschrift des § 36 Abs. 1 Unterabs. 2 und 3 BAT wird für den Fall der Beendigung des Arbeitsverhältnisses verändert, um eine „Endabrechnung" der unständigen Bezügebestandteile vornehmen zu können. Es werden also Arbeitsleistungen des Vorvormonats, des Vormonats und des laufenden Monats berücksichtigt, ebenso auch der Aufschlag nach § 47 Abs. 2 BAT.
Wenn im Monat der Beendigung des Arbeitsverhältnisses weder Vergütung noch Urlaubsvergütung noch Krankenbezüge zustehen, z.B. bei unbezahltem Sonderurlaub oder längerer Erkrankung, ist ebenfalls die Endabrechnung vorzunehmen. Der noch nicht berücksichtigte Teil der unständigen Bezüge aus vorangegangenen Kalendermonaten ist nach Beendigung des Arbeitsverhältnisses zu zahlen.
Bei Beendigung des Arbeitsverhältnisses sind die Bezüge unverzüglich zu überweisen (§ 36 Abs. 1 Unterabs. 4 BAT).

8.5. Regelungen für den Fall der Einstellung des Angestellten im laufenden Kalendermonat (§ 36 Abs. 2 BAT)

§ 36 Abs. 2 BAT regelt die Fälle, in denen ein Angestellter im Laufe des Kalendermonats eingestellt wird, aber auch die Fälle, in denen das Arbeitsverhältnis im Laufe des Kalendermonats endet oder in denen bei Fortbestehen des Arbeitsverhältnisses der Anspruch auf Vergütung im Laufe des Monats ruht. Für die Berechnung des Anspruchs auf Vergütung kommt es auf die Zahl der Kalendertage in dem Monat an,

in dem nicht für alle Tage ein Anspruch auf Vergütung besteht.

Beispiel:[76]
Der Angestellte hat im Monat April Anspruch auf Vergütung für 14 Tage. Er erhält $^{14}/_{30}$ der Vergütung des § 26 BAT und der in Monatsbeträgen festgelegten Zulagen.

Hat der Angestellte wegen eines unentschuldigten Fernbleibens von der Arbeit für einzelne Stunden keinen Anspruch auf Vergütung, so vermindert sich die Vergütung entsprechend. Zu diesem Zweck sind die Vergütung nach § 26 BAT und die in Monatsbeträgen festgelegten Zulagen durch den Faktor 167,40 zu teilen, der dem 4,348fachen der regelmäßigen wöchentlichen Arbeitszeit von 38,5 Stunden entspricht.

Beispiel:[77]
Der Angestellte hat für 2 Stunden keinen Vergütungsanspruch.
Seine Vergütung nach § 26 BAT und die in Monatsbeträgen festgelegten Zulagen betragen DM 4.817,29. Bei der Teilung durch den Faktor 167,40 ergeben sich DM 27,78. Multipliziert mit 2 Stunden führt dies zum Kürzungsbetrag von DM 57,55.

8.6. Rückforderung von Bezügen

Die Rückforderung zuviel gezahlter Bezüge richtet sich nach den Regeln über die **ungerechtfertigte Bereicherung** (§§ 812 ff. BGB). Danach ist derjenige zur Herausgabe verpflichtet, der durch die Leistung eines anderen oder in sonstiger Weise auf dessen Kosten etwas ohne rechtlichen Grund erlangt hat. Diese Pflicht besteht auch, wenn der rechtliche Grund erst später weggefallen ist. Sie besteht jedoch nicht

---

76 *Schelter,* Das Tarifrecht der Angestellten im Pflegedienst, a.a.O., S. 280
77 *Schelter,* Das Tarifrecht der Angestellten im Pflegedienst, a.a.O., S. 281

oder nicht mehr, wenn der Angestellte die Leistung **in gutem Glauben** empfangen hat und wenn oder soweit der Empfänger **nicht mehr bereichert** ist. Es handelt sich dann um einen Wegfall der Bereicherung nach § 818 Abs. 3 BGB. Hierzu erging mit Rechtskraft das

Urteil des LAG Hamm[78] zur Rückforderung zuviel gezahlter Bezüge:

„Erhält ein Arbeitnehmer der unteren und mittleren Einkommensgruppe irrtümlich ein geringfügig (bis etwa 10%) erhöhtes Arbeitsentgelt, so spricht der Beweis des ersten Anscheins dafür, daß diese Bezahlung zur Verbesserung des Lebensunterhalts des Arbeitnehmers und seiner Familie verausgabt wurde, ohne daß sonst nötige Ausgaben erspart wurden. Ein Anspruch auf Rückforderung besteht daher wegen des Wegfalls der Bereicherung nicht."

Eine **Entreicherung** ist dann anzunehmen, wenn die monatliche Zahlung geringfügig war, der betreffende Arbeitnehmer den unteren und mittleren Einkommensgruppen zuzurechnen ist und der Arbeitgeber durch von ihm gesetzte Richtlinien[79] zu erkennen gegeben hat, er unterstelle bei diesen Umständen den Wegfall der Bereicherung. Der Arbeitgeber des öffentlichen Dienstes kann sich demzufolge ohne nähere Begründung nicht auf die volle Darlegungslast des bereicherten Arbeitnehmers berufen[80]. Etwas anderes gilt aber dann, wenn der Angestellte **erkannt** hat, daß er eine Leistung ohne rechtlichen Grund erhalten hat, was der Arbeitgeber aber zu beweisen hat. Selbst in einem solchen Fall liegt eine Entreicherung dann vor, wenn der Angestellte den Betrag für eine Luxusaufwendung aufgewandt hat (z.B. die Kreuzfahrt, die er sich sonst überhaupt nicht hätte leisten können)!

Selbst für höhere Einkommensgruppen gilt bei einer geringfügigen Überzahlung des Ortszuschlags (z.B. weniger als 2% der Brutto-Dienstbezüge), daß grundsätzlich ein Wegfall der Bereicherung anzunehmen ist, weil nach der Lebenserfahrung die Überzahlung lediglich zu einer Verbesserung der allgemeinen Lebenshaltung verwendet worden ist[81]. Wenn allerdings im Arbeitsvertrag einzelvertraglich vereinbart wurde, daß Gehaltsüberzahlungen vom Angestellten zurückzuzahlen sind, kann er sich nicht auf den Wegfall der Bereicherung berufen, weil diese **einzelarbeitsvertragliche Absprache** die Anwendung des § 818 Abs. 3 BGB (Wegfall der Bereicherung) ausschließt[82].

Wenngleich Bereicherungsansprüche nach dem BGB grundsätzlich erst nach 30 Jahren verjähren, kommt hier die Ausschlußfrist des § 70 BAT (*„fällige Ansprüche aus dem Arbeitsverhältnis"*) vollumfänglich zur Anwendung, was bedeutet, daß der Arbeitgeber maximal die letzten sechs Monate schriftlich geltend machen kann[83].

Die Ausschlußfrist beginnt mit der **Fälligkeit** des Anspruchs, d.h. mit dem Zeitpunkt, in dem der Gläubiger die Leistung sofort verlangen kann (§ 271 BGB). Der Rückzahlungsanspruch auf einen überzahlten Ortszuschlag wird in der Regel fällig, wenn die Tatsachen des Überzahlungstatbestandes bekannt werden. Das gilt

---

78 LAG Hamm, Urteil vom 27.03.1974 unter dem AZ: 3 Sa 51/74
79 Rundschreiben des Bundesministers des Innern vom 04.07.1980
80 BAG, Urteil vom 18.09.1986 unter dem AZ: 6 AZR 517/83
81 LAG Köln, Urteil vom 07.12.1993 unter dem AZ: 10 Sa 943/87, ZTR 1994, 337
82 LAG Niedersachsen, Urteil vom 19.11.1990 unter dem AZ: 5 Sa 1376/90
83 BAG, Urteil vom 26.04.1978 unter dem AZ: 5 AZR 62/77, AP Nr. 64 zu § 4 TVG; BAG, Urteil vom 28.02.1979 unter dem AZ: 5 AZR 728/77, AP Nr. 6 zu § 70 BAT; BAG, Urteil vom 11.06.1980 unter dem AZ: 4 AZR 443/78, AP Nr. 7 zu § 70 BAT

nicht, wenn der Arbeitgeber es versäumt hat, sich Kenntnis der Voraussetzungen zu verschaffen, die er für die Geltendmachung des Anspruchs benötigt[84].

9. Verdienstsicherung nach dem MuSchG und dem BErzGG

9.1. Entgeltschutz nach dem MuSchG

Der Entgeltschutz nach dem MuSchG bei Schwangerschaft und Entbindung erfolgt durch

- Mutterschutzlohn bzw. Arbeitsentgelt bei Beschäftigungsverboten
- Mutterschaftsgeld für die Zeit der Mutterschutzfristen vor und nach der Geburt
- Zuschuß zum Mutterschaftsgeld.

Nach § 11 MuSchG ist für die **Berechnung** des Mutterschutzlohnes das Durchschnittseinkommen der letzten 13 Wochen bzw. der letzten drei Monate vor Beginn des Monats, in dem die Schwangerschaft eingetreten ist, maßgebend. **Zu berücksichtigen** sind das Gehalt, die Zuschläge für Überstunden, Sonn-, Feiertags-, Nachtarbeit, Bereitschafts- und Rufbereitschaftsdienst, Zulagen für erschwerte Arbeit wie z.B. Intensiv-, Psychiatrie-, Geriatriezulagen, Sachbezüge, Urlaubsvergütung, Entgeltersatzleistungen wie Gehaltsfortzahlung im Krankheitsfall. **Unberücksichtigt** bleiben hingegen einmalige Zuwendungen wie Urlaubsgeld und 13. Monatsgehalt, Aufwandsentschädigungen wie Fahrtkostenerstattung, aber auch die Wechselschicht- und Schichtzulagen, weil sie ja schließlich vom tatsächlichen Anfall entsprechender Arbeit abhängig sind! Dieser Mutterschaftslohn ist maßgebend

für die Zeit eines Beschäftigungsverbotes, während bei den Schutzfristen nach den §§ 3 Abs. 2, 6 Abs. 1 Mutterschutzgesetz vor und nach der Geburt ein Mutterschaftsgeld nach § 13 MuSchG i.V.m. § 200 Abs. 2 Satz 1 RVO geschuldet wird. Gesetzlich Krankenversicherte erhalten das Mutterschaftsgeld von ihrer Krankenkasse, privatversicherte Frauen, in Heimarbeit Beschäftigte sowie Frauen, deren Arbeitsverhältnis vom Arbeitgeber zulässigerweise aufgelöst wurde, erhalten das Mutterschaftsgeld entsprechend der Vorschriften der RVO, dann allerdings zu Lasten des Bundes. Zuständig ist das Bundesversicherungsamt in Berlin. Das Mutterschaftsgeld wird in **Höhe des durchschnittlichen Nettogehaltes, höchstens jedoch** in Höhe von **DM 25,– pro Kalendertag** bezahlt.

Vom **Arbeitgeber** ist der Zuschuß zum Mutterschaftsgeld gemäß §14 MuSchG zu zahlen. Dieser besteht aus dem **Unterschiedsbetrag zwischen DM 25,– pro Kalendertag und dem durchschnittlichen kalendertäglichen Nettoentgelt.** Der Durchschnitt wird ebenfalls aus den letzten 13 Wochen bzw. den letzten drei Monaten vor Beginn der Schutzfrist errechnet.

Ein in der Praxis häufig vorkommendes Problem ist die Behandlung der **Entgeltprobleme während einer im Erziehungsurlaub eingetretenen Schwangerschaft.** Grundsätzlich unterbricht eine Schwangerschaft den Erziehungsurlaub nicht. Ein Zuschuß zum Mutterschaftsgeld kommt demzufolge in den Fällen in Betracht, in denen sich das Ende des Erziehungsurlaubs und die Schutzfrist der nächsten Schwangerschaft überschneiden.

---

84 BAG, Urteil vom 16.11.1989 unter dem AZ: 6 AZR 114/88

Beispiel:[85]

Bis 31.12.1996	Erziehungsurlaub für das erste Kind
am 27.11.1996	Geburt des 2. Kindes
am 22.12.1996	lebte das ruhende Arbeitsverhältnis wieder auf
bis 22.01.1997	Schutzfrist nach § 6 Abs. 1 MuSchG (8 Wochen nach der Geburt) für das 2. Kind

daraus Anspruch auf Zuschuß zum Mutterschaftsgeld vom 22.12.1996 bis 22.01.1997.

Die Höhe des Zuschusses zum Mutterschaftsgeld errechnet sich in diesem Fall ebenfalls aus dem Durchschnittsverdienst der letzten 13 Wochen oder der letzten drei Monate vor Beginn der Schutzfrist der vorherigen Schwangerschaft. Bei zulässiger **Teilzeitbeschäftigung** während des Erziehungsurlaubs ist der Verdienst aus dieser Tätigkeit im genannten Berechnungszeitraum maßgebend.

9.2. Erziehungsurlaub

9.2.1. Anspruchsvorausetzungen

Der Erziehungsurlaub ermöglicht den Eltern, sich der Pflege, Begleitung und Erziehung ihres Kindes in der ersten Lebensphase zu widmen, ohne die Sorge haben zu müssen, den Arbeitsplatz zu verlieren.

Nach § 15 BErzGG setzt der Anspruch auf Erziehungsurlaub im einzelnen voraus, daß

- das Kind nach dem 31.12.1991 geboren ist und
- der/die Arbeitnehmer/in mit dem Kind, für das ihm/ihr die Personensorge zusteht
  - oder mit dem Kind des Ehepartners
  - oder als Nichtsorgeberechtigte/r mit dem Kind in einem Haushalt zusammen lebt
  - oder das Kind mit dem Ziel der Annahme in seine/ihre Obhut aufgenommen hat

- und dieses Kind selbst betreut und erzieht.

Somit können auch Arbeitnehmer, die nicht die leiblichen Eltern sind, denen aber die Personensorge an einem Kind übertragen wurde, anspruchsberechtigt sein, z.B. Großeltern, Adoptiveltern, Stiefeltern.

Kein Anspruch besteht, solange für die Mutter ein Beschäftigungsverbot nach der Entbindung im Rahmen der Mutterschutzfrist nach § 6 MuSchG vorliegt, oder der andere Elternteil nicht erwerbstätig ist, wobei Berufsausbildung und Arbeitslosigkeit der Erwerbstätigkeit gleichgesetzt wird, sowie dann, wenn der andere Elternteil Erziehungsurlaub nimmt.

9.2.2. Bindung an das Erziehungsurlaubsverlangen

Nach § 15 Abs. 3 BErzGG kann der Anspruch auf Erziehungsurlaub durch Vertrag weder ausgeschlossen noch beschränkt werden. Allerdings ist das Verlangen des Mitarbeiters mit Zugang gegenüber dem Arbeitgeber wirksam und kann ohne Mitwirkung des Arbeitgebers nicht mehr abgeändert werden (§ 16 Abs. 3 BErzGG). Im übrigen muß die Arbeitnehmerin oder der Arbeitnehmer das Verlangen spätestens vier Wochen vor der geplanten Inanspruchnahme erklären, so § 16 Abs. 1 BErzGG.

Die Bindungswirkung kommt auch für den Fall der zwischenzeitlich eingetretenen Erkrankung des Erziehungsurlaubsberechtigten zur Geltung, so daß ab dem verlangten Zeitpunkt des Erziehungsurlaubs keine Krankenbezüge gezahlt werden müssen.

Beispiel:[86]
Eine Mitarbeiterin wird am 23.04.1997 von ihrem Kind entbunden. Die Mutterschutzfrist nach der Geburt läuft bis zum

---

85 aus: *Sollmann*, Mutterschutz und Erziehungsurlaub in der Pflege, Pflegerecht 3/97, S. 70
86 *Sollmann*, a.a.O., S. 71

18.06.1997. Direkt im Anschluß an die Mutterschutzfrist, also ab dem 19.06., möchte die Mitarbeiterin für 3 Jahre Erziehungsurlaub nehmen. Dies teilt sie bereits am 16.05.1997 ihrem Arbeitgeber mit. Am 10.06. wird die Frau krank und bleibt es über den 19.06. hinaus.

Folge: Der Erziehungsurlaub beginnt – wie geplant – am 19.06.1997; Krankenbezüge werden nicht gezahlt.

Erkrankt die Arbeitnehmerin hingegen vor Zugang des Erziehungsurlaubsverlangens, kann sie den Zeitpunkt des Beginns des Erziehungsurlaubs hinauszögern, um Gehaltsfortzahlung im Krankheitsfall zu erhalten.

Beispiel:[87]
Eine Mitarbeiterin gebärt am 23.04. ihr Kind. Nachdem sie sich mit ihrem Säugling zuhause eingelebt hat, wird die Frau am 20.05. krank. Die Erkrankung, die auch zur Arbeitsunfähigkeit führt, dauert voraussichtlich bis zum 30.06. Da die Frau nach Ablauf der Schutzfrist eigentlich ab dem 19.06. Erziehungsurlaub nehmen wollte, müßte sie ihre Erklärung bis spätestens 22.05. (vier Wochen vorher) abgeben. Sie teilt nun jedoch erst am 03.06. ihrem Arbeitgeber mit, daß sie ab dem 01.07.1997 bis 22.04.2000 Erziehungsurlaub nehmen wird.

Folge: Die Mitarbeiterin erhält Krankenbezüge für die Zeit nach der Mutterschutzfrist bis zum Beginn des Erziehungsurlaubs, also vom 19. bis 30.06.1997.

9.2.3. Teilzeitbeschäftigung während des Erziehungsurlaubs

Der Arbeitnehmer, der den Erziehungsurlaub in Anspruch nimmt, darf nach § 15 Abs. 4 BErzGG eine Teilzeittätigkeit ausüben, wenn diese einen **Umfang von wöchentlich 19 Stunden** nicht überschreitet. Diese Teilzeitarbeit darf **auch bei demselben Arbeitgeber** erfolgen, wobei dies in der Praxis in der Regel befristet geschieht. Aufgrund des 69. Änderungstarifvertrages zum BAT vom 25.04.1994 ist eine solche er-

ziehungsgeldunschädliche Teilzeitbeschäftigung auch im öffentlichen Dienst zugelassen. Denkbar ist allerdings auch, daß eine geringfügige Beschäftigung (im Westen bis DM 620,– monatlich, im Osten bis DM 520,– monatlich) gemäß § 8 SGB IV aufgenommen wird. Problematisch ist allerdings, ob dies auch wirklich bei demselben Arbeitgeber zulässig ist. Zwar ruht im Rahmen des Erziehungsurlaubs das Hauptarbeitsverhältnis, es bleibt aber der gleiche Arbeitgeber, und nach § 8 SGB IV ist beim selben Arbeitgeber eine geringfügige Beschäftigung eigentlich nicht zugelassen[88]. Daran ändert auch das BErzGG nichts. Dies ist auch wichtig wegen der Problematik der Pauschalierung der Lohnsteuer, die ja mit 20% aus dem Bruttobetrag erfolgt sowie der Kirchensteuer (mit entweder 7% oder 8% aus den 20%, je nach Bundesland).

Bei einem anderen Arbeitgeber kann die Teilzeitbeschäftigung von bis zu 19 Stunden wöchentlich **nur mit Zustimmung des Hauptarbeitgebers** ausgeübt werden. Allerdings ist die Verweigerung der Zustimmung nur aus **entgegenstehenden betrieblichen Interessen** innerhalb einer Frist von vier Wochen schriftlich begründbar möglich. Dies ist z.B. der Fall bei der Gefahr einer Konkurrenztätigkeit. Keine Konkurrenztätigkeit liegt vor, wenn ein Mitarbeiter/eine Mitarbeiterin aus einem stationären Bereich in einem ambulanten Pflegedienst tätig wird oder aus dem Krankenhaus im Altenheim und umgekehrt, während naturgemäß eine Konkurrenztätigkeit vorliegt, wenn vom ambulanten Dienst in einem anderen ambulanten Dienst oder vom Krankenhaus mit dem gleichen Versorgungsauftrag in einem anderen Krankenhaus oder von einem Altenheim aus in einem anderen Altenheim eine Tätigkeit aufgenommen werden soll. Streitig ist die Frage, ob der Hauptarbeit-

---

87 *Sollmann*, a.a.O., S. 72
88 anderer Ansicht offenbar *Sollmann*, a.a.O., S. 72

geber die Zustimmung verweigern kann mit der Begründung, er habe seinerseits dem Mitarbeiter/der Mitarbeiterin eine Teilzeitbeschäftigung angeboten und benötige dringend die Arbeitskraft der Mitarbeiterin. Nach *Sowka* soll dieser Grund rechtens sein[89]. Es sei dem Arbeitgeber unzumutbar, wenn die Arbeitnehmerin die angebotene Möglichkeit der Teilzeitbeschäftigung ablehne, weil sie lieber bei einem anderen Arbeitgeber tätig werden wolle. Diese Auffassung ist nicht richtig, weil keine Konkurrenztätigkeit erfolgt. Der Arbeitgeber kann auch nicht damit rechnen, daß der Mitarbeiter im Erziehungsurlaub überhaupt arbeiten will. Wenn er dies tut, dann ist es grundsätzlich Sache des Mitarbeiters, bei wem er arbeitet[90].

Verweigert der Arbeitgeber zu Unrecht die Zustimmung, kann der Mitarbeiter diese selbstverständlich beim Arbeitsgericht einklagen (Klage auf Erteilung der Zustimmung = Klage auf Abgabe einer Willenserklärung).

9.2.4. Erholungsurlaub

Nach § 17 Abs. 1 BErzGG kann der Arbeitgeber den Erholungsurlaub, der der Arbeitnehmerin für das Urlaubsjahr zusteht, **für jeden vollen Kalendermonat,** für den Erziehungsurlaub in Anspruch genommen wird, **um 1/12 kürzen.**

Beispiel:[91]
Eine Mitarbeiterin, die einen tariflichen Erholungsurlaubsanspruch von 29 Tagen hat, entbindet am 10.07.1996; die Mutterschutzfrist läuft bis zum 04.09.1996. Am 04.09.1996 beginnt der Erziehungsurlaub und läuft bis zum 04.09.1998. Der Erholungsurlaubsanspruch wird für die Monate Oktober, November und Dezember 1996 um insgesamt 3/12 gekürzt, so daß sich ein Urlaubsanspruch für das Jahr 1996 von 29:12 = 2,4 x 9 Monate = 21,6, aufgerundet 22 Tagen ergibt.

§ 17 Abs. 2 BErzGG regelt, daß der **vor dem Erziehungsurlaub nicht verbrauchte Erho-**

lungsurlaub erhalten bleibt und nach dem Erziehungsurlaub im laufenden oder nächsten Urlaubsjahr nachzugewähren ist. Sofern das Arbeitsverhältnis während oder auch nach dem Erziehungsurlaub endet, ohne daß der restliche Erholungsurlaub genommen werden kann, wird der Urlaub gemäß § 17 Abs. 3 BErzGG abgegolten. Andererseits regelt § 17 Abs. 4 BErzGG, daß der Arbeitgeber für den Fall, daß die Arbeitnehmerin vor dem Beginn des Erziehungsurlaubs mehr Urlaub genommen hatte, als ihr nach der oben dargelegten Berechnungsweise zustand, **die zuviel gewährten Tage mit dem neuen Urlaub nach dem Erziehungsurlaub verrechnen darf.**

Beispiel:[92]
Obige Mitarbeiterin hat von ihrem Erholungsurlaubsanspruch 1996 bereits 10 Tage genommen. Die restlichen 12 Urlaubstage kann sie nach ihrem Erziehungsurlaub im Jahr 1998 oder, wenn dies nicht zu realisieren ist, im Urlaubsjahr 1999 erhalten.

Hätte die Mitarbeiterin im Jahr 1996 bereits 29 Tage Urlaub gemacht, obwohl ihr nach der Kürzungsregel nur 22 Tage zustehen, würde ihr Urlaubsanspruch 1998, der anteilig 7 Tage beträgt, aufgrund der Verrechnung wegfallen.

Nach § 17 Abs. 1 Satz 2 BErzGG unterbleibt eine Kürzung des Urlaubsanspruchs dann, wenn die Mitarbeiterin bei ihrem Arbeitgeber eine Teilzeitbeschäftigung während des Erziehungsurlaubs ausübt. Für diesen Fall **kann** ein **Resturlaubsanspruch auch während der Teilzeitbeschäftigung gewährt werden.** Dabei bleibt die Anzahl der Resturlaubstage bestehen, es wird jedoch nur eine Urlaubsvergütung entsprechend der Teilzeittätigkeit bezahlt.

---

89 *Sowka*, Streitfragen des Erziehungsurlaubs, NZA 1994, S. 104
90 wie hier auch *Sollmann*, a.a.O., S. 72
91 aus: *Sollmann*, a.a.O., S. 73
92 aus: *Sollmann*, a.a.O., S. 73

9.2.5. Sonderkündigungsschutz im Erziehungsurlaub

Nach § 18 Abs. 1 BErzGG **darf der Arbeitgeber das Arbeitsverhältnis während des Erziehungsurlaubs nicht kündigen.** Dieses Kündigungsverbot kommt zur Anwendung ab dem Zeitpunkt, von dem Erziehungsurlaub vom Arbeitnehmer verlangt wird, höchstens jedoch 6 Wochen vor Beginn des Erziehungsurlaubs. Dies gilt auch für Teilzeitarbeit (§ 18 Abs. 2 Nr. 1 BErzGG).

Entsprechend dem MuSchG kann der Arbeitgeber auch nach dem BErzGG in besonderen Fällen die Kündigung bei der obersten Landesbehörde für zulässig erklären lassen.

Der **Arbeitnehmer** selbst kann das Arbeitsverhältnis **zum Ende des Erziehungsurlaubs** nach § 19 BErzGG nur **unter Einhaltung einer Frist von drei Monaten** kündigen. Diese Kündigungsfrist ist zwingend, d.h. sie geht einer arbeitsvertraglichen oder tarifvertraglichen Kündigungsfrist, egal ob sie kürzer oder länger ist, immer vor. Im Erziehungsurlaub selbst kann der Arbeitnehmer mit der arbeitsvertraglich vereinbarten bzw. tarifvertraglich geregelten Kündigungsfrist gekündigt werden.

9.2.6. Sonderzahlungen im Erziehungsurlaub

Ob während des Erziehungsurlaubs Anspruch auf Weihnachtsgeld oder ein 13. Monatsgehalt besteht, richtet sich nach dem Arbeitsverhältnis. Eine generelle gesetzliche Regelung gibt es diesbezüglich nicht.

In einem Beschäftigungsverhältnis bei einem öffentlichen oder kirchlichen Arbeitgeber hingegen besteht ein tariflicher Anspruch bzw. ein Anspruch aus den AVR auf Zahlung der Weihnachtszuwendung im Erziehungsurlaub bis zum 12. Lebensmonat des Kindes. Dies geht allerdings nur, wenn für die Betreuung des Kindes, das den 12. Lebensmonat vollendet, Erziehungsurlaub verlangt wurde. Wird hingegen die Arbeitnehmerin im noch laufenden Erziehungsurlaub erneut schwanger und nimmt sie für das 2. Kind erst nach dessen 12. Lebensmonat den Erziehungsurlaub, entfällt der Anspruch auf Zuwendung.

Für den BAT-Bereich, in dem der Sonderzuwendungstarifvertrag zur Anwendung kommt, hat das BAG mit Urteil vom 10.02.1993 entschieden, daß eine Gratifikation gekürzt werden kann, wenn der Tarifvertrag die Kürzung für Zeiten zuläßt, in denen das Arbeitsverhältnis Kraft Gesetzes oder Vereinbarung ruht. Insoweit ist im Rahmen des Erziehungsurlaubs von einem Ruhen kraft Gesetzes auszugehen[93].

Die gleichen Grundsätze gelten auch für Urlaubsgeldzahlungen.

10. Krankenbezüge

10.1. Vorbemerkung

Seit 01. Juli 1994 sind die Vorschriften über Krankenbezüge grundlegend umgestaltet. Dies haben die Tarifpartner durch den 69. Änderungstarifvertrag zum BAT vom 25. April 1994 geregelt, wobei bis zum 73. Änderungstarifvertrag vom 17.07.1996 die neueste Rechtsprechung des BAG in die neuen Vorschriften redaktionell eingearbeitet wurde. Nach der Vorschrift des § 37 Abs. 3 wurde bisher als Krankenbezüge die Urlaubsvergütung gezahlt, die dem Angestellten zustehen würde, wenn er Erholungsurlaub hätte. Nunmehr erhalt der Angestellte nach Ablauf der tariflich übernommenen gesetzlichen Vergütungszahlungsfrist im Krankheitsfalle, also nach Ablauf von 6 Wochen, lediglich einen **Zuschuß** zu dem von der Krankenkasse oder einem anderen Träger der Sozialversicherung zustehenden Krankengeld bzw. einer entsprechenden Leistung. Der Zu-

---

93 *Sollmann*, a.a.O., S. 73

schuß **gleicht die Differenz zwischen Krankengeld bzw. entsprechender Leistung und der Nettourlaubsvergütung aus.** Die Arbeitgeber des öffentlichen Dienstes haben durch die Neuregelung zu Lasten der Krankenkassen Einsparungen erzielen können, die sich aber erst zukünftig realisieren lassen, weil in § 71 BAT eine **Übergangsregelung** getroffen wurde. Andererseits wurden die Bezugsfristen für den Krankengeldzuschuß gegenüber den bisherigen Bezugsfristen ausgeweitet. Für die Angestellten, die am 30.06.1994 in einem Arbeitsverhältnis gestanden haben, das am 01. Juli 1994 zu demselben Arbeitgeber fortbestanden hat, gilt die bisherige Regelung. Der Angestellte, für den die Übergangsregelung des § 71 gilt, kann jedoch gemäß § 71 Abs. 6 die Anwendung des § 37 BAT neu beantragen. Dieser Antrag ist unwiderruflich.

Am 01. Juli 1994 ist das „Gesetz über die Zahlung des Arbeitsentgelts an Feiertagen im Krankheitsfall (Entgeltfortzahlungsgesetz)" in Kraft getreten, das bisherige Regelungen ersetzt. Dabei ist eine Regelung besonders wichtig, nämlich daß bei **Wiederholungserkrankungen** nun auch Angestellte (wie bisher Arbeiter) einen erneuten Entgeltfortzahlungsanspruch für die Dauer von 6 Wochen haben, wenn seit Beginn der 1. Erkrankung eine Frist von 12 Monaten abgelaufen ist. Seit dem 01. Juni 1994 haben alle Arbeitnehmer, einschließlich der geringfügig und kurzzeitigen Beschäftigten, bei einer Arbeitsunfähigkeit infolge Krankheit einen Anspruch auf Fortzahlung des Arbeitsentgelts bis zur Dauer von 6 Wochen.

10.2. Allgemeine Anspruchsvoraussetzungen

Um Krankenbezüge zu erhalten, muß Arbeitsunfähigkeit und Anspruch auf Bezüge vorliegen.

Arbeitsunfähigkeit liegt vor, wenn der Angestellte die nach dem Arbeitsvertrag geschuldete und vom Arbeitgeber zu beanspruchende Arbeitsleistung nicht erbringen kann, weil der Angestellte aus Gründen in seiner Person hieran gehindert ist.

Ansprüche auf Bezüge hat der Angestellte, der auch ohne die Arbeitsunfähigkeit hierauf Anspruch hat.

Der Angestellte ist arbeitsunfähig, wenn ein Krankheitsgeschehen ihn außer Stande setzt, die ihm obliegende Arbeit zu verrichten, oder wenn er die Arbeit nur unter der Gefahr fortsetzen könnte, in absehbarer Zeit seinen Zustand zu verschlimmern. Maßgebend ist die vom Arzt nach objektiven Kriterien vorzunehmende Bewertung[94].

Krankheit im medizinischen Sinne ist jeder regelwidrige körperliche oder geistige Zustand[95].

Ein **Unfall** ist ein auf äußere Einwirkung beruhendes plötzliches Ereignis, das örtlich und zeitlich bestimmbar ist und eine Körperverletzung verursacht. Der Anspruch auf Krankenbezüge hängt nicht davon ab, wo sich der Unfall ereignet hat, sei es auch bei einem anderen Arbeitgeber[96].

Umstritten ist allerdings, ob bei einem straflosen, aber rechtswidrigen Schwangerschaftsabbruch Krankenbezüge gezahlt werden müssen[97].

94 BAG, Urteil vom 26.07.1989 unter dem AZ: 5 AZR 301/88, AP Nr. 86 zu § 1 Lohnfortzahlungsgesetz
95 BAG, Urteil vom 29.02.1984 unter dem AZ: 5 AZR 455/81, AP Nr. 64 zu § 616 BGB
96 BAG, Urteil vom 21.04.1982 unter dem AZ: 5 AZR 1019/79, AP Nr. 49 zu § 1 Lohnfortzahlungsgesetz; BAG, Urteil vom 07.11.1975 unter dem AZ: 5 AZR 459/74, AP Nr. 38 zu § 1 Lohnfortzahlungsgesetz
97 vgl. dazu ausführlich *Schelter,* Das Tarifrecht der Angestellten im Pflegedienst, a.a.O., S. 287

10.3. Verursachung (Kausalität) der Arbeitsunfähigkeit

Nach § 275 BGB muß die Arbeitsunfähigkeit allein durch die in § 37 Abs. 1 BAT aufgeführten Tatbestände verursacht sein, um den Anspruch auf Krankenbezüge auszulösen. Wenn dem Angestellten die Arbeitsleistung aus anderen Gründen unmöglich ist, so ist er bereits von der Verpflichtung zur Arbeit befreit, und es besteht somit keine Arbeitsunfähigkeit im obigen Sinne. Die Arbeitspflicht kann aus verschieden Gründen aufgehoben sein, z.B. bei unbezahltem Sonderurlaub, Erziehungsurlaub oder ähnlichem. Der Angestellte erhält dann auch keine Bezüge. In diesen Fällen kann Arbeitsunfähigkeit nicht entstehen, weil die Arbeitsleistung vorübergehend nicht geschuldet wird.

Dies gilt nicht bei Erkrankung während des Erholungsurlaubs. Dieser Fall ist in § 47 Abs. 6 Unterabsatz 2 BAT geregelt.

10.4. Ausschluß der Zahlung von Krankenbezügen nach § 37 Abs. 1 BAT

10.4.1. Vorbemerkung

Krankenbezüge werden nicht gezahlt, wenn der Angestellte sich den Unfall oder die Krankheit **vorsätzlich oder grob fahrlässig** zugezogen hat.

Die **grobe Fahrlässigkeit,** die zum Ausschluß des Lohnfortzahlungsanspruchs im Krankheitsfalle führt, wird als *„gröblicher Verstoß gegen das von einem Menschen im eigenen Interesse gebotene Verhalten"* definiert[98]. Dabei ist zu beachten, daß es eine **Pflicht zur gesunden, risikoarmen Lebensführung nicht gibt.** Der einzelne muß in eigenen Angelegenheiten weitaus weniger sorgfältig vorgehen als in fremden. Er darf also auch Risiken in Kauf nehmen, die er anderen nicht zumuten dürfte. Auch Art. 2 Abs. 1 Grundgesetz überläßt es dem einzel-

nen grundsätzlich, Risiken für die eigene Gesundheit einzugehen[99].

Aus diesem Grunde ist die Bewertung eines Verhaltens als „grob fahrlässig" zurückhaltend vorzunehmen. Insbesondere kommt es nicht darauf an, welches Risiko dem Arbeitgeber zuzumuten ist. Entscheidend ist allein das im wohlverstandenen Interesse des Angestellten noch hinnehmbare Risiko.

10.4.2. Umstrittene Einzelfälle[100]

Die **Alkoholabhängigkeit** ist in aller Regel unverschuldet[101].

Allerdings kann der **Rückfall** des Arbeitnehmers nach einer stationären Entziehungskur oder einer längeren Abstinenz als verschuldet angesehen werden, es sei denn, der Arbeitnehmer kann im einzelnen darlegen, er hat den Rückfall nicht grob fahrlässig oder gar vorsätzlich herbeigeführt[102].

Ein zu Arbeitsunfähigkeit führender Unfall, der allein auf Alkoholmißbrauch zurückzuführen ist, ist durch den Arbeitnehmer verschuldet[103].

Ein Arbeitnehmer handelt immer schuldhaft, wenn er sich von einem Kraftfahrer, der für ihn erkennbar beträchtliche Mengen Alkohol zu sich genommen hat, in dessen **Kraftfahrzeug** mitnehmen läßt. Er hat deshalb keinen Anspruch auf Fortzahlung

---

98 BAG, Urteil vom 23.11.1971 unter dem AZ: 1 AZR 388/70, AP Nr. 8 zu § 1 Lohnfortzahlungsgesetz

99 so richtig *Hamer,* PK-BAT-Kommentar, Randnr. 20 zu § 37

100 vgl. ausführlich *Schelter,* Das Tarifrecht der Angestellten im Pflegedienst, a.a.O., S. 288 ff.

101 BAG, Urteil vom 01.06.1983 unter dem AZ: 5 AZR 536/80, AP Nr. 52 zu § 1 Lohnfortzahlungsgesetz

102 BAG, Urteil vom 11.11.1987 unter dem AZ: 5 AZR 497/86, AP Nr. 75 zu § 616 BGB

103 BAG, Urteil vom 11.03.1987 unter dem AZ: 5 AZR 739/85, AP Nr. 71 zu § 1 Lohnfortzahlungsgesetz

des Arbeitslohnes für die Zeit einer Arbeitsunfähigkeit, die durch einen bei einer solchen Fahrt erlittenen Unfall herbeigeführt worden ist[104].

Ein Arbeitnehmer, der sich auf einem Volksfest betrinkt, so daß er nicht mehr beurteilen kann, ob der Fahrer eines Kraftfahrzeugs, in dem er mitfährt, ebenfalls wegen Alkoholgenusses fahruntüchtig ist, handelt ebenso schuldhaft[105].

Auch das **Nichtanlegen des Sicherheitsgurtes** führt zum Verlust der Krankenbezüge[106]. Selbst das **rechtswidrige Überqueren einer Straße** durch einen Fußgänger kann einen groben Verstoß darstellen[107].

Wer mit einem Kraftfahrzeug mit **hoher Geschwindigkeit in dichtem Nebel mit abgefahrenen Reifen fährt** und dadurch einen Unfall verursacht, handelt grob fahrlässig[108].

Sportunfälle sind in der Regel unverschuldet. Dies wurde für folgende Fälle entschieden:

• Amateurfußball[109]
• Amateurboxen[110]
• Drachenfliegen[111]

Der **Selbsttötungsversuch** ist in der Regel unverschuldet[112].

Provoziert der Arbeitnehmer eine **Schlägerei** und erleidet er selbst Verletzungen, die zu einer Arbeitsunfähigkeit führen, so liegt hier eine grobe Fahrlässigkeit vor[113].

Bei einer **Organspende** hat der Spender keinen Anspruch gegen seinen Arbeitgeber auf Fortzahlung der Bezüge, weil die dabei entstehende Arbeitsunfähigkeit die Grenze des allgemeinen vom Arbeitgeber zu tragenden Krankheitsrisikos überschreitet und damit nicht mehr vom Schutzzweck der die Gehaltsfortzahlung im Krankheitsfall regelnden Norm erfaßt[114]. Der Verdienstausfall des Spenders gehört vielmehr zu den Kosten der Krankenhilfe bzw. der Heilbehandlung des Empfängers der Organspende, so daß diese Kosten von der Krankenkasse bzw. der Berufsgenossenschaft des Empfängers zu tragen ist.

10.5. Nachweis der Arbeitsunfähigkeit

Die Arbeitsunfähigkeit wird in der Regel durch eine **ärztliche Bescheinigung** nachgewiesen. Sie ist zwar keine Voraussetzung für den Anspruch auf Krankenbezüge, hat aber einen hohen **Beweiswert**[115].

Der Beweiswert kann durch den Arbeitgeber nur erschüttert werden, wenn er begründete Zweifel hieran darlegt und beweist[116]. Dies gilt uneingeschränkt auch für ausländische Arbeitsunfähigkeitsbescheinigungen, aus denen jedoch auch die aus der Krankheit folgende Arbeitsunfähigkeit hervorgehen muß[117].

---

104 z.B. Arbeitsgericht Bremen, Urteil vom 29.06.1971 unter dem AZ: 3 Ca 3522/72
105 LAG Frankfurt, Urteil vom 24.04.1989 unter dem AZ: 1 Sa 1544/88, ZTR 1989, S. 407
106 BAG, Urteil vom 07.1 0.1981 unter dem AZ: 5 AZR 1113/79, AP Nr. 46 zu § 1 Lohnfortzahlungsgesetz
107 LAG Hamm, Urteil vom 10.08.1971 unter dem AZ: 7 Sa 306/71
108 Arbeitsgericht Passau, Urteil vom 29.04. 1971 unter dem AZ: 2 Ca 21/71
109 BAG, Urteil vom 21.01.1976 unter dem AZ: 5 AZR 593/74, AP Nr. 39 zu § 1 Lohnfortzahlungsgesetz
110 BAG, Urteil vom 01.12.1976 unter dem AZ: 5 AZR 601/75, AP Nr. 42 zu § 1 Lohnfortzahlungsgesetz
111 BAG, Urteil vom 07.10.1981 unter dem AZ: 5 AZR 838/79, AP Nr. 45 zu § 1 Lohnfortzahlungsgesetz
112 BAG, Urteil vom 28.02.1979 unter dem AZ: 5 AZR 611/88, AP Nr. 4 zu § 1 Lohnfortzahlungsgesetz
113 LAG Hamm, Urteil vom 27.04.1988 unter dem AZ: 1 Sa 2349/87
114 BAG, Urteil vom 06.08.1986 unter dem AZ: 5 AZR 607/85, AP Nr. 68 zu § 1 Lohnfortzahlungsgesetz
115 BAG, Urteil vom 07.11.1984 unter dem AZ: 5 AZR 379/82, DB 1985, 498 f.
116 BAG, Urteil vom 11.08.1976 unter dem AZ: 5 AZR 422/75, AP Nr. 2 zu § 3 Lohnfortzahlungsgesetz
117 BAG, Urteil vom 20.02.1985 unter dem AZ: 5 AZR 180/83, AP Nr. 4 zu § 3 Lohnfortzahlungsgesetz

Der Angestellte muß erst ab dem 4. Kalendertag eine Arbeitsunfähigkeitsbescheinigung vorlegen. Die ersten drei Tage bestimmt er die Arbeitsunfähigkeit selbst. Hat der Arbeitgeber Zweifel, kann er über die Einschaltung des Medizinischen Dienstes bei den Krankenkassen (früher Vertrauensärztlicher Dienst) die Arbeitsunfähigkeit überprüfen lassen oder bei begründeten Fällen auch die Vorlage einer Arbeitsunfähigkeitsbescheinigung verlangen. In diesen Fällen dürfte es sich auch für den Angestellten empfehlen, die Art seiner Erkrankung offenzulegen[118].

10.6. Zahlungsdauer

In § 37 Abs. 2 Unterabsatz 1 BAT ist zunächst bestimmt, daß der Angestellte unter der Bedingung des Abs. 1 bis zur Dauer von 6 Wochen Krankenbezüge **in Höhe der Urlaubsvergütung** nach § 47 Abs. 2 BAT, die ihm zustehen würde, wenn er Erholungsurlaub hätte, erhält.

Die Urlaubsvergütung darf nicht niedriger sein, als dasjenige Gehalt, das nach § 616 Abs. 1 Satz 1 BGB nach dem Lohnausfallprinzip zu ermitteln ist, weil auch diese Berechnungsweise gemäß § 616 Abs. 2 Satz 1 BGB unabdingbar ist[119]. **Wegen derselben Erkrankung** erhält der Angestellte **insgesamt für lediglich 6 Wochen** diese Krankenbezüge. Nach SGB IV wird er jetzt nunmehr von der Krankenkasse dem Arbeitgeber automatisch mitgeteilt, ob es sich um dieselbe Erkrankung handelt oder nicht. Zu beachten ist allerdings § 3 Abs. 1 Satz 2 Nr. 2 des Entgeltfortzahlungsgesetzes, weil danach der Arbeitnehmer bei Wiederholungserkrankung seinen Anspruch nicht verliert, wenn seit Beginn der ersten Arbeitsunfähigkeit infolge derselben Krankheit eine Frist von 12 Monaten abgelaufen ist. Diese Regelung ist nach § 12 des Entgeltfortzahlungsgesetzes gegenüber abweichenden tariflichen Regelungen vorrangig.

Eine Wiederholungserkrankung liegt vor, wenn die erneute Arbeitsunfähigkeit nach zwischenzeitlicher Arbeitsfähigkeit auf derselben Ursache basiert[120].

Daß **ein neuer Verhinderungsfall** eingetreten ist, hat der Arbeitnehmer zu beweisen. Im Falle der Kündigung des Arbeitsverhältnisses durch den Arbeitgeber oder durch den Angestellten sind nach § 37 Abs. 2 Unterabsatz 3 BAT die Krankenbezüge in Höhe der Urlaubsvergütung auch über den Zeitpunkt der Beendigung des Arbeitsverhältnisses hinaus bis zur Höchstdauer von 6 Wochen seit Beginn der Arbeitsunfähigkeit zu bezahlen.

10.7. Krankengeldzuschuß

Nach § 37 Abs. 3 Unterabsatz 1 Satz 1 BAT erhält der Angestellte, dessen **Beschäftigungszeit** nach § 19 BAT **mehr als ein Jahr** beträgt, nach Ablauf des 6wöchigen Fortzahlungszeitraums für den Zeitraum als Krankenbezüge einen Krankengeldzuschuß, für den ihm Krankengeld im Sinne der Vorschriften des 2. Titels des SGB V oder entsprechender Leistungen aus der gesetzlichen Unfallversicherung (SGB VII) oder nach dem Bundesversorgungsgesetz gezahlt werden.

Das Krankengeld beträgt nach § 47 SGB V grundsätzlich 80% des erzielten regelmäßigen Arbeitsentgelts und Arbeitseinkommens, soweit es der Beitragsberechnung unterliegt **(Regelentgelt)**. Das Krankengeld ist **niedriger als die Krankenbezüge in Höhe der Urlaubsvergütung.** Das Krankengeld wird ohne zeitliche Begrenzung gezahlt, es sei denn, die Arbeitsunfähigkeit wegen derselben Krankheit dauert länger als 78 Wochen (1$\frac{1}{2}$ Jahre) innerhalb von drei Jahren, gerechnet vom Tage des Beginns der Arbeitsunfähigkeit an (vgl. § 48 SGB).

---

118 ebenso *Schelter*, a.a.O., S. 291
119 BAG, Urteil vom 25.03.1987 unter dem AZ: 5 AZR 414/84, AP Nr. 1 zu § 20 a AVR
120 BAG, Urteil vom 06.10.1976 unter dem AZ: 5 AZR 500/75, AP Nr. 41 zu § 1 Lohnfortzahlungsgesetz

Soweit der Angestellte von der gesetzlichen Krankenversicherung befreit oder versicherungsfrei ist, hat er Anspruch auf Krankengeldzuschuß nach § 37 Abs. 9 BAT.

Kein Krankengeldzuschuß ist zu zahlen, wenn der Angestellte eine Rente wegen Erwerbsunfähigkeit oder wegen Alters aus der gesetzlichen Rentenversicherung erhält (§ 37 Abs. 3 Unterabsatz 1 Buchstabe a) BAT), oder die Arbeitsunfähigkeit infolge Sterilisation oder Schwangerschaftsabbruch (§ 37 Abs. 3 Unterabsatz 1 Buchstabe b) BAT) eingetreten ist.

§ 37 Abs. 3 Unterabsatz 2 BAT regelt Fälle der **Wiederholungserkrankung,** in denen zwar der Fortzahlungszeitraum von 6 Wochen für die Krankenbezüge in Höhe der Urlaubsvergütung, jedoch noch nicht der Anspruchszeitraum für den Krankengeldzuschuß bei der vorangegangenen Arbeitsunfähigkeit bereits abgelaufen war. In solchen Fällen besteht an sich bereits vom 1. Tag der auf der Wiederholungserkrankung beruhenden Arbeitsunfähigkeit an ein Anspruch auf Krankengeldzuschuß. Wenn der Anspruch auf Krankengeld nach § 46 Satz 1 Nr. 2 SGB V aber erst von dem Tage an entsteht, der auf den Tag der ärztlichen Feststellung der Arbeitsunfähigkeit folgt, ist der Anspruch auf Krankengeldzuschuß jedoch für den ersten Tag der Wiederholungserkrankung nach § 37 Abs. 3 Unterabsatz 1 Satz 1 ausgeschlossen. Im Hinblick darauf ist in § 37 Abs. 3 Unterab-

---

Übersicht 43: *Berechnung des Krankengeldzuschusses*[121]

Ein Angestellter mit einer Beschäftigungszeit nach § 19 BAT von mehr als einem Jahr, aber weniger als 3 Jahren, ist vom 20. August bis 30. September 1995 arbeitsunfähig krank. Er hat Anspruch auf Krankenbezüge in Höhe der Urlaubsvergütung für die Dauer von 6 Wochen, also vom 20. August bis 30. September 1995. Krankengeldzuschuß steht vom 01. Oktober bis zum Ablauf der 13. Woche seit dem Beginn der Arbeitsunfähigkeit, also bis zum 18. November 1995, zu. Die Nettourlaubsvergütung beträgt DM 3200,–. Das Krankengeld beträgt nach Ablauf des 6-Wochen-Zeitraums kalendertäglich DM 105,–. Nach Abzug des Arbeitnehmeranteils zur Renten- und Arbeitslosenversicherung wird ein Betrag von DM 87,– je Kalendertag ausgezahlt. Der Krankengeldzuschuß berechnet sich wie folgt:

Nettourlaubsvergütung
vom 01. bis 31. Oktober 1995   = DM 3200,–
Nettourlaubsvergütung
vom 01. bis 18. November 1995 (= 18/30 aus DM 3200,–)   = DM 1920,–
Summe: DM 5120,–

Abzüglich der tatsächlichen Barleistungen des Sozialleistungsträgers
vom 01. bis 31. Oktober 1995 (30 x DM 105,–)   = DM 3150,–
vom 01. bis 18. November 1995 (18 x DM 105,–)   = DM 1890,–
zusammen: DM 5040,–

Unterschiedsbetrag zwischen DM 5120,– und DM 5040 = DM 80,–. Der Krankengeldzuschuß beträgt für die Zeit vom 01. Oktober bis 18. November 1995 also insgesamt DM 80,–.

---

121 aus VkA Rundschreiben vom 07.07.1994, S. 13

satz 2 BAT festgelegt, daß für den Tag der Feststellung der Arbeitsunfähigkeit ein Krankenzuschuß in Höhe von 100% des Nettoarbeitsentgelts gezahlt wird, wenn für diesen Tag infolge Arbeitsunfähigkeit ein Vergütungsausfall eintritt. Steht dem Angestellten nach § 36 Abs. 2 Satz 2 BAT für einen Teil der Arbeitsstunden dieses Tages ein Vergütungsanspruch zu, so beträgt der Krankenzuschuß 100% der Nettourlaubsvergütung für die wegen Arbeitsunfähigkeit ausgefallenen Stunden.

§ 37 Abs. 8 BAT regelt die Höhe des Krankengeldzuschusses. Sie beträgt den **Differenzbetrag zwischen den tatsächlichen Barleistungen des Sozialleistungsträgers und der Nettourlaubsvergütung.**
Unter den tatsächlichen Barleistungen ist der Betrag zu verstehen, der nach dem Bescheid des Sozialleistungsträgers als Barleistung festgestellt ist. Nettourlaubsvergütung ist die um die gesetzlichen Abzüge verminderte Urlaubsvergütung nach § 47 Abs. 2 BAT.
Ein Beispiel für die Berechnung des Krankengeldzuschusses findet sich in *Übersicht 43 auf Seite 333.*

Beachte:
Angestellte, die in der gesetzlichen Krankenversicherung versicherungsfrei oder von der Versicherungspflicht befreit sind, haben Anspruch auf Krankengeldzuschuß nach § 37 Abs. 9 BAT. Bei der Berechnung des Krankengeldzuschusses sind von der Nettourlaubsvergütung **fiktive** Barleistungen abzuziehen, und zwar in Höhe des Betrages, der dem Angestellten als Krankengeld aus der gesetzlichen Krankenversicherung zustehen würde, wenn er dort versichert wäre. Das bedeutet im obigen Beispiel, daß er DM 80,– für die Zeit vom 01. Oktober bis 18. November erhalten würde, wenn er dasselbe Arbeitseinkommen hat.

10.8. Krankenbezüge bei Schadensersatzansprüche gegen Dritte nach § 38 BAT

Wird der Angestellte **durch das Verschulden eines Dritten arbeitsunfähig,** so ändert dies nichts am Anspruch des arbeitsunfähigen Angestellten auf Krankenbezüge. Der Schädiger soll jedoch die Aufwendungen des Arbeitgebers für Krankenbezüge ersetzen. Um dieses Ziel zu erreichen, trifft den Angestellten eine **Informationspflicht.** Im übrigen ist die Abtretungsregelung in § 38 Abs. 1 c) BAT entbehrlich, weil sich in § 6 des Entgeltfortzahlungsgesetzes eine cessio legis (gesetzlicher Forderungsübergang) und in § 7 des Entgeltfortzahlungsgesetzes ein gesetzliches Leistungsverweigerungsrecht eingeführt wurden. Diese Vorschriften sind unabdingbar.
Besteht bereits Arbeitsunfähigkeit ohne Drittverschulden und erleidet der Angestellte während der Arbeitsunfähigkeit z.B. einen Unfall mit Drittverschulden, der zu einer längeren Arbeitsunfähigkeit führt, so kann der Schädiger vom Eintritt der Schädigung an in Anspruch genommen werden[122].

10.9. Besonderheiten bei der Übergangsregelung nach § 71 BAT

10.9.1. Vorbemerkung

§ 37 BAT neue Fassung gilt nur für neue Arbeitsverhältnisse. Ein neues Arbeitsverhältnis liegt dann nicht vor[123], wenn der Angestellte bei demselben Arbeitgeber

- von einem Teilzeitarbeitsverhältnis in ein Vollzeitarbeitsverhältnis wechselt

---

122 so auch *Clemens u.a.,* BAT, Erläuterung 6 zu § 38
123 Rundschreiben der VkA vom 07.07.1994

11. Urlaubsvergütung

- ein befristetes Arbeitsverhältnis verlängert
- ein befristetes Arbeitsverhältnis in ein unbefristetes umwandelt.

Schließlich kann der Angestellte nach § 71 Abs. 6 BAT unwiderruflich beantragen, in dem fortbestehenden Arbeitsverhältnis anstelle des § 71 BAT den § 37 BAT neue Fassung anzuwenden. Dies hat Wirkung nur für die Zukunft.

Für ältere Angestellte ist der neue § 37 BAT nicht günstiger, während für Angestellte mit kurzer Dienstzeit die Anwendung der neuen Regelung günstiger sein kann.

Die Neuregelung unterscheidet sich von der Altregelung bis zu 6 Wochen nicht, weil auch nach der Altregelung Urlaubsvergütung gezahlt wurde. Neu ist lediglich ab der 7. Woche die Regelung mit dem Krankengeldzuschuß.

Für Angestellte, die länger als ein Jahr, aber noch nicht zwei Jahre beschäftigt sind, regelt § 71 BAT nur eine Zahlung der Krankenbezüge bis zu 6 Wochen. Dort ist die Neuregelung günstiger.

10.9.2. Einzelne Bestimmungen

In § 71 Abs. 2 BAT ist die **Bezugsdauer** der Krankenbezüge zunächst je nach zurückgelegter Dienstzeit nach § 20 BAT des Angestellten geregelt. Die Mindestdauer beträgt in jedem Fall 6 Wochen, die Höchstdauer nach einer Dienstzeit von mindestens 10 Jahren 26 Wochen. Tritt während der Arbeitsunfähigkeit ein anspruchserhöhender Tatbestand ein, so verlängert sich entsprechend der Anspruch auf Krankenbezüge[124].

Im Falle der **Wiederholungserkrankung** werden die Krankenbezüge insgesamt nur für den jeweils maßgeblichen Zeitraum gezahlt, wenn der Angestellte nicht mindestens 4 Wochen wieder gearbeitet hat (§ 71 Abs. 5 Satz 1 BAT).

Ein **zwischenzeitlicher Urlaub** wird auf die Vier-Wochen-Frist dann angerechnet, wenn er im Urlaubsplan festgelegt ist oder der Arbeitgeber verlangt, den Urlaub zu

nehmen (Protokollnotiz zu § 71 Abs. 5 Unterabsatz 1 BAT). Das gilt auch für den Fall, daß der Angestellte vor Ablauf der 4-Wochen-Frist einen Urlaub antreten muß, weil er sonst verfällt[125].

Eine **Neuerkrankung** oder ein **Unfall** während bestehender Arbeitsunfähigkeit schafft keinen neuen Fristbeginn[126].

11. Urlaubsvergütung nach § 47 Abs. 2 BAT

11.1. Vorbemerkung

Der Angestellte soll während des Urlaubs die Vergütung erhalten, die er erhalten würde, wenn er gearbeitet hätte. Das ist das **Lohnausfallprinzip**. Daraus ergibt sich, daß unständige Vergütungsbestandteile wie Zeitzuschläge, Überstundenvergütung, Vergütung für Bereitschaftsdienst und Rufbereitschaft etc., die der Angestellte erhalten hätte, auch bei der Höhe der Urlaubsvergütung zu berücksichtigen sind.

§ 47 Abs. 2 BAT weicht von § 11 Bundesurlaubsgesetz ab. Dort ist bestimmt, daß sich das Urlaubsentgelt nach dem durchschnittlichen Arbeitsverdienst bemißt, das der Arbeitnehmer in den letzten 13 Wochen vor Beginn des Urlaubs erhalten hat. Von dieser Vorschrift wurde durch Tarifvertrag zulässig abgewichen[127].

Während des Urlaubs werden die Vergütung nach § 26 und die Zulagen, die in

---

124 BAG, Urteil vom 28.03.1984 unter dem AZ: 5 AZR 230/82, AP Nr. 5 zu § 37 BAT
125 BAG, Urteil vom 21.03.1990 unter dem AZ: 5 AZR 383/89, AP Nr. 8 zu § 37 BAT
126 BAG, Urteil vom 02.12.1981 unter dem AZ: 5 AZR 39/80, AP Nr. 48 zu § 1 Lohnfortzahlungsgesetz
127 BAG, Urteil vom 10.07.1979 unter dem AZ: 6 AZR 626/77

Monatsbeträgen festgelegt sind, weiterbezahlt. Das sind die ständigen Bezügebestandteile.

Zulagen, die in Monatsbeträgen gezahlt werden, sind die allgemeinen Zulagen, die Funktionszulagen, die Wechselschicht- und Schichtzulagen sowie außer- und übertarifliche Zulagen.

Die nicht in Monatsbeträgen festgelegten Bezügebestandteile werden in Form des Aufschlags in der Urlaubsvergütung für jeden Urlaubstag berücksichtigt. Der Aufschlag beträgt 100% des Tagesdurchschnitts der Zulagen, die nicht in Monatsbeträgen festgelegt sind. Es handelt sich dabei um die Zeitzuschläge nach § 35 Abs. 1 Satz 2 Buchstabe b) bis f), also der Überstundenvergütung, ferner des Zeitzuschlages nach § 35 Abs. 1 Satz 2 Buchstabe d) für ausgeglichene Überstunden, der Bezüge nach § 34 Abs. 1 Unterabsatz 1 Satz 3 (Mehrstunden nicht Vollbeschäftigter), der Vergütungen für Bereitschaftsdienst und Rufbereitschaft und der Ausgleichszahlung nach § 11 Mutterschutzgesetz für infolge Beschäftigungsverbots ausgefallenen zuschlagsberechtigten Dienst[128].

11.2. Berechnung der Urlaubsvergütung

Ausgangspunkt für die Berechnung des in § 47 Abs. 2 Unterabsatz 2 BAT genannten Berechnungszeitraums für den Aufschlag ist der Beginn des Urlaubs, also der **erste Urlaubstag**. Fällt ein Urlaub in zwei Kalenderjahre, beginnt kein neuer Berechnungszeitraum, sondern es wird der Urlaubsbeginn im vorangegangenen Kalenderjahr zugrunde gelegt. Der Zeitpunkt der Zahlung des Aufschlags ist für die Bestimmung des Berechnungszeitraums nicht maßgeblich[129].

Abweichende Berechnungszeiträume gelten bei Beginn des Arbeitsverhältnisses nach dem 30. Juni des vorangegangenen Kalenderjahres oder im laufenden Kalenderjahr (§ 47 Abs. 2 Unterabsatz 3) und bei

Änderung der persönlichen Arbeitszeit (§ 47 Abs. 2 Unterabsatz 4).

Der **Aufschlag** beträgt 108% des Tagesdurchschnitts der unständigen Bezügebestandteile. Die Prozentzahl berücksichtigt, daß der Aufschlag als unständiger Bezügebestandteil bei der Berechnung des Aufschlags für den folgenden Berechnungszeitraum unberücksichtigt bleibt. Zum Ausgleich ist ein pauschaler Prozentsatz von 108% festgelegt worden. Die Berechnung des Aufschlags erfaßt alle im Berechnungszeitraum (in der Regel das vorangegangene Kalenderjahr) zugestandenen unständigen Bezügebestandteile. Aus der Summe errechnet sich der Monatsdurchschnitt.

Der ermittelte Betrag wird durch die Anzahl der Kalendermonate im Berechnungszeitraum geteilt. Es ergibt sich der **Monatsdurchschnitt.** Nach der Protokollnotiz Nr. 2 bleiben hierbei Kalendermonate unberücksichtigt, für die dem Angestellten weder Vergütung noch Krankenbezüge zugestanden haben. Ferner bleibt die Zeit vor Beginn des dritten vollen Kalendermonats des Bestehens des Angestelltenverhältnisses unberücksichtigt.

Für die Berechnung des Tagesdurchschnitts ist es von Bedeutung, ob bei der Aufschlagsberechnung die 5-Tage-Woche oder die 6-Tage-Woche zugrundezulegen ist. Der Faktor der Berechnung des Tagesdurchschnitts (Protokollnotiz Nr. 2) beträgt bei der 5-Tage-Woche $3/_{65}$, bei der 6-Tage-Woche $1/_{26}$ des Monatsdurchschnitts aus der Summe der unständigen Bezügebestandteile.

Beispiel 1:[130]
Der Angestellte war am 01. Januar des vorangegangen Kalenderjahres bereits länger

---

128 zum letzteren vgl. BAG, Urteil vom 06.03. 1985 unter dem AZ: 5 AZR 523/83, AP Nr. 11 zu § 11 Mutterschutzgesetz 1968
129 BAG, Urteil vom 26.05.1988 unter dem AZ: 8 AZR 719/85
130 aus *Schelter,* Das Tarifrecht der Angestellten im Pflegedienst (BAT), a.a.O., S. 315

als zwei Monate bei demselben Arbeitgeber beschäftigt. Für den Angestellten gilt die 5-Tage-Woche. Dem Angestellten haben im vorangegangenen Kalenderjahr insgesamt DM 1.000,– unständige Bezügebestandteile zugestanden. Der Monatsdurchschnitt der Summe DM 1.000,– (DM 1.000,– : 12) ist DM 83,33. $^3/_{65}$ hieraus ergeben einen Tagesdurchschnitt von DM 3,85.

Beispiel 2:[131]
Eine Krankenschwester hat im Jahr 1991 Erholungsurlaub. Der Monatsdurchschnitt der Zulagen hat im Berechnungszeitraum 1990 DM 140,– betragen.
Bei der 5-Tage-Woche erhält sie für jeden Urlaubstag einen Aufschlag von DM 6,978 ($^3/_{65}$ aus DM 140,00 = DM 6,46 davon 108% = DM 6,978).

Die Berücksichtigung des Aufschlags erfolgt nach Maßgabe des § 36 Abs. 1 Unterabsatz 2 BAT. Die unständigen Bezügebestandteile werden nach der Arbeitsleistung des Vorvormonats bemessen. Es handelt sich bei § 36 Abs. 1 BAT um eine Bemessungsvorschrift für die sogenannten unständigen Bezügebestandteile. Abgegolten wird die Arbeitsleistung des Monats, in den die Zahlung fällt **(Zahlmonat)**, nicht etwa die Arbeitsleistung aus dem Vorvormonat.
Das BAG hat entschieden[132], daß der Aufschlag zur Urlaubsvergütung nach § 47 Abs. 2 Unterabsatz 2 BAT nach den unständigen Zulagen des Kalenderjahres berechnet wird, das dem Beginn des Urlaubs vorangegangen ist. Demnach müßte der Aufschlag bei der **Bemessung für den „Zahlmonat" in der für den Vorvormonat maßgebenden Höhe** berücksichtigt werden. Dies ergibt sich daraus, daß der Aufschlag für die Tage des Urlaubs bzw. der Arbeitsunfähigkeit des **Vorvormonats** als Teil der nicht in Monatsbeträgen festgelegten Beträge „gilt"[133].

Beispiel:[134]
Der Angestellte hat im Monat Juni 1990 fünf Arbeitstage Erholungsurlaub. Für die Bemessung der Bezüge für den Monat August ist der Aufschlag nach § 47 Abs. 2 BAT in der für den Monat Juni 1990 maßgebenden Höhe anzusetzen.

Kommt es zwischen dem Urlaubsmonat und dem Monat der Auszahlung des Aufschlags zu Änderungen in der Höhe der unständigen Bezügebestandteile, wirken sich diese auf die Berechnung des Aufschlags nicht aus. Ausnahme ist die in § 47 Abs. 2 Unterabsatz 5 BAT behandelte **allgemeine Vergütungserhöhung** nach Ablauf des Berechnungszeitraums. In diesem Fall erhöht sich der Aufschlag nach Unterabsatz 2 um 80% des von den Tarifvertragsparteien festgelegten durchschnittlichen Vom-Hundert-Satzes der allgemeinen Vergütungserhöhung.
Ändert sich die arbeitsvertraglich vereinbarte regelmäßige Arbeitszeit, sind Berechnungszeitraum für den Aufschlag die nach der Änderung der Arbeitszeit und vor dem Beginn des Urlaubs liegenden vollen Kalendermonate. Dies kann dazu führen, daß dann, wenn nach der Veränderung der Arbeitszeit (z.B. Reduzierung einer Vollzeit- auf eine Teilzeitbeschäftigung) ein Urlaub angetreten wird und seit der Änderung noch kein voller Monat verstrichen ist, ein Aufschlag nicht zusteht. Dies ist nach Auffassung des BAG zulässig[135].

11.3. Urlaubsabgeltung nach § 51 BAT

Grundsätzlich ist eine Urlaubsabgeltung **unzulässig,** weil der gesonderte Erholungs-

---

131 aus *Schelter,* Das Tarifrecht der Angestellten im Pflegedienst (BAT), a.a.O., S. 315 so auch *Clemens u.a.,* BAT, Erläuterung 11 zu § 36

132 BAG, Urteil vom 26.05.1988 unter dem AZ: 8 AZR 719/85, AP Nr. 9 zu § 47 BAT

133 so *Clemens u.a.,* BAT, Erläuterung 12 zu § 36

134 aus *Schelter,* Das Tarifrecht der Angestellten im Pflegedienst (BAT), a.a.O., S. 315

135 BAG, Urteil vom 13.06.1991 unter dem AZ: 8 AZR 330/91, ZTR 1992, S. 156

urlaubsanspruch in natura zu erfüllen ist. Entsprechende Absprachen sind nach § 134 BGB unwirksam.

Nach § 7 Abs. 4 Bundesurlaubsgesetz ist eine Abgeltung des Urlaubs dann erlaubt, wenn der Urlaub **wegen Beendigung des Arbeitsverhältnisses** ganz oder teilweise nicht mehr gegeben werden kann. Diese Fälle sind in § 51 Abs. 1 BAT abschließend aufgeführt.

Durch § 51 Abs. 1 BAT sind Urlaubsabgeltungsansprüche für Arbeitnehmer, die aus einem befristeten Arbeitsverhältnis ausscheiden, nicht ausgeschlossen. Der Urlaubsanspruch beruht auf § 7 Abs. 4 Bundesurlaubsgesetz, der nicht auf den gesetzlichen Mindesturlaub beschränkt ist, sondern den gesamten Urlaubsanspruch des Arbeitnehmers erfaßt, der bei Beendigung des Arbeitsverhältnisses nicht erfüllt ist, wobei es auf die Art der Beendigung nicht ankommt[136].

Mit dem **Tod des Angestellten** erlöschen nichterfüllte Urlaubsansprüche ersatzlos, weil es sich um höchstpersönliche Ansprüche handelt, die weder übertragbar noch vererblich sind. Eine Abgeltung an Hinterbliebene erfolgt demzufolge nicht.

Der § 51 BAT kommt auch für den tariflichen und gesetzlichen Zusatzurlaub zum Tragen[137].

Auch Urlaubsabgeltungsansprüche unterliegen der Ausschlußfrist des § 70 BAT[138].

Dies gilt ebenso für die Abgeltung des gesetzlichen Urlaubsanspruchs.

Beachte:
Gesetzliche Abgeltungstatbestände stehen auch in § 4 Abs. 3 Arbeitsplatzschutzgesetz, § 78 Zivildienstgesetz und § 17 Abs. 3 Bundeserziehungsgeldgesetz.

Sofern der Angestellte in unmittelbarem Anschluß in ein Arbeitsverhältnis zu einem **anderen Arbeitgeber** des öffentlichen Dienstes übertritt, unterbleibt die Abgeltung, weil der neue Arbeitgeber verpflichtet ist, den noch nicht verbrauchten Urlaub zu gewähren. Eine Abgeltung ist auch dann entbehrlich, wenn der Angestellte

zum Zeitpunkt der Beendigung des Arbeitsverhältnisses bis zu dem Zeitpunkt, an dem der Urlaub verfällt, arbeitsunfähig ist[139].

Das gleiche gilt bei **Ausscheiden wegen verminderter Erwerbsfähigkeit.**

§ 51 Abs. 1 Unterabsatz 2 BAT regelt für den Fall einer außerordentlichen Kündigung des Arbeitgebers gegenüber dem Angestellten wegen eines **vorsätzlich schuldhaften Verhaltens** oder wenn der Angestellte das Arbeitsverhältnis unberechtigterweise gelöst hat, daß dann dem Angestellten nur der gesetzliche Urlaubsanspruch abgegolten wird, der ihm z.B. nach dem Bundesurlaubsgesetz, dem Schwerbehindertengesetz usw. noch zustehen würde. Dabei ist die Zwölftelungsvorschrift des § 48 Abs. 5 Satz 1 BAT zu beachten, die allerdings **nicht** auf den **Zusatzurlaub** und **Zusatzurlaub für Schwerbehinderte** angewendet werden darf[140].

Beispiel:[141]
Einem Angestellten wird wegen vorsätzlich schuldhaften Verhaltens außerordentlich zum 28.10.1990 gekündigt. Er hat im Urlaubsjahr 1990 noch keinen Erholungsurlaub erhalten. In diesem Fall besteht nach dem Bundesurlaubsgesetz ein Anspruch auf Abgeltung von $9/12$ x 24 = 18 Werktage mit je $1/26$ der Urlaubsvergütung.

---

136 BAG, Urteil vom 18.10.1990 unter dem AZ: 8 AZR 490/89, AP Nr. 56 zu § 7 Bundesurlaubsgesetz Abgeltung
137 BAG, Urteil vom 08.03.1984 unter dem AZ: 6 AZR 560/83, AP Nr. 16 zu § 7 Bundesurlaubsgesetz Abgeltung
138 BAG, Urteil vom 03.02.1971 unter dem AZ: 5 AZR 282/70, AP Nr. 9 zu § 7 Bundesurlaubsgesetz Abgeltung
139 BAG, Urteil vom 15.08.1989 unter dem AZ: 8 AZR 530/88, AP Nr. 51 zu § 7 Bundesurlaubsgesetz Abgeltung
140 BAG, Urteil vom 08.03.1994 unter dem AZ: 9 AZR 49/93, ZTR 1994, 337
141 aus *Schelter,* Das Tarifrecht der Angestellten im Pflegedienst (BAT), a.a.O., S. 3

K. Die Beendigung des Arbeitsverhältnisses

1. Übersicht über die Beendigungsgründe

Das Arbeitsverhältnis kann enden durch

- Anfechtung (*vgl. bereits oben Fall 6 unter A.7.*, z.B. wegen arglistiger Täuschung nach § 123 BGB)

- Tod des Arbeitnehmers

- Berufs- oder Erwerbsunfähigkeit

- vertragliche Vereinbarung (Aufhebungs- oder Auflösungsvertrag, Befristung, auflösende Bedingung),

- Kündigung (ordentliche/außerordentliche Kündigung)

- Auflösung gegen Zahlung einer Abfindung durch gerichtliche Entscheidung nach den §§ 9, 10 KSchG

- durch gerichtlichen Vergleich

- Mitteilung der Nichtweiterbeschäftigung nach der Berufsausbildung

- im Arbeitskampf durch lösende Aussperrung oder durch das Abkehren des Arbeitnehmers nach suspendierender Aussperrung.

Im folgenden soll auf den Aufhebungsvertrag und seine Besonderheiten *(unter 2.)*, auf das Abmahnungsrecht im Hinblick auf eine verhaltensbedingte Kündigung *(unter 3.)*, auf die neuen gesetzlichen Kündigungsfristen *(unter 4.)*, auf die Probezeit *(unter 5.)* sowie auf die Beendigungskündigung *(unter 6.)* näher eingegangen werden.

2. Der Aufhebungsvertrag und seine Besonderheiten

Fall 116:

Auf Station gibt es massiven Ärger zwischen den Arbeitskollegen. Die Pflegedienstleitung zitiert die Stationsleitung zu sich. Anwesend ist auch der Personalleiter. Die Pflegedienstleitung gibt der Stationsleitung die Schuld an den Zuständen auf der Station, erklärt sie für unfähig und fordert sie auf, ein vorbereitetes Papier zu unterschreiben, ansonsten müsse sie mit der Einleitung eines Kündigungsverfahrens rechnen. Das Papier ist überschrieben mit „Auflösungsvertrag" und wurde vom Personalleiter vorbereitet. Die Stationsleitung ist überrascht, unterschreibt und geht Tage später zum Rechtsanwalt. Kann sie sich erfolgreich gegen die Auflösung des Arbeitsverhältnisses wehren?

Im Rahmen der **Vertragsfreiheit** und der damit verbundenen **Gestaltungsfreiheit** kann nach § 305 BGB ohne weiteres ein Aufhebungs- bzw. Auflösungsvertrag geschlossen werden. Im öffentlichen Dienst ist dies für Angestellte in § 58 BAT ausdrücklich geregelt.

Für den Fall eines Aufhebungsvertrages kommt der Kündigungsschutz weder im Rahmen des KSchG noch des MuSchG oder auch des SchwbG zum Tragen. Auch kommt es nicht zur Mitwirkung der Betriebsvertretung (Personalrat, Betriebsrat oder Mitarbeitervertretung).

Der Vertrag ist formlos möglich, wird zweckmäßigerweise aber schriftlich abgefaßt, schon aus Beweisgründen. Im übrigen bedarf es bereits deshalb einer schriftlichen Abfassung, damit die sozialversicherungsrechtlichen und abgabenrechtlichen Vorteile für den Mitarbeiter gewahrt sind. Früher wurde eine etwaige **Sozialabfindung** auf das Arbeitslosengeld nicht angerechnet, wenn die vertragliche Kündigungsfrist bei der Aufhebungsvereinbarung eingehalten wurde und keine Sperrzeit wegen schuldhaften Verlusts des Arbeitsplatzes eingetreten war. Seit 01.04. 1997 ist das AFG neu gefaßt: Grundsätzlich ist die Abfindung zur Hälfte anzurechnen, wobei es Freibeträge gibt. Insoweit gilt allerdings nach § 242 t ff. AFG eine komplizierte Übergangsregelung, von der folgendes von erheblicher praktischer Bedeutung ist: Wer vor dem 01.04.1997 innerhalb der Rahmenfrist mindestens 1 Jahr lang beschäftigt war und sich bis April 1999 arbeitslos meldet, für den gilt noch die alte Regelung.

Der Anspruch auf Arbeitslosengeld kann auch durch die Anordnung einer Sperrzeit zum vorläufigen Ruhen gebracht werden (§ 119 AFG). Eine **Sperrzeit** wird dann angeordnet, wenn dem Arbeitslosen vorgeworfen werden kann, er habe den Eintritt oder die Fortdauer seiner Arbeitslosigkeit selbst zu verantworten.

Das Gesetz unterscheidet drei Tatbestände:

• Vorsätzliche oder grobfahrlässige Herbeiführung der eigenen Arbeitslosigkeit durch Lösung eines Beschäftigungsverhältnisses oder Begründung eines Anlasses zur Lösung des Beschäftigungsverhältnisses durch den Arbeitgeber
• Nichtantritt einer dem Arbeitslosen vom Arbeitsamt nachgewiesenen zumutbaren Tätigkeit
• Nichtantritt oder Abbruch einer vom Arbeitsamt empfohlenen Maßnahme beruflicher Bildung *(vgl. Einzelheiten in Teil 1: Grundlagen und Grundbegriffe).*

Zur Sperrzeitverhängung gibt es eine umfangreiche Rechtsprechung des BSG[1], so daß es sich für den Arbeitnehmer empfehlen dürfte, mit dem Arbeitsamt vor Abschluß des Aufhebungsvertrages Rücksprache zu nehmen.

Auf die Sperrzeit hat übrigens der Arbeitgeber den Arbeitnehmer ausdrücklich hinzuweisen[2], wenngleich die Rechtsprechung im übrigen mit Aufklärungspflichten des Arbeitgebers recht zurückhaltend ist, weil der Arbeitnehmer in der Lage ist, sich selbst sachkundig zu machen, sei es über Fachliteratur, sei es über anwaltliche Beratung[3]. Hinweispflichten bestehen nur dann, wenn der Arbeitgeber mit der schlichten Unkenntnis des Arbeitnehmers zu rechnen hat und wenn geldwerte Nachteile in der doch recht undurchsichtigen Zusatzversorgung drohen. Hier wird die Fürsorgepflicht des Arbeitgebers nutzbar gemacht *(vgl. bereits oben unter H.1.1.).*

Wichtig ist auch der **Steuervorteil,** weil **Sozialabfindungen** brutto = netto ausbezahlt werden können, jährlich maximal

• DM 24.000,– brutto, wenn der Arbeitnehmer unter 50 Jahre alt ist
• DM 30.000,–, wenn das 50. Lebensjahr vollendet ist und das Arbeitsverhältnis 15 Jahre bestanden hat
• DM 36.000,–, wenn das 55. Lebensjahr vollendet ist und das Arbeitsverhältnis 20 Jahre bestanden hat.

Voraussetzung ist aber, daß die einvernehmliche Aufhebung des Arbeitsvertrages auf Veranlassung des Betriebes, des Arbeitgebers, erfolgt. Dies muß im Vertrag ausdrücklich so festgehalten sein.

In sozialversicherungsrechtlicher Hinsicht hat das BAG angenommen, daß Abfindungen beitragsfrei sind, weil sie für die Zeit nach dem Ende des Arbeitsverhältnisses gezahlt werden und somit kein Arbeitsent-

---

1 BSG vom 22.06.1977, SozR 4100, § 119 Nr. 3 AFG; BSG vom 29.11.1989, NZA 1990, 628 f.; BSGE 21, 205 ff.
2 vgl. *Becker-Schaffner,* Umfang und Grenzen der arbeitgeberseitigen Hinweis- und Belehrungspflichten, BB 1993, 1281 ff.
3 BAG vom 10.03.1988, DB 1988, 2006; vom 03.07.1990, DB 1990, 2431

gelt darstellen[4]. Wird allerdings noch ausstehendes Arbeitsentgelt gezahlt, erwächst die Beitragspflicht. Das BSG hat sich dieser BAG-Rechtsprechung angeschlossen[5].

Zur Höhe der Abfindung ist festzustellen, daß nach einer nicht allseitig anerkannten Faustregel für je 2 Beschäftigungsjahre ein Monatsentgelt brutto = netto festgesetzt wird. Allgemein gültige Regeln gibt es jedoch nicht. Maßgeblich ist der Einzelfall.

Bei der **Bemessung der Abfindung** sind daher folgende Umstände zu berücksichtigen:

• Lebensalter
• Dauer der Betriebszugehörigkeit
• Familienstand
• evtl. Verlust betrieblicher Anwartschaftsrechte
• Chancen des Arbeitnehmers, eine neue Stelle zu finden
• wirtschaftliche Lage des Arbeitgebers.

Handelt es sich um eine Abfindung im Rahmen eines Kündigungsschutzprozesses, spielt auch das Maß der Sozialwidrigkeit der Kündigung eine Rolle, insbesondere natürlich auch die Quote der Prozeßchancen. In diesen Fällen kann das Gericht je nach Alter und Betriebszu-gehörigkeit des Arbeitnehmers einen Betrag bis zu 12 bzw. 18 Monatsentgelten als Abfindung festsetzen (§ 10 KSchG).

Wird eine Abfindung ohne qualifizierenden Zusatz abgeschlossen, so gilt sie stets als brutto vereinbart. Wird hingegen „netto" hinzugesetzt oder die Formulierung „brutto = netto" gewählt, hat der Arbeitnehmer Anspruch auf die entsprechende Nettozahlung, selbst wenn die Abfindung oder Teile davon steuerlicher Abgabepflicht unterliegen. Dies hat zur Folge, daß im Zweifel der Arbeitgeber sämtliche Steuern und Sozialversicherungsbeiträge zahlen muß.

Im Aufhebungs- bzw. Auflösungsvertrag sollten grundsätzlich alle Fragen erledigt werden, weshalb es empfehlenswert ist, eine **allgemeine Erledigungserklärung** aufzunehmen, mit der die Parteien übereinstimmend zum Ausdruck bringen, daß keine weiteren Ansprüche gegenseitig, gleich aus welchem Rechtsgrunde, bestehen. *Übersicht 44* faßt den Sachverhalt zusammen:

---

4 BAG, AP Nr. 6 zu § 10 KSchG 1969 = NJW 1989, 1381 = NZA 1989, 271
5 BSG, BB 1990, 1350 = NJW 1990, 2274

Übersicht 44: *Beispiel für die Ausformulierung eines Abfindungsvergleichs*

1. Auf Veranlassung der X-Krankenhaus GmbH, vertreten durch deren Geschäftsführer, wird im gegenseitigem Einvernehmen hiermit das Arbeitsverhältnis mit Ablauf des 30. Juni 1994 beendet.

2. Für den Verlust des Arbeitsplatzes zahlt die GmbH dem Mitarbeiter einen Abfindungsbetrag gemäß den §§ 9, 10 KSchG, 3 Nr. 9 EStG in Höhe von (bis DM 24000,–) brutto = netto.

3. Der Mitarbeiter erhält ein qualifiziertes Arbeitszeugnis, das vom verständigen Wohlwollen des Arbeitgebers geprägt ist.

4. Zusammen mit dem Arbeitszeugnis erhält der Mitarbeiter die Arbeitspapiere übersandt.

5. Damit sind sämtliche gegenseitigen Ansprüche der Parteien, gleich aus welchem Rechtsgrunde, erledigt.

Die hier dargestellte steuerliche Problematik gilt entsprechend für Gerichtsvergleiche.

Insoweit noch ein Tip: Im Steuerrecht gilt das sogenannte Zufluß-/Abfluß-Prinzip, das bedeutet, daß die Einnahmen im Kalenderjahr zu versteuern sind. Wenn jetzt in einem Abfindungsvergleich vereinbart wird, daß im Jahre 1997 DM 24.000,– und im Jahre 1998 die restlichen DM 24.000,– (Höchstbetrag) bezahlt werden, ist weder im Kalenderjahr 1997 noch im Kalenderjahr 1998 die Höchstgrenze überschritten, so daß mit dieser Aufspaltung der Abfindungsbetrag steuerfrei verdoppelt werden kann. Dies bietet sich naturgemäß dann an, wenn das Ende des Arbeitsverhältnisses mit dem Ende des Kalenderjahres im wesentlichen identisch ist.

Da die Behandlung durch die Finanzämter unterschiedlich erfolgt und für die Abgabepflicht der Arbeitgeber haftet, bietet es sich an, eine vorherige Abklärung beim Betriebs-Finanzamt vorzunehmen!

Schon begrifflich liegt keine Abfindung vor, wenn die Zahlung für einen Arbeitsplatzwechsel vom neuen Arbeitgeber geleistet wird[6].

Für die Steuerfreiheit von Abfindungen ist es unerheblich, ob sie in einer Summe oder über einen längeren Zeitraum verteilt in Raten gezahlt werden. Bei Ratenzahlungen bleiben die einzelnen Beträge von der ersten Zahlung an so lange unversteuert, bis der steuerfreie Höchstbetrag ausgeschöpft ist.

Ist die Abfindung höher als die steuerfreien Beträge, sollte sie möglichst als Einmalbetrag gezahlt werden. Der steuerpflichtige Teil der Abfindung unterliegt als Entschädigung nach § 34 Abs. 1 EStG dann nur dem halben Steuersatz. Diese Halbierung gilt sowohl bei der Einkommensteuerveranlagung als auch beim Lohnsteuerabzug (§ 39 b Abs. 3 Satz 9 und 10).

Wenn Abfindungen in Raten gezahlt werden, geht diese Vergünstigung allerdings verloren, sofern nicht folgende Fälle vorliegen:

- sämtliche Raten fließen dem Arbeitnehmer im selben Kalenderjahr zu
- die Ratenzahlung erfolgt, weil der Arbeitgeber aus Liquiditätsgründen nicht in der Lage ist, die Abfindung in einer Summe zu zahlen
- die Abfindung wird zwar in Raten auf 2 Jahre verteilt gezahlt, im ersten Jahr fließen jedoch höchstens Raten in Höhe der steuerfreien Beträge zu, während der steuerpflichtige Rest der Abfindung erst im zweiten Jahr gezahlt wird.

Für die Leistungen nach dem AFG ist das allerdings absolut schädlich. Diese Abfindungsbeträge werden voll und ganz auf die Leistungen des Arbeitsamtes, der Arbeitsforderung, angerechnet.

Anwendung auf Fall 116:

Häufig reut es den Arbeitnehmer, einen solchen Aufhebungsvertrag abgeschlossen zu haben. Er macht geltend, er sei zum Abschluß genötigt worden, habe nicht genügend Bedenkzeit gehabt und die Rechtsnachteile nicht gekannt.

Die Rechtsprechung ist mit einer Korrektur solcher Aufhebungsverträge äußerst zurückhaltend, weil im Vertragsrecht ein elementarer – schon aus dem römischen Recht übernommener **Rechtsgrundsatz** zur Anwendung kommt: *„Verträge sind einzuhalten" („pacta sunt servanda")*.

Wenn ein Fall arglistiger Täuschung oder widerrechtlicher Drohung vorliegt, kann der Arbeitnehmer selbstverständlich seine Willenserklärung zum Abschluß des Aufhebungsvertrages nach § 123 BGB anfechten. Erheblich ist insbesondere die **widerrechtliche Drohung.** Die Drohung mit einer außerordentlichen Kündigung ist jedenfalls dann nicht widerrechtlich, wenn

---

6 „Ablösezahlung", vgl. Bundesfinanzhof vom 16.12.1992, Bundessteuerblatt 1993 II, 447

„ein anderer Arbeitgeber eine derartige Kündigung ebenfalls in Erwägung gezogen hätte"[7]. Das gleiche gilt für die Androhung einer ordentlichen Kündigung[8]. Allerdings muß eine solche Kündigung keinesfalls einer richterlichen Überprüfung im Kündigungsschutzprozeß standhalten[9].

Im Fall 116 hat die Pflegedienstleitung lediglich die Einleitung eines Kündigungsverfahrens angedroht. Hier muß zunächst die Belegschaftsvertretung angehört werden *(vgl. dazu unten 8.)*. Die Aussage der Pflegedienstleitung ist grundsätzlich keine Drohung mit einem empfindlichen Übel, es sei denn, eine Kündigung ist völlig abwegig, was man hier nicht sagen kann.

Nach einem Urteil des LAG Hamburg[10] hat der Arbeitnehmer ein Widerrufsrecht wegen Überrumpelung, wenn er unverzüglich, also ohne schuldhaftes Zögern, widerruft. Dem hat sich das BAG so nicht angeschlossen[11]. Grundsätzlich hat jeder Bürger seine Rechte selbst wahrzunehmen und ist an vertragliche Absprachen gebunden. Nur **ausnahmsweise** kann nach § 242 BGB ein **Widerrufsrecht** dann in Betracht kommen, wenn der Vertrag unter Zeitdruck und ohne Bedenkzeit (**Überrumpelung**) zustande gekommen ist.

Im Fall 116 hat sich die Stationsleitung eine **Bedenkzeit** aber gar nicht ausbedungen, sondern einfach gleich unterschrieben. Das ist für sich gesehen keine Überrumpelung.

Dennoch ist dem Arbeitgeber zu empfehlen, von sich aus dem Arbeitnehmer eine Bedenkzeit einzuräumen, und dem Arbeitnehmer[12] anzuraten, auf einer solchen Bedenkzeit zu bestehen.

Im Entwurf des geplanten Arbeitsvertragsgesetzes ist ausformuliert, daß der Arbeitnehmer ein Widerrufsrecht binnen einer Woche haben soll, wenn der Arbeitgeber ihm nicht eine Überlegungsfrist von mindestens drei Tagen eingeräumt hat. Dies konnte zur Zeit Anhaltspunkt für eine angemessene Bedenkzeit sein. Es bleibt abzuwarten, ob das auch Gesetz wird.

3. Das Abmahnungsrecht

Fall 117 (identisch mit Fall 71):

Krankenschwester K. behandelt ihre Patienten recht grob. Sie ist nicht nur sehr launisch, oftmals unfreundlich und anmaßend, sondern beleidigt auch gerade ältere Patienten. Eines Tages wird es der Pflegedienstleitung nach vermehrten Beschwerden zu bunt. Sie erteilt der Krankenschwester einen schriftlichen Verweis, der zur Personalakte genommen wird, nachdem sie über diesen Verweis mit dem Personalratsvorsitzenden gesprochen hatte. Im Verweis wird Schwester K. zu einem ordnungsgemäßen Verhalten gegenüber den Patienten aufgefordert, anderenfalls werde sie fristlos gekündigt. Ist dieser Verweis zulässig? (vgl. auch oben D.5.1.3.!)

Mit einer Abmahnung wird von einer Arbeitsvertragspartei ihre Mißbilligung darüber mitgeteilt, daß die andere Partei ihre vertraglichen Pflichten verletzt.

Eine **Abmahnung** kann also **auch durch den Arbeitnehmer** erfolgen, z.B. mit dem Androhen der außerordentlichen Kündigung für den Fall des Gehaltszahlungsverzuges.

Regelmäßig geht es jedoch um die **Abmahnung des Arbeitgebers.** Sie ist insoweit ein **kündigungsrechtliches Instrument.**

Damit unterscheidet sich die Abmahnung zum einen von der rechtlich folgenlosen **Ermahnung,** die demzufolge zu den Personalakten genommen werden kann, ohne daß der Arbeitnehmer ein Entfernungs-

---

7 BAG vom 20.11.1969, AP Nr. 16 zu § 123 BGB
8 BAG vom 22.12.1982, AP Nr. 23 zu § 123 BGB
9 BAG vom 16.01.1992, EzA § 123 BGB Nr. 36
10 LAG Hamburg vom 03.07.1991, LAGE Nr. 6 zu § 611 BGB Aufhebungsvertrag
11 BAG vom 30.09.1993, ZTR 1994, 168
12 vgl. *Sträßner,* Die einverständliche Auflösung von Arbeitsverträgen in der Pflege, PflR 1/97, 8–13

recht hat, und der **Betriebsbuße,** die mit einer unmittelbaren Sanktion verbunden ist, wobei die Bußordnung der Mitbestimmung des Betriebsrates nach § 87 Abs. 1 Nr. 1 BetrVG bzw. des Personalrates unterliegt. Die Abmahnung dient dazu, dem Vertragspartner deutlich zu machen, daß ein bestimmtes Verhalten nicht geduldet wird und daß für den Fall der Wiederholung mit einer Gefährdung des Arbeitsverhältnisses ernsthaft zu rechnen ist.

Die Abmahnung dient demzufolge der Vorbereitung der **verhaltensbedingten** Kündigung *(zu den Beendigungsgründen durch Kündigung vgl. unter 6.).* In der Regel ist dem Arbeitnehmer durch mindestens eine Abmahnung die Gelegenheit zu geben, sein Verhalten zu ändern. Dies gilt nicht für personenbedingte Kündigungen und bei außerordentlichen Kündigungen aus wichtigem Grund.

Die Abmahnung hat folgenden **Inhalt:**

- Genaue Beschreibung des mißbilligten Verhaltens
- Bewertung im Verhältnis zu den arbeitsvertraglichen Pflichten (z.B. nicht ausreichende Leistung, Störung des Arbeitsablaufes, Störung des Betriebsfriedens)
- ausdrücklicher Hinweis, daß dieses Verhalten nicht geduldet wird, und
- Feststellung, daß bei Wiederholung bzw. Fortsetzung das Arbeitsverhältnis gefährdet ist und mit einer Kündigung gerechnet werden muß.

Die Abmahnung soll sich alleine auf die sachliche Darstellung des abgemahnten Verhaltens, die Würdigung und auf den Hinweis der möglichen Konsequenzen beschränken und keinesfalls unangemessene Wertungen der Person des Arbeitnehmers entfalten. Eine Verbindung mit anderen Sanktionen wie z.B. Verweis oder Buße sollte vermieden werden. Wegen ein- und desselben Verhaltens in einem knappen Zeitraum darf der Arbeitnehmer nicht zugleich abgemahnt und gekündigt werden. Der Mitarbeiter hat in Bezug auf eine **ungerechtfertigte Abmahnung** folgende Rechte:

- Formulierung einer Gegendarstellung und Begehren, daß diese Gegendarstellung in die Personalakte aufgenommen wird
- Klage gegen die Abmahnung mit dem Antrag, daß der Arbeitgeber verurteilt wird, die Abmahnung zurückzunehmen und aus der Personalakte zu entfernen
- vorausgehendes Gespräch mit dem Arbeitgeber oder ein förmliches Beschwerdeverfahren unter Hinzuziehung der Betriebsvertretung.

In dem Zusammenhang ist klarzustellen, daß selbst nach dem BetrVG die Abmahnung nicht dem Mitbestimmungsrecht des Betriebsrates unterliegt, also der Betriebsrat das Einigungsverfahren nicht einleiten kann[13]. Der Betriebsrat ist aber nach § 102 BetrVG anzuhören, wenn der Arbeitgeber nach der Abmahnung die Kündigung aussprechen will[14]. Kommt es zu keiner Einigung im Beschwerdeverfahren nach § 84 BetrVG, kann der Betriebsrat nach bisheriger Rechtsprechung nicht die Einigungsstelle anrufen[15].

Die Senate des BAG sind sich nicht darüber einig, ob der Beseitigungsanspruch einer Abmahnung einer tariflichen Verfallfrist unterliegt, wie sie z.B. in § 70 BAT geregelt ist (sechs Monate ab Fälligkeit des Anspruches). Der 5. Senat des BAG verneint die Anwendung tariflicher Verfallfristen, weil die Rechtsgrundlage des Beseitigungsanspruches aus dem Persönlichkeitsrecht des Arbeitnehmers hergeleitet wird[16]. Es dürfte sich aber für den Arbeitnehmer empfehlen, zwischen dem Zugang der Abmahnung und der Anrufung des Arbeitsgerichts keinen längeren Zeitraum verstreichen zu lassen. Führen Verhandlungen mit dem Arbeitgeber zu keinem Er-

---

13 BAG, AP Nr. 2 zu § 37 BetrVG 1972 Betriebsbuße = NJW 1980, 856
14 BAG, NZA 1990, 658
15 BAG, AP Nr. 1 zu § 85 BetrVG 1972 = NZA 85, 189
16 BAG, AP Nr. 14 zu § 611 BGB Persönlichkeitsrecht = NZA 1988, 53

gebnis, ist aus der Sicht des Arbeitnehmers unverzüglich eine Klageerhebung angebracht. Als Orientierung kann die Drei-Wochen-Frist des § 4 KSchG angesehen werden.

Urteil des LAG Niedersachsen vom 06.04.1993 zur Entfernung einer Abmahnung aus der Personalakte[17]:

„Ein Anspruch auf Entfernung einer schriftlichen Abmahnung aus der Personalakte ist nur dann schlüssig dargelegt, wenn der klagende Arbeitnehmer Tatsachen vorträgt, die konkrete Beeinträchtigungen seines beruflichen Fortkommens innerhalb eines absehbaren Zeitraums durch den Verbleib der Abmahnung in der Personalakte erwarten lassen. Allein die abstrakte Eignung der Abmahnung, derartige Nachteile hervorzurufen, reicht nicht aus, eine Beeinträchtigung des Arbeitnehmers in seiner Rechtsstellung zu indizieren."

Abweichendes Urteil des ArbG Köln vom 17.12.1993[18]:

„1. Der Arbeitnehmer hat auch dann einen Anspruch gegen den Arbeitgeber auf Entfernung einer zu Unrecht erteilten Abmahnung aus der Personalakte, wenn er keine Tatsachen vorträgt, die konkrete Beeinträchtigungen seines beruflichen Fortkommens durch den Verbleib der Abmahnung in der Personalakte erwarten lassen[19].

2. Der Arbeitgeber darf den Arbeitnehmer wegen eines Sachverhaltes abmahnen, der Anlaß einer Kündigung war, welche jedoch im Kündigungsschutzprozeß für unwirksam erklärt wurde[20].

3. Die Weigerung des Arbeitnehmers, ein Abmahnungsschreiben entgegenzunehmen, dessen Inhalt ihm mündlich vom Arbeitgeber erläutert wird, berechtigt den Arbeitgeber nicht zur Erteilung einer erneuten Abmahnung."

4. Die neuen gesetzlichen Kündigungsfristen

Seit dem 08.11.1993 gelten für die Kündigung der Arbeitsverhältnisse von Arbeitern und Angestellten einheitliche Regelungen nach dem neuen § 622 BGB.

Das Arbeitsverhältnis eines Arbeiters oder eines Angestellten kann mit einer Frist von 4 Wochen zum 15. oder zum Ende eines Kalendermonats gekündigt werden. Bei längerer Dauer des Arbeitsverhältnisses verlängern sich die Kündigungsfristen *(vgl. hierzu Übersicht 45 auf Seite 346):*

Bei der Berechnung der Beschäftigungsdauer werden Zeiten vor Vollendung des 25. Lebensjahres nicht berücksichtigt.

Die Kündigungsfrist während der Probezeit beträgt zwei Wochen.

In Tarifverträgen können abweichende Regelungen zu den oben genannten Fristen getroffen werden. Einzelvertraglich können längere Kündigungsfristen vereinbart werden, wobei allerdings für die Kündigung durch den Arbeitnehmer keine längere Frist gelten darf als für die Kündigung durch den Arbeitgeber.

---

17 LAG Niedersachsen 06.04.1993 unter dem AZ: 6 Sa 787/92, BB 1993, 2453; Revision beim BAG eingelegt (dort unter dem AZ.: 5 AZR 841/93)
18 ArbG Köln vom 17.12.1993 unter dem AZ: 2 Ca 7959/93, BB 1994, 580; rechtskräftig
19 entgegen LAG Niedersachsen, BB 1993, 2453
20 im Anschluß an BAG, AP Nr. 2 zu § 611 BGB Abmahnung = BB 1989, 222

Übersicht 45: *Kündigungsfristen in Abhängigkeit von der Dauer des Arbeitsverhältnisses*

Das Arbeitsverhältnis bestand	Die Kündigungsfrist beträgt
2 Jahre	1 Monat zum Monatsende
5 Jahre	2 Monate zum Monatsende
8 Jahre	3 Monate zum Monatsende
10 Jahre	4 Monate zum Monatsende
12 Jahre	5 Monate zum Monatsende
15 Jahre	6 Monate zum Monatsende
20 Jahre	7 Monate zum Monatsende

Kürzere Kündigungsfristen als die gesetzliche dürfen einzelvertraglich nur vereinbart werden

- für Aushilfskräfte, wenn die Dauer des Arbeitsverhältnisses 3 Monate nicht überschreitet
- in Betrieben mit nicht mehr als 20 Arbeitnehmern (ohne Auszubildende und Teilzeitkräfte unter 10 Stunden Arbeitszeit wöchentlich).

Die Kündigungsfrist darf 4 Wochen nicht unterschreiten.

5. Probezeit

Eine Probezeit kann zu Beginn eines Arbeitsverhältnisses für unbestimmte Dauer, sie muß aber nicht vereinbart werden; **zwingend vorgeschrieben** ist die Probezeit **nur für Berufsausbildungsverhältnisse** (ein bis drei Monate nach § 13 BBiG) und für die Krankenpflegeausbildung (sechs Monate für die dreijährige und drei Monate für die einjährige Ausbildung nach § 17 KrPflG). Ansonsten ist zu beachten: Die

Probezeit muß ausdrücklich vertraglich vereinbart und bestimmt sein. Ihre **Höchstdauer** beträgt 6 Monate (entsprechend § 1 KSchG). Eine Verlängerung dieser Frist bedarf außerordentlicher Umstände (z.B. besondere Vertrauensstellung). Das BAG hat entschieden, daß für Wissenschaftler und Künstler die Probezeit bis zu einem Jahr betragen darf[21]. Für die Probezeit können kürzere Kündigungsfristen vereinbart werden, die allerdings mindestens 2 Wochen betragen müssen. Schwerbehinderte können in der Probezeit ohne Genehmigung der Hauptfürsorgestelle, Schwangere jedoch nur mit Zustimmung der zuständigen Behörde gekündigt werden. Während der Probezeit ist der Arbeitgeber nicht verpflichtet, eine Kündigung zu begründen. Dies gilt selbst für den Fall der Kündigung eines HIV-Infizierten oder Aids-Kranken[22]. Wenn jedoch der allgemeine Kündigungsschutz besteht oder ein besonderer Kündigungsschutz greift, wird

---

21 AP Nr. 45 zu § 620 BGB, befristeter Arbeitsvertrag
22 BAG, AP Nr. 46 zu § 138 BGB = NJW 1989, 141

die Kündigung eines HIV-Infizierten aufgrund seiner Erkrankung in der Regel nicht möglich sein, weil das Arbeitsverhältnis durch die Erkrankung nicht beeinträchtigt wird. Wenn die Aids-Erkrankung ausgebrochen ist, ist der Arbeitgeber gehalten, den Gesundheitsdienst einzuschalten und aufklärend auf die Belegschaft zu wirken, falls diese die Kündigung verlangt. Der Arbeitgeber hat sich schützend vor den betroffenen Mitarbeiter zu stellen[23].

Begründet der Arbeitgeber die während der Probezeit ausgesprochene Kündigung dennoch, unterliegen die Gründe allerdings einer gerichtlichen Überprüfung!

Die **Mitwirkung der Belegschaftsvertretung** ist auch vor Ausspruch einer Kündigung während der Probezeit zu beachten, weil ansonsten die Kündigungserklärung unwirksam ist.

6. Beendigungskündigung

Fall 118:

In einem Aktenvermerk der Pflegedienstleitung des Krankenhauses ist festgehalten, daß Krankenschwester V. folgende Vorwürfe gegen die Hebamme Y. erhob:

Hebamme Y. kritisiere jede Kollegin auf unfaire Art, Kleinigkeiten bausche sie auf, und jeden Tag bringe sie eine negative Stimmung mit. Auch über ihre Arbeitsweise könne man nicht länger schweigen. So tauche sie u.a. schreiende Babys beim Baden unter, teile ,Klapse' aus, so daß man vier Finger auf dem ,Po' sehen könne. Beim Schreiben von CTG's manipuliere sie. Wenn das nicht anders werden würde, will Schwester V. auspacken.

In einem Aktenvermerk der Verwaltung präzisiert Schwester V. ihre Angaben wie folgt und erweitert ihre Vorwürfe:

- *Der Vorwurf, Hebamme Y. habe u.a. schreiende Babys beim Baden untergetaucht, beziehe sich auf einen Vorfall, der ca. 1 Jahr zurückliege. Das Kind sei sehr schwierig, sehr ,schreiig' gewesen. Weitere konkrete Fälle sind Schwester V. trotz mehrmaligem Nachfragen nicht mehr erinnerlich.*

- *Auch der Vorwurf, die Hebamme Y. teile ,Klapse' aus, so daß man vier Finger auf dem ,Po' sehen könne, beziehe sich auf einen einzigen Vorfall, nämlich denselben wie beim Babyuntertauchen. Auch hier sind Schwester V. nach mehrmaligem ausdrücklichen Nachfragen weitere konkrete Fälle nicht mehr erinnerlich.*

- *Zum Vorwurf, daß die Hebamme Y. CTG's manipuliere, kann Schwester V. sich an einen Fall im März 1989 erinnern, weitere Fälle sind ihr im Konkreten nicht erinnerlich.*

- *Neben Schwester V. gibt es lediglich Zeugen für die CTG-Manipulation sowie dafür, daß Hebamme Y. zu Säuglingen gesagt habe: „Wenn du nicht ruhig bist, schlage ich dir eine rein" oder so ähnlich.*

- *Schwester V. sei weiterhin aufgefallen, daß während einer Rufbereitschaft Hebamme Y. riesige Mengen an Alkohol zu sich genommen habe, die nach Aussagen von Schwester V. eigentlich zu einer Alkoholvergiftung hätten führen müssen. Gerufen wurde Hebamme Y. während ihrer Rufbereitschaft allerdings nicht.*

- *Hebamme Y. würde auch relativ häufig an den Medikamentenschrank gehen und sich selbst bedienen (Antibiotika, Benuron etc.). Auf Vorhalt habe Hebamme Y. erklärt, daß sie Librium genommen habe.*

Für die rechtliche Beurteilung ist weiterhin von Bedeutung, daß der ärztliche Leiter und Belegarzt mit einem Schreiben sehr massiv gegenüber dem Landrat reagiert hat: Man müsse der Hebamme Y. ggf. fristlos kündigen und gegen die Pflegedienstleitung und den Krankenhausdezernenten wegen Verzögerung und Duldung eine Dienstaufsichtsbeschwerde einleiten.

---

23 ArbG Berlin, NJW 1987, 2325

6.1. Das Kündigungsschutz-gesetz

Sofern das Arbeitsverhältnis beendet werden soll und der Arbeitnehmer damit nicht einverstanden ist, hat der Arbeitgeber die Möglichkeit, durch **einseitige Willenserklärung,** also durch einseitiges Rechtsgeschäft, das Rechtsverhältnis durch Kündigungserklärung für die Zukunft zu beenden.

Sofern das Arbeitsverhältnis länger als sechs Monate besteht und der Arbeitgeber mehr als zehn Arbeitnehmer, also mindestens elf Arbeitnehmer, beschäftigt, kommt allerdings das KSchG zur Anwendung. Teilzeitbeschäftigte werden dabei anteilig angerechnet (§ 23 Abs. 1 Satz 3 KSchG).

Gemäß § 1 KSchG wird nach Anrufen des Arbeitsgerichtes im Kündigungsschutzprozeß die soziale Rechtfertigung und damit die Rechtswirksamkeit der ausgesprochenen Kündigung richterlich überprüft.

Das KSchG unterscheidet drei Arten von Kündigungsgründen:

- personenbedingte Gründe
- verhaltensbedingte Gründe
- betriebsbedingte Gründe.

6.2. Personenbedingte Kündigung

Unter personenbedingten Gründen sind solche zu verstehen, die auf **persönlichen Eigenschaften und Fähigkeiten des Arbeitnehmers** beruhen. Hierzu gehören:

- mangelnde körperliche oder geistige Eignung
- Erkrankungen, die die Verwendbarkeit des Arbeitnehmers erheblich herabsetzen.

Im Einzelfall ist die Abgrenzung zu verhaltensbedingten Kündigungen nicht einfach, wie insbesondere der Fall der Alkoholerkrankung zeigt.

Wird eine Kündigung auf personenbedingte Gründe gestützt, bedarf es einer sorgfältigen Abwägung der Interessen. Waren die Kündigungsgründe vor Eintritt des Kündigungsschutzes dem Arbeitgeber bekannt, kann sich der Arbeitgeber hierauf nicht berufen. Im übrigen hat der Arbeitgeber alle Maßnahmen zu prüfen, durch die das Arbeitsverhältnis evtl. auch erhalten werden kann, z.B. durch Umsetzung, Umschulung oder Rehabilitation. Bei der Alkoholerkrankung etwa ist dem Mitarbeiter Gelegenheit zu einer Entziehungskur einzuräumen.

Personenbedingtheit liegt auch vor, wenn ein ausländischer Mitarbeiter eine Arbeitserlaubnis benötigt, diese aber vom Arbeitsamt nicht erteilt oder widerrufen wird. Bemüht sich der ausländische Mitarbeiter nicht rechtzeitig um die Arbeitserlaubnis, kann eine verhaltensbedingte Kündigung gerechtfertigt sein.

Einer der wichtigsten Fälle personenbedingter Kündigungen ist die **fehlende Eignung** für die geschuldete Arbeitsleistung. Die **Darlegungs- und Beweispflicht** liegt aber vollumfänglich beim **Arbeitgeber.** In der Praxis ist das ein ausgesprochen schwieriges Unterfangen.

Ein weiterer wichtiger Anwendungsfall ist die **Erkrankung** des Arbeitnehmers einschließlich einer Suchterkrankung. Hier werden sehr strenge Maßstäbe an die Zulässigkeit der Kündigung angelegt. Sie kommt nur in Frage, wenn die betrieblichen Interessen durch die Erkrankung unzumutbar beeinträchtigt werden.

Es werden drei Fallgruppen unterschieden:

- lang andauernde Erkrankungen
- häufige Kurzerkrankungen
- krankheitsbedingte Leistungsminderung.

Bei **lang andauernden Erkrankungen** ist maßgebend, daß die Wiederherstellung der Gesundheit objektiv nicht abzusehen ist und der Arbeitsplatz aus betrieblichen Gründen wieder besetzt werden muß; hier kommt es entscheidend auf die Verhältnisse des Einzelfalles an.

Vor allem bei **häufigen Kurzerkrankungen**
kommt der Grundsatz zur Anwendung,
daß nicht jede Erkrankung zur Arbeitsunfähigkeit führt und der Arzt ausdrücklich
die Arbeitsunfähigkeit feststellen muß. In
den zum 01.11.1991 in Kraft getretenen
Arbeitsunfähigkeitsrichtlinien ist dies in
Ziff. 2 ausdrücklich berücksichtigt.

Bei **krankheitsbedingter Leistungsminderung** kommt es darauf an, ob eine erhebliche Absenkung des Leistungsniveaus unter
den Durchschnitt gegeben und ob der betriebliche Ablauf durch die Leistungsminderung konkret gefährdet ist.

Gerade bei Erkrankungen ist auf folgendes
abzustellen:

Je kürzer das Arbeitsverhältnis besteht, um
so eher kann sich der Arbeitgeber auf Aus-
fallzeiten des Arbeitnehmers durch Krankheit berufen; umgekehrt: Je länger das Arbeitsverhältnis besteht, um so mehr muß
der Arbeitgeber an Fehlzeiten in Kauf nehmen. Ist die Erkrankung auf betriebliche
Verhältnisse zurückzuführen, z.B. Mob-
bing, geht dies zu Lasten des Arbeitgebers.
Eine einmalige Erkrankung, die auch sehr
lange dauern kann, darf grundsätzlich
nicht zu Lasten des Arbeitnehmers gehen.

Bei **Alkoholerkrankungen** besteht das erste
Problem im Feststellen dieser Sucht-Krank-
heit, nachdem Alkoholiker klassischer-
weise ihre Erkrankung bestreiten. Meistens
kommt sie durch einen Verkehrsunfall mit
nachfolgender Blutprobe heraus. Der Arbeitgeber kann den Arbeitnehmer dagegen nicht zu einer Blutprobe zwingen.
Wenn der Arbeitnehmer damit nicht einverstanden ist, können hieraus keine
Rechtsnachteile entstehen. Sofern die
Suchterkrankung feststeht, ist dem Mitarbeiter wenigstens einmal Gelegenheit zu
geben für eine Entziehungskur. Wenn er
dann rückfällig wird, kann ihm gekündigt
werden, es sei denn, daß besondere Umstände aus dem Arbeitsverhältnis oder aus
dem persönlichen Verhältnis den Rückfall
bewirkt haben (z.B. Scheidungsverfahren).
Dann muß dem Mitarbeiter evtl. Gelegenheit zur zweiten Entziehungskur eingeräumt werden.

6.3. Verhaltensbedingte Kündigung

Verhaltensbedingte Gründe können in folgenden Fällen vorliegen:

- Vertragsverletzungen
- außerdienstliches Verhalten, das das Arbeitsverhältnis konkret beeinträchtigt
- Pflichtverletzungen des Arbeitnehmers
  im Leistungsbereich (z.B. Arbeitsverweigerung, Arbeitsversäumnis)
- Vorspiegeln nicht vorhandener Eigenschaften oder Fähigkeiten bei Einstel-
  lungsverhandlungen
- Verletzung von Verhaltenspflichten, die
  die betriebliche Ordnung betreffen
- den persönlichen Vertrauensbereich,
  z.B. Bestechlichkeit.

Zur Rechtfertigung einer Kündigung sind
nur solche Gründe geeignet, die es dem
Arbeitgeber unzumutbar machen, das Arbeitsverhältnis fortzusetzen. Entscheidend
sind die Verhältnisse des Einzelfalles, wobei
ein enger Bezug zu den vertraglichen
Pflichten des Arbeitnehmers herzustellen
ist. In der Regel muß das Verhalten schuldhaft durch den Arbeitnehmer erfolgt sein.

Bei der **Interessenabwägung,** die sowohl
bei personenbedingten als auch bei verhaltensbedingten Kündigungen vorzuneh-
men ist, ist das in *Übersicht 46 auf Seite 350*
Dargestellte zu berücksichtigen:

Wie bereits zum Abmahnungsrecht *(oben
unter K.3.)* ausgeführt, bedarf es bei verhaltensbedingten Kündigungen vor allem im
Leistungsbereich und im Bereich der betrieblichen Ordnung vor Ausspruch der
Kündigung einer Abmahnung. Neuerdings hat das BAG entschieden, daß es zur
Abmahnung alleine darauf ankommt, ob
der erhobene Vorwurf objektiv gerechtfertigt ist, und nicht darauf, ob das beanstan-
dete Verhalten des Arbeitnehmers dem Arbeitnehmer subjektiv vorgeworfen werden
kann[24]. Es bleibt abzuwarten, ob diese Ent-

---

24 BAG vom 21.04.1993 unter dem AZ: 5 AZR
413/92

Übersicht 46: *Interessenabwägung bei personenbedingten und verhaltens-bedingten Kündigungen*

Auf Seiten des Arbeitnehmers

- Art, Häufigkeit und Schwere der vorgeworfenen Pflichtwidrigkeit
- früheres Verhalten des Arbeitnehmers
- Mitverschulden des Arbeitgebers
- Dauer der Betriebszugehörigkeit und Lebensalter
- soziale Lage des Arbeitnehmers
- Lage auf dem Arbeitsmarkt und Umsetzungsmöglichkeiten.

Auf Seiten des Arbeitgebers

- Funktionsfähigkeit des Betriebes
- Arbeitsdisziplin der Mitarbeiter
- Eintritt eines konkreten Schadens
- Wiederholungsgefahr
- einschneidende Schädigung des Ansehens des Arbeitgebers.

---

scheidung bedeutet, daß das Bundesarbeitsgericht davon abgeht, das Verschulden einer verhaltensbedingten Kündigung vorauszusetzen.

Die Beweis- und Darlegungslast für die verhaltensbedingten Kündigungsgründe trägt wiederum der Arbeitgeber.

6.4. Betriebsbedingte Kündigung

Eine Kündigung kann sozial gerechtfertigt sein, wenn sie durch **dringende betriebliche Erfordernisse** bedingt ist, die einer Weiterbeschäftigung des Arbeitnehmers in diesem Betrieb entgegenstehen.

Erste Voraussetzung einer betriebsbedingten Kündigung ist demzufolge die **unternehmerische Entscheidung,** die dazu führt, daß das vorhandene Personal an einen ver-

änderten Bedarf angepaßt wird. Es handelt sich dabei um technische oder organisatorische Maßnahmen, durch die die Struktur des Betriebs oder der Betriebsablauf geändert werden. Die Zweckmäßigkeit der unternehmerischen Entscheidung unterliegt nicht der Kontrolle des Arbeitsgerichts, es sei denn, sie ist offensichtlich unsachlich, unvernünftig oder willkürlich[25]. Das Arbeitsgericht hat also lediglich eine Rechtmäßigkeitskontrolle.

Die Betriebsbedingtheit kann sich auch aus innerbetrieblichen Umständen ergeben, z.B. Auftragsmangel, Umsatzrückgang (auch aufgrund des Gesundheitsstrukturgesetzes):

Im Kündigungsschutzprozeß trifft den **Arbeitgeber** die **Darlegungs- und Beweislast**

---

25 BAG, AP Nr. 6, 22 zu § 1 KSchG, betriebsbedingte Kündigung

---

Übersicht 47: *Bewertungskriterien für die Schutzbedürftigkeit des Arbeitnehmers = soziale Auswahl*

- Lebensalter

- Dauer der Betriebszugehörigkeit

- Bestehende Unterhaltsverpflichtungen (Familie)

- Weitere Umstände:
  - Familienstand
  - Einkünfte anderer Familienangehöriger
  - Vorhandensein von Vermögen
  - Verschuldung
  - Gesundheitszustand
  - Pflegebedürftigkeit naher Familienangehöriger
  - Lage auf dem Arbeitsmarkt.

---

für die inner- oder außerbetrieblichen Gründe, die den Wegfall des Arbeitsplatzes zur Folge haben müssen. Evtl. bedarf es des Gutachtens eines Sachverständigen, z.B. eines vereidigten Wirtschaftsprüfers.

Vor einer betriebsbedingten Kündigung hat der Arbeitgeber zu prüfen, ob der Arbeitnehmer nicht durch Umsetzung, Umschulung oder im Rahmen einer Änderungskündigung auf einen anderen Arbeitsplatz im Betrieb weiterbeschäftigt werden kann.

Größtes Problem der betriebsbedingten Kündigung ist die **soziale Auswahl.**

Die Beurteilung der sozialen Rechtfertigung einer betriebsbedingen Kündigung erfolgt somit auf zwei Ebenen:

- Zunächst wird die wirtschaftliche Seite mit ihren Auswirkungen auf den Arbeitsplatz überprüft
- danach wird die soziale Seite hinsichtlich der sozialen Auswahl überprüft.

Bei der sozialen Auswahl ist es zunächst die Frage, welche Mitarbeiter so miteinander vergleichbar sind, daß sie unter die soziale Auswahl fallen. Dies richtet sich in erster Linie nach den **Merkmalen des Arbeitsplatzes.** Zu berücksichtigen sind die Be-

rufsgruppe, die ausgeübte Tätigkeiten und evtl. die Qualifikationsmerkmale. Läßt sich feststellen, daß verschiedene Arbeitnehmer vergleichbar sind, so ist aufgrund der betrieblichen Gründe derjenige zu entlassen, der nach seinen **Sozialdaten** des geringsten Schutzes bedarf (hierzu *Übersicht 47*).

Nach § 1 Absatz 3 Satz 1 KSchG neue Fassung ist seit 01.10.1996 klargestellt, daß die Umstände Lebensalter, Dauer der Betriebszugehörigkeit und bestehende Unterhaltsverpflichtungen vorrangig zu berücksichtigen sind.

Bestimmte Umstände dürfen kraft Gesetzes nicht zum Nachteil des Arbeitnehmers berücksichtigt werden, nämlich Einberufung eines Arbeitnehmers zum Wehrdienst und das Recht, vorzeitiges Altersruhegeld oder Rente wegen Alters zu beanspruchen.

Nach § 1 Absatz 3 Satz 2 KSchG sind in die soziale Auswahl Arbeitnehmer nicht einzubeziehen, deren Weiterbeschäftigung, insbesondere wegen ihrer Kenntnisse, Fähigkeiten und Leistungen oder zur Sicherung einer ausgewogenen Personalstruktur des Betriebs, im berechtigten betrieblichen Interesse liegt.

Auf Verlangen des Arbeitnehmers hat der Arbeitgeber die **Gründe mitzuteilen,** die zu der getroffenen sozialen Auswahl geführt haben. Dies ist für den Arbeitnehmer wichtig, um die Risiken einer evtl. Kündigungsschutzklage abwägen zu können. Zur Auskunft gehört, daß der Arbeitgeber die in die Auswahl einbezogenen Arbeitnehmer, die auswahlerheblichen Sozialdaten und den Bewertungsmaßstab angibt. Wenn der Arbeitgeber die Mitteilungspflicht verletzt, führt dies nicht zur Unwirksamkeit der Kündigung[26]. Der Arbeitnehmer genügt seiner Darlegungspflicht, wenn er pauschal die soziale Auswahl beanstandet[27].

Nach § 1 Absatz 3 KSchG hat der Arbeitnehmer die Tatsachen zu beweisen, die die Kündigung als sozial ungerechtfertigt erscheinen lassen.

Anwendung auf Fall 118:

Der Prüfung auf Zulässigkeit einer Kündigung oder Abmahnung ist folgendes vorauszuschicken: Zu Recht hatte bereits der Rechtsvertreter der Hebamme Y. darauf hingewiesen, daß die Angaben der Schwester V. zu unspezifiziert sind, um konkret Stellung nehmen zu können. Daran ändert auch die eingehende Vernehmung der Schwester V. nichts.

Verhaltensbedingte außerordentliche oder auch nur ordentliche Kündigungen bedürfen neben einer exakten Bestimmung der Vorwürfe nach Tag, Uhrzeit, konkretem Vorfall vor allem der Beweise.

Hinzu kommt, daß einzelne Vorfälle nicht geeignet sind, eine verhaltensbedingte außerordentliche oder auch nur ordentliche Kündigung zu begründen, ohne daß zuvor Abmahnungen erfolgt sind. Die BAG-Rechtsprechung ist geprägt vom Grundsatz der Verhältnismäßigkeit, so daß der Kündigung aus verhaltensbedingten Gründen eine Abmahnung und eine Überprüfung der Versetzungsmöglichkeit vorauszugehen hat[28].

Fristlose Kündigung

Eine außerordentliche fristlose Kündigung ist völlig abwegig. Dies zeigt schon der Wortlaut des § 626 Abs. 1 BGB. Danach darf ein Arbeitsverhältnis nur dann aus wichtigem Grund ohne Einhaltung einer Kündigungsfrist gekündigt werden, wenn Tatsachen vorliegen, aufgrund derer dem Kündigenden unter Berücksichtigung aller Umstände des Einzelfalles und unter Abwägung der Interessen beider Vertragsteile die Fortsetzung des Arbeitsverhältnisses bis zum Ablauf der Kündigungsfrist oder bis zu der vereinbarten Beendigung des Arbeitsverhältnisses nicht zugemutet werden kann.

Dabei ist nach der Rechtsprechung des BAG zunächst zu prüfen, ob die Tatsachen überhaupt geeignet sind, einen wichtigen Grund zu bilden, und es muß sodann eine Interessenabwägung stattfinden, ob es zumutbar ist, die gesetzlichen und vertraglichen Kündigungsfristen einzuhalten oder nicht[29].

Im vorliegenden Fall fehlt es bereits an der Geeignetheit:

Sämtliche Vorwürfe sind pauschaliert, unspezifiziert, einmalig und liegen längere Zeit zurück. Hieraus einen wichtigen Kündigungsgrund zu bilden ist völlig unangemessen und abwegig.

Die außerordentliche Kündigung ist die **ultima ratio:** sie ist nur zulässig, wenn die Kündigungstatsachen das Arbeitsverhältnis unzumutbar belasten. Als mildere Mittel

---

26 BAG, AP Nr. 17 zu § 1 KSchG, 1969, soziale Auswahl
27 BAG, AP Nr. 10 zu § 1 KSchG, 1969, soziale Auswahl
28 BAG, AP Nr. 5 zu § 1 KSchG 1969 verhaltensbedingte Kündigung = NJW 1983, 700 = Der Betrieb 1983, 180 sowie BAG, AP Nr. 12 zu § 1 KSchG 1969 verhaltensbedingte Kündigung = DB 1984, 2703 = NJW 1985, 823 = NZA 1985, 124
29 BAG, AP Nr. 87 zu § 626 BGB = NJW 1986, 342 = NZA 1985, 661; BAG AP Nr. 81 zu § 626 BGB = DB 1985, 1244 = NJW 1985, 1853 = NZA 1985, 288; AP Nr. 83 zu § 626 BGB = NJW 1985, 1851 = NZA 1985, 426

sind die ordentliche Kündigung, Abmahnung und gegebenenfalls eine Betriebsbuße in Betracht zu ziehen[30]. Aus dem ultima-ratio-Prinzip folgt, **daß der außerordentlichen Kündigung regelmäßig eine Abmahnung vorauszugehen hat**[31]. Auch hieran fehlt es völlig.

Selbst Straftaten rechtfertigen eine außerordentliche Kündigung nicht regelmäßig, sondern nur dann, wenn sie sich zum einen auf das Arbeitsverhältnis auswirken und zum anderen nicht ganz geringfügig sind[32]. Eine sogenannte Verdachtskündigung setzt voraus, daß der Verdacht das zur Fortsetzung des Arbeitsverhältnisses notwendige Vertrauen in die Rechtschaffenheit des Arbeitnehmers zerstört oder in anderer Hinsicht eine unerträgliche Belastung des Arbeitsverhältnisses darstellt. Der Verdacht muß dringend, durch Tatsachen objektiv begründet und alles Zumutbare zur Aufklärung des Sachverhalts geschehen sein[33].

Da es hier bereits an objektiv begründbaren Tatsachen fehlt, kommt auch die **außerordentliche Verdachtskündigung** nicht in Frage. Den Arbeitgeber trifft die Beweislast vollständig![34]

Nachdem die außerordentliche Beendigungskündigung das allerletzte Mittel des Arbeitgebers ist, von der er Gebrauch machen darf, kommt dieser Fall in der Praxis fast nicht mehr vor.

Fristgerechte verhaltensbedingte Kündigung

Eine verhaltensbedingte ordentliche Kündigung ist nach § 1 Abs. 2 Satz 1 des KSchG nur dann sozial gerechtfertigt, wenn sie durch Gründe, die in dem Verhalten des Arbeitnehmers liegen, bedingt ist. Auch hier bedarf es der Interessenabwägung zwischen Arbeitgeber und Arbeitnehmer[35]. Da ebenfalls der Grundsatz der Verhältnismäßigkeit gilt, muß wegen der Hinweis-, Warn- und Dokumentationsfunktion einer verhaltensbedingten ordentlichen Kündigung ebenfalls grundsätzlich eine Abmahnung vorausgehen, bevor der Arbeitgeber kündigen darf[36]. Eine Abmahnung ist nur dann entbehrlich, wenn der Arbeitnehmer nicht damit rechnen kann, daß der Arbeitgeber ein entsprechendes Verhalten des Arbeitnehmers tolerieren werde[37].

In der Rechtspraxis ist es so, **daß einer verhaltensbedingten ordentlichen Kündigung in der Regel drei Abmahnungen vorauszugehen haben.** Vorliegend ist nicht eine einzige Abmahnung erfolgt, so daß eine verhaltensbedingte ordentliche Kündigung vom Grundsatz her nicht ausgesprochen werden kann.

Hiervon gibt es naturgemäß **Ausnahmen:** Wenn die Vorwürfe gegenüber dem Arbeitnehmer so nachhaltig sind, daß sie zwar eine außerordentliche Kündigung nicht rechtfertigen, das Vertrauensverhältnis zwischen Arbeitgeber und Arbeitnehmer aber nachhaltig zerstören, kann naturgemäß auch ohne vorausgegangene Abmahnung ausnahmsweise aus verhaltensbedingten Gründen fristgerecht gekündigt werden. Dies gilt auch bei Vorliegen strafbarer Handlungen, die das Arbeitsverhältnis unmittelbar berühren, und zwar nicht nur für den Fall der Verurteilung, sondern auch für den Fall des Verdachtes strafbarer Handlungen.

Dabei ist aber zu beachten, daß ausgesprochen umstritten ist, ob eine Verdachtskündigung auch als verhaltensbedingte ordentliche Kündigung ausgesprochen wer-

---

30 so ausdrücklich *Schaub,* Arbeitsrechtshandbuch, § 185 V II d.

31 BAG AP Nr. 57, 62, 63 zu § 626 BGB; AP Nr. 58 zu Artikel 9 GG Arbeitskampf; AP Nr. 3 zu § 1 KSchG 1969 verhaltensbedingte Kündigung usw.

32 *Schaub,* Arbeitsrechtshandbuch, § 125 VII 37. m.w.N.

33 BAG, AP Nr. 1 , 5, 9, 13 zu § 626 BGB – Verdacht strafbarer Handlungen sowie AP Nr. 3, 5, 8 zu § 626 BGB

34 BAG, AP Nr. 8 zu § 626 BGB

35 BAG, AP Nr. 5 zu § 1 KSchG; AP Nr. 3 zu § 1 KSchG verhaltensbedingte Kündigung

36 BAG, AP Nr. 57, 62 zu § 626 BGB; AP Nr. 1 zu § 124 GewO; AP Nr. 9 zu § 1 KSchG verhaltensbedingte Kündigung

37 LAGE § 611 BGB – Abmahnung Nr. 4

den kann. Hier wird zum Teil vertreten, daß überhaupt nur eine außerordentliche Kündigung in Frage kommt[38]. Die Rechtsprechung hat bisher auch die ordentliche verhaltensbedingte Verdachtskündigung zugelassen[39].

Danach ist eine **verhaltensbedingte ordentliche Verdachtskündigung möglich, wenn**

- der Verdacht sich auf ein schweres, für das Arbeitsverhältnis erhebliches Verhalten richtet
- der Verdacht dringend und von erheblichem Gewicht ist
- für den Verdacht objektiv nachweisbare Tatsachen vorliegen, auch wenn der Arbeitnehmer ihn nicht verschuldet hat
- der Arbeitgeber alles Zumutbare getan hat, um den Verdacht aufzuklären.

Zum letzteren gehört insbesondere auch die vorherige Anhörung des Arbeitnehmers.

Ganz abgesehen davon, daß fraglich ist, ob die verhaltensbedingte ordentliche Verdachtskündigung vom BAG weiterhin zugelassen wird, hat das BAG entschieden, daß selbst nach Verurteilung infolge strafbarer Handlungen bei Kurzfreiheitsstrafen der Arbeitgeber zum Ausspruch der Kündigung nicht befugt ist, wenn das Arbeitsverhältnis nicht betroffen ist[40].

Im vorliegenden Fall rechtfertigt der ermittelte Sachverhalt unter keinem Gesichtspunkt eine ordentliche verhaltensbedingte Kündigung aufgrund Verdacht einer etwaigen strafbaren Handlung, denn es fehlt bereits an dem Verdacht auf ein schweres, für das Arbeitsverhältnis erhebliches Fehlverhalten, zumal der Verdacht auch noch auf objektiv nachweisbaren Tatsachen beruhen muß. Überdies muß der Arbeitgeber auch noch alles Zumutbare getan haben, um den Verdacht aufzuklären. An all dem fehlt es.

Die Vernehmung der Schwester V. hat insoweit keinerlei neuere Erkenntnisse gebracht.

Im Gegenteil dürfte sich der Verdacht bestätigen, daß hier Querelen und Streitig-keiten zwischen Arbeitskollegen vorliegen, die aufgebauscht werden.

Das „Untertauchen" von Säuglingen ist natürlich ein schwerwiegender Vorwurf. Beim Baden des Säuglings kann es aber durchaus vorkommen, daß der Säugling unter Wasser gerät. Hier müßte ein zielgerichtetes, mit Wissen und Wollen erfolgtes Verhalten nachgewiesen werden können. Hierfür ist der ermittelte Sachverhalt viel zu dürftig. Unter Wasser geraten und eingetaucht zu werden ist eben zweierlei. Schwester V. hat dies bewertet, ohne hierfür ausreichende Tatsachen vorzutragen. Gleiches gilt für den Vorwurf, dem Baby „Klapse" auf den „Po" erteilt zu haben, wobei alle Finger gesehen werden konnten, denn auch hier müßte ein zielgerichtetes, mit Wissen und Wollen erfolgtes Schlagen des Kindes stattgefunden haben. Schwester V. räumt selbst ein, daß es sich um ein ausgesprochen „schreiiges" Kind gehandelt habe. Hier kann ein Klaps durchaus geboten sein, ohne den Vorwurf der Kindesmißhandlung zu begründen. Daß man dabei die Finger sieht, ist nichts ungewöhnliches, nachdem der Säugling doch eine sehr zarte Haut hat.

Dies gilt erst recht für den Vorwurf der Manipulation von CTG's, ebenso für den Vorwurf des Alkohol- und Medikamentenabusus.

Für den Fall der Erstattung einer Strafanzeige ist keinerlei Erfolgsaussicht für die Überführung der „Täterin" zu ersehen. Die Vorwürfe sind einfach zu pauschal und zu unsubstantiiert. Es fehlen die erforderlichen Tatsachen, die eine strafbare Handlung unter jedwedem rechtlichen Gesichtspunkt überhaupt begründen könnten.

---

38 *Grunsky*, ZfA 1977, 167; *Moritz*, NJW 1978, 402

39 BAG, AP Nr. 39 zu § 1 KSchG; Nr. 39 zu § 102 BetrVG 1972 = DB 1986, 1726 = NZA 1986, 764 = NJW 1986, 3159; Urteil des BAG v. 30.04.1987 unter dem AZ: 2 AZR 283/86

40 *Schaub*, Arbeitsrechtshandbuch, § 125 VII 37 am Ende

Nach alledem steht fest, daß auch eine verhaltensbedingte ordentliche Kündigung sich unter keinem rechtlichem Gesichtspunkt ernsthaft begründen läßt.

Druckkündigung

Wird von einem Dritten – hier dem ärztlichen Leiter und Belegarzt – unter Androhung von Nachteilen für den Arbeitgeber – Dienstaufsichtsbeschwerde gegen Funktionsträger des Arbeitgebers, Veröffentlichung nach außen, zumindest im Rahmen eines Strafverfahrens – die Entlassung eines bestimmten Arbeitnehmers verlangt, so hat sich der Arbeitgeber grundsätzlich schützend vor den Arbeitnehmer zu stellen[41].

Dies gilt insbesondere dann, wenn das Begehren sachlich ungerechtfertigt ist, etwaige vom Arbeitnehmer früher gesetzte Kündigungsgründe verfristet sind oder gegen Grundrechte verstoßen wird.

Andererseits muß der Arbeitnehmer alles tun, um unzumutbare Nachteile von seinem Arbeitgeber abzuwenden. Er kann daher unter Umständen gehalten sein, in seine Versetzung einzuwilligen.

Nur dann, wenn der Arbeitgeber nur die Wahl hat, den Arbeitnehmer zu entlassen oder schwere wirtschaftliche Nachteile hinzunehmen, kann eine außerordentliche Druckkündigung überhaupt gerechtfertigt sein. Kommt es hier, wie der ärztliche Direktor es begehrt, zu einer Überreaktion des Arbeitgebers, also zum Ausspruch einer Kündigung und erleidet der Arbeitnehmer hierdurch Schaden, so können im Gegenteil Schadensersatzansprüche des gekündigten Arbeitnehmers gegenüber dem Dritten, also dem ärztlichen Direktor, und dem Arbeitgeber gerechtfertigt sein[42].

Aus den oben im einzelnen dargelegten Gründen fehlt es bereits an einem sachlich gerechtfertigten Begehren, zumal wirtschaftliche Nachteile für den Arbeitgeber beim besten Willen nicht zu erkennen sind. Wie noch dargelegt wird, rechtfertigt bereits jetzt das Verhalten des ärztlichen Leiters und Belegarztes die außerordentliche Kündigung des Belegarztvertrages.

Setzt dieser sein Verhalten in massiver Art und Weise fort, verfestigt er den wichtigen Grund für eine fristlose Kündigung des Belegarztvertrages noch weiter. Dies mag kommunalpolitischen Ärger geben und vielleicht auch dem Arbeitgeber insoweit wirtschaftliche Probleme abverlangen, daß hier evtl. eine Abfindung an den Belegarzt zu zahlen ist, dies ist aber genausowenig ein wirtschaftlicher Schaden im Sinne der Rechtsprechung wie Abfindungsverhandlungen mit dem im Rahmen einer Druckkündigung zu kündigenden Arbeitnehmer. Der Begriff „schwere wirtschaftliche Nachteile" muß demzufolge ganz eng ausgelegt werden. Typisches Beispiel hierfür ist, daß der Lieferant nicht mehr liefert, daß der Abnehmer nicht mehr abnimmt, aber nicht etwaiger kommunalpolitischer Ärger, der dazu führen könnte, daß Patienten das Haus nicht mehr in Anspruch nehmen. Aufgabe des Krankenhausträgers ist in diesem Fall, einen Ersatz für den gekündigten Belegarzt zu finden.

Es ist zwar anerkannt, daß die Druckkündigung aus personen- oder verhaltensbedingten Gründen durchaus auch in ordentlicher fristgerechter Form ausgesprochen werden kann, aber auch hier müssen zumindest entsprechende Verdachtsmomente vorliegen, und der Druck auf den Arbeitgeber so stark sein muß, daß er sich diesem Druck nicht entziehen kann, er also wirtschaftlich schwer geschädigt wird, ja eigentlich seine Existenz vernichtet werden soll. Gerade hier gilt in besonderem Maße das **Verhältnismäßigkeitsgebot.** Die Kündigung ist auf jeden Fall ausgeschlossen, wenn der Druck durch mildere Mittel oder andere Mittel beseitigt werden kann. Andere Mittel sind hier beispielsweise, den belegärztlichen Leiter in seine Schranken

---

41 BAG, AP Nr. 1, 3, 8, 10 zu § 626 BGB Druckkündigung; BGH (Z), AP Nr. 5 zu § 626 BGB Druckkündigung; BAG AP, Nr. 14 zu § 611 BGB – Bühnenengagementvertrag

42 *Schaub,* Arbeitsrechtshandbuch, § 125 VII 15 am Ende m.w.N.

zu verweisen, ja notfalls das Belegarztverhältnis zu kündigen.

Nach alledem steht also fest, daß eine Druckkündigung weder als außerordentliche noch als ordentliche Kündigung ernsthaft ausgesprochen werden kann.

Abmahnung

Der festgestellte Sachverhalt rechtfertigt im Hinblick auf die ermittelten Tatsachen noch nicht einmal eine Abmahnung der Hebamme Y.

Hierzu gilt das *unter K.6.3.* Ausgeführte eingeschränkt.

Daraus folgt, daß einmalige Vorfälle ohne genauen Tatsachenvortrag, die längere Zeit zurückliegen, nicht geeignet sind, einen entsprechenden Vorwurf für eine Abmahnung zugrunde zu legen.

Erstattung einer Strafanzeige

Aus dem oben festgestellten Sachverhalt ergibt sich keinerlei Verpflichtung des Krankenhausträgers, Strafanzeige gegen die Hebamme Y. zu erstatten. Im Gegenteil ist der Arbeitgeber an seine **Fürsorgepflicht** gegenüber dem Mitarbeiter zu erinnern:

Es müssen schon dringende Verdachtsmomente vorliegen, die so schwerwiegend sind, daß der Arbeitgeber zum Schutze der Patienten und der Mitarbeiter staatliche Ermittlungsbehörden einschaltet. Aufgrund der pauschalierten und unsubstantiierten Vorwürfe ist hier nichts in Sicht, was ein entsprechendes Verhalten des Arbeitgebers auch nur im geringsten rechtfertigen könnte. Der Arbeitgeber muß im Hinblick auf den **Verhältnismäßigkeitsgrundsatz,** den er zu beachten hat, das **Übermaßverbot** beachten. Ohne genaueste Sachverhaltsaufklärung darf eine Strafanzeige nicht erfolgen.

Selbst wenn Verdachtsmomente sich erhärten, ist der Krankenhausträger auf keinen Fall verpflichtet, Strafanzeige zu erstatten. Eine gesetzliche Verpflichtung gibt es nur bei Kapitalverbrechen wie Mord, Totschlag und ähnlichen Fällen.

Es kann durchaus im Interesse des Arbeitgebers sein, selbst schwerwiegende Vorfälle nicht in der Öffentlichkeit, selbst in die begrenzte Öffentlichkeit eines staatlichen Ermittlungsverfahrens, zu bringen, um Schaden von sich und für das Haus abzuwenden. Insoweit hat der Arbeitgeber, wie überhaupt bei der Ausübung seines Weisungsrechts, einen eigenen Ermessensspielraum. Dieser ist für Gerichte auch nur bedingt überprüfbar. Ein Ermessensfehlgebrauch ist im vorliegenden Fall nicht zu erkennen.

Übrigens wäre hier die Einleitung eines Strafverfahrens gegen die Hebamme Y. ggf. ein Eigentor für den Arbeitgeber, denn es besteht dann die Gefahr, daß die Öffentlichkeit erst recht aufmerksam auf pauschalierte und unsubstantiierte Vorwürfe wird, die ggf. hochstilisiert werden und sogar in die Presse geraten, ohne auch nur im geringsten Anhaltspunkte für ein die Mitarbeiterin belastendes Strafverfahren zu geben.

Verletzung des Übermaßverbots

Der Belegarzt, ärztlicher Direktor des Kreiskrankenhauses, hat mit Schreiben an den Landrat seine Empörung und Bestürzung über das angebliche Fehlverhalten der Hebamme zum Ausdruck gebracht und zugleich verlangt, der Hebamme Y. ggf. fristlos zu kündigen und gegen die Funktionsträger, nämlich die Pflegedienstleitung und den Krankenhausdezernenten, wegen Verzögerung und Duldung, eine Dienstaufsichtsbeschwerde einzuleiten.

Er gibt weiterhin an, daß er den Fall nunmehr seinem Anwalt übergeben werde.

Dieser hat mit Schreiben jüngsten Datums u.a. die Entlassung der Pflegedienstleitung des Kreiskrankenhauses gefordert.

Weiterhin hat der belegärztliche Leiter Schwester V. gebeten, die Hebamme Y. bei der Staatsanwaltschaft anzuzeigen, wenn sich der Landrat bis zum Abend nicht bei ihm gemeldet habe. Diese Angabe ergibt sich aus einem Aktenvermerk über das eingehende Gespräch mit Schwester V.

Das gesamte festgestellte Verhalten des belegärztlichen Leiters ist geprägt von einer gravierenden **Verletzung des Übermaßverbotes,** zu dessen Einhaltung der belegärztliche Leiter eigentlich verpflichtet ist.

Der Belegarztvertrag verpflichtet den belegärztlichen Leiter, die schützenswerten Interessen seines Vertragspartners gemäß § 242 BGB zu beachten, insbesondere auch in der Stellung als ärztlicher Direktor, zumal er Mitglied des Krankenhausdirektoriums ist, deren weitere Mitglieder, der Krankenhausdezernent und die Pflegedienstleitung, ganz erheblich angegriffen werden, so daß eine interessengerechte und sachgerechte Zusammenarbeit im Krankenhausdirektorium praktisch unmöglich wird. Hier liegt eine erhebliche Störung des Betriebsfriedens vor. Dieser Begriff ist häufig zwar unsubstantiiert und wird nur pauschaliert verwandt. Es ist aber in der arbeitsrechtlichen Rechtsprechung durchaus anerkannt, daß z.B. bei Verbalangriffen auf den Mitarbeiter, ja selbst auf den Personalrat[43], eine entsprechende Kündigung gerechtfertigt sein kann. Was arbeitsrechtlich gilt, muß erst recht dienstvertragsrechtlich gelten.

Es ist völlig abwegig, hier der Pflegedienstleitung oder auch dem Krankenhausdezernenten Verzögerung und Duldung vorzuwerfen. In solch heiklen Fällen ist es angebracht, bedeckt und mäßigend vorzugehen, um Schaden gerade für den Arbeitgeber zu vermeiden, aber auch den Mitarbeiter vor unberechtigten Vorwürfen zu schützen.

Das Verhalten des belegärztlichen Leiters ist so übermäßig und für die Betriebsorganisation und den Betriebsablauf nachhaltig störend, daß das Vertrauensverhältnis zwischen Belegarzt und Krankenhausträger nachhaltig und letztlich endgültig zerstört ist.

Wenngleich naturgemäß wegen des Vorliegens eines wichtigen Grundes sehr zurückhaltend und bedacht vorgegangen werden muß, liegt hier doch ausnahmsweise ein Fall vor, der eine solche fristlose Kündigung in der Tat rechtfertigen würde.

7. Änderungskündigung

Eine Änderungskündigung liegt dann vor, wenn der Arbeitgeber zwar den Arbeitsvertrag kündigt, jedoch im zeitlichen bzw. sachlichen Zusammenhang mit der Kündigung die Fortsetzung des Arbeitsverhältnisses zu geänderten Bedingungen anbietet, so § 2 KSchG. Die Änderungskündigung ist somit ein **einseitiges Gestaltungsmittel des Arbeitgebers** mit dem eine Änderung der vereinbarten Arbeitsbedingungen hinsichtlich der Arbeitsvergütung, der Eingruppierung, der Tätigkeitsart, des Arbeitsortes durchgeführt werden soll, die durch die Ausübung des Weisungsrechtes oder durch eine einvernehmliche Regelung zwischen den Parteien nicht erreicht werden kann. Es geht also bei der Änderungskündigung nicht um Beendigung des Rechtsverhältnisses selbst, sondern lediglich um eine Veränderung, so daß der Verhältnismäßigkeitsgrundsatz, wie er im Kündigungsrecht gilt, nicht in dem Maße anzuwenden ist wie bei der Beendigungskündigung *(vgl. dazu oben unter K.6.).*

Man unterscheidet

- die ordentliche Änderungskündigung und
- die außerordentliche Änderungskündigung.

Die **außerordentliche Änderungskündigung** setzt einen **wichtigen Grund** voraus, also Tatsachen, die es dem Arbeitgeber unzumutbar machen, das Ende der Kündigungsfrist abzuwarten. Dies wird in der Praxis nur sehr selten der Fall sein.

Eine **ordentliche Änderungskündigung** unterliegt der **Überprüfung nach dem KSchG,** d.h., auch insoweit ist eine soziale Rechtfertigung zu prüfen, die allerdings nicht die Wertigkeit besitzt wie bei der Beendigungskündigung. Eine betriebsbedingte Änderungskündigung, z.B. Gehaltskürzung oder Umsetzung, ist bei Geltung

---

43 OVG Berlin, AP Nr. 1 zu § 59 PersVG

des Kündigungsschutzgesetzes aber nur dann wirksam, wenn das Änderungsangebot des Arbeitgebers durch dringende betriebliche Erfordernisse bedingt ist. Der Arbeitgeber muß sich trotz zwingender wirtschaftlicher Schwierigkeiten darauf beschränken, nur solche Änderungen zu verlangen, die der Arbeitnehmer billigerweise hinzunehmen hat.

Gemäß dem **Grundsatz des Vorrangs der Änderungskündigung vor der Beendigungskündigung** hat der Arbeitgeber vor Ausspruch einer Beendigungskündigung immer zu prüfen, ob nicht eine Änderungskündigung möglich ist. Der Arbeitgeber muß bei Ausspruch einer solchen Änderungskündigung dem Arbeitnehmer klarstellen, daß bei Ablehnung des Änderungsangebotes eine Beendigungskündigung beabsichtigt ist und ihm eine Überlegungsfrist von einer Woche eingeräumt wird. Der Arbeitnehmer hat dann die Wahl zwischen Annahme, Ablehnung und Annahme unter Vorbehalt.

Die **Annahme** muß nicht ausdrücklich erfolgen, sondern ist auch durch **schlüssiges Verhalten** möglich, z.B. durch widerspruchsloses Weiterarbeiten unter den geänderten Bedingungen. Lehnt der Arbeitnehmer ab, und zwar vorbehaltlos und endgültig, kann der Arbeitgeber eine Beendigungskündigung aussprechen, gegen die dann der normale Kündigungsschutzprozeß wie bei sonstigen Beendigungskündigungen durchgeführt werden kann.

Gerade aus diesem Grund hat der Arbeitnehmer überdies noch die Möglichkeit, das Arbeitgeberangebot unter dem Vorbehalt anzunehmen, daß die Änderung der Arbeitsbedingungen sozial gerechtfertigt ist. In diesem Fall ist der Arbeitnehmer nicht mit dem Risiko des Arbeitsplatzverlustes belastet, wenn er die Kündigungsschutzklage erhebt. Denn der Arbeitgeber ist an diese unter Vorbehalt erklärte Annahme seines Vertragsangebotes gebunden. Den Vorbehalt muß der Arbeitnehmer dem Arbeitgeber innerhalb der Kündigungsfrist, spätestens jedoch innerhalb von 3 Wochen nach Zugang der Ände-

rungskündigung, erklären. Innerhalb dieser Frist muß er dann auch Kündigungsschutzklage vor dem Arbeitsgericht erheben, wenn er die soziale Rechtfertigung in Frage stellt.

Der Arbeitnehmer muß bis zur Beendigung des Verfahrens zu den neuen Arbeitsbedingungen tätig werden.

8. Mitwirkung des Betriebsrats bei Kündigungen von Arbeitnehmern (§ 102 BetrVG)

8.1. Übersicht

Fall 119:

Herr S. wird beim Arbeitgeber am 03.05. bei einer Probezeit von 2 Wochen eingestellt. Vom 06.05. bis 13.05. beteiligt er sich an einem von der Gewerkschaft ausgerufenen Streik. Am 11.05. kündigt der Arbeitgeber ihm ohne vorherige Anhörung des Betriebsrates zum 14.05., weil er sich für die Stelle nicht eigne. Herr S. hält die Kündigung für unwirksam[44].

Nach § 102 BetrVG ist der Betriebsrat bei Kündigungen von Arbeitnehmern anzuhören. Im Gegensatz zu § 99 BetrVG ist aber **nicht der tatsächliche Vorgang,** die Entlassung, **mitwirkungspflichtig, sondern das rechtliche Gestaltungsmittel der Kündigung.** Dieses Mitwirkungsrecht besteht

---

44 BAG vom 06.03.1979, AP Nr. 20 zu § 102 BetrVG mit Anmerkung *Meisel;* vgl. auch *von Hoyningen-Huene,* Betriebsverfassungsrecht, S. 315

auch für Tendenzbetriebe[45]. Bei der Kündigung gegenüber leitenden Angestellten ist der Betriebsrat nach § 105 BetrVG zu unterrichten, wobei die Einhaltung dieser Bestimmung ohne Bedeutung für die Wirksamkeit der Kündigung ist[46]. Allerdings muß nach § 31 Abs. 2 des Sprecherausschußgesetzes für leitende Angestellte der Sprecherausschuß, der allerdings erst ab 10 leitenden Angestellten einzurichten ist, bei Kündigungen von leitenden Angestellten angehört werden.

Anwendung auf Fall 119:

Eine ohne Anhörung des Betriebsrates ausgesprochene Kündigung ist nach § 102 Abs. 1 BetrVG unwirksam. Während eines Streiks sind die Beteiligungsrechte des Betriebsrats bei personellen Einzelmaßnahmen des Arbeitgebers eingeschränkt, soweit sie auf dem Streikgeschehen beruhen, weil ansonsten der Grundsatz der Waffengleichheit zwischen den Arbeitskampfparteien beeinträchtigt wäre. Hier mußte aber der Betriebsrat angehört werden, weil die Kündigung des Herrn S. wegen mangelnder Eignung ausgesprochen wurde, was jedenfalls vordergründig mit dem Streik nichts zu tun hat. Da eine Anhörung nicht erfolgte, ist die Kündigung gemäß § 102 Abs. 1 Satz 3 BetrVG unwirksam.

8.2. Unterrichtung durch den Arbeitgeber

Fall 120:

Der Angestellte P. ist erst drei Monate bei Arbeitgeber H. beschäftigt. Der Arbeitgeber teilt dem Betriebsrat mit, er wolle Herrn P. kündigen, weil

„die bisherige Zusammenarbeit eine für beide Seiten zufriedenstellende Kooperation nicht erwarten läßt". Zehn Tage später erfolgt die Kündigung, ohne daß bis dahin der Betriebsrat eine Stellungnahme abgegeben hätte. Ist die Kündigung wirksam?[47]

Die Anhörung des Betriebsrats vor jeder Kündigung setzt die Unterrichtung durch den Arbeitgeber voraus. Der Arbeitgeber hat deshalb dem Vorsitzenden des Betriebsrates (§ 26 Abs. 3 BetrVG) **wahrheitsgemäß die Gründe für die geplante Kündigung mitzuteilen,** so § 102 Abs. 1 Satz 2 BetrVG[48]. Dies gilt sowohl für die ordentliche als auch für die außerordentliche Kündigung. Das gilt ebenso für jede Änderungskündigung, bei der die Unterrichtung auch das Änderungsangebot enthalten muß[49].

Der Arbeitgeber hat den Betriebsrat über die Person des betroffenen Arbeitnehmers, die Art der Kündigung[50], die Kündigungsfrist[51], den voraussichtlichen Kündigungstermin und die Gründe der Kündigung[52] zu informieren. Dies gilt nur dann nicht, wenn der Betriebsrat bereits über den erforderlichen Kenntnisstand verfügt[53]. Bei der Angabe der Kündigungs-

---

45 BAG vom 07.11.1975, AP Nr. 4 zu § 118 BetrVG 1972

46 BAG vom 25.03.1976, AP Nr. 13 zu § 5 BetrVG 1972

47 BAG vom 13.07.1978, SAE 1979, 206 ff. mit Anmerkung *von Hoyningen-Huene;* vgl. auch *von Hoyningen-Huene,* Betriebsverfassungsrecht, S. 317):

48 BAG vom 23.09.1992, EzA § 1 Kündigungsschutzgesetz Krankheit Nr. 37

49 BAG vom 10.03.1982, SAE 1983, S. 104 mit Anmerkung *von Hoyningen-Huene*

50 BAG vom 29.08.1991, AP Nr. 58 zu § 102 BetrVG 1972

51 BAG vom 29.03.1990, AP Nr. 56 zu § 102 BetrVG 1972

52 BAG vom 28.02.1974, AP Nr. 2 zu § 102 BetrVG 1972

53 BAG vom 27.06.1985, AP Nr. 37 zu § 102 BetrVG 1972 mit Anmerkung *Ortlepp*

gründe geht es um die Darlegung der konkreten Tatsachen, Werturteile reichen nicht aus.

Anwendung auf Fall 120:

Nach § 102 Abs. 2 Satz 2 BetrVG könnte der Betriebsrat seine Zustimmung zur Kündigung erteilt haben. Dies setzt aber voraus, daß der Betriebsrat ordnungsgemäß unterrichtet wurde. **Der Betriebsrat muß vor jeder Kündigung gehört werden** (vgl. Wortlaut des § 102 Abs. 1 Satz 1 BetrVG), also auch für den Fall, daß wie hier das KSchG noch keine Anwendung findet. Nach § 102 Abs. 1 Satz 2 BetrVG muß der Arbeitgeber dem Betriebsrat die Kündigungsgründe mitteilen. Diesen Anforderungen genügt die Mitteilung des Arbeitgebers nicht, weil kein konkreter Sachverhalt angegeben wird, sondern nur eine allgemein-abstrakte Wertung erfolgt, die es dem Betriebsrat unmöglich macht, sein Beteiligungsrecht korrekt auszuüben. Da keine ausreichende Unterrichtung des Betriebsrats erfolgte, ist er auch nicht angehört, so daß die Voraussetzungen des § 102 Abs. 1 BetrVG nicht erfüllt sind. Die Kündigung ist unwirksam.

Beachte:

Da das KSchG hier keine Anwendung findet, kann der Arbeitnehmer auch nach Ablauf der Ausschlußfrist von drei Wochen nach Zugang des Kündigungsschreibens Feststellungsklage beim Arbeitsgericht einreichen, daß das Arbeitsverhältnis durch die Kündigung nicht beendet worden ist, sondern weiter besteht, weil er sich auf die Unwirksamkeitsvorschrift des § 102 Abs. 1 Satz 3 BetrVG beruft. Dort gibt es keine Ausschlußfrist.

8.3. Anhörung des Betriebsrats

Fall 121:

Der Arbeitgeber teilt dem Betriebsratsvorsitzenden unter Angabe der Gründe mit, daß der Mitarbeiter M. entlassen werden soll. Der Betriebsratsvorsitzende erklärt daraufhin umgehend, daß hier das Gericht entscheiden müsse, woraufhin die Kündigung ausgesprochen wird. Ist diese Kündigung wirksam?[54]

Nach § 102 Abs. 1 Satz 3 BVG ist eine ausgesprochene Kündigung ohne Anhörung des Betriebsrates unwirksam. Die Anhörung des Betriebsrates setzt voraus, daß der Betriebsrat einen entsprechenden Beschluß nach § 33 BetrVG gefaßt hat. Die **Anhörung einzelner Betriebsratsangehöriger reicht nicht aus,** auch nicht die des Betriebsratsvorsitzenden. Sofern ein Ausschuß nach den §§ 27, 28 BetrVG eingerichtet ist, der für Kündigungen zuständig ist, reicht dessen Anhörung aus[55]. Auf den Inhalt der Stellungnahme des Betriebsrates kommt es nicht an. Der **Arbeitgeber kann trotzdem kündigen,** auch wenn der Betriebsrat Bedenken äußert oder widerspricht. Durch die Beteiligung des Betriebsrates wird also der Individualkündigungsschutz des Arbeitnehmers keineswegs beeinflußt[56].

Beachte:

Die nachträgliche Umdeutung einer außerordentlichen Kündigung in eine ordentliche Kündigung im Kündigungsschutzprozeß ist nur möglich, wenn der Be-

---

54 BAG vom 18.09.1975, AP Nr. 6 zu § 102 BetrVG 1972; vgl. auch *von Hoyningen-Huene,* Betriebsverfassungsrecht, S. 319

55 BAG vom 12.07.1984, AP Nr. 32 zu § 102 BetrVG 1972

56 BAG vom 14.02.1990, AP Nr. 12 zu § 1 BeschFG 1985 unter II.4

triebsrat auch für die beiden Kündigungsarten angehört worden ist[57]. Etwas anderes gilt nur für den Fall, daß der Betriebsrat einer außerordentlichen Kündigung zugestimmt hat, denn dann gilt die Zustimmung für die ordentliche Kündigung ebenfalls als erteilt[58]. Der Betriebsrat ist auch in Eilfällen anzuhören[59].

Anwendung auf Fall 121:

Ohne formal richtiges Anhörungsverfahren nach § 102 Abs. 1 BetrVG ist die Kündigung unwirksam. Die Äußerung des Betriebsratsvorsitzenden ist keine Stellungnahme des Betriebsrates, weil der Arbeitgeber bei einem mehrköpfigen Betriebsrat weiß, daß eine Beschlußfassung erst noch erfolgen muß. Der Vorsitzende vertritt den Betriebsrat nur in der Erklärung, nicht im Willen (§ 26 Abs. 3 Satz 1 BetrVG).

8.4. Stellungnahme des Betriebsrats

Fall 122:

Arbeitgeber E. übergibt dem Betriebsrat am 05.04. eine Liste mit Arbeitnehmern, denen er kündigen will. Der Betriebsrat schreibt dem Arbeitgeber: „Wir sind gegen die Entlassung des Kollegen B., weil er in eine soziale Notlage käme. Wir sind bereit, über andere Vorschläge zu diskutieren." Am 11.04. kündigt der Arbeitgeber Herrn B. Ist die Kündigung wirksam?[60]

Im Rahmen des Anhörungsverfahrens hat der Betriebsrat zu der vom Arbeitgeber mitgeteilten Kündigungsabsicht Stellung zu nehmen, und zwar abschließend und nicht nur vorläufig[61].

Der Betriebsrat hatte dabei die Möglichkeit, der Kündigung zuzustimmen, Bedenken anzumelden, bei einer ordentlichen Kündigung förmlichen Widerspruch nach § 102 Abs. 3 BetrVG zu erheben oder sich gar nicht zu äußern, was nach Ablauf der Frist des § 102 Abs. 2 Satz 1 BetrVG als Zustimmung gilt. Der Betriebsrat soll vor seiner Stellungnahme den betroffenen Arbeitnehmer hören. Dies ist aber keine Wirksamkeitsvoraussetzung[62].

Anwendung auf Fall 122:

Der Arbeitgeber kündigte dem Angestellten B. noch vor dem Ende der einwöchigen Frist des § 102 Abs. 2 Satz 1 BetrVG, weshalb fraglich ist, ob das Anhörungsverfahren ordnungsgemäß durchgeführt wurde. Vor dem Ablauf der Wochenfrist wird das Anhörungsverfahren nur durch eine erkennbar abschließende Stellungnahme des Betriebsrates beendet. Hier ließ der Betriebsrat durch seine Diskussionsbereitschaft klar erkennen, daß für ihn die Erörterung des Kündigungsvorganges noch nicht beendet war. Der Arbeitgeber ist zwar nicht verpflichtet, mit dem Betriebsrat über die beabsichtigte Kündigung zu diskutieren; die vorläufige Äußerung des Betriebsrats hat aber keine fristverkürzende Wirkung. Demzufolge war das Anhörungsverfahren noch nicht abgeschlos-

---

57 BAG vom 12.08.1976, AP Nr. 10 zu § 102 BetrVG 1972
58 BAG vom 16.03.1978, AP Nr. 15 zu § 102 BetrVG 1972
59 BAG vom 13.11.1975 und 29.03.1977, AP Nr. 7 und 11 zu § 102 BetrVG 1972
60 BAG vom 01.04.1976, AP Nr. 8 zu § 102 BetrVG 1972; vgl. auch von Hoyningen-Huene, Betriebsverfassungsrecht, S. 320
61 BAG vom 12.03.1987, AP Nr. 47 zu § 102 BetrVG 1972
62 BAG vom 02.04.1976, AP Nr. 9 zu § 102 BetrVG 1972

sen, so daß die vorzeitige Kündigung des Mitarbeiters B. durch den Arbeitgeber unwirksam war.

8.5. Widerspruch des Betriebsrats

Fall 123:

Aus betrieblichen Gründen kündigt der Arbeitgeber das Arbeitsverhältnis dem Arbeitnehmer F. fristgerecht. Der Betriebsrat widerspricht der Kündigung mit der Begründung, vor einer Entlassung des Arbeitnehmers müßten zunächst die Überstunden in der entsprechenden Abteilung abgebaut werden. Der Arbeitnehmer erhebt daraufhin Kündigungsschutzklage. Er ist der Auffassung, für die Dauer dieses Verfahrens stehe ihm ein Weiterbeschäftigungsanspruch zu. Zu Recht?[63]

Während Bedenken des Betriebsrates gegen die Kündigung keinerlei Auswirkungen haben, hat der Widerspruch des Betriebsrates gegen eine ordentliche Kündigung durchaus bestimmte rechtliche Konsequenzen auf den Kündigungsschutz und die Stellung des Arbeitnehmers während der Dauer des Kündigungsschutzprozesses (vgl. § 102 Abs. 5 BetrVG). Deshalb enthält auch der § 102 Abs. 3 BetrVG einen Katalog der **Widerspruchsgründe,** der abschließend ist:

Nr. 1: Bei betriebsbedingten Kündigungen kann der Betriebsrat widersprechen, wenn der Arbeitgeber bei der Auswahl des zu kündigenden Arbeitnehmers soziale Gesichtspunkte nicht oder nicht ausreichend berücksichtigt hat.

Nr. 2: Ein Widerspruchsrecht des Betriebsrates besteht dann, wenn die Kündigung gegen eine Auswahlrichtlinie nach § 95 Abs. 1 BetrVG verstößt.

Nr. 3: Der Betriebsrat kann widersprechen, wenn der zu kündigende Arbeitnehmer an einem anderen Arbeitsplatz im selben Betrieb oder in einem anderen Betrieb des Unternehmens weiterbeschäftigt werden könnte.

Nr. 4: Ergänzend zu Nr. 3, soweit die Weiterbeschäftigung des Arbeitnehmers nach zumutbaren Umschulungs- oder Fortbildungsmaßnahmen möglich ist.

Nr. 5: Eine Widerspruchsmöglichkeit des Betriebsrates kommt dann in Betracht, wenn eine Weiterbeschäftigung des Arbeitnehmers unter geänderten Vertragsbedingungen möglich ist und der Arbeitnehmer sein Einverständnis hiermit erklärt hat. Daraus ergibt sich, daß der Arbeitgeber vor einer beabsichtigten Beendigungskündigung immer erst zu prüfen hat, ob nicht eine Änderungskündigung in Frage kommt.

Anwendung auf Fall 123:

Der Weiterbeschäftigungsanspruch nach § 102 Abs. 5 Satz 1 BetrVG setzt neben der Erhebung der Kündigungsschutzklage einen frist- und ordnungsgemäßen Widerspruch des Betriebsrates voraus. Ordnungsgemäß ist der Widerspruch nur, wenn er auf einen der in § 102 Abs. 3 BetrVG genannten Gründe gestützt ist. Vorliegend zweifelt der Betriebsrat in seiner Begründung lediglich an, ob das Bedürfnis für die Weiterbeschäftigung des Arbeitnehmers auf seinen Arbeitsplatz entfallen ist, also ob ein dringender betrieblicher Grund für die Kündigung vorliegt. Er

---

63 BAG vom 12.09.1985, AP Nr 7 zu § 102 BVG 1972 Weiterbeschäftigung; vgl. auch *von Hoyningen-Huene,* Betriebsverfassungsrecht, S. 322

beanstandet dagegen nicht, wie nach § 102 Abs. 3 BetrVG erforderlich, die Verletzung sozialer Auswahlkriterien oder anderer im Gesetz genannter Gründe. Der Widerspruch ist somit nicht ordnungsgemäß. Ein Weiterbeschäftigungsanspruch des Arbeitnehmers nach § 102 Abs. 5 Satz 1 BVG besteht folglich nicht.

9. Weiterbeschäftigungsanspruch des Arbeitnehmers

Hat der Betriebsrat im Falle einer ordentlichen Kündigung fristgerecht und ordnungsgemäß widersprochen, so hat der Arbeitnehmer bei Erhebung einer Kündigungsschutzklage gegenüber dem Arbeitgeber Anspruch darauf, ihn nach Ablauf der Kündigungsfrist bis zum rechtskräftigen Abschluß des Rechtsstreits bei unveränderten Bedingungen gemäß § 102 Abs. 5 Satz 1 BetrVG weiterzubeschäftigen (**vorläufige Weiterbeschäftigungspflicht**). Dies gilt allerdings nur für ordentliche Kündigungen und nur für den Fall, daß der Betriebsrat auch frist- und ordnungsgemäß widersprochen hat.

Auf Antrag des Arbeitgebers kann das Gericht den Arbeitgeber durch einstweilige Verfügung von der Verpflichtung zur vorläufigen Weiterbeschäftigung nach § 102 Abs. 5 Satz 1 BetrVG entbinden (§ 102 Abs. 5 Satz 2 BetrVG), wenn

1. die Klage des Arbeitnehmers keine hinreichende Aussicht auf Erfolg bietet oder mutwillig erscheint oder
2. die Weiterbeschäftigung des Arbeitnehmers zu einer unzumutbaren wirtschaftlichen Belastung des Arbeitgebers führen würde oder
3. der Widerspruch des Betriebsrats offensichtlich unbegründet war.

Letzteres hat nichts mit der Unwirksamkeit des Widerspruchs zu tun, d.h., natürlich muß der Betriebsrat den Widerspruch entsprechend § 102 Abs. 3 BetrVG erheben.

Literaturverzeichnis

[01] *ADS/DBfK,* Verantwortungsbereiche der beruflich Pflegenden, Mai 1997, 32 S.

[02] *Andreas/Siegmund-Schultze,* Die Grenzen der Arbeits- und Dienstbelastung des Pflegepersonals, Schw/Pfl 10/1987, S. 1262

[03] *Bach,* Die Entwicklung im Tarifrecht, BALK-Sonderheft 13/I. Quartal 1994, S. 66 ff.

[04] *Baumgärtel/Fieberg,* Das Recht der Arbeiter und Angestellten im öffentlichen Dienst, Kommentar zum BAT, Loseblatt, 2 Bände, Berlin, 1976, Stand: 04.09.97, Gesamtkommentar zum öffentlichen Dienstrecht, Bd. IV

[05] *Bebensee/Vitt,* Wiederaufbereitung von Einmal-Artikeln (MD Produkte), Gesundheitswesen 1994, S. 383 ff.

[06] *Becker-Schaffner,* Umfang und Grenzen der arbeitgeberseitigen Hinweis- und Belehrungspflichten, BB 1993, S. 1281 ff.

[07] *Bickelhaupt/Schelter/Wieja /Wörner,* Dienstplangestaltung im Pflegedienst, ÖTV, Stuttgart, 1996

[08] *Bieler/Ebert,* Das gesamte öffentliche Dienstrecht, 2. Aufl., Berlin, 1997, Loseblatt, 2102 S.

[09] *Bierfelder (Hrsg.),* Handwörterbuch des öffentlichen Dienstes, Das Personalwesen, Berlin, 1976

[10] *Bitter,* Krankenpflege- und Heilhilfspersonal, in: Arbeitsrechtsblattei Teil I D, Stuttgart u.a., Forkel, Loseblatt, Stand: April 1998

[11] *Bockelmann,* Strafrecht des Arztes, Stuttgart, 1968

[12] *Böhm/Spiertz,* BAT, Kommentar, 9 Bände, Loseblatt, Heidelberg, 2. Aufl., 1990

[13] *Böhme/Gaßmann,* Der Angestellte im öffentlichen Dienst (rechtliche Aspekte), in: *Bierfelder,* vgl. Nr. 9, Spalten 60–80

[14] *Böhme (Hrsg.),* Arbeitsgestaltung und Arbeitsschutz, insbesondere Dienstplangestaltung im Krankenhaus – Recht und Wirklichkeit, 2. Aufl., Schwäbisch Gmünd, 1981

[15] *Böhme,* Arbeitsgestaltung im Krankenhaus und ihre rechtlichen Grundlagen – Eine Einführung, in: *Böhme,* vgl. Nr. 14, S. 11 ff.

[16] *Böhme,* Ausgewählte Probleme aus dem Arbeitszeitrecht bei der Dienstplangestaltung im Krankenhaus, in: *Böhme,* vgl. Nr. 14, S. 214 ff.

[17] *Böhme,* Die Zulässigkeit der Delegation ärztlicher Tätigkeiten auf nichtärztliches Personal, DKZ 1/1984, Beilage, 16 Seiten

[18] *Böhme,* Das Mutterschutzgesetz – Die Anwendung unter besonderer Berücksichtigung der Situation im Krankenhaus, DKZ 12/1988, Beilage, 22 S.

[19] *Böhme,* Die Resterilisation von Einmalmaterial aus rechtlicher Sicht, Schw/Pfl 1/1989, S. 9–11

[20] *Böhme,* Müssen Mitarbeiter in der Endoskopie hohe Formaldehyd-Belastungen hinnehmen?, ENDO-Praxis 2/1990, S. 29–30

[21] *Böhme,* Die individuelle und organisatorische Verweigerung in der Krankenpflege aus rechtlicher Sicht, Teil 1, Schw/Pfl 6/1990, S. 528–531, Teil 2, Schw/Pfl 7/1991, 609–611

[22] *Böhme,* Umgang mit medizinisch-technischem Gerät, in: PFLEGEN AMBULANT 3/1991, S. 40–41; 4/1991, S. 37–39; 5/1991, S. 39–41

[23] *Böhme,* Pflege auf dem Prüfstand – Rechtsfragen der Delegation ärztlicher Tätigkeiten an Pflegende, Berlin, 1992, 276 S. + IX S.

[24] *Böhme,* Das neue Medizinproduktegesetz (MPG), in: PFLEGEN AMBULANT 4/1995, S. 47–50

[25] *Böhme,* Praktische Probleme mit dem Arbeitszeitrecht, 1. Teil, Schw/Pfl 6/1995, S. 530–533, 2. Teil, Schw/Pfl 7/1995, S. 629–633

[26] *Böhme,* Die Umsetzung des neuen Arbeitszeitgesetzes im ärztlichen Dienst und in Funktionsdiensten, plexus 1/1996, S. 44–49

[27] *Böhme,* Praxisnahe Umsetzung des Arbeitszeitgesetzes, 1. Teil, Schw/Pfl 2/1996, S. 179 f. und 2. Teil, Schw/Pfl 3/1996, S. 277 f.

[28] *Böhme,* Das Recht des Krankenpflegeperso-

nals, Teil 2: Haftungsrecht, Stuttgart, 4. Aufl., 1996

[29] *Böhme*, Rechtsfragen bei der dienstplanmäßigen Behandlung der Vorfestfeiertage, Schw/Pfl 12/1996, S. 1133 f.

[30] *Böhme/Jacobs*, Rechtsfragen bei ärztlichen Anordnungen, in: Schw/Pfl 2/1997, S. 149

[31] *Böhme*, Neue Regelungen im Arbeitsschutz- und Unfallschutzrecht, in: PFLEGEN AMBULANT 4/1997, S. 48–53

[32] *Bölke*, Hygiene im Krankenhaus aus der Sicht der Krankenhausträger, Das Krankenhaus 1988, 261

[33] *Botzenhardt*, Mikrobiologische Anforderungen an die Desinfektions- und Sterilisationsverfahren für gebrauchte Kunststoffartikel, Schw/Pfl 1989, S. 3 ff.

[34] *Brenner*, Darf das Krankenhauspersonal Injektionen, Infusionen und Blutentnahmen vornehmen?, DKZ 8/1972, S. 419

[35] *Brenner*, Die Aufgaben des leitenden Krankenpflegepersonals, in: Das Krankenhaus 3/1975, S. 8/4 ff.

[36] *Brenner*, Grundsätze der neuen gesetzlichen Regelung des Schwangerschaftsabbruchs, DKZ 12/1976, S. 674 f.

[37] *Brenner*, Die rechtliche Stellung der Pflegepersonen, die einer Betten- oder Funktionseinheit vorstehen, in: DKZ 7/1984, Beilage, 8 S.

[38] *Brenner*, Sind Unterrichtsschwestern und Unterrichtspfleger Lehrkräfte im schulrechtlichen Sinne?, Schw/Pfl 3/1986, S. 172–176

[39] *Brenner*, Die Medizingeräte-Verordnung – rechtliche Auswirkungen, DEKRA-Schriftenreihe 1989

[40] *Brenner*, Rechtskunde für das Krankenpflegepersonal, 6. Aufl., Stuttgart, 1997

[41] *Brox/Rüthers*, Arbeitskampfrecht. Kohlhammer, Stuttgart u.a., 2. Aufl., 1982

[42] *Brox/Rüthers*, Arbeitsrecht. Kohlhammer, Stuttgart u.a., 12. Aufl., 1995

[43] *Büsch u.a.*, Stufen der Pflegequalität in der Altenpflege, in: *Sowinski u.a.*, KDA Forum 24, S. 52–150 (vgl. Nr. 164)

[44] *Bulla/Buchner*, MuSchG, 5. Aufl., München, Beck, 1981

[45] *Burger*, Arbeitszeitgesetz 1994 – Wichtige Regelungen für den Krankenhausbereich, Pflegezeitschrift 8/1995, S. 472 ff.

[46] *Burger*, Schichtzulage für den Pflegedienst – Voraussetzungen und Handhabung in der Praxis, in: Schw/Pfl 10/1996, S. 940–949

[47] *Burmann*, Das Recht der personalen und technischen Sicherheit im Betrieb, München, 1969

[48] *Caritasverband für das Katholische Deutschland (Hrsg.)*, Zeitfragen der Katholischen Krankenpflege, Freiburg, 1913

[49] *Chauvenet*, Krankenhausberufe und Arbeitsteilung, in: *Volkholz (Hrsg.)*, S. 305 (vgl. Nr. 173)

[50] *Clemens u.a.*, BAT, Kommentar, Loseblatt

[51] *Däubler*, Der Streik im öffentlichen Dienst, 2. Aufl., Tübingen, 1971

[52] *Daschner*, Zur Frage der Resterilisation von Einwegmaterial, in: Schw/Pfl 1989, S. 8 f.

[53] *Debong u.a.*, Kein Dienst rund um die Uhr, in: Schw/Pfl 8/1990, S. 718

[54] *Debong u.a.*, Der Arbeitgeber darf dem Entlassungsdruck der Kollegen nicht unbedingt nachgeben, Schw/Pfl 10/1991, S. 928

[55] *Debong u.a.*, Pausenregelungen in der ambulanten Pflege, in: Schw/Pfl 1/1992, S. 73 f.

[56] *Debong/Andreas*, Neue Sicherheitsvorschriften für Medizinprodukte, in: Schw/Pfl 3/1995, S. 252–254

[57] *Debong/Andreas*, Wie sind Arbeitsverträge für Vertretungen im Erziehungsurlaub wirksam zu befristen?, in: Schw/Pfl 10/1995, S. 93 ff.

[58] *Debong/Andreas*, Kann sich Krankenpflegepersonal bei Operationen weigern, Assistenzarbeiten zu übernehmen, für die ein Arzt zuständig ist?, in: Schw/Pfl 11/1996, S. 1035

[59] *Debong/Andreas*, Umsetzung, Versetzung, Abmahnung und Änderungskündigung, in: Schw/Pfl 1/1997, S. 70–72

[60] *Dietmann*, Rahmenordnung für eine Mitarbeitervertretungsordnung der Katholischen Kirche, Stuttgart, 1984

[61] *Dietz/Richardi*, BetrVG, Kommentar, Beck, München, 7. Aufl., 1998

[62] *Donabedian*, Evaluating the quality of medical care, in: Millbank Memorial Fund Quarterly 6/1966

[63] *Dürig*, Gesetze des Landes Baden-Württemberg, Loseblatt, München, Beck, Stand: 1. April 1996

[64] *Duhnenkamp*, Das Mitarbeitervertretungsrecht im Bereich der evangelischen Kirche, Stuttgart, 1986

[65] *Eberbach*, Rechtsfragen bei Aids, in: DKZ 3/1988, S. 206 f.

[66] *Eichler,* JArbSchG, Loseblatt, Schulz, Starnberg-Percha

[67] *Fiedler/Schelter,* Das Arbeitszeitrechtsgesetz, 2. Aufl., 1995, Courier Verlag, Stuttgart

[68] *Fischer,* Zur Epidemiologie der Röteln, in: Die gelben Hefte, XIII 1973, S. 155 ff.

[69] *Fischer/Goeres,* Personalvertretungsrecht des Bundes und der Länder, Loseblatt, 2 Bde., Berlin, 1974, Stand 9.97, Gesamtkommentar zum öffentlichen Dienstrecht, Band V

[70] *Fitting/Auffarth/Kaiser/Heither,* BetrVG, 18. Aufl., München, Vahlen, 1996

[71] *Friedrich,* Arbeitsrechtslage bei der Wiederaufbereitung von Einwegprodukten, in: Zentralsterilisation 1995; 3 (5): S. 323 ff.

[72] *Gabka,* Injektions- und Infusionstechnik, Walter de Gruyter, Berlin, New York, 4. Aufl., 1988

[73] *Gardian,* Der befristete Arbeitsvertrag, ZTR 1996, S. 253 ff.

[74] *Gaßmann,* Der Begriff der Arbeitszeit im Krankenhaus, in: *Böhme,* S. 214 ff. (vgl. Nr. 14)

[75] *Götz,* Grundzüge des Arbeitsrechts, Band I: Arbeitsvertragsrecht. Oldenburg, München u.a., 3. Aufl., 1996

[76] *Grabendorff / Windscheid / Ilbertz / Widmaier,* BPersVG, Kommentar, 8. Aufl., Stuttgart, 1995

[77] *Gröninger u.a.,* Arbeitszeitschutz, Der Wirtschafts-Kommentar, Band 51, Loseblatt

[78] *Gröninger/Thomas,* MuSchG, Kommentar, Loseblatt

[79] *Grunsky,* Die Verdachtskündigung, ZfA 1977, S. 167

[80] *Hahn,* Die Haftung des Arztes für nichtärztliches Hilfspersonal, Königstein, 1981

[81] *Hahn,* Die neue Verordnung über die Sicherheit medizinisch-technischer Geräte, in: NJW 1986, S. 752 ff

[82] *Hanau, P./Adomeit, K,* Arbeitsrecht. Luchterhand, Neuwied u.a., 11. Aufl., 1994

[83] *Hähnel,* Handbuch der Medizintechnik, Stuttgart, Enke, 1990, S. 7 ff.

[84] *Hecker,* Die Überbürdung der Krankenpflegerin, Straßburg, 1912

[85] *Heilmann,* MuSchG, in: *Maus,* Handbuch des Arbeitsrechts (vgl. Nr. 120)

[86] *Herschel,* Bundesarbeitsblatt 1952, S. 103

[87] *Herschel,* Die rechtliche Bedeutung schutzgesetzlicher Vorschriften im Arbeitsrecht, RdA 1964, S. 11

[88] *Herschel,* Regeln der Technik, NJW 14/1968, S. 617 ff.

[89] *Herschel,* Arbeitsschutz im sozialen Rechtsstaat, in: ArBl. 1995, S. 581

[90] *Hill,* Auch Pflegepersonal kann gegen § 4 MPG verstoßen, in: Schw/Pfl 4/1995, S. 363

[91] *Hill/Schmitt,* WIKO: Wiesbadener Kommentar zum Medizinproduktegesetz, Wiesbaden, Chmielorz, 1995

[92] *Hoffmann,* Der befristete Arbeitsvertrag im Spiegel der neuen Rechtsprechung, in: ZTR 1993, S. 388 ff.

[93] *Höland,* Das neue Nachweisgesetz – Arbeits- und zivilrechtliche Fragen, in: ArbR 3/1996, S. 87–94

[94] *von Hoyningen-Huene,* Betriebsverfassungsrecht, 3. Aufl., München, 1993

[95] *Hübner/Triebel,* Die Arbeitszeit des Krankenpflegepersonals am Beispiel ausgewählter Dienstpläne, in: *Böhme,* S. 182 ff. (vgl. Nr. 14)

[96] *Hueck, A./Nipperdey, H. C.,* Grundriß des Arbeitsrechts. Vahlen, Berlin und Frankfurt, 1965

[97] *Isensee,* Kirchenautonomie und sozialstaatliche Säkularisierung in der Krankenpflegeausbildung, Rechtsgutachten 1980, Kath. Krankenhausverband und Deutscher Ev. Krankenhausverband

[98] *Jacobs,* Das Gerätesicherheitsgesetz und seine möglichen Auswirkungen auf den Pflegedienst, in: Schw/Pfl 1983, S. 98–101

[99] *Jacobs,* Urteil zur Fixierung von Patienten, in: Schw/Pfl l986, S. 668 f.

[100] *Jacobs, P.,* i.v.-Injektionen durch das Krankenpflegepersonal – erlaubt oder verboten?, 2. Aufl., Melsungen, 1990

[101] *Jacobs, P.,* Richtiges Verhalten nach einem Zwischenfall, in: Schw/Pfl 1993, S. 896–899

[102] *Kamps,* Die Verordnung und Wiederverwendung von Einmalartikeln durch den Kassenarzt, in: Medizinrecht 1988, S. 170

[103] *Kappstein/Schneider/Daschner,* Wiederverwendung von ärztlichen Einmal-Artikeln, Das Krankenhaus 1990, S. 382 ff.

[104] *Kilian,* KrPflG, Vahlen, Berlin 1966

[105] *Kindler/Menke,* Das Medizinproduktegesetz, ecomed verlagsgesellschaft mbh, Landsberg u.a., 1996

[106] *Klie,* Unfallverhütung – Recht und Realität, in: Altenpflege 10/1984, S. 565–568

[107] *Knopp/Kraegeloh,* JArbSchG, 4. Aufl., Köln, Heymann, 1985

[108] *Koppensteiner,* Resterilisation aus der Sicht der Arzneimittelgesetzgebung, in: Schw/ Pfl 1989, S. 6 f.

[109] *Korsch, K.,* Arbeitsrecht für Betriebsräte (1922). Europäische Verlagsanstalt, Frankfurt, 2. Aufl., 1969

[110] *Künzl,* Alkohol im Betrieb, in: BB 1993, S. 1581–1588 mit Nachtrag in: BB 1993, S. 1876

[111] *Kuhns (Hrsg.),* Das gesamte Recht der Heilberufe, Berlin, 1958

[112] *Kurtenbach/Golombek/Siebers,* KrPflG, Kommentar, 4. Aufl., Stuttgart, Kohlhammer, 1994

[113] *Landesgesundheitsamt Baden-Württemberg,* Mutterschutz im Krankenhaus – Ein Leitfaden, Stuttgart, 1995

[114] *Laufs/Laufs,* Aids und Arztrecht, in: NJW 24/1987, S. 2265

[115] *Lauterbach,* Mitbestimmung im Krankenhaus, DKZ 1978, 243 ff.

[116] *Leinemann/Schütz,* Die Bedeutung internationaler und europäischer Arbeitsrechtsnormen für die Arbeitsgerichtsbarkeit, BB 1993, S. 2519

[117] *Lingenberg/Reimann,* Der Pflegedienst im Krankenhaus, 4. Aufl., Hannover, 1995

[118] *Linner,* Wiederaufbereitung von Einmalartikeln, in: Hygiene und Medizin 1988, S. 325–334

[119] *Lörcher,* Die Arbeitszeitrichtlinie der EU, in: ArbR 2/1994, S. 49–51

[120] *Lopacki,* Personalaktenrecht der Beamten, Angestellten und Arbeiter des Bundes und der Länder, Beck, München, 1985

[121] *Löwisch,* Arbeitsrechtliche und persönlichkeitsrechtliche Probleme von Aids, in: *Schünemann und Pfeiffer (Hrsg.),* a.a.O., S. 315

[122] *Maus,* Handbuch des Arbeitsrechts, Loseblatt, Nomos Verlag, Baden-Baden

[123] *Mehrtens,* Die Anerkennung von Aids als Berufskrankheit, in: DKZ 3/1988, S. 210

[124] *Meisel/Sowka,* Mutterschutz, 4. Aufl., München, Vahlen, 1995

[125] *Menke,* Handbuch der Medizintechnik, Loseblatt, 11. Ergänzungslieferung 6/1989

[126] *Molitor,* Krankenschwester (Krankenpfleger), in: *Kuhns (Hrsg.),* S. I/594–596

[127] *Molitor/Volmer/Germelmann,* JArbSchG, 2. Aufl., München, Beck, 1978

[128] *Moritz,* Grenzen der Verdachtskündigung, NJW 1978, S. 402

[129] *Müller (Hrsg.),* Das Arbeitsrecht der Gegenwart, Jahrbuch für das gesamte Arbeitsrecht und die Arbeitsgerichtsbarkeit, 1964

[130] *Niering/Schlott,* Arbeitsplatzgestaltung und Beschäftigungsverbote nach dem MuSchG im Krankenhaus, in: *Böhme (Hrsg.)* (vgl. Nr. 14)

[131] *Nöthlichs,* Sicherheitsvorschriften für medizinisch-technische Geräte, Kommentar und Textsammlung

[132] *Nöthlichs,* Sicherheitsvorschriften für Medizinprodukte, Loseblatt, Erich Schmidt Verlag, Berlin

[133] *Opderbecke, H. W./Weissauer, W.,* Kommentar zur Durchführung von Injektionen, Infusionen und Blutentnahmen durch das Pflegepersonal im Krankenhaus, in: Anästhesiologie und Intensivmedizin 1980, S. 281–292

[134] *Oppolzer,* Rückbau oder Ausbau des Arbeits- und Gesundheitsschutzes?, in: ArVR 2/1994, S. 41–49

[135] *Pieper,* Das Arbeitsschutzgesetz, in: ArbuR 12/1996, S. 465 ff.

[136] PK-BAT-Kommentar = *Bruse u.a.,* BAT und BAT-Ost, Kommentar für die Praxis, 2. Aufl., Köln, Bund-Verlag, 1993

[137] *Pöhn,* Bundesgesundheitsblatt 1987, S. 211 ff.

[138] *Reinmöller/Schreck,* Beschäftigungsverbot für Praxishilfen wegen Röteln-Embryopathie, in: Der niedergelassene Arzt 20/1973, S. 63–64

[139] *Richenhagen/Prümper/Wagner,* Handbuch der Bildschirmarbeit, Luchterhand Verlag, Neuwied, 1997

[140] *Roggendorf,* Arbeitszeitgesetz, 1994, Rehm-Verlag, München

[141] *Rohmert,* Arbeitsgestaltung, in: *Bierfelder (Hrsg.),* Spalte 55 (vgl. Nr. 09)

[142] *Rooschütz u.a.,* LPersVG für Baden-Württemberg, Kohlhammer

[143] *Roßbruch,* Handbuch des Pflegerechts, Loseblatt, 2 Bände, Luchterhand, Neuwied, 1996

[144] *Sahmer,* BetrVG, Kommentar, Frankfurt, 1986, Loseblatt

[145] *Schaub,* Der Betriebsrat, München, Beck, 1973

[146] *Schaub,* Arbeitsrechts-Handbuch, Beck, München, 8. Aufl., 1996

[147] *Schell,* Arbeits- und Arbeitsschutzrecht für die Angehörigen der Gesundheitsberufe

von A–Z, 1. Aufl., 1993, Brigitte Kunz Verlag, Hagen

[148] *Schelter,* Das Tarifrecht der Angestellten im Pflegedienst, ötv Courier-Verlag, Stuttgart, 4. Aufl., 1995, 487 S.

[149] *Schmelcher,* Haftungsfragen bei Injektionen durch Krankenschwestern, Der Krankenhausarzt 3/1964, S. 81

[150] *Schmid/Trenk-Hinterberger,* Grundzüge des Arbeitsrechts, Vahlen, München, 2. Aufl., 1994

[151] *Schneider,* Die Behandlung der Feiertagsvergütung bei dienstplanmäßig freiem Feiertag, DKZ 5/1985, S. 340 ff.

[152] *Schneider,* Die Einwilligung des Patienten zum Heileingriff – hier: intramuskuläre Injektion – durch das Pflegepersonal, DKZ 1980, 638 ff.

[153] *Schneider,* Die Wiederaufbereitung von Einmalartikeln – Rechtliche Überlegungen, in: Hygiene und Medizin 1987, S. 5S6 ff.

[154] *Schneider,* Die Wiederaufbereitung von Einmal-Artikeln – Ein nicht mehr medizinisch-hygienisches Problem, in: Medizinrecht 1988, S. 166 ff.

[155] *Schneider,* Die Wiederaufbereitung von Einmal-Artikeln, in: Medical Tribune Nr. 49 vom 08.12.1989

[156] *Schneider,* Rechts- und Berufskunde für die Fachberufe im Gesundheitswesen, 4. Aufl., 1994, Springer Verlag, Berlin u.a.

[157] *Schneider,* Die zentrale Sterilgutversorgungsabteilung – Hersteller oder Anwender im Sinne des Medizinproduktegesetzes?, in: Zentralsterilisation, 4. Jahrgang, 1996, Heft 1

[158] *Schorn,* Medizinprodukterecht, Wissenschaftliche Verlagsgesellschaft mbH, Stuttgart, 1996

[159] *Schreiber,* Das französische Krankenpflegegesetz, Schw/Pfl 10/1991, S. 931–932

[160] *Schünemann und Pfeiffer (Hrsg.),* Die Rechtsprobleme von Aids, Nomos Verlag, Baden-Baden 1988

[161] *Schürmann/Maerz,* Das MuSchG aus gewerbeärztlicher Sicht, in Zentralblatt für Arbeitsmedizin und Arbeitsschutz, Band 18, Heft 1, S. 12–14

[162] *Seeger/Spieker,* Gefährliche Arbeitsstoffe im Betrieb, 1986, 4. Aufl.

[163] *Siegmund/Schultze,* Die Delegation ärztlicher Aufgaben auf das Pflegepersonal, Schw/Pfl 6/1974, S. 48 f; Schw/Pfl 7/74, S. 56 f.

[164] *Söllner, A.,* Grundriß des Arbeitsrechts, Vahlen, München, 11. Aufl., 1994

[165] *Sollmann,* Mutterschutz und Erziehungsurlaub in der Pflege, in: PflR 3/1997, S. 66–74

[166] *Sowinski,* Pflegetheoretische Überlegungen zur Strukturierung der Pflegepraxis, in: *Sowinski u.a.,* KDA Forum 24, S. 36–51 (vgl. Nr. 166)

[167] *Sowinski u.a.,* Theoriegeleitetes Arbeiten in Ausbildung und Praxis, Forum 24, KDA, 1995

[168] *Sowka,* Streitfragen des Erziehungsurlaubs, NZA 1994, S. 104

[169] *Steinmeyer,* Casebook Arbeitsrecht, Beck, München, 1994

[170] *Sträßner,* Die einverständliche Auflösung von Arbeitsverträgen in der Pflege, in: PflegeRecht 1/1997, S. 8–13

[171] *Streiter,* Die wirtschaftliche und soziale Lage des Krankenpflegepersonals in Deutschland, 1910

[172] *Teich,* Die Rechtsstellung der Krankenschwestern und Krankenpflegehelferinnen in ihren Verbänden und in der Krankenanstalt, Dissertation, 1972

[173] *Teich,* Fragen der Rechtsstellung der Leitenden Pflegekraft bei einer Reform der innerbetrieblichen Organisation des Krankenhauses, DKZ 3/1973, S. 121

[174] *Ulsenheimer,* Arztstrafrecht in der Praxis. R. v. Decker & C., F. Müller, Heidelberg, 1988

[175] *Volkholz (Hrsg.),* Analyse des Gesundheitssystems, Frankfurt/M., Atheräum Fischer, 1974,

[176] *Voss/Halbach,* Das Arbeitszeitgesetz, in: Das Personalbüro, Heft Nr. 7 v. 20.07.94, S. 61

[177] *Wander,* Die Stellung von Schul- und Pflegedienstleitungen, in: DKZ 2/1992, Beihefter 11

[178] *Weichardt,* Arbeitsmedizinische Forderungen an moderne Arbeitsplätze, DKZ 2/1976, S. 60 ff.

[179] *Weiß,* Die Regelung der zulässigen Arbeitszeit und der Ruhepausen für das Krankenpflegepersonal, in: DKZ 11/1990, S. 824 ff

[180] *Weiß,* Befristete Arbeitsverträge in der Pflege: Chance oder Risiko? Pflegemanagement 5/1997, S . 38–41

[181] *Weiß,* Wechselschicht und Schichtzulagen, für Pflegekräfte – Voraussetzungen

und Hinweise für die Dienstplangestaltung, PKR 1/1998

[182] *Weissauer,* Wiederverwendung von Einmalartikeln aus rechtlicher Sicht, in: Anästhesiologie und Intensivmedizin 1990, S. 47 ff.

[183] *Weissauer/Opderbecke,* Entschließungen – Empfehlungen – Vereinbarungen, Bibliomed, Melsungen, 2. Aufl., 1991

[184] *Werner,* Zur Wiederaufbereitung von Einmalartikeln, in: Hygiene und Medizin 1986, S. 426

[185] *Wirth-Kreuzig,* Der Toilettenstuhl, in: Krankenpflege 3/1992, S. 159–160

[186] *Zmarzlik/Anzinger,* JArbSchG, 5. Aufl., München, Vahlen, 1998

[187] *Zmarzlik,* Entwurf eines Arbeitszeitgesetzes, BB 1993, S. 2011

[188] *Zmarzlik/Zipperer/Viethen,* MuSchG, 4. Aufl., Köln u.a., Heymann, 1994

[189] *Zöllner/Loritz,* Arbeitsrecht, Beck, München, 4. Aufl., 1992

Stichwortverzeichnis